國家古籍整理出版專項經費資助項目

金石文獻叢刊

天水金石文獻輯錄校注

劉雁翔 校注

陝西新華出版傳媒集團
三秦出版社

圖書在版編目（CIP）數據

天水金石文獻輯録校注 / 劉雁翔校注 . — 西安：
三秦出版社，2017.7
ISBN 978-7-5518-1486-7

Ⅰ . ①天… Ⅱ . ①劉… Ⅲ . ①金石—文獻—滙編—天
水 Ⅳ . ① K877.2

中國版本圖書館 CIP 數據核字（2017）第 079316 號

天水金石文獻輯録校注

劉雁翔　校注

出版發行　陝西新華出版傳媒集團　三秦出版社
地　　址　西安市北大街 147 號
電　　話　（029）87205121
郵政編碼　710003
印　　刷　陝西博文印務有限責任公司
開　　本　787mm × 1092mm　1/16
印　　張　35.25
插　　頁　16
字　　數　550 千字
版　　次　2017 年 12 月第 1 版
　　　　　2017 年 12 月第 1 次印刷
标準書號　ISBN 978-7-5518-1486-7
定　　價　218.00 圓

網　　址　http://www.sqcbs.cn

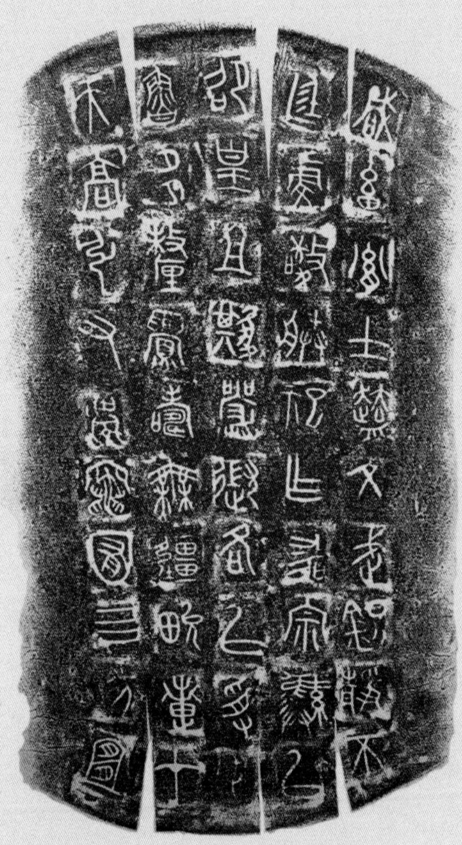

春秋秦公簋器蓋銘文拓片

現藏中國國家博物館。高19.8釐米，口徑18.5釐米。

春秋秦公簋

東漢和平元年（150）摩崖石刻

在張家川回族自治縣恭門鎮河峪村馬澗村樊河上游北岸臺地。刻文崖面高 140 釐米，殘寬 106 釐米，距地面 65 釐米。

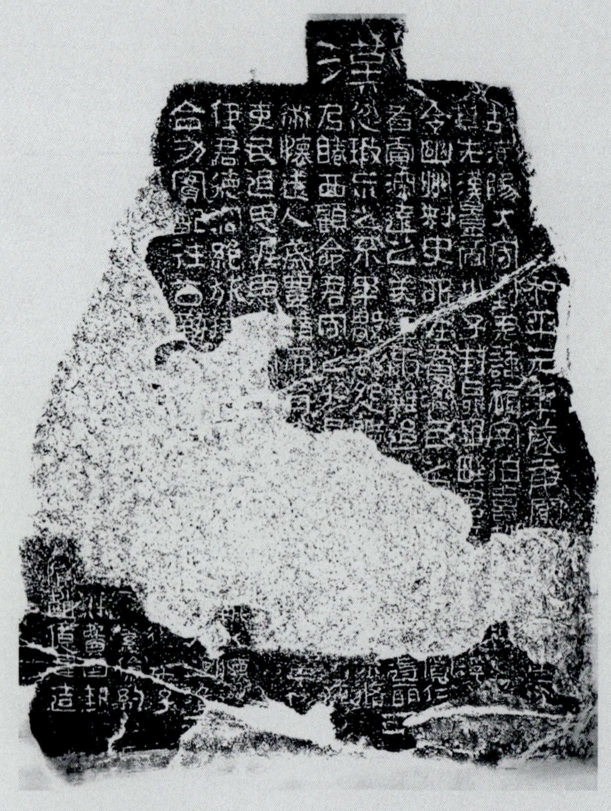

東漢和平元年（150）摩崖石刻拓片

北魏君遐碑拓片

北魏君遐碑拓片（碑陰）

現藏麥積山石窟藝術研究所。高121釐米，寬93釐米。

北魏法生造像碑

現藏麥積山石窟藝術研究所。高 43 釐米，寬 37 釐米。

西魏大統四年（538）王紹明碑銘

现藏秦安縣博物館。通高60釐米，寬23釐米。

西魏大統四年（538）王紹明碑銘碑首

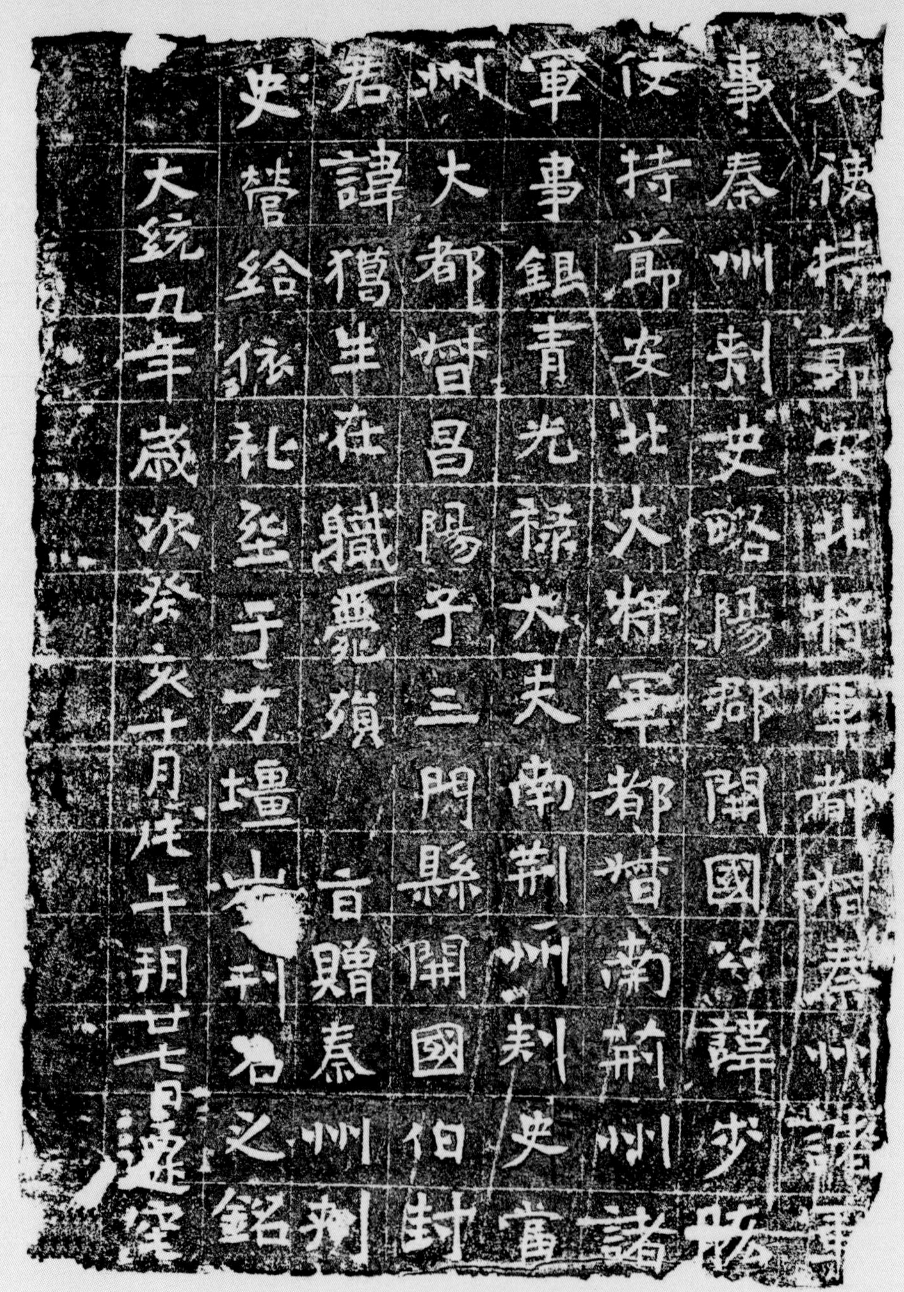

西魏大統九年（543）獨生墓誌拓片

原碑出土于秦州區。高 40 釐米，寬 30 釐米。

西魏大統十二年（546）權旱郎造像碑

現藏甘肅省博物館。高 120 釐米，寬 67.5 釐米。

現立清水縣趙充國陵園。高 200 釐米，寬 85 釐米。2006 年被列爲全國重點文物保護單位。

北周天和二年（567）
魯恭姬造像碑（碑面）

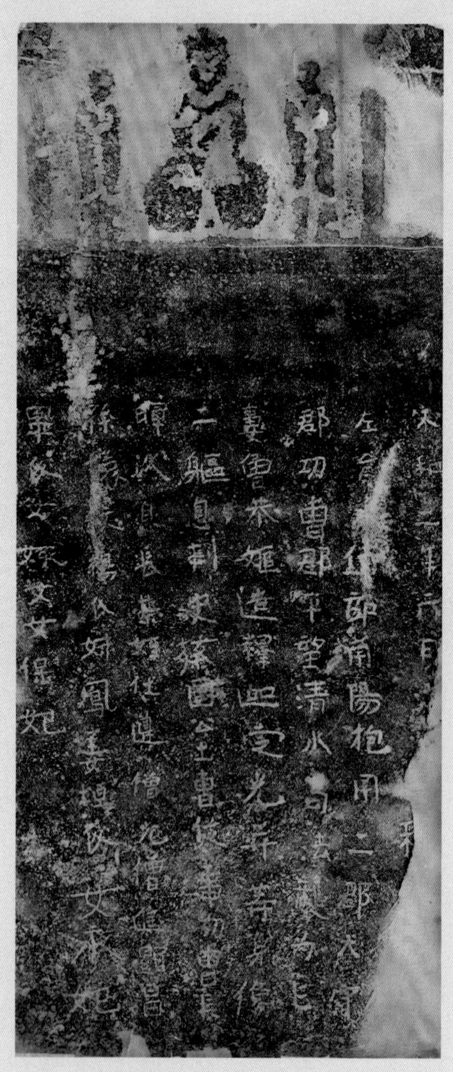

北周天和二年（567）
魯恭姬造像碑碑陰拓片

北周天和二年（567）
魯恭姬造像碑（碑陰）

北周天和六年（571）開府儀同鳳州刺史尉遲墓誌（蓋）

北周天和六年（571）開府儀同鳳州刺史尉遲墓誌（趙佺墓誌）

現藏天水市博物館。正方形，邊長 43.5 釐米。

北周建德二年（573）王令猥造像碑（碑陰）

北周建德二年（573）王令猥造像碑（碑面）

現藏甘肅省博物館。通高 113 釐米，寬 39 釐米。

隋大業二年（606）大隋使持節驃騎大將軍開府儀同三司慎政公上州刺史李府君之墓誌銘

隋大業二年（606）大隋使持節驃騎大將軍開府儀同三司慎政公上州刺史李府君之墓誌銘（誌蓋）

現藏清水縣博物館。高 50 釐米，寬 47 釐米。

唐天寶六載（747）
大唐舍利之碑（碑陰）

唐天寶六載（747）
大唐舍利之碑（碑面）

現藏天水市博物館。灰陶質。通高 49 釐米，寬 15.7 釐米。

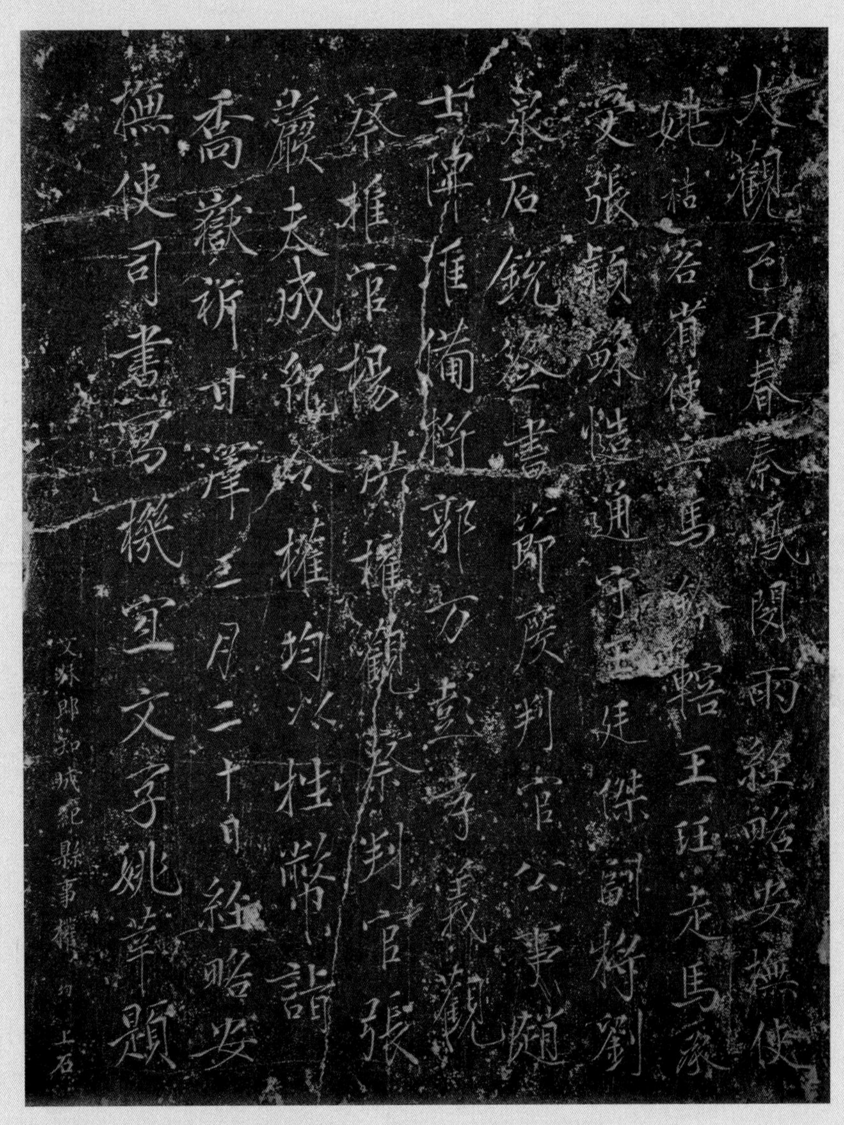

北宋大觀三年（1109）秦鳳閱雨碑拓片

原碑现藏麥積區新陽鎮鳳凰山東嶽廟內。高 100 釐米，寬 74 釐米。

元中統三年（1262）《朝元觀記》碑

现存麥積區伯陽鎮韓河河谷七真觀。高 87 釐米，寬 53 釐米。

清順治十四年（1657）二妙碑殘石

現藏天水市博物館。高 38 釐米，寬 48 釐米。

清順治十四年（1657）二妙碑殘石

民國三十四年（1945）天水鄧太翁友齋墓表

民國三十四年(1945)天水鄧太翁友齋墓表(

原碑现藏西安碑林博物馆。
通高245釐米，宽85釐米。

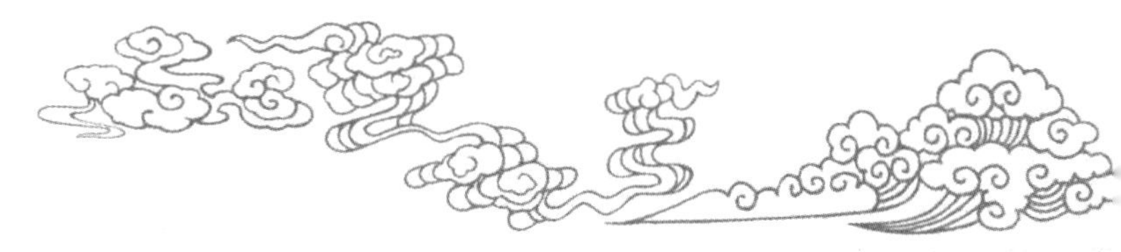

序

漆永祥

金石之學，由來尚矣。上古質醇，不事紛更。或鑄鐘鏤鼎，銘勒而紀事；或刻骨削竹，貞卜以問天。後世句冗文繁，頌功諛墓，樹碑埋土，以期不朽。自秦漢而降，考史之家，即以銘文碑石證史。至天水朝歐陽修《集古録》、趙明誠《金石録》諸書出，則金石一門，判焉立學。至其功用，又分途爲二：或稽考史傳，證事跡之同異；或研討書法，辨源流之升降。然窮詞翰之工，賞書法之美，究爲等而次者也。

至清乾嘉間，崇尚樸學，獨尊考據。而地不愛寶，吉金貞石之出，遍布寰宇，爲世所重。嘉定錢大昕謂“金石之學，與經史相表裏。蓋以竹帛之文，久而易壞，手鈔板刻，輾轉失真；獨金石銘勒，出於千百載以前，猶見古人真面目，其文其事，信而有徵，故可寶也”。當時魁偉碩學，與錢氏有同好者，若青浦王昶、太倉畢沅、大興翁方綱、偃師武億、陽湖孫星衍、階州邢澍、儀徵阮元輩，以金石之文，與傳世載籍相質正，闡幽表微，補闕正誤，即今世所謂“二重證據法”，世人以其濫觴於海寧王氏，可謂明其流而不溯其源矣。

然欲治金石，又誠非易事。何則？自甲骨銘文，篆隸楷宋，雖愈變而愈簡，亦愈更而愈惑，而書家勒字上石，又喜瀏僻别體，不通文字音韻，則瞠目難辨，一也；一器一石，經兵燹風霜，錘鏟踩踏，昔時全石，漸成殘泐，文字澌滅，矇昧莫考，二也；碑石顯世，即有好事者椎撲描拓，而載記諸家，版本錯置，異文叠出，依違其間，的定爲難，三也；考釋之家，歧解蜂出，紊如亂絲，而原物或深藏故家，或坦卧荒榛，或魂杳難知，或化爲塵灰，欲目驗手捫，勢比登天，四也；碑碣志狀，事涉當代，詞語隱晦，避忌萬端，欲究本事，而年代渺遠，湮没寂然，五也；文人學士，好古炫奇，撰建寺之記，草諛墓之文，籍貫不書當代，名號避諱闕如，今欲考其故實，訓詁疏釋，便成萬難，六也；又一字之考，窮年累月，甚至頒白垂老，而束手扼腕，仍無正解，七也。有此七難，考校金石，遂成畏途，而號爲難治矣。

天水乃古上邽舊地，鎮鑰秦隴，扼控陝甘。是羲皇故里，爲人文淵藪。儒學蔚興，佛道並盛。自古及今，代有達人。而銘鼎石刻，亦無代無之。然地志失載，偶有所記，亦殘詩賸文，而規制藏地，槩付闕如。近世張維《隴右金石録》，搜羅通代，包舉全隴，然所收天水金石，亦僅青銅器十餘，碑銘不足百通而已。

今兩可齋主劉兄雁翔教授，韶茂惇厚，問學於蘭州大學，博涉多識，熟於乙部。肄業之後，初理政務，後歸杏壇，硯田筆耕，著述繁富，開示來者，津逮鄉里。而尤所嗜而獨好者，爲金石文字耳。矻矻孜孜，旁搜博討。炎晝則曠野名山，祠廟伽藍，登危探壑，撫石履荒，竹杖裹糧，手自椎拓；丙夜則高坐冰案，清茶昏燈，懷毫舐墨，考文隸字。以十餘年之功，展玩堆簇，丹黄塗抹，終成《天水金石文獻輯録校注》。自今以往，天水金石文字，將化身千百，而長存於天壤間也必矣！

余敬讀是書，知其所特出者，蓋有六端：前賢所收天水金石碑刻，不足百種；而是書所隸凡金石四百二十九通，而新拓補鈔者，即百五十餘通，可謂遠邁前修，而集其大成焉。明清著録之家，以歐、趙爲則，往往至唐而止，錢竹汀氏譏其爲責唐之司刑以讀酇侯之律，宋之司天以用一行之算，故錢氏《潛研堂金石文字跋尾》，迄於宋元；今是書所録，上起三代，下止民國，皆兼收而並蓄，不貴古而賤今，可謂深得錢氏三昧。又是書所録，分天水所轄秦州、北道兩區，秦安、清水、張家川、甘谷、武山五縣，按地依類，以時爲序；又區縣之下，復重名勝古跡，如麥積山石窟、伏羲廟、南郭寺等，爲立專節，以俾實用，此可謂崔君授以來成例之新創；又是書所録，碑石爲主，復有銘文、摩崖、磚文等，存者依原件著録，佚者據文獻徵存，詳其出處，的然可信，附録圖片，悉可覆按。又全書斷以標點，凡碑文拓片，史册稗乘，反復勘校，注釋明晰；若名碑遺史，且附以考證，以判明是非。又前人所録，多詳於碑文，而略於題額碑陰，規模藏地等，而是書專設題解，與所收金石之藏地規制、書者字體、品相完缺等，一一梳理，别白無誤。以此之故，執是書而求天水鄉邦文獻，逸史掌故，則如探寶山而有大路可歷，渡河海而得舟楫可航焉。

余又因讀雁翔教授兄是書，而重有感焉。劉兄本任職清簡，籠袖食飴；然甘居冷官，啖嚼苜蓿，一痴也。今西學流行，追風摹影，號爲預流；而劉兄所治，乃艱澀樸學，乏人問津，二痴也。又時賢新進，鈔撮斗湊，著述等身，利顯名揚；而劉兄伐垣畚壤，躑躅山林，以探幽訪碑爲樂事，三痴也。然唯有持此“三痴”，剋彼“七難”，方能成此“六端”，以興繼絶學焉。然則雁翔教授兄是書之槧行，其功用又非斤斤於史籍考訂與鄉梓文獻，而於挽彼頹風，振起斯文與夫世道人心者，蓋亦非淺尠矣！

時丁酉仲春驚蟄後三日，同鄉弟隴右漆永祥拜書於北京大學人文學苑研究室。

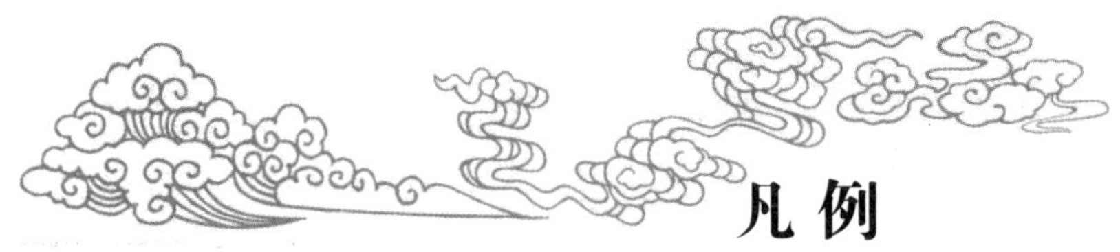

凡例

一、本書收録金石文獻，時間範圍——上起先秦，下至民國；空間範圍——天水市所轄秦州、北道兩區，秦安、清水、張家川、甘谷、武山五縣。

二、收録内容碑石爲主，尚有銘文、摩崖、磚文等。對散佚碑刻，依據文獻資料著録，注明出處。對現存碑刻，依據原碑或拓片著録。少量現存碑刻，依據已出版相關圖書著録，注明出處。

三、金石文獻分區縣輯録，每一區縣之下將著名景點之碑刻單獨成節著録，以體現其連貫性，以利更好地爲發展旅遊服務。其餘碑刻按類依時間先後順序著録。

四、缺字或不可辨識的字其位置以“□”代替。缺字無法斷定字數者或碑刻所記功德主姓名無需著録者以“……”標示。不好辨認的字，似是某字以“〔〕”括之。原文錯字或附糾正字，以“（ ）”括之。殘缺嚴重的碑刻，按碑之原狀分行著録，首次標明“第一行”“第二行”等字樣，之後出現不再標注。

五、所有碑刻文字均斷句標點，並以“題解”形式對其處所、立碑時間、規格、形狀、保存狀況、撰者、書者、書體等予以記述。

六、“注釋”屬簡注。重點在地名、人名、歷史背景以及干支紀年等，以便更好理解碑石之史料價值。普通語詞不做注釋。所録碑文中出現的對起事者的蔑稱，考慮到研究需要，保持原貌，一般也不做説明注釋。

七、人名、地名文中第一次出現詳注之，以後出現或依文義需要簡注或不注，或以互見法指明注釋所在。

八、常用地方志文獻乾隆《直隸秦州新志》、光緒《秦州直隸州新志》等，按需要簡稱“乾隆州志”“光緒州志”等，幾部“秦州志”對所注文詞均有涉及，引證時簡稱“州志”。

目録

第一章 秦州區金石

第四章 清水縣金石

第六章 甘谷縣金石

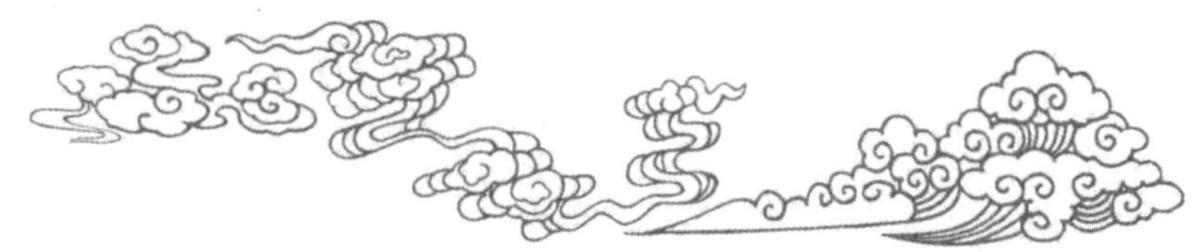

插圖目録

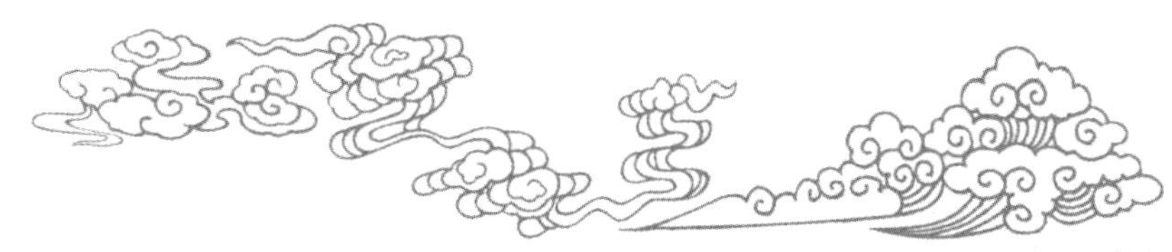

第一章　秦州區金石

第一節　伏羲廟碑刻

新建太昊宫門坊記

【題解】碑立伏羲廟東碑廊。明弘治三年（1490）立石。高105釐米，寬60釐米。同知秦州事蕭英撰文。無碑首，碑身基本完好。碑面大字標題“伏羲生於成紀，建都淮陽”，邊飾卷雲紋。碑陰首題“發心會首”，列有功德題名200餘人。本碑是廟内留存年代最早的碑，在記述伏羲廟門坊修築情況的同時，追溯廟的創建，並説明創建者是“傅公天和”，即秦州知州傅鼐，爲考證伏羲廟創建時間的珍貴文物。

秦州西關外一里許，有伏羲行宫焉，□前爲□□〔太守〕傅公天和之所建也[1]。按志：太昊伏羲氏生於秦之成紀，故境内有始畫八卦之臺[2]，厥後因都而崩於陳[3]，陵寢見存而歲時祭饗。公以伏羲爲太始祖，聖德象日月，神功配天地，萬世之下，咸有依賴。彼卒之地既以時致祭，而所生之地豈容忽然而不祭乎？此行宫之所由建也。

然方草創，而公已喬遷[4]。以故殿宇有所未備，塑像有所未成，凡百

[1] 傅鼐：字天和，明北直隸新河人。明成化二年（1466）進士。先後任同官知縣、秦州知州等職。乾隆《直隸秦州新志》卷9《名宦下》有傳。

[2] 始畫八卦之臺：天水市區西北麥積區渭南鎮的卦臺山。傳説人文始祖太昊伏羲在此臺象天法地，始作八卦。

[3] 陳：今河南淮陽縣。《左傳》“陳，太昊之墟”即此，縣城有規模宏大的太昊陵。

[4] 傅鼐離任時間爲明成化十九年（1483）。

皆聊且粗略，而未至於完美。况神宫之前，雜乎居民，通乎閭巷，過之者不知致敬，見之者不知盡禮，此尤爲闕典□之大者也。

圖 1–1 新建太昊宫門坊記（局部）

弘治庚戌歲[1]，郡之耆老劉克己輩各捐己資，備材命匠，建立坊門，榜曰“太昊宫”。經始於夏四月，落成於秋七月。青紫交輝，丹碧掩映，然後斯廟表而出□〔之〕，而凡過者、見者無不致敬盡禮，儼然神靈在側，孰敢萌一毫戲豫之心哉？嗚呼！諸耆老之功於是爲大。事竣，敬述厥由，用勒諸石，以留於不朽云。

時弘治三年歲次庚戌冬十一月上旬吉旦

賜進士前南京太僕寺丞同知秦州事金臺蕭英[2]撰文

重建伏羲廟記

【題解】碑立伏羲廟東碑廊。明嘉靖三年（1524）立石。碑額高 98 釐米，寬 108 釐米；碑身高 210 釐米，寬 108 釐米。陝西按察司副使提督學政唐龍撰文，陝西按察司副使整飭邊備翟鵬書丹，陝西按察司副使整飭兵

[1] 弘治庚戌：明弘治三年（1490）。

[2] 蕭英：明河南息縣人。成化十四年（1478）進士。弘治三年（1490）任秦州同知。“秦州志”失載。

備成文篆額。碑首爲高浮雕二龍戲珠紋，中間圭首，篆刻“重建伏羲廟記”。贔屭趺坐，寬104釐米，高32釐米，無首，背有六邊形規則紋飾。石質優良，保存完好，碑陰有題名。書法呈歐體，蒼勁挺拔，居廟碑之首。本碑文康熙《鞏昌府志·藝文》標爲姚鏌撰，不知何據。而民國時張維的《隴右金石録》也將本文録於鞏昌府目下，只在秦州目下列題。其實本碑立伏羲廟内，撰者、書者赫然在目。

賜進士第中順大夫陝西按察司副使提督學政蘭溪唐龍[1]撰

賜進士第中順大夫陝西按察司副使整飭邊備撫寧翟鵬[2]書

賜進士第中順大夫陝西按察司副使整飭兵備山陰成文[3]篆

大矣哉，伏羲氏之道乎！日月麗乎天，百穀草木麗乎土，天地之文炳如也、郁如也、秩如也。惟人在中，經緯以成章，彌綸以參化，無亦彬彬然而有文歟！

圖 1-2 重建伏羲廟記（局部）

[1] 唐龍（1477～1546），字虞佐，號漁石，明浙江蘭溪縣人。正德三年（1508）進士。歷任郯城知縣、陝西提學副使、山西按察使、太僕寺卿等職。著有《漁石集》《易經大旨》等。

[2] 翟鵬：明山西武定人。正德三年（1508）進士。曾任洮岷兵備道。

[3] 成文：明山西文水人。弘治十五年（1502）進士。曾任分守隴右道、巡按甘肅御史等職。

上古之世，太始初分，典彝未備，民物職職，俗居吁吁，厥文猶隱焉。自帝太昊伏羲氏出，仰觀象於天，俯觀法於地，中觀萬物於一身，始作八卦，因而重之，以爲六十四，天下之能事畢矣。又作書契而代結繩之政，以儷皮爲禮而正婚姻之始，因龍馬負圖而記百官之名。斲桐爲琴，繩絲爲弦，絙桑爲瑟，而樂音自是興焉。夫卦象設則神明通，書契作則文字著，婚姻正則人倫敘，百官記則班位修，樂音陳則度數明。神設其教，皇建其極，物彰其彩，民濟其行，而人文於是乎著矣。故曰：帝，人文之始也。是以孔子贊《易》，敘聖人教化之功特始乎帝，巋然爲神農、黄帝、堯、舜之冠。及對康子問，五帝又推其德，佐成上帝，以合於天，凡以此也。

今之秦州，即古之成紀也。帝實生於斯，而遺廟莽莽然而在，其來遠矣。顧規制儉陋，風雨震凌，芻牧往來，而牛羊之跡交大，弗稱祀典。先是，巡按御史馬溥然[1]、馮時雍[2]、許翔鳳[3]後先建議，畜聚財用，荒度基址，期撤而新之，未即事而代矣。嘉靖紀元之明年，巡茶御史陳講[4]聿舉厥功，登登而作。巡案御史盧問之[5]既至，茂先世典，申飭攸司而分攝之，布程督之令，嚴省試之法，是用績於成，考而落焉。

提學副使唐龍曰：祀以德舉，治以化洽。是故豐后稷之祠者，咸曰重本；存太伯之廟者，亦稱辨治。而况繼天地開闢之功，啓帝王化成之理，而爲人文之始者哉？

惟是廟貌翼新，而宣國之大節焉，揭度妥靈有宇也，修祀秩禮有典也，昭庸厚化有章也，諸君子於世弘矣，乃於是乎特書之。

分守參政王教[6]、分巡僉事周鎬[7]、姚文清[8]咸廣綜理之。文州進士徐

[1] 馬溥然：字恩濟，明四川内江人。弘治十二年（1499）進士。曾任巡按甘肅御史等職。

[2] 馮時雍：字子濟，明北直隸交河人。弘治十八年（1505）進士。曾任巡按甘肅御史等職。《明史》卷50《禮志》："正德十一年，立伏羲氏廟於秦州。秦州，古成紀地，從巡按御史馮時雄奏也。"此"馮時雄"即碑文中的馮時雍。《明史》"雄"係"雍"之誤。

[3] 許翔鳳：字國禎，明山西洪洞人。正德六年（1511）進士。曾任巡按甘肅御史等職。

[4] 陳講：名子學，號中川，明四川遂寧人。正德十五年（1520）進士。歷官陜西巡茶御史、山西提學使、河南布政使、都察院右副都御史、山西巡撫等。

[5] 盧問之：明山西朔州人。正德九年（1514）進士。曾任巡按甘肅御史等職。

[6] 王教：康熙《鞏昌府志》卷19《官師表》"分守隴右道"目："王教，進士，四川宜賓人。"

[7] 周鎬：康熙《鞏昌府志》卷19《官師表》"分巡隴右道"目："周鎬，進士，江南無錫人。

[8] 姚文清：康熙《鞏昌府志》卷19《官師表》"分巡隴右道"目："姚文清，進士，山西曲陽人。"

元祉[1]亦預聞其畫者也。法皆得書。

嘉靖三年甲申十二月望日，署州事鞏昌府通判衡水李梅[2]立石

重修伏羲廟記

【題解】碑立伏羲廟東碑廊。明嘉靖十一年（1532）立石。碑額高 88 釐米，寬 116 釐米；碑身高 225 釐米，寬 113 釐米。翰林院修撰經筵講官康海撰文，陜西布政司左參政任洛篆額，陜西按察司僉事張䆗書丹。碑首高浮雕二龍戲珠紋，中間圭首陰刻篆文“重修伏羲廟記”，邊飾卷雲紋。贔屭趺坐高 150 釐米，寬 118 釐米，無首，背紋爲六邊形規則紋飾。碑身中部和下半部有殘損。本碑是廟内最大的碑，書法呈顔體，厚重大方。碑文係对照乾隆《直隸泰州新志》卷 11《藝文中》康海文録出者。

賜進士及第儒林郎翰林院修撰經筵講官修國史古郃康海[3]撰文

賜進士出身大中大夫陜西布政司左參政前監察御史中州任洛[4]篆額

賜進士出身奉政大夫陜西按察司僉事前兵部郎中古揚張䆗[5]書丹

秦故有伏羲廟，在州西郭門外[6]，歲久傾圮。巡按御史馬溥然、馮時雍、許翔鳳先後蒞此，欲圖厥新，顧方舉，忽代。承委之吏，罔孚德心，是以成勣終鮮，無裨後觀。嘉靖紀元，御史陳講毅然舉行[7]，功欲告成，按期满矣，得御史盧問之來代其事，相功益財，厥績用熙。前提學副使、今兵部尚書提督三邊軍務蘭溪唐龍實記其事，刻之堅珉。然時值荒歉，而主守數易，

[1] 徐元祉：明秦州人。正德十五年（1520）進士。歷官户部主事、两淮鹽運司副使。文州之“文”疑是“本”之誤。

[2] 李梅：據康熙《鞏昌府志》卷 19《官師表》，其“分巡隴右道”目表列有李梅，未署功名、籍貫。

[3] 康海（1475 ~ 1540）：字德涵，號對山，明西安府武功縣人。弘治十五年（1502）進士。曾任翰林院修撰、經筵講官之職。著有《對山集》《武功縣志》等。《明史》有傳。

[4] 任洛：字仲伊，號西溪，明河南鈞州人。正德六年（1511）進士。歷任桐鄉知縣、分守隴右道、陜西布政司左參政、左僉都御史、遼東巡撫等職。

[5] 張䆗：明南直隸泰興人。正德九年（1514）進士。曾任陜西按察司僉事。

[6] 太昊伏羲廟初建時在秦州西關城西門之西城郊，故曰“在州西郭門外”。

[7] 唐龍《重建伏羲廟記》記陜西巡茶御史陳講主持創修伏羲廟——“嘉靖紀元之明年，巡茶御史陳講聿舉厥功，登登而作”。其“嘉靖紀元之明年”即嘉靖二年，此處又言“嘉靖紀元，御史陳講毅然舉行”，似前後矛盾。實情是陳講於嘉靖紀元即嘉靖元年即開始創修工作，次年繼續，因職務變動，工作交巡按甘肅御史盧問之主持，並最終由盧完成工程。

丹雘未施，垣墉半欹，加以守護弗嚴，仍頻圮壞。

圖 1–3 重建伏羲廟記碑（局部）

嘉靖十年，御史鳳陽陳世輔[1]、任邱郭圻[2]按至，慨焉興懷曰：前人之作，惟後者弗修，往者咸墜，陳、盧詎今幾日，而乃至是。於是檄知州李楷[3]鳩工修補，備極堅好矣。又益以龕帷，文以采繪，周繚崇垣，外建棹楔。表識既虔，瞻望有蔚。於是緘狀走吏，屬海爲記。

夫伏羲氏，羣聖之元始也。德開邃古，跡寓西維。章縫之士，非有事兹方，難遂逖仰。顧諸按者相繼興行，至於如此，今又能不掩前善，永昌後哲，海雖荒鈍，良用欽服。遂次第其事，俾劖諸廟石，以廣德心。後之君子，將益繼續其志，至於無已，則未必不自於今日。

是役也，起於正月十八日，終於四月二十九日云。

大明嘉靖壬辰夏四月吉日立石

太昊廟樂記

【題解】碑立伏羲廟東碑廊。明嘉靖十八年（1539）立石。高 253 釐米，寬 90 釐米。都察院右副都御史胡纘宗撰文，江西道監察御使楊勉學篆額，陜西按察司副使紀常書丹。拱形頂，碑額篆書，中部和下半部殘損，碑文隸體，帶篆意，邊飾卷雲紋。按：本碑文作於明嘉靖十三年（1534），而碑立於嘉靖十八年秋，係碑文中提及的秦州知州黄仕隆的繼任者吉陽等人所立。撰寫記文時，胡纘宗職位是山西布政使左參政，而立碑時已升任都察院右副都御史。

賜進士通議大夫都察院右副都御史前翰林院檢討國史館郡人胡纘宗[4]撰

賜進士文林郎江西道監察御史茌山楊勉學[5]篆

---

[1] 陳世輔：字汝鄰，明南直隸定遠人。嘉靖二年（1523）進士。曾任巡按甘肅御史等職。

[2] 郭圻：字惟望，明北直隸任丘人。嘉靖八年（1529）進士。嘉靖十年任巡按甘肅御史。

[3] 李楷：乾隆《直隸秦州新志》卷 7《官師》“秦州知州”目列有李楷，未署功名、籍貫。

[4] 胡纘宗（1480 ~ 1560）：字孝思，一字世甫；號可泉，一號鳥鼠山人，明陜西秦安（今甘肅秦安）人。正德三年（1508）進士。歷任潼川州知州、安慶知府、蘇州知府、山東巡撫右副都御史、河南巡撫右副都御史等職。著有《鳥鼠山人集》《春秋本義》《儀禮集注》《安慶府志》《鞏郡記》《秦安志》《秦州志》《羲臺志》等著作多種，《明史·藝文志》收録 9 種。

[5] 楊勉學：明山東茌平人。嘉靖十一年（1532）進士。

賜進士中憲大夫陝西按察司副使文安紀常[1]書

夫何祀乎天地？覆載之所必報。何祀乎社稷？生養之所必報。何祀乎聖帝明王？作之君、作之師者所必報。禮也。

然古昔聖帝明王，未有太昊若者。惟太昊繼天以開物、以畫卦、以造書契而立極也。故有伏羲，而後有神農、黄帝、堯、舜、禹、湯、文、武，而後有周公、孔子。有卦而後有《易》，而後有《詩》《禮》《樂》《書》《春秋》。有書契而後有文字，而後有典章、圖籍。古昔聖帝明王，孰有若太昊者！萬世斯文，祀以報之，視天地社稷何緩哉？

考之誕聖之郡，畫卦之臺，前代亡不舉祀者，而國朝闕焉。是故正德間侍御成都馬溥然氏、瀛海馮時雍氏、平陽許翔鳳氏先後建議焉；遂寧陳講氏、雲中盧問之氏次第創廟焉。嘉靖初，侍御新安方遠宜[2]氏廣廟於臺焉；鍾離陳世輔氏、任邱郭圻氏飾廟於郡焉。載咨載度，式尊式崇，而所以報之者，歷百年而始具。

今歲春，侍御銅鞮張鵬[3]氏按行至郡，既謁廟，遂及祀事。州守黄仕隆[4]具以對，乃作而歎曰："夫建廟，建祀也。今觀是廟巍然大，焕然文，其理秩然，可以祀矣。然有樂焉？夫祭，禮也。有禮斯有樂矣，未有有儀文而無聲容者。蓋非禮不足以言序，非樂不足以言和，故有儀文而後可以周旋，有聲容而後可以宣暢，上以通神明，下以致馨香，捨樂奚以哉？"乃檄仕隆召工製器，按八音以爲樂，準八佾以爲舞。蓋琴、瑟、笙、鏞之屬必調，籥、翟、冠、袍之屬之必緻。制罔不合，度罔不中，而敬可持矣。乃又自撰《迎神曲》一、《送神曲》一[5]。蓋始條理之有源，終條理之有委。

[1] 紀常：明北直隸文安人。嘉靖五年（1526）進士。曾任分巡隴右道、分巡關西道等。

[2] 方遠宜：字伯時，明南直隸歙縣人。嘉靖二年（1523）進士。歷任巡按甘肅御史、巡按山東御史等職。嘉靖十年主持重修卦臺山伏羲廟。

[3] 張鵬（1502 ~ 1545）：字鳴南，明山西沁州人。嘉靖五年（1526）進士。歷任巡按甘肅御史、巡按山東御史、大理寺丞等職。制禮作樂是伏羲廟的大事，也是張鵬的重要功績，於是此事寫入其《明故奉政大夫大理寺右丞張公墓誌銘》。有云："秦州伏羲廟壞，大理命有司新其堂宇，正其祭器。有中丞可泉胡公碑記。"見《沁縣明朝張鵬墓》，《文物季刊》1992 年第 2 期。

[4] 黄仕隆：明嘉靖十二年至十四年（1533 ~ 1535）任秦州知州。乾隆《直隸秦州新志》卷 7《官師》"秦州知州"目："鉛山人，拔貢。"

[5] 明嘉靖十三年（1534），巡按甘肅御史張鵬、秦州知州黄仕隆主持制禮作樂，完善伏羲廟祭祀規程。

律斯協，呂斯諧，而誠可謁矣。

即告成事，仕隆以復侍御。侍御告之廟，付執事者掌之以供祀。既虔既恪，乃和乃平，而所以報之者，越兩朝而始備。天子之大禮以成，有司之大事以竣。於戯休哉！夫廟以綏，禮以敬也。而樂以樂，夫祭期其樂也。禮行而樂作，自洋洋於俎豆；曲倡而樂和，自雍雍於弦管。樂豈非祀所當急者乎！

夫天地大矣，匪祀曷欽？社稷大矣，匪祀曷明？伏羲氏大矣，匪祀曷仰？祀大矣，匪樂曷奉？侍御因禮以修樂，其有心於禽儀獸舞也，與仕隆介節判鎦溪[1]屬纘宗記。纘宗有感於神之聽之也，敬爲之記。

大明嘉靖己亥[2]仲秋知州吉陽[3]、同知祝豫[4]，忝州判事前御史張梯[5]、吏目李學文[6]立石

謁伏羲廟二首

【題解】碑立伏羲廟東碑廊。明萬曆三十七年（1609）立石。高177釐米，寬82釐米。分守隴右道任彦棻撰並書。行書。碑首爲拱形，刻卷雲紋，碑首左方殘損，碑身石面剥泐嚴重。

地應龜文已渺茫，衹今古廟壓城荒。圖開八卦闢□□，□定五常乘氣陽。龍瑞來時識帝德，鳳凰鳴處聽樂章。信是道法稱鼻祖，萬年俎豆拜聖皇。

燧政結繩已渺茫，繼天神聖闢鴻荒。臺高按圖皆成卦，川脈□乾並是陽。混沌爲誰開奥窔，古今自此有文章。龍官遺意師千載，廟貌尊崇仰羲皇。

萬曆己酉春三月吉

賜進士第朝議大夫分守隴右道左參議東魯任彦棻[7]頓首謹書

張乃自撰《迎神曲》《送神曲》各一章，以配合祭祀禮樂。樂章哀婉華麗，文采飛揚，有屈原《九歌》的風韻。同時，胡纘宗依據明代通行的文廟祭祀樂章撰《太昊廟樂章》七章。

[1] 鎦溪：即劉溪。劉，明河南滑縣人，秦州判官。

[2] 嘉靖己亥：嘉靖十八年（1539）。

[3] 吉陽：乾隆《直隸秦州新志》卷7《官師》"秦州知州"目："吉陽，開州人。舉人。"

[4] 祝豫：乾隆《直隸秦州新志》卷7《官師》"秦州同知"目："祝豫，磁州人。國子生。"

[5] 張梯：乾隆《直隸秦州新志》卷7《官師》"秦州判官"目："字子階，曲陽人。嘉靖壬辰進士。自知縣拜南京監察御史，以言悖權貴，外補判秦州……"

[6] 李學文：乾隆《直隸秦州新志》卷7《官師》"秦州吏目"目："李學文，高唐人。"

[7] 任彦棻：明山東任城人。萬曆二十三年（1595）進士。累官至四川布政參議。著有《雁門集》。本詩當是任彦棻在分守隴右道（官衙駐鞏昌府）任内視察秦州時謁廟所作。

謁太昊宫

【題解】碑立伏羲廟東碑廊。高 115 釐米，寬 74 釐米。無碑首，上有凸形榫，碑面破損嚴重。

畫闢洪荒際，心參造化源。宫墻蟠地脈，遺像迴天根。古柏藏風雨，殘碑歷宋元[1]。何年龍馬去，此日對羲還。

萊蕪吴鴻功[2]

謁太昊宫

【題解】碑現存伏羲廟西碑廊。明崇禎十六年（1643）立石。2005 年維修伏羲廟時出土，存上部半截，拱形碑首，陰刻雲紋。殘存者高 115 釐米，寬 76 釐米。楷書。石灰巖質。碑文乾隆《直隸秦州新志》卷 11《藝文下》有載，兹依據州志補全。

大聖生爲造化主，河圖忽獻心之譜。信心一畫鴻蒙開，千古斯文稱鼻祖。（其一）

三十六宫總一心，枝枝葉葉費根尋。天根月窟龍觀竅，心易還應妙古今。（其二）

悟徹先天一字無，文王周孔總如如。我今拈出羲皇意，萬物森森列卦圖。（其三）

細玩圖中第一圈，虚中造化妙而無。欲知聖聖相傳意，惟在求之未發前。（其四）

大明崇禎十六年歲次癸未東曹存誠居士李悦心澹遠[3]……

---

[1] 現存廟碑無明代以上者。清乾隆四年（1739）西寧道楊應琚参謁伏羲廟，其所著日記《據鞍録》言：“（伏羲廟）碑碣屢經兵火，秦人亦不知珍重，惜無元代以上者。”由詩知，吴鴻功参謁伏羲廟時有宋元古碑。果如是，則伏羲廟的始建時間要大大推前。

[2] “吴鴻功”之“功”碑文殘缺。萊蕪吴氏是明清時期萊蕪著名的大家族，其“鴻”字輩的有吴鴻漸、吴鴻功、吴鴻洙三人。其中吴鴻功字文勳，號鳳岐，明萬曆十七年（1589）進士。曾任山西提學道参政、固原兵備道等職。其人擅長吟詠，隴右任内有《隴州道中》《過關山》《渡渭河》等詩。可基本判斷，碑文無法辨識的“萊蕪吴鴻□”應是“萊蕪吴鴻功”。明萬曆四十六年（1618）冬末，鴻功在固原視察軍防時，忽聞二哥鴻洙病逝之噩耗，遂“棄官東歸”。蓋《太昊宫》詩作於是時。

[3] 李悦心：字澹遠，明山東曹縣人。崇禎七年（1634）進士。曾任巡按甘肅御史。

重修太昊宫碑記

【**題解**】碑存伏羲廟西碑廊。清順治十年（1653）立石。此碑不知何時没入地下，1998年重修先天殿西面的來鶴亭，出土半截，次年又在來鶴亭附近發現另外半截，遂成完碑。高90釐米，寬114釐米。分巡隴西道陝西按察司副使于之士撰文。碑左下角殘損，碑身石面剥泐嚴重，無碑額和碑座。

昔者庖犧氏之王天下也，仰觀俯察，受圖畫卦，因理著□□□□□之道，而開物成務於無窮。其神聖功化與造化，同爲悠久，實六經羣聖之大原，萬世文字之鼻祖。《禮記·祭法》云：法施於民則祀之，而庖犧氏之法施於民爲何如哉？

余兵備成紀之鄉[1]，實爲毓聖之地。拜謁□考其遺跡，諸父老咸曰："州北三十里，地名三陽川，蝸角堡北有臺，名畫卦臺，其土壘遇冬雪，奇偶宛然如卦。堡下有渭水，水中有分心石，隨水大小，不踰其則，是即庖羲氏仰觀俯察，受圖畫卦之故地也。"且語□功曰："畫八卦以發天地之藏，造書契以代結繩之政，作網罟以利漁佃，制婚姻以別男女。上繼天道，下□人極。是功與天地同其大，與日月並其明。以故立祠於州□化無窮也。頃因兵燹洊臻，旱澇頻仍，以至香火寥落，廟貌傾頹者，於兹有日矣。"

余聽父老之言，憮然太吁曰："以若是之聖，而可聽其香火寥落也哉？以若是之聖，而可聽其廟貌傾頹也哉？"況聞肅王暨制臺各有助施，但苦不足。余亦捐俸若干，命中軍賈萬鐘[2]、同鄉耆王紀等，督率工匠，勤力修理。於順治十年正月二十四日起工，未及半載，工已告成。庶可以副朝廷崇重秩祀之意，慰民庶仰□報答之誠矣。遂記其事，勒諸石，以誌不朽云。

欽差鞏昌等處撫民兵備分巡隴西道陝西按察司副使于之士[3]薰沐謹

---

[1] 成紀：唐代中後期成紀縣治所從今秦安境内遷至秦州州城，直至明洪武二年（1369）裁撤。後世即有以"成紀"代稱秦州者，如清代秦州書法家董勳，其書法作品落款常用"成紀董勳"。

[2] 賈萬鐘：賈之職官碑文落款題名爲"欽依分巡隴西道軍守備賈萬鐘"，乾隆《直隸秦州新志》卷7《官師》不載此人。

[3] 于之士：清直隸順天人。舉人。順治八年至十一年（1651 ~ 1654）任分巡隴右道，後升任陝西苑馬寺少卿。乾隆《直隸秦州新志》卷7《官師》"分巡隴右道"目："于之士，順天人。舉人。"關於順治十年伏羲廟的重修，光緒《秦州直隸州新志》卷2《地域》建置附將主持人記爲知州姚時采（州

誌……（其餘落款題名略）

順治癸巳孟秋七月吉日立石

重修文祖廟碑記

【題解】碑立伏羲廟東碑廊。清乾隆五年（1740）立石。高165釐米，寬72釐米。碑面嚴重磨損，中部斷裂，無碑首。秦州知州李鋐撰文，秦州學正張悌書丹。碑陰刻有伏羲廟廟地出租情况及住持經守條約等。

惟自古列聖，與天俱存，而開天明道，帝庖犧氏實爲之首。帝誕於成紀。成紀，今秦州也。州西郭故有帝廟，别爲城，名伏羲城。

乾隆二年，鋐[1]來守茲土，謁廟畢，周步四面，見基址之闊遠，儀制之崇隆，可稱奕奕。顧前後東西两序，傾圮無餘，而後殿更爲頹損□圮。環視之下，良用悚惻。夷考《伏羲廟志》：

中爲正殿七楹，榜曰先天。後爲退殿五楹，榜曰太極。前後東西皆爲序，共廿楹。前爲儀門，扁曰文祖。又前爲門三楹，扁曰與天地准。太極殿後爲亭，題曰見易。前有池，乘以橋亭。先天殿前爲露臺，臺下左右有碑，皆覆以亭。門之外建一綽楔，榜曰太昊宫。門之東西建二綽楔，榜曰繼天立極、曰開物成務。

其志作於明正、嘉間[2]。今證以目前，規模雖具，後院東西两序，僅存六楹。若殿後諸池、亭暨門外東面一綽楔，竟略無遺跡。豈二三百年滄桑久變，而後來者不能追复歟？抑日侵月蠹，以至如此其盡也？鋐考證既悉，悚惕彌深，竊意杳無遺跡者，固未易驟復，而當前具在者，又烏忍聽其再廢？

爰於四年六月，潔捐薄俸，鳩工庀材。嗣州人亦有助之者。委别駕吴

志誤“采”爲“來”）。據碑文知，本次重修的首席主持人當是“捐俸若干”助修並撰寫碑文的于之士。另據碑文題名落款，知姚時采和排名在姚前的秦州營游擊郭鎮都是督工。要説重修主持人，按于之士、郭鎮都、姚時采的順序排列才算合適。

[1] 鋐：即秦州知州李鋐。李鋐，清福建侯官人。舉人。乾隆二年至六年（1737～1741）任秦州知州。乾隆《直隸秦州新志》卷7《名宦》有傳。

[2] 李鋐所記《伏羲廟志》已散佚。明代正德、嘉靖年間正是卦臺山伏羲廟、秦州伏羲廟大建之時，故有關於伏羲廟的專志。

三煜[1]、參軍鄭重[2]偕州紳士鄉耆數人敦其事。圮者建之，損者葺之。易之以棟梁，新之以丹雘。复於廟之西建牡丹亭一楹，以備觀遊憩息賞心之所。訖十月而工告成。崇垣甬道，碧瓦朱甍，穆然焕然，庶足以妥聖靈而明祀事歟！

夫帝首闡三極之道，啟萬世之統，自炎黄以下，莫與倫比，固非讚頌所及。至此廟創建補葺之始末，與夫古柏蒼蘚，負山帶河，稱隴勝跡，將不惟書志所覆，故碑亦燦然可徵也。故皆從其略，而敬識重修之歲月梗概如此云。

直隸秦州知州闽中李鋐敬撰

州判吴三煜、學正張悌[3]、訓導周崇文[4]、吏目鄭重仝立

助理绅士州同胡壽、鄉耆魏相儒、孝廉楊舒、農官魏文、生員蒲又洪

大清乾隆五年歲次庚申仲夏穀旦

碑陰“經守條約”：

今將文祖廟内清查首明出公地案由、入官地畝地段坐落四至、住持經守條約開載於後：

一官下民劉睿□□□□北邊土地一塊，尺丈在廟内總四至中，原首詞在卷。蒙州批，文祖……首□□□□□□□□□□而地内已種煙苗，貧民失業，亦屬可憫，俟秋後收穫完日，交明主持，以備……

一監□□□廟旁□至南邊官地一所借作書房，生員劉榮先將廟旁東壁中間官地一所借作書房，西壁中間官地一所借作書房。各具結前來。尺丈在廟内總四至中，原結在卷，蒙州批，文祖廟内空□□□□□瓜分踞佔。但建蓋書房，設教訓讀，與任意作踐吞噬入已者有間。今既首明，姑免置議，以建之房□，必勒令拆毁，安土……之意，倘有願將房屋移置别處，退還

[1] 吴三煜：乾隆《直隸秦州新志》卷7《官師》“秦州州判”目：“吴三煜，浙江人。例監。”

[2] 鄭重：乾隆《直隸秦州新志》卷7《官師》“秦州吏目”目：“鄭重，大興人。監生。”

[3] 張悌：乾隆《直隸秦州新志》卷7《官師》“秦州學正”目：“張悌，蒲城人。舉人。”

[4] 周崇文：乾隆《直隸秦州新志》卷7《官師》“秦州訓導”目列有周崇文姓名，不記其籍貫、功名。

官地者，聽該生等自便。如有情願照舊設教者，該生等□名下，每年諒出租……持以資香火之需，似亦公私两盡之道。□宜凜□□至□究□□穆恂。生員劉榮先、張朝琮各具甘結，粘卷内穆恂……地租錢二百文。劉榮先每年承認地租錢三百文，俱限本身，日後不作書房之時，退還原地。惟張朝琮又具呈詞，意欲□□□走，復圖依舊作館設教等語，蒙州批，前着□□並照舊設教者，因無礙於廟内，今重修建□，需用地基，且工程告竣，不便□入以兹作践，仰該生另爲遷移可也。□□鎖瀆，張朝琮遵批退地，現蓋牡丹亭一所。

一廟前後面東西闊俱貳拾丈零五尺，南北長陸拾丈。

一廟西邊道院一所，尺丈在廟内總四至中。内住持趙復宋自己出資，修蓋乾撒瓦槅板房壹拾壹間，田復喜自己出資修蓋乾撒瓦槅板房四間半。

一住持道人趙復宋、田復喜宜虔修香火，小心經守，毋得作□□□□□□□□人等，亦不得任意出入遊玩騷擾。如不□□□，該住持立即扭稟，以憑拿究。

伏羲廟建修樂樓碑記

【題解】碑嵌伏羲廟西碑廊墻體。乾隆年立石。殘存上半部分。碑首爲拱形，篆額“樂樓碑記”，两側陰刻二龍相對，周邊飾卷雲紋。

第一行：蓋聞王者作樂以享上帝，小民……

第二行：亦猶乎古也。州治之西偏有……

第三行：太昊宫由來久矣，凡謁者仰龍顔……

第四行：備周文之爻。廟宇崔巍，古柏……

第五行：致歎荒煙蔓草也。第荒……

第六行：之聖人何知百世不憂……

第七行：庶之樂將悃忱於汤穆……

第八行：敢或舉歟！爰有羲皇……

第九行：工庀材，建設樂樓……

第十行：報賽者設施無難……

第十一行：而告成。其地價……

第十二行：於左。計開……

第十三行：募化銀……

第十四行：胡……

第十五行：大清乾隆[1]……

太昊廟祀樂章

【題解】碑嵌伏羲廟西碑廊。“樂章”原係巡撫陝西監察御史張鵬撰文，陝西布政司分守隴右道參議劉從學題額，陝西按察司分巡隴右道僉事紀常書丹，明嘉靖十三年（1534）秦州知州黄仕隆立石；本碑是清乾隆五年（1740）四月秦州知州李鋐主持重刊立石。高 63 釐米，寬 101 釐米。碑面有剥泐，右下角殘損。

巡撫陝西監察御史沁陽張鵬撰文

陝西布政司分守隴右道參議吉郡劉從學題額

陝西按察司分巡隴右道僉事文安紀常書丹

迎神曲

山泠泠兮水溜溜，風瑟瑟兮雲悠悠。殿闃曠兮鳥聲幽，天陰晦兮樹色愁。喧鼓吹兮陳肴饈，紛跪拜兮雜舞謳。神之來兮靈氣周，駕玉龍兮乘蒼虬。音杳杳兮意寂寂，祇在清虚煙上頭。

送神曲

日未落兮月將輝，霧横布兮雨初霏。醉桂酒兮目晞晞，瞻瓊筵兮心依依。鐘鼓間兮弦管微，羽蓋張兮琳軒歸。神欲旋兮不可揮，鳴玉珮兮飄仙衣。歡無顔兮笑無語，松柏蕭蕭鳥雀飛。

嘉靖十三年甲午仲秋之吉秦州知州鉛山黄仕隆立石

大清乾隆五年庚申孟夏之吉秦州知州閬中李鋐重刊[2]

[1] 疑爲記乾隆四年（1739）秦州知州李鋐創建樂樓事。樂樓的位置不詳，相傳清代伏羲廟東隔壁的樂善院内建有樂臺，不知是否。

[2] 按慣例，重刊是因爲原碑重要，但因故損殘，後來者依原樣重刻之。此碑名爲“重刊”，事實上鐫刻之文和乾隆《直隸秦州新志》所載張鵬撰文之《太昊廟樂章》大異，有可能是張鵬“樂章”的另一版本，也有可能是李鋐步張鵬原韻的“新作”。茲録乾隆《直隸秦州新志》卷 11《藝文下》

朝議大夫升任寧夏府知府直隸秦州知州王重修伏羲廟碑記

【題解】碑立伏羲廟東碑廊。清嘉慶十二年（1807）立石。高 203 釐米，寬 81 釐米。鄒曹純撰文，張烈書丹。拱形碑首，篆書“大清”2 字，两側陰刻二龍相對，邊飾卷雲紋。碑面多處剥泐，石質惡劣，刻工不精。

秦州，古成紀也。昔者，伏羲氏實生此州，故州西北有卦臺山，州西有伏羲城，爲立廟祀焉。明嘉靖中重修之，康對山修撰記其事[1]。迄今三百餘年，漸以傾頽剥落，起而修之，非有大造於此州，而能爲人人之所不能者，弗克舉。

嘉慶二年，我公祖神木王公[2]來守此土，即爲吾民興利除害，修廢舉墜，成民而致力於神。未及一載，值川、楚賊匪竄入州境蔓延[3]。五六年間，賊勢猖獗，蹂躪四境，百姓奔竄逃匿，無不受其害者。公捐廉俸，築西郭伏羲城數百丈，民賴以庇，而廟亦不毁於兵火。民之愚者，不以爲公之功，竟以爲伏羲氏之力也。公又爲民修堡寨，糾鄉勇，鑄銃炮，嚴警邏，賊不敢逼，而民始稍定。當此之時，公内則楨幹畚鍤□石之具，自州城附郭以及屬縣遠鎮無虚處，外則糗糧芻茭夫馬之需，自大帥督憲以及諸戎帥無虚日。公又總理糧臺，飛芻挽粟，羽書旁午。乃倡捐千金，付生監築西城。復念城東居民無所障蔽，被兵日危，復捐資築東關新城。因舊基西拓數百丈，結連大城，長與伏羲城等。東郊之民有所依賴，賊至不懼。然則，伏羲氏真能庇吾民而假手我公以爲之者耶？方是時也，公日夜以修城築堡，嚴戒禦之備爲急，又履行四鄉及各屬縣，稽查遠近難民被焚掠及受殺害者，

之張鵬《太昊廟樂章》如下：

迎 神

山矗矗兮水悠悠，風瑟瑟兮雲脩脩。殿閴曠兮鳥聲柔，天元冥兮樹色幽。諧鼓吹兮陳肴饈，紛拜舞兮恭獻酬。神之來兮靈色周，駕玉龍兮乘蒼虬。鑾鏘鏘兮旆皜皜，宛在清虚煙上頭。

送 神

日欲暝兮月將暉，霧靄靄兮煙霏霏。湛桂醑兮天熹微，陳瓊筵兮神依稀。鐘鼓間兮琴瑟希，鳳吹導兮鸞輿歸。神猶眷兮旟欲揮，鳴蒼珮兮垂丹扆。來何從兮去何適，松柏穆穆兮鳥雀飛。

[1] 康對山：對山，康海之號。“記其事”指康海所撰《重修伏羲廟記》。

[2] 我公祖神木王公：即秦州知州王賜均。王，字壹斋，陝西神木人。舉人。歷任静寧州知州、秦州知州、寧夏知府等职。所在皆有政績。

[3] 所謂“川、楚賊匪”指嘉慶年間一度深入秦州、階州一帶的四川、湖北白蓮教起義軍，“秦州志”蔑稱“教匪”。

詳請撫恤，按口給糧存濟，故於修廟弗暇也。

嘉慶六年，秦州大饑。公據情申請，蒙皇上天恩，發廩七萬，秋冬之間，民賴以甦。比春，赤貧户民又復嗷嗷，公乃施設粥廠。謂饑民聚於一處則疫生，且道遠，故在城則東西關分設男女廠二處，在鄉則東路之馬跑泉、街子鎮，南路之天水鎮、娘娘壩，西路之三十里鋪、關子鎮，北路之石佛鎮、雷王集，四面各設粥廠。每廠日食數千人，至四月初十日乃止。三月之久，全活無數。至嘉慶八年，賊匪漸平。而公以勞於民事，鬚髮爲之頒白矣。

明年，公首蒙卓異，例應陛見，而歲復欠收，士民請於大吏，求留公以濟民命，卒不可得。公卸篆後，復分途中貲斧之費，於東西兩關設男女粥廠二處，自冬徂春，民賴以活。公乃輕裝倍道，馳赴京師。六月，公還。民夾道歡迎者，百餘里不絶。蓋之死而生之，亡而存之，民胥戴德若父母矣。

公既喜吾民之復蘇而樂其生也，於是始有營造之舉焉。重禋祀則建立文昌宫，禱雨澤則重修龍王廟，備災患則重修火神廟。前後設廠，建造費踰萬金，民不與焉。又念伏羲生於此州，爲萬古文明之祖，城粗完整，則廟不可以不修也。故自十年三月，鳩工繕修大殿。公自捐錢三百萬、銀六百两，並所積罰鍰共銀一千一百兩。又不足用，乃幸紳士石作環等老成練達者董其事，募之民間，復得两千餘金。十二年五月，功乃告竣。計建正殿九楹，補葺两廡十楹，碑亭六所，鐘鼓樓各一，頭門五楹，二門五楹，向南□□□□東西牌樓□□。垣墉户牖，丹雘雕飾，鞏固宏敞，自門闕以逮两廡，規模肅如也。

夫廟社城郭之興廢，足以覘都邑之盛衰、政俗之隆替。公能不鄙夷吾民而養之教之，安危禍福與民共之，饑不忍獨飽，寒不忍獨温，而又以其餘力與民修殘補廢，宜乎人人有桐鄉之愛，叔度之歌矣。而余獨念公十餘年來，兵燹艱難、薄書鞅掌之餘，不殫勞瘁，不□貲費，以鳩此功，所以培植吾州者，其意甚厚。所願吾州人士，追皇古之淳風，戒沃土之驕淫，安不忘危，患思有備，男耕女織，風淳俗美，鬼神降福，三時不害，於以崇明祀，□頌平，甚盛事也。自今已往，承國家休養生息之澤，以至於億萬年，正未有艾，其亦公厚愛吾民之意也。

夫公於嘉慶十一年冬授寧夏府知府，十二年秋乃之任。州人士因廟之落成，述其事，請余略記顛末，勒石以志不忘。

文林郎庚子科經元候銓知縣借補西和儒學訓導郡人鄒曹純[1]敬撰

文林郎丙午科舉人候銓知縣借補隴州儒學學正郡人張烈[2]敬書

嘉慶十二年歲次丁卯秋七月穀旦闔州绅庶立石

伏羲廟設立燈會碑

【題解】碑嵌西碑廊墻體。清道光十年（1830）立石。高 47.5 釐米，寬 79 釐米。郡學生石濤書丹。碑面有殘損，字跡模糊。

大清道光十年正月穀旦，伏羲廟設立燈会，謹列佈施姓名於後：

剡開祥拾两……（以下捐資者 88 人及商户 19 家姓名或名稱略）

郡學生石濤書

募化主持田教雲

重修伏羲廟記

【題解】碑已不存。清光緒十三年（1887）立石。清分巡鞏秦階道姚協贊撰文，書者不詳。據張維《隴右金石録》，民國時碑尚存，不知何時流失。文光緒《秦州直隸州新志》卷 21《藝文三》有載。

姚協贊，字馨圃，清奉天府承德人。同治七年（1868）進士。光緒九年（1883）任鞏秦階道。重視文教，有政績。

古稱前後三皇繼開天物，而人皇生刑馬山提地之國，宓羲生成起，皆秦州地也。夫聖皇道濟垓埏，神周寰宇，華夷内外，皆其靈爽所布濩，尚何區區桑梓之足戀？然桑梓人士指里廬而愾慕，睹遺跡而欷歔，其依嚮尸祝之忱，豈與遐方逖聽者等哉？此國家祀典所以既祀古帝於其國都，復聽立廟誕降之鄉，令有司時饗勿替也。

[1] 鄒曹純：清甘肅秦州人。乾隆二十一年（1756）舉人。

[2] 張烈：清甘肅秦州人。乾隆五十一年（1786）舉人。仕至西安府學教授。著有《西山堂藏稿》。

秦州伏羲廟，《明史·禮志》稱正德中建[1]。考之廟碑，則劉方伯天和營其始，都指揮尹鳳底其功，事在弘治庚戌[2]。而史繫之正德者，豈至正德時始列祀典歟？惟締構伊始，規模尚陀陋，洎嘉靖重建，增其式廓，殿寢、廊廡、門坊之制始備。我朝順治、乾隆、嘉慶中，凡三葺修，拓舊作新，彌益閎敞。然自嘉慶迄今，年歷八十，兵燹再更，重以己卯地震[3]，梁楝撓折，瓴甓剥阤，前闕摇落至盡。

光緒癸未[4]，予由詞館奉恩命來巡隴南。謁廟睹狀，怵然心惕，急欲鳩工興作，顧念荒餘民困，未敢驟舉。乙酉夏[5]，始與州牧余君澤春[6]協心營建。既各捐俸爲倡，且延在籍主政任君其昌、蘇君統武[7]董率紳耆，分詣隴南各州縣勸分集貲。自夏涉秋，輸繦駢蕃，工徒鱗萃，斬材岷麓，浮渭東來，陶埴近郊，炎焰赩雲，蓋二十九閱月而事竣。凡用木材以丈計者踰千，磚瓦以枚計者各踰萬，傚人工三萬而贏，支錢一萬二千緡有奇。重建先天殿七楹，深五筵；後寢五楹，深五筵，高皆踰其深五分之一。東西朝房各三間；長廊五間，以庋碑碣。重門聳矗，綽楔對峙，金碧丹雘，照耀通衢[8]。

論者謂：太昊之德高大與天侔，是廟之成，高大亦與帝德稱。然以隴南磽瘠之區，承軍興凋耗之後，歡然傾貲，殫力蕆此大工而無吝，誠聖化之入人者深，陰鼓物情以至此，抑亦邦人士之敦善樂施，成於習尚者素歟？

---

[1] 此是據《明史》卷50《禮志》“正德十一年，立伏羲氏廟於秦州”等語而言。

[2] 此是據弘治庚戌即弘治三年（1490）所立《新修太昊宫門坊記》而言。伏羲廟始建於明成化十九年（1483），主持者是秦州知州傅鼐，本碑所謂“則劉方伯天和營其始”是將秦州知州傅鼐（字天和）當成三邊總制劉天和了。另，弘治三年，耆老劉克己等集資新修門坊，和官方關係不大。尹鳳等一干官員在碑上留名，只是表示對重修支持而已，並非官方主持重修。詳見前注《新修太昊宫門坊記》。“都指揮尹鳳底其功”一語也不確。

[3] 己卯地震：己卯，清光緒五年（1879）。光緒《秦州直隸州新志》卷24《附考》：“（光緒）五年五月十日，地震。十二日寅時，地大震。至十三日乃止。山隤川移，城堞室廬，傾倒無數。州境傷人畜以數十計。”

[4] 光緒癸未：清光緒九年（1883）。

[5] 乙酉：清光緒十一年。

[6] 余澤春：光緒《秦州直隸州新志》卷10《職官下》“秦州知州”目：“余澤春，遂安人。軍功。”

[7] 任君其昌、蘇君統武：二人都是秦州進士，此時在籍，於是應姚協贊邀請協修伏羲廟。

[8] 現存伏羲廟之規模既由此次重修奠定。

祎哉！尤可記也。

監工極勤力者：在籍郎中張和，副貢生關鏞，訓導徐順天，諸生董謙光、馬鳳彩、張維，軍功趙廷璧，舉人張廷舉，耆民馬烈等，法得具書。

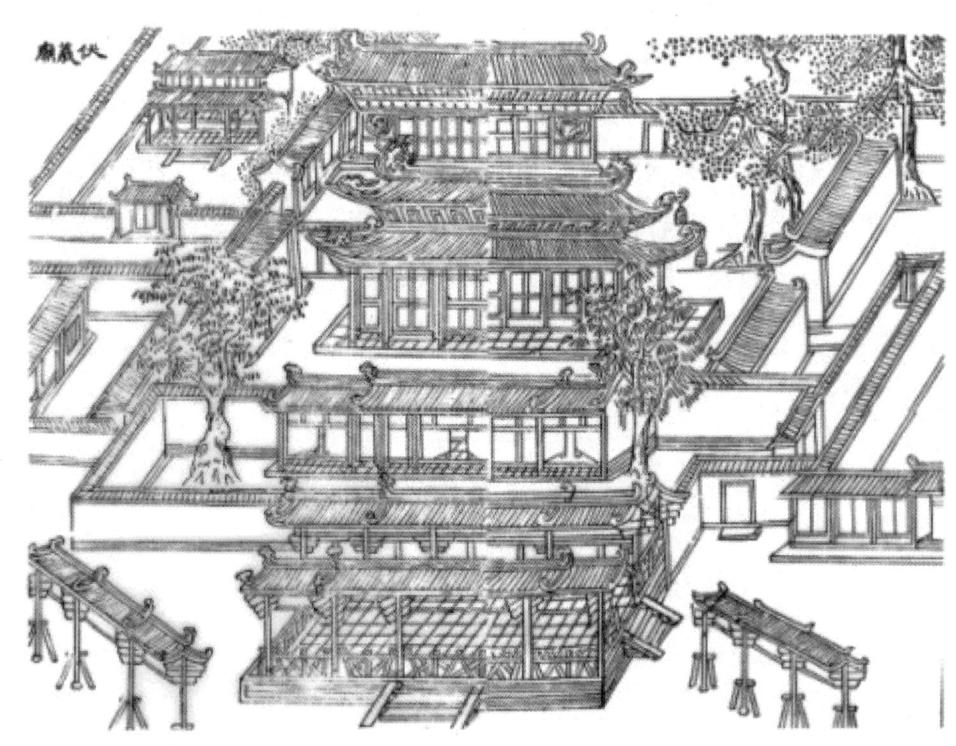

圖 1-4 光緒《秦州直隸州新志》所附伏羲廟圖

伏羲廟内其他碑刻選録

佛頂尊勝陀罗尼經幢

【題解】現立於伏羲廟東碑廊。其一，高 150 釐米，直徑 34 釐米。石灰巖質。八棱形，上部有榫。圓形石座。其二，兩級組成，總長 142 釐米。下部分直徑 32 釐米，上部分直徑 26 釐米。石灰巖質。八棱形，覆蓮座。两通經幢基本完好，字跡可識。關於此經幢，天水馮國瑞先生有長篇考証題記，附録如下：

天福經幢外誌合刻殘石，民國二十三年出於天水西關，有“晉天福四年歲次乙亥十月”等字。石爲八棱，棱四行，上下俱缺，其存者爲中段，泐處數見。前刻某君外誌銘並序，後刻陀羅尼經咒，尚爲創見之例。經幢收藏以近代葉鞠裳氏爲最富，其五百經幢館中之物體例略備，其所稱奉佛之士建幢墓域，謂之墳幢，乃刻經咒建墓域耳。尚未見經誌合刻者，茲爲記其特徵如右：

一、佛頂尊勝陀羅尼經，唐永淳中婆羅門僧佛陀波利取其本人中國。至廣德中，已八譯。如來於天人中最爲尊勝，此最勝，尊勝之同義，習見經幢，皆書佛頂尊勝陀羅尼經，或書經文，或僅書咒。而此幢書如來灌頂光滅惡趣陀羅尼，可俟深識内典者考證之。

二、撰書人銜名完好，攝法曹參軍將仕郎前守長道縣主簿兼監察御史杜兢撰，將仕郎試秘書省校書郎勾龍璿書。按，《揮麈後録》勾龍如淵本勾氏，避高宗諱，加龍字。而《録異記》中有勾龍宏道，《廣韻》勾龍社亦姓勾龍，與璿皆可徵宋前即有勾龍之姓也。

三、此誌某君姓名已泐，有云"卒於秦州廣信坊私第，年七十八，本貫同州同谷縣清化鄉犀牛社"，又云"□年十一月窆於成紀縣羅峪鄉第三社，以年月不利未克，附於先塋故□"。依此，則秦州坊巷當五代時有廣信坊之名。《通志》："犀牛江，在階州東二百四十里。即西漢水有犀牛江，廟在其旁。"清化鄉、犀牛社之傳聞有賴此石。今天水城北漾水，俗稱羅玉河。石載"窆於成紀縣羅玉鄉第三社"，石出土於天水西關，即當舊鄉社地矣。

四、五代兵戈相尋，疆土割裂。同光間破蜀，已而復失，惟得秦、鳳、階、成四州。《五代史》秦州屬梁，唐、晉置雄武軍節度使，石云"聞者皆悲，里巷軍城無不衆慟"，即雄武軍也。

五、以銘詞闕文推之，可知原石尺度。十五行"銘曰"2字，十七行節有誌出塵。二□□取事，不□□身，結交表義，揮仁以仁。三□□陶鈞。五艱難五紀，慨慷八旬，繼隆恩渥，晝錫穹旻。六摧咽驚鄰。八攀追雖遠，亦襲□□。窆於阡陌，終隔光塵。九據此銘詞，凡九解解句46字，長七寸；石上闕五字，下闕七寸，則原石長二尺一寸也。

陶公隄碑記

【題解】碑嵌伏羲廟西碑廊墻體。光緒三年（1877）立石。高113釐米，寬50釐米。破殘嚴重，識讀困難。記載秦州知州陶模興修藉河河隄之事。陶清光緒元年任秦州知州，廉政愛民，曾主持興修城南藉河河隄，州人名之曰"陶公隄"。

碑原在城南水月寺，不知何時遷移廟内。

新建忠義祠捐資銜名碑

【**題解**】碑嵌西碑廊墻體。高134釐米，寬60釐米。石灰巖質。拱形碑首，題額“永垂不朽”，兩側爲龍紋。周邊飾卷草紋，石面有粗細不等的裂紋，破殘嚴重。太平天国運動及同治年間回民反清起義之後，秦州州署按清廷的意圖爲鎮壓起義而陣亡者立忠義堂（又稱忠義祠）於伏羲廟西來鶴亭前。

新建忠義祠捐資銜名列後：

欽命提督軍門總統護軍振威□□甘肅凉州總鎮胡松額巴圖魯傅先宗助銀壹佰兩；

記名提督軍門統領開字馬步全軍法克精阿巴圖魯梅開泰助銀壹佰兩；

記名提督軍門統領振威馬步全軍格洪額巴圖魯彭忠國助銀壹佰兩；

記名提督軍門統領親兵廷字京馬等營馬步全軍喻正祥助銀壹百兩；

欽加布政使銜甘肅蘭州道前總理楚軍糧臺豫師助錢五十釧；

欽加道銜即補知府署秦州直隸州正堂鄧承偉助錢壹佰釧；

記名總鎮統帶勁勇營豪勇巴圖魯緱連魁助錢五十釧；

記名簡放開總鎮署理秦州管副總府果勇巴圖魯文象奎助錢四拾釧；

記名總鎮督催两路軍糧統領護軍建字德字等營洮岷協鎮府振勇巴圖魯敖天印助銀□□兩；

署通渭縣正堂趙德齡助銀貳佰兩；

統帶德字正右營守簡放總鎮府效勇士巴圖魯李占超助銀伍拾兩；

統帶德字親兵中營即補參府劉大發助銀伍拾兩；

統帶德字副中營即補遊府陳長泰助銀伍拾兩；

統領建字等營即補協鎮府資勇巴圖魯李大成助銀伍拾兩；

統帶建字前營即補協鎮府吴萬銀助銀伍拾兩；

統帶建字左營即補遊府傅坦助銀伍拾兩；

統帶護軍前營簡放總鎮果勇巴圖魯林得勝助銀伍拾兩；

統事護軍右營即補協鎮都督府周正延助銀伍拾兩；

統帶護軍左營即補協鎮都督府熊得勝助銀伍拾兩。

寶天鐵路殉職民工紀念堂奠基石

【題解】現存伏羲廟西碑廊。原在天水協修寶天鐵路民工紀念堂（今天水市兒童樂園後隔壁），2005 年移入伏羲廟。1946 年立石。高 45 釐米，寬 80 釐米。

寶天鐵路徵工出力人員題名碑

【題解】現存伏羲廟西碑廊。原在天水協修寶天鐵路民工紀念堂，2005 年移入伏羲廟。1946 年立石。高 97 釐米，寬 170 釐米。

甘肅省協修寶天鐵路殞職民工紀念堂創建碑記

【題解】現存伏羲廟西碑廊。原在天水協修寶天鐵路民工紀念堂（原秦州區解放影劇院東墻壁），2005 年移入伏羲廟。1947 年立石。高 65.5 釐米，寬 146 釐米。胡受謙撰文，天水馮國瑞書丹。

民國三十有三年夏，受謙自岷洮行政區奉調督察隴南，重蒞天水。於時，豫氛甚惡，隴海鐵道加緊西展工程，自寶雞達天水，凡百七十二公里。隴阪嶮阻，邃嶺伐石，垂六年矣。

今甘肅省政府主席安順谷蒿目時艱，既請命徵集隴南天水、秦安、通渭、清水、武山、甘谷、西和、两當、徽、成、禮等十一縣民工協修路基。後以受謙兼董其役。徵工伊始，約以三事：實畀勞資，綢繆飽暖，必信獎懲，於是經始。於是秋八月前後，分二期集民工三萬六千二百五十人，初預計需十閱月可蕆事。路局資助及各縣籌配以此爲准。而胼胝工地，倍形踴躍者，蓋由謹組威訓，以責其成；恤困苦，以贍其生；利農隙，以適其時；防弊竇，以期其效。故羣情感奮，事半功倍，五閱月而竟告厥成，固非初料所及。

唯羣力亦勞且殫矣！艱難危亡，震思深嵌人心，有利抗建，胥甘於後，何可没當。夫鍤畚移山，勵志不奔，捲舌入喉，祁寒寧畏。或賈勇巖巘，遽殞險絶；或没頂急流，嗚咽難救，殞職民工達百數十有奇。

嗚呼，壯矣！爰以斯役羡餘，秉命省政府，鳩工庀材，創建斯堂，因紀事而鐫之石。庶景觀餘，慕興起來茲歟。

安陸胡受謙撰文

天水馮國瑞書丹

天蘭鐵路殉職民工題名碑

【題解】現存伏羲廟西碑廊。原在天水協修寶天鐵路民工紀念堂，2005 年移入伏羲廟。1947 年立石。高 66 釐米，寬 138 釐米。

第二節　玉泉觀碑刻

梁志通詩碑

【題解】 原在玉泉觀神仙洞，現嵌玉泉觀碑廊墻壁。元至元三十年（1293）立石。碑高 81 釐米，寬 38.5 釐米。梁志通撰並書。碑面有些地方漫漶不清。

□□□將軍鞏昌□處宣慰使兼都總帥汪相國[1]駟□□□春，一日公暇，適□□□□間，索□□筆，遂書□□□□□□□□諸石，蒲公□□□□□□庸庵奉命敬書。

大道蘧廬樂自遊，風光仿佛象瀛洲。庵前草木長春景，物外雲山不夜秋。鬼闢馗罡三尺劍，神藏天地一虛舟。從來抛卻紅塵事，勘破浮生只點頭。

至元歲次丁丑[2]□遊

□□梁公達玄子[3]書，施工羽服郝志堅刊，大元國至元三十年太歲癸巳端午日住持煙霞無爲大師梁志通等立石

創建玉泉觀記

【題解】碑立玉泉觀碑廊。元大德六年（1302）立石。高 183 釐米，

[1] 據仕宦履歷分析，此“都總帥汪相國”或即汪惟正（1242 ~ 1285）。隴右王汪世顯孫，汪德臣長子。官至龍虎衛上將軍、中書左丞、行秦蜀中書省事。

[2] 至元歲次丁丑：元世祖至元十四年（1277）。

[3] 梁公達玄子：即梁志通，“達玄子”其號也。梁是長春真人丘處機徒裔，玉泉觀的創建者。乾隆《直隸秦州新志》卷 12《雜記》之“仙釋中”云：“梁志通，山西介休人，號達玄子。至元丙子間慕道來秦，功成，終玉泉觀。未移時，在長安灞橋於使客傳鑰寄徒。旬日使至，乃知其脱化留跡也。”

寬93釐米。碑身現已斷裂，上部殘缺。張維《隴右金石録》著録，曰“玉泉觀碑”，考訂“此碑原石已佚，今所存者明嘉靖四年重書立石也”。

文林郎翰林國史院承旨知制誥中順大夫唐仁祖[1]撰

四川行中書省左右司員外郎喬宗亮[2]篆

秦州玉泉觀，在州西二里北山崗林間，全真師梁志通所建。師即丘神仙徒裔也。初，圜堵修道於太原東山聖泉觀，幾凡三十年。至元辛未[3]，拔□□□□之長春，南离汴之朝光，涉關陜至於秦亭[4]。

秦，古成紀也。表帶山河，喉襟蜀隴，雖臨關塞，□□如茅君之拔宅飛昇，太上之煉丹古跡，靈都真境，石刻具存。志通竊慕修隱，乃乞地於師汝舟張黑子，得餘五畝，坡陀荆棘，岑寂幽居，誠明淵静。或□崇而請禱者，符之必應，秦人敬而異之。道價重聞□□，帖木兒大王[5]賜號“煙霞無爲大師”，玄門掌教王真人[6]號“達玄子”。

師一旦謂弟子鍾道亮曰：“且夫田叟市民，粗一家之安，遇一歲之豐登，立祠宇，設像儀，尚知所謝。今道家者流，原於□花。老子職柱下史，閲人代之，久述伏羲、神農、黄帝大道之書，祖軒岐至真長生之説。况羲皇生於本土，三聖人者[7]，開元立極，神功聖化，萬祀無窮。何不崇其聖教，建廟而報之禋祀乎？”鍾歎曰：“此奇事也！”其鄉豪士族，相爲經紀數歲，聞者莫不蠲財助力而爲之。以觀基迫隘，剗削垂崖，芟夷荆棘。至元丙子，起太上殿[8]，事之以五祖七真。至元己丑，建玉皇殿[9]，事之以風后

[1] 唐仁祖（1248 ~ 1301），字壽卿，畏兀爾（即維吾爾）人。歷官至授翰林學士承旨、資善大夫、知制誥兼修國史。《元史》有傳。

[2] 喬宗亮：有文名，篆額之前曾任禮部侍郎等職。

[3] 至元辛未：元世祖至元八年（1271）。

[4] 秦亭：西周孝王時秦先祖非子被封爲附庸，“邑之秦”即在秦建邑，“秦”之稱謂源於此，地在今張家川回族自治縣後川河谷。此“秦亭”似用典借指秦州。

[5] 帖木兒大王：《元史》中有“帖木兒”名者有12人，其中封王者有两個，一是濟寧郡王，一是保德郡王。此處“帖木兒大王”當是封濟寧郡王者。

[6] 王真人：即王志坦（1200 ~ 1272），相州湯陰（今屬河南）人，爲丘處機門下第五代弟子，號淳和。蒙古至元年間繼李志常任全真道掌教。

[7] 三聖人：即三皇，元代三皇指爲伏羲、神農、黄帝。

[8] 至元丙子：元世祖至元十三年（1276）。太上殿，今名三清殿，位於玉泉觀最高處。

[9] 至元己丑：元世祖志元二十六年（1289）。玉皇殿，玉泉觀主體建筑，現存。

牧伯。殿宇宏麗，位置高敞，下瞰井邑，曠若在於塵世之表。崖鑿圓龕，幻如蟻穴，素隱者可以寓百年之□。山腹出泉，冥然澄寂，祈飲者可以愈邦人之疾[1]。樹繞泉亭，簷楹蔽映，如入畫圖。觀因境勝，名曰“玉泉”。凡道院廚庫器用無所不備。

□□弟子弘真闡教大師鍾道亮，礱石將以紀師營度修習之功，不遠千里而來徵文於余。嗚呼！師作□□達之，是以勤矣。余□之曰：“求道學仙之侶，以清净爲本，以道德爲心，以天地爲蘧廬，以逍遥爲外物，超凡人聖，忘□□□□□是難能也。若夫紹玄學而述老氏，遵三聖而繼七真，以形神自全，以堅苦自勵，塊然無□□□□素善於至□□是難能也。二者得兼，其惟達玄子乎！”

師姓梁，志通其諱也，介休人。甫年十二辭親悟道，授業於馮志清。馮師爲神子張志謹，張即丘門之高弟也。於是乎書。

大元國大德六年歲次壬寅孟春壬寅朔上旬有五日玉泉觀全真道人梁志通徒衆立石

三皇廟記

【題解】原在玉泉觀，今佚。碑文録自乾隆《直隸秦州新志》卷 11《藝文中》。題下原注“廟廢久矣，碑暴於玉泉之阿，今載此”。喬宗亮撰。喬曾爲《創建玉泉觀記》篆額，此碑提及創建三皇廟事，估計《三皇廟記》碑建立時間與之相近。

渾沌裂，盤古死，穹窿磅礴，如雞未子，外卵而天，内黄而地，華然而日，魄然而月，森然而星，油然而氣，蓬然而風，殷然而雷，斬然而山，淵然而水。其蜚於空，則爲雨，爲霜，爲雹，爲野馬，爲游塵；其茁於土，則爲林，爲叢，爲穀，爲卉；其錮於石則爲金，爲玉，爲砂；其産於澤，爲鹵，爲稻，爲萑葦。萬物戢戢，以相形齒。精氣曰人，神遊曰鬼，有翼曰禽，有趾曰豸，

[1] 此泉又稱明眼泉，水位下降成淺井，清澈甘洌。2000 年整修時發現元至元二十八年、元大德六年刻銘石井圈，有“玉泉觀重砌聖泉”等字樣。

鱗泳曰魚；腹行曰虺，肖翹之蟲，蠕動之類，紛紛藉藉，不可殫紀[1]。

遂古之後，巢居之始，未相呼號，初無名字，鳥獸夷狄龐無以異，鴻茫荒忽遐哉邈乎。尚矣！無聞焉耳。迄今三十萬歲之上，有大聖人曰宓羲氏。龍顏而介肌，洩露神機。八索既畫，五正既夷。陰陽奇偶，夫得其妃，以坤腹坎，以乾父離，閼逢於干，困敦爲支。鼠豕乘時，象數實滋。折草而推，靈於寶龜。握管而窺，密於璿璣。六氣不迷，是爲天師。

又有大聖人曰神農氏，匿犀桃腦，耽耳豐頤。商度土宜，九邱既蓺，百昌既蕃，錢鎛耒耜，是興是治，稻粱黍稷，爲農爲坻。穴山淵海，蒐精索奇。老石腐土，可以使物；草本木實，可以起屍。寒温甘苦，如命其兒。實人醫王，民物無疵。

又有大聖人曰軒轅氏，反首而冠，兕形而衣。人倫既彝，五兵既犀，萬馬既羈。魑魅魍魎，匿跡滅影；虎兕熊羆，羹肉薦皮；宫車俎豆，軒蓋旄旃。蒼頡篆書而鬼哭，洞庭張樂而鳳儀。摩玉策於風力，繹金匱於雷岐，神裸蟲於異物，文中原於四夷。此其所以道貫百王，澤流千世。金天顓頊，高辛唐虞，夏商周之君子，皆其昆孫耳。

是三聖人者，可以參天两地，爲衆父之父，人孰不知。借使萬古之下，八荒之際，章亥之所步，滄海以爲蟬樞；鄒衍之所談，赤縣以爲宫，昆邱爲陵，而扶桑爲柘。考豐隆之鼓，撞飛廉之鐘，壘九淵而籩五嶽；胥任公之鼇，毛莊生之鵬，牲尼父之麟，牢劉累之龍，磨天柱之石以爲碑。邱明志其德，赭湘陵之竹以爲策；靈均歌共功，恐未能彷彿其萬一。况以澳㴔之才，猷骸之語，尚能形容乎？[2]

敕封東華帝君五祖七真碑

【題解】碑立玉泉觀碑亭。光緒《秦州直隸州新志》卷23《州境石刻

[1] 此言盤古開天闢地創世紀的故事。盤古故事最早出現在三國時期，見於《三五曆紀》《五運曆年紀》等古書，《藝文類聚》《繹史》等引及。正《千字文》所言“天地玄黄，宇宙洪荒；日月盈仄，晨宿列張”的宇宙觀。

[2] 此段文字涉及的章亥、豐隆、飛廉、任公、劉累，爲神話傳説中的人名；鄒衍、莊生、尼父、邱明、靈均，爲歷史人物名，莊生即莊子，尼父即孔子，邱明即左丘明，靈均即屈原。

古跡》有記。碑額題《大元崇道詔書之碑》，故而陳垣《道家金石略》題《崇道詔書碑》。碑四面皆有文，故俗稱“道流四面碑”。元大德六年（1302）立石。高158釐米，面、背寬53釐米，兩側寬47釐米。碑首高80釐米，蟠龍纏繞，威嚴肅穆。碑面基本完好。四方形，四面皆刻文字。碑面刻《元世祖皇帝褒封制詞》，碑陰刻《全真列祖賦》，兩側刻《全真祖宗之圖》和《純陽真人授重陽祖師秘語》。其中《純陽真人授重陽祖師秘語》見於陝西重陽宫石碑，《元世祖皇帝褒封制詞》和《全真列祖賦》則僅見於此碑，是全真道的珍貴文獻。正面“元世祖皇帝褒封制詞”書體爲瘦金書，頗具書法價值。碑文亦載陳垣編纂，陳智超、曾慶瑛校補《道家金石略》（文物出版社，1988年，第592～598頁）。本録文以《道家金石略》爲據，對照北京大學圖書館藏藝風堂本碑原拓本著録，對“金石略”録文個别地方有所補充或糾正。

一碑面：元世祖皇帝褒封制詞[1]

皇帝若曰：大道開明，可致無爲之化；至真在宥，迄成不宰之功。

朕以祖宗，獲承基構，若稽昭代，雅慕之風。自東華垂教之餘，至重陽開化之始，真真不昧，代代相承，有感遂通，無遠弗届。雖前代累承於褒贈，在朕心猶慊於追崇，乃命儒臣，進加徽號。惟東華已稱帝君，但贈“紫府少陽”之字。其正陽、純陽、海蟾、重陽，亦賜“真君”之名，丹陽以下七真，俱號“真人”。載在方册，傳之萬世。噫！漢世之張道陵、唐朝之葉法善，俱賜“天師”之號，永爲道紀之榮。當代不聞異辭，後來立爲定制，朕之所慕，或庶幾焉。

東華教主，可贈東華紫府少陽帝君；

正陽鍾離真人，可贈正陽開悟傳道真君；

純陽吕真人，可贈純陽演正警化真君；

海蟾劉真人，可贈海蟾明悟弘道真君；

重陽王真人，可贈重陽全真開化真君；

[1] 此制詞頒於至元六年（1269）。

丹陽先生馬鈺，可贈丹陽抱一無爲真人；

長真先生譚處端，可贈長真雲水藴德真人；

長生先生劉處玄，可贈長生輔化明德真人；

長春先生丘處機，可贈長春演道主教真人；

玉陽先生王處一，可贈玉陽體玄廣度真人；

廣寧先生郝大通，可贈廣寧通玄太古真人；

清静散人孫不二，可贈清静淵真順德真人；

宜令掌教光先體道誠明真人張志敬[1]執行

准此

御寶　　至元六年正月　日

圖 1–5 敕封東華帝君五祖七真碑

[1] 張志敬，元初道士，字義卿，號“誠明真人”，燕京安次（今廊坊市安次區）人。憲宗六年（1256）繼李志常執掌全真道，爲全真道第八任掌門。

二碑陰全真列祖賦

榮禄大夫大司徒汪惟賢[1]篆額

無名道人[2]閒居於丈室，絶相公子□進而問曰：

“我聞吾子參全真出世之宗，習太上不言之教久矣乎，必能深究其宗派首末也——其祖何先，其宗何始。僕雖不敏，亦可得而聞乎？”

對曰：

“何先□□之發問造次也。吾聞，將濟巨海者必階於岸，將登大山者必因於麓。爾未嘗遊涉乎正教之藩籬，而輒欲窺其堂奥，其可乎哉？雖然，今日方暇，吾不忍廢此高論，請爲吾子談其標末而已。

全真，非道乎哉？道固無始；全真，非德乎哉？德固無先。三清，全真之主也。不全其真，曷爲三清？四帝，全真之師也，不全其真，曷爲四帝？由是言之，龍漢以前，赤明之上，全真之教固已行矣。但聖者不言而天下未之知耳！逮我東華帝君王公者，分明直指曰，此全真之道也，然後天下驚駭傾向而知所歸依矣。

帝君[3]乃結庵於青海之濱，受訣於白雲之叟，種黄芽於岱阜，煅絳雪於昆崙。陰功普被於生民，密行遠沾於後裔。

然後授其道於正陽子鍾離公[4]者，暗剖瓊符，潛分玉篆，錫以大丹之秘訣，付之蕊笈之靈章。傳周天起火之經，教飛龍鑄劍之法。煉形似鶴，養氣如龜。

然後授其道於純陽子吕公[5]者，鼎攢乎四季五行，藥按乎三元八卦。

[1] 汪惟賢：陳垣等《道家金石略》録爲“王淮賢”，誤。據落款職官“榮禄大夫大司徒”，結合拓片殘存文字辨認當爲“汪惟賢”。汪惟賢（1249 ~ 1306），字安卿，元鞏昌府隴西人。隴右王汪世顯孫，汪德臣次子。歷任鞏昌等二十四處同知便宜都總帥、中書吏部尚書、江淮等處行中書省右丞及陝西等處行中書省平章政事等，升榮禄大夫、大司徒。其墓誌現存甘肅漳縣博物館，誌蓋書“大元故榮禄大夫大司徒汪公之墓誌”。

[2] 無名道人：和下文的“絶相公子”都是賦所用的託名，類西漢司馬相如《子虚賦》中的“子虚”和“烏有”。

[3] 帝君：即東華帝君王玄甫。王，名誠，字玄甫，傳爲漢代東海（今山東威海）人。全真道尊爲始祖，列全真道教北五祖之首。元世祖至元六年（1269），詔封其爲“東華紫府少陽帝君”。

[4] 正陽子鍾離公：即鍾離權。鍾離，字雲房，京兆咸陽人。傳爲東漢或魏晉時人，一傳爲唐人，是民間傳説的八仙之一。全真道尊爲北宗第二祖。元世祖至元六年，詔封其爲“正陽開悟傳道真君”。

[5] 純陽子吕公：即吕洞賓。吕，名巖，字洞賓，唐河中府蒲阪縣永樂鎮（今山西芮城永樂鎮）人。

赤鳳吐南方之髓，烏龜含北海之精。離坎交加，甲庚會合。彈指上超於碧落，轉頭西過於青城。

然後授其道於海蟾子劉公[1]者，破錢知富貴之空，累卵示功名之險，頓辭燕相，恭禮玄都。陶真於太華之前，遁跡在終南之下。口吞日月，手握乾坤。作長生久視之仙，結固蒂深根之友。

然後授其道於重陽子王公[2]者，發揚秘語之五篇，煅煉還丹之九轉。譚中捉馬，丘上尋劉，餐霞於碧嶠之前，養氣向青松之下。飲甘河之一滴，觀蒼海之萬蓮。普化三州，同修五會。

然後授其道於玉蟾子和公[3]者，黑中隱白，雌内含雄，深窮有物之混成，妙達穀神之不死。虎左旋而入地，龍右繞以飛天。五氣朝元，三花聚頂。

然後授其道於靈陽子李公[4]者，損之又損，爲以無爲，三家不□於□□，二物□□□會□。髪消舊白，臉出新紅。神駕爛遊於十天，雲騎獨飛於八海。翱翔五嶽，嘯傲三峰。

然後授其道於丹陽子馬公[5]者，慈悲濟物，方便度人。指五行不到之方，説一氣未形之□。□開□□，□□金門，既分千化之梨，應徹三清之舉。鞭笞紫鳳，上下青霄。

然後授其道於長真子譚公[6]者，冥符大道，密契玄機。棲神寂寥之鄉，

是民間傳説的八仙之一。《全唐詩》存其詩作3卷。全真道尊爲北宗第三祖。元世祖至元六年，詔封其爲“純陽演正警化真君”。今山西芮城有元代丘處機奉皇帝御旨興建的永樂宫，爲全國重點文物保護單位。

[1] 海蟾子劉公：即劉海蟾。劉，名操，字宗成，又字昭遠。五代燕山（今北京宛平）人。全真道尊爲北宗第四祖。元世祖至元六年，詔封其爲“海蟾明悟弘道真君”。

[2] 重陽子王公：即王重陽（1112～1170），宋京兆咸陽人。入道後改名嚞，字知明，道號重陽子，故稱王重陽。其爲道教全真道的創立者，全真道尊爲北宗第五祖。著有傳道詩詞約千餘首，另著有《全真集》《重陽立教十五論》等。元世祖至元六年，詔封其爲“重陽全真開化真君”。

[3] 玉蟾子和公：即和玉蟾（？～1170），本名德瑾，秦州人。全真道祖師之一，從王重陽等在終南山等地修道，影響遍及關隴。

[4] 靈陽子李公：即李靈陽（？～1189年），京兆終南縣（今陝西周至縣）人。全真道祖師之一，自大定三年與王重陽、和玉蟾共同結庵於劉蔣村起，在終南山修道20餘年。

[5] 丹陽子馬公：即馬鈺（1123年～1183），原名從義，字宜甫，入道後更名鈺，字玄寶，號丹陽子，世稱馬丹陽，山東寧海（今山東牟平）人。繼王重陽成爲全真道第二任掌教，全真道北七真之一。著有《洞玄金玉集》10卷。元世祖至元六年，詔封其爲“丹陽抱一無爲真人”。

[6] 長真子譚公：即譚玉（1123～1185），字伯玉，法名處端，字通正，號長真子，金代寧海（今山東牟平）人。全真道南無派創始人，也是全真道北七真之一。著作有《水雲集》。元世祖至元六年，

煉氣希夷之境。丹城九色，名掛三天。

然後授其道於□□□□□□□□公[1]者，手握天關，足摇地軸。節操比松筠之雅，肝腸踰鐵石之堅。倒騎金馬上青宵，穩駕鐵牛耕碧海。北朝紫闕，南度朱陵。

然後授其道於長春子丘公[2]者，東辭海縣，西入磻溪，六七年□□於饑寒，三萬里甘迎於風雪。出有入無，漏泄两儀之造化；存神積氣，圓成七載之功夫。千光遍於十方，三國同宣於一日。獨表神仙之領袖，大開道德之門庭。齋壇日赴於□□，□界坐觀於千方。

然後授其道於體玄大師玉陽子王公[3]者，煉成正氣，戰退魔軍。立鐵查山下之風，坐雲光洞中之□。道號暗來於傘竹，仙班得預於金蓮。拜皇家五度之宣，玩海外□□之□。

然後授其道於廣寧子郝大通[4]者，□中安□，身外觀身，會八卦以周天；審六爻而定位。寧海市中挽迴日月，趙州橋上坐斷冰霜。袖藏海外之蟠桃，手種月邊之丹桂。

然後授其道於清静散人孫仙姑[5]者，頓釋□□，□□□□。棄黄金如糞土，抵白璧於塈塗。蓑衣東别於家鄉，竹杖西游於雲水。六年了道，九轉成功。

詔封其爲“長真雲水藴德真人”。

[1] □□□□公：按《元世祖皇帝褒封制詞》所封真人推斷，此公應爲“長生子劉公”。劉公，即劉處玄（1147 ~ 1023），字通妙，號長生子，東萊（今山東萊州）人。創全真隨山派，也是全真道北七真之一。著有《仙樂集》《至真語録》《黄帝陰符經注》《黄庭内景經注》《道德經注》《陰符演》《黄庭述》等。元世祖至元六年，詔封其爲“長生輔化明德真人”。

[2] 長春子丘公：即丘處機（1148 ~ 1227），字通密，號長春子，登州棲霞（今山東棲霞）人。全真道北七真之一。著有《攝生消息論》《大丹直指》《磻溪集》《鳴道集》等。元世祖至元六年，詔封其爲“長春演道主教真人”。

[3] 玉陽子王公：即王處一（1142 ~ 1217），字玉陽，號華陽子，寧海（今山東牟平）人。創全真崳山派，也是全真道北七真之一。著有《雲光集》《清真集》《顯異集》等。金宣宗興定元年（1217）四月二十三日羽化升仙。元世祖至元六年，詔封其爲“玉陽體玄廣度真人”。

[4] 廣寧子郝大通（1149 ~ 1212）：名璘，字太古，號恬然子，又號廣寧子，法名大通，寧海（今山東牟平）人。全真道北七真之一。著有《三教入易論》《示教直言》《心經解》《救苦經解》《周易參同契簡要釋義》《太易圖》等。元世祖至元六年，詔封其爲“廣寧通玄太古真人”。

[5] 清静散人孫仙姑：即孫不二（1119 ~ 1182），名富春，法名不二，號清静散人，或稱孫仙姑。金代寧海（今山東牟平）人。馬丹陽之妻，開創全真清静派，也是全真道北七真之一。著有《孫不二元君法語》《孫不二元君丹道秘書》等。元世祖至元六年，詔封其爲“清静淵真順德真人”。

然後授其道於默然子劉師叔[1]者，諸緣罷舊，一念歸真。手拿海底之金烏，親得蟾中之玉兔。枯木開花於曉露，寒灰發焰於春風。鼎内鉛乾，爐中汞死。

然後授其道於長清子嚴公[2]者，振危拔苦，接物利生。龍吟离位之中，虎嘯坎方之内。水火顛倒，陰陽混融。姓名先掛於丹臺，蹤跡屢遊於紫府。

然後授其道於醴泉史風子[3]者，外建因緣，内明造化，金鼎夜調於五氣，雪芽春採於三田。衣掛六銖，鶴乘千歲。火棗朱懸於曉日，交梨碧燦於秋風。

然後授其道於回陽子于公[4]者，行則措足於坦塗，住則凝神於太虚。坐則匀鼻端之息，臥則抱□□之珠。行満飛昇於白日，功成歸去於玄都。

然後授其道於雲中子蘇公[5]者，調合四象，斬伐三彭。瑶臺之秋月當懷，閬苑之春風破夢。玉爐雪白，金鼎霜紅。騰身快三島之遊，回首赴羣仙之約。

然後授其道於雲陽子姚公[6]者，氣中養氣，神内頤神。貫通道德之真詮，透脱陰符之妙理。眼界不生而青龍自住，鼻門大啟而白虎常停。丹臺記不老之名，玉簡刻長生之字。

此全真列祖之宗派也。”

絶相公子蹙蹙然坐不安席，以手當膺而謝曰：

“吾儕小人也。乃不知教門浩汗，道海汪洋，如此其盛矣乎！”

無名曰：

“上世以來，聊復如此，自今以去，巧歷難窮。仙源滾滾以相承，法嗣聯聯而不斷。跨鶴乘鸞者，莫知其數；降龍伏虎者，繼有其人。十九枝

---

[1] 默然子劉師叔：即劉通微（？ ~ 1196），字悦道，東萊掖城（今山東掖縣）人。王重陽弟子之一。著有《全道集》。

[2] 長清子嚴公：即嚴處常（1111 ~ 183），京兆櫟陽（今陝西西安市閻良區）人。王重陽弟子之一。

[3] 醴泉史風子：即史處厚（1102 ~ 1174），本名公密，乾州醴泉（今陝西禮泉縣）人。王重陽弟子之一。

[4] 回陽子于公：即于善慶（1166 ~ 1250），又名于志道，字伯祥，金陝西扶風人。大定二十二年至大定二十五年（1182 ~ 1185）隨馬丹陽、丘處機學道。後在秦隴一帶傳道，建立道觀多所。太宗十年（1235），朝廷選試道釋，于善慶被授“通玄廣德洞真真人”之號，任終南祖庭重陽宫住持並主領陝右教門事。此後還應鞏昌總帥汪德臣之請，赴隴傳授全真道教義。著有《洪鐘集》。

[5] 雲中子蘇公：即蘇鉉，華州蒲城（今屬陝西）人。馬丹陽弟子之一。明昌年間曾奉丘處機之命在燕、薊傳道。

[6] 雲陽子姚公：即姚鉉。姚，號雲陽子，終南蔣夏村人。馬丹陽弟子之一。著有《破迷集》。

玉樹重芳，天開秘牒；半萬朵金蓮再坼，地發靈章。墨窮恒華之松，不足以紀續仙之號；紙盡江淮之楮，不足以書列聖之名。法輪長轉於閻浮，道日重光於宇宙。姑言其大概云耳。若其具述而詳言之，從劫至劫，終不可盡。”

絶相公子口嗑然而不合，舌矯然而不下，蒼惶戰慄，無地自容。曰：“而今而後，洗心沐肝，願從門下，執灑掃□□□矣。”

施碑石，會首前秦州儒學劉懋林[1]

三碑左：祖師五篇秘語碑

純陽真人授重陽祖師秘語

宜授陜西□□西蜀四川道教提點玄明文靖天樂真人李道謙[2]

羽末刘道洪書

登仕佐郎成紀縣主簿韓佑賢，通玄保真大師成紀縣威儀馮道興，圓明通玄大師威儀吕仲純。知書王混成、梁文義。

驀臨秦地，泛遊長安，或貨丹於市邑，或隱跡於山林，因循數載，觀見満目蒼生，盡是凶頑下鬼。今逢吾弟子，何不頓抛俗海，猛捨浮嚚，好餐霞於碧嶠之前，堪煉氣於松峰之下；斡旋造化，反覆陰陽，燦列宿於九鼎之中，聚萬化於一壺之内。千朝功満，名掛仙都，三載殷勤，永鎮萬劫，恐爾來遲，身沉泉下。

莫得罇酒戀塵嚚，每向鄽中作繫腰。龍虎動時抛雪浪，水聲澄處碧塵消。自從有悟途中色，述意蹉跎不計聊。有朝九轉神丹就，同奔蓬島去一遭。

蛟龍煉在火烽亭，猛虎擒來囚水晶。强意莫言胡論道，亂説縱横與事情。

鉛是汞藥，汞是鉛精，識鉛識汞，性住命停。

九轉成，人南京，得知友，赴蓬瀛[3]。

---

[1] 秦州儒學劉懋林：其和下文的成紀縣主簿韓佑賢等“秦州志”不載。

[2] 李道謙（1219 ~ 1296）：字和甫，開封人，金末元初全真教道士。于志道（善慶）弟子之一。蒙古蒙哥汗八年（1258），任京兆路道録，蒙古至元二年（1265）升任京兆道門提點，至元九年（1272）赴京師任諸路道教提舉。至元十四年（1277）任陜西五路西蜀四川道教提點兼領重陽宫事。工書法。著有《終南山祖庭仙真内傳》《七真人年譜》《終南山記》《仙源録》《簡溪筆録》等。

[3] 祖師五篇秘語碑分三欄，以上爲碑之第一欄，即“五篇秘語”。

悟真大師何志源

寧神悟道廣玄真人張九月十二日降，初五日升

清貧子王志堅

長春丘神仙門人煙霞無爲大師達玄子梁　門徒——（列下）

悟真子楊志樸

阪泉尊師善濟普慈真人馮志清

明真大師姚知古

師叔陳志寂

——（接上“列下”）

李道希

李道平

馮道真

何道全

何道吉

李道恒

門德裕

何道淵

何道元

任道芳

楊道明

王道坦

安道和

王道夷

李道素

劉道洪

楊道固

段道昆[1]

玄真會董文進，齊子忠

[1] 以上爲碑之第二欄，本欄爲教内人士題名並梁志通弟子。

張子德，蘇世榮，莫德信

于世昌，王德欽，羅文義

通玄庵楊道□，小師楊守明

秦州帥府都總鎮□□壓蓋俊昌

王傅蒙古必者赤長蓋文進

圖 1-6 祖師五篇秘語碑拓片（局部）

秦州漆匠副提鎮何讓

杭州路人氏蔡禮、秦逸

秦州達魯花赤張蒙古歹男張文炳

鞏昌人匠總管府副使楊永德

伏羌税務提領黄仲禄

鞏昌府鄧忠、龐德全

鳳翔李進弟、李彦寧

西草市陳興祖、吴德忠

何珍，男何有忠、何有信

劉世顯，牙場提領李德

醫藥提領魏文秀

秦州雲錦院大使介如通[1]

大元國大德六年歲次壬寅仲秋下旬有二日

玉泉觀知觀何道元、任道芳等並十方道衆同建立石

羽士安道和刊石

功德主□□□將軍前中書右臣行四川省事鞏昌平凉等二十四處□□都□□□□尹汪惟孝[2]、太夫人漆氏[3]牲石

四碑右：全真祖宗之圖

冲虚真人列子

道玄真人文子

無上真人關令尹二月十五日降

金闕玄元上德皇帝太上老君四月初八日升[4]

太極真人徐甲

洞靈真人亢倉子

南華真人莊子[5]

海蟾明悟弘道真君劉十二月二十四日降，十一月二十七日升

正陽開悟傳道真君鍾離四月十五日降，五月二十日升

東華紫府少陽帝君王六月十五日降，十月十六日升

純陽演正警化真君呂四月十四日降，五月二十日升

---

[1] 以上爲碑之第三欄，本欄爲秦州等地士民題名，其中秦州帥府都總鎮、秦州漆匠副提鎮、秦州雲錦院大使爲史志未見者。

[2] 汪惟孝（1244 ~ 1297）：字公善，元鞏昌府隴西人。隴右王汪世顯孫，前《全真列祖賦》篆額者汪惟賢之族兄。據"汪惟孝墓誌"，汪之職官缺如之文字，"將軍"之前爲"輔國上"三字；"都"之前爲"便宜"二字；"尹"之前爲"總帥兼府"四字。見政協漳縣文史資料委員會編《漳縣文史》第 7 輯《漳縣汪氏文化研究》，第 270 ~ 272 頁。

[3] 太夫人漆氏："汪惟孝墓誌"有記，言"夫人漆氏，同郡勳臣金符元帥漆德常之長女，令儀淑德，鄉黨稱賢"。

[4] 豎行排列，太上老君居第一排七"祖宗"之中，封號之"金闕"二字頂格。

[5]"全真祖宗之圖"其實類世系表，全部"祖宗"分五欄排列，以上爲第一欄。

重陽全真開化真君王十二月二十二日降，正月初四日升[1]

廣寧通玄太古真人郝正月初三日降，十二月三十日升

長春演道主教真人丘正月十九日降，七月初九日升

長真雲水蘊德真人譚三月初一日降，四月初一日升

丹陽抱一無爲真人馬五月二十日降，十二月二十二日升

長生輔化明德真人劉七月十二日降，三月初六日升

玉陽體玄廣度真人王三月十八日降，四月二十三日升

清静淵貞順德真人孫正月初五日降，十二月二十九日升[2]

通玄大師楊志静

清真大師綦志清

玄真大師張志遠

通玄大師李志常

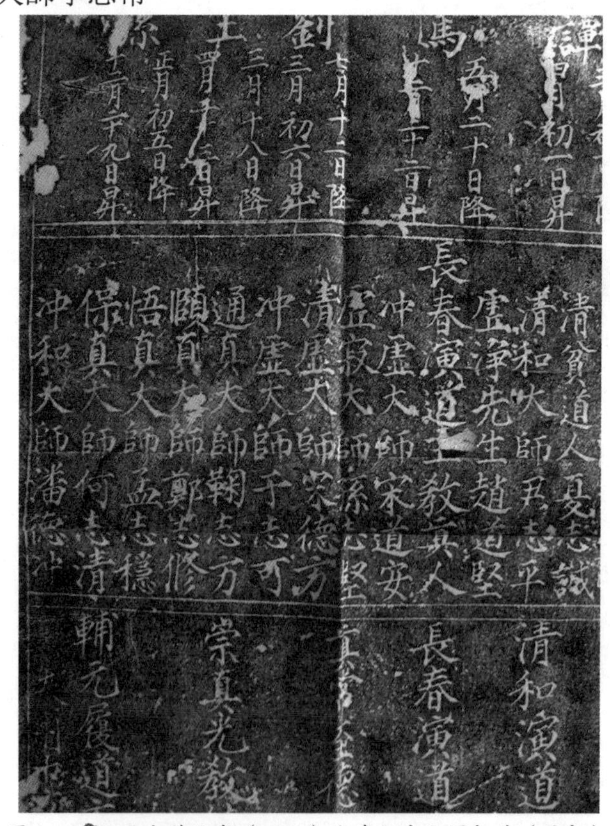

圖 1-7 元大德六年（1302）全真祖宗之圖拓片（局部）

[1]“海蟾明悟弘道真君”至“重陽全真開化真君”間爲第二欄，“東華紫府少陽帝君”居中頂格。

[2]“廣寧通玄太古真人”至“清静淵貞順德真人”間爲第三欄，“丹陽抱一無爲真人”居中頂格。

崇真大師張志素

葆光大師王志明

清貧道人夏志誠

清和大師尹志平

虛浄先生趙道堅

長春演道主教真人

冲虛大師宋道安

虛寂大師孫志堅

清虛大師宋德方

冲虛大師于志可

通真大師鞠志方

頤真大師鄭志修

悟真大師孟志穩

保真大師何志清

冲和大師潘德冲[1]

存神應化洞明真人祁十一月十四日降，十一月二十八日升

光先體道誠明真人張正月十七日降，十二月二十九日升

清和演道玄德真人尹正月十九日降，二月初六日升

長春演道主教真人丘

真常至德佑玄真人李正月二十日降，　六月二十日升

崇真光教純真真人王十月十八日降，十一月二十一日升

輔元履道玄逸真人張十二月十一日降[2]

秦州十方玉泉觀達玄子梁志通立石[3]

[1]“通玄大師”至“冲和大師”間爲第四欄，“長春演道主教真人”居中頂格。

[2]“存神應化洞明真人”至“輔元履道玄逸真人”爲第五欄，七“真人”頂格平行排列。

[3]落款在第五欄左側邊上。

有元秦州天靖山修建右文開化之祠[1]碑銘補序碑

【**題解**】碑立玉泉觀碑廊。元至正十六年（1356）立石。高133釐米，寬76釐米。何希玄撰文，刁斗微書丹。碑面風化磨損嚴重，字跡能辨識者不足三分之一。此碑文載陳垣編纂，陳智超、曾慶瑛校補《道家金石略》，文物出版社，1988年，第810～811頁。本録文以《道家金石略》爲據，對照北京大學圖書館藏藝風堂本碑原拓本著録。

賜金襴紫服虚白□真大師刁斗微書丹並□□

聖人以神道設教，神道以福善禍淫，人因□□而起敬心，神藉□□而彰靈異。□陰陽□測□諸神□□無方之謂道，故曰“人能弘道，非道弘人”。

□□□□西□里，其山曰天靖。山之間有觀曰玉泉，乃全真師梁公[2]之肇□也。山明水秀，土沃泉甘，草樹□煙，□□朝暮，其境幽絶，亦天壤間一嘉處也。

至正龍集甲午[3]，吾州倅李公[4]提判斯郡，下車首謁羣望。一日，與同僚解鞍林野，散步巖阿，□□山者，相謂而言曰：“粤昔□□□□□□□許願建祠，未遑口口，宦遊斯境，慨然有營葺之心，弗克自己，公可爲我成之乎？”公曰：“諾！”遂於□□東北有隙地廣□□餘，倚□□□□□□□幽，檜柏森然，景物如畫，祝釐之址，孰□於斯歟？由是剪榛棘，礱柱礎，陶瓦甓，□□□□□既從，官民同辦，公率僚吏□□捐金以□之，□□□□公之□喜而助成之。□□汲汲爲□□焉，□無倦色，親董其事。再踰期年，翕然告就。署正殿三楹，像帝君於其中，掌桂禄二籍仙官翼侍之。雷霆四帥列於□□□儀衛之。兩壁□緝□□□□□天神君警□龍駕羽衛□卒□□□□□爲之□□□□□□□□□飛□□□□□□□□□□□觀望如□乎！小有洞中之一天也。落成之日，盛修醮祀，鳩集羣英，□潔香□□□□贊□□資幣一千二百餘緡，盡輸常住，以備歲時香燈之費。

---

[1] 右文開化之祠：即祭祀文昌帝君的文昌廟。碑即爲玉泉觀文昌殿的創建碑，光緒《秦州直隸州新志》卷23《州境石刻古跡》著録之，誤“右文”爲“石文”。

[2] 即玉泉觀的創始者梁志通。

[3] 至正龍集甲午：“龍集”猶言歲次，至正甲午即元至正十四年（1354）。

[4] 既指下文所言之功德主秦州判官李銘。

於戲！鉤□鼇於東海者，不爲雞鱠以□，鉤□□抱於□林者，豈爲得□而□□□□□□□□務不□也。今觀李公，克己奉公，□儒重□，□能崇尚□□，其輕財好施，敏於樹福，能有幾人者？□□公狀其營造之□□，以主山曹志□□□□，懇予爲之文以記於石。予方衰病久矣，潦倒無能，□於筆硯，辭不獲□□，即其狀而以□之。

按於□□聖人之制，祭祀法施於□以勞□□□□勤事，能於口口捍禦□患則祀□□，山林川谷□□民所取資，以能興雲氣爲風雨，見怪物□祀之，且神有所職，足以垂詢者，孰可闕□□□□君本□所降神，分瑞於吴廟□□祀於□□□天地水府，權衡桂□□籍，掌貢舉科名，品藻文章，登崇□□□九□□□不暇詳而□□□□林量功□行，豈可以一毫□□盡之□概而□□已矣歟？

惟我皇元□並六合，□□華夷，東服三韓，西定五□，□髮文身之地，□裳椎髻之俗，罔不□□聲教，咸歸王化。歲舍丙辰延祐三年七月，聖天子崇禋祀之□，懷柔百神，累降璽書，易靈應廟爲右文開化之祠，册封□“輔元開化文昌司禄宏仁帝君”之嘉號，宣明神□，大振儒風，可謂淳且篤矣。凡有國有家者，皆知其崇□□祀焉。然而世俗以爲其神能司人死生□命，福善禍淫，慘舒亭育，靡不由之，往往以祠祀徼福於神。猶龍[1]有言：“神得一以靈”，《書》曰“神無常享，享於克誠”，豈其然歟？然鬼神之跡，蓋一氣之變化，所以發爲昭明，□篙悽愴，洋洋乎如在其上者也。□云“神之格思，不可度思”，使民齊明盛服以承祭祀，焉可誣哉？

□諱銘，字又新，其先長安槐里人也，以儒吏奮身清白，自修威行，□立勤於□職，廉以自持，謹以自□，訟簡獄空，幾致刑措。吏效廉干，民無遊逸之怠，雨暘以時，穀熟人育，老稚□□□□寧謐，關輔之郡，惟秦爲最。皆□□□□□也。今公能於政事之暇，崇建祠宇，嚴飾像設，使民瞻之仰之，悚然興敬，有從感發其向善之心，知夫聖人所以神道設教□□□□□□□□□國家斂福錫民之意也。其如此用心，可謂仁矣。瓜代

[1] 猶龍：指老子。《史記》卷63《老子韓非列傳》載孔子贊老子言：“至於龍吾不能知，其乘風雲而上天。吾今日見老子，其猶龍邪！”

既至，邦之老□歌騰里巷，悼公來之暮，奪之速，願借冠而弗獲也。噫嘻！□善禍淫，□□□□哉！上天不虛其報，然則善之達於□□□聖朝者，其容隱乎？將見白麻飛下，黃□□登，□鼎彝之績，列□母之屏，若夫燕山丹桂，芬芳□□，□彬萃於公之門者，未爲晚矣。故捃其實而書之以爲記，仍繫之以銘。其辭曰：

於□文昌，袞衣黼裳，維持桂籍，品藻文章。佐我皇元，萬年之祉，籍□科名，□造多士。文興奎□，武戢泰階，車書同軌，禮樂和諧。九十七化，千百億身，廟祀蜀土，化彼秦民。猗歟州倅，□俸捐金，大□祠宇，擢古騰今，丹堊藻繪，煥然一新。厥□□就，勒諸貞珸，廟貌創更，□相神佑，天振□□，流芳不朽。

皇元至正龍集柔兆涒灘[1] □□□□□

特賜體道普濟□□真人教門高士天倪子何希玄述文

李定李□□刻石

修殿功德主□仕□秦州判官李銘，本觀住持提點□□□道衆等

重修文昌祠記

【題解】碑石現存玉泉觀碑廊。明成化二十年（1484）立石。碑高128釐米，寬63釐米。前秦州知州傅鼐撰文，秦州同知張琰書丹。

賜進士出身前監察御史奉直大夫知秦州事恒山傅鼐天和[2]撰文

承務同知蜀川宜賓張琰[3]書丹

秦州西北二里許，地名天靖山，梁真人曾棲跡於此。元之丙子[4]，真人羽化升天，後人因之爲學道之所。

天朝列聖相承，司州牧者於此建道正司。北建三清殿五楹楹，東建真

---

[1] 至正龍集柔兆涒灘：即至正丙申，亦即至正十六年（1356）。

[2] 傅鼐天和：傅鼐，字天和，曾任秦州知州，有政績。撰文時已離職，於是職銜加一“前”。文昌祠建修時傅尚在任内。

[3] 張琰：乾隆《直隸秦州新志》卷7《官師》“秦州同知”目：“張琰，宜賓人。國子生。”

[4] 元之丙子：元世祖至元十三年（1276）。

武長生、西建文昌[1]、救苦殿各三間。歷年滋久，文昌殿柱腐容蟻，瓦墜飛鴛，梁棟朽壞，榱題傾頽。本觀道士玄靖子姚清規素上清静之教，崇無爲之化，慨然以翻修爲己責。鳩工匠，構磚石，集材木。經始於成化十七年春正月，落成於成化十八年夏四月。上則翬飛輪奂之可觀，下則墻垣甃砌之周密，中則繪塑粧飾之森嚴，厥功告成，誠一郡之偉觀也。

將見神之靈異鍾爲英傑，秦之人才輩出。調鼎鼐，燮陰陽，致君爲堯舜者，神之功昭於内也；司□臬，責守令，致民於富壽者，神之靈顯於外也；修内攘外，政教誕敷，置宗社於太上之安者，神之功昭天下也。柱石朝庭，雨露海宇，文明之治，綿絲延延。固九州於磐石之固者，神之功垂於後□也。神之功其大如此，而清規斯舉，非邀媚求福，實爲斯文計也。由此而進修不已，將來食霞飲霧，服鼇馭鶴，輕身神仙，殆與梁真人齊驅斯可也。用書以勒之石，垂於悠久。

大明成化二十年歲次甲辰秋七月十五日

趙孟頫草書詩碑

【題解】詩碑共四通，現存玉泉觀碑廊。明嘉靖二十九年（1550）立石。均高180釐米，寬78釐米。第一通爲唐李白《夜下征虜亭》詩，邊緣鐫劉崙題跋。第二通爲唐韋應物《西塞山》詩。第三通作者無考。第四通爲宋王安石《題舫子》詩，碑石下方落款“松雪”。本碑字體行草相間，筆法圓潤，瀟灑秀麗，氣韻流貫，大氣磅礴。按現行古典詩歌刊本，李白詩碑誤“江”爲“紅”，韋應物詩碑誤“秋”爲“西”，王安石詩碑誤“至”爲“到”，或書寫時另有所本。

第一通：

船下廣陵去，月明征虜亭。山花如繡頰，紅火似流螢。

趙松雪書法蚤歲得之王右軍，後又感於管夫人之言，乃自成一家。而風格不羣，膾炙人人者，亦不在右軍下。然其傳盛於江之南北。余入秦，偶見此本，守巡李

[1] 文昌：文昌殿，在玉泉觀三清殿東，后移神於西，今存。

君[1]時達請付諸石。余惟秦中，漢唐古地也。故唐以前法帖居多，人習見之參之。以是豈寶藏之良玉，溽暑之冰甌，不將使人一快睹耶！因識之，以見刻者之意。大明嘉靖庚戌夏監察御史廬郡劉崙[2]書。

第二通：

勢從千里奔，直入江中斷。嵐横西塞雄，地束驚流满。

第三通：

行雲散凉影，流水一溪深。欲折荷花去，恐驚沙渚禽。

第四通：

愛此江邊好，留連到日斜。 眠分黄犢草，坐占白鷗沙。

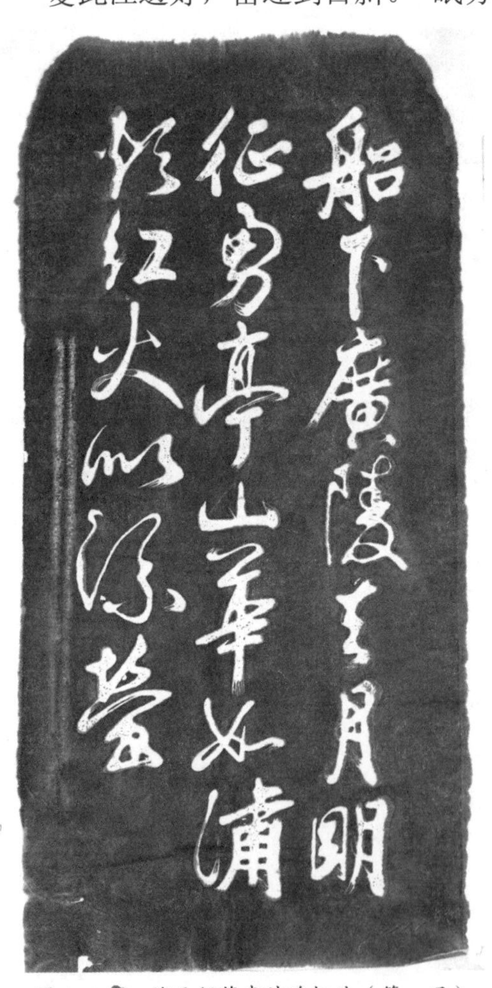

圖 1-8 趙孟頫草書詩碑拓片（第一通）

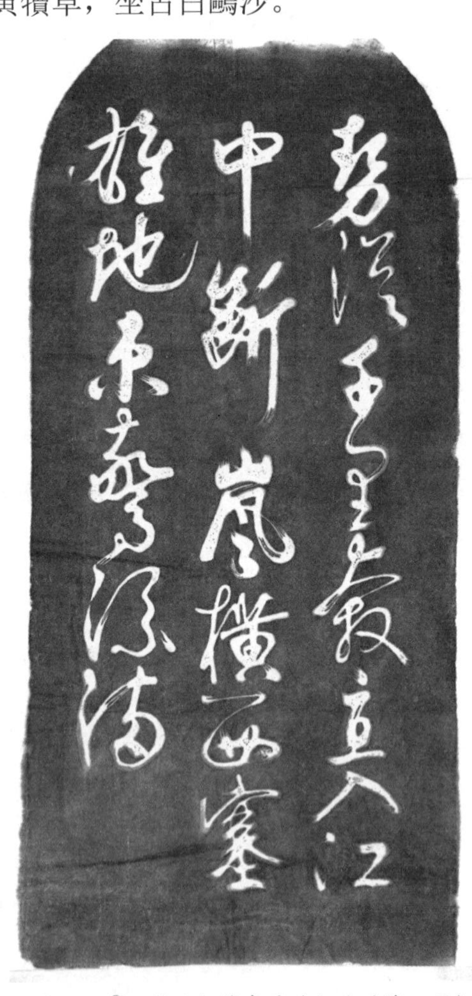

圖 1-9 趙孟頫草書詩碑拓片（第二通）

[1] 守巡李君：應爲駐秦州的分巡隴右道李某。

[2] 劉崙：乾隆《甘肅通志》卷 27《職官》“巡茶御史”目：“劉崙，南直隸無爲人。”劉，明嘉靖二十三年（1544）進士，累官至湖廣巡撫。

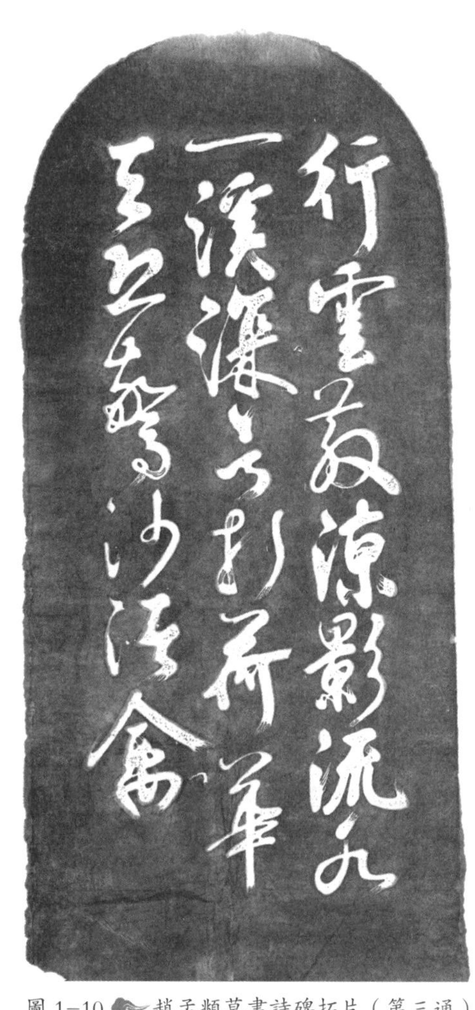

圖 1-10 趙孟頫草書詩碑拓片（第三通）

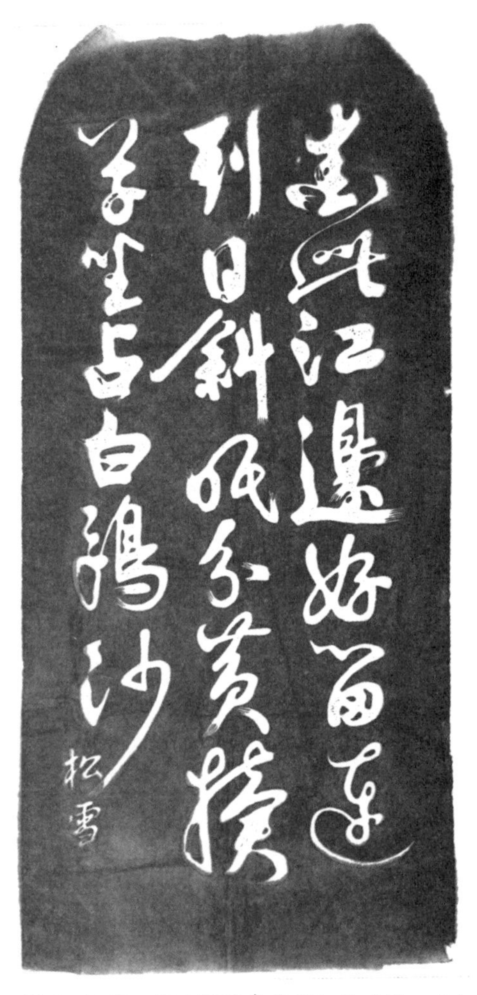

圖 1-11 趙孟頫草書詩碑拓片（第四通）

秦州隴山丁華嶺即事詩碑

【題解】詩碑在玉泉觀三仙洞右側。高 92 釐米，寬 192 釐米。許之漸撰並書。碑題名落款之下漫漶不清，立碑時間喪失。以許之漸任巡茶御史的時間爲據，碑大致立於清順治十七年（1660）。

山行無窮期，陟覽失其要。脂車仍萬盤，連峰勢奔跳。小隴適知名，丁華谷諧調。天圍積長陰，白日遞瀟照。遥見坤與平，渭流縈窈窕。

水光界亂磧，咫尺俯可釣。迴互歷棧雲，欹轉縣飛嶠。置身度鳥上，綠魚影相吊。跰足尤屢顛，羸馬亦饑哨。歇鞍仰所歷，始覺凌絶峭。

地脈此中斷，隴坻辨荒徼。兩山夾中流，墜石柙激漂，爰悟天地理，坦仄未可料。前塗期所止，徒旅自呼召。秦山正荒荒，何以展籲嘯。

西秦視茶使者南蘭陵許之漸[1]題

秦州知州姜光胤[2]立石

玉泉謁李杜祠二首

【題解】詩碑，現存玉泉觀碑廊。清康熙八年（1669）立石。高 47 釐米，寬 53 釐米。羅森撰並書。基本完好。

絶調風流推盛唐，两公旗鼓自相當。性情互許同飄泊，嘯咏天成入古狂。拾橡寧甘難蜀道，騎鯨直擬上羲皇。瀟然眉宇春風坐，水鏡長流韻藻香。

驚才曠世皆無敵，大雅同堂更不孤。磨硯早知規傾國，鈞纓如獲脱危圖。一生磈礌憑樽酒，千古高山對緑蕪。有客瓣香來陟磴，飄飄天地似鷗鳧。

康熙己酉仲春穀旦雍南藩使燕臺羅森[3]題

玉泉觀山門碑記

【題解】碑已散佚，文存康熙《秦州志・藝文》中。姚隆運撰文。

姚隆運，明秦州人。明崇禎三年（1630）舉人。光緒《秦州直隸州新志》卷 4《選舉》："姚隆運，官直隸良鄉知縣。"

吾鄉玉泉觀，虬柏盤鬱，巖壑峭幽，深静窈曲，識者次之崆峒、峨嵋諸名勝云。或禪棲全真，或丹爐伏火，或舉子習静，或遊人嘯歌。嵐光翠靄與茶煙酒氣，沸沸出於林梢殿角間。氣景萬千，沈石田、倪雲林畫筆未能肖似也。客有韵致者云：是勃律天顧，死此無憾，不須携雞犬作天臺更老也。

兵災之餘[4]，柏子與馬矢相雜，門欄榜楔同老，車腳充爨下之用，碧崖丹壑與屠兒墓園埒耳。吾叔氏自垂髫至老，芥視一切。日用薄粥布袍之外，

[1] 乾隆《甘肅通志》卷 27《職官》"巡茶御史"目："許之漸，江南武進人。順治十七年任。"

[2] 姜光胤清順治十年即在秦州知州任，曾修葺秦州城垣，創建雲章閣。乾隆《直隸秦州新志》卷 9《名宦》有傳。

[3] 羅森：乾隆《甘肅通志》卷 27《職官》"布政使司布政使"目："羅森，順天府大興人。康熙六年任。"

[4] 兵災之餘：兵災，指吴三桂叛亂。吴叛亂之後，其部將王輔臣、吴屏藩等盤踞秦州數年。

有錙銖即捐以助修橋梁。伏臘施茶湯，而囊中實不留一錢也。憤勝概作健兒磨劍地。慼然曰：山門如是，辟[1]貴客敝車羸馬、垢面蓬首，甚矣！其慫爰、捐貲修理，其捐貲人所能也；其夫婦躬親畚鍤、手爨飯役，人所難能也。繚垣綽楔，磴堿洞府，悉美塗塈堅，甃砌克整如法，玉泉另闢一番局象矣。

是舉有三善焉。愧慳吝，補風氣，作後事之師，使爲吏其公，儀休一流。人自斬芻養馬，第五倫[2]必與之同盟也，今於於焉，不忮成，不府敗。以老居士稱其無懷葛天之民，與功德事指不甚屈，茲猶劍首之一吷云。

選勝亭記

【**題解**】碑現立玉泉觀三仙洞前左。清康熙二十二年（1683）立石。高82釐米，寬48釐米。兩面鐫有文字。碑陽面嚴重磨損，前邊二三行而外，文字大多無法辨識，可識者：額題爲“天靖山玉泉觀”，文題爲“八仙洞記”，落款爲“成化十五年己亥秋七月十五吉日”。其碑陰即是此文。分守隴右道耿繼先撰。

壬戌[3]之夏，榴月中浣，予因蟲螨示儆，詣玉泉觀禱祀□上帝。越三日，災遂息。齋余散步西□□，見大雅堂下，山峰突兀，勢奇而敞，□謂郡牧曰“此隙宜亭”。左□□□昔有之，經兵燹頹廢。予因歎古□岳陽□樓，喜雨、醉翁名亭[4]，即一肯構，間不忘改，依史册緣修，爲□談，非徒以□芳攬秀爲也。

爰命州儕鳩工庀材，規舊制，稍擄擴之，素題不雕，土壤不甓，志樸也[5]。自公之暇，率二三僚屬登眺其間，嵐氣遠映，松風徐來，四時佳興，樂與人同，豈曰式□逸遊哉！先憂後樂，蓋竊比於古人之志云。是爲記。

龍飛康熙二十二年仲夏五月吉旦

---

[1] 辟：疑爲“譬”之誤。

[2] 第五倫：東漢前期名臣，先後任會稽太守、蜀郡太守，位至司空。《東觀漢記》：“第五倫性節儉，作會稽郡，雖爲二千石，臥布被，自養馬，妻炊爨，受俸禄常求赤米，與小吏受等，財留一月俸，餘皆賤糶與民饑羸者。”

[3] 壬戌：清康熙二十一年（1682）。

[4] 岳陽樓有范仲淹《岳陽樓記》，喜雨亭有蘇軾《喜雨亭記》，醉翁亭有歐陽修《醉翁亭記》。

[5] 選勝亭在玉泉觀碑廊前，今存。

分守隴右道三韓耿繼先[1]題

恭和盧大中丞[2]題玉泉觀杜少陵祠原韻

【題解】詩碑，現存玉泉觀碑廊。高44釐米，寬54釐米。湯其昌撰並書。詩碑完好，未署撰書年份。據“盧大中丞”任職年份判斷結合下録郭振儀《秦州謁杜少陵祠》詩碑落款時間判斷，碑立於清康熙六十一年（1722）。

文彩風流未杳茫，秦州雜詠紀篇章。纏綿忠愛存佳句，閱歷羈愁剩草堂。噴玉泉流源未竭，參天崖立徑何荒。中丞憐調新詞宇，瑞氣遥瞻正鬱蒼。

誰謂開元事混茫，感懷喜得和佳章。多君能識詩中畫，愧我惟登室外堂。書卷尚留秦塞曲，釣竿已擲隴雲荒。東柯南廓皆遺跡，欲表芳徽鬢未蒼。

姚江湯其昌[3]書

秦州謁杜少陵祠

【題解】詩碑，在玉泉觀七真殿廊。清康熙六十一年（1722）立石。高58釐米，寬41釐米。郭振儀撰並書。基本完好。

先生忠愛豈微□，心在詩篇幾百章。自歷此邦驅去馬，誰留遺像冷空堂。青泥積草徑途險，橡栗黄精耐歲荒。小宅争如南入蜀，花溪雲樹月蒼黄。

康熙壬寅[4]仲冬隴西守古沛郭振儀[5]敬和

重修西虎嘴名賢祠

【題解】碑原在玉泉觀，今不存。文載乾隆《直隸秦州新志》卷末《補

[1] 耿繼先：康熙《鞏昌府志》卷19《職官表》“分守隴右道”目：“耿繼先，遼東人。”

[2] 盧大中丞：應指巡撫甘肅都御史盧詢。乾隆《甘肅通志》卷27《職官》“巡撫甘肅都御史”目：“盧詢，鑲紅旗人。康熙六十一年署任。”

[3] 姚江湯其昌：姚江，指浙江余姚。乾隆《直隸秦州新志》卷7《官師》“秦州知州”目：“湯其昌，浙江人。例監。”湯康熙末年任秦州知州。

[4] 康熙壬寅對應有两個年份，一爲康熙元年（1662），一爲康熙六十一年（1722），茲應指康熙六十一年。此詩從韻腳來看，和秦州知州湯其昌《恭和盧大中丞題玉泉觀杜少陵祠原韻》同韻，當也是和“盧大中丞”《題玉泉觀杜少陵祠》之作。“盧大中丞”盧詢是康熙六十一年署任巡撫甘肅都御史，正明清時雅稱的“中丞”，故“康熙壬寅”應指康熙六十一年。

[5] 郭振儀：宣統《甘肅全省新通志》卷52《職官志·職官表》“鞏昌府知府”目：“郭振儀，江南沛縣人。康熙六十年任。”

遺》中。秦州知州李鋐撰。

秦州天靖山西虎嘴一峰，有李杜祠，中豎松雪草書石刻四[1]，舊名“大雅堂”。前有空堂三楹，下臨峻崖，有方亭，四面皆虛，全秦在望，舊名“選勝亭”。祠北又有别院堂三楹，祀漢諸葛武鄉侯，宋韓魏公暨前明秦州牧郭公像[2]。考故碑：李杜祠建於明嘉靖中黄巖李柱史，而名字不傳，松雪書則劉侍御所立[3]，而大雅堂未知伊始也。

我朝康熙初，耿公繼先巡隴右，重修選勝亭，有記，顧不詳所由來。中丞盧公詢捐葺李杜祠，止留詩刻而無記[4]。余竊疑之，若别院堂，乃天啟間郭牧子之琮[5]巡撫甘寧，爲乃翁追建祠宇也，今其像亦頹壞。余方欲改而新之，遭秦父老諄諄爲余言：“國初，百姓初脱兵難，而額賦無少減。高公必大[6]來刺州，力請丈量，累乃豁。順治末，城圮於震，巡憲荔裳宋公、州牧姜公[7]，或啟或翼，百堵皆興，而民居用寧。是三公者，皆爲秦禦大災，捍大患，吾儕小人父傳子述，至今不忘者也，盍祀諸？”余聞而瞿然曰：“嘻！是宜祀。”爰更新易舊，分祀漢唐宋諸名賢於故有之堂。又特建三楹於别院，東奉三公木主，並易郭公將毁之像以主而並祀焉，榜其門曰“名賢”。祠於蒼松翠柏間，雜以粉廊紅榭，與大雅堂、選勝亭相映，爲遊觀之娛。

是役也，經始於己未仲夏[8]，訖工於孟秋。後之君子念余追溯曩績，民之不忘蠲潔明禋，俾勿廢墜，是則神人胥悦之盛事也夫。

---

[1] “松雪草書石刻四”即趙孟頫詩碑，今在玉泉觀碑廊。

[2] 宋韓魏公：即北宋名臣韓琦。韓曾任秦州知州，重修秦州城，有政績。“前明秦州牧郭公”即秦州知州郭某，乾隆《直隸秦州新志》卷 7《官師》未載。

[3] “李柱史”即“趙孟頫詩碑”劉畬跋提及的“守巡李君”，職銜爲分巡隴右道。“劉侍御”即甘肅巡茶御史劉畬。

[4] 中丞盧公詢即康熙六十一年秦州知州湯其昌詩碑詩題所言的“盧大中丞”，其人時任巡撫甘肅都御史，詩碑今已不存。

[5] 郭之琮：平陽府蒲州（今山西省永濟市）人。萬曆三十五年進士。歷任刑部主事、揚州府知府、陝西按察使司副使、陝西布政使司右參政、陝西右布政使、寧夏巡撫兼右僉都御史。

[6] 高必大：湖廣人，監生。秦州知州任内核丈地畝，減免田賦，有政績。乾隆《直隸秦州新志》卷 9《名宦》有傳，稱“政簡刑輕”。

[7] 巡憲荔裳宋公、州牧姜公：即分巡隴右道兵備僉事宋琬、秦州知州姜光胤，乾隆《直隸秦州新志》卷 9《名宦》俱有傳。

[8] 己未：清乾隆四年（1739）。

重建北斗臺碑記

【題解】碑嵌玉泉觀斗母殿東側墻壁。清乾隆二十二年（1757）刻石。碑高 100 釐米，寬 48 釐米。秦州貢生楊述先撰文。楷書。保存完好。

玉泉觀有北斗臺[1]，相傳達玄子梁真人禮星拜斗之處。嗣是州人祈祉於此，有感輒應，捷於影響，或亦一州之福地也。

臺上舊有飛祠一座，内塑斗母聖像。前有露臺，廣表僅以方丈計。考創始者□，人人殊莫窮所自。顧規模狹隘，不但報蹇，且周圍四通，遊人踐踏，甚非所以妥神靈而棲真容也。厥有間，有矢志式廓者，奈弗稱權輿，功多半歇。

至乾隆甲子秋[2]，有州人黄明純者，與妻楊氏，夫婦募化出資，重新舊閣。又越七載，庚午五月朔[3]，於閣前復建軒堂一大楹，外周以垣墻；立大門一闔，内修廚房二間，丹青彩焕，設管鑰，令黄冠子時謹啟閉。由是，廟宇深邃，山刹幽净，諸凡脩齋建醮、祈福禳災等事，因弗便宜，真足以妥神靈而棲真容也。

功竣之日，録其梗概，劖之貞珚。非以矜功也，惟冀後之善信君子見此碑者，續加補緝，庶有爲之後其盛常，則此臺可與觀基永垂不朽矣。

郡弟子貢生楊述先[4]謹誌（功德主名略）

住持李來祥

乾隆歲次丁丑[5]夏四月穀旦

成縣歸併秦州天水白還青石三里奉文減差碑

【題解】碑立玉泉觀碑廊。清乾隆二十三年（1758）立石。高 133 釐米，寬 57 釐米。天水鎮槐花寺原有碑和此碑同，可惜已毀。

[1] 北斗臺：在玉泉觀西北角，今存。

[2] 乾隆甲子：清乾隆九年（1744）。

[3] 庚午：清乾隆十五年（1750）。

[4] 楊述先：乾隆《直隸秦州新志》卷 8《選舉》“秦州貢士”目：“楊述先，漳縣訓導。”

[5] 乾隆歲次丁丑：清乾隆二十二年（1757）。

竊照民□□國恩，國惟民賴，苟民情稍有苦累不便之處，而在上即爲體恤調理之。

恩惟我天水、白還、青石三里[1]，原屬成縣民籍，雍正六年，奉川陝總督岳大老爺[2]題請，歸併秦州。因地居南山，石田土瘠，居民甚貧，更兼地賦之重數倍於州，在州按糧當差，不便一體，通派苦累難過。延至乾隆七年，公議里民辛月攀、袁熙隆、馬奇功三人具控川陝總督尹大老爺[3]案下，批行布按兩司會行秦州，蒙秦州楊大老爺[4]審明申詳，蒙督憲批准飭行，檄文蒙陝西甘肅等處宣布政刑按察使司，布政、按察使加一三級徐□爲飭查事。乾隆七年正月二十七日，蒙總督川陝部堂尹[5]批據□司呈據該州詳審，辛月攀、袁熙隆、馬奇功等並無科派拒捕，亦請願歸州，自此永不呈□。並請嗣後將天水等三里凡遇一切□□較□州减去十分之五，俾月攀等新歸之民不致苦累。詳由蒙批如，詳轉飭遵照，繳等因到司蒙此擬合會行爲，此仰州官吏查照來文，詳批事理，遵照毋違。

飭文到州，蒙前任楊大老爺鴻恩存案，出示曉諭，已經奉行十數餘年，固無違失。但紙案易壞，恐年久湮没，失其確據，無以爲考，因以公訴爲奉文减差、祈賜立碑垂久等事叩懇□特授直隸秦州□大老爺准行，著照原奉憲檄立碑垂之久遠。我天水等三里即沾鴻恩高厚矣，因而遵奉，勒石立碑爲記。與天水碑合同天水、白還、青石三里士庶萬民公立。

大清乾隆二十三年歲次戊寅春三月穀旦，石工朱俊敬刊

建修玉泉亭記

【題解】碑現存玉泉觀。清乾隆四十一年（1776）立石。高112釐米，

[1] 天水里轄天水鎮、焦李、石家峽、徐家峽、張家峽、楊家灣、胡家溝、廟坪等村。青石里分爲青石上和青石下，青石上所轄安新、安老、董家坪、王家莊、孫家莊等村；青石下所轄雙閣、陳家灣及現華岐鄉的汪家園莊、辛家莊、韓家山等村。白環（還）里的王家莊，汪川鄉的萬家莊，以及現禮縣境内的白環堡、武侯堡、宮家莊、童旗寨、鄭家磨等村。

[2] 川陝總督岳大老爺：指岳鍾琪。岳，雍正三年至雍正十年（1725 ~ 1732）任川陝總督。

[3] 川陝總督尹大老爺：指尹繼善。尹，乾隆五年至乾隆七年（1740 ~ 1742）任川陝總督。

[4] 秦州楊大老爺：即秦州知州楊國瓚。乾隆《直隸秦州新志》卷7《官師》“秦州知州”目：“楊國瓚，聞喜人。進士。”

[5] 總督川陝部堂尹：還是指川陝總督尹繼善，因加有尚書銜，故稱“部堂”。

寬 55 釐米。秦州知州彦方撰文，秦州儒學學正王自榮書丹。

按本郡自漢武時析置爲天水[1]，距城址里許，號天靖山，有觀曰“玉泉”。蓋泉者，水之源；而玉者，水之精，意郡以天水名，而壽山靈鍾、湫毓之氣俱胎此乎。第州乘弗詳。厥自《雜記·仙釋》中所稱雲棲而虚步者，往往隱現於此[2]。將無斯泉類廬山遠法師以杖掘地而出之歟？抑亦如羅浮寶積寺梁景奉禪師卓錫而遂湧數畫歟？固未可考也。

昨歲嘉平，余奉憲檄署篆玆土。公餘，曾上登臨，覩其泥而不食，竟有無禽之象焉。因捐俸貲俾理於程君啟俊，不匝月而涸者渫，圮者治，垣墻屏列，而有亭翼然，玉泉之美直等醴泉矣。抑又聞之，《易》之井卦有云“養而不窮”，謂其可以養民汲受福，謂士之足以致用也。人傑地靈，地靈人亦傑矣，本郡民本士氣或從此饒有補乎！記之尤以表余之志也夫。

奉直大夫置直隸秦州加二級紀録四次覺羅彦方[3]撰文

文林郎候銓知縣借補甘肅直隸秦州儒學學正王自榮[4]書丹

原任江西贛州府贛縣縣丞□□□監修

大清乾隆四十一年歲次丙申秋七月穀旦立石

重修玉泉觀記

【題解】碑現存玉泉觀碑廊。清乾隆五十八年（1793）立石。高 140 釐米，寬 82 釐米。秦州知州齊佳士撰。碑面多有破損。

天水一郡，古之名區，千山聳秀，萬壑争流，廬舍桑麻，農商湊集，洵關中之古觀也。

余於丁未[5]□□□□□，遍覽其勝，惟郭之西北玉泉觀氣勢磅礴，不假人力，已奇□高曠異常矣。其創建不知何代□□□□□昊天玉帝，香火

[1] 漢武帝元鼎三年（前 114），析隴西郡，置天水郡，從此有“天水”之名。

[2] 乾隆《直隸秦州新志》卷 12《雜記中》載玉泉觀創建者梁志通事跡。

[3] 彦方：光緒《秦州直隸州新志》卷 10《職官下》“秦州知州”目：“彦方，署，滿洲鑲黄旗人。官學生。”

[4] 王自榮：光緒《秦州直隸州新志》卷 10《職官下》“秦州學正”目：“王自榮，陝西咸寧人。舉人。”

[5] 丁未：清乾隆五十二年（1787）。

維崇。並有前先賢祠宇，遺愛流芳。其間靈湫湧出，清流灩瀲，喬木婆娑。仙人洞舊跡猶存，□□之盤繞自聚。惟年遠剥落，工多不整。殘碑茂草，冷面凄風，竟致遺像神光凜然露虚，□心有感先□。庚戌秋[1]，修理靈官殿宇，次修静觀亭、四明亭。復於癸丑秋[2]見通仙橋以及星辰五祖殿各處，因秋霖過沛，勢就傾欹，前人匾額幾爲滅没。余竊欲期其全美，於是庀材鳩工，斜者正之，缺者補之，舊者新之。政事之暇，登高遠眺，古松相映，來法雨之聲靈；覺路常開，引慈雲之有徑。鹿遊山畔，鶴舞松間。

念余蒞官是郡，七歷寒暄，每遇善緣，不殫餘力。是舉也，不獨其勝跡重新，亦竊願文秀之風從兹□□。工竣之日，適值五縣[3]因公齊集，余置酒於其上，東望關山，南瞻巴蜀，北通河朔，西接岷峨，慨然想我聖朝氣運之隆。及俯視附近村莊，萬家煙火，瞭若指掌，乃益信民有豐年之樂，得以自慰，亦所以勵五縣也。是爲記。

御宴千叟老臣年七十五歲五世同堂恩賜保赤鍾祥七葉衍祥匾額，特授奉政大夫知秦州直隸州事加三級紀録三次隨帶軍功加一級山左齊佳士[4]撰文

秦安縣知縣興恒捐銀十两，清水縣知縣朱超捐銀十两，禮縣知縣魏鈞、徽縣知縣特通額捐銀十两，两當縣知縣白久潤捐銀十两，秦州學正郭正禹、秦州吏目沈本立、監生穆繼元捐銀十两，山東臨淄縣貢生齊漠、鹽商汝友仁捐銀八两。

（以下信士姓名從略）

乾隆五十有八年歲次癸丑陽月上浣

重修梓潼帝君祠並建碑亭記

【題解】碑石現存玉泉觀碑廊。清嘉慶十七年（1812）立石。高192釐米，寬65釐米。楊如松[5]撰文，張于撲書丹。

[1] 庚戌：清乾隆五十五年（1790）。

[2] 癸丑：清乾隆五十八年（1793）。

[3] 五縣：清雍正七年（1729），秦州升爲直隸州，轄秦安、清水、禮縣、徽縣、两當五縣。

[4] 光緒《秦州直隸州新志》卷10《職官下》“秦州知州”目：“齊佳士，臨淄人。貢生。”

[5] 楊如松：光緒《秦州直隸州新志》卷10《職官下》“秦州貢生”目列有楊如松姓名。

昔予嘗以事至蘭省[1]。暇日，遊五泉勝地[2]。由山麓景行，見釋迦古□數處，前人題詠甚多，予弗詳覽。至山半，仰觀宫殿壯麗，采色陸離，肅穆瞻拜，維我帝君文昌位也。乃歎山之巨鎮在兹，彼文殊、如來之祠特附焉，顧非在昔名公經畫甚善，烏能正位得體如此哉！今聖天子隆文重武，涣號天下，以文昌、關帝並尊，春秋覃發乎！未聞令佛老之教，得出於儒宗右也。則知道其所道、德其所德者，徒擬於河海之卑耳，奚喻日月之經天哉！

吾州城北玉泉山有文昌帝君舊祠。乃位置於西，偏其南面者爲老氏三清。及披覽元時遺碣，其重修猶仍故址，斯乃後之人謬爲改作而非創始者，咸慨歎之。憶二年前，予與雲博舒君[3]閒步，目擊荒蕪，蹙然改容。舒君乃會同心諸友，付於序文，遠募於伊、涼、重慶、略陽，近及於平居交遊，其承乏者獨任之。爰鳩工於今年四月初吉，凡梁桷板楹之腐黑撓折者，蓋瓦級磚之破缺者，赤白漫漶之不鮮者，治之，則已無侈於昔。又以朱緑二像逼近帝座，稍移列前廊下，左右置侍從乘駒，可謂規模大矣。徐念祠外有前人碑碣剥落，霜露愈久，將弗識也，因復構一亭，列碑三面而恢廓其中。予聞而歎美曰："君之爲此，意殆深遠哉！匪真貞瑨永垂。若當盛夏，有勤修者潛心於此，以神之啟牖，山之鍾靈，業無患不精，名無慮弗成乎！"是從事黽勉，訖工於八月望日。而友人于樸張君[4]謂予曰："兹義舉也，不可忽誌，研朱載書，吾其任之。君蓋敘厥始終乎！"予乃不辭固陋，聊以抒同盟之志詳，事爲之跡，繫之以詩，曰：

維帝與王，正位立極；豈比乾元，退老西北。李唐家風，庸俗是則；元氏碑存，胡弗辨哲。祠久寂寥，屋生杞棘；零雨其濛，漏聲弗息。凡屬同人，觸目心惻；有擔荷者，無俟輔翼。朝夕鳩工，未遑暇食；盛暑往來，冒雨登陟。營度内外，既匡且飾；丹雘壁茨，翬飛鳥革。瀟灑碑亭，淩空峻嶷；風簷展讀，古道照色。昭兹來許，匪異人職；誰嗣其功，舒君之德。

[1] 蘭省：即蘭州。因甘肅布政司在蘭，故稱。

[2] 五泉勝地：即蘭州名勝五泉山，是佛道合一的隴上名山。

[3] 雲博舒君：即舒自用，貢生，雲博其字也。此人是本次梓潼帝君祠即文昌殿重修的發起者。

[4] 張于樸事跡不詳。

大清嘉慶十七年歲次壬申秋八月穀旦

天水白還青石三里重修減差碑

【題解】碑在玉泉觀碑廊。清道光十三年（1833）立石。高135釐米，寬57釐米。碑面殘損，部分字跡漫漶不清。秦州區天水鎮槐花寺原有碑與此碑同，可惜已破碎不堪。

夫國以民爲本，民以食爲天。如我天水、白還、青石三里，土瘠民苦，歷來較闔州當差，奉上文，十分之内減去五分，有減差碑爲據。近來州城有聞官辦公之人不察碑據，竟於我等三里一體科派錢文，雖稟官未行，但該等違各憲體恤之恩，泯滅我三里前輩懇祈減差之志意也。

迄今年遠，碑字兼有模糊，恐失跡無考，里民受累無底。今我等三里同衆公議，除原碑舊在寺内大佛殿[1]東北角立，照原文重立新碑，仍立寺内，坐西文昌宫北看墻上，永遠不朽矣！

天水里石某袁某焦某李某張某武某馬某楊某徐某

白還里馬某苟某萬某劉某杜某宫某李某朱某

青石里劉某閻某辛某安某董某劉某武某王某

首事人天水里青石里

原辦公後裔袁思道、馬得寅……

大清道光十三年歲次癸巳夏五月穀旦

重修玉皇閣、雷祖殿、龍神祠山門、白虎殿升仙橋並牌樓墻垣碑記

【題解】碑現存玉泉觀玉皇殿側。清道光二十五年（1845）立石。碑高130釐米，寬52釐米。清郡庠生裴恕撰。碑面部分漫漶。

州治北有玉泉觀，秦州名勝之區也。自城西循溪迤邐而北，两涉斷澗，跨以虹橋，一曰升仙，一曰通仙，淩空結構，宛然星槎。渡橋俱建牌樓。而近通仙者，上插雲漢。自是而過白虎殿，則洞天寶龕，紺宇琳宫，隨地

[1]“寺内大佛殿”指槐花寺大雄寶殿。槐花寺在天水鎮街下街，傳始建於唐，寺内有巨槐两株，撑天蓋寺。

建置。而惟玉皇閣位居正中，朱甍碧瓦，鳥革翬飛；兩廡配殿對峙，山門高峻，獨擅山中之勝。蓋閣祀上帝，固祠廟之宗王，亦遊覽之大觀也。前人之位置，信善矣。雖重修補葺，代不乏人，而自嘉慶間重建後距今三十餘年[1]，正殿山門則丹青剥落；東廡則墻垣傾側，上蓋亦幾不蔽風雨；白虎殿以基址□高，每遇陰雨，水從中流，榱桷磚瓦，亦多壞裂；牌樓亦將傾圮。通仙橋雖完固，而升仙橋下爲溪水泥淤，上爲風雨剥蝕，傷損尤甚，不加修理，其何以妥神靈而肅瞻仰乎？

□□等因募化四方，鳩工庀材。起工甲辰六月，落成於乙巳七月[2]。向之卑隘者轉而高敞矣，向之黯淡者轉而輝煌矣，向之傾圮者轉而完整矣。是役也，敢自朗致力於神哉，亦冀後之君子同切是心，時加修葺，俾名勝之區不致湮没云爾。

郡庠生裴恕撰文，首事人常慶餘等

大清道光二十五年歲次乙巳秋七月立

周公祠碑

【題解】碑原在玉泉觀山麓周公祠，今不存。文載《秦州直隸州新志續編》卷6《藝文》。左宗棠撰。

左宗棠（1812～1885），晚清中興名臣。字季高，湖南湘陰人。先後任浙江巡撫、閩浙總督、陝甘總督等職。

同治十年五月十五日，總統甘南諸軍二品頂戴、前福建延建邵兵備道周君卒於軍。余疏君仕履及以死勤事狀聞於朝，天子軫悼，加贈内閣學士，蔭一子入監讀書。又二年，關隴底定，秦州人士追念遺德，請祠祀之。余又以聞，詔旨報可。於是州人卜地於州之天靖山，庀材鳩工，因高而堂，就夷而墀，繚以周垣，蔭以嘉樹，凡爲屋若干楹[3]。於十三年五月落成，

[1] 清嘉慶十四年（1809）住持道士趙德陽等曾重修玉皇閣，嘉慶十七年貢生舒自用等重修文昌殿。

[2] 甲辰：清道光二十四年（1844）。乙巳：道光二十五年。

[3] 周公祠在玉泉觀東南岡巒上，2003年改建爲岱廟。

奉君主居中，妥靈揭虔，神人悦喜。而權知州黄君翥先[1]復請余文其麗牲之石。周君少時，從余讀書，資識英敏，學有心得。余奉命視師東南，君從余戎幕，凡可以贍軍恤民，爲地方計久遠者，不避貴要，助余成之。羣議翕訿，以相摇撼。君一切不顧，守意自如。後從余度隴，亦然。故當其任事，羣小洶洶，及踰時歷歲，功效衆著，毀去而譽獨存。公道之不泯，實政之不可久淹也如此。

君諱開錫，字受三，湖南益陽縣人。名宦周公振之之嗣子也。廣西盜起，從胡文忠公[2]於鄂，權沔陽州知州。湖北州縣減浮糧、蠲隄工土費自沔始。曾文正公[3]督两江時，召置戎幕。余奉命撫浙，君乃辭曾而之我，積功洊擢浙江温處道。余督閩浙，君從入閩，調延建邵道，未上，署福建布政使。余去閩，君護撫篆，蓋稍稍通顯矣，而爲忌者所沮。及余西征，三年方移節度隴，趣攻北路，而南路隴軍挫於狄道[4]，士氣銷靡，不可朝夕，將士無足任者。適君轉閩餉至，遂疏留君，總統甘南諸軍，兼理民事。君罷捐糧之令，汰冗卒，勤耕墾，定課税，革陋規，踔厲風發，人之謗君者視閩爲甚，然卒得平和。年餘，鞏秦稱治。旋用兵復狄道、渭源两城，進窺洮岷河州。適黑頭勇丁潰變，君禽其兇逆磔之，貸附和者死，反側以安，而君之心力亦自此耗矣。明年三月，疾作，支離寐枕，籌兵、籌糧、籌餉、籌運，造車船，通道路，營度庶務，一如平昔。吏泣請少休，君不顧也，於時疾日進矣。五月十日，以事赴秦州，行四十里，氣絶。稍蘇，舁還鞏昌。五日，遂卒[5]。

嗚呼！君以閩吏任隴之艱，拯苦扶危不屑營脱，殫智罄慮於國於民，沉瘁殞身，僅及中歲，可不謂忠歟！而彌留之頃，賦詩自悼，猶謂君親两負，從余未終，其素所存者可知也。世乃嘖嘖而持其後，小人好議論，而不樂

[1] 黄君翥先：即秦州知州黄翥先。光緒《秦州直隸州新志》卷 10《職官下》“秦州知州”目：“黄翥先，鍾祥人。優貢生。”

[2] 胡文忠公：即晚清中興名臣胡林翼，湘軍著名首領，“文忠”其謚號也。

[3] 曾文正公：即晚清中興名臣曾國藩，湘軍著名首領，“文正”其謚號也。

[4] 清同治十年（1871）冬，清軍鎮壓河州反清軍馬占鼇部，太子寺一役，清軍慘敗。“南路隴軍挫於狄道”指此。

[5] 關於周開錫事跡，光緒《秦州直隸州新志》卷 12《名宦下》有傳。

成人之美，亦如此哉！然至今日，謗焰既息，謳思在民，懷德頌功，奉以禋祀。朝論亦翕然稱之，知勞臣所獲不在彼而在此也。君家世行誼，具沅陵吴大廷[1]所作墓銘。兹掇其大者書於碑，爲歌詞繫之，以永秦人之思。

生勞苦兮死可休，虚飄飄兮靈之遊。睠西土兮聊淹留，涉漢水兮臨漸江。浩閩海兮波湯湯，謗詠短兮嘔吟長。秦之州兮君所止，施號令兮民大喜。饑者飽兮痿者起，風颯颯兮雲冥冥。靈之來兮如平生，叱騶從兮揚麾旌。升几筵兮享牲糈，昭精禋兮靈福爾。驅螟賊兮殪狼虎，歸祠廟兮山之隅。民報祀兮終如初，祉耿耿兮安可誣。

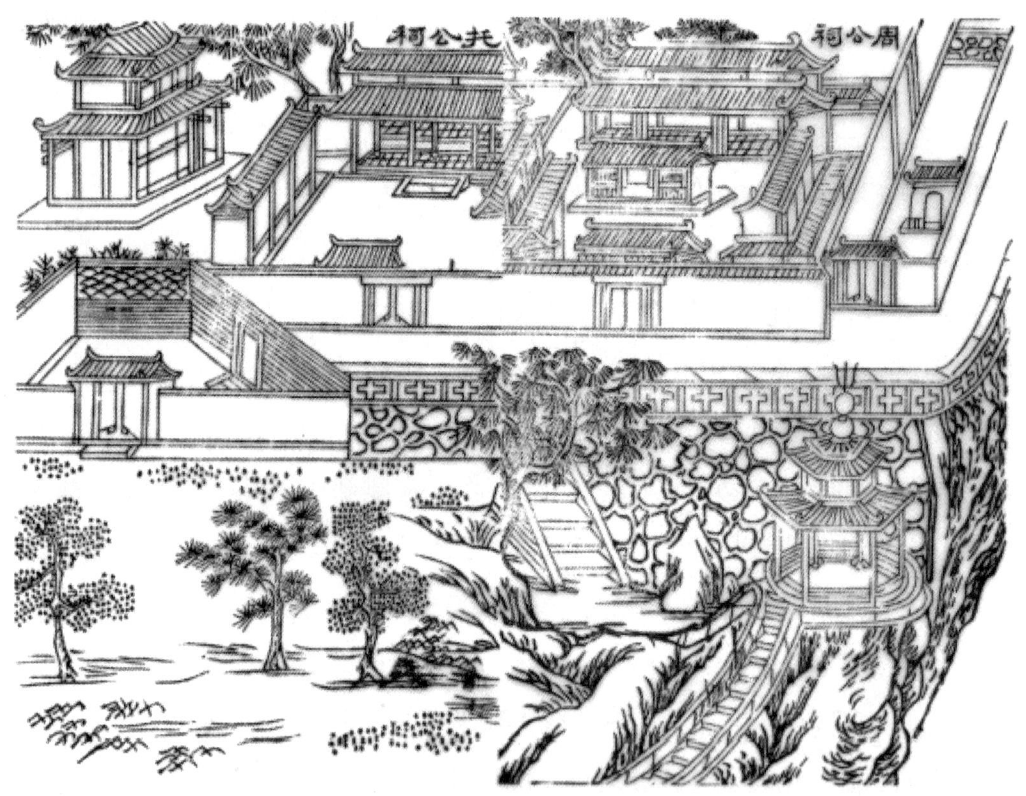

圖 1–12 光緒《秦州直隸州新志》所附周公祠、托公祠圖

托剛烈公祠碑

【**題解**】碑原在玉泉觀側的托公祠，已散佚。文載《秦州直隸州新志續編》卷 6《藝文》。董文涣撰。此文亦見《洪洞董氏日記六種》之《董文涣日記》，從日記看出，此文乃多次修改而成。

[1] 吴大廷（1824 ~ 1877）：字桐雲，清湖南沅陵人。咸豐五年（1856）舉人。曾任分巡臺灣兵備道。

董文涣（1833 ~ 1877），字堯章，山西洪洞縣杜戍村（今洪洞縣杜戍村）人。咸豐六年（1856）進士。同治十一年至光緒三年（1872 ~ 1877）任甘肅鞏秦階兵備道，駐節秦州。

同治十三年三月，署秦州事黄燾先請於余曰："故州刺史謚剛烈托克清阿公，再牧秦州，惠愛及民，其剿賊死事尤烈，今其祠在州城者凡二，久未修葺，邦人傷之。"

謹按，公以山西駐防、舉人就知縣，分發甘肅，歷任皋蘭、河州，皆有循聲，而權秦州篆尤久，治理多可記者。公之重蒞斯土也，維時陝回陷渭南、高陵等縣，鳳翔回民響應，秦郡戒嚴。公請於大吏，設防汧隴，賊不敢逼。嗣陝回鐵鎮國由固關竄清水之張家川，川匪郭逆復攻陷两當，公招集團丁進剿，以偏師三百扼張家川，而親統全軍由秦安縣抵劉家鋪，日夜轉戰，斬獲甚多。後賊至益衆，公揮短兵陷陣，中飛砲死，秦民哀之。事聞，天子震悼，以道員禮賜謚，恤建專祠，昭忠褒烈，可謂至矣[1]！

"隴自回逆跳梁，盗賊蜂起，當是時，郡縣牧令皆不習兵事，即招募丁壯，亦袛擁以自衛，賊至，閉關舉砲，利其速退，無敢議戰者。以故，城郭人民不可復問。而秦州地當衝要，户口繁衍，四通輻輳，庶富甲於隴南。公隻身捍禦，出萬死不顧一生之計，俾秦民老幼安堵無虞，士農商賈各安其業，四時詩書弦歌之聲相聞，於今受其賜，其功於國、福於民如此。至窮賊所嚮，輕身赴敵，深躡虎狼之蹊，卒以死殉，初何嘗有寂寞身後之念介於其中，既見爲義所當然，斯赴之已耳，於廟乎何有！而官斯土者與邦人傷公之亡，壯公之節，則誠有不能漠然置者，請新其廟，可乎[2]？"余應之曰："茲教忠善俗之原，烏可緩？"

燾先乃倡率郡士，立廟於天靖道院之側[3]。凡用工若干，費緡錢若干，閱五月而工蕆。某月某日宜祭之辰，奉公主享之。於是，秦之耆畯咸會，

[1] 關於托克清阿事跡，光緒《秦州直隸州新志》卷 12《名宦下》有傳。本段文字是以按語的形式敘述托克清阿之所以能入名宦祠的事跡。

[2] 本段文字依舊是"署秦州事黄燾先請於余曰"所説的言語，是説托克清阿之所以能入名宦祠理由和意義。

[3] 托公祠在玉泉觀東南岡巒上，在周公祠南側院落，2003 年改建爲岱廟。

牲醴既陳，肴核有錯。忻忻然曰："自堂徂基，輪奐新矣，陟降庭止，神明是依，美崇報以從民志，繄黄侯之惠。"禮成，乞余文，述其緣起，且以余與公生同里閈，知公夙也。余烏能已於言哉！公卓識偉抱，所至侃侃，其功若德已著於史册，不待覼縷，謹識犖犖之大者繫之銘，以諗來者，其詞曰：

天靖之山，崇祠歸焉，以表我公，賢而輝映。玉泉匪肅，瞻視惟勸，忠先凡百，有位曷視碑鐫。

秦州北山李杜祠堂記

【**題解**】這應是一篇未刊之碑文，作者王闓運在文首自注説："董研樵先生欲拓修李杜祠，因乞此文，旋以身歿，未果，存之以識遺憾。"文載民國《秦州直隸州新志續編》卷6《藝文》。

古之選大夫者，代天工宣三德，期於聖若禹皋[1]，而後無曠官。及考其科，則有曰登高能賦云者。夫流連山水，興寄今古，後世俗儒所不屑爲，而古之人以爲聖選，何哉？惡夫以刀筆斗筲爲實用，而使政術入於申商[2]、光禹[3]之所爲也。文士輕佻縱逸之弊，易見而易知，俗吏之害使人忘道德、絶仁義，病君戕民，而自謂勤職，爲政者可不暇乎？日處塵埃之中，登高山，臨大川，窺窅壑，愒鬱林，則曠焉，浩焉，淡焉，肅焉，於此而有會者，其不累於物，不蒙於性可知也。堯窅然於汾陽，孔子登泰山而小天下，虽有聖，必依於境。

秦州北山玉泉觀，故隗氏舊宫地也[4]。自漢以後，代爲勝地，其遊者不可勝計，而唐以來，杜文貞[5]獨擅其名。杜生不逢時，僅以詞章名，後之人遊其地，吟其詩，思其人，若耳目相接，莫不興起也。故即其山祠之，

[1] 禹皋：即大禹和皋陶，唐堯、虞舜、大禹、皋陶都是傳説時代的人物，有"上古四聖"之稱。
[2] 申商：即申不害和商鞅，二人爲法家代表人物。
[3] 光禹：即西漢權臣霍光和張禹。
[4] 玉泉觀舊址並非"隗氏舊宫地"。隗囂宫，故址在今天水市區北仁壽山瓦窯坡半山。
[5] 杜文貞：即杜甫。"文貞"是後世文人爲杜甫所加的謚號。

祠之欲有以配之，以李供奉者，成紀人[1]。可爲地主，因建李杜祠堂。歲久傾圮。同治十年，兵備道洪洞董君擴拓修葺[2]，以時登臨，慨然有千古之感。郵書告闓運且曰："宜有以記之。"闓運以爲李杜者，詩人也。古之詩以化下刺上，後之詩吟詠情性而已。一人之見，一詩之言，疑未足以動天地，然試登茲山，覽其風物，曰：此隗囂之所遊也，亡新後漢間，興廢之事，若蝸角蠻觸之戰鬥，已過而不可尋矣。隗氏之前後，古聖賢人孰居遊此，而已不可考。惟是文貞五言廿篇[3]，諷咏低迴，此山存，其人若存。則天寶、乾元之日月，猶可見也。杜子已往，而詩之靈猶如此，矧夫詩人之爲政，以胸中所蘊蓄，陶寫之所得，施之於民物制度，以洗俗吏迂儒之意見者，豈不遠哉？

董君能詩文，專得杜之理神[4]。其初出官時，人頗疑少年文學侍從之臣，不樂吏事。既至，期月而化行，三年而俗美，利興弊除，尤以文教經術爲重，關隴人材都會，其必有承風應時者，學詩教以美化移俗，又豈彰大夫能而已！輒攄其懣，以諗今後之善遊能詩者焉。

名賢會序

【題解】原碑在玉泉觀李杜祠，今不存。文載民國《秦州直隸州新志續編》卷6《藝文》。吴西川撰。

吴西川（1831～1875），字蜀江，號楳龍，清秦州北鄉卦臺人。同治三年（1864）進士。曾授翰林院庶吉士，任翰林院編修。書法超逸，詩文俱佳。著《沁芳吟館文稿》《沁芳吟館詩草》《沁芳吟館外草》《偶一吟草》《雪鴻小草》等。

好名而後賢，其賢非真；不賢而得名，其名不遠。孔子曰："見賢思

[1] 李供奉：即李白。唐玄宗時李白曾"有詔供奉翰林"。李白《贈張相鎬二首》有句云："家本隴西人，先爲漢邊將。"表明自己祖籍"隴西成紀"。

[2] 兵備道洪洞董君：即鞏秦階兵備道董文渙。因董卒於官所，擴拓修葺並未進行。

[3] 文貞五言廿篇：指杜甫在秦州所作的組詩《秦州雜詩二十首》。

[4] 董文渙精研杜詩，其隴上紀行詩深得杜詩神韻。董有研杜著述《杜詩字評》，就是在秦州署齋中完成的。

齊焉”，非以市名也。又曰：“君子疾没世而名不稱焉”還以策賢也。

玉泉之山有祠焉，而題曰“名賢”，奚爲者？人有會於祠者焉；而號曰“名賢”，又奚爲者？往者荔裳宋公[1]，賢者也，來巡吾秦，有惠政，士民愛之；建生祠焉[2]，將以名公也。公曰：“咄！盛名之下，其實難副，琬不賢，何以堪之？”乃肖唐李青蓮、杜少陵像其中[3]，歲時合祀祀焉。“名賢”，宋榜[4]也。今宋公之去二百年矣，秦之人傳公名、頌公之賢者，嘖嘖於口。名不名，賢不賢，不繫之乎祠也，亦諒矣哉！彼李杜者，異代逋播臣耳。雖或籍於斯、或羈於斯[5]，要非能有功德以及於斯之士庶者也。無端而建之祠，肖之像，歆之以俎豆，豈不詭哉？薦紳先生乃復於重陽之日，糾合朋儕楚楚焉具衣冠而拜之，奉馨香而薦之，猶低徊不忍去，爲留連且竟日，仰又何耶？得非讀其詩想見其爲人、有所動於中而不能自已耶？

西川曰：嗚呼！以李杜之賢乃得僅僅以詩名，後世悲矣。使其遭逢明聖，感會風雲，勿復遭饞被謗以抵斥逐，得盡其賢之用以輔唐天子，名當更偉矣。寧止此乎？顧不能然，乃獨羈身海角，落魄天涯，忠君愛國之忱曲盤鬱結於其胸中而無所發，乃一以於詩，信可憐也！豈復計後之人之名之哉！今諸君子誠喜以身後之名，欲繼軌於古之賢者，則孔子之書具在，讀焉精察而力行之，人皆可以爲堯舜也。在上者必有以知子之足用，俾得立名以垂不朽。彼李杜者，詎足羡哉！故斯祠可名“名賢”，斯會亦可名“名賢”也。皆曰：諾！乃書。

重修玉泉觀聖母宫碑記

【題解】文刻在木牌之上，現存玉泉觀。高 110 釐米，寬 55 釐米。劉

---

[1] 荔裳宋公：即清初著名詩人宋琬，荔裳是他的號。順治十年至十四年（1653 ~ 1657）任分巡隴右道，駐節秦州。任内整修城垣，賑濟災民，修築城南河隄（史稱宋公隄），主持纂修《秦州志》、刊刻“二妙”碑，多有政績。

[2] 宋荔裳先生祠：爲紀念宋琬的祠堂，在秦州水月寺，即今天水市城區人民公園處，已毁。宋離任後天水士民爲其建立生祠，刻石畫像，以誌紀念。

[3] 李青蓮、杜少陵：即詩仙李白、詩聖杜甫。所謂“肖唐李青蓮、杜少陵像其中”的祠，名李杜祠，始建於明代，又名大雅堂，址在玉泉觀内。

[4] 宋榜：宋琬所題寫的匾額。

[5] 籍於斯：客籍在這里，指李白。李白寄籍“隴西成紀”，而在唐代成紀歸秦州轄，故言。羈於斯：羈旅在這里，指杜甫。唐乾元二年（759）杜流寓秦州。

永亨撰文，張登瀛書丹。楷書。保存完好。

州城西北有玉泉山，巖柏蔭森，蒼翠奪目，其上爲玉皇殿、老子宫，與夫羣神列仙之壇壝，不一而足。而聖母宫則處上其麓焉[1]。

歲乙酉[2]，州人張君思哲、武君樞、駱君樹□以兵燹荒墜，鳩工庀材，墍墍而葺治之。閲十有五月始落成，張君以記屬予。予曰："神宇之新，誠爲有功，子盍求昔之創建者，可爲年月之偏乎？"張君曰："嘻！予壹不知夫斯宇之創於何年也，但考其碑碣，有州人王氏者補修葺於乾隆中葉，然迄今已八九十年矣。今予與武駱諸君之爲此役也，懼其年之愈深，物之漸化，而無以善後也。於是相其舊基，籌其工作，破者完之，汙者滌之，棟則易以重購之材，砌則甃以力扛之石，甍則復以新陶之瓦。奥其中以爲膜拜之區，齊其外以爲飲福之所。朱户紅墻，深簷大廈，此前日之荒煙蔓草而充塞也；莊嚴寶相，金碧仙靈，此前日之風瀟雨晦而剥蝕也；美景良辰，州人士女俎豆而尸祝，管弦而歌雩，此前日之鼪鼯禽雀巢其中而凄涼愴慘也。凡醵貲八百餘緡，出諸社内者什之一，出諸州之商若民者什之六，出諸蘭州之商者什之三[3]。至於往來督率，則予與武駱諸君是任焉。雖然，後之視今猶今之視昔，非子之記，焉知來者之不如今也。"予曰："然！不有廢也，其何以興！昔乎，予之不文，無以信於今而傳於後也。然子既有此義舉，不可不以爲勸。"因撮期問答之詞，舉而書之，俾後之君子有所覽焉。是爲記。

翰林院編修州人劉永亨[4]敬撰

刑部主事州人張登瀛[5]沐手書

（督工首事人姓名從略）

大清光緒十二年歲次丙戌秋八月穀旦

[1] 聖母宫：又稱聖母殿，在玉泉觀五十三臺階西側院中，今存。

[2] 歲乙酉：清光緒十一年（1885）。

[3] 從清代的功德碑來看，寺廟建修募捐多來自秦州當地和外地商户。

[4] 劉永亨：清秦州人。光緒三年（1877）進士。曾任翰林院編修，侍講學士，累官至禮部侍郎。

[5] 張登瀛：清秦州人。光緒十二年（1886）進士。曾任刑部主事。

重建玉泉觀各工程碑記

【題解】碑現存玉泉觀碑廊。清光緒二十九年（1903）立石。高170釐米，寬65釐米。楷書。基本完好。按：此碑文任承允《桐自生齋文集》有載，文題下標注“代張瑶圃”。瑶圃，乃秦州知州張珩之字，則知碑文真正的撰者是任而非張。另，任集中的“記”個别文字和碑文不同，兹以碑文爲據著録。

秦之鎮山曰邽[1]，迤西之支，方言中梁，挾六七十里厚盛葱鬱之勢，陂陀蜿蜒，起伏曼衍，奔注於城之西北隅，惟玉泉觀矗然揞拄於其下。則夫殿閣巍焕，亭榭參差，其孕秀窟仙者不得攬全州之盛勢歟！

竊惟天水名郡，人文蔚起，自漢繼今，萬室聯甍，既豐且庶，屹然爲隴右一大都會。藉不有洞天名勝，蓄洩厚坤之氣脈，以昭奠神天，愉快觀遊者，其於地靈，豈曰無憾？則州之有斯觀也，亦固其所。觀之正殿，權輿於元真人梁志通[2]，他祠則不概可考焉。然斷崖煙雨中，老柏蒼藤，要皆千餘年物，蓋州人士飫雲物之和，介右享之福者亦已久矣。噉而不修，將有棟翹礎陊之慮，州耆紳商所以新之。爰捐廉先導，並募攽於城郊信善，以蕆大工。經營之始，則升仙橋，直西則靈官殿，折而北則通仙橋，北級石梯者再，則玉皇閣，即正殿也。閣西則草堂，改作軒窗，設唐杜子美像焉。披林遠眺，始足觴詠之勝。堂偏西則道院，新拓之。院西則倉頡宫，階下則玉泉。舊有亭，廢，今復之。宫内南折而上，則神仙洞。宫外南折而下，則雲陽洞。洞南數十武，有亭，環矚琳宫，俯瞰青郊，故曰“明眼”。易庳隘而爽塏之，絶壑吟覽，最爲稠人所聚矣。其非匠氏工作所經之處者，不覼縷焉。

憶余咸豐年間差次於秦久久，今來作牧，又踰十稔。宦遊五十載，獨於是邦結一段香火因緣，則有其舉之，曷敢或廢？雖然，余意又豈區區飾名山以侈遊宴已哉？觀之地稍凹，溪谷迴邅，喬柯聳峙，宜若幽翳無見者然。然憑欄放目，意氣飄飄空闊，山川城郭，東西百餘里，村疇草木，紫翠明潤，

---

[1] 邽：指邽山，即今麥積區鳳凰鄉之鳳凰山。

[2] 權輿：起初，起始。梁志通：元初來秦州傳道，至元十三年（1276）創建玉泉觀。

圖 1-13 光緒《秦州直隸州新志》所附秦州十景之一玉泉仙隱圖

景態萬狀，可一覽而盡也。後之任斯政者，鳴琴餘暇，攜朋選勝，宣導滯壅，目農桑之豐歉，權民物之息耗，則利用厚生之道，或於是出，以補余闕，則有後望焉。

開工於壬寅之夏，訖工於癸卯之秋[1]。凡增置若干楹，仍舊若干楹，耗錢若干緡。是役也，雨暘應時，耆稚歡娛。故樂爲之記。督工人張思忠、鄒金德、張登峰、葛秉堃、張金鑑，例得書。

三品銜候選道知秦州直隸州事江右張珩[2]敬撰並書

大清光緒二十九年歲次癸卯季秋穀旦

遊玉泉觀飲李杜祠堂賦此

【题解】詩碑，现存玉泉觀碑廊。高 68 釐米，寬 106 釐米。書體草書，

[1] 壬寅：清光緒二十八年（1902），癸卯：光緒二十九年。

[2] 張珩在秦州任職多年，對名勝古跡多有建修。此次玉泉觀重修，規模較大，張用力甚勤，故玉皇殿梁上題記書重修主持、募化、督工等人員，由張領銜。

蕭灑流利。惜落款部分已殘缺，無法辨識作者、立碑時間。

玉泉雲横接高岑，山勢嶙峋古洞深。巖掛老松盤曲姿，水穿幽壑竇疏陰。仙人樓閣空遺像，才子□華擅正音。丹室無從探玄秘，乘風把酒滌塵襟。

第三節　南郭寺碑刻

佛頂尊勝陀羅尼經石幢

【題解】現南郭寺内。殘存三段，字跡模糊，無法辨認。據劉大有《南郭寺碑碣紀要》，石柱六棱形，基大頂小，長約600釐米，漢白玉雕成[1]。據馮國瑞考證，這幢六棱石柱幢經是"前蜀王衍乾德三年（921）刻製"，民國二十三年馮《九日偕趙蘆江（仰岷），龔滜（成都）渡籍遊南郭寺》有云"乾德三年前蜀物，夕陽影裏打經幢"即指此。

【考證】此碑張維《隴右金石録》著録，題名"陀羅呢經石幢"。文云：在天水南郭寺，今存。其後注引宣統《甘肅通志》云："佛頂尊勝陀羅呢經石幢，在秦州南郭寺。幢凡三段，末載爲先考妣及亡過眷屬於墓所敬立陀羅呢經幢，乾□□年五月一日立。其左曰：檢校司徒、領衛大將軍同正、兼御史大夫、上柱國、扶風縣開國男、食邑三百户馬敬□，秦州管内都營田糧料使、光禄大夫、檢校司徒、使持節、商州□□、兼御史大夫、上柱國、扶風縣開國男、食邑三百户馬敬璋，金紫光禄大夫、檢校兵部尚書、左監門衛將軍同正、兼御史大夫、上柱國馬敬瑭立幢。年號乾字下缺二字。五代及宋無以乾字爲號者，惟唐高宗十四號中有乾封二年。其人於正史無傳，詳其官爵，必唐高宗時所建成也。"對此，張維加按語云："唐高宗乾封後以乾字爲年號者，有肅宗之乾元、僖宗之乾符、昭宗之乾寧、梁之乾化，前蜀及宋之乾德。此石獨闕此一字，遂不能考定其時代，近《天水志稿》以爲前蜀乾德三年所立，諦視拓本亦不似也。"按：張維"近《天水志稿》以爲前蜀乾德三年所立"一語，指民國《天水

[1] 劉大有：《南郭寺碑碣紀要》，王耀主編《南郭寺藝文録》，甘肅人民出版社，2002年，第41～42頁。

縣志》卷 13《藝文二》對經幢立石時間的判斷。原文説:“石幢,前蜀乾德三年立石,現在南郭寺。”

大觀敕書碑

【題解】碑現立於禮縣草壩鄉草壩村“妙勝院”之側，1990 年出土。南宋慶元二年（1196）立石。高 95 釐米，寬 51 釐米。基本保存完好，爲禮縣縣級文物保護單位。碑文前半部分爲《大觀敕書》内容，記述秦州“妙勝院”即今南郭寺的沿革及祈雨屢次應驗情况；後半部分是説王楫等人捐地於天水縣茅城谷異地再建“妙勝廨院”情况。由碑文“將本院敕皇碑文再録於妙勝廨院立石”一語可知，《大觀敕書》碑原本在秦州南郭寺，不知何時散佚。

尚書省牒南山妙勝院惠應殿牒，奉敕宜賜惠應殿爲名。牒至准敕，故牒。

中大夫守石丞徐司空左僕射。大觀元年九月六日。

秦州南山妙勝院[1]，敕額古跡。唐朝貞觀二十三年賜額昭玄院、天水湖。至本朝太祖皇帝登位，於建隆元年將昭玄院賜敕皇改妙勝院；天水湖改天水池（其水冬夏無增減）[2]。於乾興元年真宗皇帝登位，本院鑄鐘一顆。於元符三年十月二十七日，經略周浡[3]夜夢本院降龍。尊者具天水池，特奏朝廷。奉聖旨，每年遇天寧聖節許度僧一名。至大觀元年，秦鳳路久愆雨澤，經略陶節夫[4]奏，八月十二日降御封香，令側近祈禱，於天水池佛殿焚香。翌日，甘澤滂霔，三尺有餘。本州奏朝廷，九月六日奉聖旨降到，敕皇天水池佛殿，可賜“惠應殿”爲名，蠲免諸般税役。間歲，賜紫衣或師號一道。至宣和元年，經略郭思[5]切見本州冬夕久旱，於惠應殿祈

---

[1] 秦州南山妙勝院：即今天水市秦州區南山之南郭寺。

[2] 天水湖：今已不存，故址在今天水市秦州區西南 3.5 千米處的天水郡。杜甫《秦州雜詩》“臨池好驛亭”之“池”即指此。北宋以來即是秦州著名的祈雨場所，湖上建有惠應殿。清代列爲秦州十景之一，稱“天水盈池”或“天水靈源”。

[3] 周浡：據吴廷燮《北宋經撫年表》，宋哲宗元符二年（1099）周浡任秦鳳路經略安撫使，知秦州。

[4] 陶節夫：字子禮，北宋饒州鄱陽人。據李之亮《宋川陜大郡守臣易替考》，陶於宋徽宗大觀元年（1107）任秦鳳路經略安撫使，知秦州。《宋史》卷 348 有傳。

[5] 郭思：字得之，北宋河南温縣人。元豐五年（1082）進士。據李之亮《宋川陜大郡守臣易替考》，

禱有感應，特奏朝廷。宣和三年正月十九日，奉聖旨將惠應殿——係祖宗昌英郡望之地[1]——改“法祥殿”，專令護持“天水靈泉無窮”一面給付。申尚書省牒，已將敕先次給付訖，請一依前項聖旨，指揮疾速施行，須專指揮。

右今帖南山妙勝院，仰詳此照會。

大觀元年九月□日，給奉議郎僉書節度判官、奉議郎通判秦州軍州使、龍圖閣學士、左忠散大夫、秦州安撫使兼馬步軍都總管使郭思。

南山妙勝廨院在天水縣茅城谷有常住土田[2]。至紹興十四年，有檀信税户王楫、同弟王寧、同男王光祖、孫王燾、王熙等捨到院基一所，修立妙勝廨院佛殿、法堂、三門、僧堂、廚舍，共計三十餘間。内有五百羅漢聖像，當尊慈氏釋迦等聖像。至丙辰正月一日，將本院敕皇碑文再録於妙勝廨院立石。

慶元二年歲次丙辰正月一日辛巳朔

住持主僧善登，前住持院主僧洪祥

本院受業僧善禧、善開、洪修、洪湛、洪滿、洪晟、瑞珍、洪玉立石

進士時日祥書。刊石匠吕全，石匠蓋仲

建南山寺二配殿臥石紀事碑

【題解】碑立南郭寺中院古柏北向老枝下，用以支撑將傾之老柏。清順治十五年（1658）立石。高 66 釐米，寬 150 釐米。鞏昌府判官謝鑾撰文。碑石邊角有損，其餘部分字跡清晰。

隴右天水者，從來號爲名區，其地多勝跡。如南巖之南山寺者，據父老傳云古刹也，然亦不知創自何許年。余嘗讀杜少陵“山頭南郭寺”作，每留連其老樹、清渠之句，雖屐蹤未及，中心輒已嚮往。

郭於宋徽宗宣和元年至六年（1119 ~ 1124）任秦鳳路經略安撫使，知秦州。

[1] 祖宗昌英郡望之地：趙宋王朝以天水爲郡望，正陳寅恪先生所謂“天水一朝”。

[2] 天水縣茅城谷：在今禮縣草壩鄉草壩村，此地有南郭寺廟田即常住地。

茲戊戌[1]春杪，儹漕公餘，急欲一登臨焉，欣欣莫遏，若神威或啟之。迨至止，瞻依遊覽，恬然自適，又若夙昔幾曾相過者。閱其規模，尚缺配廡有二，遂生歡喜心，願補其缺。乃以檀信可董斯事者，爲僧詢得四人焉，即欲返轡以庀材鳩工，事共州將謀。俄而，姜公[2]驅五馬飛馳而至，且攜酒飲我，於是同趺坐老樹下。姜公即欲引觴觴我，予乃先舉觴矚姜公曰：“僕今願有事於二廡，君願與僕共興乎？”姜公曰：“唯唯！當爲大人告成。”“其旁復有一塔，甚傾圮頹敗，而巍然鉅觀之意猶存，亦余與賢守圖重新計。”姜公曰：“有説焉，是塔初建無可考，有宋重修，銘石俱在。而石所不載者，傳云有讖言——重修落成之時，即微有崩陷云。後當遇地震而得復壞，壞後即遇一節鉞元老爲之復新。其讖於地震復壞者驗矣。元老復新之言，想尚有待，今茲無論力不能即，分亦不敢與當也，異哉！思爾爾尚其俟之，祇此二廡成，可爲平生一快。”

圖 1-14 建南山寺二配殿臥石紀事碑

[1] 戊戌：清順治十五年（1658）。

[2] 姜公：即落款題名的姜光胤，時任秦州知州。

不禁奮袖縱飲，飲而醉，醉而舞且□，遂搦管爲記。一以紀天水勝跡也，一以紀補缺事也，再則待符讖於後之來遊此地者。

順治十五年判鞏昌府事加三級北直任縣謝鑒[1]，並州守關東姜光胤，同社友山東曹州連沛仝建。化主明寬……

重建南山護國禪林院碑記

【題解】 碑在南郭寺中院院門旁。清乾隆十五年（1750）立石。通高86釐米，寬49釐米。南郭寺住持僧了然撰並書。爲保護起見，此碑碑面側墻面放置，無從得觀。兹據王耀《南郭寺藝文録》[2]重新標點著録之。

秦關西有天水郡者，梵苑禪林俊秀，文明勝地，士所不知創自何年何代。余閱考史，唐人青蓮曾遊其間，題詩曰："此寺風塵遠，山高月夜寒。東泉澄澈底，西塔頂連天。佛殿燈常燦，禪房香半燃。老僧三五衆，古柏幾千年。"[3]噫！蓮杜□□，□□□□，泰則泰時；否則否人，益而益人，損則精籃之靈懷相傳，於今不乏其人。殊不知□□□□□□□□□□□□□□□人耳。

分我朝聖治，時和歲豐。有師張，諱明，禪字張杲者，住持於前□，理於昔日□□殿堂，欲三記□□主□□觀音閣、靈湫亭、廣胤宫、土地祠，棟梁椽柱凋落損傷，泥土磚瓦亦撤復。詩碑工程浩大，獨力難成，伏冀貴官大人、樂善君子，作聚砂之功行，集乃樂之福□，廣功成予矣。勒金石永垂不朽，是爲序。

功德主李祺昂、李蔡、袁勝

住持僧了然、了裕、了宇

---

[1] 謝鑒：康熙《鞏昌府志》卷19《官師表》"通判"目："謝鑒，貢生，山東任縣人。"

[2] 王耀主編：《南郭寺藝文録》，甘肅人民出版社，2002年，第35頁。

[3] "唐人青蓮"即唐代大詩人李白，詩即傳説的《南山寺》詩。乾隆《直隸秦州新志》卷11《藝文下》録有李白《南山寺》詩，詩題下注："詩載塔頂小石，今亡。"對此，光緒《秦州直隸州新志》持否定態度，其卷22《藝文四》雖依舊録李白《南山寺》詩，但題下注："太白未至秦州，詩亦不似。故老云從土中得詩碣如此，姑從之。"李白祖籍隴西成紀，和天水大有關係，但李一生並未涉足天水，史有明證；各種版本的李白詩集也没有《南山寺》，且此詩格調不高，所以關於李白留詩南郭寺之事只能是傳説而已。《南山寺》不是李白的佚詩，應是好事者的習作。

龍飛乾隆十五年歲次庚午林鐘月望吉日立石

穀旦嗣祖沙門了然題並書

重刻朝暮功課經咒序碑

【**題解**】碑在南郭寺中院院門旁。清咸豐十一年（1861）立石。南郭寺住持僧了欲撰文。爲保護起見，此碑碑面側墻面放置，無從得觀。茲據王耀《南郭寺藝文録》[1] 重新標點著録之。

蓋聞釋迦掩室於摩偈，始成正覺；净名杜口於毗耶，無有語言。則知騁六通之神驥，乘五衍之安車，啟八正之平路，坦衆聖之夷塗，求諸文字之中，豈超色相之外？故夫説則浩浩，言或滚滚，雖通禪於諸方，亦多事哉！斯人也，然而無關幽鍵、靈鑰何階？法海淵波，慈航有自。苟現童子之身，效大人之作，守無師之知，演勿照之明，有功夫爲俗人拭涕，無因緣爲正法燃炬。問一百四十功德，渺爾無聞；究八萬四千法門，恍如天覿。則是高巖之晏坐，不免入萬丈而面墻也。嗚乎，可哉！

功課經咒者，衆妙之總持，禪净之正觀也。約經咒之微言，簡而有要；集高真之往論，誦則易通。勿問單丁，即或大衆於栽田。傅飯之餘，向園爐打坐之後，手茲一遍，心焉不輟，得無象於有象，悟善説於常説。由是現優曇花，作獅子吼，得大辯才，演無邊法，直拱而俟之耳。此謂刊行已久，天下禪林處處有之。

予所經見，則蜀道魁 [2] 所重編者也。顧發菩提之心，十方具足；結天人之果，一切如茲。則棗梨之鋟，吾寺豈可獨缺乎？則有比丘澄碧大師與卜永年檀越，發大願力，欲梓而行之，以惠來學。開六度之法門，作三車之前引，真可謂行不捨之檀施，洽羣有唱；無緣之慈澤，周萬物者矣。嗟乎，馬鳴已往，龍樹弗來；頽綱未振，絶紐難維。茲焉發音聲之輪，翻貝多之矣，積三祇之業，護萬行之宗。將見粥鼓經魚，時聞梵唄；祥河寶樹，永斷隋塵。所謂開解重昏，拔濟火宅，夫豈忽乎！而必曰未説一字，波若諸天雨花；

[1] 王耀主編：《南郭寺藝文録》，甘肅人民出版社，2002 年，第 36 ~ 37 頁。

[2] 道魁（1726 ~ 1799）：即道魁元禪師。道魁，湖北江陽黄陂人。成都昭覺寺住持，刊印多種佛教典籍。

真入不二法門，曼殊興歎！將舉一切而屏除之，是三藏空傳，一音保演？抑大德之慧業，固之窮於沙界；而衆生之鈍根，云何濟於塵劫也。故於其開雕也，書款言以弁於端，俾後之誦者，不昧斯諦焉。是爲序。

大清咸豐十一年歲次辛酉秋八月上浣了欲沐手敬題

重修南郭寺碑記

【題解】 碑棄置東院上財神殿臺階之東側臺地上。清光緒二十八年（1902）立石。高 135 釐米，寬 65 釐米。秦州知州張珩撰文，進士哈鋭書丹。碑破裂爲两段，部分字跡漫漶不清。玆據民國《秦州直隸州新志續編》卷 6《藝文》對照著録之。

余[1]蒞此邦踰十年，其寺觀之秩在祀典，與夫號名勝資遊觀者，以次舉修，覽者咸快。

今春之仲，士紳等稟請募修南郭寺之靈湫殿、聖母殿、關帝廟，余喜其心之誠。舉千百年之靈跡勝地，從新補構，亦一時勝事。且靈湫者，旱則溢，澇則減。天偶旱，余虔誠往禱，甘澍立應[2]。余與州之人霑神恩者至深且溥，乃出俸錢爲倡，而令諸紳任勸募，速興作。六月下旬，靈湫殿、聖母宫、關帝廟落成。予往觀之，氣象莊嚴，頗不草草。然大佛殿山門庳隘，南北東各佛殿丹青剥落，其西之睡佛殿年久失修，幾不庇風雨，亟屬督工舉人周務學、武生王仲德及陳獻賡續成之，以臻完美。佛殿之東偏，舊爲禪院，住僧中絶，屋亦傾頽，遂改建爲杜工部祠[3]。祠之東偏建一軒曰“午蔭”，以廡碑碣，有尤愛[4]舊題額懸焉。

是役也，起工於季春之月，告竣於仲冬之月。共重建廟宇七十餘間，新建廟宇六十餘間，費錢三千數百緡。其勸募勤力者舉人黄國珍、蘇藎……等。

---

[1] “余”即碑文撰者張珩，張曾前後數任秦州知州，民國《秦州直隸州新志續編》卷 6《藝文》卷 2《職官》稱：“實任二十年，凡四至。”張在知州任上時間長，對玉泉觀、南郭寺等都有建修。

[2] 南郭寺東院有泉水，正杜甫詩“水號北流泉”者，古人視爲靈異，多從之求雨，明代稱“南山靈湫”，爲秦州十景之一。

[3] 杜工部祠大門牌匾即爲張珩所題。額題“杜少陵祠”，上款“光緒壬寅秋八月”，下款“知秦州事宜黄張珩建”。

[4] 尤愛：乾嘉時期秦州書法家。“午蔭”匾今已不存。

欽加三品銜在任候選道□授秦州直隸州知州宜黄張珩撰文
賜進士出身刑部四川司□□前翰林院庶吉士加四級哈鋭書丹
大清光緒二十八年歲次壬寅仲冬月穀旦

墨龍碑記

【題解】 碑文在張珩撰文之《重修南郭寺碑記》碑碑陰。清光緒二十九年（1903）刻石。高135釐米，寬65釐米。周務學撰並書。碑破裂爲两段，部分字跡漫漶不清。玆據民國《秦州直隸州新志續編》卷6《藝文》對照著録之。

壬寅[1]，余家居，監工南郭寺。八月初旬，大雨，河暴漲。次日，水殺。寺之下河灘吹出石碑胚一，座高四尺，寬二尺，厚二尺有奇。用五十六人挽抬，徑即險，亦無失者。呼匠鑿之，磨以粗沙大石，其紋似龍，而亦似梅，戲呼爲“梅龍碑”[2]。老丈陳子賢繫以歌，甚爽朗。此碑不知鑿於何年，淤於泥沙者何日，而適顯於壬寅秋八月初二日，且在南郭寺工甫竣之時。州之人聞而觀者約百人。時數耶？抑佛法之呵護耶？均不得而知之。李青蓮云“天生我材必有用”，或信然與！

光緒癸卯周務學[3]謹誌並書

改建南郭寺東禪院爲杜工部祠記

【題解】 碑鑲嵌南郭寺杜少陵祠即杜工部祠享殿簷廊南壁。清光緒三十年（1904）立石。高90釐米，寬46釐米。秦州貢生李縈撰文，秦州舉人蘇藎書丹。拱首條形，下部殘損。

秦州東柯谷舊有杜工部草堂，同治年毁於兵，前州牧秀水陶公[4]欲修未果，□□□□□□□□□□□□建靈湫殿、聖母宫、關帝廟，亟請

[1] 壬寅：清光緒二十八年（1902）。

[2] 此碑胚今不見於南郭寺。

[3] 光緒癸卯，清光緒二十九年。周務學（1868～1921），字本齋，天水市秦州區人。光緒二十四年（1898）舉人。曾任甘肅安肅道尹、涇原道尹，新疆阿山道尹等職。

[4] 陶公：即曾任秦州知州的陶模。

□今州牧宜黄張公[1]立□所，於寺之東禪院□□□□□□□□□□□□□□可居，思有以振新之，未知所主嗣。接友人劉蔭萱[2]書云：余心竊有□□□□□□□□□□□□□□□□城，州署東舊有六先生祠，祀郭整、任棠、姜岐、郭荷、楊軻、周蕙。其東月城有李廣、趙充國□□□□□□□□□有吴玠、吴璘祠。即久廢，亦必興，蓋功德之及人遠也。諸葛武侯、韓魏公□俱興廟□□□□□□□□□。

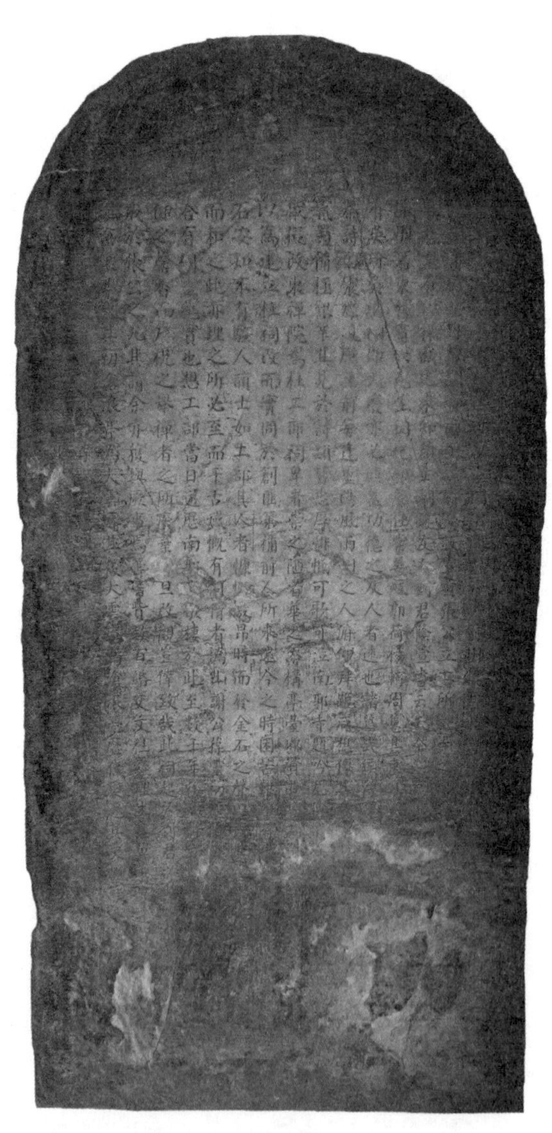

圖 1–15 改建南郭寺東禪院爲杜工部祠記

[1] 張公：即秦州知州張珩。

[2] 劉蔭萱：清秦州人。光緒二十六年（1900）貢生。候選訓導。

秦詩，震爍凌厲無前，每逢重陽風雨，州人府仰跪拜，咸想像其爲□□。公以孤……竄蜀，備極艱辛，其見於詩，類皆忠厚悱惻，可歌可泣。南郭題吟，尤膾炙人口。此地無祠，亦憾事。爰謀□衆，擬改建東禪院爲杜工部祠[1]。卑者崇之，陋者華之，添構亭臺，以資遊覽。詢□□同，復請於張公，公亦□□，以爲建立杜祠，改而實同於創，匪第補前人所未逮。

今之時困苦艱難，有似天寶，則覩老樹空庭、秋花危石，安知不有騷人韻士如工部其人者。慷慨激昂，時而發金石之聲以抒其忠君愛國之忱。公之□□□而和之，至而千古感慨有同情者。潙山謝公葆靈[2]，初題聯云“東柯流寓已無齋，南郭古柏合有祠”。蓋紀實也。 想工部當日遊歷南郭寺，歇棲於此，至數千年後始得立祠，塑像於其中，州人瞻之仰之而尸祝之。舉禪之所棄，□旦改觀，豈偉哉。

此祠起於劉君之書，斟酌於法□□□，成於張公之允。其請余亦獲與厥焉，籌香資百緡，交文社生息，冀垂久遠。昔□□□□□□□瑛滄浪亭記，其初滄浪亭爲大雲庵，其後大雲庵爲滄浪亭，其文慨乎言之□□□□□□□。

郡歲貢生李榮[3]敬撰，郡舉人蘇蓋[4]書丹

大清光緒三十年歲次甲辰夏月穀旦

新修天水南郭寺古柏圍墻記

【題解】碑鑲嵌於南郭寺古柏護墻南面墻壁。民國七年（1918）立石。高 123 釐米，寬 58 釐米。慕壽祺撰文，楊鼎銘書丹。

---

[1] 民國《天水縣志》卷 1《地理志》：“清光緒間舉人周務學募資重修，改東禪院爲杜少陵祠。祠北構軒庭三楹，爽塏豁目，最宜遊眺。”此祠現存完好。院内主祠三楹，坐東朝西，有杜甫及二侍童塑像；祠廊簷懸霍松林書“詩史堂”，門楹懸毛選選書、清謝威鳳撰聯：“隴頭圓月吟懷朗，蜀道秋風老淚多。”另南有厢房三楹，北有“軒庭三楹”。祠宇院落有類北京小型四合院，清爽幽静，頗有詩意。

[2] 謝公葆靈：即謝威鳳（1817 ~ 1899），葆靈其字也。謝，湖南寧鄉人。歷任階州知州、肅州知州、寧夏知府。善書法詩文，隴右名勝多有其墨跡。

[3] 李榮：清光緒二十六年（1900）貢生。民國《秦州直隸州新志續編》卷 1《選舉》之“秦州貢生”目列其姓名，不著事跡。

[4] 蘇蓋：秦州人。光緒二十三年（1897）舉人。曾任安定教諭。

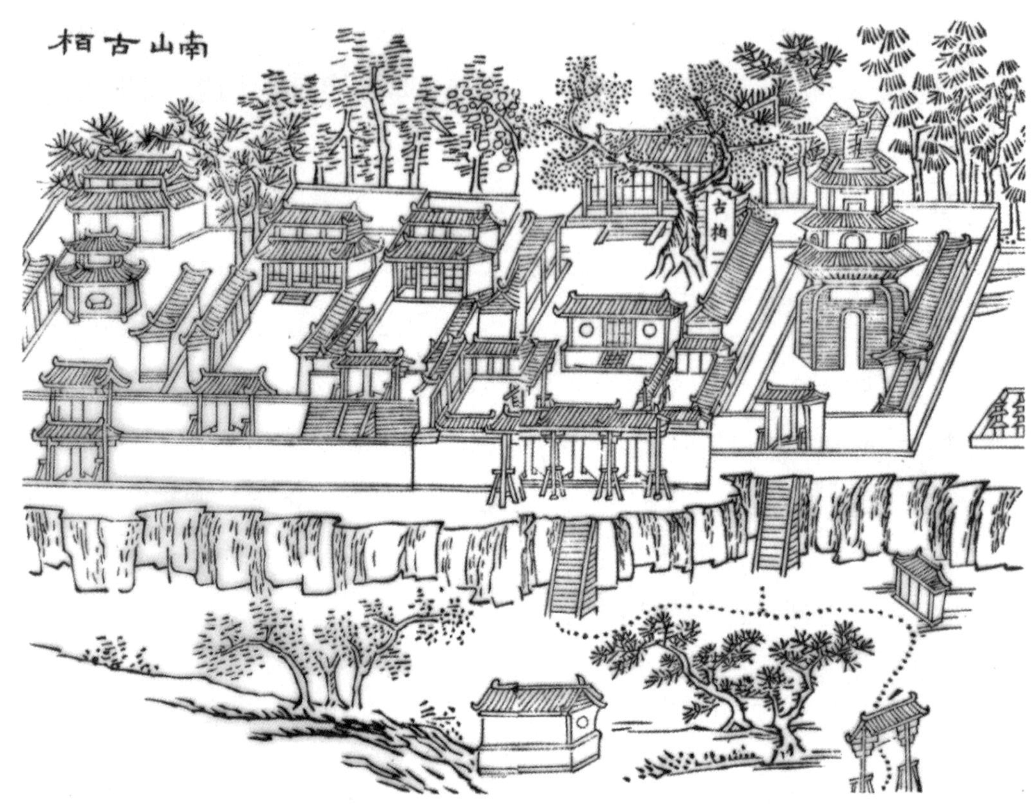

圖 1-16 光緒《秦州直隸州新志》所附秦州十景之一南山古柏圖

出天水縣治之南，約行三四里，緣山而上，白雲深處有古刹焉，曰南郭寺，又名妙勝院，即俗所稱之南山寺也。寺不知創自何時，而松柏蒼翠，宮觀參差，名勝之區。此爲早唐以前，不復考矣。李太白之詩曰“古柏幾千年”，杜少陵《秦州雜詩》有“山頭南郭寺”及“老樹空庭得”之句，夫曰老樹則古柏在其中矣。

民國七年夏，皖肥吴松山鎮使[1]率師援蜀，抵天水幨帷暫住，七兇不警。公餘即探南郭勝境，余每從之遊。既至，鎮使輒坐古柏旁，徘徊不忍去。自唐以來，滄桑屢變，紺宇琳宫半成焦土，獨茲古柏巍然尚存，豈非神靈之呵護歟？不然，何存之久也。夫古柏，何地無之，幸生於秦之南郭寺，又得太白、少陵遊眺焉，品題焉，膾炙人口，雅俗共賞，蓋數千年於茲矣。後人不知愛惜，以數千年前之古柏，聽遊人踐踏其上，枝幹又從而摧殘之；

[1] 吴松山鎮使：即秦州總鎮吴桐仁。吴，安徽肥東人，曾任秦州總鎮、肅州鎮守使等職。現存吴桐仁書法署名“静山吴桐仁”。

再歷年數十寒暑，求如此之黛色霜皮，恐不可復得，是豈保存古物之意耶。鎮使力圖存古，乃出金七十，擬於古柏四周以磚砌作半圓墻，而庠生杜君焕萃等復爲之採石輦土。是年陽月既望竣工，經閲四十餘日而告厥成功。

寺僧思勒諸石，且徵文於余，以記其事。余不文，謹詮次顛末，以應其請。若夫董其役者，則其有團防營營長張君致和，輔助者吴君金斗，陸軍少校。例得並書。

甘肅鎮原縣慕壽祺[1]撰，陝西臨潼縣楊鼎銘書丹

中華民國七年歲在著敦牂喜平月中澣

老杜秦州雜詩碑

【題解】碑原立原立天水文廟，2002年移至天水南郭寺。明成化十九年（1483）秦州知州傅鼒主持重刻立石。通高225釐米，寬105釐米，厚42釐米。碑面題額《老杜秦州雜詩》，刻杜甫《秦州雜詩》等秦州詩36首；碑陰題額《古今題詠》，刻杜甫《發秦州》等入蜀詩13首，另刻秦州知州傅鼒所題“秦州十景”詩10首。碑以漢白玉製成，保存基本完好，高大壯觀。

【考證】關於《老杜秦州雜詩》碑，民國《天水縣志》卷13《藝文二》有載，名爲“重刻杜甫秦州雜詩碑”。文曰：“碑在明倫堂之東偏。高七尺，横三尺有五，厚一尺許。碑面刻杜工部《秦州雜詩》二十首，碑陰刻秦州八景及名勝諸雜詠。係明成化十九年癸卯知秦州事恒山傅鼒重刻。”

張維《隴右金石録》也收録此碑。不過名爲“杜甫詩碑”，説明文字一依《天水縣志》。考察本碑，我們發現，《天水縣志》對詩碑内容的記述差錯累累，甚至標題有誤。（一）碑面所刻的杜詩，多達36首，就是説《秦州雜詩》20首之外尚有其他杜詩16首；（二）碑陰所刻，前面是杜詩，計13首，後面附秦州知州傅鼒所詠“秦州十景”詩，縣志記述爲“碑陰刻秦州八景及名勝諸雜詠”不完整，也不準確；（三）縣志著録碑題爲“重

[1] 慕壽祺（1874～1947）：著名學者，字子介，號少堂，甘肅鎮原人。著有《甘寧青史略》等著作多部。

刻老杜雜詩”顯係編者重定而非原標題。

秦州城北寺，勝跡隗囂宫。苔蘚山門古，丹青野殿空。月明垂葉露，雲逐渡溪風。清渭無情極，愁時獨向東。

满目悲生事，因人作遠遊。遲迴度隴怯，浩蕩及關愁。水落魚龍夜，山空鳥鼠秋。西征問烽火，心折此淹留。

州圖領同谷，驛道出流沙。降虜兼千帳，居人有萬家。馬驕珠汗落，羌舞白蹄斜[1]。年少臨洮子，西來亦自誇。

鼓角緣邊郡，川原欲夜時。秋聽殷地發，風散入雲悲。抱葉寒蟬静，歸山獨鳥遲。萬方同一概，吾道欲何之！

西使宜天馬，由來萬匹强。浮雲連陣没，秋草遍山長。聞説真龍種，仍殘老驌驦。哀鳴聲戰鬥，迥立向蒼蒼。

闻道胡笳奏，山邊漢節歸。防河赴滄海，奉詔發金微。士苦形骸黑，旌踈鳥獸稀。那堪往來戍，恨解鄴城圍。

莽莽萬重山，孤城山峪間。無風雲出塞，不夜月臨關。屬國歸何晚？樓蘭斬未還。煙塵一長望，衰颯正摧顔。

聞道尋源使，從天此路迴。牽牛去幾許，宛馬至今來。一望幽燕隔，何時郡國開。東征健兒盡，羌笛暮吹哀。

今日明人眼，臨池好驛亭。從篁低地碧，高柳半天青。稠疊多幽事，喧呼問使星。老夫如有此，不異在郊坰。

雲氣接昆侖，涔涔塞雨繁。羌童看渭水，使節向河源。煙火軍中幕，牛羊嶺上村。所居秋草静，正閉小蓬門。

山頭南郭寺，水號北流泉。老樹空庭得，清渠一邑傳。秋花危石底，晚景臥鐘邊。俛仰悲身世，溪風爲肅然。

---

[1] 此處和以下碑文凡加着重號的字或詩題，或是和通行杜詩版本不合，或是錯别字，請讀者注意。一是詩題不確，如《發秦州》，詩碑題作《發秦州赴同谷二首》。二是排列順序零亂。所刊詩作順序和《杜詩詳注》等通行本的順序大相徑庭，或另有根據，但詩碑之《秦州雜詩》以“秦州城北寺，勝跡隗囂宫”爲第一首，顯然没有“满目悲生事，因人作遠遊”做第一首更合情理。另外，秦州至同谷道上的紀行詩排列順序隨意性很强，如《發秦州》排在倒數第三的位置，其餘如《赤峪》《鹽井》《石龕》等的排列順序都是錯亂的。三是選詩不夠全面，校刊不甚細緻。考察詩碑，所刊 49 首詩作均係秦州詩精品，能夠代表杜詩風貌。其選詩範圍似乎框定爲唐代秦州轄境所做之詩，但《鳳凰臺》顯然是在同谷時的作品。另外，刊刻之時校對不甚細緻，出現明顯筆誤，如“幔”刻爲“慢”，“魂”刻爲“鬼”等。

圖 1-17 老杜秦州雜詩碑拓片

傳道東柯谷，深藏數十家。對門藤覆瓦，映竹水穿沙。瘦地翻宜粟，陽坡可種瓜。舡人近相報，但恐失桃花。

萬古仇池穴，潛通小有天。神魚人不見，福地語真傳。近接西南境，長懷十九泉。何時一茅屋，送老白雲邊。

未暇泛蒼海，悠悠兵馬間。塞門風落木，客舍雨連山。阮籍行多興，龐公隱不還。東柯遂疏懶，休鑷鬢毛斑。

東柯好崖谷，不與衆峰羣。落日邀雙鳥，晴天卷片雲。野人矜險絶，水竹會平分。採藥吾將老，童兒未遣聞。

邊秋陰易夕，不復辨晨光。簷雨亂淋幔，山雲低度墻。鸕鷀窺淺水，蚯蚓上深堂。車馬何蕭索，門前百草長。

地僻秋將盡，山高客未歸。塞雲多斷績，邊日少光輝。警急烽常報，傳聲檄屢飛。西戎外甥國，何得近天威。

鳳林戈未息，魚海路常難。候火雲峰峻，懸軍幕井乾。風連西極動，月過北庭寒。故老思飛將，何時議築壇？

唐堯真自聖，野老復何知。曬藥能無婦？應門亦有兒。藏書聞禹穴，讀記憶仇池。爲報鴛行舊，鷦鷯寄一枝。

蕭蕭古塞冷，漠漠秋雲低。黄鵠翅垂雨，蒼鷹饑啄泥。薊門誰自北，漢將獨征西。不意書生耳，臨衰厭鼓鼙。

月夜憶舍弟

戍鼓斷人行，秋邊一雁聲。露從今夜白，月是故鄉明。有弟皆分散，無家問死生。寄書長不達，况乃未休兵。

宿贊公房

杖錫何來此，秋風已颯然。雨荒深院菊，霜倒半池蓮。放逐寧違性？虚空不離禪。相逢成夜宿，隴月向人圓。

東楼

萬里流沙道，征西過此行。但添新戰骨，不返舊征魂。樓角臨風迥，城陰帶水昏。傳聲看驛使，送節向河源。

雨晴

天水秋雲薄，從西萬里風。今朝好晴景，久雨不妨農。塞柳行疏翠，山梨結小紅。胡笳樓上發，一雁入高空。

寓目

一縣蒲萄熟，秋山苜蓿多。關雲常帶雨，塞水不成河。羌女輕烽燧，胡兒制駱駝。自傷遲暮眼，喪亂飽經過。

山寺

野寺殘僧少，山原細路高。麝香眠石竹，鸚鵡啄金桃。亂水通人過，懸崖置屋牢。上方重閣晚，百里見纖毫。

遣懷

愁眼看霜露，寒城菊自花。天風隨斷柳，客淚墮清笳。水静樓陰直，山昏塞日斜。夜來歸鳥盡，啼殺後棲鴉。

夕峰

夕峰來不近，每日報平安。塞上傳光小，雲邊落點殘。照秦通警急，過隴自艱難。聞道蓬萊殿，千門立馬看。

日暮

日落風亦起，城頭鳥尾訛。黄雲高未動，白水已揚波。羌婦驚且哭，胡兒行且歌。將軍别上馬，夜出擁雕戈。

示姪佐

多病秋風落，君來慰眼前。自聞茅屋趣，只想竹林眠。滿谷山雲起，侵籬澗水懸。嗣宗諸子侄，早覺仲容寬。

佐還山後寄三首

山晚浮雲合，歸時恐路迷。澗寒人欲到，林黑鳥應棲。野客茅茨小，田家樹木低。舊諳疎懶叔，須汝故相攜。

白露黄粱熟，分張素有期。已應舂得細，但覺寄來遲。味豈同金菊，香宜配緑葵。老夫他日愛，正想滑流匙。

幾道泉澆圃，交横落漫坡。葳蕤秋夜少，隱映野雲多。隔沼連香芰，通林帶女蘿。甚聞霜薤白，重惠意如何。

第一章　秦州區金石

赤谷西崦人家

路险不自安，出郊已驚目。溪迴日氣暖，径轉山田熟。鳥雀依茅茨，藩籬带松菊。如行武陵暮，欲問桃花宿。

西枝村尋置草堂宿贊公禪室

出郭眄細岑，披榛得微路。溪行一流水，曲折方屢渡。贊公湯休徒，好静心跡素。昨枉霞上作，盛論巖中趣。怡然共攜手，恣意同遠步。捫蘿澀先登，陟巘眩反顧。要求陽岡暖，若涉陰嶺沍。惆悵老大藤，沈吟屈蟠樹。卜居意未展，杖策迴且暮。層天餘落日，草蔓已多露。

天寒鳥已歸，月出山更静。土室延日光，松門耿疏影。躋攀倦日短，語樂繼夜永。昭然林中薪，暗汲石底井。大師京國舊，德業天機秉。從來支許遊，興趣江湖迴。數奇謫關塞，道廣存箕潁。何知戎馬間，復接塵事屏。幽尋豈一路，連色有諸嶺。晨光稍朦朧，更越西南頂。

大明成化拾玖年歲行癸卯春三月之吉

賜進士出身知秦州事恒山傅鼐重鐫[1]

儒正學正錦城陳睿；訓導劍門□憲，字江□□，郡□□□書[2]

碑陰：

古今題咏（碑陰碑首題字）

寄贊上人

---

[1] 傅鼐，明北直隸新河人，知州任内頗有政績，順治《秦州志》卷11《列傳·名宦》："傅鼐，字天和，畿内新河人也。成化間登進士，拜監察御史，左遷同官知縣，卓有政績。遷秦州知州，嚴以肅政，平以近民，除淫祀，戒遊食，重農申教，袪災弭盗。諸凡學校、合館、壇、橋梁以次修葺，而州治改作宏麗，甲於他郡。公有感於時，上疏言救荒弭亂廿事，言皆剴切，當旨如議，行於秦，秦人便之。" 研究本碑"成化拾玖年……知秦州事恒山傅鼐重鐫"落款，還能透露出幾條重要資訊：（一）既是"重刻"，説明在成化十九年之前秦州就有以《秦州雜詩》爲主的杜甫詩碑；（二）既是"重刻"，説明原詩碑已毁或已佚；（三）既是"重刻説明刊刻杜詩是秦州早已有之的傳統。至於刻詩傳統始於何時，由於資料缺乏，已無從確切判斷。但從一些相關資料尚能推論出一些蛛絲馬跡來。秦州東柯谷爲杜甫寓居之地，東柯草堂始建於北宋，自古稱勝。宋人對杜甫推崇備至，學杜研杜盛况空前，建杜祠刻杜詩者亦大有人在，其中著名學者黄庭堅、吕大防任職四川時就刻有草堂詩碑，很有可能秦州刊刻杜詩的傳統始於北宋。《老杜秦州雜詩》碑係原碑毁後的重刊，石碑毁壞起碼得數百年時間，由此上推也可作爲秦州刊刻杜詩傳統始於北宋之旁證。

[2] 學正陳睿，四川成都人，成化十一年（1475）任秦州學正。光緒《秦州直隸州新志》卷10《職官》有載，文曰："陳睿，字思誠，成都人，舉人。勤課諸士，一時領薦登科者十人。"訓導劍門□憲，據順治《秦州志》卷5《官師》，訓導目載王憲，下注"劍門人，國子生"。據此，"劍門□憲"肯定是"劍門王憲"。陳睿和王憲的工作任務當是督工完成碑刻，包括選詩、校勘等。至於書者，因碑漫漶已無從考察。

一昨陪錫杖，卜鄰南山幽。年侵腰腳衰，未便陰崖秋。重岡北面起，竟日陽光留。茅屋買兼土，斯焉心所求。更聞西枝西，有谷山黍稠。亭午頗和暖，石田又足收。當期塞雨乾，宿昔齒疾瘳。徘徊虎窟上，面勢龍泓頭。柴荊具茶茗，遥路通林丘。與子成二老，來往亦風流。

寒峽

行邁日悄悄，山谷勢多端。雲門展絶岸，積祖霾天寒。寒峽不可度，我實衣裳單。况當仲冬交，泝沿增波瀾。野人尋煙語，行子傍水餐。此生免荷殳，未敢辭路難。

龍門鎮

細泉兼輕冰，沮洳棧道濕。不辭辛苦行，迫此短景急。石門雲雪隘，古鎮峰巒集。旌竿暮慘澹，風水白刃澀。胡雁過戍皋，防虞此何及！嗟汝遠戍人，山寒夜中泣！

鳳凰臺

亭亭鳳凰臺，北對西康州。西伯今寂寞，凰聲亦悠悠。山峻路絶跡，石林氣高浮。安得萬丈梯，爲君上上頭。恐有母無雛，饑寒日啾啾。我寧剖心出，飲啄爲孤愁。心以當竹實，炯然忘外求。血以當醴泉，豈徒比清流？所重王者瑞，敢辭微命休。坐看彩翮長，舉意八極周。自天銜瑞圖，飛上十二樓。圖以奉至尊，鳳以垂鴻猷。再光中興業，一洗蒼生憂。深衷正爲此，羣盜何淹留。

赤峪

天寒霜雪繁，遊子有所之。豈但歲月暮？重來未有期。晨發赤谷亭，險艱方自茲。亂石無改轍，我車已載脂。山深苦多風，落日童稚饑。悄然村墟迥，煙火何由追？貧病轉零落，故鄉不可思。常恐死道路。永爲高人嗤。

青陽峽

塞外苦厭山，南行道彌惡。岡巒相經亘，雲水氣參錯。林迴峽角來，天窄壁面削。溪西五里石，奮怒向我落。仰看日車側，俯恐坤軸弱。魑魅嘯有風，霜霰浩漠漠。憶昨踰隴阪，高秋視吴嶽。東笑蓮華卑，北知崆峒薄。超然侔壯觀，始謂殷寥廓。突兀猶趁人，及茲嘆冥寞。

鐵堂峽

山風吹遊子，縹緲乘險絶。峽形藏堂隍，壁色立積鐵。徑摩穹蒼蟠，石與厚地裂。脩纖無限竹，嵌空太始雪。威遲哀壑底，徒旅慘不悦。水寒長冰横，我馬骨正折。生涯抵弧矢，盜賊殊未滅。飄蓬踰王年，迴首肝肺熱。

法鏡寺

身危通他州，勉强終勞苦。神傷山行深，愁破崖寺古。嬋娟碧蘚淨，蕭槭寒籜聚。回回山根水，冉冉松上雨。泄雲蒙清晨，初日翳復吐。朱甍半光炯，户牖粲可數。拄策忘前期，出蘿已亭午。冥冥子規叫，微徑不復取。

泥功山

朝行青泥上，暮在青泥中。泥濘非一時，版築勞人功。不畏道途永，乃將汩没同？白馬爲鐵驪，小兒成老翁。哀猿透卻墜，死鹿力所窮。寄語北來人，後來莫匆匆。

鹽井　　白水縣石匠毋清、毋進、毋懷

鹵中草木白，青者官鹽煙。官作既有程，煮鹽煙在川。汲井歲榾榾，出車日連連。自公斗三百，轉致斛六千。君子慎止足，小人苦喧闐。我何良嘆嗟，物理但自然。

發秦州赴同谷紀行二首

我衰更懶拙，生事不自謀。無食問樂土，無衣思南洲。漢源十月交，天氣涼如秋。草木未黄落，況聞山水幽。栗亭名更嘉，下有良田疇。充腸多薯蕷，崖蜜亦易求。密竹復冬筍，清池可方舟。雖傷旅寓遠，庶遂平生遊。此邦俯要衝，實恐人事稠。應接非本性，登臨未消憂。溪谷無異石，塞田始微收。豈復慰老夫？惘然難久留。日色隱孤戍，烏啼滿城頭。中宵驅車去，飲馬寒塘流。磊落星月高，蒼茫雲霧浮。大卦乾坤内，吾道長悠悠！

石龕

熊羆咆我東，虎豹號我西。我後鬼長嘯，我前狨又啼。天寒昏無日，山遠道路迷。驅車石龕下，仲冬見虹霓。伐竹者誰子？悲歌上雲梯。爲官採美箭，五歲供梁齊。苦云直竿盡，無以充提攜。奈何漁陽騎，颯颯驚蒸黎！

圖 1-18 老杜秦州雜詩碑拓片（碑陰）

第一章　秦州區金石

積草嶺

連風積長陰，白日遞隱見。颼颼林響交，慘慘石狀變。山分積草嶺，路異鳴水縣。旅泊吾道窮，衰年歲時倦。卜居尚百里，休駕投諸彦。邑有佳主人，情如已會面。來書語絶妙，遠客驚深眷。食蕨不厭餘，茅茨眼中見。

秦州十景[1]詩，延太守傅公天和之所作也。公之文章政事推重當時，間於政暇，詠此“十景”雖不敢比老杜之作，然其撫景書懷，亦足以識一時之盛。陳□跋

天水盈池　郡水池中澈底清，宛然如畫本天成。蛟龍變化資騰達，黍穀豐登藉發榮。春夏豈隨行潦旅，秋冬不減鏡波平。大明景運春如海，魚藻梟鷖入頌聲。

麥積煙雨　挺秀危峰不可躋，岧嶤上與白雲齊。西瞻似覺昆侖小，東觀猶嫌華嶽低。千里堆藍煙漠漠，幾村横翠雨霏霏。良工水墨難描畫，多少人家路欲迷。

伏羲卦臺　天下名山第一臺，乘閑眺望好懷開。蜂腰鶴膝由天造，人首蛇身間世來。不有龍圖奇耦跡，焉知鳳闕帝王材。自從太昊登龍後，長有文光燭上臺。

諸葛軍壘　漢室興衰總在天，風雲際會两怡然。蜀軍有壘垂今日，八陣留圖記昔年。仲達奔鄧知死後，诸葛制勝在生前。英豪一代如山斗，赢得清風萬古傳。

南山靈湫　誰將靈况著淵泉，中有蜿蜒在此眠。澄澈如天行日月，漣漪似鏡照山川。能滋禾稼爲霖雨，解除兇荒作有年。若問源頭何處是，天能生水水涵天。

[1] 寫方志必選“十景”或擇“八景”，這是文人雅士最賞心悦目的事情，現存幾部秦州志都有“十景”之目，大致一樣，略有不同。順治《秦州志》爲：天水盈池、麥積煙雨、伏羲卦臺、諸葛軍壘、南山靈湫、東柯草堂、渭水秋聲、石門夜月、赤峪丹灶、玉泉仙洞。乾隆《直隸秦州新志》爲：伏羲卦臺、諸葛軍壘、天水靈源、東柯草堂、玉泉仙洞、南山古柏、麥積煙雨、石門夜月、净土松濤、渭水秋聲。光緒《秦州直隸州新志》爲：伏羲卦臺、東柯積翠、玉泉仙隱、渭水秋聲、天水盈池、南山古柏、净土松濤、麥積煙雨、石山夜月、仙人送燈。對照《老杜秦州雜詩》碑碑陰羅列“十景”，順治《秦州志》所載與之完全相同，説明“秦州十景”之目至晚在明成化十九年已定型，順治《秦州志》全盤採用了詩碑的提法。

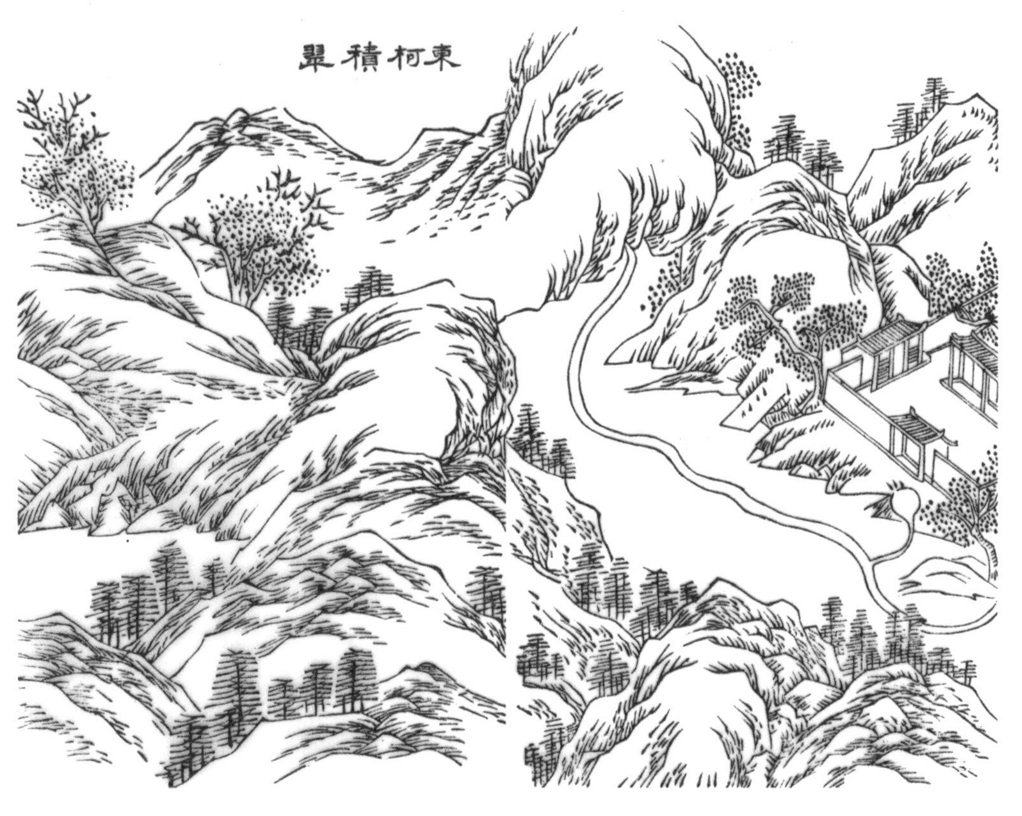

圖 1-19 光緒《秦州直隸州新志》所附秦州十景之一東柯積翠圖

東柯草堂　結草爲堂三兩重，幾經春夏幾秋冬。簷前翠竹堪棲鳳，池內金鱗任化龍。野鶴孤松居最樂，山光水色興偏濃。唐朝英傑如公少，千載今人仰下風。

渭水秋聲　洋洋洶湧浮扁舟，泊岸風來勢□流。巨浪頓祛三伏暑，狂瀾能送□天秋。凉生碧玉音尤亮，聲□瑶琴韻更幽。聖主宵衣求俊彦，河濱還有子牙不。

石門夜月　石門兩柱若琅玕，明月當霄夜未闌。露冷銀盤光燦燦，天空玉兔影團團。泛槎有客來山逕，把酒無人問廣寒。遥知少年攀桂處，一枝高折出雲端。

赤峪丹灶　聖金山色□嵯峨，故老相傳事不磨。白雪黄芽因鼎得，丹光紫氣與天摩。赤峰頂上因當降，天水池邊鶴自過。幾向斜陽□□跡，上存瓦礫下蔬禾。

玉泉仙洞　鳳凰□有白雲窩，宛若蓬萊世不多。一脈縈蘿開玉峽，萬音落石瀉銀河。乘鑾採藥燒金鼎，□□□棊爛斧柯。憶昔梁公棲隱處，幾回遊玩醉顔酡。

二妙碑

【題解】原碑在天水市區西北玉泉觀李杜祠。順治十四年（1657）立石。蘭州張正言、張正心摹勒上石，西安卜棟鐫刻。碑稱“二妙”，是因爲其内容是詩聖杜甫之秦州詩，而書法所集字原係以書聖王羲之書法爲主導的“王體”字，於是合稱“二妙”。清康熙十三年（1674）吴三桂叛亂，王輔臣部、吴三桂部先後盤踞秦州三年，戰亂連年，人民流離失所，玉泉觀破壞嚴重，“二妙”碑在戰亂中散佚。今天水市城建檔案館所藏二妙軒碑帖拓片，紙本長卷，縱 24 釐米，横 1516 釐米。1998 年天水市秦州區城建局主持依據拓本放大一倍重刻二妙軒碑於南郭寺，成爲寺内重要人文景觀。

猗嗟先生，志侔稷契。遘亂播遷，身窮道潔。同谷秦川，兹焉停轍。拾橡行歌，懷君瀝血。粲粲遺編，星雲並列。譬彼嵩華，俯臨羣垤。瞻仰悳容，我心如結。隴水東流，千年嗚咽。

東海宋琬[1]贊

杜少陵流寓詩第一

東海宋琬玉叔甫集

秦州雜詩

滿目悲生事，因人作遠遊。遲迴度隴怯，浩蕩及關愁。水落魚龍夜，山空鳥鼠秋。西征問烽火，心折此淹留。

秦州城北寺，傳是隗囂宫。苔蘚山門古，丹青野殿空。月明垂葉露，

[1] 宋琬（1614 ～ 1674），字玉叔，號荔裳，明末清初山東萊陽人。順治四年（1647）進士。清初著名詩人，和宣城施閏章有“南施北宋”之稱。初授户部主事。順治十年（1653）授分巡隴右道兵備僉事，順治十一年春到任，駐節秦州。值秦州大地震，竭力拯恤災民，並捐俸銀、家財重修被震毀的城垣。次年，重建杜甫祠，開始刊刻二妙詩碑。十三年，倡修《秦州志》。此外還修築南湖隄壩，人稱“宋公隄”，政績卓著。十四年春離任，奉調直隸永平道。後秦州民衆在城南水月寺立生祠紀念。著有《安雅堂詩集》30 卷，散文和部分詩作收在《安雅堂未刻稿》中。《清史稿・文苑》有傳。

雲逐渡溪風。清渭無情極，愁時獨向東。

州圖領同谷，驛道出流沙。降虜兼千帳，居人有萬家。馬驕朱汗落，羌舞白題斜。年少臨洮子，西來亦自誇。

鼓角緣邊郡，川原欲夜時。秋聽殷地發，風散入雲悲。抱葉寒蟬静，歸山獨鳥遲。萬方同一概，吾道竟何之！

南使宜天馬，由來萬匹强。浮雲連陣没，秋草遍山長。聞説真龍種，仍殘老驌驦。哀鳴思戰鬥，迥立向蒼蒼。

城上胡笳奏，山邊漢節歸。防河赴滄海，奉詔發金微。士苦形骸黑，林疎鳥獸稀。那堪往來戍，恨解鄴城圍。

莽莽萬重山，孤城山谷間。無風雲出塞，不夜月臨關。屬國歸何晚？樓蘭斬未還。煙塵一長望，衰颯正摧顔。

聞道尋源使，從天此路迴。牽牛去幾許，宛馬至今來。一望幽燕隔，何時郡國開。東征健兒盡，羌笛暮吹哀。

今日明人眼，臨池好驛亭。叢篁低地碧，高柳半天青。稠疊多幽事，喧呼閲使星。老夫如有此，不異在郊坰。

雲氣接昆侖，涔涔塞雨繁。羌童看渭水，使節向河源。煙火軍中幕，牛羊嶺上村。所居秋草静，正閉小蓬門。

蕭蕭古塞冷，漠漠秋雲低。黄鵠翅垂雨，蒼鷹饑啄泥。薊門誰自北，漢將獨征西。不意書生耳，臨衰厭鼓鼙。

山頭南郭寺，水號北流泉。老樹空庭得，清渠一邑傳。秋花危石底，晚景卧鐘邊。俛仰悲身世，溪風爲颯然。

傳道東柯谷，深藏數十家。對門藤蓋瓦，映竹水穿沙。瘦地翻宜粟，陽坡可種瓜。船人近相報，但恐失桃花。

萬古仇池穴，潛通小有天。神魚久不見，福地語真傳。近接西南境，長懷十九泉。何當一茅屋，送老白雲邊。

未暇泛蒼海，悠悠兵馬間。塞門風落木，客舍雨連山。阮籍行多興，龐公隱不還。東柯遂疎懶，休鑷鬢毛斑。

東柯好崖谷，不與衆峰羣。落日邀雙鳥，晴天卷片雲。野人矜險絶，水竹會平分。採藥吾將老，童兒未遣聞。

邊秋陰易夕，不復辨晨光。簷雨亂淋幔，山雲低度墻。鸕鷀窺淺井，蚯蚓上深堂。車馬何蕭索，門前百草長。

地僻秋將盡，山高客未歸。塞雲多斷續，邊日少光輝。警急烽常報，傳聞檄屢飛。西戎外甥國，何得近天威。

鳳林戈未息，魚海路常難。候火雲峰峻，懸軍幕井乾。風連西極動，月過北庭寒。故老思飛將，何時議築壇？

唐堯真自聖，野老復何知。曬藥能無婦？應門亦有兒。藏書聞禹穴，讀記憶仇池。爲報鴛行舊，鷦鷯寄一枝。

順治十有二年孟秋皋蘭張正言張正心摹勒上石

杜少陵流寓詩第二

東海宋琬玉叔甫集

山寺

野寺殘僧少，山園細路高。麝香眠石竹，鸚鵡啄金桃。亂水通人過，懸崖置屋牢。上方重閣晚，百里見纖毫。

初月

光細弦欲上，影斜輪未安。微升古塞外，已隱暮雲端。河漢不改色，關山空自寒。庭前有白露，暗滿菊花團。

鸚鵡

鸚鵡含愁思，聰明憶别離。翠衿渾短盡，紅觜漫多知。未有開籠日，空殘舊宿枝。世人憐復損，何用羽毛奇。

夕峰

夕峰來不近，每日報平安。塞上傳光小，雲邊落點殘。照秦通警急，過隴自艱難。聞道蓬萊殿，千門立馬看。

月夜憶舍弟

戍鼓斷人行，秋邊一雁聲。露從今夜白，月是故鄉明。有弟皆分散，無家問死生。寄書長不達，况乃未休兵。

示姪佐

多病秋風落，君來慰眼前。自聞茅屋趣，只想竹林眠。満谷山雲起，侵籬澗水懸。嗣宗諸子姪，早覺仲容賢。

佐還山後寄三首

山晚黄雲合，歸時恐路迷。澗寒人欲到，林黑鳥應棲。野客茅茨小，田家樹木低。舊諳疎懶叔，須汝故相攜。

白露黄粱熟，分張素有期。已應舂得細，頗覺寄來遲。味豈同金菊，香宜配綠葵。老人他日愛，正想滑流匙。

幾道泉澆圃，交横幔落坡。葳蕤秋葉少，隱映野雲多。隔沼連香芰，通林帶女蘿。甚聞霜薤白，重惠意如何。

宿贊公房

杖錫何來此，秋風已颯然。雨荒深院菊，霜倒半池蓮。放逐寧違性？虚空不離禪。相逢成夜宿，隴月向人圓。

遣懷

愁眼看霜露，寒城菊自花。天風隨斷柳，客淚墮清笳。水静樓陰直，山昏塞日斜。夜來歸鳥盡，啼殺後棲鴉。

廢畦

秋蔬擁霜露，豈敢惜凋殘。暮景數枝葉，天風吹汝寒。綠沾泥滓盡，香與歲時闌。生意春如昨，悲君白玉盤。

除架

束薪已零落，瓠葉轉蕭疏。幸結白花了，寧辭青蔓除。秋蟲聲不去，暮雀意何如？寒事今牢落，人生亦有初。

西枝村尋置草堂地，夜宿贊公土室二首

出郭眄細岑，披榛得微路。溪行一流水，曲折方屢渡。贊公湯休徒，好静心跡素。昨枉霞上作，盛論巖中趣。怡然共攜手，恣意同遠步。捫蘿澀先登，陟巘眩反顧。要求陽岡暖，苦涉陰嶺沍。惆悵老大藤，沈吟屈蟠樹。卜居意未展，杖策迴且暮。層巔餘落日，草蔓已多露。

天寒鳥已歸，月出山更静。土室延白光，松門耿疎影。躋攀倦日短，語樂寄夜永。明燃林中薪，暗汲石底井。大師京國舊，德業天機秉。從來支許遊，興趣江湖迥。數奇謫關塞，道廣存箕潁。何知戎馬間，復接塵事屏。幽尋豈一路，遠色有諸嶺。晨光稍朦朧，更越西南頂。

寄贊上人

一昨陪錫杖，卜鄰南山幽。年侵腰腳衰，未便陰崖秋。重岡北面起，竟日陽光留。茅屋買兼土，斯焉心所求。近聞西枝西，有谷杉漆稠。亭午頗和暖，石田又足收。當期塞雨乾，宿昔齒疾瘳。徘徊虎穴上，面勢龍泓頭。柴荆具茶茗，逕路通林丘。與子成二老，來往亦風流。

太平寺泉眼

招提憑高岡，疏散連草莽。出泉枯柳根，汲引歲月古。石間見海眼，天畔縈水府。廣深丈尺間，宴息敢輕侮。青白二小蛇，幽姿可時睹。如絲氣或上，爛漫爲雲雨。山頭到山下，鑿井不盡土。取供十方僧，香美勝牛乳。北風起寒文，弱藻舒翠縷。明涵客衣浄，細蕩林影趣。何當宅下流，餘潤通藥圃。三春濕黄精，一食生毛羽。

順治十有二年孟秋皋蘭張正言張正心摹勒上石

杜少陵流寓詩第三

東海宋琬玉叔甫集

空囊

翠柏苦猶食，明霞高可餐。世人共鹵莽，吾道屬艱難。不爨井晨凍，無衣床夜寒。囊空恐羞澀，留得一錢看。

别贊上人

百川日東流，客去亦不息。我生苦漂蕩，何時有終極？贊公釋門老，放逐來上國。還爲世塵嬰，頗帶憔悴色。楊枝晨在手，豆子雨已熟。是身如浮雲，安可限南北。異縣逢舊友，初欣寫胸臆。天長關塞寒，歲暮饑凍逼。野風吹征衣，欲别向曛黑。馬嘶思故櫪，歸鳥盡斂翼。古來聚散地，宿昔長荆棘。相看俱衰年，出處各努力！

發秦州

我衰更懶拙，生事不自謀。無食問樂土，無衣思南州。漢源十月交，天氣涼如秋。草木未黄落，况聞山水幽。栗亭名更嘉，下有良田疇。充腸多薯蕷，崖蜜亦易求。密竹復冬筍，清池可方舟。雖傷旅寓遠，庶遂平生遊。此邦俯要衝，實恐人事稠。應接非本性，登臨未銷憂。溪谷無異石，塞田始微收。豈復慰老夫？惘然難久留。日色隱孤戍，烏啼满城頭。中宵驅車去，飲馬寒塘流。磊落星月高，蒼茫雲霧浮。大哉乾坤内，吾道長悠悠！

赤谷

天寒霜雪繁，遊子有所之。豈但歲月暮？重來未有期。晨發赤谷亭，險艱方自茲。亂石無改轍，我車已載脂。山深苦多風，落日童稚饑。悄然村墟迥，煙火何由追？貧病轉零落，故鄉不可思。常恐死道路。永爲高人嗤。

鐵堂峽

山風吹遊子，縹緲乘險絶。峽形藏堂隍，壁色立積鐵。徑摩穹蒼蟠，石與厚地裂。修纖無垠竹，嵌空太始雪。威遲哀壑底，徒旅慘不悦。水寒長冰横，我馬骨正折。生涯抵弧矢，盗賊殊未滅。飄蓬踰三年，迴首肝肺熱。

鹽井

鹵中草木白，青者官鹽煙。官作既有程，煮鹽煙在川。汲井歲榾榾，出車日連連。自公斗三百，轉致斛六千。君子慎止足，小人苦喧闐。我何良嘆嗟，物理固自然。

寒峽

行邁日悄悄，山谷勢多端。雲門轉絶岸，積阻霾天寒。寒峽不可度，我實衣裳單。况當仲冬交，泝沿增波瀾。野人尋煙語，行子傍水餐。此生免荷殳，未敢辭路難。

法鏡寺

身危適他州，勉强終勞苦。神傷山行深，愁破崖寺古。嬋娟碧蘚净，蕭槭寒籜聚。回回山根水，冉冉松上雨。泄雲蒙清晨，初日翳復吐。朱甍半光炯，户牖粲可數。拄策忘前期，出蘿已亭午。冥冥子規叫，微徑不復取。

青陽峽

塞外苦厭山，南行道彌惡。岡巒相經亘，雲水氣參錯。林迴峽角來，天窄壁面削。溪西五里石，奮怒向我落。仰看日車側，俯恐坤軸弱。魑魅嘯有風，霜霰浩漠漠。憶昨踰隴阪，高秋視吴嶽。東笑蓮華卑，北知崆峒薄。超然侔壯觀，始謂殷寥廓。突兀猶趁人，及兹嘆冥寞。

龍門鎮

細泉兼輕冰，沮洳棧道濕。不辭辛苦行，迫此短景急。石門雲雪隘，古鎮峰巒集。旌竿暮慘澹，風水白刃澀。胡馬屯成皋，防虞此何及！嗟爾遠戍人，山寒夜中泣！

石龕

熊羆咆我東，虎豹號我西。我後鬼長嘯，我前狨又啼。天寒昏無日，山遠道路迷。驅車石龕下，仲冬見虹霓。伐竹者誰子？悲歌上雲梯。爲官採美箭，五歲供梁齊。苦云直竿盡，無以充提攜。奈何漁陽騎，颯颯驚蒸黎！

順治十有二年孟秋皋蘭張正言張正心摹勒上石

杜少陵流寓詩第四

東海宋琬玉叔甫集

積草嶺

連風積長陰，白日遞隱見。颼颼林響交，慘慘石狀變。山分積草嶺，路異鳴水縣。旅泊吾道窮，衰年歲時倦。卜居尚百里，休駕投諸彦。邑有佳主人，情如已會面。來書語絶妙，遠客驚深眷。食蕨不願餘，茅茨眼中見。

鳳凰臺

亭亭鳳凰臺，北對西康州。西伯今寂寞，鳳聲亦悠悠。山峻路絶蹤，石林氣高浮。安得萬丈梯，爲君上上頭。恐有母無雛，饑寒日啾啾。我能剖心血，飲啄慰孤愁。心以當竹實，炯然無外求。血以當醴泉，豈徒比清流？所重王者瑞，敢辭微命休。坐看彩翮長，舉意八極周。自天銜瑞圖，飛上十二樓。圖以奉至尊，鳳以垂鴻猷。再光中興業，一洗蒼生憂。深衷正爲此，羣盜何淹留。

乾元中寓居同谷縣作歌七首

有客有客字子美，白頭亂髮垂過耳。歲拾橡栗隨狙公，天寒日暮山谷裏。中原無書歸不得，手腳凍皴皮肉死。嗚呼一歌兮歌已哀，悲風爲我從天來。

長鑱長鑱白木柄，我生托子以爲命。黄精無苗山雪盛，短衣數挽不掩脛。

此時與子空歸來，男呻女吟四壁静。嗚呼二歌兮歌始放，鄰里爲我色惆悵。

有弟有弟在遠方，三人各瘦何人强？生别展轉不相見，胡塵暗天道路長。東飛駕鵝後鶖鶬，安得送我置汝旁？嗚呼三歌兮歌三發，汝歸何處收兄骨？

有妹有妹在鍾離，良人早殁諸孤癡。長淮浪高蛟龍怒，十年不見來何時？扁舟欲往箭滿眼，杳杳南國多旌旗。嗚呼四歌兮歌四奏，林猿爲我啼清晝。

四山多風溪水急，寒雨颯颯枯樹濕。黄蒿古城雲不開，白狐跳梁黄狐立。我生何爲在窮谷？中夜起坐萬感集。嗚呼五歌兮歌正長，魂招不來歸故鄉。

南有龍兮在山湫，古木巃嵸枝相樛。木葉黄落龍正蟄，蝮蛇東來水上游。我行怪此安敢出，拔劍欲斬且復休。嗚呼六歌兮歌思遲，溪壑爲我回春姿。

男兒生不成名身已老，三年饑走荒山道。長安卿相多少年，富貴應須致身早。山中儒生舊相識，但話宿昔傷懷抱。嗚呼七歌兮悄終曲，仰視皇天白日速。

萬丈潭

青溪合冥寞，神物有顯晦。龍依積水蟠，窟壓萬丈内。局步凌垠堮，側身下煙靄。前臨洪濤寬，卻立蒼石大。山色一徑盡，岸絶兩壁對。削成根虚無，倒影垂澹瀩。黑知灣裹底，清見光炯碎。孤雲到來深，飛鳥不在外。高蘿成帷幄，寒木壘旌旆。遠川曲通流，嵌竇潛泄瀨。造幽無人境，發興自我輩。告歸遺恨多，將老斯遊最。閉藏修鱗蟄，出入巨石礙。何當暑天過，快意風雲會。

發同谷縣

賢有不黔突，聖有不暖席。况我饑愚人，焉能尚安宅？始來兹山中，休駕喜地僻。奈何迫物累，一歲四行役！忡忡去絶境，杳杳更遠適。停驂龍潭雲，回首虎崖石。臨岐别數子，握手淚再滴。交情無舊深，窮老多慘戚。平生懶拙意，偶值棲遁跡。去住與願違，仰慚林間翮。

木皮嶺

首路栗亭西，尚想鳳凰村。季冬攜童稚，辛苦赴蜀門。南登木皮嶺，艱險不易論。汗流被我體，祁寒爲之暄。遠岫争輔佐，千巖自崩奔。始知五嶽外，别有他山尊。仰干塞大明，俯入裂厚坤。再聞虎豹鬥，屢局風水昏。高有廢閣道，摧折如斷轅。下有冬青林，石上走長根。西崖特秀發，焕若靈芝繁。潤聚金碧氣，清無沙土痕。憶觀昆侖圖，目擊玄圃存。對此欲何適？默傷垂老魂。

順治十有二年孟秋臯蘭張正言張正心摹勒上石

長安卜棟鐫

少陵先生者，余素奇先生之詩，並奇先生之遇。何也？曾見《得弟書》："老身須付託，白骨更何憂！"爲之掩卷。即流寓秦州，遺韻頗多，非詩也，蓋以不可逃之身寄無可寄之心者也。

玉叔宋公祖以世譜與余共心共事非一日，筆傳少陵之神，神遊少陵之遇，余稔知之。奉茲簡命，保釐西土，流寓少陵之流寓，其少陵流寓之少陵，可將所得遺篇鉤摹成集，復爲之贊，意更可知。人謂少陵得公而表章之，余謂公得少陵，千古前有知己也。詩也，遇也，少陵先生也。余心公並心少陵也，曷容一辭。

關西陳寶意先山人於姜黨崇雅[1]謹跋

少陵流寓秦州，爲詩以傳，後人爲祠於西巖之上。東海宋玉叔先生分憲茲土，務以葺祠爲先。亡何，有地震之災，祠乃圮。先生重構，偉厥觀，因勒秦州諸詩於石。少陵因人遠遊，卜築東柯，易代寥絶，又得先生爲其所主。九京有知，魂魄猶應來此倡予和女，寧復作"吾道何之"之歎乎？

予以甲午流寓隴西，先生客之如歸，乃爲詩。有云："卻歎遠遊杜工部，因人未若使君賢。"千古以後，客必不傳，而客客者不能不傳也。予跋少陵詩而並附此於後。

南玭東蔭商[2]

嗚呼！西州大雅之不作久矣！杜工部因人避世，成詩於秦地。獨尋秦

---

[1] 黨崇雅：字於姜，明末清初陝西寶雞人。天啟五年（1625）進士。明朝任户部侍郎，入清後累官至刑部尚書，翰林國史院大學士。著有《鵖失啼》。

[2] 東蔭商：字雲雛，明末清初陝西華州人。崇禎九年（1636）舉人。入清以後隱居不仕。

州郭外，舊有少陵祠，兵燹之餘，摧剥摇落，即俎豆未煙，固令草堂無色矣。

吾師宋玉叔先生自公之餘，揚扢風雅，葺祠畢，復以工部客秦之詩凡六十餘篇，輦石購工，不憚千里，浹歲而摹勒始成。蠆尾銀鉤，書法燁然生動，詩猶是之。乃從百千年之後忽開生面，先生非工部真知己耶？碑傳則詩傳，詩傳，工部傳，先生傳矣。寧惟楔序娥碑，千緡不易而已哉！

當亭長古吴門人王一經[1]述

少陵詩聖，學者率北面頂禮之。乃秦川、同谷諸雜詩尤爲情至。大抵流離困躓中，有不忘君父之思。

吾玉叔公祖蓋深有取爾，歷其地想其人，益味乎其詩。捐俸鳩工，重摹之石上，勃勃生氣，宛當年郾城觀劍時。於戲！讀少陵之詩，知少陵之心，知重刊少陵之詩之心，則公與少陵遭際不一而與懷一也。昔人云：不行一萬里，不讀萬卷書，不知杜詩。如公者乃稱少陵知己，是可並傳不朽云。

隴西郭充[2]跋

杜少陵先生足跡半天下，至輒有詩。當其客秦隴，岑問坎壈，發諸聲韻，流連悲惘，集中有《秦州雜詩》《草堂》《赤谷》數十篇，迄今膾炙人口，先生豈以秦州傳哉！

秦州西北阜玉泉觀舊有先生祠，余初攬轡茲土，地震之後，摇落丘墟，幾同沒滅。玉叔宋君慨然欲修復之，並取先生秦隴諸詩勒之貞珉，以爲茲土重。余曰：善！未幾，輦石鳩工，繪像成贊，新厥圮祠，輪奂丹堊，且與謫仙共祠同堂。夫採石、敬亭、桃花洞、鳳凰臺諸處，余每至吊古跡，曾未聞履秦隴焉，然二先生時同遇同，詩仙詩聖傳不朽，同享俎豆，宜無不同。迨余閱歲西還，登眺展謁，酹酒苔卮，颯颯天風，振響祛袂，頓覺身在煙雲洞壑間。

嗟呼！莫爲之前，雖美弗彰；莫爲之後，雖盛弗傳。嗣後，陟公之堂，瞻公之貌，詠公之什，千古知己，洵非偶然。先生豈不以秦州傳哉。

[1] 王一經：字心古，明末清初江南吴縣人。貢生。順治十年（1653）任伏羌縣令，致力文教，有政績。離任後閒居秦州南湖，應宋琬邀請，纂修完成《秦州志》13卷。

[2] 郭充：初名九圍，號損菴，明末清初陝西隴西人。崇禎十年（1637）進士。明朝任刑科給事中，入清以後辭官隱居故里。

順治丙申嘉平月杪河中聶玠伯玉氏[1]題於天水之四虛亭

少陵以右拾遺論房琯事出司功華州。會亂，避之天水，負薪採栗，孑處飛龍峽，旋依姪佐，備歷窮愁，其發之聲歌，極態盡變。杜，固詩之雄。而秦州暨草堂、蜀夔諸詩，尤杜詩之雄。天水趙子櫟類能注釋之，而不能表章勒石以垂永久，迄今千百年無有過而問者。

予備員史館，酷嗜杜詩。及奉調洮岷，人方爲予憂，予竊喜之。從茲過仇池，探萬丈潭，高吟杜句，鐫石而記其事以傳，豈不快甚！乃宿疴頓作，待命涇干，天之不欲成我也。未幾，年友宋荔裳賜予墨刻，披而讀之，則工部秦州諸篇得我同然，爲之擊節不能置。

荔裳，東萊文人，豪於詩，得杜神骨。以天曹出憲成紀，其視拾遺而任功曹無以異，宦寓秦州，醉吟騷，抑與工部後先有同志焉！今闢楹宇而祠之，盡輯其詩，構求二王筆法，命壽之石，荔裳殆工部後身哉！不然，何以跡同志同而創舉乃獨得也。草堂詩石碑成於宋、吕、胡諸公，蜀因以不朽；秦州石刻成於荔裳，而秦州亦持以不朽。後之登其堂者，揖其像，臨摹其詩，可以繇秦州得工部，繇工部得荔裳，而荔裳亦繇茲不朽矣。

夫子櫟輩不能勒石，而俟之後人，予又不克從願，而待之吾友，天固特萃此千秋之業以鍾我荔裳也夫。

順治丁酉孟春洞庭舊史鄧旭元昭甫[2]謹跋

杜詩石刻題後

杜少陵以天寶之亂避地秦州，後乃遷居同谷，渡嘉陵而赴成都焉。當其間關瑣尾，妻子流離，拾橡栗以自充，托長鑱而爲命，可謂窮矣。顧其詩，乃踰益工，格亦踰益變。今所傳《秦州雜詩》以及《同谷七歌》數十篇，憂時閔亂，感物懷君；怨不涉誹，哀不傷激，殆渢渢乎《小雅》《離騷》之遺矣。

余小子備官天水，拜先生之祠宇而新之。嘗兩登成州之鳳凰臺，其下有飛龍峽，先生之草堂在焉。羣峰刺天，怒濤飛雪，酹酒臨流，未嘗不慨

[1] 聶玠：字伯玉，明末清初山西蒲州人。崇禎十六年（1643）進士。曾任監察御史等職。

[2] 鄧旭：字元昭，明末清初江南壽州人。順治四年（1647）進士。曾任翰林院檢討。著有《林屋詩集》。

然想見其爲人。皋蘭張生長於鉤摹之技，因取先生流寓諸詩，集古人書法勒之石，刻成爲文，焚一通以告於先生之祠。

嗚呼！先生之詩，雖童子能誦習之，而余獨區區於此者，其意何居？夫隴山以西，天下之僻壤也。山川荒陋，冠蓋罕臻，縉紳之士，自非官於其地者，莫不信宿而去，驅其車惟恐不速。自先生客秦以來，而後風俗景物每每見稱於篇什。今世之相去又千有餘祀矣。地經屢震，陵谷變遷，詩所載隗囂宫、南郭寺、東柯、鹽井之地，秦父老猶能言之，及問以西枝、寒峽、石龕、鐵堂諸勝概，則茫然不能舉其處，蓋其劃削磨滅於荆榛也久矣。爰構一亭，刻石於其壁，庶使後人之來此者，按籍而知遺跡之所在；即不必來此，而西州風土，一展卷而如在仇池二隴間，猶之讀《秦風》而覽《車轔》《板屋》之章，寧瑾懷古臥遊之助云爾哉！是區區之意也夫。

順治丙申秋七月東海宋琬題於天水之尚倫堂

第四節　文廟碑刻

秦州鄉賢祠記

【**題解**】碑立秦州區文廟碑廊。明成化十五年（1479）立石。高180釐米，寬79釐米。賜進士出身翰林院侍講兼修國史經筵官長沙李東陽撰文，陝西等處提刑按察司副使阜城左鈺篆額，陝西等處提刑按察司僉事杞縣邊□書丹。拱首條形，下端部分字跡漫漶不清。碑首刻鳳鳥紋，碑額題空心篆文“秦州鄉賢祠記”。碑陰列秦州舉人張鋭、劉威、張翼、李奎、孫俊、尹琭等，秦州貢士暴士宏、唐華、姚忠、李廷、武瑄、高麟、姚觀、安磐、劉鵬等姓名132人。光緒《秦州直隸州新志》卷20《藝文二》收録本碑文，題名《門尚書祠堂記》。但文中字句和碑文時有出入，兹依碑刻對照州志録文。

賜進士出身翰林院侍讲兼修國史經筵官長沙李東陽[1]撰文

陝西等处提刑按察司副使阜城左鈺[2]篆额

陝西等处提刑按察司佥事杞縣邊□書丹

鞏昌之秦州，有門公克新者，洪武初爲禮部尚書，年七十卒於官，返葬於秦[3]。成化己丑[4]，今右僉都御史秦公紘來知秦州，乃建祠於學宫之前，以春秋率僚屬吏士修祀事。越數年，前監院御史薌溪傅君鼐實守兹郡，崇饰垣宇，修治籩豆，暨凡所以共祀事者。刑部主事張君鋭、及國子生馬瑞，皆秦人也，請予記之。

謹按《大明一統志》，公起儒士，爲州學訓導，遷左春坊左贊善，擢禮部尚書。又聞張刑部言，公在太祖高皇帝時，嘗奉命爲《長江萬里圖記》[5]，殊見眷賞。其卒也，上親御翰墨，遣中官諭祭其家。自餘若茹尚書瑺[6]、刘學士三吾[7]輩皆有文祭公，其辞存焉。仰惟高皇帝之聖神睿哲，攬天下豪傑材智之士，甄擇而用之，雖寸長片善，不得以遺於世，而其進退黜陟，尤有非庸人所能測識者。門公起儒學[8]，登臺輔，得千載一時之遇，非其材器足任於用，惡可以幸致哉？

愚也後生，寡識不能考見故老之德，然於諭祭之辭，亦可以伏睹聖意於萬一矣。古之君子，有功則祀於國，有德則祀於鄉，其崇植激厉，關乎天下者甚重。門公雖以仕顯，而功業未著，以沒鄉里之祀，誠有不可得而闕也。於是尊賢表德，以昭聖天子之寵遇，下爲百千世勸者，非有司之責，將誰歸哉？

---

[1] 李東陽（1447 ~ 1516），字賓之，號西涯，明湖廣茶陵（今湖南茶陵）人。天順八年（1464）進士。官至太子太保、吏部尚書兼文淵閣大學士。著有《新舊唐詩雜論》《懷麓堂集》《燕對録》等。

[2] 左鈺（？ ~ 1490），字廷珎，明直隸阜城（今河北阜城）人。歷官陝西按察使僉事、副使，遼東巡撫，山西巡撫等。

[3] 乾隆《直隸秦州新志》卷2《山川》：“明門尚書墓，在北郭。”

[4] 成化己丑：明成化五年（1469）。

[5] 本文民國《秦州直隸州新志續編》卷6《藝文》之“補遺”有載。朱元璋《高皇帝御制文集》有《跋夏圭長江萬里圖》一則，可斷定門克新奉旨所記之圖乃南宋夏圭《長江萬里圖》，此畫絹本設色，縱26.8釐米、横1115.3釐米，現藏臺北故宫博物院。

[6] 茹瑺（1358 ~ 1409），字良玉，號恕菴，明湖廣衡山（今湖南衡東縣）人。累官至兵部尚書、吏部尚書等。著有《忠誠集》。

[7] 劉三吾（1313 ~ 1400），明湖廣茶陵人。洪武十八年（1385）以茹瑺薦授左贊善，累遷翰林學士。

[8] “門公起儒學”是指門克新(1326 ~ 1396)曾任秦州州學訓導、秦州教諭。

圖 1-20 秦州鄉賢祠記

秦公之造端，傅君之舉墜，其鄉大夫士爲之左右，相助以成其美，皆可書也。故爲訊之俾刻於公祠，以俟於後之人。

成化拾伍年己亥春叁月既望

秦州同知汶川張琰，儒學學正錦城陳睿，訓導劍南王憲、字江胡灝立石。

啟聖祠碑

【題解】碑原在文廟，今不存。張維《隴右金石録》言："在天水文廟，今存。"説明此碑民國時尚存。文載光緒《秦州直隸州新志》卷20《藝文》。康海撰。

康海小傳見前伏羲廟碑刻部分。

聖天子以孝道理天下，凡典禮因循大義疑似者，輒釐正之舊。先師廟堂嘗以顏、曾配享矣。顧其父皆列廡下，數百年來，居而弗思，以爲當然。

邇以廷議，有感聖心，於是詔以啟聖公[1]建祠，廟庭之後而以顏、路、曾、晳配。夫啟聖公篤生聖人，刪述六經，師表萬世，其有功於彝倫莫重也。凡名位勳伐之臣，莫不推恩以及其先人，況聖人之父乎？顏、曾子居父上，其心固不自安矣！灌獻雖隆，何以孝焉？聖天推是心以裁正是典，所以敦厚彝倫、崇禮先師之意真可度，越百王三代明辟，但可彷佛而已，於戲休哉！

河間周君[2]三代作守，克遵皇訓，遄遂落成，以爲絶世之典，當啟後觀，迺使徵文刻之貞石，海竊感焉。夫周君，關西良吏也。政修教舉，吏畏民懷，近所罕覿。況事關名義，我何以辭，於是繫之以辭曰：

維皇建極，克邁鴻猷，淵衷睿思，何訓弗求。大禮之定，百王啟羞，唐虞比德，況彼商周。漢宋罔稽，世乃效尤，言既不順，名則胡由，是匡是即，皇履允迪。益求大顒，疑似靡襲，遂及羣典，維正是亟。啟聖之建，名義乃敕，既欣神理，亦示民極。閟宫窿窿，良守所緝，位序既嚴，享祀何忒。皇訓在心，如彼朝日，永言念之，世萬何斁。

重修廟學記

【題解】碑原立文廟。明嘉靖十年（1531）立石。今不存。張維《隴右金石録》言："在天水文廟，今存。"説明此碑民國時尚存。文載光緒《秦州直隸州新志》卷20《藝文》。明王九思撰。

秦州，古天水郡，在鞏昌府東。山林深阻，原阜重複。山有嶓冢、隴首、金門之秀，水有漢、漾、渭、藉之美，含靈孕粹，即物産之盛亦異他郡。至於人物所鍾，尤爲迥絶。有若羲皇、軒帝之聖，李廣、趙充國、劉琦之武，李陵、趙壹、權德輿之文，閻温、張邦憲之烈，楊公則、權皋之節。至於明興，益彬彬焉，科甲之英，肩相摩、踵相接也。然學校之教蓋有不容誣者。

嘉靖辛卯[3]，鞏昌同知李侯暹[4]來攝州事，是時州學歲久傾圮，州守王

---

[1] 啟聖公：孔子之父叔梁紇，北宋真宗時追封爲啟聖公。

[2] 周君：應是時任秦州知州的周某，乾隆《直隸秦州新志》失載。

[3] 嘉靖辛卯：明嘉靖十年（1531）。

[4] 李暹：今麥積區卦臺山存明嘉靖十年康海撰《秦州畫卦臺新建伏羲廟記碑》，末句有云："而主承茲事者，鞏昌府同知滑臺李暹，臨洮府同知中山王卿二人云。"可見李和下文已離任的秦州

卿雖嘗營焉，未竟而去。侯於是請諸中丞直指及藩臬分憲，悉與報可。乃卜日興事，工良吏能，民願展力，材木諸費、帑金不足，咸由區畫。工始於是歲夏四月中旬，越七月終而工完。於是先師聖廟、門廡輪奐一新，觀者改容。又，學宫諸弟子講堂、齋舍亦皆葺治。神棲攸寧，弦歌載聞，士民胥慶，侯心允若。已而歎曰："古之君子有興作，於其墜者必有紀述，以繫歲月，若黄州之竹樓，滁州之醉翁亭。然皆一人之私也。今兹之役，國家治化之所關，監牧政令之所出，一財一力盡出於正，而纖私罔及焉。此則天下之公也。"暹乃走使鄠杜告諸九思[1]曰："願文以勒諸碑，用告來者。"余聞而歡曰："世之爲郡縣者，即其所治，若政事堂廨，巖牆老木，朝夕壓覆，及軀命矣，避姦習惰，往往不以爲意，况廟學不急者乎？又况非其所治而攝焉者乎？李侯於是過人遠矣。"侯在隴州多善政，予嘗具述焉，今其碑巍然在也，故於此不讓而爲之辭。侯名暹，字德進，大名滑人，由鄉進士知曲沃，擢守隴州，薦轉今職云。銘曰：

維兹古郡，羲臺攸存。啟秘闡畫，大道之原。山川鍾靈，俊傑薦生。靡古靡今，烈烈轟轟。爰建廟學，尊聖毓秀。歷歲孔長，既頹且陋。來守者誰，靡或肯構。峨峨李侯，王畿之英。攝政於斯，憂心罔寧。罔寧奈何，乃新孔廟。乃新門廡，乃興學校。學校載興，山川增耀。髦士斯奮，有德有造。克忠克孝，維[2]先哲是傚。君子曰噫！伊誰之功？不有李侯，道何以崇？是用勒銘，以譽永終。

郡侯巴老父臺鼎新聖廟碑記

【題解】碑立文廟碑廊。清康熙十一年（1672）立石。高 175 釐米，寬 80 釐米。伏羌黄虞再撰文，秦州蒲璋篆額，劉□書丹。拱首條形，下部殘損，部分文字漫漶不清。碑額爲二龍戲珠線雕圖案，篆書"鼎新聖廟碑記"6 字。

知州王卿有交集。李暹，乾隆《直隸秦州新志》卷 7《官師》"秦州知州"目失載。

[1] 王九思（1468 ~ 1551）：著名文學家。字敬夫，號渼陂。明陝西鄠縣（今西安市鄠邑區）人。弘治九年（1496）進士。曾任翰林院檢討、吏部郎中等職。著有《渼陂集》等。

[2] 維：疑衍字。

今之郡侯即漢之刺史，古諸侯職也，責重而任鉅。撫字羣黎，惟侯是賴；長養賢才，惟侯是依。舉一郡之土地人民，屬司牧於侯之一賢，以故天官氏□，非卓魯龔黄之才與德，而不輕以授若職，厥意微哉。

郡侯巴老父臺[1]，明敏天縱，慈藹性生，以世德名閥豐沛、從龍之彦，領牧秦州干旄交戟之下。不佞再[2]曾一拜，見顔色，望□□，知□爲仁人父母□。甫下車，□□革務切民隱，諸學士大夫别有記載，獨是謁□廟先師畢，環顧牆垣傾圮，門廡衙廨不備出入，人物踐踏，以至諸賢神牌半歸烏有，兼之兵將過客，駝騾車馬住□臺堦之□□□□砌之□□□□堂鳴鼓諸生，慨然興嗟曰："鬱鬱葱葱，聖賢毓靈之地，百代人文之所自出，誰爲爲之，竟等之荒煙蔓草、我戈牧養之場也哉！嗚呼！佛天寺觀，或數十年而莊嚴落色，或數百年而椽殿匝地，緇衣黄冠然身燒皆，長跽悲號於達官、長耆賢善君子之前，表一絲一□以□□□□□□因緣。吾輩食聖人之澤佩、聖人之化□、聖人之德，而圖報功德，視緇衣黄冠之於佛天遠甚，殊可痛心。"

公于時捐俸鳩工，擇吉興作。上日□□□□□□門泮池、□星門、前後宫牆以及諸堂齋廨宇，高廣長闊，丹堊金碧，悉公手自曲畫。或峭棟依雲，或飛凌霄，或輝煌與日月争光鮮□□□□□□□□□□□□瓦，諸工匠夫役日不下五七十人，其米鹽油薪及易買木料諸費，悉公自爲辦，絶不取民間[illegible]一絲一釐。考之郡志[3]，聖廟重建不一□，我公之修築亦不一端，當以此廟之成功爲第一□□□也。公又精堪輿家言，如過宫水法去流違度挽□□之破，天心□□□九曲上□□□□□□□□案應底陷堂局傾瀉，建立文閣以關内氣。公心切爲國家長養賢才，又切爲賢才計圖久遠，此其才與德，視卓魯龔黄諸君子何多讓焉。

工始於康熙十一年春二月七日，成於□□□九□□日。□□紳□□□□

[1] 郡侯巴老父臺：即下文不斷提及的秦州知州巴三綱。乾隆《直隸秦州新志》卷7《官師》"秦州知州"目："巴三綱，遼陽人。"碑文言巴三綱功德天花亂墜，而康熙十三年（1674）陝西提督王輔臣附吴三桂反清，巴依附王據秦州反，禍亂一方。

[2] 不佞再：撰文者黄虞再自稱。不佞，謙詞。黄，字字九，清初鞏昌府伏羌人。順治十二年（1655）進士。撰碑文前曾任江西奉新縣令、刑部員外郎等職。

[3] 此處所言之"郡志"即順治《秦州志》。此志宋琬、姜光胤修，王一經纂，清順治十四年（1657）刻本。其《建置志》記述文廟元代創建及明代重建情形，不及清代。

福欲頌公於不替，徵余不佞記其事。

余思公世家勳簪也，豐功偉業之載在盟府者，行將與河山並垂。公今又以仁人父母□□□□爲諸臺使剡章交薦，指日晉階樞衡，澤在生民，功在社稷，海内之銜祝與太史氏之侍書，殆未可一世二世而遂已也。區區□□一邑之頌，托不其□□□□。不佞夫復何贅。

時龍飛康熙十一年歲次壬子秋九月望日穀旦

公諱三綱，字弘濟，盛京遼陽人。

賜進士第江西提學道副使前禮部祠祭司郎中黄虞再撰文

賜進士第廣西梧州府滕縣知縣蒲珩[1]校閲

鄉貢進士陝西西安府富平縣儒學教諭蒲璋[2]篆額

恩綸進士吏部候銓協捕督糧廳劉□[3]書丹

（州吏、督工生員等人題名略）

奉直大夫知秦州事升補員外郎王公鼎新聖廟學宫碑記

【題解】碑立文廟碑廊。清康熙二十一年（1682）立石。高210釐米，寬80釐米。秦州蒲珩撰文，鞏昌楊延篆額，秦州劉埼書丹。拱首條形，碑面多裂紋，下部殘損，部分文字漫漶不清。碑額爲二龍戲珠線雕圖案，篆書“鼎新聖廟學宫碑記”6字。

按輿圖雜記，王者創建都會郡邑，相山迴水轉之處，肇修聖廟。因於聖廟傍營造學宫，意蓋曰敬師崇德。棫樸菁莪，所由□風俗土物祈曲藏也。故都會郡邑明媚光昌之氣將發而爲億萬家煙火，□□□□□□□星卿雲，嵸崒筐篚，諸瑞出没，變見於三吉六秀之方，而□□者，或挺生賢監司執法秉憲，訓方樸真于上，尤必生良守令廉静慈藹珠圓玉潤□□□□隆替，政無分今古，凡有創置悉出，自加惠子黎，長養人才淒心，即當盤根錯節之迭，既愈以見才德學問之優異，由是而諸務畢舉，百廢維新

[1] 蒲珩：字佩珩，清秦州人。順治十八年（1661）進士。曾任廣西藤縣知縣。

[2] 蒲璋：蒲珩族弟。順治十四年（1657）舉人。曾任陝西藍田縣、富平縣教諭。

[3] 劉□：此人和下録碑文“王公鼎新聖廟學宫碑記”之撰文者劉埼應是同一人。

□□□□□，此皆天地仁厚之休、山川孕毓之奇，相結而爲我邦國嘉禎，豈偶然哉？

郡伯王老父臺[1]，楚黄世閥，簪纓大儒也。以金城異等奏最，應特簡刺史我成紀[2]。授事之初，謁先師鳴講鼓已，婉諭博士員弟子，戒曰："殷難灰劫之餘，殿廡堂堦木脱石落，慘不忍言，諸子□鬱鬱蔥蔥，彬彬然天池鳳毛疇，忍令神聖棲□□□□□□□□吴宫臺榭，同付之荒煙蔓草然！而驚魂靡倚，鳥鵲難下窠焉；□屯糗糧維艱，丹堊塈□或者尚有待也[3]。"

自丙辰歷庚申[4]，五度流螢，感我公□□□□嶼風清。公復竭簪珥環鈿之需，與文武寮寀、諸學士大夫毫毛髭鬚之微，共積若干金，擇吉鳩工，倩紳袷丞吏耆宿之廉静而才長，精□而器優□□□□□磚石顔料，公允平口，□價絶不耆有□悉之虧短，工作日用新水，公必時其饑渴，絶不耆有晷影之失禦。公聰穎博洽，釋典道藏、百家諸子靡不□□□。精堪輿家言，嘗繪集□□諸書之圖□□本郡殿廡堂堦之山水拱照，實有裨者乘記，以詔諸子□曰：十年之計樹木，百年之計樹人。然而樹人恒捷於□□□亦數也。縱横□廣莊嚴泥□□□□□爲經營，引水植檜，紆折成溪。公悉手自曲畫，夫薪水取之坊民，而民樂輸貢；工作煩之夫役，而夫樂效力。□□□□□我子黎，長養我人才，布插種恩德，不□□在一世二世之逢，我紳衿軍民食我公恩德，疇不思報公恩德萬歲千秋畋罔替耶。□□者罔□□□□□□□□□或麟鳳騰翔，數百代之人文積累於此，億萬家之煙火繁衍於此，雖上賴先師在天之躬、宗社無疆之福，實我公天地父母仁人長者嘉與厚錫，敢忘所自。

是役也，經始於康熙十九年三月三日，落成于□□□□□□□□□□□成之日，忽捧接我公晉階部郎邸報，天從人願，杜母聲洽于孺子之謡；帝協民心，□棠已動乎父老之思。公以福彼我成紀者福被乎。畿甸嘉

[1] 郡伯王老父臺：即秦州知州王之鯨。

[2] 成紀：唐代晚期，成紀縣縣治由今秦安境内遷移至秦州，明洪武二年（1369）廢。而明清文人時頗有以"成紀"代稱秦州者，如清代秦州著名書法家董勳，其作品題款多署"成紀董勳"。

[3] 王之鯨"婉諭博士員弟子"一段言語之背景是"三藩之亂"。清康熙十三年至十五年（1674 ~ 1676），先是陝西提督王輔臣叛清響應吴三桂，秦州知州巴三綱依附王據秦州反；後是吴三桂部王屏藩等進犯秦隴支援王輔臣，秦州城被叛軍佔據數月，破壞嚴重，自然殃及文廟。

[4] 自丙辰歷庚申：清康熙十五年至十九年（1676 ~ 1680）。

□□□□□日星並麗，河嶽並久。彼自有太史氏特筆以藏之柱下，視今日之瑣琨頌德，閭巷歌功者不其較□，□□□□□□而勒之石。

公諱之鯨，字子乘，號石溪先生，湖廣黄州府黄岡縣人。庚子科鄉薦進士。

賜進士第廣西梧州府藤縣知縣蒲珩撰文

鄉薦進士署寧夏後衛學正蒲璋[1]校閱

直隸真定府深州糧廳楊延[2]篆額

恩綸進士候補别駕改授邊疆題管知縣事劉埼[3]書丹

龍飛康熙二十一年歲次壬戌仲冬穀旦

（州吏、督工鄉約等人題名略）

署郡牧楊公重修文廟碑記

【題解】碑立文廟碑廊。康熙三十四年（1695）立石。高140釐米，寬80釐米。秦州蒲璋撰文，楊延篆額，秦州鄒居業書丹。拱首條形，碑面數處殘損，右下角殘缺，部分文字漫漶不清。碑額篆書“重修文廟碑記”6字。

今天子崇文重道之典罔不備，且一時在廷以暨百執事亦罔不加意□□□□□右文之治，而或限於地，或迫於時，蓋有欲振興，未遑暇者矣。

吾秦學宫□□□□已乎，而坊表戟門之傾圮爲尤甚。乙亥春[4]，隴邑賢侯楊公[5]署篆天水。下車謁廟，目睹愴然。不以代庖之暫，易平目加

[1] 蒲璋：此“蒲璋”和前“郡侯巴老父臺鼎新聖廟碑記”的篆額者“蒲璋”、後“署郡牧楊公重修文廟碑記”的撰文者爲同一人。校閱此碑時有了新職銜“署寧夏後衛學正”。

[2] 楊延：鞏昌人，监生。

[3] 劉埼：佛教典籍《印心佛敏訥禪師語録》有劉之序，落款署“恩綸進士候補通判改授邊疆題管知縣事郡人劉埼頓首拜撰”，和碑文之落款同，知爲同一人。據劉之序，其與禪師同秦州人，而“秦州志”不載。

[4] 乙亥春：清康熙三十四年（1695）春。

[5] 楊公：即下文所言的楊本植。楊本是隴西縣知縣，康熙三十四年署理秦州知州。楊本植，乾隆《直隸秦州新志》卷7《官師》不載，據《廣東通志》卷29《職官志》，其人康熙五十二年任廣東督糧道，“正黄旗人，監生”。

圖 1–21 光緒《秦州直隸州新志》所附秦州文廟圖

意□校之心，爰捐俸庀材，計工給□。更得博士魏先生[1]承公盛舉，董□□□，力襄厥成。重修牌坊三座，戟門三間，自外殿内廡、文昌閣，以至泮池、牆垣，與夫學署等處，廢者舉之，缺者補之，泥灰剥落者塗飭之。規模改觀，焕然一新矣。

夫原國家重學之意，修舉廢頹，固賢有司所樂爲。然公不以五日之暫，而力□□新，以告成事。夫更新宜紀也，更新而出於我公，尤宜紀也，爰載□以志其事□。

公諱本植，字完初，遼東瀋陽人。博士諱京，字辰所，延安□□人。□得並書。

康熙三十四年歲次乙亥秋八月穀旦

丁酉科舉人肅州府儒學教授蒲璋撰文

[1] 博士魏先生：即下文所言的魏京。博士，學官雅稱。據乾隆《直隸秦州新志》卷 7《官師》，魏京，秦州學正，“安塞人，拔貢”。

江西撫州府通判楊延[1]篆額

癸酉科舉人鄒居業[2]書丹

（州吏、督工舉人、貢監等人題名略）

重修至聖廟記

【題解】碑已散佚。文存乾隆《直隸秦州新志》卷11《藝文中》。秦州知州費廷珍撰。

秦州孔子廟，始於有元大德間[3]，歷有年所，且修且圮。乾隆癸未[4]春，知州事費廷珍[5]集諸生於講堂而命之曰："文廟之閎，其規制也。豈以示華哉？建學而祠先聖，必鞏必完。夫然後對越之下，洞洞屬屬，而心志以肅。秦介邊陲，風尚渾噩，有可以入道之基。且地冠隴右五邑，士大夫屬耳目焉，而廟貌頹然，或陊或壓，鐸教其何以振士氣？其何以新五邑之子若弟？其何以觀法也？是不可不亟修之。"僉曰"諾"！勇躍捐輸，奔走恐後，乃蠲吉日，召工師登築，削平丹堊漆髹，大成殿則崇以麗也，兩廡則宏以敞也，名宦、鄉賢祠則肅以整也，櫺星門則爽以塏也。於是向之雀鼠穿突、榱桷蠹腐、蓋瓦級磚之漫漶不鮮者煥然改觀。州人咸喜，謂宜麗牲勒石，請予爲記。

予謂管蠡之測，不足喻蒼穹之高；爝火之光，不足語日月之明。夫以孔子之道，皇皇烈烈，照映天地，爲生民所未有，吾亦烏從而規摩之？況今聖天子右文重道，雅化作人，詔天下郡縣莫不有學。學皆有孔子廟，禮明樂備，迄今百有餘年。凡夫漸仁摩義之方，修德礪行之道，上之所以爲教與下之所以爲學者，固已砥如周行，人知軌範矣，又無事餘之鋪張揚厲者也。惟是《車轔》《駟鐵》風流自古，秦之士大夫其果能澤以詩書而文

[1] 楊延：和前"鼎新聖廟學宮碑記"的篆額者爲同一人。光緒《撫州府志》卷35《職官志》"通判"條："楊延，鞏昌監生，康熙三十二年任。"

[2] 鄒居業：清秦州人。康熙三十二年（1693）舉人。據秦州《鄒氏家譜》，其人曾任貴州清平知縣。

[3] 乾隆《直隸秦州新志》卷3《建置》："文廟，在城内西南隅……相傳元大德六年教諭梁公弼始創。"

[4] 乾隆癸未：清乾隆二十八年（1763）。

[5] 費廷珍：清震澤（今蘇州吴中區）人。乾隆二十三年至二十九年（1758～1764）任秦州知州，有政績。

其谷處巖居之陋歟。太史公曰："高山仰止，景行行止，雖不能至，然心鄉往之。"[1] 繼自今睹宫牆之輪奂，凜凜然起其嚴敬之心，循循焉果盡其子臣弟友之誼焉，而吾之事畢矣。

若夫既修之後，地效其靈，多士振興，鹿鳴嗣響，吾之願也，秦之幸也，抑亦五邑士大夫之光也。顧形勝家言，余不敢道。

温大宗師捐貲碑記

【題解】 碑立文廟碑廊。清嘉慶十五年（1810）立石。高 138 釐米，寬 63 釐米。不書撰者、書者姓名。拱首條形碑，保存完好，字跡清晰。碑額題"温大宗師捐貲碑記"6 字。

嘉慶戊辰 [2]，温大宗師 [3] 由都察院左副都御史督學陝甘。己巳 [4] 冬，按臨秦州。以秦地界邊陲，雖建立書院而其中經費殊少，因捐銀三百兩，俾州尊普公 [5] 給發當商生息，即傳諭闔學每逢鄉試之時，將息銀支領，在省購書，存貯書院，以資誦讀，洵作育人材之至意也。州尊普公恐其積久寖廢，已增刻州志 [6] 之中。而闔學感德，因並記其事於貞珉，以垂不朽云。

大宗師名汝適，廣東人，乾隆甲辰科進士也。

大清嘉慶十五年歲次庚午三月穀旦闔學紳士立石

鄉會助貲碑記

【題解】 碑立文廟碑廊。清咸豐七年（1857）立石。高 170 釐米，寬 68 釐米。不書撰者書者姓名。拱首條形，碑面個别地方殘損，碑額題"鄉

[1] 語出司馬遷《史記》卷 47《孔子世家》。

[2] 嘉慶戊辰：清嘉慶十三年（1808）。

[3] 温大宗師：即温汝適（1757 ~ 1808）。温，字步容，清廣東順德人。乾隆四十九年（1784）進士。視察秦州時官陝甘提學使。

[4] 己巳：清嘉慶十四年（1809）。

[5] 州尊普公：即秦州知州普寶。光緒《秦州直隸州新志》卷 10《職官下》"秦州知州"目："普寶，漢軍鑲黄旗人。筆帖式。"

[6] 州志：此所謂"州志"當指乾隆二十九年所刻《直隸秦州新志》，因州志已成，記温大宗師善舉只能是"增刻"。不過，現存乾隆州志、光緒州志均無温大宗師捐貲内容。

圖 1-22 温大宗師捐貲碑

會助貲碑記”。

咸豐六年，州中捐輸解費羨餘錢柒百零伍串陸百文。前州尊北垣九菴張公[1]以秦去陝省路遠，赴闈諸生多乏貲，因將此項□州紳士趙三多、劉選元、裴恕、楊恒等發當商，五厘生息，其息無□日别項不得擅用。每逢鄉試，清算支領，覓老成赴試之人帶往陝省[2]，撥□闈人數均攤給散，以作使費，會試亦然。

誠盛舉也，州中紳士等恐其日久湮没，爰與温大宗師捐貲一項同刻州志之中[3]，並勒諸石，以垂不朽云。

大清咸豐七年歲次丁巳冬十有一月穀旦闔學紳士立石

重修聖廟碑記

【題解】碑立文廟碑廊。清咸豐十一年（1861）立石。高163釐米，寬71釐米。秦州知州李敦厚撰文，秦州舒鈞書丹。拱首條形，保存完好，碑額篆“皇清”2字。碑陰爲“文廟捐資碑記”，列捐資者姓名若干。

秦州山有嶓塚，水有漢渭，誕育神靈。羲皇首出，畫卦以泄苞符，書契以開沕穆，亘古人文，孰踰於是。厥後漢唐以降，代有偉人。固由山水鍾靈，然非學校振興，其何以造就磨礱哉！

州有至聖先師廟，規模壯麗，殿宇恢宏，爲五邑[4]士大夫釋菜講學之地，禮至隆，典至鉅焉。乾隆癸未年，前州費公廷珍捐修[5]，迄今百餘年，風雨飄揺，榱棟壓覆是懼。敦厚[6]於咸豐七年，由臯蘭令擢守是州。甫下車，謁

[1] 九菴張公：即秦州知州張敘，九菴其字也。光緒《秦州直隸州新志》卷10《職官下》“秦州知州”目：“張敘，郃陽人。進士。”

[2] 清光緒元年（1875）陝甘分闈之前，在清代陝甘兩省鄉試地點在陝省西安，以故資助經費要“帶往陝省”。

[3] 現存光緒十五年刻板之《秦州直隸州新志》没有相關内容。

[4] 五邑：指秦州所轄之秦安、清水、禮縣、徽縣、兩當五縣。

[5] 前州費公廷珍捐修：費，秦州知州。費於碑文所言之“乾隆癸未年”即乾隆二十八年（1763）主持整修文廟，撰有《重修至聖廟記》。

[6] 敦厚：李敦厚，秦州知州。光緒《秦州直隸州新志》卷10《職官下》秦州知州目：“李敦厚，樂山人。附貢生。”此人在秦州知州任内，大肆搜刮貪污，張集馨《道咸宦海見聞録》對其劣跡有詳載。據碑陰“文廟捐資碑記”，李“捐銀一百兩”。

聖廟。見垣墉階基就圮，悚然久之。因商於趙學正文炳[1]曰："是非撤而新之，不足以崇先聖。"方議更張，適奉檄入覲，弗克舉事。李刺史文楷[2]來攝是篆，因紳士之請，遂倡捐勸導，筮吉興工，規模粗具。繼攝是篆者托司馬克清阿[3]，捐廉接辦，經營弗懈。敦厚於十年四月旋任，因見工鉅費煩，資財告罄，迺捐俸，廣爲勸修。傾者築之，腐者易之，剥者飾之。自崇聖宫、大成殿、两廡、戟門、櫺星門、奎星門以及名宦鄉賢祠宇，靡不規制釐整，輪奂一新。

鳩工於咸豐九年己未春，落成於十年庚申冬。其間倡捐勸導者則有趙學正文炳、朱學正謙元、董訓導至善、朱吏目九蘭[4]並州紳士，共擎義舉，而得以觀厥成焉。仰見殿閣翼然，對越之下，洞洞屬屬也；棟宇焕然，陟降之際，赫赫明明也。

工竣之日，紳士言托司馬善風鑒，改泮池水由東而西，是科領鄉薦有人，徒南宫有人，其言已驗。敦厚謂廟貌已新，五邑士大夫讀書砥行，亦將與廟貌而俱新。豹變虎變，蔚爲文章，安見漢唐諸賢不生於今日，苞符之秘不燦若列星哉！朱學正謙元率董事諸紳士請爲刻於石。敦厚曰："學校爲守土者之責，修葺其宜，奚記爲？"僉曰："是所以係日月俟後之守斯土者，因時而補葺之耳！"因不獲辭，是爲記。

奉政大夫知秦州事西蜀李敦厚撰

文林郎通政司知事郡人舒鈞[5]書

咸豐十一年歲次辛酉仲春之月學正朱謙元監立

（督工舉人、歲貢等題名略）

---

[1] 趙學正文炳：即秦州學正趙文炳。光緒《秦州直隸州新志》卷10《職官下》"秦州學正"目："趙文炳，武功人。舉人。"據碑陰"文廟捐資碑記"，趙"捐錢十二千"。

[2] 李刺史文楷：即秦州知州李文楷，光緒《秦州直隸州新志》失載。刺史，知州之雅稱。據碑陰"文廟捐資碑記"，李"捐銀二百两"。

[3] 托司馬克清阿：即秦州知州托克清阿。托，滿洲正藍旗人，曾两任秦州知州。清代將同知雅稱司馬，托第一次任秦州知州是繼李敦厚之後的署理、暫代，故以"司馬"稱之。據碑陰"文廟捐資碑記"，托"捐錢二百千"。

[4] 朱學正謙元、董訓導至善、朱吏目九蘭：此三人，光緒《秦州直隸州新志》卷10《職官下》均有載。學正朱謙元，永昌人，舉人。訓導董至善，静寧州人。吏目朱九蘭，金匱人。據碑陰"文廟捐資碑記"，朱"捐錢十二千"、董"捐錢十二千"、朱"捐銀六两"。

[5] 舒鈞：清秦州人。道光五年（1825）舉人。"陝西三原縣知縣，内升通政司知事"。據碑陰"文廟捐資碑記"，舒"捐錢四千"。

文武童生州院考卷資碑記

【題解】碑立文廟碑廊。清同治十一年（1872）立石。高124釐米，寬54釐米。不書撰者，秦州劉兆熊書丹。拱首條形，碑面左下部殘損。

劉兆熊書丹，石工程鼎

秦州爲古天水郡，隴右蕃庶區也。每州院考，文武應試者一千有奇。自遭兵燹，寥寥數百，零落亦云甚矣。

壬申[1]秋，舉行小試。我敬軒彭老公祖[2]目擊時艱，會同學正魏、訓導胡[3]並闔學士紳酌定卷價經奉，牌示文童，買卷一本錢肆拾文，印卷錢壹百文，投卷錢壹百文，保結錢貳拾文；武童買卷一本錢壹百文，印卷錢叁百文，投卷錢叁百文，保結錢肆拾文。文武童生歡然，醵金立碑。闔學士紳稟請公祖立案，蒙批，據稟文童卷價，印卷、投卷各費照依所請，立碑以垂久遠。惟武童默寫武經，所議卷價各費照準可也。至於覆試，止步射而已，毋須買卷，以後裁免作爲定章。等因奉此，勒石黌宫。嗣後州院考，照章辦理，行見應試者蔚然並興，則我公祖栽培之德與此石並垂不朽矣。

大清同治十一年冬月穀旦□□□□生公勒石

（督工士紳12人題名略）

捐文童州考卷印小费記

【題解】碑立文廟碑廊。清光緒二十二年（1896）立石。高176釐米，寬76釐米。拱首條形，碑面下部有殘損，個别文字漫漶不清。

人情各子其子，僕豈老悖不念哉。顧涼德乏嗣，即養他姓子，亦殤，爲之奈何。因思幼孤家貧，州考時卷印小費無出，幸蒙雲卿張老先生[4]資助，

---

[1] 壬申：清同治十一年（1872）。

[2] 敬軒彭老公祖：即秦州知州彭光藻，敬軒其字也。

[3] 學正魏、訓導胡："學正魏"即秦州學正魏賢儒。"訓導胡"即秦州訓導胡某，光緒《秦州直隸州新志》失載。

[4] 雲卿張老先生：即張慶麟，雲卿其字也。張，清秦州人，咸豐十年（1860）進士，曾任直隸廣平縣知縣。

俾得覆試終場。時值軍興，學憲不臨，厥後疊次州考，資助無人，蓋已艱苦備嘗矣。今作此舉，在素封之家，固無需此，然豈無艱苦如僕者。且素封者並省此小費，亦有益無損，何憚而不爲？况鄉試會試均有賓興公款，而州考獨無，亦屬缺典乎。嗟嗟，使僕以前不就教職，己丑[1]科業挑一等出任知縣，廉俸較多，所捐之數當不止此。無如不諳宦途，妄就廣文。照例，凡就教者不得用知縣，而使睿、鄭二王[2]攢眉太息，後改二等以教職用。嗚呼！豈非命耶！捐此區區，又豈其素志哉。猶幸所捐之數，俱係每年薪俸所積，入之公家，用之公家，亦固其所。設使物係儻來，不但諸君唾棄不屑，僕先以盜泉之水視之矣。抑客有爲僕謀者曰："君已俸满，無過可記，若以此銀捐推，升注部選，一二年内縣缺可補。"僕曰："此乃少年時事，惜今已老矣。且僕有知縣命，當初即不就教，尚待今日耶？"况捐官虚而無憑，僕將爲實而有據者；捐官有益於己，僕將爲無損於人者。因述其顛末如右。郡人蒲修政[3]謹記。

此蘆洲學博遺筆也。蘆洲姿慧，捷於文且工書，少罹兵燹，幾廢學。乙亥[4]舉於鄉，尚爲人作記室，藉脩脯以自資。後以大挑，選狄道州學正，凡六年。冷官俸餘，幕賓脩金，凡二十有□□兩[5]，遂以之爲後學應童試者計，其亦可哀也已。亟鐫之石，以詔來者。天水文社[6]識。

光緒二十二年冬十月

趙廷舉刻字

[1] 己丑：清光緒十五年（1889）。

[2] 睿、鄭二王：即清代八大鐵帽子王之睿親王、鄭親王。碑文中睿親王或即魁斌（1864 ~ 1915），鄭親王或即凱泰（1871 ~ 1900 年）。

[3] 蒲修政：字蘆洲，清秦州城人。光緒元年（1875）舉人。光緒十五年（1889）任狄道學正，卒于任所。蒲修政此文《秦州直隸州新志續編》卷 6《藝文》有載，題名《捐文童州考卷印小費自記》，個别字句和碑文有異。

[4] 乙亥：清光緒元年（1875）。

[5] 民國《秦州直隸州新志續編》卷 3《人物》："（蒲修政）罄俸積二千五百金爲秦州童試印卷費……卷費停考後，改設蘆洲學校。"

[6] 天水文社：清末秦州教育機構，宣統三年（1911）改爲秦州教育會。

第五節　城隍廟碑刻

重修城隍廟碑記

【題解】碑鑲城隍廟直廊東房舍走廊南側壁。清順治十六年（1659）立石。高135釐米，寬80釐米。高掄撰文，張天德書丹。碑首散佚，碑身邊沿草葉紋裝飾，碑面有些地方殘損。

關隴以西，我州爲兩河重地，又羲皇誕育之鄉也。有城隍，土主尊神乃漢代義勇將軍紀公[1]也。解滎陽之圍，捐軀退楚，泣血勸王，以拯高帝之難也。炎祚興而敕封秦土，書之青史，英烈凜凜不磨。昔建廟於大城東北，規模森嚴，甍楹壯麗[2]。

奈順治甲午夏，陽驕陰奮，丘夷崩裂，屹屹堅墉，壞爲平壤，風日不敝[3]。考之前代，甾[4]異之變，未有甚於此者也。牧伯姜公[5]甫下車，詣廟瞻拜，愴然有傾圮之虞，蠲俸數十金，督令修理。夫大人樂輸，百姓云從。隨有監生李燦、生員阮尚德、飲賓張藴等，鳩工董事，未數月而厥工告成矣。

當坤輿灰飛之際，城簷瓦舍，悉作土丘，青燐孑孑，殘黎霜屋露寢，萬竈寒煙堪憐。姜公一至，百堵維新。試觀今日城郭峙如，樓閣巍然，萬家煙火，民樂康居，抑誰之力也。時又災旱頻仍，又率市民，志誠祈禱，忽而商羊起舞，霖雨大沛，何異湯王桑林之祝。秦俗土瘠民貧，親喪寄淺土者數百餘家，公勸諭歸殯，仿佛西伯瘞骨之仁，文正公麥舟之助。爾年

[1] 紀公：漢王劉邦部將紀信。漢王三年（前204）項羽圍劉邦於滎陽，紀信假冒劉邦吸引項羽注意力，劉趁機逃遁，而紀被燒死。很多地方都以紀信爲城隍，甘肅蘭州即是。推其源，皆因紀信忠勇壯烈。

[2] 明洪武二年（1369）成紀縣廢，依其故址建城隍廟。乾隆《直隸秦州新志》卷3《建置》：“城隍廟，在州署西，即成紀縣故址。規模雄深，香火甚盛。”民國《天水縣志》卷2《建置志》：“舊志云‘成紀縣故址’，其創建當在明初，祀漢初紀將軍。”城隍廟歷經重修，中軸線主體建築寢宫、大殿、拜殿、直廊、樂樓、鐘鼓樓、穿廊、門庭、牌坊等保存完好，現爲甘肅省省級文物保護單位。

[3] 順治甲午即清順治十一年（1654）秦州大地震，城垣倒塌，屋舍祠宇倒塌無數。

[4] 甾：同“災”。

[5] 牧伯姜公：即秦州知州姜光胤。乾隆《直隸秦州新志》卷9《名宦》有傳。傳曰：“姜光胤，遼陽人。由貢生任縣令，有政績，遷秦州知州。會地震，死傷枕藉。流涕撫存，甚得民和。修城垣、民舍，工累萬，數月而竣，民有安居。隨建城東雲章閣，以助文教焉。天旱，跣足步禱，雨立沛。”

來科第寥寥，公卜築七里臺，建竪雲章樓閣，培補風氣，月課校士。至丁酉秋，大破天荒，人文丕變，迄今濟濟[1]，士子巽泥蟠天飛者，咸負凌雲之志。此誠功在社稷，德協神人者已。他如寢宫、聖母殿、十曹、馬神祠、廊房、瘟神廟，次第畢舉。孰意兹淪落丘墟之餘，有此一番振作，另成一番改觀也哉。

噫嘻！廟貌重新以耀後世，公澤之遠，垂於無窮，斯石可與峴首之山同誌不朽。是碑也，書在己亥太皓司晨日也。謹爲記。

順治十六年歲己亥春正月既望之吉

生員張天德薰沐書

中城正兵馬司考選山東道御史郡人高掄[2]沐手撰

奉直大夫知秦州事姜光胤，州同王魁元，州判朱國材，史目薛三旌，儒學學正馬巘、訓導張之芳，士庶軍民客商人等

督工生員李芝、張五善、劉國學、毛文焕、熊文瑞、竪映琯、何顯宗、周紹堯、卜天恩

督工鄉耆熊建周、董鳴河、唐相、鄭繼康、周登第、尤自悟、董鳴璋、王玠、劉浚、萬德、胡瑛、石耀彩、董爾常、何瑞、周紹洛、魏三聘

玉泉觀道人貴然興，本廟道人張全春，署印道人李真能、王真乘、楊真德、周真文、緱真儒、王真盎、張真恒、李冲斗、張冲高、王冲漢仝立石

鐫工魏之輔

城隍廟常奉香火碑契

【題解】碑鑲廟内前院東二層樓一層走廊北墻壁。高 126 釐米，寬 60 釐米。原碑刻於乾隆二十六年（1761），此碑係民國七年（1918）重刻者。拱首條形，邊沿雲紋裝飾，保存基本完好。

[1] 丁酉，清順治十四年（1657）。本年秋秦州人蒲璋中舉人，此爲清開國以來第一次，所以言“大破天荒”。

[2] 高掄：秦州人，明天啟七年（1627）舉人。光緒《秦州直隸州新志》卷 10《選舉》“秦州舉人”目：“天啟丁卯科，高掄。中城兵馬司指揮使，山東道御史。”

州治地方百三十餘處，凡門夫、差役無不公出，而我田百户一族獨行蠲免，厥有由然。先是建州以來，我族人出租一十五石，承奉城隍廟香火之需，因歷任州尊[1]准免其役。蓋久蒙神庥與官恩，我族人得以常享無事之天也。

衹緣邇年以來，我族人稍馳虔誠，徒知免役之樂，而不念香火之奉。誠恐年遠日久，人心彌懈，出租者罔有定數，守廟者無所取給，於例於理，殊屬不合。迺集百户人等公同處議，爰立一石，以爲永遠，遵照立承香火租糧。百户民生員李大年，講約柴明、徐廉，鄉約趙廷輔、馬應倉。

今於城隍尊神廟内，每年依舊承奉香火租糧一十五石，族頭按期供送。日後或有門夫、差役，住持不得收租，或百户人等短租勒送，許主持呈稟，仍出差役。恐後無憑，立石爲照。

奉政大夫知直隸秦州事加三級記録七次費廷珍

承德郎州判直隸秦州軍糧鹽茶總捕分防三岔廳加三級甘士鑰[2]

直隸秦州儒學正堂加一級記録二次劉以涵[3]

登仕郎贊直隸秦州督捕廳加一級記録二次徐芬[4]

田百户十族一會人等邢鼎（後 17 人姓名略）

後嗣重建人等紳士徐得成（後 59 人姓名略）

清乾隆二十六年歲次辛巳仲春月吉日立石

中華民國七年歲次戊午仲秋之月吉日重鐫

重修城隍神廟碑記

【題解】碑鑲城隍廟直廊西房舍前南側壁。乾隆五十七年（1792）立石。高 120 釐米，寬 70 釐米。秦州知州齊佳士撰文，兵部主事任尚蕙書丹。拱首條形，邊沿雲紋裝飾，中部斷裂，部分字跡不清。

[1] 州尊：即秦州知州。

[2] 甘士鑰：乾隆《直隸秦州新志》卷 7《官師》“秦州州判”目：“甘士鑰，遼東人。拔貢。”時秦州州判駐秦州三岔鎮（今天水市麥積區吴砦鎮）。

[3] 劉以涵：光緒《秦州直隸州新志》卷 10《職官》“秦州學正”目：“劉以涵，葭州人。舉人。”

[4] 徐芬：光緒《秦州直隸州新志》卷 10《職官》“秦州吏目”目：“徐芬，浙江人。例貢生。”

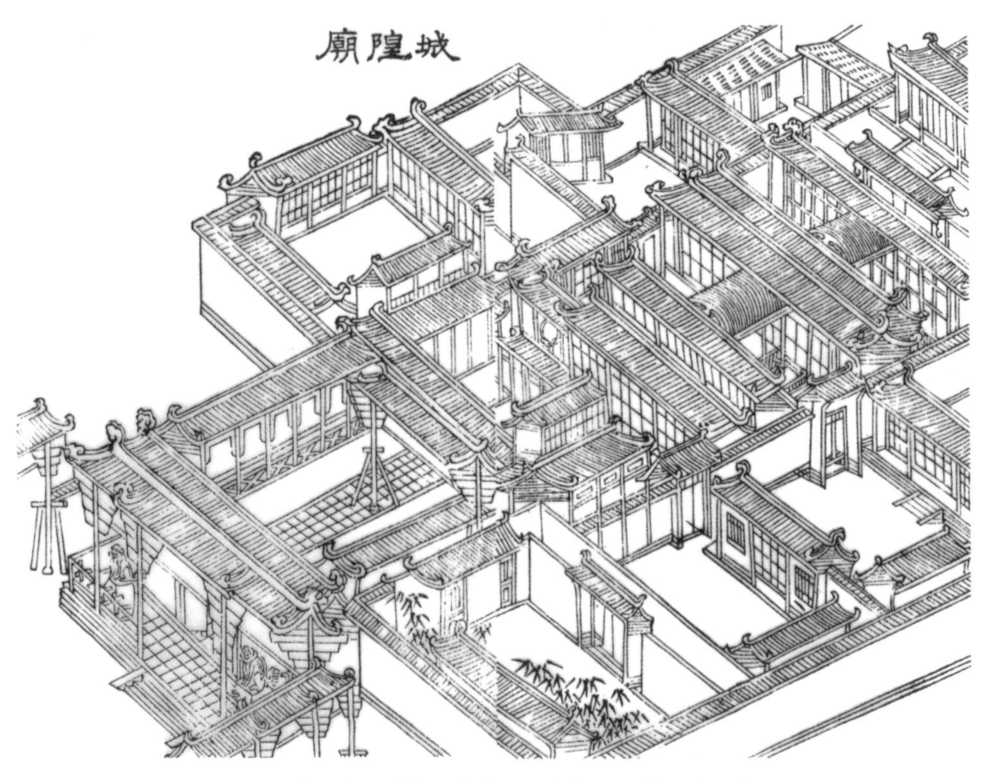

圖 1–23 光緒《秦州直隸州新志》所附秦州城隍廟圖

粵若郡之有城，城之有隍，城隍之有神之廟，海甸皆然，而是州獨有異焉。按：州城係羲皇名地，即成紀郡舊址也。相傳，其城隍廟尊神爲漢初忠烈侯紀將軍，蓋成紀人也[1]。方劉項相持時，滎陽一役，高祖幾不免，侯爲毅然捐軀以代之，漢祖遂得脱圍，以開四百餘載之祚[2]。雖□陳知囊奇謀所致，然非侯爲奇男子，奮此奇忠，焉能建亘古罕有之奇勳哉！

漢興以後，敕封茲土，廟貌烝嘗。適在父母之邦，俎豆馨香，何密邇也。以故，威靈昭赫，誠不可揜，世代即云遞□。而故老之傳聞往往有於今爲烈者，記傳所載，徵之他説，信不虚耳！

余之來守茲土也，蓋已幾閲寒暑，竟毫無建樹。乃於去歲冬月間重修

[1] 紀信正史不著籍貫，《大明一統志》卷 35 鞏昌府秦州之“人物”始言“漢紀信，成紀人”即秦州人，不知何據。乾隆《直隸秦州新志》卷 2《山川》“陵墓”目：“漢紀將軍墓，北郭。”

[2]《漢書》卷 1《高祖紀上》：“五月，將軍紀信曰：‘事急矣！臣請誑楚，可以間出。’於是陳平夜出女子東門二千餘人，楚因四面擊之。紀信乃乘王車，黄屋左纛，曰：‘食盡，漢王降楚。’楚皆呼萬歲，之城東觀，以故漢王得與數十騎出西門遁。令御史大夫周苛、魏豹、樅公守滎陽。羽見紀信，問：‘漢王安在？’曰：‘已出去矣。’羽燒殺信。”紀信事跡以《漢書》所記最爲詳盡，獨不言籍貫。

文廟，今年春月又重修武廟。旋見城隍尊神之廟，歷年已久，桷檻傾側，丹黄剥落，遂亦庀材鳩工。經始於暮春□旬，方踰月□，適觀其成。一切殿廡、樓閣、垣墉之屬，罔弗焕然一新，實與文武二廟互相掩映。非好大喜功也，亦□循其分之當盡而已。觀瞻所在，靈爽式憑。庶幾時□年豐，嘉祥輻輳，不亦永有造於神之桑梓，而常爲天水之保障也哉。是爲記。

御宴千叟老人奉政大夫知秦州直隸州事加三級隨帶軍功加一級五世同堂齊佳士[1]撰文

賜同進士出身兵部主事任尚蕙[2]書丹

乾隆五十七年歲次壬子夏四月

重修城隍神廟功德碑

【題解】本碑原本没有標題，此標題爲校注者根據文意新加。碑鑲城隍廟直廊西房舍前側壁。乾隆五十七年（1792）立石，爲本年度秦州知州齊佳士主持重修城隍廟的功德碑。高120釐米，寬77釐米。拱首條形，邊沿草葉紋裝飾，保存基本完好。碑文羅列功德主有不少當鋪、商號、錢莊名號，是很好的經濟史資料。

重修城隍廟督工首事山左吏員崔立、山左臨淄梁純、山左臨淄楊泰[3]、江夏吏員龔世芳、山西監生楊朝柱、本郡監生穆繼元、督工工房張效仲

行宫會監生米恒等奉錢二十二串，本郡吏員李芝奉錢三串，鹽商汝有仁奉錢四串。

合成當、合盛當、明恕當、務本當、應急當、福義當、永興當、晉義當、晉泰當、興順當、全義當、源遠當、恒益當、義泰當、義生當、義德當、晉升當、永益當、遠道當、萬全當、淵泉當、福來當、逢源當、宇和

[1] 齊佳士：光緒《秦州直隸州新志》卷10《職官下》“秦州知州”目：“齊佳士，臨淄人。貢生。”另，天水名勝石門山有齊佳士撰《重修石門山記碑》，落款“御宴千叟老臣五世同堂現年七十七歲知秦州直隸州事山左齊佳士撰並書”。

[2] 任尚蕙（1720～1803）：字蘭臺，號震山，清甘肅西和人。乾隆五十二年（1787）進士。兵部主事任上辭官歸里後，先後主講蘭山書院、天水書院。

[3] 山左：古代山東别稱。主持重修城隍廟的秦州知州齊佳士爲山東人，於是督工首事多爲“山左”者。

當、通便當、永慶當、太和當、信義當、全盛當、永盛當、晉豐當、永和當、順泰當、恒泰當、應泰當、兩全當、源順當、廣益當、晉成當、晉裕當、晉源當、晉興當、晉盛當、和順當、公長當、喻義當、順應當、公遠當、興榮當、開泰當、中和當、源裕當。以上五十二人奉錢二十六千文。

馬天福、趙寅（以下22人姓名略），以上二十四人奉錢七千二百文。

長泰店八百文、河東店八百文、福義店八百文、信義店八百文、公義店八百文、世□店七百文、信泰店七百文、源順店七百文、兩合店四百文、源豐店四百文、正興店两百文、義豐店二千文、永泰店一千二百、米腳店二千文、徐和盛二千文、楊合成二千五百、柴仲仁二千文、梭布鋪一千文、山貨客四千文、史成德一千文、至誠川店二千文、雜貨行一千五百、順泰紬鋪五百文、源豐號五百文、復新紬鋪五百文、大豐號五百文、合盛錢鋪五百文、劉福裕五百文、萬盛雷號一千文、晉升恒號一千文、任文耀一千文、誠信店一千文、復成班二千文、王□□□□文、□□焕五百文、李可栋五百文、三合酒店六百文、高明義五百文、捕頭班一千文、捕〔一〕班一千文、山西會一千二百。

王智（以下13人人姓名略）、晉泰全號、王德世（以下7人姓名略），以上奉錢二十三千。

王□□千文、社棠鋪一千七百、珠鋪一千五百、顔料鋪一千五百、何紹先一千二百、禮房一千五百、州粉房一千五百、 聶宗文一千文。

穆繼亨、王炳（以下50人姓名略），以上等五十二人二十六千文。

王明忠四百文、王羽麟四百文、馬開信四百文、郭師年四百文、崔彬四百文、劉開順四百文、菜園科四百文。

馬□□（以下19人姓名略）、晉義號、晉源號、泰源號、復元號、通順號、晉茂號、楊超（以下11人姓名略）、新興紬鋪、永興紬鋪、吴林（以下35人姓名略），以上七十六人二十二千八百。

福海居[1]……永川鋪、同心鋪……世興號……復升號、復興號、興順

[1]“福海居”以下“……”所省者爲商號以外的功德主姓名，原碑字跡清晰。

號……義成號……世成號、興隆號……天佑號……興盛號、新興號、水盛生、永盛老、元豐號、生生號、源盛號、静源號、開泰號、源生號……以上一百五十四人三十千八百文。

何懋績……永順號、永順隆、增盛號、義增隆、長泰東、興和如、晉陽生、恒足欲……恒益號、永義號、慶豐號、永成號、駱賜福、信誠通、源泉公、順應號、陳丕實、廣成號……義成合……和成公……永興盛等一百四十二人共奉錢一十四千六百。

大清乾隆五十七年歲次壬子夏四月勒石

城門碑記

【題解】碑鑲城隍廟前院東樓二樓走廊南墻壁。清嘉慶元年（1796）立石。高110釐米，寬60釐米。拱首條形，碑首飾以龍紋，正中竪行篆書“城門碑記”4字；碑身邊緣飾祥雲紋，碑面下部多殘損。

竊思小民供役，分所應爾，按地出差，始爲平允。如州門口，地小户稀，舊來止支承行供棹[1]，坐忌辰牌位單棹，以及逃更坐堆而已。他如一切夫役，出輿夫，地方承應。枷示犯人，發交犯事，地方看守，州門口並未應及。

自乾隆四十七八年以來，無論城鄉枷犯，多發州門口看守，一切夫役亦唤州門口往應，鄉保居民多受其累。致每年更换鄉約之時，往往推諉躲避，實爲掣肘。因而鄉約劉超與方民周孝等，以照舊應役情節，公同具懇州主胡大老爺[2]案下，蒙批如所議行，方民老幼無不焚香□祝矣。刑、工二房存有卷案，以後本方照舊應事。其每年認□鄉約些須使費，在於黄恩厚、黄登甲鋪面並各鋪面湊措，以免鄉約墊賠之累。誠恐日久生變，特立石以志。

署直隸秦州事安西直隸州正堂加三級記録五次胡紀謨

秦州直隸州督捕廳俸滿候陞加四級沈本立[3]

[1] 承行供棹：承行，明、清時期府、州、縣署中承辦某項案件的書吏。供棹，供桌。

[2] 州主胡大老爺：光緒《秦州直隸州新志》卷10《職官下》“秦州知州”目有“胡紀謨”，“州主胡大老爺”應即此人。

[3] 光緒《秦州直隸州新志》卷10《職官下》“秦州吏目”目：“沈立本，大興人。”碑文“沈本立”與此異，不知孰是。

住持道正司[1]張正詔

大清嘉慶元年歲次丙辰春三月穀旦勒石

州門□士庶劉建國（其餘 40 人姓名略）同立

呈請減免夫役雜項碑

【題解】碑本無題，此題係校注者根據文意新加。碑鑲城隍廟前院東樓二樓走廊北墻壁。清嘉慶二年（1797）立石，同治十年（1871）重建。高 96 釐米，寬 58 釐米。拱首條形，碑首豎向篆書“皇清”2 字。碑尾有小字：“自同治十年□，每年認允鄉□□□與廟内供奉香火錢二千文，永以爲□。住持張本正、須正濟資致保。”可知，“大有百户地方”夫役雜項可免，但自同治十年起，每年約定需向城隍廟供香火錢 2000 文。

竊聞官以役民，民以奉官，在在皆然，不獨秦郡如是也。第我大有百户地方，接連漢沔，實係通南大道。前制憲[2]兩次經過，州主往來迎送，凡一應公舘差費，鄉保□人，無不竭力承辦。州主憐其拮据，大施慈惠，當面吩咐優免一切差務及春間購買驛草等項。數年來，民無偏累之苦者，因此故也。

今歲復喚夫役雜項，福泰[3]等具呈誠懇廉明陳大老爺[4]案下垂慈鑒照，蒙批云准照舊豁免，凡在老幼，莫不感恩頌德。工房内現存有卷案可憑，但恐日久變遷，倘或仍復差喚不准，居民偏受其苦，亦大負我公祖體恤之至意。爰沏諸石，以垂不朽，庶我大有百户之民，感愛戴於無窮矣。

署秦州直隸州正堂加三級又軍功加一級記録五次陳

闔郡人劉士安（其餘 33 人姓名略）、鄉約趙聰（其餘 3 人姓名略）、功头人刘順（其餘 7 人姓名略）

嘉慶二年歲次丁巳閏六月立石

[1] 道正司：明清時秦州道正司設在玉泉觀。

[2] 制憲：即總督。

[3] 福泰：此人在落款“合郡人”署名中有署名，名于福泰。

[4] 陳大老爺：即秦州知州陳某。據光緒《秦州直隸州新志》卷 10《職官下》“秦州知州”目，嘉慶時秦州知州無有陳姓者，知此陳姓知州“秦州志”失載。

同治十年歲次辛未夏四月重建

紀將軍歌

【題解】碑鑲城隍廟重門樂樓東側墻壁。清嘉慶二十五年（1820）立石。高150釐米，寬60釐米。秦州知州淡士濤撰文，秦州學正楊兆江書丹。拱首條形，碑首豎行篆書“俎豆誌忠”，碑身邊沿草葉紋裝飾。保存完好，字跡清晰。

读史傳，將軍功伟节顯，秦之人以城隍祀之。亦莊周所云“社而稷之”之義也。歌以揚概。

荥陽块土鬥漢楚，韓彭犄角遲分拒。敖倉饋絶困隆準，朱光欲渥未渥處。誑之重圍漸可解，東門王驾肉赴俎。不有桓桓紀將軍，袁生籌策誰能舉。赫然一炬續阿房，下烧重泉高三光。黄屋左纛煙飛滅，冰懷貞軌心清凉。同事周樅俱王藎，捐躯長笑識位閏。何如將軍犯祝融，彌天欲戢失棺櫬。身歿通侯未受封，褒後絶少高景印（襄平侯通，紀成之子，非將軍裔）[1]。馬班兩史纷洗筆，三十一人功頌晉。人鬼配社輿論邀，九天毅魂秦州招。四百年基屬片念，本是豐沛防身劍。

州牧大荔淡士濤[2]題

學正三原楊兆江[3]書

嘉慶二十五年歲次庚辰仲春之吉

重修秦州城隍廟碑記

【題解】碑鑲城隍廟前院東樓一樓走廊南墻壁。清道光二十八年（1848）

---

[1]《史記》卷9《吕太后本紀》記太尉周勃等誅諸吕事，言及周勃入北軍時“襄平侯通尚符節，乃令持節矯太尉北軍”。對“襄平侯通”何許人也，南朝宋裴駰《史記集解》：“徐廣曰：‘姓紀。’張晏曰：‘紀信子也。尚，主也。今符節令。’”唐司馬貞《史記索隱》：“張晏云：‘紀信子。’又晉灼云：‘信被楚燒死，不見有後。按功臣表，襄平侯紀通，父成以將軍定三秦，死事，子侯。’則通非信子，張説誤矣。”碑文撰者淡士濤贊同司馬貞《史記索隱》觀點，特意注明襄平侯紀通不是紀信之子。

[2]淡士濤：光緒《秦州直隸州新志》卷10《職官下》“秦州知州”目：“淡士濤，大荔人。進士。”

[3]楊兆江：光緒《秦州直隸州新志》卷10《職官下》“秦州學正”目：“楊兆江，三原人。舉人。”

立石。高128釐米，寬54釐米。米兆陽撰並書。拱首條形，碑首豎行篆書“皇清”2字，碑身邊沿草葉紋裝飾，保存基本完好。

嘗攷，祀典能禦大災，則祀之；能捍大患，則祀之。凡以有功德於民者，無不血食千秋，撫綏一邑也，矧我城隍之在漢爲漢祚之所攸繫者哉！夫在天爲日星，在地爲河嶽，神之在天下，猶水之在地，中無所往而不在。况我城隍生於成紀，殁於王事，而敕封於秦，爲國家捐軀，爲桑梓生色，而爲全秦之所覆庇也乎！

秦州之有城隍廟，不知昉於何時，自元明以迄國朝，舉廢修墜，代有作者。洎道光十有三年，前州主李公祖[1]重修數年之久，尚未畢工。二十五年冬，前任蕭州主[2]捐俸，命各會會首暨兆陽等募化客商，並飭監□建修。維時静宫、大殿、穿廊、看樓焕然一新[3]。所缺者，牌坊、頭門闇然寡色耳。

今年春，我公祖王[4]蒞任秦州，瞻廟貌之聿新，睹牌坊之漸圮，慨然動復古之思，爰飭各會會首，將前任彭州主[5]所捐之貲、所化之錢，一并交清。再捐廉俸，仍然募化，又得錢若干。兆陽等竭力經營，輸誠修理，不朞月而告竣。將見翬飛鳥革，可式依而式憑；虎拜駿奔，庶罔恫而罔怨。於以妥神靈，供祭祀，豈止往觀瞻、恣遊覽而已哉！

是爲敘。

特授秦州直隸州正堂加五級記録十次李清傑捐錢九百千文重建

[1] 前州主李公祖：即秦州知州李清傑，碑文落款有姓名官職。“傑”，“秦州志”作“潔”。光緒《秦州直隸州新志》卷10《職官下》“秦州知州”目：“李清潔，長洲人。進士。”

[2] 前任蕭州主：即秦州知州蕭國本，碑文落款有姓名官職。光緒《秦州直隸州新志》卷10《職官下》“秦州知州”目：“蕭國本，大興人。監生。”

[3] 民國《天水縣志》卷2《建置志》：“舊志云‘成紀縣故址’，其創建當在明初，祀漢初紀將軍。北爲静宫，其前正殿三楹；階下爲拜庭，庭前巻棚，南北直，两廊有多神；棚前樓列五楹，前院看樓，東西峙；正南樂樓一，樓後有高坊，坊前左右爲穿廊，縱約數十武；廊之南爲門，門外正中綽楔一。東西各一，早毁。蒼帝、藥王、馬神、聖母、老母諸祠附於廟之四周，歷年多繕葺。至光緒六年，州人募資重建修始完善焉。”所言城隍廟佈局及建築物和碑文所言同，可反證民國《天水縣志》記載的城隍廟佈局和道光之前同。

[4] 我公祖王：即秦州知州王有成，碑文落款有姓名官職。光緒《秦州直隸州新志》卷10《職官下》“秦州知州”目：“王有成，利津人。進士。”

[5] 前任彭州主：即秦州知州彭衍堂，光緒《秦州直隸州新志》卷10《職官下》“秦州知州”目失載其姓名。

特授秦州直隸州正堂加五級記録五次蕭國本捐錢八十五千文重建
特授秦州直隸州正堂加五級記録十次彭衍堂捐錢三十千文重建
特授秦州直隸州正堂加五級記録十次王有成捐錢三十千文重建
秦州直隸州儒學優廩生員米兆陽沐手撰文並書丹
道光二十八年歲次戌申夏四月中旬之吉

唐李两恩憲德政碑

【題解】碑本無題，此題是校注者根據文意新加。碑鑲重門樂樓西側墻壁。清同治九年（1870）立石。高 145 釐米，寬 60 釐米。秦州儒學學正魏賢儒撰文。拱首條形，保存基本完好。

秦州爲古天水郡，甘南一大都會也。朝廷慎重邊防，簡任得人。官斯土者，大抵以培養士氣、愛惜民生爲急務。郡之人涵濡德教，沐浴慈祥，固已淪肌浹髓矣。

自逆匪煽亂以來[1]，軍書旁午，羽檄交馳，不肖里胥遂乘間串通書役，舉生監爲鄉保，預截納，剥民財。甚至苛派五城[2]民夫，輪流在署前聽用，藉端婪詐，弊竇從生，罹害業經數載。當此軍務孔殷之際，又不敢以荼毒之故，上瀆列憲聰聽。膠庠短氣，氓庶吞聲，莫此爲甚。

己巳冬，道憲唐[3]恭膺簡命，觀察鞏秦階三屬，州尊李[4]亦來守斯郡，整綱飭紀，咸慨然有志於復古，而士風所繫，民困所關，尤兢兢焉。春初，捐廉俸修書院，課士觀風，步行禱雨，士林之戴德，兆姓之銘恩，不止口碑載道已也。十月初，復蒙道憲親臨公局，面諭紳耆，並移檄州尊，革除里胥、書役串通婪詐諸弊。所以造福於斯郡者，德靡既澤孔長矣，因勒石以垂久遠。俾後之沾德惠者，共深感戴於不朽。

---

[1] 自逆匪煽亂以來：指同治年間的回民反清起義。

[2] 五城：清代秦州城由五城相接組成，自東向西依次爲：東關、大城、中城、西關、伏羲城。

[3] 道憲唐：即分巡鞏秦階道唐啟蔭。光緒《秦州直隸州新志》卷 10《職官下》："唐啟蔭，臨桂人。進士。"

[4] 州尊李：即秦州知州李宗笏。光緒《秦州直隸州新志》卷 10《職官下》"秦州知州"目："李宗笏，署。湘鄉人。軍功。"

載考漢時，循吏號稱多人，西漢若黄霸、朱邑、龔遂，東漢若任延、孟嘗、劉寵，其治行卓卓，雖日隸其帡幪，亦令人謳思不置。今何幸出我於水火，登我於衽席者，堪與古良吏媲美也。《詩》曰："樂只君子，民之父母。"又曰："樂只君子，邦家之光。"請爲我两恩憲誦之。

欽命按察使銜整飭分巡甘肅鞏秦階等地方、督理屯田茶馬、加三級唐

欽差大臣翼長營務處會辦甘南總糧臺、捐輸局秦州直隸州正堂李

秦州直隸州儒學學正魏賢儒[1]撰

同治九年歲次庚午東十一月

秦州紳士劉廷颺、胡錫恩、何丙辰、張登瀛、周振岐、汝來鳳、劉悦、王繼志、蒲蔭棠、董化鵬、趙燕翼、葛汝菁、鄭錫玠、尹禄安、舒應鴻、李蔚春、閆廷贊、雷應鵬、董謙光、周志善立石

重修州城隍廟記

【題解】碑散佚。文存任其昌《敦素堂文集》，《中國西北文獻叢書》總第 171 册，蘭州古籍書店，1990 年，第 89 ~ 90 頁。任其昌撰。

光緒癸未[2]秋九月，城隍廟土木丹雘之工皆訖，州人任其昌[3]爲之記。曰：禮云郊祭天而社祭地。七祀則有國門，蜡祭旁及郵表畷、坊、水庸，蓋皆有功德於民，故教民美報焉[4]。後世府州縣城，祀城隍義當準諸此。

州城隍廟，在州署西數十武。門臨通衢，入則東西爲長廊，舊僦市人居，今斥焉。北爲樂樓，再北爲重門樓，其上入則爲厦，東西列十曹，上爲正殿，後爲寢，又後爲老母宫，殿東祠聖母，西祠馬王。重門前之東祠藥王，蓋皆附著者。外舊有樓，西向，近購民居，向東建一樓以對之。樓後北室設蒼帝位，南室設文昌位。中院砌甎鑪，爲焚字紙也。迤北則主守者之居在焉。

[1] 魏賢儒：光緒《秦州直隸州新志》卷 10《職官下》"秦州學正"目："魏賢儒，武威人。舉人。"

[2] 光緒癸未：清光緒九年（1883）。

[3] 州人任其昌：任其昌（1831 ~ 1900），清秦州伏羲城人。同治四年（1865）進士。著名文學家、教育家。

[4] "禮云"至"美報焉"不是《禮記》原文，而是"州人任其昌"根據《禮記·郊特生》《禮記·祭法》两篇精神概言大義。

廟之始於何年，無可考。凡後所繼治，碑石亦不盡載。年久，漸有傾毀。

己卯夏五月，地大震[1]，榱棟欲欹。州人士悚惕於厥心，相議葺治。上自官府，下至民庶，城郭郊野，歡忭樂赴成事，是期不恤其資。於是欹者樹之，傾者拄之，漫漶者敕而植之，剥落者洗而節之。無廢前規，足垂後觀。是役也，經始於庚辰，越三歲迺蕆事。凡費緡錢若干，别書之。

夫城郭，以衛民也。民得所芘，而無以報其神，可乎哉？然已敗而後治，與甫敗而即治，則有間焉。故記其顛末，以告夫供祭與典守者。

又前人謂，神爲西漢紀侯，脱高帝於滎陽者。夫生爲忠臣，殁爲明神，理宜有之。

第六節　秦州城城建碑刻

秦州新築東西城記

【**題解**】原碑不存。文載尹洙《河南先生文集》卷 4，四部叢刊集部，涵芬樓上海商務印書館影印本。尹洙撰。

尹洙（1001 ~ 1047），字師魯，宋河南府（今河南洛陽）人。天聖二年（1024）進士。歷任知涇、渭等州，兼領涇原路經略公事。作品結集爲《河南先生文集》。

城，武備之一，譬於兵，爲器之大者也。古聖王捍患，底民弓矢、甲冑，與城郭、溝池交相爲用，以利後世。世人不推究古始，以爲王者專任德教，不必城守爲固。果如是，武庫甲兵將安用邪！聖人以不教戰爲棄民，兵不可得而廢，猶城之不可廢。嗚呼！世人未之思也。

上之十六年[2]，始用西帥邊將增壁壘，寖爲守備。又二年，虜犯塞[3]，

[1] 己卯：清光緒五年（1879）。光緒《秦州直隸州新志》卷 24《附考》：“（光緒）五年五月十日，地震。十二日寅時，地大震。至十三日乃止。山隤川移，城堞室盧，傾倒無數。州境傷人畜以數十計。”

[2] 記文中的“上之十六年”指宋仁宗即位以來第十六年即景祐四年（1037）。

[3] 仁宗寶元元年（1038）夏元昊稱帝，此後大舉入侵宋西北邊境。“虜犯塞”指此。

震動鄜延之師，自潼關以西諸州悉城，郡議靡然，無復立異者。然而事暴起，嚴期辦，甚者削制度苟謀亟成，既而不免改作，重傷民力，比之平時預爲之圖，勞費過半矣。

秦州自昔爲用武地，城壘粗完，數十年戎落内屬益衆，物貨交會，閭井日繁，民頗附城而居。韓公[1]作鎮之初年，籍城外居民暨屯營幾萬家。公曰，是所以資寇也。乃上其事，以益城爲請，詔從之。公擇材吏，授之規模，東西廣城四千一百步，高三丈五尺，基厚皆稱是，以與舊城達，勵合爲一城。自十月至正月以畢事聞，總工三百萬[2]。秦人北之。是歲，盡冬元善寒杵者，聲謙以致其樂焉。

先是，郡有罷谷水[3]，自北山而下，公導之，使西塞故道，以致城衆頗爲疑。明年夏，大雨，水循新隄，絶不爲城害，衆乃報服。或者以虜數敵中國，今作城祇以自守，非制虜術。此大不然。今之所患，邊壘未能盡固耳。果盡固，雖虜至，吾兵得專力於外，勝勢多矣。如虜以吾城守既備，息其闚邊之謀，則兵志所謂無智名、無勇功，善之善者也。公忠國爱人之心，其在兹乎！

自始事，公宴犒慰勞無日不主，既成，由諸校而上，天子文弟其勞加賜焉。春秋列國興作，皆以書。城之四月，某得以州事佐公，故詳其實而書之。凡董役之長暨勤事之吏皆刻名於石陰。

慶曆二年八月十五日記

重修秦州衛城樓記

【題解】原碑不存。明嘉靖九年（1530）立石。文載乾隆《直隸秦州新志》

[1] 韓公：即北宋名臣韓琦。北宋慶曆二年（1042）秦鳳路都部署兼知秦州，主持增築秦州東西關城。

[2] 關於秦州城的修築情形，清徐松輯《宋會要輯稿·方域八》："慶曆初，守臣韓琦以秦州東西城外有民居、軍營，恐資敵寇。元年十月己卯，詔築外城。乃廣外城十一里，與内城聯合爲一城，秦民德之，號'韓公城'。興功於元年十月三日，成於二年正月二十七日。廣四千一百步，高三丈五尺，計工三百萬。（一云東西關城）"又，《續資治通鑒長編》卷135，慶曆二年條："秦州言築東西關城成。賜總役官吏金帛有差。初，知州韓琦以爲州之東西居民及軍營萬餘家，皆附城而居，無所捍蔽，因請築外城。凡十里，計工三百萬，自十月起役，至是成之。"

[3] "罷谷水"《水經注》稱藉水，即今發源於城區西北鳳凰山（古之邽山）繞城區東流的羅玉河。

卷 11《藝文中》。胡纘宗撰。

秦，國也。漢、唐爲郡，宋爲軍。國朝稽古，建制爲秦州，爲秦州衛，有城隸於衛。衛者，衛也。州曰牧内也，衛曰禦外也。城有門與樓焉，創於元，逮於國初，今若干年矣。

嘉靖丁亥[1]，掌衛都指揮尹君謨[2]欲重修之，不果。己丑[3]尹君復掌衛，庚寅[4]復欲修之。春正，侍御史兩河胡君[5]臨州，既視城，乃進謨語之曰："秦，名郡也，城與樓所以衛也，城不竣，奚以武？樓不崇，奚以威？修樓，爾分也，爾之武不在是也，然亦在是也，爾勉之。"於是尹君欣然，乃取材於中麓，假車於上農。不閲月，取者達，運者集。乃咨於州太守王君卿[6]，與協心焉。乃鳩工於二月初，訖工於三月之季，不踰時，樓告完矣。於是郡之人僉曰："美哉！奂哉！視昔麗哉！"衛之人僉曰："美哉！輪哉！視今壯哉！"工不煩於郡，財不藉於帑，不既難哉！乃報於胡君，胡曰："其然，爾其武哉！"乃報於都御史劉公[7]，乃報於右參政范君[8]，按察副使許君[9]，僉事高君[10]，皆許可。於是郡大夫以告纘宗，屬之記。記曰：

惟兹樓也，奚止麗哉！其惟仰高哉！奚止壯哉？其惟視遠哉！内不有編氓哉！外不有兵旅哉！夫秦，雍之西鄙也。其東南，中原也；其西，戎狄也。苟登城與樓而望焉，京國巍巍然，河山恢恢然，孰不深美墻之忱哉？俯若戎，殆毳茸耳。我城既竣，彼以我爲金湯矣。俯若狄，殆蟻蠓耳。

[1] 嘉靖丁亥：明嘉靖六年（1527）。

[2] 尹謨：乾隆《直隸秦州新志》卷 7《官師》之"指揮同知"目下有尹謨，只記其籍貫"滁州人"，不記事跡。

[3] 己丑：明嘉靖八年（1529）。

[4] 庚寅：明嘉靖九年（1530）。

[5] 侍御史兩河胡君：應即巡按甘肅御史胡體乾。乾隆《甘肅通志》卷 27《職官》"巡按甘肅御史"目："胡體乾，山西交城人。"

[6] 州太守王君卿：即秦州知州王卿。

[7] 都御史劉公：即劉天和。劉天和（1479～1545），字養和，號松石，明湖廣麻城人。正德三年（1508）進士。據雍正《陝西通志》卷 22《職官志》，劉嘉靖九年任巡撫陝西都御史。

[8] 右參政范君：應爲陝西布政司右參政范某，雍正《陝西通志》失載。

[9] 按察副使許君：應爲陝西按察司副使許某。雍正《陝西通志》卷 22《職官志》"副使"目載許姓副使數人，不好判斷文中之"許君"爲阿誰。

[10] 僉事高君：應爲陝西按察司僉事高鑒。高，明廣昌守衛所人。

我樓既崇，彼以我爲麗譙矣。孰不有山立之威，虎視之勢哉。然秦之守稱吴璘[1]，璘非守干城乎？秦之才，稱李廣[2]，廣非漢長城乎？能師廣而法璘，安編氓，安兵旅，其衛之也，又奚翅百雉與九仞哉！故諸氐懷諸葛武侯[3]，以德不以力。諸番服郭令公[4]，以信不以兵。則夫我之所以禦外捍内者，果轉在是哉？果轉在是哉？請以質於胡君。

修秦州西郭城記

【題解】原碑不存。明嘉靖二十二年（1543）立石。文載順治《秦州志》卷4《建置志》。胡纘宗撰。

隴以西昔近西戎，今戎與狄，雖皆遠，然狄深入勢亦可突至。故諸郡縣無有無城與池者，而諸城池無有不高與深者，其或城夷池湮，亦民安於承平，而吏習於因循耳。

庚子[5]之秋，北狄勢熾[6]，秦隴之間，邊檄遞馳，虜若即日至者。秦父老曰："吾秦昔警於戎，今警於狄，非城與池曷倚？然州人不下萬，衛人亦不下萬，勢不皆居是城也，而州人居西郭者倍於城，盍築西郭城。是冬，總督司馬劉公[7]逐狄北去，恐復入也，以隴西郡縣城當培，池當浚也，特奏允之，下有司，凡邊檄城池，咸加高深焉。乃先後敕憲副韓君、朱君[8]督其事，故隴西郡縣城池咸加培浚焉。辛丑[9]之春，虜忽寇蘭州，西郭被掠，秦隴之間戒嚴。敕使朱君曰："蘭西郭，故城也。然蘭之人不下萬，藩衛

---

[1] 吴璘：南宋名將。曾兩任秦州知州。

[2] 李廣：西漢名將。隴西成紀（今天水市秦安縣北）人。今天水市區有飛將巷，市區南郊石馬坪有李廣墓。

[3] 諸葛武侯：即三國蜀丞相諸葛亮。諸葛卒，謚忠武侯，故後世有"武侯"之稱。

[4] 郭令公：即唐代中興名將郭子儀。郭曾擔任中書令，故有"令公"之稱。

[5] 庚子：明嘉靖十九年（1540）。

[6] 北狄勢熾："北狄"指不時侵擾北方邊境的蒙古諸部。嘉靖十九年蒙古部吉囊部、俺答部大舉犯邊。

[7] 總督司馬劉公：即劉天和。據雍正《陝西通志》卷22《職官志》，劉"嘉靖十五年以兵部侍郎出任總督都御史"。

[8] 憲副韓君、朱君：韓君，即陝西按察司副使洮岷兵備道韓璒。康熙《鞏昌府志》卷19《職官》："韓璒，進士，直隸高陽人。"朱君，即臨鞏兵備道朱琉。乾隆《甘肅通志》卷27《職官》"臨鞏兵備道"目："朱琉，河南偃師人。"

[9] 辛丑：明嘉靖二十年（1541）。

之人錯居者倍於州，曷築西郭城？”乃並秦西郭白之當路曰：“凡縣之郭之城，不可無築也，凡州之郭之城，不可無築也。”諸當路咸以爲宜城。

乃檄下吾郡。郡大夫李侯[1]曰：“是吾之責也，尤吾今日所宜急也。”乃下令西郭之居民，量其力而築之。西郭之民久不見兵革也，曰：“郭何必城，久不聞夷虜也。”曰：“郭何爲城，始則嘩，繼猶疑，已將從，終乃定。夫修若墉，衛若氓，何爲嘩？外虜吾當備，内寇吾當禦，何爲疑？因民之力而力乎？民何弗從？雖爲國，實爲民也，何弗定？”乃興工於壬寅[2]之夏，訖工於今歲之春。初告之神而諭之衆也。曰是郭也，北負山宜屏，南俯水宜障，東瀕臨溪流、斷崖宜隄，西距河洮路宜限。於是郭人晨起孳孳，暮歸粟粟，倡者諄諄，和者坎坎，老者勞勞，少者僕僕，經始兢兢，垂成屬屬，而侯日監臨焉。

踰月，西城成，遠眺之與天水湖若相拒。不三月，北城成，仰視之與天靖山若相抗。然又不三月，南城成。又不踰月，東城成。近閱之，與藉水、與魯峪水[3]若相據然。下闢四門，上創四樓，皆壯麗也。而西郭城與州、衛城並稱矣。於是敕使朱君環城而視之，曰：“秦民不有倚哉！”顧侯曰：“子之力也。”侯謝不敏。分守少參高君[4]、分巡憲僉孟君[5]環城而視之，曰：“秦民今得棲息矣。”顧侯曰：“子之力也。”侯謝不敏。郡中諸大夫士與諸父老環城而視之曰：“吾今而後不虞外侮矣，虜警雖急，吾得帖然安矣。”詣侯曰：“凡墜皆舉，莫非功也，是功爲大。凡僨皆濟，莫非惠也，是惠爲遠。州人敢忘侯耶？”侯謝不敏。於是郡齋其巔末乃復直指伊君[6]，伊君曰：“秦郡故翊隴西郭，今翊秦矣。”乃復於中丞路公[7]。路公曰：“秦

[1] 郡大夫李侯：即秦州知州李鯨。乾隆《直隸秦州新志》卷7《官師》：“李鯨，永寧人。舉人。”

[2] 壬寅：明嘉靖二十一年（1542）。

[3] 魯峪水：今稱羅玉河，發源於秦州西北鳳凰山，穿城而過，流入藉河。

[4] 分守少參高君：指分守隴右道高某。康熙《鞏昌府志》卷19《職官》“分守隴右道”目列高姓者三人，不好判斷碑文之“高君”爲阿誰。

[5] 分巡憲僉孟君：即分巡隴右道孟雷。孟雷，明山西澤州人。字孔敬。嘉靖八年進士。乾隆《直隸秦州新志》卷7《官師》：“孟雷，澤州人。進士。”

[6] 直指伊君：應即巡按甘肅御史伊敏生。乾隆《甘肅通志》卷27《職官》“巡按甘肅御史”目：“伊敏生，南直吴縣人。”

[7] 中丞路公：指巡撫陝西都御史路迎。路迎（1483～1562），字賓暘，明山東汶上人。正德三年（1508）

有西郭，隴有西壘矣。”乃復於總制楊公[1]。楊公曰：“秦與蘭今有西郭矣。”

諸大夫士及諸父老過予而屬之記。曰：西郭之築，子嘗謂不可緩也，今築且完矣，子盍記之。予乃述其概，爲侯記之，而屬之郭人勒之石，以垂之後。侯之政績不與西郭同不朽耶？是不可不記也。

秦州修橋築建城樓碑記

【**題解**】碑原在秦州城，已散佚。萬曆二十六年（1598）立石。文存民國《秦州直隸州新志續編》卷6《藝文》之“補遺”。胡忻撰。

胡忻（1656 ~ 1616）：字慕之，明代秦州東鄉（今麥積區馬跑鎮）人。萬曆十七年（1589）進士。初任山西臨汾知縣，後任工部給事中、禮科都給事中、太常寺少卿等。著有《欲焚草》。

秦，古成紀郡。大城之西舊有中城，接踵西關，間以羅玉河，深溝險不可渡，有橋以通之。至萬曆癸巳[2]歲，暴雨聚至，河水湧猛，橋斯圮焉。越歲餘，蒞是任者視若罔聞，奚翅徒涉輿行之病。諸臺史至，皆由曲徑奔走，褻體殊甚。

甲午歲[3]，滇南王公[4]至，甫下車，即慨然嗟歎曰：“斯橋也，誠天水之通衢，曷可弗舉？”於是請命兵巡曾公[5]，允而下之。隨走安定，倣折橋體模修之。鳩材木，庀金石，課勤能，不數旬橋卒業焉。嗣是，水不能爲患，民咸利涉之。

洎乙未[6]歲，中城父老僉謀投告，城垣卑損，年遠坍塌，不惟虜變難防，且盜賊騷擾，深爲地方大害。前此居民往往告呈，各上司憚興工之艱，屢

進士。累官至兵部尚書。雍正《陝西通志》卷22《職官志》：“路迎，山東汶上人。嘉靖二十二年（任）。”

[1] 總制楊公：指兵部尚書總制三邊軍務楊一清。楊一清（1454 ~ 1530），字應寧，號邃菴，明南直隸鎮江府丹徒（今屬江蘇）人。成化八年（1472）進士。前後三任三邊總制，累官至至內閣首輔。

[2] 萬曆癸巳：明萬曆二十一年（1593）。

[3] 甲午歲：明萬曆二十二年（1594）。

[4] 王公：即秦州知州王吉人。乾隆《直隸秦州新志》卷7《官師》“秦州知州”目：“王吉人，雲南人。舉人。”

[5] 曾公：即分巡隴右道曾如春。乾隆《直隸秦州新志》卷7《官師》“分巡隴右道”目：“曾如春，臨川人。進士。”

[6] 乙未：明萬曆二十三年（1595）。

寢其謀，無能慮始者。公撫掌稱歎："是誠在我！"遂申呈曾公移檄制府中丞，直指諸臺各報如議，命州佐黄公[1]督理之。編丁夫，議工食，給口糧，分爲四工，工各十甲，甲各若干名。咸於省掾李若松等管修之。公偕黄公朝夕親詣城，犒賞興作，靡日弗然。越三月，中城周圍告竣焉。南北相距若干丈，東西相距若干丈，高若干尺，厚若干尺。堅以女墻，峻其防也；塗以粉壤，焕其觀也；設以門扇，嚴其守也。

然有城無樓，胡以資瞭望？公又申請曾公，各捐贖鍰共若干金，命工輸材，雕榱刻桷，丹漆黝堊，則樓之成也，巍然成一雄鎮矣。時適新巡李公[2]至，題扁曰"鳴玉樓"，爲中城保障，非所以慶厥成乎？觀者以爲中城之修，儼然有金湯之固也。斯舉也，小之以弭賊盜，大之以禦夷虜，近之以堅河防，遠之以垂永賴，不特中城父老赤子永永無患，實一州文風士氣每每增奇也。

君子陟斯橋也，思公道濟之仁，與橋俱永矣；閲斯城也，思公保障之恩與城俱崇矣；登斯樓也，思公藩屏之德與樓俱高矣。誠盛績也，豈可泯滅乎？公將行矣！州人思之不忘，故徵余爲文，用勒之石以垂不朽云。

公諱吉人，號范庵，雲南己卯省試第一，大理衛官籍江都人，今遷山東登州府同知。黄公，諱金殿，號封陽，山西選貢，玉林衛人。殫心分散，協力襄事，故並書之。

時萬曆歲次戊戌[3]

重修秦州城垣記

【題解】碑原在秦州城，已散佚。順治十一年（1654）立石。文載乾隆《直隸秦州新志》卷11《藝文中》，又見宋琬撰，辛鴻義、趙家斌點校：《宋

[1] 州佐黄公：即州署佐吏黄金殿，知州王吉人指派主持修城者。

[2] 李公：即分巡隴右道李國士。李萬曆二十六年任，順治《秦州志》卷首附其所撰《重刻秦州記序》，是爲重刻胡纘宗嘉靖《秦州記》之序，落款爲："萬曆二十六年莫春上澣之吉 賜進士及第整飭鞏昌等處附民兵備分巡隴右道陝西按察司右參政李國士頓首拜書。"另，李善書，爲胡忻父胡來縉宅第榜書"副憲第"，今存。

[3] 萬曆戊戌：明萬曆二十六年（1598）。

琬全集》，齊魯書社，2003年，第137～139頁；宋琬撰，馬祖熙標點：《安雅堂全集》，上海古籍出版社，2007年，第489～491頁。兹按乾隆《直隸秦州新志》卷11《藝文中》著録。分巡隴右道兵備僉事宋琬撰。

隴以西爲州者五，唯秦爲最鉅。官之所涖爲衛城，環郭而城者東西有四，睥睨相屬如聯珠。南通巴、僰，北控朝那；東則關山峻險，此爲上游，輪蹄絡繹，冠蓋接武；西則敦煌、大夏、張掖，述職修貢，織皮琛玉之使，歲無虚日。故其規模閎壯，麗譙雉堞之雄，非他郡所敢校。

陽九以來[1]，生齒凋耗，哀我黔黎，鑿山穴谷，麋鹿散而熊虎鄰也。順治甲午六月乙未，坤維失馭，陽慾陰奮，載震載崩，丘夷淵實。氓居蕩圮，覆壓萬計[2]。屹屹堅墉，壞爲平壤，三版靡存，跛羊可越。考之前代書契所載，災異之徵，未有甚於此土者也。

余小子躬率吏民，素服郊哭，遍禱羣望[3]，旁行原顯，飛鴻爰集，百堵斯作。但城罔遺堞，疆域是憂，夙夜彷徨，當餐廢箸。或曰"楨幹之需，鄉遂是徵；徒輦之役，丘甸是問；鈎金束矢之入，可以它庀材木焉。子大夫下尺一以令國人，其孰敢不從！"余曰："吾聞之也，國有大祲，咎在邦伯。是以澤中之謡，子晳興刺，城築不以其時，則《春秋》書之。今天方降威，俾我民不康厥居，余小子省愆毖往，災患之不恤，而興土工以召怨，余則曷敢！"爰出匪披頒賜，購杞梓於岷山。已而遣健足括故園困廩以益之。於是秦人乃歡，勝衣之男，呫嗶之士，連肩踏踴，負簣而趨。郡守姜君[4]，身自編於畚臿間。量廣狹，准尋尺，視其勤窳而先後之。縮版既興，憑憑登登，曾未期月而厥功告成。太子保總督尚書金公[5]憑軾天水，顧而嘉之，即日拜疏列狀以請。詔增僉事臣琬秩一級，賜蟒服；知州臣姜光胤予紀録。

[1] 陽九以來：陽九，指厄運，此指明清之際的兵荒馬亂情勢。

[2] 據康熙《秦州志》，順治十年（1653）六月，秦州大地震，城垣摧毀，官衙民房倒塌3672間，壓死7464人。

[3] 地震之後，宋琬"遍禱羣望"，爲民祈福，有《爲秦州地震壓死士民懺佛文》《祭秦州山川社稷文》。

[4] 郡守姜君：即秦州知州姜光胤，協助宋琬築城。

[5] 太子保總督尚書金公：即川陝三邊總督金勵，順治十一年至十三年（1654～1656）在任。

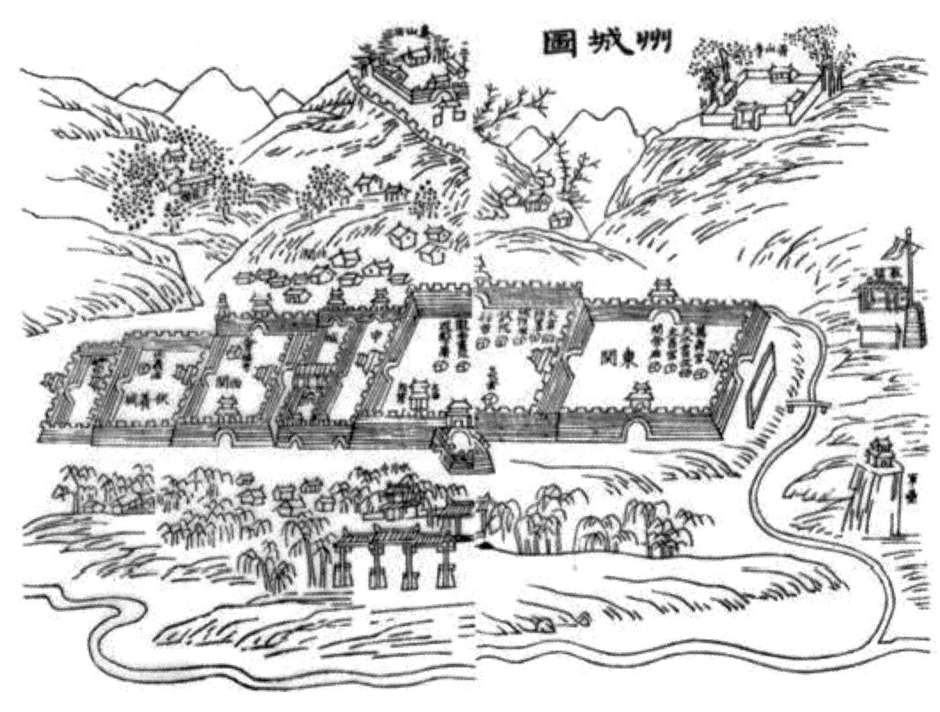

圖 1–24 光緒《秦州直隸州新志》所附秦州城圖

嗚呼！余於是知朝廷激勸之典與秦人風義之盛也。夫《詩・雅》所稱，玄黄朱芾之賜，惟功德之顯鑠者當之。今微末小臣，以區區版築之勞，蒙天子之賜賚，恩至渥也。然小臣何功之有！亦惟是父老子弟執公功而急社稷之務，故得藉手成事，以免復隍之虞。君子謂是役也，庶幾猶有《小戎》袍澤遺義焉。語曰："十人樹楊，一人拔之。"此言成功之難。今秦之爲秦，其城郭峙如也，其樓觀翬如也，其館廨翼如也，其壇壝亭障巍如也，煙火萬家，嗚吠之聲相聞也。皇華之使攬轡而至止，幾以爲未始有災焉，而不至余與姜君躬丁大厄，蓽路襤褸，呼號於荆榛瓦礫之場者，秦之人實耳目焉。後之君子念前人音羽之勞，軫兆姓阽危之苦，御之以恕，載之以寬，爲保障勿爲繭絲，爲韋佩勿爲束濕，二三子遺，庶有賴焉。不然者，雖金城湯池，安知其不鑿山穴谷相率而去我也。世不乏尹鐸，召信臣其人，因記城功之始末，而並致相勖之意如此。

重修秦州伏羲城記

【題解】碑原在秦州城，已散佚。文載王權《笠雲山房詩文集》，蘭州大學出版社，1989 年，第 192 ~ 193 页。伏羌王權撰。

秦在關西爲大州，州治負壽山，面藉水，閭閈銜接，填城溢郭。東西郛之翼城而立者四，而伏羲城居其表，《志》[1] 所謂小西關城也。太昊宫在焉，故又曰伏羲城。

西關城創自嘉靖辛丑 [2]，伏羲城之始建，則史失其傳 [3]。順治甲午地震後，墻垣頽阤無存。嘉慶九年，州牧王公 [4] 督築西偏數十丈。道光十八年，邵刺史煜 [5] 起徒增修，工皆未半而罷，蓋動衆若斯之難也。

同治改元之秋，陜西回匪度隴，土回坌起應之，州東北賊巢林立。其明年，鹽官、伏羌賊繼起，刺史托公 [6] 戰死，勢危甚。邑孝廉任君其昌、明經董君自立 [7] 集居人而商之曰："吾郡五城中，獨此城乏商賈，居人最貧，亦最弱。且三面無垣墉，寇來則首當其衝，非吾父老子弟擲錢粟，並膂力，克其興築，事且不測，可若何？"衆皆曰："惟二君命之。"於是請之巡

[1]《志》：指作"記"之前的康熙《秦州志》、乾隆《直隸秦州新志》。

[2] 嘉靖辛丑：明嘉靖二十年（1541）。本年修城情況，明胡纘宗《修秦州西郭城記》有載。

[3] 據相關考證，伏羲城建於明朝末年。明崇禎年間，流動作戰的農民起義軍不斷威脅秦州城，爲保護西關城西附郭而居的居民，也可能是爲了防範這些貧苦居民和起義軍串連，於是築小西關城。因城中原有規模宏大的伏羲廟（始建於成化十九年，嘉靖十年形成建築羣落），於是小西關城又名伏羲城。康熙《秦州志·災祥》有"（崇禎）八年九月，又流賊攻入伏羲城，殺掠人民"的記載，可證崇禎八年之前伏羲城已建成。

[4] 州牧王公：指秦州知州王賜均。王，陜西神木人，嘉慶二年任秦州知州。光緒《秦州直隸州新志》卷 12《名宦》有傳。據嘉慶十二年《重修伏羲廟碑記》載，"嘉慶二年，我公祖神木王公來守茲土，即爲吾民興利除弊，修廢舉墜，戍民而致力於神。未及一載，值川楚賊匪竄入州境蔓延。五六年間，賊勢猖獗，蹂躪四境，百姓奔竄逃匿，無不受其害者。公捐廉俸築西郭伏羲城數百丈，民賴以庇，而廟亦不毀兵火……乃倡捐千金付生監築西城。復口城東居民無所障被，兵日危，復捐資築東關新城，因舊基西拓數百丈，結連大城，長與伏羲城等。東郊之民賴以安，賊至不懼。"

[5] 邵刺史煜：即秦州知州邵煜。邵，浙江會稽人。光緒《秦州直隸州新志》卷 2《地域》"秦州城"："道光十九年，知州邵煜募資重修大城，則高壯於前；東西關城，小西關城則草草而已。"

[6] 刺史托公：即秦州知州托克清阿。托，滿洲正藍旗人。舉人。光緒《秦州直隸州新志》卷 12《名宦》有傳。光緒《秦州直隸州新志》卷 2《地域》"秦州城"說："咸豐十年軍興，知州托克清阿募資補築東西關城。"

[7] 邑孝廉任君其昌、明經董君自立：邑即舉人任其昌、貢生董自立。任其昌（1830 ~ 1900），字士言，清秦州伏羲城人。咸豐八年（1858）舉人，同治四年（1865）進士。任其昌倡修伏羲城時身份是舉人，故言"孝廉任君其昌"。孝廉是明清時舉人的雅稱。董自立，光緒《秦州直隸州新志》卷 6《選舉》董姓貢生有董覺，疑即此人，"自立"應是字。明經是明清時貢生的雅稱。

城郭所以衛民也，然爲之於無事之時，與有事而倉皇苟且以爲之，則情事異而工窳亦殊。此曲突徙薪之説也。

秦州城，晉以前無可考，據《後魏書・侯莫陳悦》暨《後周書・李弼傳》，則東西各一城[1]。酈道元《水經注》云：两城之間，濛水流其中，上有橋[2]。則今之城爲東城，其西城則今之西關也。然則東關城之創於何時，仍無可考焉。或曰宋韓魏公知秦州，與西關城、小西關城同築，此父老傳聞之説[3]，於史弗徵，可勿論。

惟自國朝以來，遞有興築。近人所知，則嘉慶時州舉人閻德[4]、道光戊戌知州事會稽邵煜、同治壬戌知州事滿洲托克清阿、光緒初署秦州遊擊李良謀[5]皆葺治焉。然版幹削度草草焉，其爲塌損者如故。聞今制軍陶[6]知此州時欲卜工，因卸事而止。乙未[7]，河州回變作，前巡道丁[8]欲卜工，因

[1]《魏書・侯莫陳悦傳》及《周書・李弼傳》都提及秦州刺史侯莫陳悦棄秦州城南出，據險自固抗拒宇文泰，最終敗亡事，但未有“東西各一城”之説。而《魏書》卷51《封敕文傳》記封敕文在秦州州治上邽討平金城邊冏、天水梁會叛亂之事，場面激烈，有聲有色。在詳述巷戰同時，透露出了上邽城的構成形式，可知上邽有東城、西城、南城，南城有門樓。有“南城”之目，則必有北城無疑。綜合考察，有東南西北諸城，則必有中城無疑。《水經注》的“五城相接”蓋因此也。正如楊守敬《水經注疏》所言：“《通鑒》宋元嘉二十三年金城邊冏、天水梁會據上邽東城反，攻逼西城。合之此注北城，則所謂五城者，蓋東、西、南、北、中也。”

[2]《水經注》原文：“藉水又東得毛泉谷水，又東逕上邽城南，又得竅泉水。並出南山，北流注於藉。藉水即洋水也。北有蒙水注焉。水出縣西北邽山。翼帶衆流，積以成溪，東流南屈，逕上邽縣故城西，側城南出。上邽，故邽戎國也。秦武公十年，伐邽，縣之。舊天水郡治，五城相接，北城中有湖水，有白龍出是湖，風雨隨之。故漢武帝元鼎三年，改爲天水郡。其鄉居悉以板蓋屋，毛公所謂西戎板屋也。蒙水又南注藉水。《山海經》曰：邽山，蒙水出焉，而南 流注於洋，謂是水也。”

[3] 關於韓琦主持修築秦州城的情况，參見前尹洙《秦州新築東西城記》及相關注釋。

[4] 閻德：秦州舉人。光緒《秦州直隸州新志》卷6《選舉》：“閻德，官寧遠訓導。”

[5] 李良謀：光緒《秦州直隸州新志》卷2《地域》“秦州城”：“光緒九年，巡道姚協贊同遊擊李良謀增築東關城，餘四城咸補葺焉。”

[6] 制軍，總督之雅稱。制軍陶，即陶模（1827 ~ 1902），光緒元年至四年任秦州知州。光緒二十一年至二五年陶任陝甘總督，故稱之爲制軍。光緒《秦州直隸州新志》卷2《地域》“秦州城”：“光緒二年，署巡道龍錫慶同遊擊田連考、知州陶模增築西關城炮臺，陶又補築其圮處。”又《天水縣志》卷2《建置志》言：“光緒二十五年甘督陶模以工賑事，令邑舉人周務學重修東關城，高厚幾與大城埒。增築東門月城及南、北、東三面炮臺各若干。”這還是從不同側面記述光緒二十五年（1899）重修東關城事。

[7] 乙未：清光緒二十一年（1895）。

[8] 前巡道丁：即前分巡鞏秦階道丁體常。丁，字慎五，貴州人。民國《秦州直隸州新志續編》卷2《職官》有傳。

道林公[1]、知州張公[2]，咸報可。退而量資偫費，計丁鳩工，擇賢能者分督其役，而二君總監之。自三年□月至四年□月，凡用人工日計者□萬□千□百有奇，錢以緡計者□千□百□十，皆出自伏羲城居民。未嘗外募一錢。爲城垣□千□百□十丈[3]。而中城士民亦以時創築南北墉，先後並落成。

當工作之方殷也，賊以五月突至城南，九月又至環城，噪攻者五晝夜。幸城基已固，二君率居民乘垣守禦，得不敗。任君以是冬赴春官試，成進士，廷授户部主事。其未竣工，董君卒成之，而以記工之文屬權。

權嘗慨道光、咸豐間，部臣以帑藏支絀，牒十七行省，凡府州縣城郭圮剥，地方官籌款興工，不許動用庫儲。自是科財營繕者比比，率就墜甓頹垣，略施圬墁，甚或鏟削剜剔，苟飾耳目，一旦風塵四起，所至墮陷，城且如是，郭於何有？今二君無事權，無蓄資，同閈又皆貧弱下户，非有豪商巨族之助也，顧能使老幼歡躍，争出貨力，甫期年而大工立竣，且堅致厚實，卒用折衝，是遵何道哉？天下事莫患乎意其難而不爲，又莫患乎姑爲之而不必爲。誠必爲也，事無難；誠必行也，道無遠。果以破疑，誠以孚衆。始雖杌隉，終必蕆成。兹役非其明驗歟？抑聞賈子[4]有言："人之所設，不爲不立，不修則壞。"今二君既立之矣，修而勿壞，又不能無望於後之人。後之人倘以貧弱爲患，以率作爲難，則二君之事可覩也。

重修秦州東關城記

【題解】碑原在秦州城，已散佚。文存《秦州直隸州新志續編》卷6《藝文》。署名趙時熙撰。任其昌《敦素堂文集》亦收本文，名《代鞏秦階道趙靄臣重修秦州東關城記》。靄臣即趙時熙字，可見署名趙時熙的"記"本來是任其昌所作。

---

[1] 巡道林公：即分巡鞏秦階道林之望。林，字遠村，安徽懷遠人。同治二年任。光緒《秦州直隸州新志》卷12《名宦》有傳。光緒《秦州直隸州新志》卷2《地域》"秦州城"説："同治二年，巡道林之望檄中城紳士募資築中城。"

[2] 知州張公：即秦州知州張徵。張，陝西三原人。光緒《秦州直隸州新志》卷2《地域》"秦州城"條："(同治)三年，同知張徵檄小西關紳士募資增築小西關城。"

[3] 碑文"□"原文缺字，應是撰寫時尚没有得到相關數字資料，故暫缺。

[4] 賈子：西漢文學家賈誼。

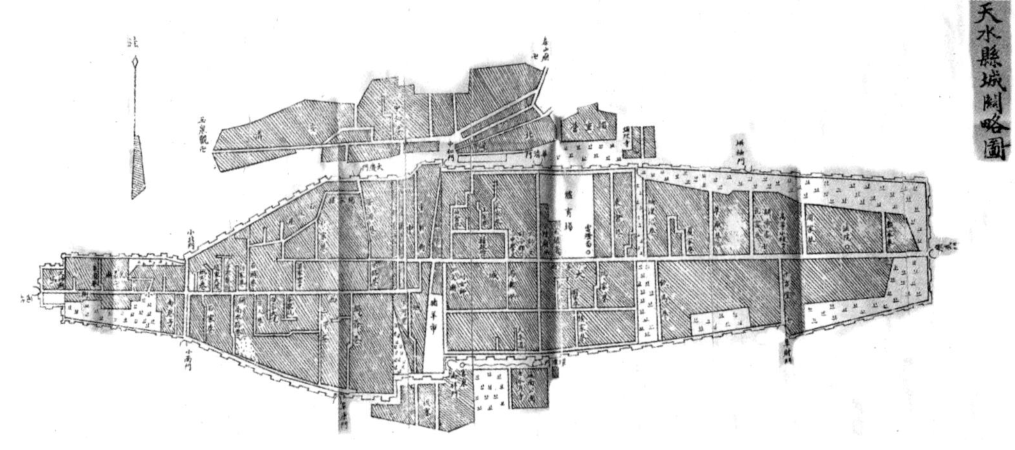

圖 1–25 民國《天水縣志》所附天水縣城略圖

費缺而止。己亥[1]春，前署秦州事無錫朱銑[2]奉制府檄令，籌款興工，適歲歉，議以工代賑。時值更换水磨牙帖，遂請於制府，取藩司、州署書吏所舊得規費，悉數以佽土工，而制軍陶升任廣東。藩司丁[3]、署州朱、知州事張[4]各捐廉以襄其事，余亦薄有所助焉。顧城大而圮，蕆事爲難。又請於制府，凡所不足，由釐金局暫假，檄秦州計歲攤補，而大工始得以藉手。

經始於己亥二月，落成庚子[5]六月。其增高者十之二，培厚者十之七。東舊一門，今重焉。更房計若干，輪廓一因舊址，毋減毋縮，垣墉直豎，埤堄高峙。曩之苦傾危者，今於諸關城獨雄厚焉。凡土木金石之工若干，雇夫若干，費緡錢一萬幾千有奇。

夫此城也，西連官城，東北枕濛水，南臨藉水，間以磨渠，天然壕塹，固易守也。而歷代以來，各城皆漸次修理，而此獨闕然，豈不以人稀而貧，創事爲難，則其藉力於官也固宜。顧官輒數年一易，居民則室廬在此，長子孫焉。貨不可强，力則易出。自今以後，有罅則補，有漏則塞，水潦不時，勿怠而委。官斯土者，雖不敢永以爲恩吾民，則庶幾有桑土牖户之風也夫。

[1] 己亥：清光緒二十五年（1899）。

[2] 朱銑：民國《秦州直隸州新志續編》卷 2《職官》："朱銑，(光緒)二十三年署。"

[3] 藩司丁：即丁體常，築城時丁升任甘肅布政使。藩司，布政司之别稱。

[4] 知州事張：即秦州知州張珩。民國《天水縣志》卷 2《建置志》："(光緒)三十四年，州牧張珩重修大城城垣，挪借河工之贏餘五千緡，飭增生趙鍾琳司其事。"這應是清代修城的尾聲，三年之後清朝便滅亡了。

[5] 庚子：清光緒二十六年（1900）。

改建羅玉橋碑記

【題解】碑原在羅峪橋旁，已散佚。文存任承允《桐自生齋文集》卷3，《中國西北文獻叢書》第170册，蘭州古籍書店，1990年，第475～476頁。任承允撰。

秦爲隴右一大州，由來舊矣。城一，而爲郭者五。藉水襟帶於南，北山之麓，濛水出焉，俗名“羅玉”。東流，折而南，貫中城入藉，《水經注》尚可考也。百餘年來，水之正流改由東直下，不行故道矣。然支流之蔓延，與别派之錯出則如常。中城横亘官城、西關之交，冠蓋之往來、士商行旅之駢闐，必由於此，非有橋焉以利涉，不第阻斷通途，而全州之氣脈不且窒歟？

橋創於何時，文獻無征。其可考者，明萬曆戊戌[1]、清乾隆庚申[2]皆經重修。雖蕆新工，仍因舊貫，木腐土蝕，久豈能支？今年[3]六月中，橋忽全圮，行人迂道而履險，遇雨則尤病。邑長楊君[4]過而憫焉，立即召集士商，籌款鳩工，且議易木以磚石，以爲一勞永逸之計。舊橋用大木架成三間，中一間爲水道，東西兩間，上實下空，備横决也。然無水時，窟穴流丐，時出爲盗。蓋昔時水勢大，防其暴漲，不能不廣爲之地。自正流他徙，無虞泛濫矣。今中間用石築洞，取其堅而非如木之易朽蠹也；餘皆以土築而實之，取其持久且不容姦也。邑長親督於上，士民奔走於下，不四十日，工事告成。人人讙慶，以其便也。

蒲生慰霖乞紀顛末[5]，余維吾鄉人士，曩遇義舉，不茶而奮。兹值民窮財匱之餘，尚能竭蹶畢此大工，亦可謂用力勤而爲利溥焉。若夫數百年後塞罅補漏，則又來者之責也。

是役也，先估工二千元，實支若干元，首事某，督工某，例得並書。

[1] 萬曆戊戌：明神宗萬曆二十六年（1598）。

[2] 乾隆庚申：清乾隆五年（1740）。

[3] 今年：民國十六年（1927）。

[4] 邑長楊君：即天水縣長楊展雲。民國《天水縣志》卷2《建置志》：“民國十六年夏季，（羅玉）橋忽崩圮。知事楊展雲令邑人蒲慰霖等改建，以磚石砌成圓洞，而安徹瀾焉。”

[5] 縣長楊展雲指派蒲慰霖主持修橋事，事成，蒲請前清進士任承允作記。

第七節　靈源侯廟碑刻

秦州天水縣靈源侯封爵敕

【**題解**】碑鑲秦州區天水鎮廟坪村靈源侯廟碑廊墻壁。宋元豐六年（1083）立石。高 190 釐米，寬 75 釐米。章惇撰文，《全宋文》題名《秦州天水縣太祖山湫封靈源侯牒》[1]。碑首飾飛龍祥雲紋，正中豎向篆書"天水縣靈源侯封爵敕"9 字，分 3 行書寫，每行 3 字。碑身邊緣飾祥雲紋，碑面遭後人鏟刮，部分字跡不清。書法帶歐體韻味，相當精妙。

秦州天水縣[2]□□□□□□封□□敕

元豐四年二月六日，秦州帖封送到中書門下牒。中書門下牒。太常禮院奏，准中書批送，下左諫議大夫充天章閣待制、充秦鳳路經略安撫使羅拯[3]奏。

勘會本路州府自春已來[4]，愆少雨澤，尋差官遍詣秦州管界祠宇，多方祈禱，終無顯應，夏麥無望，民情不安。臣訪聞本州天水縣界有太祖山[5]，湫水自來，鄰近州縣每遇亢旱，於本處迎取湫水，多有感應。遂齋戒，差衙職往彼，迎到湫水，於四月二日到州[6]，設位致祭，早晚與僚屬祈禱，只於當日晚降雨。至四日已後，相繼大雨，至七日方止，約深二尺已上。節次據本路州府狀申，並是當月初四日已後，相繼雨澤霑足，夏麥亦救，及分數秋種，並已立苗，回天有望，民心安帖。

臣尋下天水縣，詢問父老，多稱其太祖山在秦、鳳、成三州界首，其山比衆山最高，峰巒秀出，其山半大石巖下有湫泉一所，水流涓涓不絶，

---

[1]《秦州天水縣太祖山湫封靈源侯牒》載《全宋文》（第 82 册）卷 1797，上海辭書出版社、安徽教育出版社，2006 年，第 363 頁。

[2] 天水縣：五代後唐長興三年（932）置，治所在今天水鎮。南宋一度設天水軍，轄天水縣一縣。元世祖至元七年（1270）撤天水縣併入成州。

[3] 羅拯（1016 ~ 1080）：北宋祥符（今河南開封）人。神宗熙寧六年爲左司郎中，加天章閣待制；元豐三年知秦州。《宋史》卷 331 有傳。

[4] 已來：碑文如此。下文數處現今行文習慣所用的"以"，碑文均作"已"。

[5] 太祖山：在今秦州區天水鎮南汪川鎮境。

[6] 州：指秦州，治所在今天水市區。

及有風穴，透徹山頂，時有霧氣。每遇天旱，遠近之人多來迎取其水，前後屢有感應，一方之人尤所尊仰。臣再三體訪，委是詣實。伏望特賜詳酌指揮，封一爵號，所貿一方之人永久尊奉。

圖 1–26 秦州天水縣靈源侯封爵敕碑（局部）

候敕旨，狀前批送院者，當院看詳。太祖山湫泉廟，雖圖經不載，又緣祈禱有應，合封爵號，伏乞朝廷詳酌指揮。候敕旨，秦州太祖山湫泉廟牒，奉敕。古者，諸侯得祀其境内山川之神，非使之徼福以利於己也。蓋神功德及民，則思所以報之。眷言靈祠，奠彼邦域，此因旱熯，嘉澤應祈，有司請焉，宜有昭答，疏爵賜號，顯揚神庥。宜特封靈源侯[1]。牒至准敕，故牒。

元豐三年十二月　日牒

太中大夫參知政事章[2]

太中大夫參知政事蔡[3]

光禄大夫兼門下侍郎平章事王[4]

[1] 所封靈源侯的祀神乃雷將軍，即安史之亂中協助張巡堅守睢陽的張之部將雷萬春。

[2] 太中大夫參知政事章：即章惇（1035 ~ 1105）。元豐三年拜參知政事。

[3] 太中大夫參知政事蔡：即蔡確（1037 ~ 1093）。元豐時曾任參知政事。

[4] 光禄大夫兼門下侍郎平章事王：即王珪（1019 ~ 1085）。元豐元年（1078）爲銀青光禄大夫，元豐五年拜尚書左僕射兼門下侍郎。

元豐六年八月　日立石

天水縣新修靈源侯廟記

【**題解**】碑鑲秦州區天水鎮廟坪村靈源侯廟内西墻壁。宋元豐八年（1085）立石。高 180 釐米，寬 74 釐米。前鳳翔府扶風縣尉李宜撰文，伏羌城主簿仇翼篆額，權知秦州天水縣事牛逢原書丹。碑首飾菊花文，竪向篆書“秦州天水縣新修靈源侯廟記”4 行，每行 3 字。本碑新編《全宋文》有載[1]。

前鳳翔府扶風縣尉李宜[2]撰

伏羌城[3]主簿仇翼篆額

權知秦州天水縣事牛逢原[4]書丹

（大清光緒十七年秋八月工程告竣，首事郡人武整等因碑損壞，字跡模糊，故覓石工補葺，以原字樣重鎸，希圖永垂神功歟）[5]

一氣爲萬靈祖，所以陰騭下民；萬靈爲一氣輔，所以棣通庶彙。萬靈祖者，上帝之謂也。一氣輔者，羣神之謂也。上帝處乎極，爲陰陽造化之首，以君羣神。羣神列於位，斡陰陽造化之運，以臣上帝。維君也，無物不宰，無爲以仰成於臣而優且逸；維臣也，雲行雨施，坱圠布濩，奮庸以佐君而勤且勞。君道主乎臣，臣道職乎民，上下信順，然後陰陽和，造化平，鈞播乎五行，燭調乎四辰，煒煒燁燁，至於無垠。《易》曰：“天道下濟而光明，地道卑而上行。”此之謂也。亦猶人主張官置吏，功加民物以成太平，天人之道一也。夫惟嶽瀆山川，陰陽之户牖，雲雨之丘宅，鎮綏分野，康濟生成，大參天地，德厚堯、禹，其造化之甄冶乎。故上帝命神而主之，

[1] 李宜：《天水縣新修靈源侯廟碑》，《全宋文》第 92 册卷 2015，上海辭書出版社、安徽教育出版社，2006 年，第 447 頁。

[2] 李宜：李宜爲扶風縣尉，關於撰寫記文的原委，記文有説明，“宜自洛如熙，道出天水，適偶廟成，奉命爲記”。就是説李宜自洛陽前往熙州（州治今臨洮縣），路過天水縣，應邀作記。

[3] 伏羌城：北宋建隆三年（962）置伏羌寨（治所在今甘谷縣城），屬秦州。熙寧三年（1070）升爲伏羌城。

[4] 牛逢原：時代理天水縣知縣，主持祠廟建修。

[5] 是爲光緒十七年（1891）重鎸宋碑的説明性文字，字跡和碑文有別，似可反證“以原字樣重鎸”的宋碑基本未走樣。

神依人而然後靈，故人主疏爵以封之，賜號以顯之。大焉者王公，次焉者侯伯。俾一境之内，澤浸生靈，弭其水旱，札厲之災，祈其雨露豐穰之慶。

天水縣南，距邑僅百里，有山高而且峻，若倚天之孤劍者，名曰“太祖”。其秀也，業峨嶒崒；其勢也，將飛欲墜；其徑也，螺盤虺屈；其登也，繩引梯進，一息十憩而後躋於絶巔[1]。旁大石側，峥嶸之罅，嵌空之間，虎巖呀開，龍泉鑒瑩，喬林掩映，陰森窅嶮，莫際涯涘，湛净泓渟，不可以犀照而蠡測之也。雨之而坎不盈，曝之而源不涸。其下也，涓涓細流，瓊瀉珠迸；其上也，隱隱風穴，透徹危岑，常有霧氣氤氲而覆冪之[2]。其請而汲者，兢兢戰戰，如臨萬仞之壑、探驪窟之珠焉。一覘之者，目駭神悚，心悸股慄，真潛聖之靈湫，棲神之淵宅者也。至若夏冬之旱暵，雨雪之亢愆，鄉民缸泉舞詠而禱之。其靈也，葉若影響。其應也，速如桴鼓。興雲致雨，不違農時。其上帝之勞臣乎？此則澤物之元功，濟時之景福，神事之大者也。余故書之。其如恢恑憰怪，靈異彰灼，十目所見，十耳所聞者數十事，而皆衒奇詸民。取信未信，神事之小者也。民既信，嚮詎假條列紀大略，小《春秋》之義，余故不書。自名山以來數百千年，三代而下，越漢跨唐，陰福斯民，勤亦久矣。至於禮命何其闕如，豈神靈顯晦各有時乎？逮夫炎曆百禩，六葉承祧，搜補祀典，咸秩無文，旦偶光華，神以微著，意者期在我宋得神而昌延，茂璿圖至於無疆者乎？不然，何昔曖而今燦也。

元豐三年，春夏大旱，秦境百祠，遍請亡效。秦帥天章羅公拯聞太祖之靈，命吏瓶其水至郡，設位致祭，曾不旋踵應誠，霶霈凡四日方止。環境同時，罔不霑足，易凶爲豐，變災爲祥，豈曰小補之哉！羅公狀此奏諸朝廷，天子俞歎。是年十二月，特降璽書，則賜爵侯，所以報其功也，封“靈源”所以旌其德也。仍頒廟額、許營像貌，俾血食此土，永千萬年。

[1] 此段文字是渲染太祖山的高峻神奇，前《秦州天水縣靈源侯封爵敕》碑云：“其山比衆山最高，峰巒秀出。”

[2] 此段文字是渲染太祖山湫泉的神奇，前《秦州天水縣靈源侯封爵敕》碑云：“其山半大石巖下有湫泉一所，水流涓涓不絶，及有風穴，透徹山頂，時有霧氣。每遇天旱，遠近之人多來迎取其水，前後屢有感應，一方之人尤所尊仰。”另，元《太祖山行祠記》云：“山之巔，其坦而美，中有龍洞，不踰尋尺，水湧出□□□□□□汪漫漫，晨昏變態，狀四時之景聲，漱玉琴，嘎金音，每遇歲旱，叩之必應。遐邇來取水者，曾不□□□誠必敬，影響潛孚，開有不誠，瓶中取水，恍然成冰，凝於林木之上，人各每過虔誠，冰遂弗睹，水復盈其瓶矣。”可以對讀。

守令寅奉睿旨，涓辰奠幣，告神於丘，以層巒隘束，艱於肯構，遂改卜吉土，經畫嚴祠。直縣之隅，得地之艮，朔其峽流，依於溥原，足建靈場，稱是神府[1]。以故邑中之財者、力者、唱者、和者莫不悦隨而願效之。先此病水之遠，圬者勞之邇廟，一夕，平地泉湧。嗚呼！一何神也？於是材甓雲委，民匠子來，一之日堂皇山立，二之日廊廡翼張，三之日重門洞開，四之日繪事後素。秘殿臒濩，神容雍穆，信圭赤舄，鶯冕珠旒，兩序脩羅，庭廚對闢，璇題鴛瓦，餘四十楹，輪焉奐焉，能事畢矣。

前宰是邦者周冕經始之，今宰是邦者牛逢原落成之。自是闔境之民賴侯之賜，東作而西成之，春祈而秋報之，牲牢麕至，車馬駿奔，再拜而誠通，三奠而神格。神之來兮，鼓鐘坎坎，神之去兮，風雨蕭蕭。使祭神如神在，神豈吐之哉！宜自洛如熙，道出天水，適偶廟成，奉命爲記。宜學孔子者也，不敢語怪，直書不文，斐然寧逭。

時元豐八年歲在乙丑二月二十二日謹記

秦州天水縣尉李彬

秦州天水縣主簿范敏學

權知秦州天水縣事牛逢原立石

天水、青石两里诉訟碑

【題解】碑鑲秦州區天水鎮靈源侯廟大殿西側壁。清咸豐六年（1856）立石。高106釐米，寬46釐米。武濟賢撰文，尤愛書丹。拱首條形，碑首豎向楷書“天水、青石里”，2行。碑面漫漶，個别字跡不清。

蓋聞太上立德，其次立功。而功之可傳者，惟有益於人，無害於衆，斯足法耳。如我天水、青石两里，原有辛、袁諸公辦五釐差[2]，遺跡流傳後世，至今里人享無事之福，安順受之天，誰復計利害、喜事功以追美前人乎？

[1] 此段文字是説因太祖山“層巒隘束，艱於肯構”，於是在天水縣城卜吉土建修神祠。據元《太祖山行祠記》，宋代在太祖山建有行祠，元代重建之。

[2] 據秦州區玉泉觀碑林現存《成縣歸併秦州天水、白還、青石三里奉文減差碑》，乾隆七年，里民辛月攀、袁熙隆等就天水、白還、青石三里差科事向陝甘總督反映，要求減免，最終層層審批，得到減免十分之五批復，此所謂“五釐差”。

不意道光乙酉[1]，張超乾等修槐花寺[2]，功將竣，被惡蠹以抗糧唆官將張翁拿鎖班房，百般挫辱，冤屈莫訴。

庚戌[3]春，衆議余等上控。延及十一月，藩憲張大人委陳員[4]赴州審訊。陳入州衙，受賄罔法，顢頇屈斷，未結案而偷去。辛亥四月，張德上省查詳，俱是捏情虛稟，内詳州主在秦，並未私放借糧。張德痛父屈死，以人命又控臬憲，奈官官相維，不提不訊。直控制憲，蒙批，州役朦官作弊，科派勒收，並將原告之父因受刑杖致斃，均干法紀。既經歷控两司，何以延今未結。仰布、按两司查卷移道，迅速提集人證，秉公確訊，據實詳辦，慎毋轉發延擱，徒滋訟蔓。據批候審，又未提訊。

壬子[5]，張德欲上省覆控，衆人勸解，演戲立碑。本陳詳州主並未私放借糧一事結案，不意孫文秀藉端生出李春華命案一事。屍主告案，州主驗後，將人命置若罔然。此後主官作弊，將兩里人横拿磕詐，立逼里人逃避，父子不相見，兄弟妻子離散，慘苦之狀，不可名言。蠹後惡心愈熾，磕詐未遂，又剉死孫文玉一案。癸丑[6]，余合張德上省，以延擱種禍、釀成命案數件，覆控两司，蒙批移道提訊。

董州主[7]將兇犯孫文秀、孫殿魁解省，在法審局，先結命案，後抵岷覆結原案。道憲不究，攔輿覆控，當堂現出州主詳文，道憲始知情弊，立刻出差提人，將被告提到案，當堂審訊，各具各供，及與州詳質對，大相逕庭，内州所詳，並未私放借糧一事。道憲無處審訊，諭令講和以絶訟案。無奈人心難保，有始無終。今余身中有恙，一旦殞命，無跡可考，將來里人受害，爰據事直陳，俾勒諸貞珉，以留永垂不朽云。

---

[1] 道光乙酉：清道光五年（1825）。

[2] 槐花寺：在天水鎮，始建於唐代，今存。寺内有古槐两株，挺拔撑天，枝繁葉茂。

[3] 庚戌：即道光庚戌，清道光三十年（1850）。

[4] 藩憲張大人委陳員：藩憲張大人指甘肅布政使張集馨，宣統《甘肅新通志》卷52《職官志》："張集馨，江蘇儀徵。進士。道光三十年任。"委陳員，是説專門委派一陳姓官吏處理案件。

[5] 壬子：清咸豐二年（1852）。

[6] 癸丑：清咸豐三年（1853）。

[7] 董州主：應即秦州知州董平章。董，字琴虞，清福建閩縣人。道光十三年（1833）進士。咸豐間任秦州知州。光緒《秦州直隸州新志》卷12《名宦》有傳。

州儒學生尤愛[1]書丹

郡人武濟賢謹誌

咸豐六年歲次丙辰夏六月穀旦立石

石工趙淑德鐫字

重修天水鎮靈源侯高皇廟記

【題解】碑鑲秦州區天水鎮靈源侯廟大殿西側壁。清光緒十六年（1890）立石。高130釐米，寬60釐米。天水鎮武整撰文，武整子武焱樞書丹。拱首條形，保存完好，額題篆書“靈源侯廟”。

鎮之北山曰“太祖”，上有靈湫，禱雨輒應[2]。其麓爲武家坪，宋敕封靈源侯廟在焉。靈源侯廟者，即高皇太祖廟也。光緒甲申地震[3]，廟是以傾，比歲告歉，民用維艱，故寢其事者蓋數年於兹矣。

己丑[4]春，整邀廟鄰武憲祖並守者武德就商於奉政公鷹揚[5]，慨然曰：“某宿此心久矣，然無財不可以爲。悦幸方伯林公督師於兹[6]，奉修两廟銀五十两，易錢八十緡有奇，又官草易錢八十緡，年來子母相權，積有四百六十緡，與槐花寺平分，用之不給，募之方衆何如？”整隨同十三莊紳耆會議，蒙衆不棄菲財，以整並憲祖等董其役。

憲祖擇以本年[7]四月十九日始事，落成於庚寅十月十五日，凡十八閱月。

[1] 尤愛：清秦州人，以書法知名。秦州寺廟多有其所書匾額。

[2] 據《天水縣新修靈源侯廟記》碑言：“天水縣南，距邑僅百里，有山高而且峻，若倚天之孤劍者，名曰“太祖”。”其“天水縣南”一語可證太祖山在宋天水縣今天水縣之南，而非之北。本碑言“鎮之北山曰‘太祖’”，是因爲此地有靈源侯廟的緣故。宋元之時，太祖山有靈源侯行祠，天水城有靈源侯行祠正廟。廟傾圮之後，後人在城北武家坪覓址重建廟宇，於是就將廟所在的山稱太祖山了。此太祖山是因廟而移名。

[3] 光緒甲申地震：光緒甲申，即清光緒十年（1884）。據光緒《秦州直隸州新志》卷24《附考一》：“（清光緒十年）十一月二十九日夜，地大震，踰刻乃止。”

[4] 己丑：清光緒十五年（1889）。

[5] 鷹揚：即武鷹揚，天水鎮人，開設私塾數十年，“南鄉顯通之士，多出其門”。民國《秦州直隸州新志續編》卷3《人物》有傳。

[6] 方伯林公督師於兹：方伯林公即分巡鞏秦階道林之望。林，安徽懷遠人。道光二十七年（1847）進士。同治二年任分巡鞏秦階，組織鎮壓秦州一帶回民反清鬥争。今靈源侯廟尚存林撰書之對聯：“上應星辰襄景運；用爲霖雨福羣生。”落款：“同治四年中秋甘肅按察使司林之望撰並書。”林在秦州一帶督師主要在同治二年至同治四年未調任甘肅按察使之前。光緒《秦州直隸州新志》卷12《名宦》有傳。

[7]“本年”即上文的所言的光緒己丑年（1889），“庚寅”即光緒十六年。

而撲者以興，偃者以值。又以正殿外别無屋宇，每遇祈報，神前安床鋪草，殊嫌不恭。先是，鎮紳整之堂叔、監生嗣文，軍功正人胞叔、貢生多文暨鷹揚等，因廟太隘，故在廟西購有餘地，此次增修两廊亭、厨各一，而狹者因之以寬，慢者又因之以敬矣。是爲記。

誥授奉直大夫鹽提舉銜指分四川分缺儘先補用縣丞郡人武整撰文

男州儒學增廣生員郡人武焱樞書丹

軍功六品銜州儒學生員郡人安九韶篆額

誥授朝議大夫運同銜州儒學生員郡人武耀斗校閲

靈源侯廟新修大殿前卷棚等碑

【**題解**】碑鑲秦州區天水鎮廟坪村靈源侯廟碑廊墻壁。清光緒十六年（1890）立石。高 130 釐米，寬 58 釐米。額題篆書“高皇太祖”。

新修大殿前卷棚三間，廟西院北匯亭三間，西面厨房三間，院之東面穿欄三間[1]。原日無戲樓，興工時方衆一心，願新創焉。整同安望購得廟前地一角，價值二十緡，據存。武堅娃以應花費如干數並官錢、募化佈施數目書明於两廊木匾上，以垂永遠云。

總绅武鷹揚，绅士武多文（以下 9 人姓名略），耆老武紀纲（以下 11 人姓名略）立石。

督工武宪祖、武整、安望、董世鼎，募化武勉、武焱妥，石工趙廷秀，廟守武坚娃

大清光緒十六年冬十月上浣穀旦

創修靈源侯看臺碑記

【**題解**】碑鑲秦州區天水鎮靈源侯廟大殿西側壁。民國六年（1917）立石。高 180 釐米，寬 75 釐米。安汝螽撰文，董會元篆額，安維煦書丹。拱首條形，

[1] 此“新修”碑實績可與前《重修天水鎮靈源侯高皇廟記》碑所述参看。“重修”碑言“先是，鎮紳整之堂叔、監生嗣文，軍功正人胞叔、貢生多文暨鷹揚等，因廟太隘，故在廟西購有餘地，此次增修两廊亭、廚各一，而狹者因之以寬，慢者又因之以敬矣。”此“新修”碑則是“重修”碑概括記事的申述。

保存完好。碑身邊緣飾牡丹紋，額飾二龍戲珠紋，額心題篆書“靈源侯廟”。

天水鎮，故縣城也。在今郡治南八十里，舊有靈源侯祠。昉自宋元豐六年，因禱雨極驗，地方官請於朝，敕封立廟。殿宇四十楹，創始於周冕，落成於牛逢原[1]。年久傾圮，鞠爲茂草。鎮之人於迤北武家坪堡内建祠三楹，以爲春秋報賽之所[2]。嘉慶九年，武應東等就舊制而潤色之。光緒十年仲冬，地震，墻壁攲側。十六年，武整率衆修之，輪奐一新。碑文雖提樂樓，並未修作[3]。

民國三年三月，董會元、安尚簡邀集合會紳耆公議，因戲場窄隘，治買武作秀廟前以西地方一段。東至廟前地方爲界，南至城墻爲界，西至武纏存、武敬銘院爲界，北至賣主院爲界，地方價值六十緡，據存在廟守武敬宗處。是年，邑庠生安尚可還願，在新治地方南面創修樂樓一座。民國四年正月，公舉前兵部差官補用千總丁酉科舉人董會原[4]總其事，耆老安尚簡帮辦，竭力佈施，庀材鳩工，掾之橐之，是尋是尺。創修北面看臺三間、匯亭三間，東面磚墻一道、看廟宇房一間、月門一座，南面奎壁一座、前山門两座、奎壁後廚房一間、樂樓後廁室一間、便門一座，正廟院東南角城根裏後山門一座。至於戲場前山門、外家路廚房院廁室、院月門、内城根家路並以北廟前地方，並皆築砌重建。舊山門、廟内墻屋俱爲補修。竹苞松茂，制度得宜，鳥革翬飛，創造盡善，木屑竹頭無妄棄也。塗塈丹雘，觀厥成焉。

是役也，四年正月肇工，十月工止，隨時演戲酬神。五年，天時亢旱，薪桂食玉，其中停工者十有七月。六年三月續修，十月竣事，共縻制錢壹仟玖百單零伍串柒百柒拾文，入付各項帳目，開列於匯亭内三面木匾[5]。尚簡始終，宿於公所。會原自家距廟往返十里許，披星而來，戴月而歸，

[1] 此爲據廟内所存北宋《天水縣新修靈源侯廟記》碑追溯記述祠廟創建事。

[2] 何時在天水鎮北武家坪堡内建靈源侯新祠，此處未明確記載，之前碑文也語焉不詳。綜合判斷移廟，大抵是在明代之後。廟内宋碑應是移來者。廟内無元明碑碣。

[3] “碑文雖提樂樓”應指《靈源侯廟新修大殿前卷棚等碑》提及的“原日無戲樓，興工時方衆一心，願新創焉”而言的。

[4] 董會原：清秦州天水鎮人，光緒二十三年（1897）武舉人。

[5] 今靈源侯大殿懸“惠我無疆”大木匾一面，上款“歲次丁巳民國六年中秋月穀旦爲”，下款“爲靈源侯高皇太祖看臺工竣衆姓弟子公立”，匾下部以前清進士武頌揚及董會元領銜，開列安九韶、武朝選、安汝蠢等 49 人姓名。此匾所列姓名者應即建廟捐資的大功德主。

两年如一日焉，值天雨則赤足跣步。泥工距家八十里，飲食不便，飯要方人供給，因口食發價甚廉，無人答應。會原始終管飯，私貼口食錢幾二百緡。其竭誠經營，好義急公，洵無愧紹聖間昆仲進士董綬、董緯之苗裔也。然尤賴二十四莊之人慷慨不惜財，督工不辭瘁，以相與有成焉。愚本不能文，僅湊俚句以序實事，識者恕焉。

清秦州直隸州儒學生員郡人安汝蠢撰文

清授文林郎吏部揀選知縣辛丑補行庚子恩正並科舉人馬履德校閱

清授武德騎尉兵部差官補用千總丁酉科舉人董會元篆額

清秦州直隸州太學生郡人安維煦書丹

同事、神耆莊头武朝选（其餘 74 人姓名略）仝众立石

民國六年陰曆十月吉日石工趙順魁刻字

第八節　佛寺道觀碑刻

大唐舍利之碑

【題解】碑 1987 年天水市區東五里鋪建修天水賓館時出土，現藏天水市博物館。通高 49 釐米，碑身高 28 釐米，寬 15.7 釐米，厚 6 釐米。僧寶意樹撰文，僧寶意林鐫碑。泥質灰陶，碑首、碑身、碑趺俱全。碑首六螭盤頂成拱形，上鐫篆書“大唐舍利之碑”6 字。尚永琪認爲：“該碑是唐代玄宗天寶年間奉持《楞嚴經》的佛教徒所刻，碑文分两部分：第一部分講“大雄猛”的成道涅槃歷程，亦即舍利塔修建的緣起；第二部分歌頌唐玄宗的文治武功，並向“大宗”闡述了其教旨。”文見尚永琪《〈楞嚴〉真僞與〈大唐舍利塔之碑〉考辨》，《文獻》1999 年第 4 期。

竊聞大雄猛[1]建威震萬方，動達三輪，影透塵沙之刹；繫持法鼓，吼

[1] 大雄猛：釋迦牟尼佛尊稱。《妙法蓮華經》卷 6《授記品》：“大雄猛世尊，諸釋之法王，哀愍我等故，而賜佛音聲。”

列娑婆，湛寂皎而圓明。正辨虛融之海瑩摩尼體，照落三禪，結集龍華，示現涅槃之積。今有遺形舍利，建塔鎮于唐邽川[1]，此伽藍所奉爲天寶聖文神武皇帝[2]，是以今（金）輪定國，遠播天門，邊境停戈，戎夷乏戟，莫由我皇王有感。月愛再弘，皆是我大師道成[3]秘瑩《楞嚴》[4]精藏，常持舍利，廣演禪河，凝定水而通光，喜賀綱漫之相，金蜂預樓，瑞應喜巢。大法之源，辨意三乘，混合無爲之道。契真冥應，三昧虛玄菩提，大宗勿惻其虔。今已堅身增萬，可表幽玄，鐫碑會文，勒名傳記。

天寶六載歲次丁亥二月丁未十五日辛酉永安寺[5]比丘海印敬造

出家弟子真净

修文弟子寶意樹

鐫碑弟子寶意林

新建三清閣碑記

【題解】碑原在南宋天水縣靈仙觀之三清閣。宋淳熙十五年(1188)立石。文載民國《秦州直隸州新志續編》卷6《藝文》。李綽撰。“續編”本碑文題下注云:“閣址無考,碑由天水鎮南河爲暴雨冲出。”

李綽:南宋孝宗時人,曾任内省都知、工部提舉官等職。

天水，國郡也[6]。山環合而集，水交流而清。風淳俗厚，自凉抵秦，凡邑無有出其右者。秀氣所鍾，在西北一山，勝狀爲邑之最。出邑北，右折百餘步，據山之趾曰靈仙觀，耆老傳云，太上老子化胡西返而留於此，因以名焉。

---

[1] 邽川：唐代秦州城所在之藉河川地，州城名上邽，故周遭川地稱邽川。上邽，秦縣，秦武公十年（前688）滅邽戎而設。

[2] 天寶聖文神武皇帝：即唐玄宗。據《舊唐書》，開元二十七年(739)，玄宗加尊號“聖文神武皇帝”。

[3] 道成：唐京兆恒济寺高僧，《宋高僧传》有传。

[4]《楞嚴》：大乘佛教經典，全稱爲《大佛頂如來密因修證了義諸菩薩萬行首楞嚴經》，唐代中葉譯出，歷代《大藏經》收録，歸入秘密部。

[5] 永安寺：此寺史志無載。據“大唐舍利之碑”出土地判斷，碑是永安寺之物，則寺院就在秦州城外的今城區東五里鋪天水賓館所在地，建造舍利塔的“比丘海印”應是永安寺住持。

[6] 天水：指天水縣。天水縣設於五代後唐，南宋一度設天水軍。因天水是宋國姓趙氏郡望所在，故曰“國郡”，即國姓之郡。

觀殿宇簡古，土木不甚宏麗，以仙跡所在，而邑人齋祓祈禱，惟是乎歸，常以不加葺爲愧。然通道鄰壤，更戎馬躪踐，雖欲經理，非特不暇，而力且不給。仰惟壽皇御極，繼志述事，遵高宗皇帝之訓，講修信好，而幸南北之民干戈不試，比三十年，俗阜人安[1]，道德之心亹亹加勸，一旦聚而言曰：“釋與老久矣，並立於世。自象教興，浮屠氏有所營繕，談笑頃在處金碧炳耀耳目。惟道家者，本天去羨寡欲，貴口務嗇，居處不以爲陋而安焉，欲振起若浮屠氏，吾屬盍共成之。”遂與徒會財募工設三清聖像。天顏杳貌，固未易形容髣髴，巍乎煥乎，盛矣不可及矣。像既備矣，館御不嚴，肅懼不足以稱，乃議建閣焉。其謀費，費侈，計其役，役廣。費與役仰於衆川委雲至，何用弗給。若侈且廣，非能者宰財齊工，則紛紛無端緒而不繼其事矣。

衆上其狀於縣。縣令廣漢張公孝友[2]，慈祥君子也，從而弗疑，俾邑之人相差等助資役，而令吕宜、程顯、米存躬掌其事。退謂曰：“區處今有序矣。當尅期以落之。”時淳熙十五年十月也。木章竹材，資自山林，範金合土，舍從陶治，斧斤、畚鍤之工，各盡其技，無敢少緩。越明年四月，張公被帥檄去。代其任者孫公默長於政事，知風土所宜，胸中涇渭自分，凡蒐情飾貌，至者清濁立判。故政未踰時，人人畏愛，不敢違公令。宜等自公來役，事未敢輒動。居無何，或有以昭會廟腐陋告者，公款謁祠下，率僚屬仍其舊而加新之。知公意所向，前此之役，此而復作，謹如初，以圖厥終。黄冠之流悉勸贊，相公亦常臨視之。百須不勞而具，告成於其年之九月。爲屋上下十有二楹，棼橑布翼，棟桴高驤，魁傑崇大，萃然孤起於城隅之上。往來者去門庭之遠，以帝所在焉，悚然起敬心，登降者雖步武之間，謂天實臨之，終亦無惰。相夫清潔之教，由斯而益熾矣。

既而命綽爲之記[3]。綽竊維凡興作貴乎上有益於國，中不損於民，下

[1] 張維《隴右金石録》本碑按語：“南宋初，秦州陷於金，分置南北二天水縣。後南天水復歸於宋，嘉泰中改爲天水軍，即今天水鎮地，故此石在鎮發現。紹興用兵，鎮地常爲兵衝。孝宗時，與金和議，干戈漸息，碑所謂‘通道鄰壤，更戎馬躪踐……壽皇……講修信好……比三十年，俗阜人安’即指此。”民國時的天水鎮和今天水鎮同名同地。

[2] 此天水縣令張孝友及其繼任者孫默《宋史》不載。

[3] 光緒《秦州直隸州新志》卷23《附録》之“州境石刻古跡”：“淳熙十六年仲冬秦亭李綽記，賜紫冲素大師茍若谷立石。碑在天水鎮。”據此，光緒州志編修時碑石尚存，“淳熙十六年仲冬秦

不私於己。有一於此，尚可書，况兼有之乎！今夫總山川之盛爲真聖所居，費且萬計，而秋毫無所利，是不私於己也。合邑之人，力揭琳宫之冠，期年畢事，而人不告勞，是不捐於民也。笙鏞遞奏，鐘鼓迭作，嘹亮於煙霞之表，官吏歲時熏修於此，以仰祝聖天子千萬年無疆之壽，是有益於國也。三美俱焉，不得不書。

秦州玉陽觀碑銘

【題解】碑今存秦州區關子鎮流水村。元至順三年（1332）立石。高158釐米，寬58釐米，厚12釐米。石灰巖質，基本完好。文載吴景山《西北民族碑文》，甘肅人民出版社，2001年，第166～167頁。

特賜金冠霞帕、三河讲經通玄□□□□

德天師岱嶽觀[1]住持張道□□□

奉議大夫秦州知州兼管本州诸軍奥魯勸農事王端[2]□□□□

從事仕郎秦州判官楊□□□□

秦城不遠百里有玉陽觀[3]者，陳公開基之肇也。公諱志隠，師禮玉陽真君門人亳州玉志宗之爲徒也。公自幼拔翠離儉，語惊時（缺5字）志懷雲水，心慕林泉。中統改元[4]，出關歷長安，踰岐踰隴及秦，周覽（缺5字）亭聖跡，亦足以多也。未幾，自郭西缘驿而行，涉夕水[5]，踰路歧□□□□三中曰流水由其縈谷窮源，纡盤而上，山曰半坡，愈见天地之寬，（缺5字）壑尤嘉，峰巒如削，竹林脩然，花卉馨然，□相龍罔之首，遂爲廬（缺5字）道友营資糧，薙榛莽，攻土木。踰紀，創建粹宇，厥功未克，公乃（缺5字）繼其令緒，皆諧徒不日崇構。

亭李緯記”和“賜紫冲素大師苟若谷立石”應是碑文後的落款文字。

[1] 岱嶽觀：即今天水市區北山的泰山廟。此觀歷史悠久，五代王仁裕《玉堂閒話》有載，言其“年代寖遠”。

[2] 此秦州知州王端及下文秦州判官楊某，“秦州志”均無載。

[3] 玉陽觀：在秦州區關子鎮流水村敖白山下。20世紀50年代後舊建築折毁殆盡，20世紀80年代後附近村民漸次集資重建。

[4]1260年，忽必烈汗將大蒙古國更名爲大元，改元中統。

[5] 夕水：即自西向東穿秦州城而過的藉河。

玉室寶殿，左右備列；靈祠三門，序各有次，以爲昭謝焉。西宫真人（缺5字）陽奂然一新矣。其徒趙善政乃繼述克承道統，感吾州賢士（缺5字）助塑繪，聖容肅穆，朝元列像，仿佛巍□赫然，增修齋宿之次，居（缺5字）屋四十餘楹，飛翬麗属，照映林谷，盛矣。玄門掌教宗師賜公□□□□真大師之號也。又披度冠者五六人，童子六七人，委其觀事。

嗟呼！非□□□□以致斯哉！一日知觀趙德通具其修營始末，囑予爲記，予曰善建喜□□□相和，良可也。予自愧庸學，再三固辭不獲，姑撫其實，仍繫之銘曰：

東土之人兮，寓秦之乾。化彼之民兮，結净因缘。吾道永隆兮，祝天子之萬年。教法無盡兮，燈燈之相傳。

秦亭李维正刻字

大元至順三年歲次壬申中秋吉旦

知觀趙德通、副觀趙德祥、趙德安洎道俗等立石

武略將軍征西都元帥汪舜昌[1]

太祖山行祠記

【題解】碑今存秦州區汪川鄉。至元三年（1337）立石。周坤德撰文，李才智書丹。石灰巖質，基本完好。文載吴景山《西北民族碑文》，甘肅人民出版社，2001年，第168～169頁。

（缺14字）人跡塵囂迥絶深处，皆有神物所棲，如雲龍風虎，盤蹹潜藏，施靈（缺5字）兆序，廟食一方，蓋窮壤精氣鍾之，靈而靈之，靈而神之也。

距城[2]之東北隅（缺6字）山之尊，木參天而陰陰，竹交翠而青青。山之巔，其坦而美，中有龍洞，不踰尋尺，水涌出（缺6字）汪漫漫，晨昏變態，狀四時之景聲，漱玉琴嘎音金，每遇歲旱，叩之必應，遐邇來取水者，曾不□□□誠必敬，影響潜孚，開有不誠，瓶中取水，恍然成冰，

[1] 汪舜昌（1292～1351）：隴右王汪世顯曾孫，元鞏昌鹽川人。墓在甘肅漳縣，其墓誌《元武節將軍吐蕃等處宣慰使司副使都元帥汪舜昌墓誌》出土，言其："天性敏悟，器局宏深。幼居庠序，如老成人。及長，通經史，精騎射，綽有大將之風焉。"

[2] 此處"城"應指天水縣城，在今秦州區天水鎮。

凝於林木之上，人各每过虔誠，冰遂弗睹，水復盈其瓶矣。即此而觀之，格思不可，虔誠之不可，掩如此天。

昔在宋時，敕賜善利普泽孚詁王，顔額所至，敕建行祠，月朔香火，歲時享祀，正在天水上店中川。泰定三年，歲次丙寅夏六月，旱季大甚，苗稼將枯，民心惶惶，若不聊生，恐罹饑饉，轉乎溝壑。時義武隴右王之□孫、龍虎卫右辖公之長子汪公進義[1]，閑是邑之别墅，率鄉中之耆舊，導迎聖水，禱於行祠，果沐神休，油然云□，沛然雨水，遂成三日之霖，苗稼勃乃若有烌掃如焚之□氣，轉凶歲以作豐年，四野謳歌，興情感戴。顧其行祠，歲月彌久，風雨剥落，殿宇摧傾。公乃推誠心，捨己資，備牲醴，邀同氣，即爲經营，剪除荆棘，鳩工度梓，運□施斧，重新而補葺，不踰□廟功告成，其牙檐高啄，輪奐粲然，永爲一瞻伏祈福之地。天曆年己巳[2]冬十月遇旱，公又詣行祠禱，是夜大雪平地尺餘。若此應驗，足見公之誠，默契於神，屢沾泽惠，實符衆望。是廟也，究其原始，歷數三百餘年，香火綿綿不絶者，神之靈，人之誠也。里社好事者欲踵□踪，樂於爲善，賴神之惠，恩紀神功，又張汪公祈禱救物之誠，重修行祠之成四韋，乃劃堅珉，□予爲文，以傳不朽。僕固辭不已，敬述前賢往行，拜乎而言曰：夫鬼神者，氣之良能也。依人而行，有其□則有其神，無其誠則無其神。傳有之曰：鬼神之爲德，其盛矣乎。意若有七年之旱，断發剪爪，躬代犧牲，禱桑林責己，自修而天大雨，周宣遇天而惧，厠身行瞻，彼雲漢欲銷去之，齊景值旱不雨，听晏子以□宫殿暴露於外，□山林河伯共其憂，天黑大雨。今我汪公精意入神，禱雨祈靈，屢沾神佑，雖不敢比古之成湯周景，其推誠心誠格亦猶是也。非惟至誠，感□而又合乎民心，原其胄將相糧奚，乃若誠意正心，修身齊家，治國莅政，忠君爱民，尤能克紹先盛，見義勇爲，當仁不讓，倌淹留郡府，廉聲聳撼人間。會當展傳説爲霖之乎，补衮廟堂

[1] 義武隴右王之□孫、龍虎衛右轄公之長子汪公進義："義武隴右王"即汪世顯，汪世顯之孫皆是"惟"字輩，"進義"當是汪惟某之字。汪氏惟字輩中，汪惟恭曾任西和州知州、階州同知等，仕宦之地地和"行祠記"所在地汪川相鄰，"汪公進義"疑即此公。或認爲"進義"是"進義校尉"簡稱，"汪公進義"係汪惟孝之子。參見趙一兵《元代鞏昌汪氏家族成員仕宦考論》，《元史及民族與邊疆研究集刊》（第二十一輯），上海古籍出版社，2010 年，第 68 頁。

[2] 天曆年己巳：元文宗天曆二年（1329）。

爲□□。

大元至元三年歲次丁丑四月孟夏初四日謹記

將仕郎前延安路延長縣主簿南安周坤德撰

進義校尉同知荐官□□諸軍奥魯及任臨洮府判官王傅、司馬汪伯卜花立石

書丹李才智

石工陳才[1]、王壽

廟官張才禄

賈家寺明代重建碑[2]

圖 1–27 賈家寺明代重建碑

【題解】碑今存秦州區賈家寺。明成化十六年（1480）立石。拱首條形碑，碑首題額“皇圖永固，帝道遐昌；佛日增輝，法輪常轉”。石灰巖質，基本完好。

洪維聖朝一統，宇宙萬邦，□下業林，悉如來之寶剎；山中寺院，□釋祖之道場。

茲者西秦天水郡赤峪古道之西南，佳山秀水，人傑地靈。先於太平洪武初[3]，聞有禪僧住錫□□，此地實乃山名水秀之道場。遂即法心乞化本境及諸方善衆，長者乞爲，喜捨資財，共成福果，建立成寺，名曰湧泉寺[4]。每遇朔望之日，有云遊住錫僧衆擊鼓鳴鐘，焚香燭，禮

[1] 此石工陳才和元泰定二年（1325）武山縣博物館藏《大元故鎮國上將軍征西都元帥汪公神道之墓誌》即汪惟永墓誌之石工陳才應是同一人。

[2] 碑爲重建碑，原本不題碑名，此處碑名爲著者新加。

[3] 寺内一殘損“重修碑記”隱約能辨“稽其來由，父老相傳曰洪武二年”字樣。

[4] 湧泉寺：又名賈家寺，在秦州區西南皂郊鎮賈家寺村。始建於洪武二年（1369）。寺内有古柏 5 株，古建鐘樓 1 座，餘爲 1980 年後復修之建築。

佛□經，福延聖壽，祈願國泰民安，永爲嘉慶。

代今年深歲，以風雨頻作，木植槾朽，殿堂傾折，磚瓦損碎。亦有本境檀那施主賈公、□信居士□，重發信心，慕懇本境善信男女各捨資財，重新修建殿宇，繪雕諸佛聖像，復舊如初。仍祈皇王萬歲，太子千秋。工既完成，永求福報。惟願是處人民年年豐稔，歲歲安康，百事吉祥，祈求如意。

斯有善信口名開具於後。恐後建寺功績成迷，乃勒石豎碑，故爲記之。

成化十六年十一月上朔吉日

湖藩蔡道雲書

重建發心大檀那施主賈宽福

慕緣雲遊禪僧如學

勸緣施主李節

石匠郭景禄

重修彌陀寺碑記

【題解】碑原在北關彌陀寺，今不存。清乾隆十年（1745）立石。文載新編《秦州區志》，甘肅文化出版社，2001年，第1145頁。

吴氏世籍江南，其初遠湮不可考。己自先世祖，諱禎公，仕明有武功，襲封靖海侯。禎公子諱烏二巴公，爲秦州衛指揮使，因家，屬秦州一派，公其始祖云[1]。軍政之暇，皈依如來，猶以衛署喧囂，特創建彌陀寺於城西北隅[2]。正西佛殿三楹，南序白衣大士殿三楹，北序郊禖殿三楹，正東關帝、韋陀殿一楹。南北又立僧舍，又置僧圃一區。常注香火義田三處。規制詳細，備極堅好。時洪武二十五年也。及今閲歷年所，兼遇兵燹，前代幸有補葺，賴以不傾。

康熙二十七年，公十代孫鄉飲賓殿箕等創建土地殿一楹，重加整理，梵宇如初。乾隆十年，十二代孫太學生延祚等更興土木，復事丹黄，内外

[1] 據《吴氏家譜》，秦州吴氏祖籍江南臨淮，洪武二十五年（1392），吴烏二巴任秦州衛指揮使，遂定居秦州。烏二巴之父吴禎是開國功臣，封靖海侯，《明史》有傳。乾隆《直隸秦州新志》卷7《官師下》“秦州衛指揮使”目無吴烏二巴名録。

[2] 彌陀寺：在天水市區北關，殘存，現爲秦州區玉泉鎮政府佔用。

焕然。又於寺西北隅創建喇嘛殿一楹，西南圍增立僧院一所，蓋深念先人建置竭立。輯苴工成，敘其始末，勒諸貞珉，以垂永久。後之人其無墜先志，嗣而葺之，是則祚等之厚望也夫！

計開香火義田於後：三陽川劉家溝窯上地澗六垧，立立地三垧（中間小路一條），宣帽頂地二垧。劉家溝對面地八垧。劉家溝大地旁圍肚子地二垧，水灘子地二垧。天水郡豹子溝門熟地十五垧，荒地在外。

王家莊門身下地七垧（此地有胭脂疙瘩）。

重修太陽山新洞寺碑記

【題解】碑原在秦州區太陽山，已散佚。文載民國《天水縣志》卷12《藝文志》。秦州蘇統武撰。

去城南五十里、由徐家店東進溝數里曰太陽山[1]，危峰北峙，廢寺遺址在焉[2]。正對南山之麓有靈湫，洞深十餘丈，僅容人入，遇旱祈，湫輒驗，土人名曰木香洞[3]。據明宣德四年《重修太陽山新洞寺觀音聖像碑記》，景泰辛未[4]已屬重修，現在。靈湫菩薩殿三楹則建太陽山右支迤北，正中偏西建關帝殿，旁有小磚塔，乾隆中寺僧冰大師建。由菩薩殿端下，地勢平敞，正北建佛殿三楹，坐丑向未[5]，左角門通住持禪院，右角門爲上山便門。東殿三楹，奉然燈佛、觀音菩薩、伽藍神。西殿三楹奉三霄聖母、四海龍王。南殿三楹中一間停脊隔朝北，奉韋陀，東西墻繪四大天王像；朝南奉無量祖師，旁列四大帥神。左鐘樓，右鼓樓，廟路由兩樓下出入，端對無量殿。下坡，廟一楹，中分向北，爲磨針殿，向南爲馬王殿。再下爲靈官殿，爲山神土地廟，俱南向。據寺鐘醮樓係康熙二十三年所鑄，其廟頂菩薩殿即舊所謂重修，而各廟或係後人添修，惜再無碑可考。磨針殿

[1] 太陽山：今名同。在秦州區皂郊鎮東溝以東2千米處，山勢險峻，林木蔥蘢。

[2] 廢寺：新洞寺始建時間不詳。20世紀70年代，寺院建築僅剩大雄寶殿、韋馱殿、鼓樓，1980年後漸次恢復。存古碑3通。

[3] 木香洞：在太陽山麓，今存。

[4] 景泰辛未：明代宗景泰二年（1451）。

[5] 坐丑向未：風水學名詞，即坐東北朝西南。

左向東爲萬歲亭，去亭不遠有樂樓，乾隆四十年建，歲久傾圮。

此次興工，移建於磨針殿右，並萬歲亭移建，與樂樓對。就萬歲亭舊基建亭焉。道光二十年，寺僧然桂曾經募化重修，距今僅五十餘年，惟山深林密兼以地震故坍塌特甚，今賴城鄉信善資助，廟宇焕然一新，因敘其顛末如此。寺前照山護林一處，並各處熟地共一百七十餘垧，所以資歲修供寺僧者也，因並附及。

大清光緒十七年四月起工，十九年八月告竣。

重建龍頭寺碑

【題解】碑在秦州區天水鎮龍頭寺。清光緒三十四年（1908）立石。文載閻虎林《天水關》，作家出版社，2003 年，第 111 ~ 112 頁。

伊昔斯寺爲秦、徽、西、禮四屬附近十八莊人公會地，祀奉龍神，頗著靈應。經始創建，弗能考知。

自同治初毁於賊氛[1]，惟留二古槐尚爲未泯之跡。昔之宫宇，一炬火燼，前輩增建之工程悉付諸荒渺。合會暫奉神於羅鎮，舉各會期，慨然停止乞四十年。荒臺廢塚，有心者蒿目增傷，未獲協力籌建，惟向有公業地一十二垧，每年僧人或種或租，以資香火之供。

此次動工，實爲創建。經始於光緒二十九年癸卯冬月，捐資伐木，甲辰[2]正月即破木動土，至二月二十九日立柱，先建佛殿一院並僧房院。自春徂秋，財神殿院及山門、樂樓、靈官、曹君各殿以次建立。七月朔，畫塑動工，閱三春而大局成。至丙午[3]閏四月開光懺殿。會後尚有餘資，於是復建鐘鼓、醮樓。各項小工又閲二載，方經完備。

佈施則合會更相捐助，共費錢兩千陸百串有奇，用小工壹萬八千數。督工數人，亦各不惜貲力，實心籌辦。落成之日，不欲泯滅建修之績，因將督辦並各莊催工、化主名及四路會底錢同勒之石，以垂不朽云。

---

[1] 龍頭寺碑同治二年（1863）被反清回民軍焚毁。

[2] 甲辰：清光緒三十年（1904）。

[3] 丙午：清光緒三十二年。

計開每年夏初演戲，四路定額會底錢數目：

羅家堡大小三莊，每年定額戲錢壹拾壹串文。閻家莊上下並劉家共三莊，每年定額戲錢四串文。安旗寨起至陳家灣九莊，每年定額戲錢壹拾壹串文。孫家莊起至火石溝止七莊，每年定額戲錢壹拾壹串文。

大清光緒三十四年歲次戊申無射月中浣公立石，陳世榮鐫字

忠顯靈應輔四府龍王記碑

【題解】碑在秦州區天水鎮龍頭寺。民國四年（1915）立石。文載閻虎林《天水關》，作家出版社，2003年，第113～115頁。

吾明末人也，祖籍山陰[1]平渡里。姓劉，諱澤遠，德存字，顯輝其別名也。洪武初，曾祖授鴻寶大夫，升内閣中丞。祖任光禄寺卿，復式微。予幼失怙，恃依於族叔成立。讀書粗知大義，長即棄文就武，習弓馬，學戰攻，應順天試，曾中武舉；以家貧無力斡旋，僅歸標效力三年，蒙楊公特拔，擢爲防禦使。崇禎元年，初守隴州，繼遷漢州。流寇之亂，予防禦有功，升總統。甫就階、岷之任，而流寇復至，予轉鬥七百里，殺賊數千人，賊焰少衰。明年春，賊竄西、禮。年歲饑荒，州縣豪猾多入賊中剽掠，循良子弟半結村寨自保。予應總督之命抄没山賊，堵禦岷郡，與賊猝遇於羊樓司。予身雖悍勇，奈軍不精練，餉不接繼，遂遇難於紅山橋，歿於王事。葬平林，墓爲大水冲刷，至今淹没矣。

於時予烈魂不散，以生前未盡孝養於父母、恩叔，顯揚褒封，又未盡忠悃於君國社稷，殫竭心力，鬱結之氣隨風飄泊，往來漢水之濱，救濟民生。上帝憫焉，敕封忠顯龍王，隨在督司雨露江河，值日管理風雨雷電，帡幪萬户，禋祀千秋。生前之志願意雖未盡酬，歿後之寵榮亦已極矣。嗚呼！人孰不死，死於國難，即爲順死，死亦適得其所。盡忠於國，受禄於天，澤施於民，聲顯於世，亦快事也。

自髮逆[2]釀禍以來，予守職無虧，司雨無差，到處顯跡，保障四方。回匪之亂此地，人民流徙，士馬紛馳，予大顯靈應捍禦祈陽。上帝稽查功過，

[1] 山陰：今山西山陰縣。

[2] 髮逆：此指清同治年間深入隴南一帶的太平天國起義軍餘部，舊方志或蔑稱“髮匪”。

旌别賢能，蒙恩加銜以忠顯靈應輔佑四府龍王，遂留廟貌於四處。今幸坐鎮於龍山，兹緣聖帝設壇闡教，勸化愚迷。生等又迎神教於此地，恩准降乩，覺牖四縣之民人，蓋異數也，亦千百年之奇緣，實爾堡之鴻庥也。

昨緣符使上稟生等，詢及歷履，欲表揚予姓字，其亦有心人哉。幸蒙祖師聖帝首可，復命予到壇親録其生平出處暨歿後源流。予故不揣冒昧，特表揭之，非自詡也。爲世之爲人臣者勸，並爲世之自立於天地之間者警，生等莫作予出身觀也可，亦莫信予此言也可。予本不樂人知予姓字，且並不敢表揚予官爵，特迫於帝命，兼生等之懇求，今宵降筆，留於人間，切不可播揚於衆，以警世而駭俗，是所願也[1]。

願生等其各勉之，爰爲之詞曰：

心存君國，澤潤生民，忠魂烈魄，往來江濱。職司雨露，不愆度程，英氣勃發，惟佑善人。捍災禦患，自明至清，三百餘年，屢顯威靈。廟貌雨士，姓字無聞，表揚於衆，内愧厥躬。患功德不立，民不安生；患劫降宇内，不患無名。今迫帝命，顯親揚名，撫躬自問，實慊於心。普顯生等，廣積陰功，立善千百，災不及身。宜教三綱，當盡五倫，漢水凡衆，多入善門。急遵神訓，早改舊行，若不敬信，上有雷霆。報應昭彰，身首分形，千祈自重，萬勿自輕。

中華民國四年歲次乙卯冬十月上浣穀旦公衆薰沐立

禮邑附生弟子羅書元虔誠敬書，終南山雲遊大仙親臨校正

龍頭寺迎神開壇碑記

【題解】碑在秦州區天水鎮龍頭寺。民國四年（1915）立石。文載閻虎林《天水關》，作家出版社，2003年，第116頁。

蓋聞紀事者，必提其要；纂言者，必鉤其玄。我堡[2]之迎神教於斯寺也，原不第開化東路之民人，實因問我四府龍王之根記也。藉令人心不和，吝於捐資，斯亦無何如何矣。可幸者，此事一舉，人心不約而同，不惟入

[1] 碑文以“忠顯龍王”自述的方式記述其身世和靈異，應是依據當地民間傳説撰文。

[2] 我堡：指禮縣羅家堡。羅家堡和秦州區天水鎮相鄰，距龍頭寺不遠。

壇諸生各捐資財，竭力趕辦；即未入壇衆姓，亦皆贊助佈施，歡欣鼓舞。此所以人有誠心，神有善念，恩准四月初一日降乩，覺牖愚迷。而當時在壇信士，因聯名呈疏，敬詢四府龍王源流並將軍出處，而我龍王將軍姓字始得以留傳人間[1]，將從此而村老再毋妄談矣。送神之後，恐年湮失傳，無從記憶，於是合壇集議，復上佈施，同日勒石两座，以爲之永垂不朽云。謹將開辦壇事人並上佈施銀姓名開列於左。

計開初上佈施銀共總三百零一两伍錢玖分，復助佈施銀共總壹拾三两一錢，貳總共上銀三佰壹拾两陸錢玖分。

計開迎神閣壇一應雜費並立石公用，共付錢三佰壹拾肆两陸錢玖分。

承辦首事人羅生華、羅鳳岐、羅映霞、羅書元

石工藩永安鐫字

中華民國四年歲次乙卯冬十月上浣穀旦閣壇弟子公立石

第九節　祠廟及其他建築碑刻

重修廳事記

【題解】碑已散佚。文存乾隆《直隸秦州新志》卷11《藝文中》。明成化十二年（1476）周洪謨撰。

周洪謨（1421 ~ 1492），字堯弼，明四川長寧縣人。歷任翰林院編修、侍讀，禮部侍郎，禮部尚書等職。著有《經書辨疑録》《敘州府志》《箐齋集》《南皋集》等。撰文時周在禮部侍郎任内。

聖朝統馭寰宇百有餘年，天下郡邑廳事，未免滋年脱。遇良有司重葺，易腐爲良，易豔爲堅，亦有損漏不可居而揞梧以託息者矣。夫其聽治之位，尚不能理，而况庶政、庶事乎？

秦州左汧隴，右洮岷，與羌戎接壤，亦用武之地。由國初至今，其廳

[1] 前“忠顯靈應輔四府龍王記碑”之内容即“敬詢”的結果。

事[1]亦累見葺，然皆苟簡，僅蔽風雨。未有如今日州守傅侯鼐[2]之重修者也。始侯至，見其凋敝，每雨過則漏如注，而亡房案牘有浥爛者。侯乃鳩哲匠，市良材，擲其舊而一新之。爲棟者六，高四仞，廣八尋，輪二丈四尺。左爲吏目廳，右爲廣豐庫。其後爲退省堂，其前左右爲六房案牘之所，並回廊迤邐於門者凡四十有九間。外爲重門，内環造官廨吏舍。經始於成化十二年秋七月，而落成於冬十有二月。搆者堅，覆者密，甃者平，扞者麗，較諸他郡所建，皆莫之及。抑豈廳事爲然。凡學校、殿廡、社稷、風雲雷雨山川厲祭之壇，以及陰陽、醫學、郵傳、里塾、城池、杠梁靡不以次而葺，抑不特營繕爲然[3]。其治民也，嚴以禁令，導以禮義，除淫祀以正人心，戒遊食以重農務，盜賊必祛，孤寡必恤，冤抑必伸，侯可謂豈弟君子而有猷有爲有守者矣。

是州同知、予鄉友張君琰[4]備書其政以寓之予，而屬爲廳記。侯，宜陽人[5]，舉進士爲御史，調宰同官而進今秩，予既爲識其工役大略，並次其政績梗概，使筆之石，以告後之相繼者。

重修分司署記

【**題解**】碑已散佚。文存乾隆《直隸秦州新志》卷11《藝文中》。明成化初年伍福撰。

伍福，字天錫，明臨川人。歷任咸寧教諭、陝西按察司副使等職。著有《咸寧縣志》《蘋野纂聞》《南山居士集》《雲峰清賞集》等。

聖朝稽古建官，内而京都置都察院，持國家風紀，曰“内臺”；外而方藩置按察司，綱紀四方之治，曰“外臺”。是皆寄之以繩，糾激揚之任，

[1] 廳事：又作“聽事”，指官署視事問案的廳堂。

[2] 州守傅侯鼐：即秦州知州傅鼐。傅，成化二十年離任，建廳事在成化十二年，可見在任時間較長。

[3] 傅鼐，乾隆《直隸秦州新志》卷9《名宦下》有傳，言：“諸凡凡學校、舍館、壇壝、橋梁，以次修葺，而州治改作宏麗，甲於他郡。”

[4] 張君琰：即秦州同知張琰。乾隆《直隸秦州新志》卷7《官師》“秦州同知”目：“張琰，宜賓人，國子生。”明代，周洪謨籍貫之長寧、張琰籍貫之宜賓同屬敘州府轄於是有“鄉友”的説法。

[5]“侯，宜陽人”是説傅鼐是宜陽人。乾隆《直隸秦州新志》卷7《官師》、卷9《名宦下》均言傅是“新河人”，不知何故。明代，宜陽屬河南府，新河屬直隸真定府冀州。

然按察使總其政令，副使、僉事則分道巡行，故諸郡邑又建分司以爲駐節之所，而巡撫、都憲、巡按侍御，循行亦於是乎寓，則又曰“行臺”。於以臨涖庶官，齊肅庶事，蓋必有深嚴崇大之規闢，堂廉而辨等威，豈徒爲觀美設耶？

秦州古成紀，自周封非子於斯，歷代號稱雄鎮。今隸隴右道，舊建分司東城外。洪武歷今，百有餘年，日就頹圮。成化初，陝西按察副使王君[1]朝選分憲於茲，歎其戾止匪宜，廉得城州曠地於州治西厥，位面陽爽塏，衡緒惟稱，遂白中丞馬公[2]俾改作之。王君遂以秦州衛指揮吴鐘、鞏昌府推官梅茂分董其役。經始於是年秋孟，至冬訖工。中爲澄清堂三鉅楹，崇三尺，深稱之，廣崇之。二堂後爲燕寢五鉅楹，崇深堂二尺有咫。重門俯於通衢，堂前翼以兩榮寢，左右復構庖湢公牘之室各三，皆碩才良甓，周以塗塈，涣以粉堊，堵墀甃而整潔，繚垣坋以穹嚴，輪涣一新，甲於諸郡，皆君經畫之素，民不知勞，財不知費，蓋將致嚴於職守，昭布於臺綱，視前之僻陋不侔矣。

嗚呼！行臺之制既備，君子居之，容可苟安乎？故夫斯民有蠹焉，吾祛之；斯民有姦焉，吾斥之；民罹非災，吾拯之；民蹈非罪，吾恤之。人材未興，何以成之；兵備未修，何以精之；寇戎侵暴，何以弭之；嚚訟繁滋，何以息之。厚典庸以厲澆俗，舉墜典以振頹風。事有當行，雖險不避，必使陽春不間於風霜之地，炎暑有藉乎冰玉之府。則身正臺端，居之無愧。苟濟私凌物，其來也人輕之，其去也人議之，高而身危，烏在其能繩糾激揚哉？

余按節於斯，覩其式制軒豁，如吾王君之爲人，重以父老之請，故樂記其事，俾刻石以壽將來。

[1] 王君：或爲曾任陝西按察副使的王預。王，明河南汝州人。天順元年（1457）進士。

[2] 中丞馬公：應是巡撫甘肅都御史馬某。

分守道題名記 [1]

【題解】碑已散佚。碑文收録康海《康對山先生集》,《續四庫全書》第1335冊,第302頁。又存乾隆《直隸秦州新志》卷11《藝文中》。明康海撰。

國家以天下爲十三布政司，設左右布政使以掌其政令，而又恐其未足以偏也，乃設分司、參政洎[2]參議分守焉。

關中地廣民庶，分司凡六。其直西爲隴右道，凡民人錢穀與大政號令，胥稟於道而後行。故政之不良，教之未洽，民人之未安，錢穀之虧溢，布政不與，曰："此責任分守者。"故分守得人，則一方被其福；非人，則一方值其咎。此猶以常地言也。而是地，當西北諸邊之要害，氐、戎、回紇，犬牙相向[3]，加以地寒而收薄，稍被旱乾，則終歲不毛，大豐之年，僅一登而止。而轉輸之苦，租庸之索，與夫婚喪俯仰之資，皆擬乎是。大家世族尚求足於芻牧田獵之外，其窮民索毛織罽，役於富人，男女終歲勤苦，無少休息，猶身無完衣，腹無充食，非上之人有以矜恤於其間，則舉天下之民，未有苦於是地者矣。

山陰成公質夫[4]前以御史按治斯地，抗忤權貴，被謫者幾年。值今上嗣統，用當道論薦，陟左參政，分守於此。訪察民隱，綜核吏治，凜然昔時丰采。不二載，吏就典列，百姓以安。貧者舒，困者起，和氣所萃，歲亦屢登。於是於暇日考其故所分守諸公名姓，幡然興感曰："夫前者，後之軌也；後者，前之視也。前有善，後則因而率之；有不善，後則懲而易之。今不載述於堅石，何以勸戒於後來？"故以書徵記於予。

然成公之意，正我國家建置之意，予不敢贅爲他辭。但取民之疾苦爲告語之，俾刻爲分司題名記。後之君子觀其人之賢否，訪其政之得失，則所以自勵於心，而中行其志，必有勃然而不可遏者矣。是非成公勖之哉。

[1] 康海《康對山先生集》題名《隴右分守道題名記》。
[2] 洎：乾隆《直隸秦州新志》作"泊"，茲據《康對山先生集》改。
[3] 向：乾隆《直隸秦州新志》作"尚"，茲據《康對山先生集》改。
[4] 成公質夫：即成文，質夫其字也，明山西文水人。弘治十五（1502）年進士，曾任分守隴右道。

湯牧義學記[1]

【**題解**】碑已散佚。文存乾隆《直隸秦州新志》卷11《藝文中》。王蓍撰。

王蓍（1670 ~ 1755），字孝徵，號梅治。康熙四十五年（1706）進士。康熙六十年任陝甘學政。

古之教者，家有塾，黨有庠，術有序，國有學，其造士之法，至詳且密也。漢唐以來，天下郡邑皆置學校，日月刮磨以成其材，非不彬彬可觀，而弦歌之聲未徹於閭閻，詩書之澤不及於草莽，其去黨庠術序之風已遠矣。

我皇上崇重儒術，樂育英才，御製訓飭士子文頒示學宮，永昭法守。海内之士，羣然向化，即棫樸菁莪，何以過此！然而槐宫泮水之旁，皋比絳帳之側，其捧袂懷經，揖讓進退於其間者，非博士第子員，未敢前而請業也。若夫荒郊陋巷，子弟之秀者類不乏人，而或混跡闤闠，負耒先疇，耳不聞鐘鼓之音，目不睹典籍之富，至於槁項黄馘，不能奮自振拔，良可惜也。夫豫章之目，不裁之以繩墨，則不能中棟梁；荆山之璞，不加之以磨礱，則不能成圭瓚。膠庠之士，繩墨磨礱之所及者也。里巷之子，繩墨磨礱之所不及者也。而欲養成天下之材，豫備王國之選，則義學之設，其爲功於學校者豈淺鮮哉？

秦州爲隴西大邑，水泉清美，卉木從薈，州人附山面居者，且耕且讀於其中。姚江湯君[2]來守是州，廉静寬仁，州人愛之，而於延覽士類、作養人才尤致意焉。既興學宫，復立義學者九，在邑曰官城，在鄉東曰社樹鎮、街子鎮、馬跑泉，西曰關子鎮、三十里鎮，南曰白家集，北曰石佛鎮、第八河、沿河城。闢其庭宇，厚其餼脩，又置田疇爲永久計，擇諸生之文行優者爲之師，以朝夕課訓於其中。於是州人子弟之秀者，未列黌宫，先遜於義學焉。辛丑[3]秋，余校士秦州，入彀者凡三十有六，而義學中之與選者濟濟焉，非湯君變化之力耶？昔文翁治蜀，立學於成都市，而吏民争趨；考亭知南

[1] 冯國瑞先生指麦積山石窟研究所拓片目録中有名“秦州刺史汤公捐俸設立九所義學碑記”者，應爲此碑拓片。

[2] 姚江湯君：即秦州知州湯其昌，清康熙六十年（1721）任。

[3] 辛丑：清康熙六十年（1721）。

康軍，修鹿洞遺址，而學規以立。爲民司牧，振興文教，古所尚也，況天水湖邊，麥積山下，代有偉人，得賢者而教育之，吾知人文蔚起，既足以光右文之治，而西京造士之化，庶幾復見於今兹云爾。

垂青樓雲章阁記

【題解】碑已散佚。文存康熙《秦州志·藝文》。王紀撰。

王紀：清山西沁水人。順治九年（1652）進士。順治十四年至十六年任分守隴右道。

聞之遡發祥者，必曰地靈人傑。頌思皇者，又謂人傑地靈。是地與人交相争重，而有時各操其勝也。

秦處西鄙，號天水古郡。山有嶓塚、隴坻之秀，水有漢、漾、渭、藉之美，所生物産迥異地郡。至於人物，尤冠絶古今。聖如羲皇、黄帝，誕育於斯；武如李廣、趙充國、姜維、劉錡，文如李白、李揆、權德輿，節烈如閆温、張邦憲、楊公則、權皋，大魁天下；正直不阿如趙逵[1]，皆灼爍光昭於漢唐宋之世。而明時鳥鼠山老翁纘宗胡先生[2]，文章政事尤表表特異。秦何代無人傑？乃必問地靈而培之、植之，相度卜築之爲哉[3]。奈明末清初，寇荒頻仍，一時人文幾與蔓草腐螢同作萎燼之慨矣。順治甲午歲，萊陽宋公分憲於秦，三韓姜侯亦相繼而出守兹土。值黄輿告變[4]之後，其時爲綢繆計者，唯城垣、唯公廨、唯黌宫、唯民間墻圍室宇，無暇爲地靈計。雖然秦大夫先慮及之矣，而於南城上已構奎樓一座。自城工告竣，而巡憲宋公以爲西州之士前此振雲合之奇，近今動晨星之歎，延堪輿家相全秦之方位而培植之，因卜築樓閣於東七里鋪。令州守董治其事，樓名“垂青”，蓋取士子青出於藍，垂芳百代。閣名“雲章”[5]，亦取雲漢天章，

[1] 趙逵：應爲“趙壹”之誤。趙壹，東漢天水西縣人，著名辭賦家。

[2] 鳥鼠山老翁纘宗胡先生：胡纘宗號鳥鼠山人，其書房名鳥鼠山房。

[3] 本段提及的秦州傑出人物幾部“秦州志”都有記載。

[4] 黄輿告變：指清順治十年（1653）秦州大地震。黄輿，大地。

[5] 雲章閣：原在秦州區東七里墩，清代歷經重修。民國《天水縣志》卷2《建置志》：“磚臺高二丈餘，下爲門，上爲樓三層，祀奎星。”1950年後毀。

官斯地者壽考作人之意云爾。

工始丙申[1]秋七月，落成於八月。仰而視之，與山若相抗；俯而閱之，與水若相拒；縱而觀之，與全城之樓臺亭閣交相拱，而且與肇啟斯文之羲皇廟貌遥相應，乃果山神毓秀，河伯鍾祥。丁酉科蒲生諱璋，張生諱璜，屬邑徐生諱世節者，乃文乃武，並登賢書於歲亥未發之餘。斯亦地靈之休徵，而作人之明念也夫。

是年春，宋公晉陟北平，勿克以丹山之筆作文以記。會予分守南安[2]，己亥歲轉蘇松兵備，秋七月停驛茲郡，州守姜侯以造樓蓋閣之概，請記於紀。余因而歎曰："世之爲監牧者，怙尊習惰，即官舍傾頹，覆厭及體，尚不葺治，而况地方風水之不急者乎！宋寅翁、姜州守於是過人遠矣。"登斯樓，步斯閣，殆不與巴陵之岳陽樓、洪都之滕王閣，僅侈形勝、餙觀美已也。蓋國家治化之所關，監牧政令之所出，一財一力，皆出之公而纖私莫及，紀喜甚、悦甚，爰作文以從大夫之請。巡憲宋公，諱琬，由丁亥進士；州守姜侯，諱光映[3]，由戊子貢生。銘曰：

雒茲秦封，密邇岐雍。世傳梧鳳，菶菶雝雝。漢唐宋明，烈烈轟轟。盛王化遠，俊傑難逢。歷來監牧，教思未宏。峨峨宋公，東海文雄。軔始量度，環視經營。經營維何，乃培震宫。乃高基址，乃新雕甍，鬱鬱葱葱，吉葉棟隆。山川生色，髦士峥嶸。作股作肱，追先哲之芳蹤。君子曰噫！伊誰之功，不有姜侯。斯樓斯閣，亦何以崇。是用勒銘，以譽永終。

每從危處轉層巒，直向絶巔遊。千峰岫色翻江浪，四面松風響石樓。吏隱不知山隱曠，結茅此地復何求。

創建文星閣[4]記

【題解】碑已散佚。文存乾隆《直隸秦州新志》卷11《藝文中》。清

[1] 丙申：清順治十三年（1656）。

[2] 明清時分守隴右道的駐節之地在鞏昌府（今甘肅隴西縣），此地屬漢代的南安郡所在，以故王紀言"分守南安"。

[3]"光映"應爲"光胤"。分巡隴右道宋琬、秦州知州姜光胤同爲順治十年蒞任，二人通力合作，多有政績。乾隆《直隸秦州新志》卷9《名宦下》俱有傳。

[4] 文星閣：又稱魁星閣，在秦州城南文峰山巔，今不存。乾隆《直隸秦州新志》卷3《建置》："魁星閣……其一在城南文峰之巔，凡三層，爲最高。乾隆四十八年知州劉斯和建。"

乾隆四十八年（1783）秦州知州劉斯和撰。

劉斯和：字育方，别號坦園，清河南郟縣人。乾隆四年（1739）進士。先後任山西渾源州、山西遼州、甘肅秦州等州知州，甘州府知府，新疆安西知府等職。著有《庸寓齋詩集》《庸寓齋文集》。乾隆《直隸秦州新志》卷7《官師下》“秦州知州”目：“劉斯和，郟縣人。翰林。”

古之君子，出而仕於時，必有政績之可徵，與功德之所實被。士當讀書考古，孰不心焉慕之。

余幸叨甲第，列庶常。時年始壯盛，方思遍閲秘集，從文學侍御之末，而用大吏薦，試外官，出牧山西之遼州。遼，小州也，民少事簡，值國家太平久，憲章完具，有司無可議興除者，而人文未振，官舍多閑，遂披閲架上書，仍理故業，擇諸生之雋者，躬爲之師，日進而訓督之，兼爲建文星閣一區。隨貢於禮部者數人，遼以爲美談，余亦竊自幸。未幾，移忻州，忻州政煩事劇，人材淵藪固無庸。

既補秦州，州當秦、蜀、雍、涼之中，綰幅員數百里，户籍數十萬，較遼爲甚，鉅事更劇於忻，而其文風之否塞則如遼。余竊異之，欲以訓遼者訓秦，而勢不給，欲以治忻者治秦，而心難已，因建文星閣於東南之最高峰。立塾延師，仍欲親訓如遼然後已。夫何軍需旁午，奔走弗遑，思與諸生説文義、剖經旨，無由也。迄今五載，官政民事及學校均鮮所建立，求如向在遼時不可得，余慚不亦甚乎哉？雖然地靈人傑，沉而後發，一旦多士感興，丕振廢墜，奮志風雲，且將有度越遼、忻萬萬者。余書内疚之衷，俾刻於石，以俟將來優優君子，庶幾其諒之焉。

重修雲章閣記

【題解】碑已散佚。文存乾隆《直隸秦州新志》卷11《藝文中》。秦州知州費廷珍撰。光緒《秦州直隸州新志》卷10《職官下》“秦州知州”目：“費廷珍，震澤人，例貢生。立漢陽書院，修藉水新隄，重建南門外文昌宫，重修秦州志。此其政之可記者。”

自州城迤東平衍五十里，曠無關隘。順治中，前守姜公於七里特築闢門，培地脈也。上建魁星閣，顔曰“雲章”，助文教也。乾隆戊寅[1]，予以菲薄，簡守大州，周歷郊牧，諮諏父老，蓋州人士之不舉於鄉也已四十餘年。而所謂雲章閣者，亦且頹然就廢矣。

今年秋[2]，官政稍暇，爰捐俸、謀新作，鳩工庀材之餘，未嘗不慷慨而三歎也。是州誕毓羲聖，實易結繩，文字之所始。自漢唐來，如李少卿、趙元叔，成紀諸李，斐然競秀，文章之盛，不可謂不遠。流寓則杜伯山之博通，子美之篇什，故跡遺風，猶有存者。涵濡浸染，不可謂不深。即繇勝國洎昭代以科舉進者，在康熙間猶蟬聯不絶，不可謂無人。一但風流衰歇，遂至於此，豈誠地靈寡助耶？予所爲慷慨三歎而弗能已於作也。

稽自創建以後，屢經補葺而已，余乃撤而易之，增置神龕及重門，計工凡兩月而訖[3]。捐金及百，堅致完好，約可支數十年。予其可對吾州人士哉？夫殫竭財力，以冀有益於民，守土者之職也。讀書稽古，發名成業，自奮於隆平之世，而無負牧守之勤勤屬望者，則又學者之所以自爲也。故記其緣起，而並致相勖之意如此。

立漢陽書院記

【題解】碑已散佚。文存乾隆《直隸秦州新志》卷11《藝文中》。秦州知州費廷珍撰。

當明成化時，歲乙酉，州之舉於鄉者四人[4]；丁酉科且六人[5]，文風稱最盛。過此亦多不絶。今自康熙丁酉舉二人[6]後，已閱四紀，乃無一焉。明年又乙酉，其否極而亨之候歟？余遷矣，弗與彙徵之慶。第念余數載經營，

[1] 乾隆戊寅：清乾隆二十三年（1758）。

[2] 今年：清乾隆二十七年（1762）。

[3] 乾隆《直隸秦州新志》卷3《建置》：“魁星閣……其一在東七里，順治中知州姜光胤建，題曰‘雲章閣’。乾隆三年，知州李鋐重修。二十七年，知州費廷珍大加改修，稱繕完焉。”

[4] 據乾隆《直隸秦州新志》卷8《選舉》，成化乙酉科，中舉4人，爲張鋭、馬瑞、孫俊、龍光。

[5] 據乾隆《直隸秦州新志》卷8《選舉》，成化丁酉科，中舉6人，爲馬體元、夏景和、朱玉、徐浩、董鼎、王輔。

[6] 據乾隆《直隸秦州新志》卷8《選舉》，康熙丁酉科，中舉二人，爲蒲本馨、連登庸。

所惓惓屬望於兹者，用心良苦，不可不記之以爲來者告。

方余下車伊始，詢及紳士，僉曰："扶輿磅礴之氣，或閟而弗揚也。"聿建文昌祠，焕魁星閣，又重新泮宫，冀或宣通，殊未即效，豈鍾靈之應有期耶？若謂勸學之無方也？則四鄉義塾已先此舉行矣。或又曰："秦固多才，而士久未遇，無與度金針者，不免囿於方域風氣。"則書院之設，烏可已哉？會軍書蠭午，有志未逮。

歲辛巳[1]，士民中有以捐貲請者，急爲白於上，加以衆擎，並自捐薄俸過千金，爲之購廣廈，置腴田，經之理之，俾各司之。夫然後書院成而余心少慰焉。顔曰"漢陽"[2]，因郡名，亦以章天有象而取兆文明也。

顧難其主教之人，生徒未集，蓋遠者道莫致，而近者衆弗尊。虚席及上冬，方具聘幣有所延，並親校諸生，以拔其萃。屬余將東行，遂弗果。夫事莫難於剏始，亦不易於有成。書院固巍然在也，蒞斯土者，誠加之意，登諸才雋，迪以高明，示之規條，勤其督課，將必有觀感奮興而追蹤曩哲者，安知成化年間之盛，不再見於今日耶？果爾，則於余數載苦心庶幾無負，雖不敢邀功自慶，而風聲遜聽，亦與有榮施焉爾。是則余之所極不能忘者。若夫屋若干間，地若干畝，以及出貲勷事姓名，別有碣。

創建隴南書院記

【題解】碑已散佚。文存光緒《秦州直隸州新志》卷21《藝文三》。分巡鞏秦階道董文涣撰。

董文涣（1833～1877），字堯章，號研秋、研樵等，山西洪洞縣杜戍村（今洪洞縣杜戍村）人。咸豐六年（1856）進士。同治十一年（1872）正月，改授甘肅鞏秦階兵備道，年底到達任所秦州正式蒞任。至光緒三年（1877）七月病逝官署。著有《硯樵山房日記》《硯樵山房詩稿》等。

古者鄉有庠，黨有序，閭有塾，里居有父師、少師，少師之教是以道

---

[1] 辛巳：清乾隆二十六年（1761）。

[2] 漢陽書院：秦州州立書院。乾隆《直隸秦州新志》卷3《建置》："書院，在吏目署東南向。乾隆二十七年，知州費廷珍捐俸新建。後書樓三楹，樓下暨左右齋房十餘間，前講堂三楹，左右齋房六七間，前爲屏門，門前深巷，埸街爲大門，有門樓，門外建坊曰'漢陽書院'。"

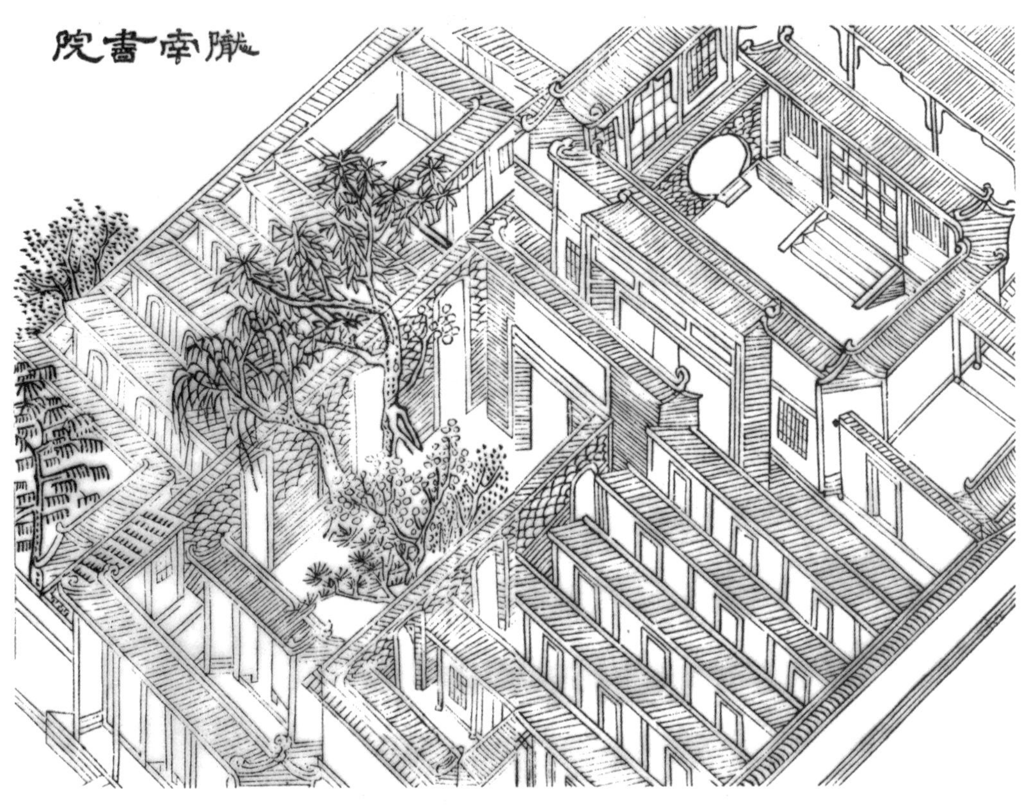

圖 1-28 光緒《秦州直隸州新志》所附隴南書院圖

德一而風俗同。漢晉經師設黌堂、繕精舍，至宋，府州縣學外分建書院，各設有山長。若周、陳、朱、吕治教之地，文獻尤盛，學者宗之如日月江漢，德教所被，成爲名儒。

國朝因明舊制，書院擇耆舊爲山長，以啟迪後學。教以尊親長幼之節，離經辨志之方，以及天地事物之變，古今治亂之理，至於修齊治平、先後始終之要。而又養之以大烹，勵之以宏獎，馴之以優容，需之以時日。噫！何其至也。故其教之成，則訟獄息、禮讓興；其才之成，則内外百官得其人，隨所施爲而無不當。所以俗美風移，鼓舞天下而莫之知，則書院之爲益大矣！寖及後世，學校不修，書院存者漸失古意，上官諉之有司，有司以催科聽政之繁，視同具文。爲之師者未必盡擇君子之儒，徒幽然自處其中，道德之旨，政理之體，固不素講。士有聰明樸茂之質，而無教養之漸，則其才之不成，又何足怪。天典民彝之斁，戮斯詭僻薄惡之習，勝吏承兵革之後，而治不教之民。嗚乎！世道人心之所以日瀉，刑罰盜賊之所以滋繁，皆以此也。

隴南文昌書院，舊在岷州道署之側。自同治三載回逆擾岷，道署、書院並毁於火。厥後巡道駐節秦州[1]，歲以爲常。秦地當衝要，關隴未靖，軍書絡繹，官吏疲於供支，咸視書院爲緩務，不暇之計。間有四方來學之士，皆以棲止無所，羣然自阻。迄今十餘載矣。壬申[2]冬，予分巡蒞此，歎人文之不振，慨然思振，懼無所佽也。取諸民，又恐民未孚，以爲厲已也。於是請之制府，勘丈西河[3]、禮縣叛産，賤其值，變價儲之，以待興築。踰年，鞭策不事，徵收悉完，乃與州牧黄君翥先[4]相州大城西倉，得亢爽之區，擇期庀材，以楊令迺濟董其役。地不足者，復售民房益之。藏經之室，誦講之堂，休息之廬，至於庖湢垣墉，各以次爲。經始於乙亥三月，告竣於丙子五月[5]，計費緡四萬有奇，而堂齋門廡，奂焉具備。

予顧而歎曰："是役也，奚啻創，因名曰隴南書院[6]，不沿文昌之舊也。"魯侯作泮宫，詩人誦之曰：無小無大，從公於邁。又曰：濟濟多士，克廣德心。隴南之俗，其君子敏於事、士之志於學者不少，特爲兵與歲所苦，居無屋宇，市無書肆，無所資以講習。今書院有其地，又得人師以爲之師，而以修淳一易治之俗，而進茂美易成之才，日相與藏修息遊，講其德行，習其文藝，吾固信其教化之將行，而風俗之丕變也。"夫教化可以變風俗，雖然必久而後至於善。昔歐陽子有言曰："善教者，以不倦之意，須遲久之功。禮

[1] 巡道：即分巡鞏秦階道，原駐岷州（今甘肅岷縣），自同治元年始，移駐秦州。

[2] 壬申：清同治十一年（1872）。

[3] "西河"係"西和"之誤。

[4] 州牧黄君翥先：即秦州知州黄翥先。光緒《秦州直隸州新志》卷10《職官下》"秦州知州"目："黄翥先，鍾祥人。例貢生。"

[5] 隴南書院光緒元年（1875）動工，光緒二年建成。

[6] 隴南書院：在秦州區民主路。坐北朝南，占地約5100平方米，平面呈長方形，以通道爲縱貫南北的中軸線，東西均稱擺佈，穿堂作隔院，自南而北，依次爲院門、齋房、通道、重門、内院、講堂、中院、後院等。建築形制多爲懸山、硬山或單坡頂式。光緒《秦州直隸州新志》卷2《地域》建置附言書院原建築羣情形："前爲大門，門内西房三楹，院夫居。北爲重門，門内爲東西齋房，凡六院。東第一院北，亭三，爲監院監課之所。西第六院北，西廳三楹，爲監院常位之所。餘生徒所居，凡四十五室。又北爲磚門，又北爲内院門。門内之南，東屋四楹，北之東屋三楹。又北爲重門，西房一楹，爲院夫常住之所。南位北向屋二楹。又北爲講堂三楹。堂後東西齋各三楹，爲掌院住處。北廳三楹，供至聖、文昌、魁星神牌。西耳房二楹，東耳房一楹。講堂之東，又一門，穿夾道而北，其東有房二楹；又北而西，門一，門内東西房各二楹。其北大門一，門内東西房各各五楹，北房五楹，東耳房一楹。後小院東西各二楹。"

成俗醇，然後爲學之成。”[1] 吾日望教之將行，而尤冀夫來者之能吾繼也。於是本其意爲記，以告來者。若館舍寬則士舒，堂廡寬則校士者舒，除風雨之患、燥濕之疾，猶其末焉者也。

復建巡道行臺記

【**題解**】碑已散佚。文存光緒《秦州直隸州新志》卷21《藝文三》。分巡鞏秦階道董文涣撰。

皇帝御極之二年，因秦西倉建道行臺於隴南書院之左。西倉者，隴右道署舊址。國初乾隆间，道移駐岷州[2]，廢署爲倉，至今猶稱道倉者，不掩其名也。

同治紀元，觀察林君之望[3]分巡來秦，時回逆肆起，擾及岷州，道署毁於火，林君以分巡道督辦南路軍務駐節秦之試院，繼此者歲因爲常。試院地本庳庮，内外無堂廉，官吏無舍館，庳逼破漏，至聽訟於廡下，案牘簿書棲列無所，往往散亂不可省識。歷十餘載，分巡者凡若人，咸因陋就簡，罔知興舉。

予分巡來秦，歎其戾止非宜，慨然以興廢爲己任。又慮兵燹之後，民力不可重困也，乃請於制府，費資於西、禮之變産，工取於書院之餘材，又增錢千萬，市木於州屬之關子鎮。即集下，州牧黄君燾先相地庀徒，擇日興築，以楊令迺濟分董其役。黄叟白童，連肩踴趨，以畚以鍤，以繩以削，斷度尋尺，是經是營，不督不期，役者自勸。羣吏之舍，視事之廳，便坐之齋，庫廄庖湢，各以序爲堂楹，東西分列六房，公牘户籍，室而藏之。自大門至寢廬，總爲楹凡若干區。始事於乙亥春三月，卒功於丙子夏五月[4]。崇簷崛興，複宇相瞰，周以塗塈，涣以粉堊，堦墀整潔，缭垣窮嚴，壯不至僭，麗不及侈，聽斷有所，燕休有次，條教理於是出納，士吏賓僚

[1] 語出北宋歐陽修《吉州學記》。

[2] 分巡隴右道官署康熙二十四年（1685）裁撤。康熙三十八年，隴右道合併於洮岷道，稱洮岷隴右道。乾隆年間，改稱洮岷鞏秦階道。道署移駐秦州後，改稱鞏秦階道。

[3] 觀察林君之望：即首任鞏秦階道林之望。

[4] 行臺完工時間和隴南書院同。

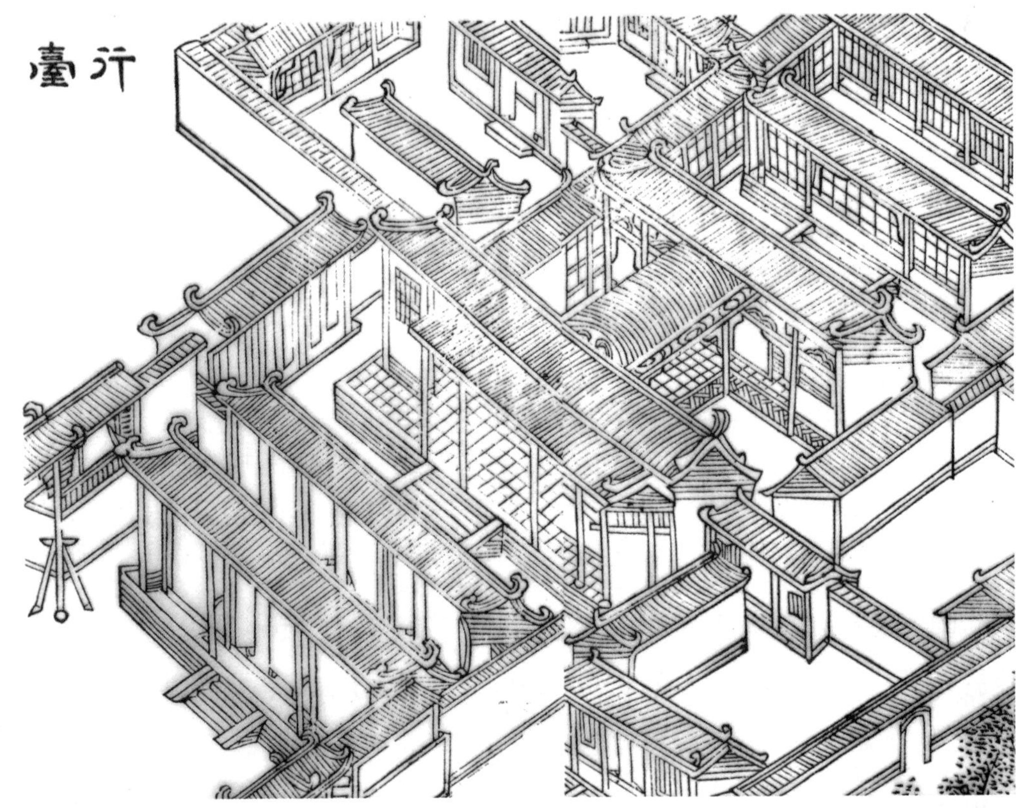

圖 1-29 光緒《秦州直隸州新志》所附巡道行臺圖

於是馳走。至於伐鼓擊柝，以警昏昕，下漏數刻，以節晝夜，則又新是四器列而棲之。邦之人士易其耳目，莫不忻悦。僉曰：輪哉！奂哉！中法程哉！昔也瓦礫，今則欂楝，無往不復，是乃天道，曷刻金石以示將來。

夫巡方問俗、激濁揚清者，巡道之責也。制既備矣，君子居之，容可苟安。故凡民有利焉，何以因之，民有蠹焉，何以祛之，民菑何拯，民難何恤，民暴何戢，民訟何息，保障之倚，德教之行，皆在此也。顧名思義，敢不勉旃？否則身居臺端，民具瞻視，來也，人輕去也。人議揆予初心，豈不剌謬。爰述顛末刊之年月，尚俾來者知作所始，且不負此臺也。

重修關帝廟碑記

【**題解**】碑已散佚。文存民國《秦州直隸州新志續編》卷 6《藝文》。署分巡鞏秦階道丁體常撰文。任其昌《敦素堂文集》亦收本文，名《代鞏秦階道丁公重修關帝廟記》，知原撰者爲任其昌。

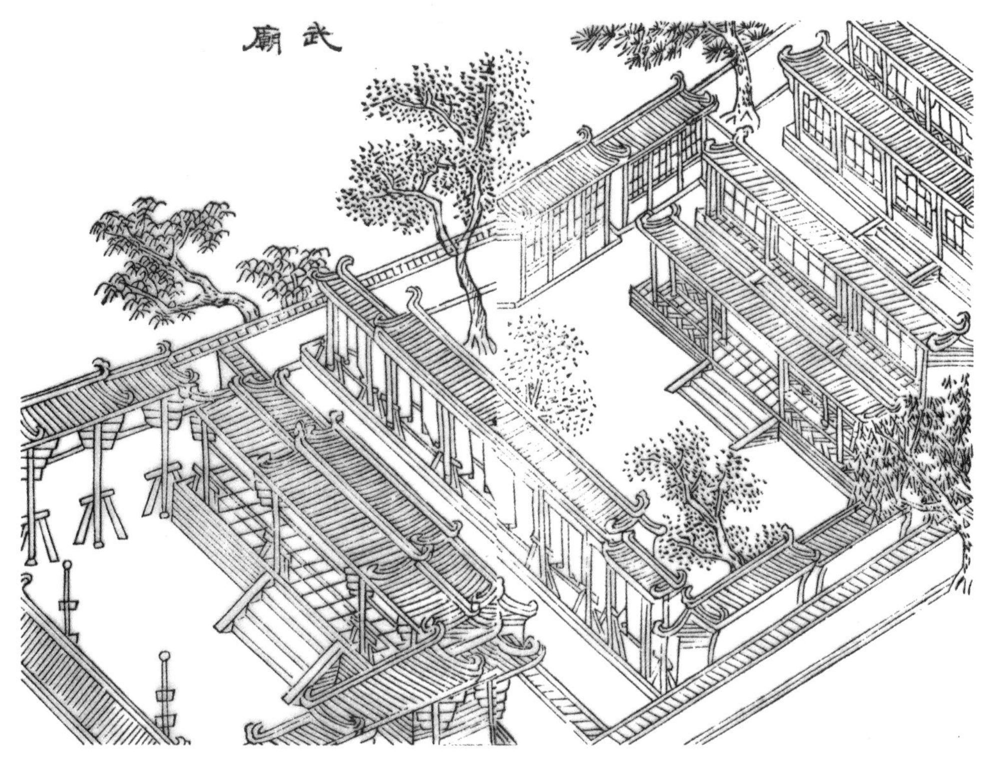

圖 1–30 光緒《秦州直隸州新志》所附秦州武廟圖

州五城關帝廟蓋十餘，獨在東關者爲春秋祠祭之所。考舊碣，廟在東關之東南隅。創始於元天曆二年，重修於明永樂甲午，落成於宣德甲寅，後復修於天順庚辰[1]。

逮國初，知州姜光允[2]改建於街衢中間之北，即今廟也[3]。工未蕆而遷去。至康熙二十二年，分守隴右道耿繼先嗣成之。樂樓則始於康熙十五年，乾隆五十七年知州齊佳士、道光八年知州李清傑復增修。至今殆五十餘年矣。榱桷朽蠹，丹碧剥落，不有以繼續而修飾之，將何以妥神靈？然則支柱梁棟，塓圬壁砌，此後人之責也。前己丑歲，巡道姚協贊諭紳士鳩貲庀工，工甫始而承事者病故，遂停工年餘。

今年，知州張珩屬在籍吏部主事蘇君統武總其成，勸分督，視擇人

[1] 明永樂甲午：明永樂十二年（1414）；宣德甲寅：宣德九年（1434）；天順庚辰：天順四年（1460）。

[2] “姜光允”即爲“姜光胤”，清人避世宗諱改胤爲允。

[3] 又稱武廟。此廟民國《天水縣志》卷2《建置志》有載，言“屢經修葺，今皆改爲營房”。現已不存。

士之賢者分任焉。樓殿門廡，無改前規。經始於己丑之春，落成於壬辰之秋[1]。凡材木甓埴繪畫之屬，共用緡若干。工將竣，州人請記其事。余維帝威猛雄壯，華夏懾竦，浩然正氣，凌蓋萬世，間關險難，竭忠季漢。自漢暨明，易侯而王，迄我朝首更舊謚，封號疊加至十餘字，是維大神，福佑我民。况兹天水舊郡，地大物衆，允號名疆，其爲廟貌也，宜乎敞爽而堂皇。余來巡兹土已三年矣，嘉官紳士民之敬於神而可以獲祜也，故樂爲之記。更告嗣世之君子，有以成後觀而無廢前績焉。

重修文昌宫記

【題解】碑已散佚。文存民國《秦州直隸州新志續編》卷6《藝文》。署分巡鞏秦階道丁體常撰文。任其昌《敦素堂文集》亦收本文，名《又代重修文昌宫記》，知原撰者爲任其昌。

朝廷甄明祀典，勿廢勿越，自天地社稷，日月星辰，風雷雲雨，川瀆喬嶽，餘及歷代帝王弼臣亮佐，莫不禋饗其神靈而答報夫本始，或於壇壝，或於其建號降神之地，其籩豆鉶鼎，牲牷粢盛之數，各以秩爲隆殺，上祀、中祀、下祀，有司者奉而行之，齷齷如也。

文昌本天星，考星經則司下人之禄命。嘉慶壬戌[2]，有旨直省府州縣各建立文昌宫，春秋致祭，列爲中祀，如孔聖。咸豐中，又於二月初三日加祭一牲牢，如正祀。然則奉行典禮，敬共明神，宜何如肅虔而後可？秦州文昌閣非一處，其春秋享祭之所則在東關關帝廟之東，其創建無可考[3]。嘉慶九年，前知州神木王賜均拓而大之，正殿三楹，前饗殿三楹，後殿三楹，前後東西廡各三楹，重門三楹，大門三楹，門外綽楔一。自嘉慶甲子嘉慶甲子[4]至今，將及百年，雖甍棟端嚴如故，而店楄間有頹敗。光緒己丑歲，議重修關帝廟，遂並飭材焉。朽者移之，摧者支之，梁柱磚石，

[1] 己丑：清光緒十五年（1889）；壬辰：光緒十八年。

[2] 嘉慶壬戌：清嘉慶七年（1802）。

[3] 文昌宫：民國《天水縣志》卷2《建置志》："文昌宫，在武廟之東。清雍正中建。惟無樓，其餘規模略似武廟。今地址爲東關學校用。"

[4] 嘉慶甲子：清嘉慶九年（1804）。

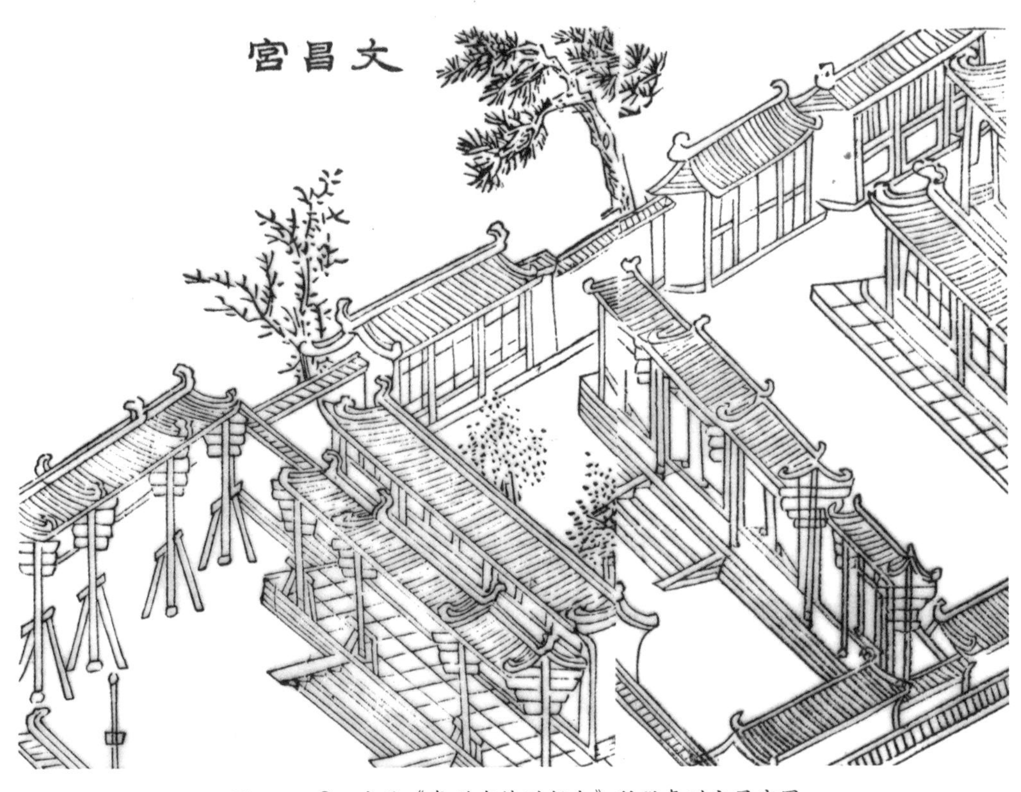

圖 1-31 光緒《秦州直隸州新志》所附秦州文昌宫圖

丹青黝堊，規制如故，而新舊改觀焉。其經始告成月日，一如關帝廟。工將蕆，因並記其始末，且以諗後之官吏士民，有以謹典守而迓神庥焉。

任士言先生祠記

【題解】碑已散佚。文存民國《秦州直隸州新志續編》卷 6《藝文》。周務學撰。

周務學（1868 ~ 1921），字本齋，今甘肅天水市秦州區人。光緒二十三年（1897）舉人。歷任安徽廬州縣令、甘肅陸軍學堂總辦、甘肅涇原道尹、新疆阿山道尹等職。

名宦鄉賢，祠典均重。癸卯[1]冬，於陶勤肅公[2]祠之南，立室三楹，祀士言任先生像[3]。南置小亭，以府碑碣。其北舍與勤肅祠共。

[1] 癸卯：清光緒二十九年（1903）。

[2] 陶勤肅公：即秦州知州陶模，“勤肅”是其謚號。

[3] 士言任先生：即天水清代大教育家任其昌先生，士言是其字。任士言先生祠和陶勤肅公祠相鄰，

先生幼清貧苦學不倦，及進士第，供職户部，由山東司幫稿洊進主稿。同治癸酉[1]，奉母回籍。董研樵[2]觀察延請主講隴南書院，教士子有法。於括帖中，特勉以崇實學、敦品節，一時士習咸趨於正。其捷南宫、入詞林者，文藝俱優，而器識亦爲時所重，豈非教澤之所及者遠歟！勤肅牧秦時與先生最契，及督甘，先生謁之，與勤肅並坐爲小照。今勤肅祠告竣，而先生之祠亦成，似亦有天焉！何前後之不謀而合也。

吾秦雖鄙處一隅，名宦鄉賢代有偉人。然自乾嘉至今，牧民者以勤肅爲最。而鄉先生之崇實學、抑浮靡，其道德文章足以爲師表而挽頹風者則先生一人而已。《詩》曰："高山仰止，景行行止。雖不能止，然心嚮往之。"跡先生之爲人與其所學，與勤肅公並存可也。

嗚呼！先生往矣，而先生之澤尚在人間。先生生辰没忌，吾儕香火致奠，因敬生慕，則居鄉知以先生爲法。異日偶膺一官，庶幾見計决疑，確有把握；即經挫折，不失所守，安知功業赫赫不遠過乎勤肅歟？先生及公亦且顧而樂之，爰敘其立祠大意如此。至先生躬行及所著述，已見墓表及史傳，不復贅云。

敕建丁公專祠碑記

【題解】碑原在秦州城南水月寺，现存秦州區玉泉觀。清宣統三年（1911）立石。高 200 釐米，寬 89 釐米。拱首條形，保存基本完好。文又存民國《天水縣志》卷 12《藝文志》，名《前任鞏秦階道敕建丁公專祠碑記》。任承允撰。

宣統元載冬十月晦日，前鞏秦階道慎五丁公[3]卒於濟南寓廬。溯公去官已五年，去隴踰十年矣。訃聞之日，里巷哀悼，追慕思其德，蓋久而未之或忘也。越明年，鄉人官京師者公呈都察院，代奏請建專祠，奉旨立即

原在秦州南籍河對過文峰山西北山麓三臺寺南，今不存。

[1] 同治癸酉：清同治十二年（1873）。

[2] 董研樵：即時任分巡鞏秦階道的董文涣，研樵是其號。

[3] 鞏秦階道慎五丁公：即丁體常，字慎五，貴州平遠（今織金縣）人。光緒十六年至二十二年（1890 ~ 1896）任分巡鞏秦階道。官廣東布政使。

俞允，異數也。

公爲同治中興名臣文誠公[1]長公子，由刑部郎以黔中平匪績改用山西知府，值大饑，公亟典衣物助賑。賑餘，又不肯從衆染指，遂以特操聞於時，實補潞安府，升河東道。丁父憂，卻鹽商賻金十萬兩。服闋起，原官分巡隴右，繡衣西指。父老迎瞻馬首，皆色喜曰："仁人也，必有以福我矣！"公馭吏以嚴，不爲矯飾刻激之行，撫民安靖不擾，弗求赫赫名。採風問俗，重闉洞開，士民上謁，晉接不倦而將之以誠，故利弊周晰，設施裕如。居秦凡七年，政以成，民以大和。光緒歲乙未，河湟回變作[2]，氣機所煽，隴左右之部族或蠢蠢然欲動，而無識漢民又構虛詞激蕩之，勢將燎原矣。公乃密編保甲，嚴禁種種謡言，進其首領，開誠佈公，怵之以威，申之以大義，不動聲色而反側漸平。是秋，升授本省按察使，紳民籲留坐鎮，又一年，至軍事大定，始去任。

嗚呼！用師連年，流血千里，顧我三郡[3]兩族之民，咫尺水火，獨得飽眠於衽席，非公之賜而誰歟？考之禮，禦大災，捍大患，則合於祭法。然則大災患當前，從容消弭，不勞捍禦之力，又當何如？焦爛且爲上客，況在徙薪。謂吾民而不俎豆尸祝焉，非情矣。

既共籌所以棲神者，夫以桐鄉遺愛，特崇祀典，因陋就簡，難語奉嘗矣。然時會艱難，市野交疲於政費，必欲比例恢宏，不且違公節儉恤民之素心乎？乃於城南之山雲閣擇饗殿三楹，峻宇崇階，面山抱水，華朴適中，爽塏閎穆。右爲宋公祠，後爲董公祠[4]，是皆前觀察使之最賢。位公其間，衆僉曰宜。丹雘既新，奠位設享，旌旄鐘鼓，黍稷椒漿，濟濟衣冠，靡不貌肅而心愉。而環門觀禮者，扶鳩耆老，竹馬兒童，且萬人忭舞於廣陌，懿歟盛哉！從此風車雲馬，日往來於荷香柳碧間，呵護舊治如生前，將百千萬禩無窮期也。

[1] 文誠公：即丁寶楨（1820 ~ 1886），"文成"其謚號也。丁，咸豐三年（1853）進士，洋務運動重要成員。官至四川總督。

[2]"光緒歲乙未，河湟回變作"指光緒二十一年（1895）循化、河州一帶回、撒拉等族反清事件。

[3] 三郡：指鞏秦階道治下的鞏昌府、秦州直隸州、階州直隸州。

[4] 宋公：分巡隴右道宋琬；董公：分巡鞏秦階道董文渙。

嘗謂文誠公以撥亂崛起，精神魄力，譬四時之有夏，烈日迅霆，以震動昭蘇萬物。公濟美承平，一播以春和，時雨霡霂，惠風淡蕩，亦可謂善承堂構矣。抑公自謂政術多師資於朝邑閻文介相國[1]，夫以公之和易可親似歟，文介不相肖矣。然易而有則，外和而內有其狷，然在其得諸其骨而不襲其貌者歟。祠既成，同人委記建祠之由，其治績之不涉本境者不具書。

公諱體常，歷官至護理巡撫，貴州人。蓋文誠公葬於山東，遂移籍云。

藉水新隄記

【題解】碑已散佚。文存光緒《秦州直隸州新志》卷21《藝文三》。署秦州知州陶模撰。任其昌《敦素堂文集》亦收本文，名《代州牧陶公河隄記》。知原撰者爲任其昌。

藉水，一曰洋水，出州治西南谷中[2]。匯衆流而東，逕城南至古緜諸縣西南入渭。其两涯畦圃布列，溝澮相望，運舂磨，灌菘韭，爲利滋大。然每有甚雨，則演漾瀰湃，漱沙走石，厓垠崩摧，樹木偃僕，湍悍迅激，蓋幾不可禦焉。

乙亥[3]冬，余涖兹土，閱視城垣，譙門之外彌望，皆坎窞水道，北衝齧城隍，十幾去二三，心憫焉，欲爲隄以障之，庶事悤卒，弗良及也。丁丑[4]春初，卜吉興築，自西至東，長三百五十丈，高八尺，厚二丈，以土不以石，剛則激易，迻取其柔，不與水争也。內外各樹柳數百本，杙亦柳，冀其根虯結可以堅隄址也。外作小隄十餘，少横之以當急溜，備搶修也。隄以內舊有禪刹曰"水月"[5]，於其東建一亭爲休息之所。國初，萊陽宋荔裳先生備兵隴右，駐此州，修城築隄，州人念之，鐫其象於石，因搨而

[1] 朝邑閻文介相國：即清朝邑縣（今屬大荔縣）人閻敬銘（1817～1892），"文介"其謚號也。閻，官至軍機大臣，總理各國事務衙門大臣，東閣大學士。

[2] 藉水：即今穿天水市區而過的藉河。《山海經》稱洋水。發源於秦州區西南、甘谷縣南的瘦驢嶺，至麥積區峡口村流入渭河。

[3] 乙亥：清光緒元年（1875）。

[4] 丁丑：清光緒三年（1877）。

[5] 水月寺：寺原在今天水市人民公園處，已不存。民國《天水縣志》卷2《建置志》："水月寺，在城南。內有文昌宫、宋荔裳祠、山雲閣等處。今改爲城南公園。"

供之，景前烈也。其外鑿两池，種菡萏，當花時，與民田瓜瓠，紅緑相影涵，雖無與於政，於息勞之義庶有取焉。五閱月事告蕆，凡費緡錢若干，皆出廉俸爲之，未徵役，兵燹甫息，不可重若吾民也。

水南當城門，有谷曰吕二溝，其水旱則涸，雨則漲。舊有隄，束之使東去，隄潰十餘年，遂擁藉水，北趨城下。今年春，行荒政閒，欲以工代，遂取散賑所餘，貲千八百緡復其隄，共長三百四丈，其内外亦樹以柳，歷八十許日，工亦竣。

吾聞之父老，城南先有宋公隄，嗣有費公隄。宋，即荔裳先生；費，乾隆時知州事，延陵費廷珍也。夫荔裳去今已二百年，費君不過百年，而其所爲隄皆銷蝕無遺跡。而兹隄也，緑楊白沙，吾民日往來遊嬉其上，似有所甚樂者。顧吾不知後更幾年，亦將如宋隄、費隄之漠然而不可指其處也。因述顛末，以告後之仁而良於政與吾民之義，而能終其事者。

重修天水湖記

【題解】碑已散佚。文存民國《秦州直隸州新志續編》卷6《藝文》。清乾隆二十九年（1764）秦州知州國棟撰。

國棟：満洲正黄旗人。進士。乾隆二十九年（1764）任秦州知州。有政績，光緒《秦州直隸州新志》卷12《名宦下》有傳。

天地之消息循環，一誠也。故誠之不可掩，雖抑鬱扼塞於一時者，不數年而必達理，在數不得不從。凡物之盛衰類如此。

州西南五里名天水郡，有方湖，袤三丈四尺，廣二丈八尺，清淺可鑒鬚鬢，且能愈疾[1]。舊有五色魚，甚繁滋；湖心有亭，今皆無存矣。湖亦

---

[1] 此“方湖”即天水湖，地在今秦州區西南七里處的天水郡，具體位置在南溝河和籍河交匯處靠南，係地下水湧出而成。“天水盈池”（乾隆《直隸秦州新志》稱“天水靈源”）明清時爲秦州十景之一。天水湖至遲在宋代即見於史籍。康熙《秦州志·城池》：“城西南七里曰天水湖。其水冬夏不涸不溢，四時瑩然。宋建隆建天水神殿湖上；傳云水可愈疾，故名其殿曰惠應。”又，乾隆《直隸秦州新志》卷2《山川》在記述“天水湖”時設有三個條目。“天水湖，南七里，其水冬夏平満，不溢不涸，宋建水神廟”。“天水神廟，南七里天水湖上，因水可愈疾，名惠應廟，宋建隆初建，今廢爲寺”。“大佛寺，西南七里天水池上，即宋惠應故廟基”。又，民國《天水縣志》卷2《建置志》：“靈源寺，在今縣治西南五里。東向正殿、两廊對庭多神列居。庭前有池，人皆視爲靈湫。經民國九年地震，全寺强半傾圮，今改爲靈源小學校。”時當《天水縣志》修成的1930年。總之，民國時湖面窄小，

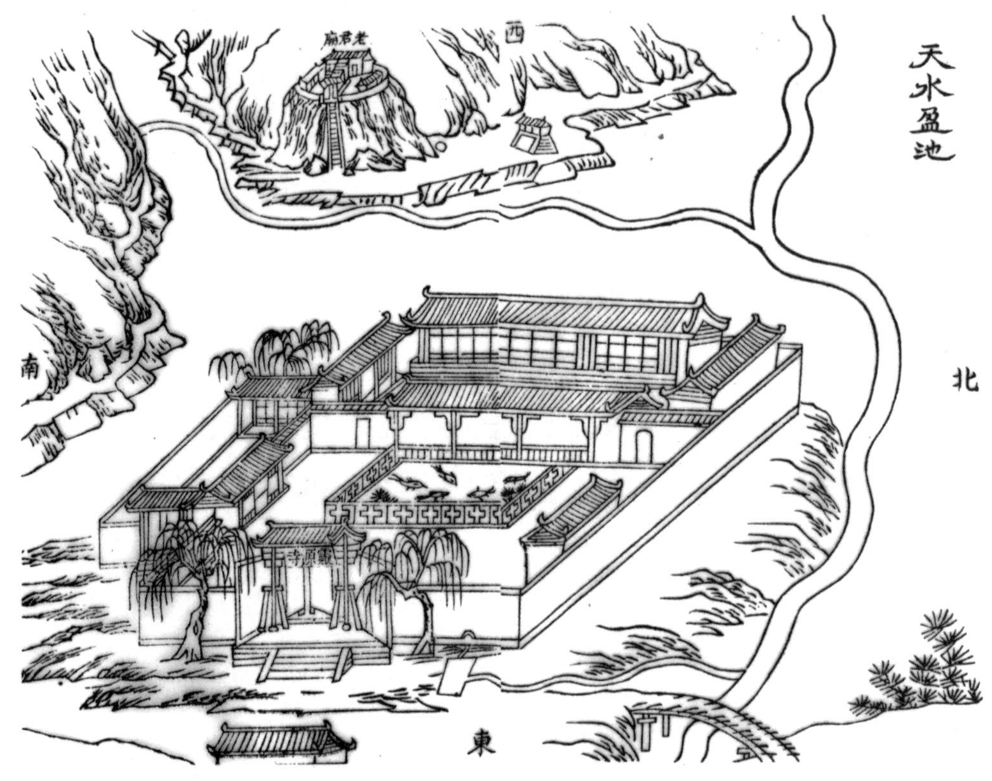

圖 1-32 光緒《秦州直隸州新志》所附秦州十景之一天水盈池圖

爲積潦所淤幾平，吁！可惜也！

夏六月，州境以閔雨，問祈禱湖，俗有取水例，因齋沐挈瓶往。既驗，余謂天水之爲郡，古矣，迄今村猶蒙郡名，得非古天水以茲湖名歟[1]！且湖雖久淤，其澄流分渠，溉稻田尚不啻十頃，則方其盛時，當何如耶？抑靈源非遠，修濬易易耳，熟視焉若無睹，其故何耶？遂鳩工具畚鍤，抉泥揚波，浚而深之，得泉幾四十滃，然抑流噴珠濺玉，甘洌沁心脾。復爲整其四壁，甃其岸，繚以朱欄，取渭河魚百十尾畜其中，而湖之本色粗復。

廟宇殘破。20 世紀 50 年代後，逐漸乾涸，現爲天水市自來水公司水井之一。

[1] 天水郡始設於漢武帝元鼎三年（前 114），至於其得名，學術界多有爭議。最流行的説法是唐顔師古注《漢書·地理志》涉及天水郡時引證的地記資料："《秦州地記》云，郡前湖水冬夏無增減，因以名焉。" 事實上，天水郡初設時，其郡治在平襄（今甘肅省通渭縣城）。東漢初，天水郡治遷至冀縣（今甘肅甘谷縣西）。西晉太康七年（286），天水郡及秦州治所均三遷至上邽，即今天水市秦州區。不查天水郡治所數次遷移的源流，一概將地記所言"郡前有湖"等語定位在今天水市區以解釋天水來由，是極不合理的。南宋祝穆《方輿勝覽》有言："漢武帝分置天水郡，治平襄，取天水湖以爲名。"這條史料既言郡治在距今天水市區數百里外的平襄，又言天水得名來源於宋代在今天水市區的"天水湖"（即所謂"郡前有湖"），自相矛盾，適可説明以今秦州區天水郡的天水湖言説"天水"名由的錯誤。

夫人之耳目趨於新，而蹤跡從所聚，凡事盛於始衰於漸，無恒盛亦無恒衰，存乎理，存乎數，尤存乎人。其盛其衰，皆始於一二人，而附而和者乃衆。創難，復舊難，保之更難，豈獨茲湖爲然耶！且名必有所緣起，有是實斯稱是名，事之當顧名思義以既其實者，又豈獨茲湖爲然耶？斯理也通於政，故爲之記。時乾隆甲申[1]。

敕建陶勤肅公專祠碑

【題解】碑已散佚。文存民國《秦州直隸州新志續編》卷6《藝文》。清光緒二十九年（1903）秦州知州張珩撰。

光緒二十八年，前升州秀水陶公模以粵督致仕，疾終於海南行館。訃音踰隴，若士大夫，若農，若工商，靡不潸然涕遺愛也。

閲明年，闔省耆紳聯名籲請建立專祠。奏甫入，秦之人僉欲私公於州。爰闢三臺寺之南隅隙地，凹者築，凸者削，登登憑憑，楹之庭之，噦噦噲噲，其冥其正，將以爲春秋報祀之所。程工未竣，得旨俞允。商之紳庶，則以爲連歲歉登，土木繁滋，弗可以重累吾民也。遂因所創而宏其規制焉，庶朝廷崇德報功之典，與閭閻戴仁慕義之忱，有交相爲美者乎！

憶公去十餘年而余始至，迄今又十餘年矣。當時駕竹之兒童，臥轍攀轅之翁嫗，其存者謳吟慕思，想[2]與頌説德政，尚如公坐堂皇决事景象，今又廟貌而像設之，俾後生孺子，俎豆焉，馨香焉，禮意勤，渠更過於高曾祖父時，非公之盛業有所膠固於斯人之心者而能然歟？夫世之學仕者，動以清慎勤爲官箴常語，然克既其實者實鮮。

秦州固饒富，時人所目爲第一優缺者。公爲政三載，不以妻孥自隨，廉俸所入，悉以奉公。凡益民事，百廢俱舉。其築藉水、吕二溝隄，至親暴軒蓋於烈風酷日之中。而政之大者，則在賑饑一事。秦州萬户甍連，加以關輔流亡，麕至鱗集，銀之兩，糧之石，費均以萬計，一不假手吏胥，擇城鄉士人之願謹者司之，規章秩然，費無浮靡，而民無餓莩，至今父老

[1] 乾隆甲申：清乾隆二十九年（1764）。

[2]“想”疑應爲“相”。

言之，多有感頌而流涕者。

嗚呼！他人有一於此，目循良矣，况公之兼清慎勤三者而綽綽者耶？他若清訟牘，省規費，懲姦猾，恤煢嫠，端士習，其始所以與民休息，終所以輯美風俗者，大抵察敏精力，如黄霸而不苛細；平正無私，如朱邑而不寒儉；拊循安和，如兒寬而不濡懦；操制英發，如趙廣漢而不輕急。故當時父老閱好官多，乃觀公政之成，則扶杖而歎曰："古未有也！"漢元始四年，詔祀百辟卿士有益於民者。蜀以文翁，九江以召信臣，如公者其肸蠁千秋，證美前賢矣！

祠基正對吕二溝[1]，隄，公手築也，隄之上，萬柳參天，其甘棠之蔽芾乎？噫嘻！秦民之思公，如周人之思召公焉！余不敏，繼公之治，謹守勿敢踰，玆又幸襄成公祠，勒其大端於貞瑎，爲來政勸也。至於猷績之覼縷，匠氏之制度，則有紳民紀事在，不贅書云。

知州陶公德政碑

【題解】碑已散佚。文存民國《秦州直隸州新志續編》卷6《藝文》。任其昌撰。

浙水使君以乙亥冬十一月來吾州，己卯閏月調守甘州以去，凡蒞玆三年有五月[2]。丙子春，作藉水新隄，藉水逕州城南，東入渭。舊有隄，齧蝕崩圮踰二紀[3]，無過視者。水益北衝，城隍幾蹷盡，其下有圃田勿間也。公卜日僦工，躬相版幹，雨淋日炙，未遑告勞，兩閱歲工始蕆，東西凡三百餘丈，用緡錢八千有奇，皆取給廉俸，民不知役[4]。

丁丑[5]，秦晉燕豫皆苦旱，吾州亦自五月不雨，秋禾槁，麥種不入地。

[1] 陶勤肅公祠在原在秦州南藉河對面文峰山西北山麓三臺寺南，和任其昌祠相鄰，今不存。

[2] 浙水使君：即秦州知州陶模（1835 ~ 1902）。陶，字子方，浙江秀水（今嘉興市）人。清同治七年（1868）進士。光緒元年至四年（1875 ~ 1878）任秦州知州。任内築"陶公隄"，賑濟災民，救濟孤寡，整頓治安，頗有政績。在秦州爲官三年多，廉俸全部歸公。民國《秦州直隸州新志續編》卷2《名宦》有傳。

[3] 二紀：二十四年。此處"踰二紀"是相對於清乾隆年間的費公隄而言的。

[4] 關於陶模主持修築藉河隄防情況，詳見前《藉水新隄記》。

[5] 丁丑：清光緒三年（1877）。

公菲食徒步，奔走壇社，凡所以爲祈禱者，靡不至，數得小雨，輒不沾足，遂議賑。適大府檄亦至，因决行之。令上户各視其力出餘糧，自百石至數石，分十等，其願以錢者聽。約得穀六千餘石。分命士紳歷村墟，造户口册，應受賑者曰極貧户，曰次貧户，曰大口、小口，予錢穀各如額，勿濫勿遺，惠則以均，羸瘠之民，僅二萬户，終無一餓殍者。秦晉流亡麕集境内，皆按口授錢，計應費二三千緡。州所屬之兩當縣、山岔[1]廳災尤甚，各予之穀數百石，公獨任之，民不與也。

天民之窮極，於嫠婦貧無依，則改適，風化渝薄，此焉其始。公爲文縣令，即捐廉以爲恤嫠者倡。及蒞吾州，夙議兹事，未行也。戊寅[2]秋，荒政已訖，得餘錢踰千緡，又捐廉三千緡，請於大府，爲恤嫠經費，立之科條[3]，示可永守，付授士人，無與吏胥，既養而教，以革淫慝，以惇義節。

先是，州署驛馬飼秣之芻茭，取於農；銀錢布帛之貿易，抑於市；土木金鐵之作治，索於工。名曰和買，實則丐奪。自公皆蠲除罄盡，無少科累。其士流之貧老者廩給之，材者扶掖之，窳者容養之，庶人之疲癃殘疾窘窮而無告者以時衣食之，務爲暴蠹，有害於閭閻之作息出入者誅殛而責罰之。求瘼恤隱，指其塗飾文具者無有也。近世親民之吏，於徵賦之贏縮，齗齗然然不以施也。有反此者，則林亭遊觀，繪畫景物而已。或不幸有事，苟具簿書，假手胥，徒公帑私蓄，唐捐縻灑，其無事則孑孑煦煦，容姦而長惡，政化之原如異人，任鰥寡孤獨顛連之狀未嘗留大高軒者之一盼，則公之行事之不易，與吾民之眷眷於公也，洵非偶者。

公既去，父老欲永公之德於勿忘，命爲文將勒諸石，因撮其大者書之，其細者固可略也。

創建陶公祠碑記

【題解】碑已散佚。文存民國《天水縣志》卷12《藝文志》。任承允撰。

[1] 山岔：即三岔廳，廳治在今麥積區吴砦鎮。

[2] 戊寅：清光緒四年（1878）。

[3] 陶模主持制定《恤嫠章程》20條，以賑濟嫠婦。文載光緒《秦州直隸州新志》卷21《藝文三》。

古之官之去也，聞臥轍攀轅矣！其歿也，聞巷哭立祠矣！讀史者驗其民情，想象其盛意，特古風之厚，今世則烏有也。雖然，今吏之良者抑有異焉，有仁心仁聞矣。而煦煦娖娖，不澤民，反殃民者，政不達也。廉無奢取，敏足集事矣，而愛人之誠摯又不足以結物。噫！是實心實政之無，交盡顧致疑於甘棠之愛歟。

胡不觀吾陶公，以光緒乙亥來牧秦州。越一年，政通廢舉。丁丑，關隴旱荒，禱而籌賑，瘁力焦思，活居民以萬計，流民以數千計。捐俸移粟於山岔、兩當，又以數千百石計賑，餘緡錢厥用保嫠哀煢，經遠風教是維。及政之成，士服其訓，農工商遍其德。以寬以嚴，良安剔蠹，輕役免徭，與民休息。州城南有藉水，又有吕二溝水，灌輸交漲，齧蝕隍堧，爲居人患。舊有宋隄、費隄，廢矣。公下車之明年，築藉隄，隄北建祠，祀宋公。又明年，以工代賑，築吕二溝隄。工浩用博，咸自官出，民不知役而知利焉。水災之淡，迄今三十年。

壬寅[1]秋，淤沙壅水，吕二隄始决。不兩月，公訃自粤至[2]。踰年，周本齋孝廉[3]監修隄傍衝没之菩薩洞。州人士走而告曰："昔公炙日淋雨，旰食執撲，躬相版幹，成隄以惠民，曷闢寺南隙地立祠，識遺愛，且企後政目斷隄而心愓乎？"僉謀曰"宜"，閎構乃立。凡建正殿三楹，拜庭稱之，齋、息、庖、濯之所備焉，基石移木，幽邃敞爽[4]。經始之日，百匠獻技，子來歡洽，萬牛之棟，輕如槁葉，若有神助。經營不日落成之日，冠裳絡繹，士庶駢闐，陳牲祼醴，密餌朱筵，苾苾芬芬，於萬斯年。吁！公精神之鼓舞吾民者，豈偶然哉！

昔公去秦也，民借寇君不得，則相與刻石紀德政，送者白叟黄童擠道周。訃聞，家吊巷哭，而又祠而祭之，以崇報於久且遠。大學引詩，終不可喧釋以盛德，至民之不能忘。公位方面，久歷他省矣，凡秦人晉謁，雖

[1] 壬寅：清光緒二十八年（1902）。

[2] 清光緒二十九年時任两廣總督的陶模去世，消息傳到秦州。

[3] 周本齋孝廉：即秦州周務學，本齋，其字；其人舉人出身，故言。

[4] 此陶公祠在城南水月寺，和藉河對面文峰山三臺寺建的陶勤肅公祠不在一地。

賤者必召見慰勞，問年穀之豐歉、官吏之賢否，與其河隄、恤嫠諸政。及移督陜甘，首檄築東關城，又頒洋砲若干[1]，爲桑土綢繆備。是公於吾民，尚未能一日忘之，而謂吾民，或能一日忘公，豈情也哉！

公歸葬於浙矣，然白沙緑柳之間，風車靈旗，儼然有呵護吾民者在，萬里雖遥，當不棄我奉嘗，則朱邑桐鄉，其在斯乎！其在斯乎！公德業在天下，姑述吾州政績與祠之沿起以記。

第十節　墓碑墓誌

君遐碑[2]

【題解】北魏碑石，據陳萬里《萬里校碑録》，此碑“民國十四年夏出土於天水關帝廟前廣場，現存天水某學校中”。今已散佚，天水馮國瑞有拓片，現存麥積山石窟藝術研究所。就拓片來看，碑之下半段殘且缺。高 121 釐米，寬 93 釐米。張維《隴右金石録》按語：“此碑有名字而失其姓，以文義考之，當爲元魏宗室，仕至東兗州刺史，殁於兗地，而秦州故吏爲之建石刊頌。考諸魏書宗室諸傳，其官閥無與碑相當者，知史書所載遺落不少也。志稿據《萬里校碑録》。今得拓本，爲正其脱誤，惜拓本無碑陰，未能全爲斠訂耳。”此碑之碑陰有“清水郡”“略陽郡”等地名，“西曹書佐”等職官名，對研究地方行政設置很有意義。

君諱遐字樂延河南洛陽人侍中柱國

州諸軍事鎮西大將軍青梁二州刺史外

皇基綿遠□□□□十一世祖體〔强〕[3]温良

徒□明五教照理二義梁州總戎五牧連化雨著

[1] 清光緒二十二年（1896）時任陜甘總督的陶模爲秦州購置開花砲 4 尊、快槍 440 支，在大城設立洋砲局。

[2] 君遐碑：因碑殘，碑主姓氏及碑之題名無從稽考，著録者或以碑文起首有“君諱遐”而命名“君遐碑”，或因碑主姓氏不詳而命名“□遐碑”。

[3] 强：《隴右金石録》著録爲偏旁“弓”（右缺如），從拓片判斷，似爲“强”字。

玉潔方年敬學垂髫業隆總鬢過庭之訓早聞孝悌之風
凰自卷阿駒維場藿地盡國望華窮海美君才陰之重寶
顯星□□移遷司州功曹雖云朝廷之知人抑亦囊鋒之
清遠將可以禅[1]輝穀性增潤寶業旨奖綢繆
用禮恭約齊晏謙遜漢踈雲京初構風道方開
杖教刑推畔讓途頌聲繼路難文翁之化
滄海望簡蕩□□知人之哲聲流神甸
□□□□□□□□文魏緯開懷以
非仁莫濟帝静慮三旦明發二夕内
暴故陽幹[2]之徒無乱行之犯屙疾之
穿窬風掃姦掠雲除民俗慕德兵士歸仁
□帝鄉瓊琇無滞芳聲俞聞韶□尤著
□□□備於五聽□過□□三宅進
□□□在三慕義建石途刻頌景式
既於西軌將軫□人泣送如嬰兒之失良母
國彦朝賢之□□□鄧林矣昔隨會入朝
□□於兹《易》云輔相之宜《詩》言惟翰之美君其
□□□□□□□天水吕雲合州府民豪望
哲□□后轩辕自生靈芝育琨弁寶出荆
伊何克生王國芳音綺年蘭響岐嶷庭訓
舊威彼爲霧聚我以風刦自古大仇今恒窮
耀日□□□□□□□□作牧東兖
留床兖地弃□□□□□□□德化尤
仁君德音孔照等蹤周旦僖是超敢以寸石

碑陰第一段：

安子平凉員獻永

[1] 禅：《萬里校碑録》《隴右金石録》著録爲偏旁“衣”，其實從拓片看，很清楚應是“禅”。
[2] 幹：《萬里校碑録》《隴右金石録》著録爲“於”，從拓片看應是“幹”。

上谷寇[1]德敬

治中督護清水郡略陽王達遷

襄威將軍

軍兼别駕督護略陽清水

水二郡京兆韋祉元

長史行隴西鎮督護天水隴西二郡河東侯

碑陰第二段：

兼治中從事史主簿督護略陽清水二郡事天水姜胡

懷遠

主簿都護漢陽郡事

雲

兼主簿西曹書佐天水

兼主簿西曹書佐都護上封顯親二縣事王儉

伏恭

兼西曹書佐祭酒從事史略陽垣恒

□道

從事史督護漢安中城

碑陰第三段：

部漢陽從事史南安

從事史兼略陽郡督護黄令

從事史兼清水郡隴西

李遜

道恭

從事史兼典籤南安焦緒

[1] 寇：《萬里校碑録》《隴右金石録》著録字形爲上下結構之“寇”，應是“寇”之異體字。

從

從

從

獨生墓誌

【題解】 墓誌出土于秦州區。高40釐米，寬30釐米。西魏大統九年（543）刻石。誌石完好，字跡清晰。墓誌本無標題，此題爲校注者所加。

父使持節、安北將軍、都督秦州諸軍事、秦州刺史、略陽郡開國公諱步肱[1]。

使持節、安北大將軍、都督南荆州諸軍事、銀青光禄大夫、南荆州刺史[2]、當州大都督、昌陽子、三門縣開國伯封君諱獨生，在職薨殞，旨贈秦州刺史。管給依禮，葬於萬疆嶺。刊石之銘。

大統九年歲次癸亥十月戊午朔，二十七日遷窆[3]。

周大將軍趙公[4]墓誌銘

【題解】 碑石不存。張維《隴右金石録》著録，題名《宇文廣墓誌銘》。《庾子山集》題名爲《周大將軍趙公墓誌銘》，兹從之。庾信撰。見清倪璠注，許逸民校點《庾子山集》，中華書局，1980年，第1012～1018頁。

庾信（513～581），字子山，南陽新野（今屬河南）人。南北朝時期著名文學家，也是碑誌文大家，“羣公碑誌，多相請託”。作品結集爲《庾子山集》。據墓誌，宇文廣天和三年六年六月“歸葬於秦州之某原”，陵墓在秦州某原則碑誌必然在焉。

---

[1] 步肱及子獨生史籍無載。此墓誌不記其父子姓氏。

[2] 南荆州：北魏延昌元年（512）置，治所安昌城（今湖北棗陽市南三十里）。西魏廢帝三年（554）改置昌州。

[3] 從墓誌落款“二十七日遷窆”看，此墓誌當爲二次葬“遷窆”時的記事誌石，此外當另有詳載世系、功業、題名、誌文、序贊齊全的主墓誌。“旨贈秦州刺史”的獨生葬秦州萬疆嶺，可斷定身爲其父“都督秦州諸軍事、秦州刺史”步肱也葬於此。萬疆嶺應即今天水市區北山梁之某地。

[4] 趙公：宇文廣之封爵。《北史》卷50《周宗室》之《宇文廣傳》説：“廣字乾歸，少方嚴，好文學。武成初，位大將軍、梁州總管，進封蔡國公，累遷秦州刺史、總管十三州諸軍事。性明察，善撫綏，人庶畏悦之。”

公讳廣，字乾歸，邵惠公[1]之元孫，豳孝公[2]之長子。若木拂日，長蛇委天，龍圖幕河之光，神鼎連雲之氣，六辯構字，五運徵祥。是以维嶽降神，自天生德，凝脂點漆，日角珠庭，爲子則名高五都，爲臣則光照千里。華蓋中天之峰，未階其峻；虞淵浴日之水，不盡其源。歲在琱車，年方竹馬。月内桂樹，切問能訓；石上木生，懸思即悟。年十一，孝公薨。煢煢在疚，孺慕過禮，泉驚孝水，竹動寒林，三行克宣，八翼斯舉。

大周建國，宗子維城，设壝封人，分司典命，開國天水郡公，食邑二千户。元年，授使持節，驃騎大將軍、開府儀同三司。其年四月，授都督、秦州刺史。孝公久牧汧隴，遺愛在人，今兹见撫，我君之子。豈獨司隸之臺，鮑宣累葉；丞相之府，韋賢重代。二年，拜大將軍。方衛青之張幕，册重元勛；譬韓信之登壇，榮高獨拜。

武成元年，遷都督興梁等十九州諸軍事、梁州刺史。嶓冢導漾，乃濟漢之東流；蔡蒙旅平，實華陽之西極。其年九月，改封蔡國公，食邑萬户。地接韓城，關臨楚鄗。户封八縣，恩深寇恂之功；邑啓萬家，事極曹參之賞。

保定元年，授少司寇。犴户苔生，囹關鑰動。載酒屬車，幸無冤氣；觀囚軍府，或聽鳴琴。二年，轉守蒲城，都督潼關等六防諸軍事。其年閏月，遷都督秦渭等十二州諸軍事、秦州刺史。公亟牧冀城，頻藩隴坻，豪桀斂手，貪殘解印。加以上谷精兵，漁陽噪鼓，北臨高柳，南望長榆，匈奴下馬之山，貴相藏酒之谷，莫不遠慕威聲，遥承風化。二年，奉詔向甘州迎皇后。有文書手，仲子之歸；紀裂繻来，卿爲君逆。自非名高絶國，威被和鄰，豈得稱族而行尊君之命。四年，授柱國大將軍。昭陽以功高见用，項梁以名將當官，以今方之，彼有慚德。

天和三年，授都督陝虞等八州甘（廿）防諸軍事、陝州刺史。屈產垂棘，既有滅虢之兵；王官羈馬，非無絶秦之路。公以正正鼓旗，閒閒車軌，服叛威邊，算無遺策。但以中外久勞，積斯災疾，山川則并走羣望，賓客則諸侯在門。是以請謁承明，言歸湯沐，方詢夏郊之祀，或辯桑林之祟。更

[1] 邵惠公：名宇文顥，周太祖宇文護之長兄。

[2] 豳孝公：名宇文導，宇文顥之次子。

除秦州刺史，仍襲父爵豳國公。分流之嶺未登，晚塞之城空望。太夫人以公羸瘠，悲泣相守，胸氣交衝，奄捐館舍。公頓伏苫寢，水漿不入，雖王人勸奪，瘠鉅愈增。母死於子，子死於母，慈孝之道，一朝總集。大漸之辰，春秋二十有九[1]。四關罷市，三軍行哭。言尋聽訟，猶見寒棠；還顧空營，唯餘衰柳。謚贈某官，禮也。六年六月，歸葬於秦州之某原[2]。玄甲啓路，追旌驃騎之功；龍旃贈行，深悼東平之遠。

公亮直惟忠，温恭惟孝，居之仁義，飾以禮樂，風神機警，聰睿精明，有仞於宫牆，無形於喜愠。金版玉策之記，枕籍忘疲；蘭葉芝花之圖，膏映必举。碣石秋雲，昭陽落月，思風含臆，言泉流吻。翩翩書記，則阮瑀、陳琳，荏荏風流，則王濛、謝眺。語其百發，弓絶於猿吟；論其百中，劍深於雁陳。枚乘之望梁苑，不憚棄官；樂毅之求燕路，無辞千里。至如應變將略，雷霆立成；帷帳謀猷，孫吴暗合。有品藻人倫之志，有清平天下之心。鵬路忽摧，龍津遂壅。嗚呼哀哉！太宰早茂三荆，長辞萬始，撫养遺孤，連枝同氣。馬援之戒兄子，義存謹飭；王沉之事世叔，情深愛敬。同德比義，此之謂乎！乃爲銘曰：

御乾從紀，乘離作聖，白環讓德，玄珪受命。平一地紐，增輝天鏡，傍陰数國，前臨七政。地屬先登，時逢下武，玉璜撥亂，金縢光輔。衛晉承家，邢茅胙土，波分建木，派流玄扈。景命寅序，徽猷淵塞，忠有令圖，孝爲全德。山節莅政，桓珪守國，瀚海將临，燕山行勤。平樂高宴，金華説經，論儒璧水，觀禮明庭。相風待賦，承露須銘，乘舟向日，策馬随星。德學克明，能賢允淑，上將授脤，元戎推轂。趙失東漁，胡亡南牧，箭下遼城，泥封函谷。衮衣頻露，丹襜亟卷，約法情推，繁辭理遣。盗烏悬察，疑蛇立辯，人共官園，家同野繭。簫雲推景，轉風落仞，星裂中臺，山傾左鎮。夏楹舍爵，殷階奠殯，緣幕躡行，明旌庭引。秦川道望，隴水分飛，山河满目，容衛靈歸。陵圖石馬[3]，車畫衮衣，小山摇落，長林變衰。淒愴原隰，荒

[1] 宇文廣卒於天和二年（567），以其“春秋二十九”計，則生於540年。

[2]《北史》卷57《周宗室》之《宇文廣傳》言“葬於隴右”，和墓誌説法相符合。

[3]《北史》卷57《周宗室》之《宇文廣傳》言“葬於隴右，所司一遵儉約之典”。但由銘文之“陵圖石馬”“十里松城”看，陵墓規模頗爲不小。秦州舊志不載宇文廣墓。

涼宅兆，樹密人稀，山多路小。十里松城，千年華表，夜臺方寂，窮泉無曉。

開府儀同鳳州刺史尉遲墓誌

【**題解**】墓誌銘現存天水市博物館。民國二十四年(1935)出土。民國《天水縣志》卷13《藝文志》："此誌於民國二十四年修汽車路時掘出，係天和六年正月九日刻石，距今一千三百七十年。現存香山寺。"[1]按：香山寺在天水市秦城區瓦窯坡北山。正方形，邊長43.5釐米，厚9釐米。青石質，並蓋一合两石。誌蓋陽刻篆書3行12字："開府儀同鳳州刺史尉遲墓銘。"誌文陰刻，楷書29行計850字。保存完整，字跡清楚。《隴右金石録》說："楷書朗逸，北朝佳構，全石無絲毫損傷，尤難得也。"

公本姓趙，諱佺，字元昌，天水上邽人也。源其濫觴顓頊，聿興叔帶。簡子遊天，賜二笥而兼翟；無恤登山，得寶符而取代。先零黠虜，既衂鋭於充國[2]；京兆豪民，亦移風於廣漢。子卬位高，吮痈恩重；懷奇秀異，隔代聯華。十世祖融，漢司隸校尉。祖賓育，秦州别駕，卒贈豫州刺史。父琨冲，廣州長史、順陽郡守。

君禀清和之氣，資纯懿之德，年猶紈綺，便已嶷然。雖孔文舉幼而穎悟，江思玄少而博洽，公之夙成，可爲聯類。年十四，魏陳郡王临蕃，辟爲主簿。昔黄瓊之居江夏，賈誼之在洛陽，度德均年，彼有慚色。於時太祖[3]霸业將基，地已參分，臣皆十亂，羣士慕嚮，異人並出，相府既開。召公參軍事，俄署墨曹。頗如謝晦參宋高之府，有同賈詡從魏武之軍，仍除輔國將軍、中散大夫、都督。馬恬宗戚之貴，嵇康絶俗之高，擬倫二子，時難其選。大統之中，王師東掃，太祖亲御六軍，留公總留府十八曹事，凱入策勛，命爲尉遲氏。昔張孟從軍，婁敬委輅，賜姓命氏，必有殊功。尋除頻陽縣令，王翦謝病之鄉，秦皇陳過之所。地即三輔，民雜五陵，俗

[1]《隴右金石录》張维按："此志出於天水縣北三陽川，民國二十五年筑路得之。"

[2]充國：指西漢名將壯侯營平侯趙充國。趙充國(前137～前52)，字翁孫，隴西上邽(今天水市秦州區)人。《漢書》有傳。

[3]太祖：即宇文泰（507～556），西魏禪周後追尊爲文王，廟號太祖。

號難治，人多趬捍。公揚清折濁，濟寬持猛，權豪屏氣，氓庶鼓腹，既製美錦，且泛鳴絃。及皇室勃興，冢宰作相，乃召公爲中外府集曹，加前將軍、左銀青光禄大夫。蕭望之之儒雅，劉更生[1]之術學，儔今望古，未爲多謝。太宗踐祚，入爲御正上士，出入三載，遷司隸大夫。時值大將軍邵國公出鎮蒲反，妙簡英雋，除公大都督蒲州治中總府司馬、河東郡守。董戎任切，驥足務繁，主武望隆，股肱寄重。自非忠公幹略，無以克膺兹選，前後稱職，帝心簡在，乃授公使持節、車騎大將軍、儀同三司。同桓冲之戎號，兼鄧騭之儀比，傳呼甚盛，宗黨榮之。尋除小司成，俄遷載師中大夫，共治之美，未易其人。乃出爲秦郡守，求馬問羊，猶遵前榮，帶牛佩犢，自改舊風，教化大行，威懷兼著。而與善無徵，不救所疾，以天和六年正月九日，春秋卌八卒於位[2]。贈驃騎大將軍、開府儀同三司、大都督、鳳州諸軍事、鳳州刺史。謚曰敬。以其年十月廿八日窆上邽里之山[3]。禮也。

惟公資孝爲忠，禀禮成敬。伏膺儒術，則負笈從師；志隆堂構，則彈冠入仕。御下以寬，與人以信。約身以儉，處物以公。方當贊此隆平，忝兹多士，而降年弗永，遽從怛化。悲陵谷之遷貿，惧遺芳之不傳，陳詞無愧，乃爲銘曰：

隋珠和玉，趙璧夏璜，豈如顯允，邦國之光。頻參大府，亟紐戎章，儀均論道，任即惟良。寒松比秀，秋菊争芳，波瀾不測，牆仞誰量。厚地高天，相去幾千，幽幽深夜，寂寂窮泉。死而可作，吾當與旋。

[1] 更生：即西漢著名學者劉向（前 77 ~ 前 6），原名更生。

[2] 據墓誌言“以天和六年正月九日、春秋卌八卒於位”推算，趙佺生卒年爲：523 ~ 571。

[3] 墓誌明言趙佺卒後的葬地是“上邽里之山”，而此墓誌的出土地是天水市區北山即香山寺所在的北山，對確定頗有争議的上邽地望很有參考價值。另，1987 年秦州區五里鋪天水賓館修建工地上出土唐代天寶六年舍利地宫，其中有“大唐舍利塔之碑”一通，碑文載有“今有遺形舍利建塔於邽川”語，碑現藏天水市博物館。

王氏墓銘[1]

【**題解**】誌石散佚。文録自北宋李昉等《太平廣記》卷392《銘記二》，中華書局，1962年，第3135頁。文曰："王蜀秦州節度使王承檢，築防蕃城。至上邽山下，獲瓦棺，内無屍，唯有一片舌，肉色紅潤，堅如鐵石。其舌上祇有一髑髏，中有一古錢，有二蠅，振然飛去。片石刻篆字，曰：'大隋開皇二年，渭州刺史張崇妻夫人王氏，年二十五，嫁於崇，三年而娠。惡其妊娠，遂卒。'銘曰：'車道之北，邽山之陽，深深葬玉，鬱鬱埋香。刻斯貞石，焕乎遺芳。地變陵谷，嶮列城隍。乾德丙年，壞者合郎。'是歲僞乾德六年，丙子歲也。言'壞者合郎'，即王承檢小字也。（出《玉溪編事》）"《玉溪編事》，五代蜀人金利用撰，已散佚，《太平廣記》引用11條。另，清吴任臣《十國春秋》卷39轉引，個别字句不一。

大隋開皇二年，渭州刺史張崇妻王氏，年二十五，嫁於崇。三年而妊，惡其妊娠，遂卒。

銘曰：車道之北，邽山之陽，深深葬玉，鬱鬱埋香。刻斯貞石，焕乎遺芳，地變陵谷，嶮裂城隍。乾德丙年，壞者合郎。[2]

姜安公墓誌

【**題解**】墓誌康熙五十六年（1717）出土，隨即擇地回填。乾隆州志、光緒州志均著録。乾隆《直隸秦州新志》卷11《藝文中》言："康熙丁酉春，州人楊祖清得誌石於牧豎之手，文字炳然，而塋兆已不可蹤跡矣。因爲之卜地於淮河峪官道旁，葬其誌而起塚樹碣焉。此文即當時所録者，惜不著其名，

[1] 墓銘原本失題，光緒《秦州直隸州新志》卷20《藝文一》收録加題《王氏墓銘》。據《太平廣記》卷392《銘記二》，墓銘乃前蜀秦州節度使王承檢築城偶然發現者，爲安妥亡靈，重新作銘安葬。原委記述清楚，本無疑議。但清水縣舊志從康熙年開始就錯誤地將上邽定位在清水，一見文中"邽山"便認定是清水之事，於是康熙《清水縣志》卷2《地理記》王氏墓條即引而記之，並改編原文内容，一個孕婦難産而亡的普通故事成了遇盜持節而逝的貞節烈女故事。其"年二十五，適崇。三年而妊，爲盜所陷，持節而逝"。句中之"爲盜所陷，持節而逝"八字都是原文中所没有的。光緒《秦州直隸州新志》不辨是非，不但記墓銘出於清水，且原文引用康熙《清水縣志》的改編文字，於是使關於《王氏墓銘》的是非更加混亂，的確有必要指出並糾正之。

[2]"銘曰"以下文字系秦州節度使王承檢重葬王氏遺骸時所作，非墓銘所原有。《全唐詩》卷875收入此銘文。

然確是初唐手筆。”[1] 至於墓誌的史料價值,《隴右金石録》張維按:“《舊唐書·姜謩傳》,父景,周梁州總管,建平郡公。祖真,後魏南秦州史。又省謩晉陽長以前仕跡。而功曹參軍作司功參軍左右光禄及光禄大夫,亦從省略。賓曹作兵曹,又省。左七總管詔返入朝,改爲以老疾去職。皆與墓誌略有出入,可互證也。”

公讳謩,字孝忠,秦州上邽人也。江水導其源流,泰嶽標其峻極,開封疆於四履,轉征伐於五侯。允祚丕承,英賢相嗣,詳諸舊史,可略於言。曾祖圜,遠韻高情,松貞桂馥。祖正,魏南秦州刺史,冠軍縣公。父景,武、康、汶、洮四州刺史,廿四開府,梁、岷二州總管,賜姓宇文氏,謚忠莊公,并車旗文物,尊寵於當世,風烈徽猷,照燭於圖篆。公門承世禄,家藉餘慶,清明在躬,珪璋自润。造次必於仁孝,顛沛必於忠厚。學宗邱墳,貫幽頤之宏致;行苞文質,履中庸之至道。詞華綺縠,術妙韜鈐,迴瀾萬頃,崇墉百仞。

起家左侍上士。隋文受禪,授秦王右府司兵,遷長史,東閤祭酒。除博州清平縣令,四民仰化,三欺自屏,抑揚卓魯,斟酌韋弦,病免。久之,除并州晉陽縣長,仍屬隋政不綱,生靈涂炭,羣后有瞻烏之望,天下成逐鹿之情。太上皇[2] 愍民横流,大庇交喪,電照雷息,濡足援手。公投袂麾下,赞揚興運,謀若轉規,辯同河瀉。即授正議大夫、大將軍府功曹參軍事,尋授右光禄大夫,又進位左光禄大夫。仍授委蒲津,監度兵馬,京城清定,遷光禄大夫。轉相國府賓曹參軍事。公以嘉祥紹至,鍾石變音,請從神宗之典,屢上繁昌之奏,以功封長道縣開國公,食邑一千户,爲隴右道安撫大使。俄奉別旨,被返還京,授员外散騎常侍、河東道招撫大使。公綏安初附,獎勵邊城,窮民既知所歸,鄰境於焉日蹙。暨乎妖孽咸蕩,文軌大同,

[1] 乾隆州志的這段按語,光緒《秦州直隸州新志》卷19《藝文一》在著録姜謩墓誌時以“費云”起頭全文照録。對乾隆州志“此文即當時所録者,惜不著其名”一語我們有疑議,因爲就天水現存的唐代以前墓誌來看,並不著撰者和書者的姓名。姜謩墓誌撰者姓名不是有而不録,或志石本身就不著撰書者名。

[2] 太上皇:指唐高祖李淵。墓誌撰於唐太宗貞觀六年(632),所以在追述事跡時稱已退位的李淵爲太上皇。李淵太原起兵時的職位是太原留守。

懷佐時之略，當惟良之寄，拜持节秦州諸軍事、秦州刺史[1]，轉隴州刺史。公褰帷望境，建旟求瘼，敦崇學校，勸勉農桑，追善政於前良，革澆風於薄俗。突厥来寇，授公左七總管，尋而犬羊奔北，有詔返公入朝。惟帝念功，方申後命，輔仁多昧，福善則虛，枕疾彌留，祈禱罔應。藏舟不遠，川逝不歸，百年之壽未窮，千月之期溘盡。以貞觀元年八月六日薨於京第，春秋七十。王人吊祭，謚曰安公，禮也。

夫人同郡趙氏，封廬江郡君，昆陽公懿之女也。爰以盛門，作嬪公族。禮均秦晉，和猶琴瑟。母師之德，空留於昭範；偕老之期，俄歸於同穴。以四年八月十三日薨於京第，春秋六十。粤以六年十月十日合葬於秦州東南巖池谷[2]。

乃爲銘曰：惟公命世，含章挺生，壇宇高整，鑒燭融明。平臺碣館，曳組飛纓。化行两邑，實垂德聲。巖巖極天，泱泱表海，英靈可嗣，慶祉攸在。文武相襲，随和競彩，爰逮莊公，鬱爲時宰。炎精落鈕，黄神應箓，大壑縱鱗，高衢騁足。分符乘傳，懷金鳴玉，隙駟不留，小年俄促。亦有貞淑，嬪容迥暎，志性柔良，風儀韶令。絲枲兼美，真草惟命，两劍終同，孤鸞絶鏡。言念返葬，塗導舊鄉，丹旐委鬱，哀挽凄鏘。泉扃一閟，元夜何長，悲凉神道，松檟成行。

大元贈懷遠大將軍河東陝西等路萬户府副萬户
輕騎都尉追贈譙國郡侯曹公墓碑銘

【題解】碑原立在秦州區南郭寺曹氏墓地。元元貞二年（1296）刻石，

[1]《舊唐書》卷63《姜謩傳》："及平薛仁杲，拜謩秦州刺史，高祖謂曰：'衣錦還鄉，古人所尚；今以本州相授，用答元功。凉州之路，近爲荒梗，宜弘方略，有以静之。'謩至州，撫以恩信，州人相謂曰：'吾輩復見太平官府矣。'"

[2]乾隆《直隸秦州新志》卷2《山川》陵墓附："唐姜國公墓，在東南二十里淮河峪。"民國《天水縣志》："唐刺史姜謩墓，在縣城東十五里路南山麓，即高家灣下河峪官道旁。"民國《天水小志》："姜謩墓，在東十里鋪東五里。唐長道安公。"很明確，姜謩墓在秦州州城之東的高家灣。而清水舊志在記歷史沿革時錯誤地將上邽定在清水，於是所有上邽的人事物都往清水記，姜謩墓也被强行記在清水。乾隆《直隸秦州新志》卷2《山川》陵墓附在記清水陵墓時不察，言："唐姜安公墓，邑北十里，明弘治間碑廢，今墓存。按：康熙五十八年，秦州民楊某於州東南淮河峪掘得姜公誌石，州人士楊某仍瘞於其地，則姜公墓在州也，而《清水志》文云爾，两存之。"

已散佚。文載民國《天水縣志》卷13《藝文志》。儒學教授李浩撰。

承德郎、鞏昌等處都總帥府經歷李成篆額，同州儒學教授李浩撰，秦州後進□公嘉□□書丹

人有立開國之功，天必錫享爵之應。開國之功，施之於□□□服，蠻貊皆遵其化；享爵之應，榮之於一家子孫，宗族俱昭其名。是以流風善政，雖歿□□有存者也。

公諱安德，字燕，其先河澗（間）人，天資奇偉，秉性殊特，人以大器目之。至元十二年，襲父職，佩虎符，宣授忠顯校尉、砲水手都元帥。十五年，改授昭信校尉，攻□定遠、永安諸城，歷□教授；十七年，升武略將軍。二十四年，以軍功拜宣武將軍，河東、陝西等路萬户府副萬户，佩虎符，分鎮順元、莒州，士庶逸安。二十□年，以疾終於莒。朝廷推功，加贈譙國郡侯。惟公勇以制其敵，恩以撫其衆，威以鎮其邊，忠以守其職。凡興師禦寇，以死節臨難，□苟免也。於戲！能如公者，幾何人哉！

肇我皇元，應天啟運，神武當興。公之始祖諱義，通六禮七兵，有良將之風，乃奮其烈，慨然有澄清中原之志。遂赴京，以砲藝見稱，即奉命行□，取山東，定河北，破回鶻，克寧夏，□虜貪，戎草伏廬處皆化爲家，不威而臣者一十七國。厥功茂焉，賜答剌罕。仍令軍中呼爲“曹大父”，以别其□，士卒、帥吏皆以“爺爺”稱之。佩虎符、金牌各一，宣授砲水手都元帥，克鳳翔、臨洮等一十餘郡。乙未[1]，衛輔皇子□（闊）端，復收階、會，隴、鞏昌、石門山，郡遂附之。龍直丙申，攻巴蜀，至天安山寨，用飛砲破之，朝天、劍南望風披靡，抵綿州□□□□□□一夕□□，人以爲神，成都諸邑，翕然歸款，師旅驚訝，咸伏其速。皇子賜以幣帛、良馬，不以數爲。惜時公憂勞務衆，年老病篤，有功未及其録而終。

有子曰和尚，襲父職，佩三品篆印，統新□砲手七百餘户。洎總帥汪公[2]，繕利擴魚關，通沔浴，疏□陵，克取州屬未隸郡邑，至於重慶釣於（魚）山寨，皆和尚公之績。□公□寬裕，喜於聞善，軍政備舉，折節下士，衆

[1] 乙未：即蒙古太宗窩闊台七年（1235）。

[2] 汪公：指當時投附蒙古的金鞏昌總帥汪世顯。汪曾隨皇子闊端征四川，至重慶。

咸感戴，年七十餘終於□。子男有三：長曰安仁，混都海叛，立功，宣授砲水手軍匠元帥，曾孫曰祥，敕授進□校尉、砲水手，管軍千户；次曰安德，即譙國郡侯也；次曰安信，宣授進義朝尉、鞏昌等處砲水手軍匠奥魯官，有男友善，襲父職而早卒。

曰友聞[1]、友慶，安德公二子也。二十九年，西域満子阿鳌拒境不庭，友慶奉命領軍至□思□□雀□□阿鳌，力戰建功，天子賜以文綺二端□□□。大德二年，襲父職，拜武德將軍，河東、陝西等處萬户府副萬户，佩虎符。□年秋七月，雲南土夷蛇截等□横弄兵，選友慶從西省平章野速答兒、参政汪公[2]抵烏撒等處，□□□土□□王誅。九月，忙部□□□□□永蓬屯兵五千餘衆，遏青狗□，友慶謂平□□□小□，多歷艱險，當作先鋒，僉□□□□舊威，□敵渠魁□□，殄滅族類，焚蕩聚落，衆□而還，□兵宫嘉之□勇，以幣帛、良馬□□焉。季冬，至簸箕灣，永蓬雪可復擁兵三千□□設□。友慶叱曰："蕞爾凶醜，□敢屢犯天□。"乃□□獨戰至晡，斬首一十五級，兵甲有獲。参政公諭於衆曰："若曹友慶者，誠可尚□□當相效之。"迺賞銀三十兩。七年，□駐兵父□□，土寇阿塔領兵千餘迎敵。友慶躍馬揮戈，鼓□□進，飛砲注矢，重甲相貫，一戰而賊衆悉摧。平章公稱□果敢□人□□。是時□襲□□等，友慶引兵追至□月兒寨，金鼓一鳴，殄□□□，生挾蛇截置於麾下，械送京師，遂使八番等處斂手輯寧。還，及木休關，復遇夷魁雄坐刺永寧路官常章甫蛇，殺蒙□千□木，□□兵官以友慶領兵追擒不獲，乃韜弓櫜甲，撫衆曰："方春之際，軍馬疲弱，轉□□乏，無如息兵養士，聽命討賊，未爲晚矣。"平章公允其請。冬十月，雄坐出降，拜友慶宣武將軍，賞賚甚厚。至大二年，施州美容洞□麥色什侵□寨官剽掠居民，川省擬友慶領兵□入賊巢，

[1] 友聞：此"友聞"並非《宋史》卷449《忠義四》立傳的曹友聞。《宋史》立傳的曹友聞，字允叔，同慶栗亭（今甘肅徽縣栗川鄉）人。是南宋末年著名的抗元名將，與弟曹友萬一同戰死沙場。《宋史》没有提及曹友慶。栗川有曹友聞墓。嘉靖《徽郡志》卷1《輿地志》説："曹忠節墓，在栗亭廢縣。"又，嘉靖《徽郡志》卷7《人物志》同列曹友聞、曹友慶傳，以曹友慶爲曹友聞弟，疑誤。再者，曹安德墓碑明言其籍貫是"河間"，而曹友聞是栗川土著。還有，從曹安德墓碑看此曹氏家族係較早投靠蒙元、世受元恩的漢族，其父其祖均非宋臣，不會有抗元舉動。

[2] 参政汪公：應即大德年間任陝西行省参政的汪惟勤，其人爲鞏昌總帥汪世顯之孫，汪德臣之長子。

麥色什□險，不能挫制。友慶出己資金幣十端、□二十定（錠），傾誘歸款，從容諭以□□□威德，麥色什感泣，待罪管□□□，上憫其悔罪，授麥色什黄沙□□□成□□□□□□□□□，仁者之人乎！向無憂□□民之心焉，有宏謀遠略之效。至於□己之□□威德，兵不□□，士不□□，致使頑嚚咸悔伏責，非仁人愛人之深，孰能預於此哉！公之委人□效不可□是□來承平日久，萬國咸□，惜其□□□□廊廟，功足庇於子孫，□里周急□□□□□之譽焉。壽至六旬有一，終於正寢。

子男有四，長曰晉臣，掌虎符，領砲翼，不墮先人之風，性沉静，寡交遊，不爲流俗所遷，□□六年，赴京承襲，請謚命告□□□焉。子男有三，長曰禎，佩虎符，宣授武德將軍、鞏昌等處砲水手、萬户府萬户，温恭克己，□□賢稱。至正乙未，自河南征討而還，追念祖宗之□之□□，恐陵遷谷變，湮没無聞，故□□□於南郭寺先考之塋。抑曹氏自高、曾而下，簪纓繼世，清白傳家，未聞有纖毫□玷者。萬户曹禎，而又能紹繼先志，增光祖業，可謂□□□□□□親者矣，敢繫其（銘曰）：

曹氏之先，種德□□。□忠輔國，天誕英賢。出類拔萃，神武敷宣。運謀制敵，其功茂焉。公之處世，剛正□仞。公之殂矣，遺風宛然。耿耿忠烈，孰與□□。□褒有加，命秩□遷。山鍾英石，是磨是鐫。惟子惟孫，忠孝乃全。秦山芨芨，夕水涓涓。既彰厥績，千載流傳。

……涒灘[1]仲夏既望……武德將軍、鞏昌等處砲水手、萬户府萬户曹禎等立石。董工曹祜、曹祎

堅公生祠碑記

【題解】碑原在天水城西堅家河堅晟墓地，今不存。文載民國《秦州直隸州新志續編》卷6《藝文》。録文時有缺字，對照張維《隴右金石録》補全。此文道光《博平縣志》卷5《藝文》有載，字句和《秦州直隸州新志續編》《隴

[1] 涒灘：對應的地支爲申。據碑文，墓主曹安德卒年爲至元二十四年“以軍功拜宣武將軍，河東、陝西等路萬户府副萬户，佩虎符，分鎮順元莒州”之後的“二十□年”，而至元二十四年之後相鄰年份干支紀年有“申”的爲元成宗元貞二年（1296），時當丙申年。由此，似可判定曹安德碑銘立於元成宗元貞二年。

右金石録》所録時有不同。至於碑文撰者,《秦州直隸州新志續編》署“邊貢”,《博平縣志》署“參議邑人張瀚”。查邊貢《華泉集》無此生祠碑記,似應以張瀚撰爲是。

張瀚,博平人。明弘治三年(1490)進士。授太平知縣,後任户部主事、員外郎,累官至湖廣參議。

正德己巳[1],秦州堅侯晟來尹博平。當是時,河北寇起者踰年矣[2],師東征,民困於役,魯齊之墟鞠爲荒草。侯下車,親拊循之,悉去故政之不便者,博人德焉,謀立祠以祀侯。侯曰:“民之安,令之職也,無庸。”寇熾,侯爲之治城垣,深陻皇壘,樹栅於郛,守戰之器畢備,有寇至[3],率其民死拒焉。寇退,博人謀立祠以祀侯。侯曰:“城城,守令之分也,無庸。”[4]詔以侯爲訓奉大夫,遷知薊州事。於是博之人聚而言曰:“侯之惠於吾民也,所謂生死而肉骨者也。今且去矣,而吾民自思焉[5],弗祀之何以永侯之惠。”相與立祠[6],侯不能止,乃於是憮然曰:“嚮吾之於斯邑也,將以與斯人相忘也,今若是,是吾之爲斯邑也,固猶曰驩虞焉而已矣,豈吾心哉!豈吾心哉!”野史氏聞而賢之,將筆之以昭後。會其邑之學士大夫以幣來請祠堂之碑,而户部王公者,又野史氏之師也,不敢辭,遂爲志之而繫之以詩[7]。

民饑與寒,維令之幹。維時兵興,民死與生。維令之憑,文教武備。無忝爾位,維令之貴。維令之尤,顯允堅侯,我民之休。歲在庚午,有盗楊虎。三千之徒,揚鞭執弧,將邑是屠。盗與我鬨,侯矢親控。三發三中,盗懼而旋。爲城之堅,如侯姓然。天子有敕,我侯則陟。有土維式,我桑我麻。我室我家,誰之錫邪?客有邊子,爰輯野史,紀厥終始。代而民謳,歌以祀侯,

[1] 正德己巳:明正德四年(1509)。

[2]“河北寇起”之“寇”當指正德初年横行北直隸(今河北地區)一帶的劉六、劉七等農民起義軍。

[3]“有寇至”之“寇”及“博平令堅公墓碑”所言的“巨盗”指農民起義軍首領楊虎及所部。

[4]“無庸”二字後《博平縣志》作“茲,踰四年”。

[5]“思焉”《博平縣志》作“祀焉”。

[6]“相與立祠”《博平縣志》作“乃卜基於邑之南門西隅”。

[7]“野史氏聞而賢之,將筆之以昭後。會其邑之學士大夫以幣來請祠堂之碑,而户部王公者,又野史氏之師也,不敢辭,遂爲志之而繫之以詩”數語《博平縣志》作“其邑之士大夫以幣來請祠堂之碑,予不敢辭,遂爲志之而繫之以詩曰”。

於千萬秋。

博平令堅公墓碑

【題解】墓碑原在天水城西堅家河堅晟墓地,順治《秦州志》言"嘉靖丙寅歲春三月秦州知州廓田杜廷棟立石"。嘉靖丙寅歲即嘉靖四十五年(1566)。張維《隴右金石録》言:"在天水城外,今存。"不知何時散佚。文載乾隆《直隸秦州新志》卷11《藝文中》。杜廷棟撰。

杜廷棟,山東人,明嘉靖時任秦州知州。

【考證】《隴右金石録》張維按:"堅晟,字伯明,博平知縣。以流寇攻城,守禦得全,博平人爲立生祠,刻石頌德。其後人復立石於墓前。二碑外,尚有郎中林魁一碑,郎中潘旦詩序祭文一碑。凡爲詩者十有二人。廷棟碑陰並刻公舉鄉賢呈批,俱爲嘉靖四十四五年所立。又有墓表一碑,已經傾裂。"言之鑿鑿,似曾實地考察。其中"林魁一碑"指《忠義全城記》。林魁碑和《堅公生祠碑記》碑本在堅晟仕宦地博平,堅墓地有此二碑,係後人復製,意在歌頌先人豐功偉績。另,民國《天水縣志》卷1《地理志·陵墓》:"明北直隸薊州知府堅晟墓,在縣城西門外堅家河。"民國《薊縣志》卷2《官師志》"知事"目有堅晟,云:"堅晟,南直泰州人。監生。"誤"秦州"爲"泰州"。

士君子生身宇宙間,秉天常,戴人極,讀聖賢書,學聖賢之道。一旦委質明時,膺任官守,幸而履坦蹈順,則慎守官常,以恪位著,而爲碩輔,爲循良以求無忝於所職。不幸而遭遇時艱,則冒險赴難,捐軀殉國,而爲孤介,爲忠貞,以此抗節而盡分,其遺澤餘烈,耿耿峨峨,厭飫人心而扶世教。是以明並日月,光照策書,使天下後世頌隆德而歌茂勛者,不曰奇男子,則曰烈丈夫,然後無忝所學與所生。

惟我秦州堅公,以雄才大略,入服官政,而中尹於博。其凛凛之風,赫赫之烈,在他邦者固多,而在吾鄉者尤著。吾聞其施張,其布置,其條格更化,其導利宜民,雖不可得而盡闡,而其恤窮匱、保善除殘者,此其大概也。故至今稱善政者,咸謂公有成法焉。以至巨寇猖獗,守宰辟易,連城累壁，望風降竄，而公慷慨登城，誓以死守，運智决機，發無不中，卒之大難以定，民生以安。及太平之日，守陴之老卒，猶有能識其事者，往往指其雉堞曰："此公手射搏賊處也。"指其神祀曰："此公禱神反風處也。"指其義井曰："此夫人與女所守處也。"指其敵樓曰："此公晏太平賞功處也。"其巷陌之遺老，閑隈里社而談往事，莫不指其子孫而相示曰："非公安有此輩也耶！"每每有感歎而激切、而垂泣者。是以博人慕其德，重其義，銜其恩澤而無以報也。乃爲之立祠肖像，而春秋享祭焉[1]。夫公之宦於斯世也，居易則無忝所職，有事則抗節盡分，此非奇男子、烈丈夫事耶？其功則勒於刻石，其文則垂於縣志[2]，而名光焜耀，萬代不磨。所謂奇男子、烈丈夫者非耶？振立綱常，維持世教，使人心感動，涕泗嗚咽，信非奇男子、烈丈夫所不能致也。廟祀於私，血食於公，而祝公之祀，有曰："功在人心，擇[3]及後世。"其於所學所生，誠爲無愧矣。奇男子，烈丈夫，立身行事尚有加於此耶？

嗚呼！余雖不獲逮公之生，而嘗拜公之像；不獲見公之烈，而嘗讀公之碑。既身被公之餘澤，而又耳熟父老之傳頌，此余之情，每於爲公一宣布焉而未能也。余來此秦邦，既祭公墓，乃刻石其上而繫以詩，蓋以博人之慕公者而告諸秦人云。詩曰：

公綰墨綬，佩銀章，五十年前尹我邦。公之清修何以方，芙蓉爲衣芰荷裳。公之義氣何以當，金石心肝鐵爲腸。扶持世教振綱常，慷慨殉城保圉疆。妻女守井勢彷徨，臨陴手射賊已僵[4]。反風燔賊神降祥，正氣彌漫宇宙長。遺澤浩漾何可量，野老銜恩盡涕滂。春秋於今享廟堂，儀容儼雅神發揚。吾今來宦於公鄉，感公志節凛冰霜。鐫石表墓顯忠良，千秋萬歲不可忘。百代姦臣過此旁，視此刻文當惶惶。

---

[1] 道光《博平縣志》卷 2《古跡》："堅晟祠，在南門。張瀚有《記》。"

[2] 道光《博平縣志》卷 4《宦業》有堅晟傳。乾隆《直隸秦州新志》卷 10《人物中》亦有傳。

[3] 擇：疑"澤"字之誤。

[4] 關於堅晟守城抗擊農民起義軍楊虎部的事跡，道光《博平縣志》卷 5《藝文》所載林魁之《忠義全城記》敘録甚詳，其中有説堅晟前方抗敵，而妻女守井旁準備萬一城破隨時投井殉節。"圍既解，歸問其内子曰：'戰方殷時若等皆安在？'曰：'出幼兒民間，吾與婦若女守舍後井，卽有不測分爲井中人矣。'"

黄淑人墓誌銘

【題解】墓誌正德五年(1510)刻石。文載乾隆《直隸秦州新志》卷11《藝文中》。胡纘宗撰。

秦州衛指揮僉事宰[1]，姓黄氏，山東兖州府單縣人也。淑人，宰之母也。母之父，秦州衛指揮同知福，姓張氏。宰之兄賓，賓之父俊，淑人其配也。俊之父鏞，鏞之父紞，紞之父璧，璧之父成。自成而璧，而紞，而鏞，而俊，而賓，而宰，凡六世，咸有武勳云。按譜：成，元千户也。既歸我主將，遂從我主將攻常州，掠寧國，取諸暨，克紹興，靖蒲城，乃選補小旗。又克桐盧、當陽、徐、杭州，乃又選補嚴州總旗，命守松江。洪武初，以靖閩廣功，授山東濟南衛試百户，尋實授百户。既老，子璧嗣。既授百户，尋擢陝西秦州衛指揮僉事，蓋追録其功云。既老，子紞嗣。宣德間，隨主將尾達賊於蘇武臺，與戰，獲賊婦三及牛與馬，受厚賞焉。既老，子鏞嗣，未任而卒。子俊幼，而其弟銘長，銘乃代襲數年，而後俊長，俊復嗣焉。屢備虜於靈夏、莊浪，不避辛勞，踰四十年，以疾卒。子賓嗣。宏治初，備虜莊浪，戰賊於火石溝，死之。無子，弟宰嗣。

人言黄母爲名家女，又爲名家婦。端莊静一，守之終始。相夫而立，誨子而成。階曰淑人，名稱情矣。又言俊質樸莊嚴，不事華靡，而且老成。其於武弁，蓋無媿云。賓美容貌，不受羈約，侃侃有豪氣，卒死於戰鬥而不悔。於呼壯矣！予見宰强於武略，殊有氣節，儒紳文士多與之厚。至於守己不取，雖文士不多讓焉。由是觀之，淑人之相之誨，夫豈不足徵耶？

子男三：賓，娶郭氏；宰娶蔣氏；其季曰實，娶陳氏。女三：長適席千户武，次適蔣指揮廷美，次適王舍人輅。孫：男一、女一，俱幼。

正德五年月日，淑人卒。年六十四。正德六年六月日，將啟先揮使之兆安淑人焉。宰與纘宗交也久，纘宗雅重其不取。纘宗被謫入蜀[2]，宰以

[1] 秦州衛指揮僉事黄宰及下文所言的秦州衛指揮同知張福、秦州衛指揮僉事黄璧等乾隆《直隸秦州新志》卷7《官師》相關名録俱不載。墓誌對衛所軍職更迭、世襲繼承情況記載甚詳，很是珍貴。

[2] 胡纘宗曾由翰林院檢討出任四川潼川州知州，由朝官外放爲地方官，此所謂“謫守”。

銘托焉。乃寄其銘。

銘曰：有功有功，積者懋矣；有爵有爵，嗣者□矣；有子有子，死者安以壽矣。

張平三墓誌銘[1]

【題解】墓誌光緒十三年(1887)刻石。文載民國《秦州直隸州新志續編》卷6《藝文》。伏羌王權撰。

君諱登階，平三其字也，居秦州西關織錦臺巷。祖諱永慶，父諱旺，两世皆太學生。君於兄弟次爲長，性凝重，幼不好嬉弄。一日，從太父適市，俯拾一錢，太父怒而撲之，自是益厲志嚮上。讀書有未解，則默坐沉思，人唤之，常不應。

年甫及冠，即遭父上舍公喪，時家道中頹，罄産不足當負責[2]（債），君哀毁慘痛，殮葬一從豐，葬後家益不支，遂棄儒業，專治生。自君太父時，州郭暨外縣凡置商鋪六七所，君既庀家事，謂置鋪多則綜核難遍，任人雜則漁蠹潛滋，於是汰商鋪，立規檢，擇典守，黜巧滑，以不負人之心立不可敗之地。有疏戚某甲筦州郭鋪事，侵蝕資本，累債數千，致訟，官令某甲盡任其債。君不忍債主之見罔也，請代任之而分年以償。從弟某與君同出資賈蜀，折閲過半，君獨傾槖復之，數年，轉得赢，從弟已前没，仍分半與其子，市廛嘖嘖稱爲盛德事。信義所孚，懋遷大暢，生計日浸熾昌，家法嚴整，内外静肅，人有常職，物有定處。三弟既皆成立，猶納之家塾，不使預農賈事。理賾剔棼，一身任之，糾稽督厲，老而忘勤。

其强也如此，然内行恂謹，事親抑抑婉容。母蒲太恭人性剛正，子婦有微過，呵責不少貸，君輒自引慝，長跪謝罪，至老猶然。母嘗病疽，醫曰：“此疾食忌過多，爨必别釜，調必别劑，食飲必别器，否則不治。”君與妻剡躬自檢視，異烹飪、殊碗盞者凡三年，親治湯藥，侍床簀，或數

[1] 任其昌《張君平三墓表》：“平三之殁也，余爲作行狀，友人伏羌王權取以銘其墓矣。茲其子欲表其隧道，因復掇其質行之大者令鐫之石。”見任其昌《敦素堂文集》卷3,《中國西北文獻叢書》第171册，蘭州古籍書店，1990年，第102頁。

[2] 責：同“債”。

日夜不解帶。與朋友處，開心布款，言無不盡。事必襄，患必恤，聞善言，見善行，則心識而躬蹈之。

同治初元，回變之作也，州牧以西關防務委君，焦思勞瘁，晝夜靡遑。時餉絀兵驕，徵斂百出，富室多夤緣求免，惟君每輸必先，傾財殫力，與兵事相終始。先由例貢生報捐候選通判，至是論防城勞，奏准加鹽運司運同銜。

光緒十三年四月五日，以鬵疽卒，年六十有七。明年九月二日，葬城北鹽池莊南新塋。娶焿恭人，温惠婉淑，能助君興家。生子二，長金鑒，州學生；次銘，業儒。孫七，女四，皆適士族。先君歿。

嗚呼！君之鍊事敦品，忱恂孝友，州里久推爲鉅人[1]，顧常欿然以早孤失學爲歉。夫學者，學盡倫常而已，以君所行所立，較當世綴文之士，學殖果孰多者？然君之才宜爲世用也，而竟不獲試，君之健宜得上壽也，而竟驟歿。此則知交所共嗟惜，而余以衰年旅寓，得一老成同心，造物又驟奪之去，尤悵悵不能爲懷也。銘曰：

甫條而冰，甫枚而雪，其冰其雪，不萎不折。既挺既埏，既老益堅，乃驟以顛，誰使之然。吁！莫知其然，惟德義之煒，以型以楷，以壽其孫子。我銘幽宫，後千祀勿毁。

任士言墓表

【題解】墓碑光緒二十七年（1901）刻石，文存王權《笠雲山房文集》、民國《秦州直隸州新志續編》卷6《藝文》。伏羌王權撰文。两書個别文字不同，兹據標點本《笠雲山房詩文集》著録。見王權著，吴紹烈等點校《笠雲山房詩文集》，蘭州大學出版社，1990年，第335～337頁。

是爲卓行碩學户部觀政、進士、隴南書院主講任士言先生之墓。先生之存也，自分巡觀察使、州縣長貳，下逮三郡生徒，靡不諮事質疑，奉爲圭臬。其殁也，官師士林岷庶，咸悲悼嗟惜，悢悢然如失所依向。葬後七閲月，

[1] 張登階爲富能仁，盡力公益事業，捐資助修伏羲城、隴南書院還輸資軍餉等。清同治四年（1865），諭旨賜“鄉賢之巨”聖旨。

其友人伏羌王權爲撮敘其生平行誼學術[1]，揭於羨道之石。

曰：嗚呼！先聖嘗思見剛者，而謂有欲即不得剛。今觀於士言農部，始信真剛之果根於無欲，而無欲之剛，迥異於負氣争强者之所爲剛也。君名其昌，士言其字，甘肅秦州人。曾祖得寶，祖作勸，父綬纁，皆以君貴，覃恩晉贈中憲大夫。累世種德積善，韜光儲祉，以迄於君。君少聰穎，且嗜讀四子、小學諸書，皆父贈翁口授。贈翁臨終遺命："即餓死，勿改業。"君謹遵之。自總角至老，未嘗一日廢學。初把筆爲文，即吐棄膚末，不作凡近語。塾師關喜亭奇之，常倍課其業。家貧甚，啖粗糲，猶不繼。午餐或缺，則飲水代食，然終不以饑告人。弱冠應童子試，知州事閩縣董君平章[2]亟賞其文，延置門下而教育之。董故名進士，學富文雄，君得其指授，所學日進。盡發署中藏篋，博覽强識。又得衛淇園、周古漁[3]二山長啟發獎勵，器識益臻遠大。由州學生舉戊午鄉試。同治乙丑，成進士[4]，簽分户部候補主事。明年奉母黄太恭人入都供職。六部惟户部有公膳，甚豐腆，君以太恭人在寓，食無兼味，不忍一下箸，日枵腹從公，午後乃歸侍膳。元配郭宜人卒於京，至十年不續娶。入部歲餘，即嫻吏事，先達倚之爲左右手。自山東司幫稿洊進主稿，且敘勞，賞加三級。潘文勤、寶文靖二公先後掌部，尤歎賞器重，駸駸且擢用矣，竟以母老思鄉里，决計請假歸養。

旋膺當道禮聘，主天水書院講席數年，移講隴南。兵燹後，弦誦久寢，君盡心諄誨，因材曲成。高者教以窮經讀史，培根俟實；其次爲討論製義，源流奥窔，於場屋文利鈍得失，指示尤深切。故兩院之士，掇甲乙科者，至八九十人。學使胡與督臣楊[5]會銜以事親至孝，教士有方保奏。奉俞旨

[1] 伏羌王權和任志昌均是隴上著名學者，也是摯友，二人曾合撰光緒《秦州直隸州新志》。

[2] 知州事閩縣董君平章：光緒《秦州直隸州新志》卷10《職官下》"秦州知州"目："董平章，閩縣人。進士。"光緒《秦州直隸州新志》卷12《名宦》亦有傳，多言其捐俸資助参加鄉試士子、召集儁異諸生公餘談經講藝等事。

[3] 衛淇園、周古漁：衛淇園即衛浚都，淇園其字也；周古漁即周兆錦，古漁其字也。二人先後任天水書院山長。光緒《秦州直隸州新志》卷12《名宦》流寓附有傳。

[4] 任其昌咸豐八年（1858）中舉，同治四年（1865）成進士。

[5] 學使胡與督臣楊："學使胡"即胡景桂，光緒《甘肅省新通志》卷52《職官志·職官表》"甘肅學正"目："胡景桂，直隸人。光緒十四年任。" "督臣楊"即陝甘總督楊昌浚，光緒十四年至光緒二十一年（1888～1895）在任。

加員外郎銜，蓋異數也。

君雖掌教林下，經濟未試，而庇民惠物之績效，有迭見於鄉邦者。伏羲城創築垣墉，衆議延君督率，勸捐抽丁，綜核出納，費省而工堅。戊寅[1]，歲大饑，今制軍浙江陶公[2]時典州，賑務一委之君經理，焦思瘏口、旰宵不遑息者踰半歲，活流徙饑羸以萬計。他若籌增文社資本，及城防、軍需諸局務，皆總董其成。幹事才識，可略見一二矣。

前後居祖中憲公、贈翁、太恭人三喪，皆以古禮鄉俗，參酌行之。以喪葬用樂爲悖理，毅然革去。太恭人膺驟疾，君籲天長跪於暴雨中者竟一夜。伯兄及二弟俱先君卒，恤孀字孤，殫罄心力。族弟某歿後遺两女，攜歸養而嫁之。賀、駱二老儒嘗評點君文，身後妻孥窘乏，君傾橐周濟，終身無間。其内行之篤，恤舊之厚類如此。

性極耿介，既自寒餓中茹苦礪節，以至有立，及去官回籍，州里素封不時相招邀，然終無一錢之沾潤。與朋輩遊處，恒規過糾愆，甚或面斥其惡，受者咸敬聽心折，其素行有以服之也。官紳以公私事就商，皆爲剖决是非，引義直陳，絶無阿徇瞻顧，茲其剛德之根於無欲者歟？制行若斯，幹略若斯，顧不獲居位乘權，略展素抱，竟令終老閒散，復遭國家陽九之厄，至賫恨以歿焉，天意竟何如哉？

體素朡健，年踰六十，猶能東登華嶽，北陟崆峒爲壯遊。光緒庚子夏五月，海疆難作，聞之憂歎，廢寢食，因觸動氣疾。嗣聞都城淪陷，鑾輿西狩，悲憤拊膺，遂委頓伏床，卻醫藥不禦，力疾自作墓誌，並自輓詩三章，以殲寇雪耻之志生未得遂，死後猶欲率鬼兵以殺敵，良可悲已[3]。卒於光緒二十六年十一月癸未午時，年七十有一[4]。以次年四月辛丑，葬於州西

[1] 戊寅：清光緒四年（1878）。

[2] 陶公：原秦州知州陶模。

[3] 光緒庚子即光緒二十六年（1900），八國聯軍入京，慈禧光緒西逃西安，長子任承允尚在京師爲官，音信不通。任其昌憂國傷時，念及子孫，染病不起。其《自輓詩》有“可憐耿耿胸中血，埋向青山作王兵”語。

[4] “年七十有一”民國《秦州直隸州新志續編》卷6《藝文》作年“七十”。任其昌生年爲道光十一年（1831），應以“七十”爲是。

長山麓新塋[1]。

君之學，尤長於考訂史事，晚年復以治經爲歸宿。所爲詩、古文，皆能到近代作家所未到。著有《秦州新志》《蒲城縣志》，皆已刻行[2]。《敦素堂詩文集》《八代文鈔》家藏待梓。

子三[3]：長承允，甲午恩科進士，官内閣中書。都城之陷，道阻未得歸。辛丑春，始聞君喪，衝鋒突門而出，由津沽迂道襄漢、武關，歷萬險，抵里門，適及喪期，得親營窀穸，蕆大事。次承湜，出繼從父立昌。季承學，年尚幼，已能執喪如禮。承允未至時，殯殮奠薦，皆佐承湜營辦焉。

光緒二十七年歲次辛丑孟冬月望日，伏羌王權撰文

劉子嘉墓誌銘

【題解】墓誌光緒三十二年（1906）刻石。文載任承允《桐自生齋文集》卷7，《中國西北文獻叢書》第170册，蘭州古籍書店，1990年，第571～573頁；又載民國《天水縣志》卷12《藝文志》。秦州任承允撰。墓誌題目《桐自生齋文集》作《誥受光禄大夫倉場侍郎劉君子嘉墓誌銘》。

本朝三百年間，吾隴士大夫由詞曹内遷至侍郎者，子嘉君一人而已。方將大用，乃年未周甲而歿，悲哉！

君姓劉氏，諱永亨，子嘉其字，世居秦州西關白土崖。曾祖德元，祖達官。考尚志，以醫顯，有隱德。三世皆以君貴。君弱冠入泮，旋補弟子員，以貧故，教授養親，文名鼎鼎然日盛。丙子[4]舉於鄉，明年聯捷得庶吉士，庚辰[5]授職編修。未二載，奉父諱歸，講學甘州[6]。服闋，以繼母老病，設帳里中，以便侍養。旋丁憂，又主求古書院[7]講席，所至勤懇得士心，用能裁成宏富。

[1] "葬於州西長山麓新塋" 民國《秦州直隸州新志續編》卷6《藝文》作年"葬於州北山祖塋"。

[2] "著有《秦州新志》《蒲城縣志》，皆已刻行" 民國《秦州直隸州新志續編》卷6《藝文》作"著有《秦州新志》《蒲城縣志》《敦素堂詩文集》，皆已刻行。"

[3] 民國《秦州直隸州新志續編》卷6《藝文》無"子三"以下語。

[4] 丙子：清光緒二年（1876）。

[5] 庚辰：清光緒六年（1880）。

[6] 甘州：今甘肅張掖市。

[7] 求古書院：劉永亨爲求古書院第三任山長。求古書院是甘肅省立書院，光緒九年（1883）始設，

既而倜乎有遠志，遂投筆西出玉門、陽關，度流沙，徘徊河源葱嶺間，屯邊各豪帥莫不傾慕風采。士卒服櫜鞬，嚴營陣，千里動色相迎送。遊既倦，策馬復入都門，益讀書於天禄石渠間，借國史以發抒其晢蓄。甲午[1]典試關中，以勤審能多得積學士。與修《會典》，由詳校進總纂提調，獨以參考精密見長。尤謂國帑不可虚糜，昕夕勉同人以速蕆事爲志，先後兩得優保，升階加侍講銜，戴花翎，又以節省六萬金邀優旨嘉獎。庚子拳匪[2]亂，六月二十一二三日詔廷臣議戰和，君請暫遣拳民出城，幾攖當道之怒。退則呼予作聯名書致於鄉人之統兵者，使分别不傳發各國，勿混同攻擊其使館，而卒不應。及兩宫駕幸長安，君次年春亦西赴行在，晉少詹事。至汴，晉詹事。迴京晉内閣學士，歷署户、禮、工各部侍郎。兩次佐勘西陵工程，綜核名實如營私。丙午[3]春，授工部侍郎，旋調倉場侍郎。正值秋漕酷暑中，賓士不肯少休息，而脾病乃於此深矣。

君兩居喪，祭葬守禮，經無或出入。待弟姪恩義交盡，與門生故舊處，懇懇然恭而盡禮，而議論則必以謹身學古爲歸宿。生性静穆，雖座中對稠人笑語，執筆千言無少舛誤，平居必有所作，不使心手或逸，在官在家皆然。所居室常蕭灑無點塵，器用位置不失定處，起居飲食均有節度，身長面尤，頎似壽相，竟以腹泄致不起。惜哉！

生於道光三十年十月初五日戌時，卒於光緒三十二年十二月二十五日戌時，享壽五十有八。配劉氏，繼配武氏、王氏，先歿。子男一，汝冕蔭生，禮部禮器庫簿正，武氏出。女一，適汪，劉氏出。將以歿之次年八月二十五日吉時歸葬君於天靖山金家灣亥山巳向祖塋之次。君爲余先子門人[4]，余半髫齡，庭君即引爲忘年交，及同官京朝，益以道義相切劘。庚子患難中，余以奔喪别君去。去六年復來，則已視君於病榻上，相對汍泛瀾而已。嗚呼！是能不徇孤子請而有言耶。

光緒三十一年改爲甘肅初級師範學堂。原址在今蘭州市城關區貢元巷。

[1] 甲午：清光緒二十年（1894）。

[2] 庚子：清光緒二十六年（1900）。拳匪：對義和團的蔑稱。

[3] 丙午：清光緒三十二年（1906）

[4] 君爲余先子門人：劉永亨是任承允之父任其昌主講隴南書院時的得意門生。

銘曰：葱嶺大河横金方，涇渭交絡隴阪長。中有偉人間天荒，倬有詞翰垂典章。經綸日試司神倉，屢遷其官勤無荒。所其無逸應壽康，飲食起居慎乃强。胡不憖遺桑梓光，白雲黄鶴空渺茫。英魂歸葬邦山岡，遺福無極兮子孫臧。

吏部主事蘇公紹卿墓誌銘

【**題解**】墓誌撰於光緒三十二年（1906）。文載任承允《桐自生齋文集》卷7，《中國西北文獻叢書》第170册，蘭州古籍書店，1990年，第577 ~ 579頁。秦州任承允撰。

耤水傍南山而下，去州城僅百步。夏秋雨漲時，又爲吕二溝水衝激漱齧隍垠，城幾殆。熙乾間，隴右道宋公、秦州牧費公，先後有隄防之作[1]。以無司其事者保而培之，不數年遺址蕩然無存。光緒丁丑，歲大饑，秀水陶方之刺史以籌賑餘資築雙隄以衛城[2]，且措常年費，欲得一經久仔肩之選而難之。時紹卿先生主講天水書院[3]，既襄竣賑務，又毅然任歲修勞，歷四十年寒暑，孳孳不懈於畚鍤。隄日益高固，隄内外田園日以爬梳，觀水者幾忘其可以爲災。其死也，羣興誰嗣之歎，良有以也。

公姓蘇氏，諱統武，紹卿其字也，世爲秦州人。考諱仰桂，軍事後舉行鄉飲廢典，以齒德爲大賓，以公貴，贈中憲大夫。公入泮，後遊衛淇園之門[4]，學業日進。孫松坪殿撰督學隴上[5]，補弟子員，選赴三原宏道書院

[1] 隴右道宋公：即分巡隴右道宋琬，順治十年至十四年（1653 ~ 1657）在任，多有政績。秦州牧費公：即秦州知州費廷珍。“宋公”任職是在順治年間，“費公”任職在乾隆二十四年至二十九年（1759 ~ 1764）年間，墓誌將宋、費修築河隄時間概括爲“熙乾間”即康熙乾隆年間，不確。隄防之作：“州志”稱宋琬之作爲“宋公隄”、費廷珍之作爲“費公隄”。

[2] 光緒丁丑：光緒三年（1877）。陶方之刺史：即秦州知州陶模。陶模（1835 ~ 1902），字方之，一字子方，光緒元年任秦州知州。其所作之河隄稱“陶公隄”，隄防情况其《耤水新隄記》言之甚詳，文載光緒《秦州直隸州新志》卷21《藝文》。

[3] 天水書院：秦州州立書院，乾隆三十三年（1768）由漢陽書院改名。

[4] 衛淇園：衛淇園即衛浚都，曾爲天水書院山長。

[5] 孫松坪：應即陝甘學政孫如僅，松坪其號也。宣統《甘肅新通志》卷52《職官志·職官表》“陝甘學政”目：“孫如瑾，山東人。咸豐六年任。”“瑾”應爲“僅”之誤。

肄業[1]，文名譟關中。光緒乙亥，分闈中式本省舉人，丙子聯捷成進士[2]。觀政吏曹，以中憲公年老，兄弟均早歿，迺告養。歸，晨昏盡子職，事繼妣辛，人稱其孝。從兄可亭析産，後怡怡無間。生平尤拳拳於師友，州牧托剛烈公[3]殉兵難，孤嫠流落蘭州，公爲呼助數千金，俾歸山右，仍成宦族。吴太史蜀江[4]歿於京師，其孥歸，公爲其子孫營田授學，至今賴以存立。公受學於徐雲五，而與其子斐然友，斐然歿，公紀理其家如己事，後反以此招謗，卒不爲忤。其篤尚風誼類如此。

公諸生時豪於飲，豁達喜爲義。晚年日歸淡静，草笠孎食，日溷於田夫野老之間，見者或忘其爲仕宦。時遇故舊，倚樹掀髯劇談。一以孝弟爲本，否則縷析桑麻懇懇然，老成典型，今則罕矣。

公既不自用於世，其經濟微見於板築一端。當重修魁星樓、關帝廟、文昌宫，公庀材度工，曾不失尺寸。最后建山云閣於隄之内，方祀歷任官斯土之有惠政及民者。公歿之日，邽人士[5]即設位其間，而新阡亦卜吉於藉水之南岸。

嗚呼！千條柳色，一沼荷香，百世而後尋其成績，猶將有景行憑弔之思，則伊人宛在。其精神常磅礴於南湖煙雨之中，不朽之業將於是託焉。

公體强，人老猶健飯，燈下能作細書。國變後，老疾驟起，卒於壬子年十一月二十八日寅時，距生於道光十六年丙申八月十五日申時享壽七十有八。元配朱，生女一，適裴。繼配劉，生子三，莊、藎、蔚。藎，科舉人。莊、蔚先歿。生女三，適丁，適葛，適張。孫三，鳴清，小學畢業。鳴盛、鳴經尚幼。鳴清嗣莊，鳴經嗣蔚。孫女三。卜以歿之后二年甲寅二月初一日某時，葬於州城南石馬坪乙山辛向新塋之兆。其子藎以狀來，爲銘曰：

緬伊人於水之湄山之阿兮，褰楊柳兮佩芰荷。不著朝衣著笠簑兮，豈

[1] 宏道書院：明弘治七年（1494）創辦，在陝西省三原縣城北，是陝西省明清四大書院之一。

[2] 光緒乙亥：光緒元年（1875）。丙子：光緒二年。

[3] 州牧托剛烈公：秦州知州托克清阿，事跡詳見前《托公祠碑》。

[4] 吴太史蜀江：即吴西川，事跡詳見前《翰林院編修吴君蜀江墓誌銘》。

[5] 邽人士：秦武公十年（前688）秦國置邽縣，秦朝改爲上邽縣，其治所在秦州城區，故以“邽人士”指秦州人。

釣徒之没没於煙波。日督工而倚喬柯兮，四十年不虞秋雨之灌河。捍災禦患之功多兮，初何傷謡諑於么麼。夏暑冬寒無一日之不委蛇兮，宜吾民興誰嗣之歌。洎暮年童顔鶴髮之婆娑兮，擬仙風健骨於老坡。夫何堅之遽磷於磨兮，揮熱淚於銅駝。宅新阡於城南之坡陀兮，棲神於山云高閣之峨峨。風車雲馬與湖光樹色終古相盪摩兮，又何事乎化鶴之來過。

清封中憲大夫賞戴花翎加四品銜渭南知府
賜進士出身翰林院庶吉士張世英墓誌銘

【題解】墓誌民國五年（1916）刻石。文存張博《西厢張氏》，甘肅文化出版社，2006 年，第 385 ～ 386 頁。伏羌王海涵撰。

王海涵（1858 ～ 1922），清甘肅伏羌縣（甘谷縣）人。光緒十六年（1890）進士。先後任刑部主事、陝西高陵知縣、涇陽知縣等。

君諱世英，字育生，號佩莪。父諱榮，州庠生員，贈中憲大夫、知府職。恭夫人蔣氏生母也。君獨長，生道光甲辰[1]七月二十四日。母養疾鳳凰山遇仙靈與道，示世英大器非凡，有神力護持。母蔣恭人歿，哀毁如成人，鄉里有孝子之曰。未冠而塾，每晨入塾必先諸生，弱冠能背誦五經四書。

清同治元年，歲鋟，奉官諭捕蝗獨力。其秋，回亂起，代父守城數年，夙夜匪懈。父病醫藥汲水之役，必躬親之。及歿，棺衾諸物必豐必備，不以艱窘而稍殺也。夙嗜酒，居喪時點滴不入口。兵燹十年，民不聊生[2]。楚軍翼長周開錫戾止[3]，爲痛陳積弊，因創辦理民局以輕徭役。襄甘南釐務以裕軍餉，均能實事求是。

光緒丙子舉孝廉，庚辰中進士，辛巳入館選授翰林院庶起士[4]。癸未，

[1] 道光甲辰：清道光二十四年（1844）。

[2] “兵燹十年，民不聊生”指同治元年至同治十年（1862 ～ 1871）的西北回民大起義，秦州是“兵燹”中心區域之一，飽受戰争之苦。

[3] 周開錫至秦州爲同治八年（1869）。周之事跡見前“周公祠碑”。

[4] 張世英光緒丙子即光緒二年（1876）舉孝廉，即考中舉人。“庚辰”即光緒六年中進士，時年 37 歲。“辛巳”即中進士之次年選翰林院庶起（吉）士。

改選山東定陶知縣[1]。甲申[2]五月，任陝西甘泉知縣。後歷職武功、寧羌、鳳翔、扶鳳、郿縣、蒲城、石泉、渭南、商州、鳳縣、城固、邠州。丁未[3]擢渭南知府。歷職一府二州十二縣，任上革陋規，清積訟，修葺文廟，慎重祀典。彰孝賢，厲風俗，戴星興息，積數十年如一日。堪述：甘泉清盜墾荒，平訟冤案。武功有傍渭之田，分別崩岸之新舊，以蘇民困，發摘書差之中飽，以溢賦額。石泉當興漢孔道，差徭極繁，苦累不堪，乃自捐金五百，爲倡籌款買田，以充諸費。且地界蔓訟幾百痼疾一朝剖晰，永斷根株。鳳翔任上衆商蠢動，榷酷者激之也。前官黨於局司擬興大獄，乃薄懲數人，事結而上下悦服。扶、郿傍渭之田互争，輒釀命案。既明已往清丈之誤，癥結立解。蒲城賦甲通省，而輒以熟報荒，查勘得實溢銀兩五千餘兩。渭南任上時逢庚子國難，弗民豪費，布代錦緞，淚接兩宫。渭南地界要衝，民風奇悍，上述諸弊幾靡不業集於兹，乃始終二任依次施治。商州，歉收成災，巧官諱未上聞，乃請格外施賑，全活無算。城固堰工之弊，上下其手者，無孔不搜，乃總籌鉅款，富商儲之，正紳主之，事濟而民害永除。癸卯[4]以候補知府設行在渭南，奉旨充任大計考官。二年奉令勘事長安西南之水災，乘水橇於巨浸中，探田之閑否則施賑，免漏之弊。

所至任上必創設蒙庠，酌情不少百所。丙午擢渭南知府[5]。任上立“正蒙”“宗銘”兩官庠，後竟增至二百[6]。學使親勘得獎，忌者翕服生平。積誠相感，信孚朝野，秦民愛戴也。去思有碑相望於道，大吏之倚重也。於興學，則許爲有本有文，宜古宜今。於賑濟，則曰：“憑君爲此，不在報銷。”又曰：“言出該令，惠定及民。”至於畝捐哄息，則蒙素得民心，

---

[1] 癸未：清光緒九年（1883）。據張世英《自述年譜》，張爲人耿直，少城府，接受甘肅按察使建議並由其推薦任山東定陶知縣。

[2] 甲申：清光緒十年（1884）。

[3] 丁未：清光緒三十三年（1907）。

[4] 癸卯：清光緒二十九年（1903）。

[5] 丙午：清光緒三十二年（1906）。“墓誌”兩處提及張世英“擢渭南知府”，已在本年，一在“丁未”即光緒三十三年。張世英《自述年譜》不提“擢渭南知府”事，事實上清代陝西行政設置没有“渭南府”。

[6] 張世英《自述年譜》言：“至縣辦黎明學堂十八所，縣學高等學堂五所，鄉學二百一十三處，夜分學堂一百三十所。”

一言解散之敷奏，其見許如此。除州徙府，辦學千所，乃推全國之首，大計卓異，傳旨嘉獎者五，光緒帝御筆“辦學爾聖”示昭激勸[1]。政績三秦之最，循良全陝第一。

清宣統元年甘督長庚奏調甘襄理自治[2]，即上輕弊恤民事宜。二年奉調西寧知府未果。

辛亥川陝事起，春，黄鉞倡獨立，爲新政籌勞，任總務長。遣防軍亦同日至，幾交哄矣。乃念切殃池，勸鉞顧全走下。挺身排解，而摧挫備至，嚴成集矢之的，雖屢頻於死，弗顧也，終奏和平解决之效。

省局杭隍派人歡迎晉省，委以省税廳廳長，裨以整理財賦之責，未幾疲疾旋歸。辛亥五月赴京參國教育籌委會，當選國籌教育委員。

民國三年五月五日白匪陷城[3]，爲籌所需，先取諸己以爲倡。其繼也，風鶴頻驚，乃宿食於城樓者，數晝夜擘畫綢謬，亦云瘁矣。丙午立本家家廟，歲時聚族祫祭，敬先篤親，無時懈怠。

光緒二十一年創立秦州黎明講習堂，光緒三十三年，改敦本立亦渭學堂於州[4]。又創設蒙學千所，親爲講解。夙好古代禮樂，在官行饗飲饗射禮者七，在家行冠禮者再。自來以干事爲本，故立論不喜高潔，臨機堅忍持重，謀定後動，雖大力者不能撓也。平日教妻妾諸孫以朱子小學，雞鳴而起，秉燭讀書，雖老病猶未肯輟。爲人作字，未嘗雜一筆行草，對諸生時爲業師範京川，持服茹素三閱月。母傅恭人，生則板與迎養，歿則千里奉安，居喪以食粗糲，致病幾危。公於民國五年脾疾不起，卒於九月二十八日，春秋七十有三。葬州北天靖山鹽池莊。

清封奉議大夫賞戴花翎賞加五品陝西高陵縣知縣賜進士出身翰林院庶起士王海涵拜撰

[1] 張世英《自述年譜》，光緒三十三年“聖上御筆旨賜‘辦學爾聖’，示昭激勸，吾感惶惶不日”。此聖旨至今爲張氏後人珍藏。

[2] 張世英率先在秦州試辦自治，有《秦州自治節録》。

[3] 白匪陷城：指白朗農民軍攻破秦州城事。

[4] 張世英《自述年譜》，光緒三十三年“改私學黎明爲敦本學堂”“農曆中秋，改敦本學堂爲秦州亦渭學堂”。

子依言、孫紹藩泣血納石

知府銜前陝西渭南縣知縣翰林院庶吉士張公育生墓誌銘

【題解】墓誌撰於民國五年（1916）。文載任承允《桐自生齋文集》卷7，《中國西北文獻叢書》第170册，蘭州古籍書店，1990年，第584～587頁。秦州任承允撰。

公諱世英，字育生，世爲秦州人。

考諱某，業銀工，萊衣色養，言行不苟，以公貴，封如例。公髫齔知孝道。七歲，妣蔣太恭人歿，食寢輒慟哭，頓改童習。事贈公，言動必竭誠敬，及病，醫必親延，水必親汲，暗詢醫，知不起，潛備飾終物，弗以貧故稍簡也，依禮居喪。素嗜飲，由此遂永戒之。繼妣傅太宜人，所以慈公者，無不至而性嚴，不易事，且常與婦忤，公苦心順志，終諧於豫。傅太宜人因公設帳無暇，當自往鄉中收租。值大雪，公思母寒，具甘旨往省，破鞋敝襪踏泥塗中，太宜人至，爲之泣下。服官后，迎養在署。考終，千里扶櫬歸，哀毁備禮，鄉黨稱焉。公初就外，傅或遲起，必終日不懌。

十五能背六經及四子書，十七入州庠，時軍興已久，曾隨贈公巡城者數年。歲旱，則佐州牧捕蝗[1]。又公舉襄辦甘南釐務，以裕兵餉[2]，均能實事求是，蓋他日吏治之能已肇端矣。同治庚午科，中陝闈副車，旋應其師王心如聘，授讀興平任所，兼司錢穀署，向有私例，盡免之。心如先生笑其癡，不顧也。

光緒丙子，中本省孝廉。庚辰成進士，入館選。癸未，散館用知縣。初選山東定陶，告近改選陝西甘泉縣，調武功、調渭南，歷署商州、邠州、鳳翔、蒲城、石泉、鳳縣、城固各縣事。任無久暫，先清積訟。日坐堂皇，親收呈詞判曲直，或自黎明至中夜不休，食飲均在其間。以故，獄無沈滯，民無冤抑。懲姦盜，禁博戲，所以教之者綦嚴。而鳳翔、渭南聚衆抗官案，

[1] 據張世英《自述年譜》，同治元年（1862），“六月有黄蝗，代父捕之”。同年八月，陝西回民起義反清，其父爲秦州西關團訪董事，守城巡夜，張隨行。

[2] 同治八年（1869），張世英向清軍負責後勤的翼長周開錫建議，設釐金局，以輕徭役。

惟懲首要一二人，餘均矜釋。同官雖欲興大獄而不能争，則恤之者又寬矣。武功渭水崩田，民受累久，歷任官請豁不可得。公至，乃以委曲親剖，上官既履畝勘實，乃藉新崩申請，駁查再三，卒得分別蠲緩而大害永息。其於利民若嗜好，然審慎而後發，發則一意孤行，必成而后已，皆此類也。所至修先賢名宦祠，飭文廟祀典，彰孝義，興文教，以激勵風俗，費半己出。而於官錢之非例所得者，交替時皆留之地方，以作義舉，絲毫不以染指。終任渭南久，署内自家丁書差以及拘囚，均五更書聲琅琅徹於外。立夜巡，興工業，創小學二百餘所。學使者[1]以謗言親蒞確查，終嘆以爲甲於通省。甲午、癸卯两充同考官[2]，得人尤盛。大計，一薦卓異，歷保直隸州知府升用，加三級，傅旨嘉獎。至今陝人士通函訊起居者，不絶於門。即去後之思如是，則其居位也可知。

歲庚戌，前陝甘總督長公[3]調公回籍，襄理自治。公至省，上輕弊卹民事宜[4]。命先由秦州試辦，遂馳歸。嚴冬，周歷四鄉，口講筆飛，寢食幾廢。辛亥，川陝事起[5]，總理城防，衆情賴之以安。壬子春，客軍之戍守者倡獨立[6]，省兵同日至，幾交鬨矣。公挺身出而維持，用得消弭無事。於時創設經徵局，人尤稱便。事靖後，單車入省，籌安大局。嗣任國税廳坐辦，量入爲出，將以大利吾民，因與當道齟齬，解組遄歸。

甲寅四月，白匪破城，賊去而大兵雲集，紳耆惶懼無策，强起公出籌供支。及五月，城守又戒嚴，公宿食於西關城樓者數晝夜。三四年中，綢繆桑梓亦勞矣哉。公族祭，舊無祠宇，未筮仕時已鳩宗人共成之，又集穀以備貧乏，修族譜[7]，立家規，親親篤矣。向年出祠中儲米從軍需，以旱

[1] 學使者：即陝西省學政。以張世英在渭南任上時間判斷，此學政可能是沈衛。

[2] 張世英光緒甲午即光緒二十年（1894）、癸卯即光緒二十九年（1903）"两充同考官"事，其《自述年譜》有記。"两充同考官"都是陝西鄉試同考官。

[3] 陝甘總督長公：即陝甘總督長庚，清宣統元年至三年（1909 ~ 1911）在任。

[4] 張世英有《擬覆上長制軍書》，載民國《天水縣志》卷 12《藝文志》。

[5] 1911 年辛亥革命爆發，陝西革命党人攻佔西安，建立秦隴復漢軍政府。陝甘總督長庚則組織各路甘軍鎮壓。"辛亥，川陝事起"指此。

[6] 壬子：公元 1912 年。1912 年 3 月 11 日，駐守秦州的驍鋭軍統領革命党人黄鉞發動秦州起義，宣告獨立，響應共和，成立甘肅臨時軍政府。"春，客軍之戍守者倡獨立"指此。

[7] 張世英曾於光緒十三年（1887）、光緒三十四年（1908）主持編修《秦州張氏族譜》和《續秦州

荒未及補羅，臨危尚念之不置。丁未年捐萬餘金，立亦渭學校於州城。近又在山莊設蒙學，自任經費。至於親友之仰，推解以生活者，在公抑又末節耳。

公自幼遇事不肯苟，心思又絶人，當謂精神愈用而愈出，故以矯揉成堅强。七十年中無一日之暇逸，屏嗜好，謹廉隅，妻妾均授以諸子、小學，禮法井井然。近歲閒居，雞鳴即起，據案讀書理詩文。晝則爲人作字，或數百，大小均，不雜一筆行草。與友朋相對，終日無倦容。病革，時有生客至，必扶起危坐，蓋磨練其生性者有素也。生平持身處人，均以幹事爲本，故立論不喜高潔，而取人亦尚有才而恢張者，此或不能無所偏，然自任之勇，任人之誠亦云至矣。酷嗜古禮古樂，在官行古鄉飲射禮者七，在家行古冠禮者再[1]。喪祭齋戒諸儀，宗法朱子而參之以古，雖老病猶力行之。爲諸生時，爲業師范京川[2]持服，茹素三月。居傅太恭人喪，以粗糲致病，幾危。去年杜恭人殁，年踰七十矣，勉斷蔬果經年，卒以脾困致不起。病既篤，雖深悔之，惜無及已。

殁於今年丙辰八月十四日，生於道光二十四年甲辰七月某日，得壽七十有三。原配周，生男三，襁褓夭。後爲第三子念恃立嗣紹蕃。繼配杜，生男一，三歲殤。妾熊氏、朱氏、劉氏（均先殁），王氏、楊氏。楊氏生男晚晴，尚幼。卜以殁之明年正月初九日某時，葬公於乾山巽向祖塋之次。銘曰：

勞饌孝之常，疇問包祥；簿書吏之良，疇知龔黄。勤操政本，禮立身坊；苦行毅力，莊敬日强。晚歲歸田，綢繆梓桑；其期雖短，其心則長。魄藏隴首，魂歷桐鄉；嗚呼先生，忍與世忘。

陝西循吏育生張公墓表

【**題解**】墓碑撰於民國七年（1918）。文載劉爾炘《果齋續集》，《中張氏族譜》，今存。

[1] 張世英熱衷於古鄉飲射禮，據其《自述年譜》，陝西爲官時"自筮仕迄今凡七舉行此"。著有《鄉飲習》。

[2] 范京川乃張世英爲州庠生時的業師。

國西北文獻叢書》第173册，蘭州古籍書店，1990年，第291～294頁。蘭州劉爾炘撰。

劉爾炘（1864～1931），字又寬，號曉嵐，又號果齋，清蘭州鹽場堡人。光緒十五年（1889）進士。授翰林院庶吉士、翰林院編修。歸里後主講五泉書院。樂教育，勤著述，在士民中富有聲望。

宣統遜位之五年丙辰[1]秋八月十有四日，陝西循吏育生張公卒於里第。越戊午[2]，其孫紹蕃造余而請表墓之文。余維公宦陝二十餘年，其實心實政爲陝人士所稱述，至今不衰者，以形跡求之，或亦當日州縣吏所能言，亦稍有智能者所可辨，而其精神之運用、意量之深沈，本所學以見諸實行，達權通變，思納斯官之於縣，如身之使臂，臂之使指，而推行之端。又以風教爲本，自妻妾、子女、婢僕，以及幕僚、書役、監犯、廝養。每晨起，必合跪拜先師，讀書習禮，而後治事。前後三蒞渭南[3]，年最久，教澤之入人者深，官禮之可行於後世者，效亦著。循良第一之聲，朝野上下，夫人而聞之矣。

庚戌，陝甘總督長庚調辦自治。公歸，思以效於渭南者設施於鄉里。時則紳剔官，蠹官忌紳權。公在陝，爲剔蠹之官，權在已，令易行。在甘，爲招忌之，紳權在人，志同道合者又難其選出，處易位，成敗頓殊。嗟乎！以生平堅苦卓絶之志，數十年之毅力，僅於渭南一邑間收效爲最彰，何其難也。今者三輔風雲，連年變色，公十載以前，征車所至，治譜所編，其父老子民，於三代躋風尚於郅古之隆者，則豈晚近士大夫中所易覯者哉！

余當慨天之生才也難，才之獲施於世也亦難，前後左右之輔，相其才以行其才也，則尤難。百年一才，才與才不相續也；千里一才，才與才不相接也。才孤則弱才之裨益於人世，而可蕲之久遠者亦希矣。余於公能已於言哉！公講學以刻志力行爲主，其在官在里，損上益下之旨，濟人利物

[1] 宣統遜位之五年丙辰：民國五年（1916）。

[2] 戊午：民國七年（1918）。

[3] 前後三蒞渭南：據張世英《自述年譜》，張兩任渭南，時間爲光緒二十五年至二十六年（1899～1900）、光緒二十八年至宣統元年（1902～1909），與"墓表"記載有異。

之懷，若飢之於食，渴之於飲，意有所可，正色孤行，往往冒不韙，犯千萬流俗之笑譏而不顧。光宣之際，海内勵行新政，司民牧者，輒貌應而皮傅之，公獨以爲新政皆與周禮合，所至以鄉職爲本分。境内爲若干村，數村爲社，數社爲里，各立之長，層遞而上，以達於縣，以故弟半流離而不可問雲山遠隔，不識尚有人焉。如公之殷殷拳拳，昕夕不倦，寤寐不忘以心民事以緜，公善政善教於無已時者乎！蒼茫四顧，余又不禁爲中人以上之才抱殊尤絶特之志者，悲其繼也。

公諱世英，清之秦州人，生於道光二十四年七月二十四日，卒年七十有三。其家世源流，畢生行誼，歷官政跡，見於墓誌及紹蕃所輯《祖庭聞見録》[1]者綦詳，茲不敘。敘其志事之非常人所及者，以告來茲。世有想望太平而以人才爲出治之本者乎，當有感於斯文。

陸軍少將銜原任秦州總鎮馬國仁殉難碑記

【題解】碑文撰於民國八年（1919）。文載民國《天水縣志》卷13《藝文志》。天水哈鋭撰。秦州區玉泉觀存馬國仁紀念碑半截，殘存“國仁陣亡紀念碑”數字。

哈鋭（1862～1932），字蜕庵，回族，清秦州人。光緒十八年（1892）進士。曾任四川樂山等縣知縣，歸里後致力實業，創辦炳興火柴公司等。

烏呼！國體改建以來，軍閥武人，節鉞相望，權利地盤所在，不惜拼身命以殉之。至於爲民捍患，毅然與危城爭一日之存亡，而捐糜頂踵，視死如歸者，馬君相丞而外殆無聞焉。

馬君之死也，中央褒恤有加，士民奔走號咷，縞素彌望，築祠宇奉君栗主，歲時妥侑，既虔既潔。君雖死，而邦人士之不忍君如一日焉。茲豈可以無述也耶？

君既蒞任之明年[2]，豫匪白狼[3]，跳梁鄂陝間，警報日至，官軍利賊之

[1]《祖庭聞見録》：張世英孫張紹蕃撰，有民國六年（1917）天水張氏鉛印本。
[2] 據民國《天水縣志》卷6《職官志》馬國仁本傳，馬民國二年（1913）任秦州總鎮。
[3] 豫匪白狼：即河南中原復漢軍都督白朗，民間多稱“白狼”。民國三年4月17日，白軍萬餘人

餘也，但有尾隨，而無截擊。賊於是狶奔豕突，一日夜踔數百里，所至爲墟。君惄然憂之，騰書大府，所以爲益兵設防計者至詳且盡。未幾，賊寇商雒，殘鄠鄠，一躍度隴，蜂屯於恭門鎮、張家川[1]一帶。君悉索所部，益以民團，夤夜馳赴遠門鎮[2]，扼要拒守。賊慴於聲威，捨之而西，秦得無恙。雖然，秦隴，上腴區也，賊間諜密布，虛實洞然，以退爲進，賊固計之熟。而君自賊西走，百計綢繆，思得當自效。城北固倚山爲屏，賊得之則全城在目，將不守。君諳於形勢，先遣久經訓練之步兵一營，擇要屯紮，免爲賊乘。部署甫畢，而賊奄至。時甲寅陰曆四月初十日也[3]。君聞警，挈所部騎兵百有餘人，躍馬疾馳，與賊遇，奮力迎戰，殪其前鋒，而來者麇集，君稍卻。至距城三里之王家磨，申儆士卒，設伏狙擊，無不一當百，白賊爲之靡。君軀幹魁碩，賊所注目，正逐北間，忽流彈自左鬢穿左輔頰出，墜馬死之。賊遂得長驅薄城，而糜爛乃不堪問矣！

夫以君百戰之餘，更事之多，豈不知嬰城固守，以逸待勞之或可圖存，抑豈不知以至少擊至衆者之爲非策，而不如此，則與君慷慨許國之素志不相容，且量敵示弱，亦非沉毅果决如君者所屑出也。然則君之致命，所以遂志，而非邂逅及難者所可同日語乎！君治軍嚴，而拊循之者甚至，士咸樂爲之用。辛亥長武醴泉之役[4]，戰績卓卓，騰於人口。自偏裨薦膺專閫，旌麾所至，尤以賓接儒碩、綏輯閭閻爲當務之急。以故聞君死綏，遐邇之人，識與不識，皆太息或淚涔涔下云。

君諱國仁，相丞其字。寧定人。一門列戟，君尤傑出。昊天不吊，猥以小醜，壞我長城。授命時年甫三十有九，惜哉！今距君死之歲，五閱寒燠矣。日月踰邁，陳跡易湮，礱之貞珉，以告於不知紀極之世綰兵符者，其亦觀感而興起也夫。

越隴山進入甘肅境内。5月3日攻甘谷，4日到天水，於西郊擊斃秦州總鎮馬國仁。5日晨，攻陷天水縣城。當日，南走徽縣、兩當。

[1] 恭門鎮、張家川：今張家川縣之恭門鎮和張家川鎮，時二地俱屬清水縣。

[2] 遠門鎮：今清水縣之遠門鄉。

[3] 本日爲公元1914年5月4日。

[4] 馬國仁本是馬安良部將，1911年曾隨馬安良鎮壓陝西革命軍。

陸軍少將秦州總鎮胡立成紀功碑記

【題解】碑文撰於民國八年（1919）。文載民國《天水縣志》卷13《藝文志》。天水哈鋭撰。

秦州總鎮胡君海芝，諱立成，湖南長沙人。以今年春增築翠屏山炮臺，踸踔風日中，感疾不起。邦人士野祭巷哭，如喪所親。既合詞電吁大府，從優請恤，復以君功德在民，倘竟聽其鬱湮，時異勢殊，聲稱闃如，其又奚可？於是伐石鳩工，而以諗後之文屬余。余於當時將領中，最心折君，其曷敢讓？

當君之蒞任也[1]，正值南北内争割裂之時。天水南毗蜀疆，東雜秦鄙，其號稱靖國軍者，護法其名，殘民其實。君慨然曰："吾之職在保境息民而已，不知其他。"濡汗未息，即馳赴近郊，相度山川脈絡與要害所在，出私資創築隗囂城砲臺。躬親鍤畚，與傭伍雜作，不日落成，屹然在望。正擬取犄角之勢，於城南翠屏山依式爲之，而滇軍首領葉荃[2]潛師奄至，時戊午農曆九月十四日也[3]。於時統領新建左軍吴君攀桂有衆數千，合以君所部若干，乘陴嬰守，砲聲毁天地。雨晝夜不絶，而敵冒險深入，非得城則進退失據，番休迭起，蟻附環攻。最後，賊以巨砲拼死力轟，城垂陷矣。君念此邦全省門户所在，與其職守修墜所關，非可坐而斃也。乃密召得力弁兵，授以機宜，取道從薄間，以曩所築砲臺爲翼蔽，拊敵之背，出其不意，形如瓴建，而勢若霆摧。敵驚顧愕眙，自相蹂踐，鳥駭獸散。會同左軍追奔逐北，俘虜若干，奪獲戰利品無算，而城獲全。其需時祇數晷刻耳。

君所部名曰巡防，以餉絀多虚伍，又先期分布諸要隘，咫尺梗阻，不克赴援。此役以寥寥百餘之卒，走百戰趫捷之衆，發縱指示，疑鬼疑神，寡不敵衆，幾成讕言，何其詭也！昔曾文正公[4]謂湘軍制勝，在於拙誠。蓋維拙乃可用巧，惟誠乃可言術，否則直兒戲耳！君服膺鄉先生之訓，亦

[1] 據民國《天水縣志》卷6《職官志》胡立誠本傳，胡民國七年（1918）任秦州總鎮。

[2] 葉荃：雲南雲縣人，時爲雲南靖國軍第八軍軍長，所部約3000人。

[3] 本日爲公元之1918年10月18日。

[4] 曾文正公：曾國藩，"文正"其謚號也。

惟本其拙且誠者，入而繩己，出而詰戍，常則有備而無患，變則好謀而能成。保境息民之耿抱，有事實以證明之。雖甚妒君者，百計齮齕，不能取君衆著之方略掩而抑之，俾勿徹於遠邇之聽聞而君則以爲絶不足道。以視彼節旄坐擁，戈鋋如雲，只以仇民，不能攖敵者，其爲人相去何如耶？至君之出處與其他功績，則具於君嗣祖勳所爲行狀中，兹不贅云。

甘肅青海護軍使署總務處長周君子揚墓表

【題解】碑文撰於民國十七年（1928），文載路志霄、王幹一等編《隴右近代詩鈔》附録，蘭州大學出版社，1993年，第353～355頁。馬麟撰。

馬麟（1873～1945），甘肅臨夏人，撰文時職銜爲河州宣慰副使。

周氏爲天水望族，其能以剛健樹立者，晚近得二人焉：一焉周本齋先生[1]，一即周君子揚。本齋以俄事殉阿爾泰，子揚以謀安甘青危局被害中途，皆以義烈顯。本齋既歸葬天水矣，青人士僉以君爲青海死也，請公葬於青海，以永桐鄉起塚之思。民國二十年五月二十七日，遂營葬於西寧之西山灣。距君之歿且三年矣！先兄閣臣以千金飾公葬之儀，行復伐石，將表其墓，而匄文於麟，誼不可辭。

君諱希武，子揚其字。少艱苦勵學，每寒夜，貧不能篝燈，炷香讀書，往往至曉。年十五爲諸生，學使葉菊裳[2]深器之。嗣從任先生文卿[3]遊，益博涉羣書。嘗力治閩、洛之學，既讀顧、黄二氏書，傾心向往，於是棄舉業，期致用。喜談當時變法改革，使舊宿咋舌，咸目爲大器。時同里張先生育生知陝西渭南縣，用經術飾吏治，君橐筆徒行至渭南，從學問。既而育生亦去官，歸任自治。凡民國初年天水所行輕弊恤民諸端，多與君所籌畫。其教學鄉里，則諄諄示以大學端倪，經世致用之方，後起靡然從風。三年，長涼州中學校。數從武威李叔堅先生[4]問僕學，益探討乾、嘉諸儒書，

[1] 周本齋先生：即天水周務學（1921～1936），本齋其字也。周曾任忠武軍統領、新疆阿山道尹。在阿山道尹任内抗擊白俄入侵伊犁，以身殉職，其天水老宅所在的周家巷道改名忠武巷以紀念之。

[2] 葉菊裳：即甘肅學政葉昌熾，菊裳其字也，又作鞠裳、鞠常。

[3] 任先生文卿：即天水著名學者任承允，文卿其字也。

[4] 李叔堅先生：即武威著名學者李于鍇（1863～1923），叔堅其字也。

學益宏肆。

時隴蜀互争屬青海玉樹隆慶土司，久不決。甘督張廣建請於政府，使本齋先生以大員勘界，以君嘗上書萬言，痛陳開發青海事，檄使從往。於是載書陟昆侖，探河源，周行玉樹土司二十五族。審察輿地，凡山水原委，形勢要隘，風土方俗，記載秩然[1]。古今關於青海之作，殆未有比也。而玉樹属甘肅事始定。時先兄[2]鎮守寧海，耳君文名久，聘任佐幕，由秘書遷総務處長，匡謀翼武，聲騰一時。先後平吕光、剿拉卜堺、征果洛，方略籌策，惟周惟詳。而十年果洛之役，君正兼長西寧，倥偬兵馬，轉運煩殷。乃創辦民騾，平均傜役，軍民以爲便。於救荒平糴，散賑興學諸政，與辦弗懈。然好學自勵，不以仕宦而遂移。

居恒搜緝典籍，網羅舊聞，將自纂《青海志》。札多詩筆，彌不嘔心獨造，自期樹立。於西陲山水、民族、邊事，均有湛深研求，而規倣亭林，固其素志也。因名堂曰儀顧。與人討學，上下古今，抗爽無阿，引據典册，輒琅琅成誦。嘗慨早歲屈滞鄉國，足跡未出潼關一步，以爲大憾。十四年，乃出陕豫，南遊江浙，歷覽名勝，登匡盧，溯江武漢。紀行諸作，古懋生澀，逼近義寧。至北都，以詩文遍交一時學者。新會梁先生任公欽其博雅，爲旁求青海史料，冀成其書。居京師二年，購書萬餘卷，鑽研自熹。軍政要領，累聘不就。既歸西寧，苦學如故書生。刪訂舊著，兼治《易》《詩》兩經，於《清經解》中鉤沉若干條，細書眉端，目力爲眊。旁涉内典，期年中，治書旨趣，又爲一變。刻苦愈甚，懷抱有在也。

十七年五月，導河亂作[3]，青寧毗鄰，洶洶不靖。先兄持鎮静，宣明大義，部曲嚴峻，無敢懷異者。而蘭、寧道梗，謡诼繁興，使君與朱繡、趙從懿如蘭州言事。祖道者皆泣望和平，或力阻之曰："途多盜，不可行也"。君慨然曰"吾以寒微書生，不見用於世，獨馬公遇我厚，此不可負也。桑梓糜爛，又寧忍坐視哉？"麟輕騎送之行。七月二十五日至老鴉城，君等

[1] 周希武應同鄉周務學之邀參加調查勘界，寫成《玉樹調查記》，是爲研究西北史地和民族史的重要資料。

[2] 先兄：指馬麟胞兄馬麒（1869 ~ 1931），"鎮守寧海"是言馬麒時任甘邊寧海鎮守使。

[3] 導河亂作：指馬仲英發動的對馮玉祥甘肅國民軍的軍事暴動。

捨車而騎，疾馳峽中，麟飯頃後至，三君竟遇盜，趨甦，君與繡中彈亡。君時年僅四十四。

嗚呼！天之生才不易，有才亦難盡其用。綜君平生，堅苦卓絶，用能以剛健自樹，乃賫志以歿，未克致用於什一。至今海、藏多故，邊疆事殷，緬想若君開發青海之志，實蓄於十餘年前，迫切陳詞。當時以爲書生之談，而今日歷歷，皆中其言。撫今追昔，傷感曷已！

然君亦不朽矣！君著有《儀顧堂詩文存》《漢書地理志今釋》《讀通鑑札記》《邊事紆籌》《甘肅民族史》《甘肅水道圖説》《村治大義》《玉樹土司調查記》《湟中隨筆》《記室偶存》《榆枋遊草》。未成者有《甘肅通志糾謬》《青海志》《經解》等。

君祖勵政，字勉齋，清貢生。父立綱，字敬三。子四：明武、承武、奮武，君其長。君子三：宜適、卯寧、順東，讀書能嗣君志。

君之葬也，黎君雨民爲君銘其墓。玆以其學行大端，表於其阡，俾萬禩知湟中有畸行碩學天水周君子揚之墓在。

天水馮鏡堂先生墓誌銘

【題解】墓誌民國三十一年刻石。張鵬一撰文，馮國瑞書丹。馮國瑞篆蓋，文云："顯考鏡堂府君馮公之墓誌銘，民國三十有一年正月十八日孤子國瑞篆蓋。"墓誌拓片存麥積山石窟藝術研究所，兹據拓片録文。

張鵬一（1867～1944），字扶萬，號壹翁，陝西富平人。光緒二十三年（1897）舉人。曾任山西長治縣知事等職。著有《在山草堂詩存》《在山草堂文稿》等。

甘肅一省在秦漢時邊界西北，逼近羌胡，俗尚武功，北地一郡子弟同六郡良家爲期門、羽林，隴西李氏起而名將獨稱，此其武力最盛時代也。就中惟敦煌、安定两郡人文特出。晉亂，李氏據西凉，大儒郭瑀、劉昞傳經著書，弟子千百，西北文學自此大著。而天水列郡，始於曹魏[1]，山川蔚秀，

[1] 天水郡設立在西漢武帝元鼎三年（前114），《漢書·地理志》有載，此言"而天水列郡，始於曹魏"，不確。

爲後來一大都會，文武通才，史不絶書。清代地爲秦州，士敦詩書，科名接連，今後爲天水縣人食舊德、家尚儒風如覩敦煌、安定之舊，父老耆彦質樸守禮，不阿時好，今見之於馮君鏡堂矣。

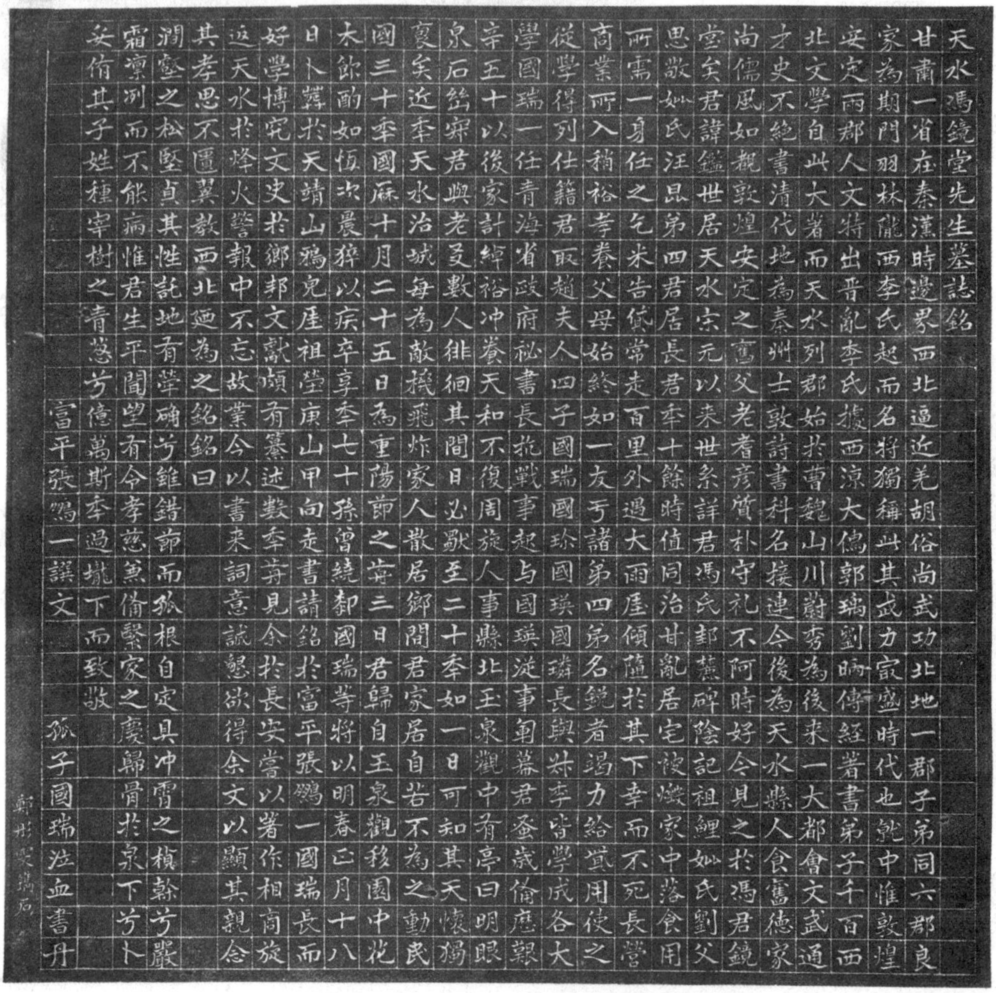

圖 1–33 天水馮鏡堂先生墓誌拓片

君讳鑑，世居天水，宋元以來世系詳君《馮氏邽麓碑陰記》[1]。祖鯉，妣氏劉。父思敬，妣氏汪。昆弟四，君居長。君年十餘時，值同治甘亂，君宅被燬，家中落，食用所需一身任之，乞米告貸，常走百里之外，遇大雨，崖傾隨於其下，幸而不死。長營商業，所入稍裕，孝養父母，始終如一。友于諸弟，四弟名鋭者，竭力給貲用，使之從學，得列仕籍。君取趙夫人，

[1]《馮氏邽麓碑陰記》：全名《天水城北邽麓馮氏先塋碑陰記》，民國二十九年（1940）5 月 5 日馮國瑞撰並書。碑石考述馮氏祖墳變遷歷史，起首語云：“此石明萬曆四十三年七世孫鋒渙等追遠先德而立。”

四子：國瑞、國珍、國瑛、國璘，長與叔季皆學成各大學。國瑞一任青海省政府秘書長，抗戰事起，與國瑛從事軍幕。君蚤歲備歷艱辛，五十以後家計綽裕，冲養天和，不復周旋人事。縣北玉泉觀中有亭曰明眼，泉石幽寂，君與老友數人徘徊其間，日必獨至，二十年如一日，可知其天懷獨哀矣。近年天水治城每爲敵機飛炸，家人散居鄉間，君家居自若，不爲之動。民國卅年國曆十月二十五日，爲重陽节之歬[1]三日，君歸自玉泉觀，移園中花木，飲酌如恒。次晨，猝以疾卒。享年七十。孫曽繞膝。

國瑞等將以明春正月十八日卜葬於天靖山鴉兒崖祖塋，庚山甲向，走書請銘於富平張鵬一。國瑞長而好學，博究文史，於鄉邦文獻頗有纂述。數年歬見余於長安，嘗以著作相商，旋返天水，於烽火警報中，不忘故業。今以書來，詞意誠懇，欲得余文以顯其親，念其孝思不匱，翼教西北，迺爲之銘。銘曰：

澗壑之松，堅貞其性。託地有犖確兮，雖錯節而孤根自定。具冲霄之楨幹兮，嚴霜凜冽而不能病。惟君生平，聞望有令，孝慈兼備，緊家之慶。歸骨於泉下兮，卜妥侑其子姓。種宰樹之青葱兮，億萬斯年過壟下而致敬。

富平張鵬一撰文

孤子國瑞泣血書丹

鄭桐雯鐫石

天水鄧太翁友齋墓表

【題解】碑存西安碑林博物館。民國三十四年（1945）刻石。于右任撰並書。通高 245 釐米；碑身高 186 釐米，寬 85 釐米。保存完好。

三原于右任[2]撰並書

天水鄧友齋先生既歿之三十有八年，其哲嗣寶珊[3]自榆林述職來渝，

[1] 歬：同“前”。

[2] 于右任（1879 ~ 1964）：陝西三原人。早期同盟會成員，國民黨元老，著名愛國人士，大書法家。撰寫此墓誌時于爲國民政府監察院院長。

[3] 寶珊：即鄧寶珊（1894 ~ 1968），國民軍陸軍上將，著名愛國將領。和于右任交誼深厚，請于爲父作墓誌時，職務是國民軍第二十一軍軍團長、第二戰區晉陝綏區司令。1950 ~ 1960 年，歷任

請爲文表其先德之墓。寶珊苦志孝思，又與余爲數十年患難交，曷可辭。

按狀：鄧氏明初自江南鳳陽石橋鎮西徙秦州[1]，始遷祖三傳至禧祖者，族寖繁衍，占籍州治及鄧家門[2]，隸青石、柔遠、向化三里，科第蟬聯，一州稱盛，譜牒在焉。

翁之曾祖考諱炳，字文遠，妣氏閆。祖考擢，字拔庵；妣氏張，氏陳。歷世教授，庠序有聲。拔庵翁生翁昆弟二。長禮賢，早逝。翁諱尚賢，友齋其字。自髫年歧嶷異常，沉默寡言笑，奉親純孝。好讀書，曉經史大義。菲薄舉子業。奉諱後，家漸中落。遂棄儒而商，屈抑廛市中，以誠信孚衆。每遇急難，翁折衝其間，悉得其平。同、光之際，軍謡[3]歲饑並至，翁仗義助餉救荒，岌岌若不及。與從兄誠齋、從姪松巖，雍雍相依，敬宗收族，殫力以赴，無少長，皆敬畏之，里中稱鄧氏三賢焉。

配氏何，生女一，適左。繼配昝，生子三：長子盤，次寶珊，次竟吾。女二：適孫、適王。

翁晚年督教諸子綦嚴，嘗謂："吾以家累，不能竟所學，汝等寧無一人繼吾志事者？"言輒泣下。光緒三十三年十二月二十三疾終於家，年六十有四。明年二月二十日葬城北天靖山武家灘祖兆之次，庚山甲向。時子盤方弱冠，寶珊才十四齡，四壁蕭然，儋石屢空。夫人昝，撫育酸辛，且失明，次年亦逝世。彌留時諭寶珊曰："汝自爲之，今後我不能管汝矣！"

寶珊稟夫人遺命，並耳熟翁所諭古豪傑事，思有以自立。遂奮志出陽關，辛亥革命用能樹幟西域[4]。民十以來，轉戰秦、豫、燕、趙[5]，贊翊中興，其根荄忠孝有自來矣。爲人子者，承志廣孝之意，庶其無憾。而翁之畸行

西北軍政委員會委員、甘肅省政府主席、甘肅省省長等職。

[1] 明初鄧氏家族西遷當屬軍事原因，應是西征甘肅之後軍士的定居者，秦州東鄉的胡氏家族即是如此。

[2] 鄧家初來秦州時居今秦州區牡丹鎮鄧家門村，曾祖父、祖父在秦州城教書，於是定居州城。

[3] 謡：墓誌拓片作"謡"。按文意和當時歷史背景推斷，此"謡"應爲"徭"之誤。

[4] 父親鄧友齋去世後，家境困難，15歲的鄧寶珊離家赴蘭州在一家水煙廠做學徒，適逢駐新疆伊犁的新軍在蘭募兵，便投軍前往伊犁。之後參加推翻清朝統治的伊犁起義，開始了其波瀾壯闊的軍旅生涯。

[5] 民國十年之後，鄧寶珊追求進步，先後在陝西、河南、河北等地參加過討伐直系軍閥、反對新軍閥諸戰役。

潛德，洵有足風末俗而式來茲者在。因伐石而表諸其阡。

孤哀子子盤、寶珊、竟吾，孫成城、醜娃立石

中華民國三十四年　月　日

關中郭希安刻

第十一節　銘文

秦公簋銘文

【**題解**】約1919年出土於天水西南鄉，輾轉多人，最終在1950年後歸中國歷史博物館收藏。高19.8釐米，口徑18.5釐米，足徑19.5釐米。簋蓋及器身均作細小盤螭紋，雙耳上作獸首。簋蓋上有銘文51字，器身有銘文54字，共105字，字體與石鼓文頗爲相近。蓋和器上又各有秦漢間刻款，蓋外刻"西一斗七升大半升蓋"，器外刻"西元器一斗七升奉𣪕"。故知此簋乃西縣官物，在秦漢時曾被當作容器使用。爲研究早期秦文化的重要器物。銘文均由印模打就，製作方法新穎，在古代青銅器中爲僅見之例。秦公簋現世，王國維、郭沫若、楊樹達、張政烺等著名學者都做過研究，至今學術界在作器年代、"十有二公"所指者何等問題上爭議頗多。另，關於其銘的識讀，也爭議頗多，兹以王輝等《秦文字通論》（中華書局，2016年，第41頁）釋文爲據，結合其他研究成果著録。

器身銘文：

秦公曰：不顯朕皇且受天命，鼏宅禹賡，十又二公，在帝之坏，嚴龏夤天命，保䜌氒秦，虩事蠻夏。余雖小子，穆穆帥秉明德，剌剌趄趄，邁民是敕。

器蓋銘文：

咸畜胤士，䀌䀌文武，鋘静不廷，虔敬朕祀。乍𠄝宗彝，以邵皇且，其嚴御各，以受屯魯多釐，眉壽無疆，畯疐才天，高引又慶，竈囿四方。宜。

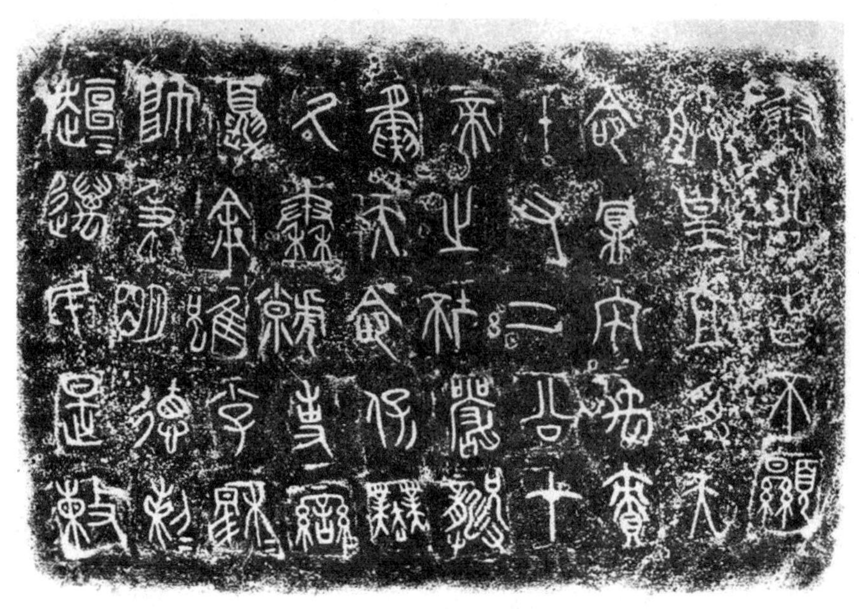

圖 1-34 秦公簋器身銘文拓片

正光彌勒造像銘文

【題解】彌勒佛造像民國二十三年（1934）出土於今秦州區店鎮鄉店通廟，散佚。張維《隴右金石録》引馮國瑞跋記："民國二十三年天水大水，縣南店通廟即黄瓜故縣得正光彌勒佛造像，銅質，鎏金，高九寸許，相背有字四十四。北林庭村宣景達不知何人。"

正光六年[1]六月十日，北林庭村宣景達夫妻二人敬造彌勒像一區，上爲國家四方安静，一切洽生之類普同其願。

[1] 正光六年：北魏孝明帝正光六年（525）。《隴右金石録》張維按："自正光以後，魏政始衰，五年三月沃野鎮人破落汗拔陵聚衆爲亂，由是高平胡琛，秦州莫折大提，南秦州張長命、韓香祖，凉州于菩提、呼延雄先後興畔，關隴騷然，生民困苦，殆無可説。此相造於是時，其云四方安静，洽生普同，出於信佛者之弘願，實亦當時人民之迫痛呻吟也。六年六月癸未改元孝昌，史紀即以孝昌紀年，此相爲改元以前所造，故仍用正光六年也。"

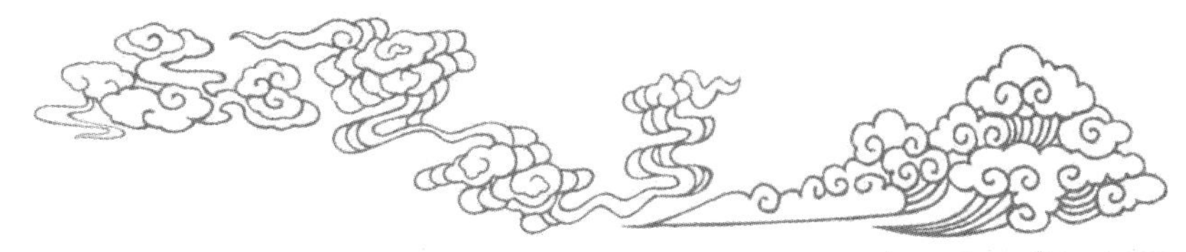

第二章　麥積區金石

第一節　麥積山石窟碑刻鐘銘

北魏法生造像碑

【題解】碑原在麥積山石窟第127窟，係1953年文化部麥積山石窟勘察團考察石窟時發現，後移存文物庫房。碑高43釐米，寬37釐米，厚6釐米。方額，上刻小淺龕，内有浮雕座佛。右下角殘損。碑文12行，滿行12字，殘缺，漫漶。

大魏夫洪□□□□□□□□

復□言四照而□□□□□□

□定若水月物感□□□□□

□□根□□教獲利塵□□□□

七息範□羅真容雖替□□□

化又沙彌法生[1]俗姓劉洛陽□〔人〕

也自慨進不值釋迦初暉退□

蒙慈氏三會两宜中閑逢茲季

運忝荷繒□冥報貧闇然出〔苦〕

有由非善不濟故肆力加功於

[1] 法生：有學者考證，此法生即洛陽龍門古陽洞内爲孝文皇帝並北海王母子造像之法生（古陽洞有“景明四年十二月一日比丘法生造像”題記）。

麥積崖造龕一所屈請良匠積

□始就藉此□□□〔叩〕願帝祚□

……

秦州雄武軍隴城縣[1]第六保瑞應寺再葬佛舍利記

【題解】此碑原嵌於牛兒堂崖間，現存麥積山石窟藝術研究所文物庫房。北宋靖康元年（1126）立石。高 75 釐米，寬 42 釐米。左端殘缺一角，部分字跡漫漶。

圖 2-1 秦州雄武軍隴城縣第六保瑞應寺再葬佛舍利記拓片

阿育王始初興建，號無憂□〔古〕寺，至我宋乾德四年，計二千年矣，

[1] 隴城縣：五代長興三年（932）置，治所在今麥積區馬跑泉鎮西，北宋時麥積山石窟即在隴城縣轄區内。元至元七年（1270）撤縣，轄地併入秦州。此縣和今秦州隴城鎮是同名兩地，不可混淆。辨正詳見後《西番寺碑序》相關注釋。

又至靖康二年，計一百□〔六〕十年。昔西魏大統元年再修崖閣，重興寺宇。至我宋乾德二年，計四百年。又至隋文皇仁壽元年，再□〔開〕龕窟，敕葬舍利，建此寶塔，賜净念寺[1]。至大中二年，有先師迴覺大師，尋舊基聖跡，構精藍。至乾德四年，一百二十年，及賜靈芝一十一本。其年一月内，遍山花卉盛開。繼至皇祐三年，一百二十八年。又元符元年，沿[2]火隳壞寺宇。於建中靖國元年，寺主僧智訥等再建寶塔。又崇寧□年，□頂産靈芝三十八本[3]，丞□□〔昨〕同申州帥，坐□□□□山圖進産芝，蒙恩改瑞應寺，免□□□□□奬諭。又至靖康元年，管勾僧……□砌净臺四圍地面……□日請僧衆及……

四川制置使司給田公據碑

【題解】碑在麥積山石窟瑞應寺天王殿前簷山墻内。南宋嘉定十五年（1222）立石。通高168釐米，寬98釐米。圓額，首行刻碑題，除首行刻“四川制置使司”6個楷書大字外，又在碑額横排一行“四川制置使司給田公據”楷書大字碑題。碑文47行，滿行78字，楷書。中部斷爲两截，部分文字漫漶不清。碑文記述開禧兵火後屯田官將瑞應、勝仙两寺湫池一帶常住地拘作屯田，由是瑞應寺住持賜紫明覺大師重遇和勝仙寺僧智演歷十餘年反復申訴，始由四川制置使司判准退還，發給“給田公據”，故刻石立碑。

四川制置使司[4]契勘，使司先於嘉定十四年三月内，據何茂、成忠申准使司指揮，差委點檢元管提振天□□□□□□□□□□□□□□即遵奉外湫

[1] 隋王劭《舍利感應記》：“秦州於静念寺起塔。先是，寺僧夢羣仙降集，以赤繩量地，鐵橛釘記之，及定塔基，正當其所。再有瑞雲來覆舍利。是時，十月雪下，而近寺草木悉皆開花。舍利將入函，神光遠照，空内又有讚歎之聲。” 王邵《舍利感應記》，《廣弘明集》和《法苑珠林》俱録，而於“感應”部分，《廣弘明集》要詳於《法苑珠林》，玆據前者摘引。見《廣弘明集》卷17《佛德編·舍利感應記》，上海古籍出版社，1991年，第221頁。

[2] 沿：同“沿”。

[3]《四川制置使司給田公據》碑有言：“大隋賜净念寺，大唐敕應乾寺，聖朝大觀元年於絶頂阿育王塔傍産芝草三十八本……”記事和上引“再葬舍利記”碑年份有差異，而事係同一事，“絶頂”二字可證建中靖國元年之後所造宋塔是在麥積山山巔，“阿育王塔”是沿用舊稱。

[4] 即四川制置使之衙門。《宋史》卷167《職官》：“制置使，不常置，掌經畫邊鄙軍旅之事……開禧間，江淮、四川並置大使，休兵後，獨成都守臣帶四川安撫、制置使，掌節制御前軍馬、官員升改放散、類省試舉人、銓量郡守、舉辟邊州守貳，其權略視宣撫司。”

池[1]屯田内□□准嘉定十二年十二月空日四川置使司□□□劄子，據天水軍[2]麥積山瑞應寺住持、賜紫明覺大師重遇狀，昨赴行在，尚書户部陳已□□□□□□□□□□□□□部符下制置司及總領所給還，今將□尚書户部符粘速乞下案，早賜給還，施行□續。承總領所公文，已遵照□省劄指揮出給公據，付瑞應寺僧重遇、勝仙寺僧智演、崇果院[3]□□□□□□□□□□□耕種，充逐寺常住施行外，今請照會使司，照得湫池一帶屯田内有拘到瑞應、勝仙两寺田土，先來係元初措置，屯田官李寔進、武申根括待两□〔寺〕田土。開禧兵火[4]以後，並皆荒蕪，□□□□□□□□□□前所收租利，盡資非用，乞拘没入官，理作屯田耕種，以用贍軍。准使司拘作屯田，支錢措置耕種，已經年。其措置之初，兩寺僧人亦經宣司□□□□□乞行給撥，贍養衆僧。宣司抽□□□□□□□□□僧，撥田百畝，以充贍養。續準朝省指揮，取會應管屯田畝自租□等，使司亦已逐一具申朝廷了當，委是難以給還。本司已於嘉定八年□□□□月十九日移牒總所，照應□□□□□□□□狀陳，繳到部符指揮並總所公文。使司照得瑞應寺乞給還田畝等事，準户部符下本司，令契勘。如本寺係給賜田畝，即與照租給還。

今僧重遇所供，止是鄰保供稱，係給賜田産，及□□□□□□□□年間，秦州隴城縣所給公據，只是蠲免非泛，元無朝廷給賜田産。指揮今雖承總

[1] 湫池：南宋祝穆《方輿勝覽》卷69天水軍之山川目："湫池堡，天水縣七十里。"湫池應在湫池堡附近。《宋史》卷402《安丙傳》："（開禧二年）十一月戊子，金人攻湫池堡，破天水，繇西和入成州……"依此，金軍由秦州來攻先湫池堡，再天水軍，則湫池堡今秦州區西南、禮縣東一帶。

[2] 天水軍：嘉定元年（1208）置，轄天水一縣，屬利州西路之成州。治所在天水縣，今秦州區天水鎮，俗稱"小天水"。《宋史》卷403《張威傳》："天水縣當金人西入路，乃升縣爲軍，命威爲守……"

[3] 瑞應寺、勝仙寺、崇果院：瑞應寺即麥積山石窟所在的佛寺，勝仙寺、崇果院應是麥積山石窟的附屬寺院，具體位置不明。明分巡隴右道僉事馮惟訥嘉靖三十九年（1560）遊歷麥積山，有詩，詩題曰："曉發麥積，尋崇果寺舊址，旁有杜公廢祠，四山迴合，風氣致佳，命僧添田復之。賦此記事。"

[4] 開禧兵火：開禧二年（1206）南宋主戰派韓侂胄主持北伐，宋金戰爭全面爆發。而主持西線戰事的四川宣撫副使吴曦公開叛變投降金國，金人攻湫池堡，破天水，由西和入成州，肆意搶掠。次年吴曦被誅，宋軍反擊，收復失地。"開禧兵火"指此。在宋金拉鋸作戰過程中天水軍一直是主戰場。另，宋天水軍西今禮縣石橋鄉石橋村有一南宋嘉定元年的題壁石刻，記録"開禧兵火"起止，文云："丙寅開禧二年十一月二十八日，有金賊犯關外四州。至丁卯開禧三年三月十八日復收了當。戊辰嘉定改元，元年四月有十九日謹記。"文中"四州"即階州、成州、西和州、鳳州。

□〔領〕所牒報，已行給還，卻緣當來，已係具申尚書省並行在。尚書户部□會外令即住行給撥，仍舊拘□□□□□□付湫池一帶措置，屯田官準此一項，於嘉定十三年五月初八日，準宣撫使司指揮，措置湫池一帶屯田。張忠信進義申此，準隨軍轉運司，差委天水縣簿尉王進義前來交撥。麥積等寺□□□□□□。上件田土撥還去訖，乞施行使司照付元不曾行下。隨軍轉運司許將元拘收麥積等寺田土給還，除已行□□□下，隨軍運司契勘給還。因依供申外，所有種户成憲等借過本屯官種糧□□□□□百餘石。緣今來二麥將熟，未審令本屯拘收從舊，應副支遣，唯復撥付麥積寺合價□，申聽指揮施行。尋具呈□□□司僉廳擬，照得麥積、勝僊寺田土，已於開禧年間盡拘作屯田，並申□□□□□縣給還指揮，今據措置，官申審收夏料。指揮欲下屯田官何茂，將合收两寺田土雙料，自本屯撥付指定倉，分送□□納，應副支遣戍兵口食。取收附繳申外，有種户□成憲借過本屯糧斛□□□□餘石，並仰拘收樁管，不許少欠。呈奉安少保判行，使司已於嘉定十四年三月初三日行下，何茂、成忠遵從施行去訖。今據天水軍申準，提□刑司判送下。本軍麥積山瑞應寺住持僧人□□□□重遇狀。

伏覩本寺，繼傳名相，歷劫勝因。羣山圍繞，中間突起一峰，鐫鑿千龕，現垂萬像。上下萬仞，中有三泉：文殊、普賢、觀音聖水。萬民□祈禱，無不感應。始自東晉□□起跡，敕賜“無憂寺”，□□□給田供贍。次七國重修，敕賜“石巖寺”，大隋敕賜“净念寺”，大唐敕“應乾寺”。□〔至〕聖朝大觀元年，於絶頂阿育王塔傍地産芝草三十八本。蒙秦州經略陶龍圖[1]具表進上，奉敕改賜“瑞應寺”。□□羅草諸般，非泛耕率。特許本寺開壇，專一建置祝延聖壽道場，進奏功德。疏□，回賜御香度牒。又奉神宗皇帝宣詔，本寺得道高僧秀鐵壁[2]入内，升座講演宗乘，敕賜“圓通禪師”，照得本寺□□□往給賜田土貳百餘傾，供贍僧衆。

先緣建炎紹興兵火，隔隸彼國三分之二，止□有餘□小山田伍拾餘傾。

[1] 秦州經略陶龍圖：即秦州知州陶節夫，大觀元年至二年（1107 ~ 1108）在任。因獻策功加龍圖閣學士，故碑文稱陶龍圖。

[2] 本寺得道高僧秀鐵壁：即法秀禪師（1027 ~ 1090），俗姓辛，宋秦州隴城（今天水麥積區）人。“秀鐵壁”其號也。麥積山之外，還爲開封法雲寺等六所寺院住持。《五燈會元》有載。

昨緣開禧兵火之後，於嘉定元年，有忠義首領□□□□、李寔、强德、張鈞等前□□寺搔擾，錢物不滿私意，便行打劫本寺鐘鍋两件，計鐵壹萬柒百斤；及將□本寺布種二年地利，部領兇徒，各持刃器，强收了當。使本寺僧行，數年無食，逃散外方。於嘉定二年，及更妄申宣撫，□□□作屯田。重遇遂赴諸監司陳訴。准大使司鈞判，照得李寔等强取麥積寺麥田、耕牛、鐘鍋，委是分曉，合行勒令賠還，下天水軍去著准。本軍追到强德、李寔等，止陪得鐵叁仟斤。至嘉定七年□□□十一日，再赴安撫司陳訴，□前政劉安撫臺判，照得上件二寺田磑並係□給賜田土，準條不應作屯田，便□〔可〕□下，撥還二寺，依舊作佃，牒總領□〔茂〕。至嘉定八年三月二十四日，準總領所坐，准朝□□□〔碑〕出給公據，付本寺收執。將前件田磑，准此拘收耕種，充常住，施行不委。

□□□□信、何茂等貪盜官物□□，再撰巧詞，妄申制置使司準，於四月二十七日行下成州，從實根究申準。本州追張忠□〔信〕□到官，蒙送直司，根究爲見。重遇□□□經天水軍等田□，有給到告示一件，□□信何□□徒仗壹百勘斷，其本人覺知虚妄分曉，卻用銀貳鋌，買囑情節。其成州官吏受情，將詞理一向滅裂，曲法行移，□□□實將田卻判與屯田。以此，重遇□□□至行在闕下告論，準尚書户部符，四□總領所主者詳狀。如已，經本所契勘，即與照租給還訖，仍下屯田莊照會，毋致再有侵擾。準於嘉定十年八月十□□□下準使所，於嘉定十一年十月廿二日遵從朝省指揮准再出給公據□本寺。及下，天水軍差雷縣尉前來交撥，卻緣雷縣尉與屯官雷安禮係兄弟，以此遷延，未曾交撥。

及金人侵犯大安軍[1]，□□嘉定十三年正月二十九日□□再赴隨軍轉運司陳□，準合判牒天水軍照諸司指揮施行。即令本寺復業，趁春耕種，免失地利。於二月初四日準告示兼下，天水軍再行差委主簿□□來，於四月十二日又撥□件田土，令本寺截□秋□始始□業，見於二□□□，本寺自去年秋料收到地利。爲見國家調兵未已，遂將物斛盡數赴隨軍轉運司，

[1] 大安軍：南宋紹興三年（1133）於今陝西寧强縣大安鎮設大安軍。

助獻軍糧，計貳佰伍拾石，見有□□□附爲照。本寺□人上舉借錢債，糴貿夏秋種子即立下。嘉定十四年夏□□□苗自本地繼，准上司指揮，拘籍忠勇軍，每名免税子叁石陸斗，遂交錢貳佰貫，上非泛科率，本寺遂顧到邊地□□□充應忠勇軍，捍禦備敵。功緣本寺乏錢科〔利〕置，遂於湫池倉開借糴本錢□□□道，置買軍器衣甲口食，並逐人老小糧食，每名月計物斛三石，鹽菜錢貳拾□□，□□計錢壹佰貳拾，道口□□□□石懲辦。至今年六月成熟，本寺於所撥田上，元不曾收到顆粒物斛，□□□還納借□湫池倉官錢不委。

有毌丘宣幹前來天水軍根括營田，於四月初一日差人追呼出頭，收取撥田，因依重遇□□將本寺撥田幹照並省符公據供呈。其毌丘宣幹更不批判，直至六月初八日差委贊佐官主簿尉前來，於諸莊抄劄租子田地，强奪□□□營田，給付佃户韓甫、史全等管佃，將於來夏租□□□張了當。有□秋租子，見係馬進義播收，未曾著落。重遇切見昨□□□，元行指揮，據實負白劄子，數内一項止具呈屯田官吏。韓甫、韓茂□□□□侵欺青□寺□〔兩〕年，官租事元不曾該説。麥積寺□□給□撥田土，奉鈞判□毌□□官勘會著落，韓甫等四年租□□□。其毌丘宣幹卻聽從吏人楊鈞、魏奂，取受韓甫、韓茂情囑，便憑逐人分□□□□，更不根究欺隱官租一節，卻於狀外枝蔓滅誣，□□省及諸監司指揮，□□□□□〔將〕本寺及崇果院等□撥還田□□□强奪作營□〔田〕。有此冤屈事情，乞詳重遇所陳事□理，乞賜參照朝省及諸□□司已行撥還指揮，仍乞先次行下天水軍交撥□□租子，付□□□□□□□□□□□□□□宣總□□□□□□□□刑，朝奉判送軍。

照上，司已行本軍近準宣司揭榜，降下五州軍營□訪，聞所委官□□□吏不予□□□細討究營田來歷，亦不參對□□官産□□□□□□□□□□□□□□明核□□□□□□□集田户抑令增認租數。其間或有契據不爲執用，但要增租，一切不恤委□〔人〕，有□□□□初奏陳，本寺理宜優卹。仰人户將營田具照□□收租□□□□□□□□□□□□□□□□□□□給議施行，其執出契據幹照，昨來根括，不爲理用，並仰經州軍自陳，仍舊照□，據官□□□□□□業務，使邊民得安生理。照得瑞應寺僧重遇

□□□□□□□□□□□□□□□□□□□□□□□田土，先來準宣總两司拘作屯田。至嘉定十三年正月間，準朝省指揮符四川□□□□□總領所□者，如已經□□契勘□，即與照□□□給還□□□□□□□照會，毋致再有侵擾。及□□總两司隨軍轉運司指揮將上件田地給撥與瑞應寺管佃訖，昨於嘉定十四年六月間准，毌丘宣幹□□委主簿尉拘收作□□。今准前項提刑司指揮備邊在前，軍司除已告示僧重遇遵從使司揭榜指揮施行外，申乞鈞照並據天水軍麥積山瑞應寺□住持賜紫明覺大師重遇狀陳，作緣□〔本〕寺自東晉歷本朝，並□□賜田地，昨來宣撫使司差委毌丘宣幹根括□絶，本官更不仰體上司本意，卻將本寺並崇果院常住，妄行拘占作營田。重遇□當□□時欲行陳訴，緣馮宣幹以根括爲急，不卹無辜，□□□乞今□□撫制置侍郎鏤榜約束，許在監司，並本州陳乞，即與改正。重遇上件，冤抑有所聲訴。重遇遂赴提刑司陳狀，准判□□照□司已行，並准本軍給據付重遇，□依使司榜文，指揮令重遇仍舊管業。□□□〔屯〕田官遵奉具申使司，鈞照去訖。本寺未準管業，更合赴使司陳乞給據，乞照本軍並屯田官所申及。今來重遇所陳□□□□□事因，乞賜指揮給據付田□□□管業，並乞行下本軍並屯田官□□□行。據所申尋具呈狀司僉廳，擬據僧重遇狀訴根括官毌丘宣幹將朝廷已給還常住田占充營田□□詳，重遇狀上件田，於嘉定十三年内制置大使司括充屯田□□□□朝省陳狀符下，總領所照租給還訖。

去年，宣司根括官再拘收作營田，緣營田係入總領所贍軍。上件田，已先據總領所受省符給還去訖。今欲牒常平司照總領所已行給還本寺，呈奉□□□□□臺判牒使司，除已牒利州路提舉常平司，遵照臺判指揮並僉廳，擬定事理，照總領□已□□還本寺，及移牒總領所□〔照〕會，並下天水軍照應施行外知委。

嘉定拾伍年三月二十三日（落款時間後鈐篆書“四川安撫制置使之印”）

明代磚塔銘（一）

【題解】塔銘存麥積山石窟研究所文物庫房。明正德九年（1514）刻磚。高 49 釐米，寬 33 釐米。圓額，額上刻一“佛”字。内容分隔文上下兩欄，上欄爲銘文，下欄爲功德主姓名。

千古百年復皆昌，九宮八卦察陰陽。諸佛流下安身意，天地日月助三光。

臨濟下二十三代佛照本禪師圓喜、圓才、圓聰

正德九年

住持静泉海藏父母夏紀姚氏；弟夏景禄、夏永堅；姪男夏得安、夏世安、夏得正、夏得孶、夏來安、夏回安、夏廷安、夏正安、夏受安、夏能喜。

明代磚塔銘（二）

【題解】塔銘存麥積山石窟藝術研究所文物庫房。明正德九年（1514）刻磚。高 55 釐米，寬 34 釐米。圓額，額上刻一“佛”字。

法乳臨濟，智壽惠洪。德法普静，妙性圓明。福緣善慶，覺照本宗。

麥積山瑞應寺住持僧衆海藏和尚本師普暹

徒妙玄、妙通、净亮、圓青、妙德、覓惠

正德九年七月初旬建

覓惠作上□妙賢男閻堂楊福

石刻殘碑

【題解】 碑在麥積山石窟藝術研究所文物庫房。明嘉靖八年（1529）刻石。高 48 釐米，寬 30 釐米。圓額，額上横刻“皇帝□□〔萬歲〕”4 字，斷爲左右两塊，殘損嚴重。

大明嘉靖六年開山……寶鑒寺修……發心鑿洞……功德主劉紀、劉……僧德遇鐫字康，□〔嘉〕□〔靖〕八年重飭主持覺能、信芳立石。

寶鑒大禪[1]師塔銘

【題解】現存麥積山石窟藝術研究所文物庫房。明嘉靖三十八年（1559）刻銘。塔高104釐米。白色大理石質，塔體爲亭閣式樣，由頂、身、基座三部分組接而成。塔身爲八棱體，上刻有銘文，首尾銘題及落款字跡較清晰，中間漫漶不清。

□〔大〕明重開山祖師諱成聰號寶□〔鑒〕大禪師塔

賜進士出身敕巡山東右副都御史京兆□□□□曹蘭[2]撰

………

第四代嗣住持太能覺焚香拜書

第五代住持能信□建□立

□□□□山沙門忠寂空大禪師塔銘

【題解】塔銘存麥積山石窟藝術研究所文物庫房。明嘉靖三十八年（1559）刻石。塔高103釐米。管楫撰文，泰能、泰覺書丹。白色大理石質，亭閣式樣。塔由頂、身、基座三部分組接而成。塔身爲八棱體，上刻有銘文，部分文字殘失。

賜進士出身敕巡山東都御史雒州平田翁管楫[3]撰

天地開闢以來，混元造化，乾坤定位之□，宇宙明分之後，圓明一點，迥出青霄之外，忽然本地發明，輝天鑒地，□□□□著千聖難測，五十五位法□□□□進□□妙理聖義，豁然頓悟。

□□□忠公寂空大禪師者，乃岐周白□之子，兆歲省悟。禮寶鎰大師剃學心印，隱跡終南，禪定悟道，隨師同住此山。住世六十有齡，法臘四

---

[1] 寶鑒大師：按後《寂空大禪師塔銘》中有“禮寶鑒大禪師剃學心印”，可知寂空爲寶鑒禪師的弟子。又兩塔銘後均有“第四代嗣住持太（泰）能覺焚香拜書，第五代住持能信”之記，可知二塔銘“寶鑒大禪師”應同屬一人。兩塔建造體量、石質、形制基本相同，故推論。寶鑒大禪師圓寂後當時並未建有石塔，而是在寂空大禪師坐逝後，其徒法泉爲感教授之恩，同第四代嗣住持太（泰）能覺及第五代住持能信等衆人，在嘉靖三十八年（1559）爲二大禪師同建石塔。

[2] 曹蘭：字德芳，明陝西咸寧（今西安市）人。正德六年（1511）進士。曾任山東巡撫右副都御史。

[3] 管楫：字汝濟，號平田，又號竹木山人，明陝西咸寧人。正德六年（1511）進士。官至山東巡撫右副都御史。著有《平田詩集》。管楫之“楫”，塔銘已損毀，此係依據職官及名號考出者。

旬五夏，禪息静慮，告衆曰：吾世緣已盡。集衆參聖沐焚，正念坐逝。孝徒法泉等想師教授之恩，扶祖修藍之化，親資運石建塔，□□□貺，傳揚後世者矣。

第四代嗣住持泰能、泰覺焚香拜書

□皇明嘉靖歲次己未[1]孟夏上旬吉旦

佛聖誕日第五代住持能信等衆建立

（以下爲“龜鳳山”“勝仙寺”及本山僧徒十餘人名號從略）

字匠康登雲□〔田〕永壽、□〔田〕□〔永〕身

甄敬詩碑

【題解】碑現置麥積山瑞應寺大殿前廊。明嘉靖三十八年（1559）刻石。通高 386 釐米，寬 108 釐米，甄敬撰並書。螭首方座，高大壯觀，而碑身多處斷裂。碑文楷書 13 行，刻五言詩 3 首、七言詩 1 首。碑之陰面即分巡隴右道僉事甘茹主持重刻的北周庾信《秦州天水郡麥積崖佛龕銘並序》。

登麥積巖三首

孤標冠地軸，遠眺倚天門。巴蜀東南盡，山河西北尊。□□開色界，水月满靈軒。不識如來意，常瞻灝氣存。

法像諸峰外，浮雲萬里長。乾坤人曠劫，今古共微□。靈籟鳴虚壑，禪光落上方。我生無着執，夢裹到慈航。

鳥道懸青嶂，龍宫宿紫煙。香雲飛不著，寶月□常園。俯仰浮生幻，洪漾象帝先。晚來移杖屨，燈火下諸天。

麥積山遇雪

萬象高懸北斗齊，三千世界望中迷。浮雲□住青蓮宇，净水常流白虎溪。風動迴檐馴鴿舞，雪凌遠嶂瞑□啼。招提應爲幽人至，遍雨天花待馬蹄。

嘉靖己未十月三晉龍莊山人甄敬[2]題

---

[1] 嘉靖歲次己未：明嘉靖三十八年（1559）。

[2] 龍莊山人甄敬，字子一，明平定州（今山西平定縣）人。其出生地爲平定龍莊村，故稱龍莊山人。嘉靖三十二年（1553）進士。嘉靖三十七年前後任陝西監察御史之巡按甘肅御史，官至太僕寺少卿。

屬下吏知州吴應叩，屬下吏知州杜廷棟立，屬下吏知州李宋立石[1]

馮惟訥詩碑

【題解】碑鑲嵌麥積山石窟東崖門口崖壁。明嘉靖三十九年（1560）刻石。高 59 釐米，寬 87 釐米。馮惟訥撰並書。呈横長方形。王體行楷，端莊秀麗，字跡清晰。

遊麥積山四首

山川雄且都，法界盛規模。隴蜀屯靈氣，乾坤闢壯圖。天垂雲幄近，月照相輪孤。想像曇花現，西來啟覺途。

疏川開净土，鏤玉寫金仙。翠藹連三積，空香隱四禪。蓮宫長曜日，桂棟欲浮天。不入沈灰劫，靈光獨皎然。

鷲嶺横西極，祇園復在茲。孤標拔地起，萬象人雲危。月殿金芝秀，霜林錦樹披。經過未辭數，猿鶴久相期。

千載庾開府，傳聞此勒銘。金涵淪寶氣，玉字秘圖經。日月迴三殿，雲霞衛百靈。空嗟浮世改，搔首别山庭。

時嘉靖庚申孟冬吉北海少洲馮惟訥[2]書

甘茹詩碑

【題解】碑鑲嵌麥積山石窟東崖門口壁面。明嘉靖四十三年（1564）刻石。高 73 釐米，寬 127 釐米。分巡隴右道甘茹撰並書。呈横長方形。碑文行草，字跡清晰。

重遊麥積山六首與欒山胡公[3]同賦

冥搜此靈境，興比塵遊添。羣動同禪寂，千山爲佛尖。慧風吹豆甲，

[1] 詩碑題名的三知州中杜廷棟和李宋是秦州知州，而吴應當是甘肅某州知州。

[2] 馮惟訥（1513 ~ 1572）：字汝言，號少洲，明山東臨朐人。嘉靖十七年（1538）進士。曾任分巡隴右道僉事，駐節秦州。累遷至光禄寺正卿。著有《光禄集》《青州府志》等。甄敬在任巡按甘肅御史時，和駐節秦州的分巡隴右道的馮惟訥相友善，二人同遊麥積山，俱有詩。另，今成縣西狹之《西狹頌》摩崖有甄、馮題記一方，文云“嘉靖己未年菊月既望巡按陝西監察御史晉陽龍莊甄敬同按察司巡隴右道僉事北海馮惟訥來遊”。馮有輯《古詩紀》，甄作序並贊助刻板。

[3] 胡公：即和甘茹同遊麥積山並有詩的“姚江胡安”。

法雨唾松髯。吏隱真堪寄，華簪祇自嫌。

寶塔千松繞，雲龕萬幕懸。丹梯斜有徑，青壁峭通天。混沌神能鑿，飛翔鳥尚緣。振衣驚南度，下界等浮煙。

地因庾碣重，寺以杜詩雄。鳥語妨僧定，毫光映日紅。浮生色相外，勝覽醉歌中。懷古情無賴，黄蒿没隗宫[1]。

重閣浮高棟，危欄隱曲扉。步生雲片片，身共鶴飛飛。蓮宇開丹嶂，經堂俯翠微。百年輕履險，萬事解忘機。

牛洞[2]藤陰細，龍湫溜色澄。無雲花自語，不夜月傳燈。金粟三千界，瓊樓十二層。摩崖未辭數，珍重此山僧。

登臨依越客，指點是巴山。萍梗牽吟思，乾坤洗俗顔。上方諸品静，信宿一官閑。回首追三笑，寥寥不可攀。

小有洞[3]

上界右爲牛堂，堂納霧占，陰雨蓋出。《鞏記》[4]云："故有棧繞外而達，代遠朽墮，不可繕補，僧始洞之。"然低隘，非匍匐莫由也。仍命工稍加高廣，衆稱便。因牛堂遂假五丁甲以例之，再賦五言一律。

小有何年闢？斑斑斧鑿新。羣生悲覺路，萬劫啟迷津。秦蜀金牛隘，陰晴玉洞春。誰知三昧外，彼岸復無垠。

嘉靖甲子夏蜀人泰溪甘茹[5]識

秦州天水郡麥積崖佛龕銘並序

【題解】碑在麥積山瑞應寺前院内。明嘉靖四十三年（1564）刻石。高 386 釐米，寬 108 釐米。螭首方座，碑文楷書，18 行，滿行 45 字。是

[1] 隗宫：麥積山後雕窠峪有西漢末年隗囂宫遺址。《方輿勝覽》卷 69 天水軍之麥積山條："山之北曰雕巢谷，又有隗囂避暑宫，對面瀑布瀉出蒼崖之間，亦勝景也。"

[2] 牛洞：即牛兒洞。爲麥積山石窟上七佛閣 004 窟和 005 窟牛兒堂（牛耳堂）之間的連通石洞。

[3] 小有洞：上七佛閣通往牛兒堂之牛兒洞西壁有甘茹所題"小有洞天"石匾。

[4]《鞏記》：應即明胡纘宗所纂《鞏郡記》，20 卷，有嘉靖二十五年（1546）清渭草堂刻本，今殘存數卷。

[5] 甘茹：字徵甫，號泰溪，明四川富順人。明嘉靖二十六（1547）年進士。曾任分巡隴右道僉事，駐節秦州。累遷至山東按察副使。

爲北周庾信《秦州天水郡麥積山佛龕銘並序》的重刻碑，刻於甄敬詩碑之碑陰。碑題下注明“北周庾信子山□〔撰〕”。馮惟訥題識，甘茹書丹。據五代王仁裕《玉堂閒話》稱：“東閣之下，石室之中，有庾信銘記，刊於巖中。”可見“佛龕銘並序”係摩崖石刻，王仁裕詩尚能看到。之後這篇名人所作名文便在麥積山消失，至於失於何時，由何而失，處所何在，引來諸多議論和推測。《麥積山勘察團工作報告》言：“北周大都督李允信爲王父（祖父）造七佛龕，是在庾信寫的‘秦州天水郡麥積崖佛龕銘並序’裏所記。這篇銘記是刻在七佛龕的壁上，五代時還存在（見前注）。後來明朝馮惟訥尋不着原刻，就據原文重刻一石碑，現在這塊碑存瑞應寺，已斷裂。銘文辭藻很華麗，但不能説明好幾個‘七佛閣’中那一個是李允信造的。”[1] 疑原“佛龕銘並序”是在五代之後的某次整修中被覆蓋於壁畫泥皮之下，還應存世。

麥積崖[2]者，乃隴坻之名山，河西之靈嶽。高峰尋雲，深谷無量。方之鷲島，跡遁三禪。譬彼鶴鳴，虛飛六甲。鳥道乍窮，羊腸或斷。雲如鵬翼，忽已垂天；樹若桂華，翻能拂日。是以飛錫遥來，乘杯[3]遠至。疏山鑿洞，鬱爲净土。拜燈王於石室，乃假馭風；禮花首於山龕，方資控鶴。大都督李允信[4]者，籍以宿植，深悟法門。乃於壁之南崖，梯雲鑿道，奉爲王父造七佛龕[5]。似刻浮檀，如攻水玉。從容满月，照曜青蓮。影現須彌，香聞忉利。如斯塵野，還開説法之堂；猶彼香山，更對安居之佛。昔者如來

[1]《文物參考資料》1954 年第 2 期。

[2] 麥積崖：即麥積山，五代之前習慣將麥積山稱麥積崖。麥積山在正史中凡六見，均稱麥積崖。

[3] 乘杯：按《庾子山集》應作“度杯”。又稱杯度（？～426），高僧，南北朝時冀州人。事跡見慧皎《高僧傳》卷 10。温玉成先生認爲“度杯遠至”麥積山后“疏山鑿洞，鬱爲净土”是麥積山開窟造像的最早記録，並佐之以其他資料考證麥積山的開窟時間當在後秦弘始四年至七年（402 ～ 405）之間。見温玉成《中國早期石窟寺研究的幾點思考》，《敦煌研究》2002 年第 2 期。

[4] 大都督李允信：即隴右大都督李允信，《北周書》記爲“李充信”，有名無傳。曾爲秦州總管、都督十三州諸軍事、秦州刺史宇文廣的“故吏”。

[5] 奉爲王父造七佛龕：王父，即大父，應指生父，也有言指祖父者。麥積山的七佛閣一共有三組，即上七佛閣，中七佛閣、下七佛閣。乾隆《直隸秦州新志》卷 2《山川》之“麥積山”條所謂：“巖間有上七佛、中七佛、下七佛，皆鑿巖而立。”金維諾先生認爲，李所開之窟是中七佛，而非上七佛閣（004 窟）。見金維諾《麥積山石窟的興建及其藝術成就》，《中國石窟·天水麥積山》，文物出版社，1998 年，第 177 頁。

追福，有報恩之經；菩薩去家，有思親之供。敢緣斯義，乃作銘曰：

圖 2-2 秦州天水郡麥積崖佛龕銘並序拓片

鎮地鬱盤，基乾峻極。石關十上，銅梁九息。百仞崖横，千尋松直。陰兔假道，陽鳥飛翼。載輦疏山，穿龕架嶺。糺紛星漢，迴旋光景。壁累經文，龕重佛影。雕輪月殿，刻鏡花堂。横鐫石壁，暗鑿山梁。雷乘法鼓，樹積天香。嗽泉瑁谷，吹塵石床。集靈真館，藏仙册府。芝洞秋房，檀林春乳。水谷銀沙，山樓石柱。異嶺共雲，同峰别雨。冀城餘俗，河西舊風[1]。水聲幽咽，山勢崆峒。法雲常住，慧日無窮。方域芥盡，不變天宫。

兹山名勝，獨冠隴右。其開刱之始不可考。而志籍所存，惟子山是銘□古[2]。觀其圖寫山形，僄揚法界，事綜理該，辭義典則，而碑版不傳，遺文湮滅。乃命工伐石，刊置山隅，將以之□同好，俾後來者有所考焉。

子山，新野人，仕梁，累官右衛將軍，聘於西魏。屬魏師南討，遂留長安、江陵，累遷開府儀同三司司宗中大夫。博學，工文辭，尤長於詩，有集若干卷傳於世。

賜進士出身朝列大夫河南布政司右參議前陝西按察司分巡隴右道僉事北海馮惟訥[3]識

嘉靖歲次甲子孟秋吉日

賜進士出身奉議大夫陝西等處提刑按察司分巡隴右道僉事甘茹[4]書

秦□□州許□[5]重勒

胡安詩碑

【題解】碑鑲嵌麥積山石窟東崖門口壁面。明嘉靖四十三年（1564）刻石。

---

[1] 冀城餘俗，河西舊風：“冀城餘俗”指甘谷大像山石窟，“河西舊風”指敦煌莫高窟。

[2] 子山：即庾信（513 ~ 581），子山其字也。庾信是南北朝時期的大文豪，本在梁爲官，後出使西魏時羈留長安，仕西魏、北周，在隋文帝篡周的當年卒。有《庾子山集》16 卷。此公是著作高手，又身居顯位，故“羣公碑誌，多所請托”。李允信在隴右大都督任内爲王父造七佛龕，請庾信作銘，於是就有了千古傳頌的《秦州天水郡麥積山佛龕銘並序》。文存《庾子山集》卷 12《銘》，參見庾信撰，清倪璠注，許逸民校點《庾子山集》，中華書局，1980 年，第 672 ~ 678 頁。

[3] 嘉靖三十九年（1560），身爲分巡隴右道僉事的馮惟訥遊麥積山，有《遊麥積山四首》詩，詠及庾信銘，有云：“千載庾開府，傳聞此勒銘。”

[4] 明嘉靖四十三年（1564）冯惟讷继任者甘茹遊麦积山，有《重遊登麦积山六首与樂山胡公同賦》诗，咏及庾信銘，有云：“地因庾碣重，寺以杜诗雄。”

[5] 應是秦州知州許某，“州志”失載。

通高 52 釐米，寬 80 釐米。胡安撰並書。呈横長方形，碑文行草，字跡清晰。

遊麥積山次泰溪甘公韻

一入招提境，能令長晝添。俯臨渭水曲，遥數隴山尖。愛樹才留榻，成詩輒撩髯。幽棲吾所好，濡滯復何嫌。

蜂房成户牖，斗絶復孤懸。頗勝樓觀日，還期劍倚天。含恨非夙約，坐石亦前緣。無異匡廬上，晴峰散紫煙。

珠玉忽盈手，翩翩藝苑雄。客來尊尚緑，僧起日初紅。隴蜀驅馳後，蕃戎指授中。伊吾欲鳴劍，感事憶臧宫。

雲消初見洞，風満自開扉。曲徑人稀到，懸崖鳥倦飛。暫當挹晴霽，聊復論玄微。塵鞅今如此，何由早息機？

珠林有奇賞，色界本來澄。鳥韻和禪盤，嵐光雜佛燈。門臨千樹杪，身上五雲層。偶及乘除語，蕭然愧老僧。

度隴觀形勝，今爲第一山。勒摹前代姓，談笑故人顔。坐臥渾忘暑，登臨始覺閑。丹梯分手處，誰與再蹬攀？

姚江胡安[1]

圖 2-3 光緒《秦州直隸州新志》所附秦州十景之一麥積煙雨圖

[1] 胡安：字仁夫，號樂山，浙江余姚人。嘉靖二十三年（1544）進士。歷官湖廣衡州府知府、廣西提刑副使、陝西苑馬寺正卿，終陝西布政司左參政。著有《趨庭集》《説約編》《鉤玄編》等。胡安和甘茹唱和當在苑馬寺正卿任内，時苑馬寺設在甘肅平凉府。

李筵詩碑

【**題解**】碑鑲嵌麥積山石窟東崖門外壁面。明隆慶元年（1567）刻石。李筵撰並書。高 52 釐米，寬 84 釐米。碑文楷書 9 行，滿行 10 字。

隆慶元年四月望月登麥積巖小憩二絶

上盡諸天喜未還，歸來無力濟民艱。舊看隴麥連雲起，但願登場佀此山。

萬佛千佛洞幾崇，不知佛在此心中。老僧指點雲霄上，回首乾坤一笑空。

鄴郡西埜李筵[1]題

王君賞詩碑

【**題解**】碑鑲嵌麥積山石窟東崖門外崖壁。明萬曆七年（1579）刻石。高 51 釐米，寬 110 釐米。王君賞撰並書。碑呈横長方形，碑文草書，字跡清晰。

宿麥積禪林

風塵傷遠道，夜半禮諸天。蘭若青雲裹，瑶華碧落前。堵藜能作法，貝葉喜忘筌。了悟無生術，心知物外禪。

又口號

貧婦艱朝炊，良人苦遠征。山巃如許麥，止供往來情。

萬曆己卯四山君賞[2]

馮子履詩碑

【**題解**】碑鑲嵌麥積山瑞應寺天王殿前山墻。明萬曆十八年（1590）刻石。高 125 釐米，寬 75 釐米。馮子履撰並書。圓額，碑文楷書 10 行，滿行 20 字，字跡多漫漶。

---

[1] 李筵（？～1569）：字仲卿，號西野，河南湯陰人。曾任直隸南皮知縣户部主事、鞏昌知府等職。著有《西野集》。

[2] 君賞，即王君賞，字汝懋，號四山，明淄川縣（今淄博市淄川區）人。明嘉靖三十八年（1559）進士。歷任浙江道監察御史，任刑部主事、員外郎，浙江水利道僉事，陝西苑馬寺卿等。其遊麥積山當在陝西苑馬寺卿任内。

麥積山候楊藩伯不至

我與麥山似有緣，浹旬兩度上山巔。間關鳥語迎徵□，爛熳花香拂去鞭。霧鎖攢峰新雨後，翠環列嶂晚風前。遲君不至同遊賞，獨步青霄意惘然。

麥積山早發遊賞用前韻

□是山靈厭俗緣，爲何雲霧隱峰巔。諸天長望空回首，羣壑留連懶贈鞭。飄渺□鐘疑界外，微茫遠樹傍村前。山靈應愛清征客，雨滯歸途豈偶然。

萬曆歲次庚寅夏月吉日分巡隴右道僉憲前山西道監察御史東魯馮子履[1]題

貼完佛像碑

【題解】碑鑲嵌麥積山石窟東崖壁面。明崇禎四年（1631）刻石。高45釐米，寬29釐米。圓額横書“禮縣”2字。碑小字小，一些文字漫漶不清。

伏以漢明帝夢金身□，又詢佛化流於中國也。老君著語三千，煉丹位列於三清。是數年□之山在大，而人生應賴神以獲安也。獨見麥積山山明水秀，地靈神傑，然棟宇乏鼇葺之新，佛像缺□□貼金之飾。□邑會首□□□□統領衆經焉。會所衆進者三載，圓□□□擲財易金，貼完大佛像三尊，亦且便於□□永垂千載，均庇萬民，謹意□本春交夏□□□。

會首鄭□宣、李春輝、趙□□、趙尚□、趙應學、杜應宣、趙佃、郭支、

[1] 關於詩碑的落款題名，馮國瑞《麥積山石窟志》“馬應夢詩碑”條記爲“萬曆庚寅分巡隴右道僉憲前山西道監察御史馬應夢題”，見冯國瑞《麦积山石窟志》，隴南叢書编印社，民國三十年，第26頁。張錦秀《麥積山石窟志》記爲“萬曆歲次庚寅夏月吉日分巡隴右道僉憲前山西道監察御史東魯”，認爲“未具名”，姑從馮志署名“馬應夢”，見張錦秀《麦积山石窟志》，甘肅人民出版，2002年，第184頁。對此，我們分析如下：

按慣例，落款寫得那麼詳細，而後“未具名”，似不合常理。蓋原本碑之落款有署名，20世紀40年代馮考察時尚約略可辨，而張著録時碑面更加漫漶已無從識讀了，至於馮之識讀是否正確另當别論。查乾隆《直隸秦州新志》卷7《官師》、光緒《秦州直隸州新志》卷9《職官》明代“分巡隴右道”職官名録，無有“馬應夢”其人。而有名“馮子履”者籍貫履歷正好和碑文落款相合——“馮子履，臨朐人。進士”。何爲相合？首先是“東魯”，北宋蘇轍有詩“至今東魯遺風在，十萬人家盡讀書”，於是臨朐、安丘、諸城、高密一帶士人喜歡以“東魯”標識郡望；其次是馮在任分巡隴右道之前兩任山西按察司僉事，合“前山西道監察御史”之職。所以，所謂“馬應夢”無疑是“馮子履”之誤。頗疑馮國瑞在識讀碑文時，因碑面損壞嚴重，將“馮”識讀成了“馬”，後兩字看不清，便猜讀成了“應夢”。

馮子履（1539～1596）：字禮甫，號仰芹，山東臨朐人。隆慶二年（1568）進士。出仕後歷任直隸固安知縣任、兵部主事、山西按察司僉事等職；萬曆十年（1582）後，先後任和州知州，山西僉事，分巡隴右道，河南副使，易州兵備副使，河南參政等職。

賈進、趙□□、趙運、趙明。

時崇禎歲次辛未朔建孟夏月吉日

麥積山開除常住地糧碑

【題解】 碑在麥積山石窟東崖門口。明崇禎十五年（1642）刻石。通高 121 釐米，寬 70 釐米。秦州舉人姚隆運撰文。碑首方形，豎刻“大明”篆書 2 字，碑文字跡清晰。

按《廣輿記》稱，麥積山爲秦地林泉之冠[1]。其古跡係歷代敕建者，有碑碣可考。自姚秦至今，一千三百餘年，香火不絶。林壑幽峭，松檜陰森，有瀑布瀉出蒼崖之間，天然奇景也。杜甫、李師中俱有題詠[2]。志云：“何谷不蘭茝，何淵無蛟龍。”麥積屢産靈芝，聖燈貝光，照耀林谷。洵一方名勝，可與五嶽競高矣。

舊設常住田三百二十畝，皆瘠薄山崗，陰寒陡磵，春回暑際，霜落秋前，所出不過燕麥、小蕎等。寥寥山僧，多拾野菜資生。杜詩云“野寺殘僧少”，山田磽埆，故僧突不黔耳。各處常住地，原不入糧額，獨此寺香火田，鄉愚侵佔不遂，妄告增糧二石九斗五升。僧輸不前，逃竄過半，兼兵荒重困之後，牛、種無出，地全荒蕪。佃户已填溝壑，而催租者尚打寺門不休，致法堂前草深一丈，良可惜也。

幸巡道范老公祖[3]征寇駐寺，見寺僧菜色未蘇，問及香火之資，僧人能信泣訴前因。公慨然曰：“寺田幾何，追呼不免，此地方官之羞也。”即准訴察免。又幸值州守毛父母[4]神明慈諒，具有佛種者，欣然願藉是作一大因緣事，申請開除詳文，極剴切懇至。蒙批“荒糧如議開豁，仍諭里老，

---

[1]《廣輿記》，地理書，明陸應陽輯。南宋《方輿勝覽》卷 69“天水軍麥積山”條云：“麥積山，在天水縣東百里。狀如麥積，爲秦地林泉之冠。”

[2] 杜甫、李師中俱有題詠：唐乾元二年（759）杜甫流寓秦州，有《山寺》詩詠麥積山。北宋熙寧三年（1070）六月二十四日，李師中等遊麥積山，有詩《留題二首試之》（題刻留麥積山石窟第 168 號崖閣）。其後不久李任秦州知州。

[3] 巡道范老公祖：即分巡隴右道范學淹。乾隆《直隸秦州新志》卷 7《官師》：“范學淹，萬泉人。舉人。”所記功名和碑文落款有所不同。查《明清進士碑録索引》無“范學淹”或“范學顔”。

[4] 州守毛父母：秦州知州毛鳳冠。乾隆《直隸秦州新志》卷 7《官師》：“毛鳳冠，四川人。舉人。”所記功名和碑文落款不同。毛是明天啟七年進士，碑文記載正確。

圖 2-4 麥積山開除常住地糧碑拓片

不得混催，此繳”。繇是名刹中興，僧行安生矣。

竊念山地數畝，得其税不足以裨國儲，貽其害遂足以累山靈。范公祖暨毛父母，信是三世諸佛現宰官身護法者乎。理宜勒石，以志二公之德□不朽。如再有鄉愚妄訐及里老混催詐騙者，本寺僧稟官重治不貸。

范公諱學顔，山西萬泉縣人，辛酉鄉進士。

毛公諱鳳冠，四川富順縣人，丁卯鄉進士。

崇禎十五年九月十五日庚午舉人姚隆運撰

進香隨緣鄉民馮登霄……

本寺僧人本洋、本深、慧霑、本珦；本勤、本孝、本廉；來復、來衆、來勝、來幸

稟訴住持僧慧蓮、慧心；乳孫來進、自童

僧正司署印僧宗演，訴狀開糧慧忻

鐫字匠魏國賢、男魏鼎唐立石

清代磚塔銘（一）

【題解】塔銘存麥積山石窟藝術研究所文物庫房。約清乾隆十年（1745）刻磚[1]。高 49 釐米，寬 29 釐米。圓額，上鐫臥鹿一隻。後半部分殘。

居麥積巖大佛寺，作主（住）持焚修復，禁步六載，良□已滿。異日出關，同本邑緇素人重葺理山崖，洞□、佛堂、雲梯以及大雄殿閣精舍，靡不鼎新革故。

乾隆元年冬，師初建法幢，在清水縣北村地，名大柳樹海波寺，結制安禪，弘演毗尼。復明年，重刱法席於本山瑞應禪院。開爐數次，丕振宗風，闡揚法化，承先啟後，福德難量，始末七載餘矣。次年，合白衣同募諸上善人緒，重修麥積峻嶺佛舍利塔一座。遞代相傳，刱自阿育王所造，共禳厥事，晃如初復。明年冬月望七日，師值辰刻示寂於本剎丈室。

[1] 塔銘無落款，而銘文中有“乾隆元年冬，師初建法幢在清水縣北村地”“復明年，重創法席於本山瑞應禪院”“始末七載餘矣”“次年”“復明年冬月望七日”等語。按以上時間推算，磚塔建造年代約在乾隆十年前後。

清代磚塔銘（二）

【**題解**】塔銘存麥積山石窟藝術研究所文物庫房。約清乾隆十年（1745）刻磚。高52釐米，寬35釐米。圓額，上鐫展翅鳳鳥一隻。

麥積，天水勝境。聞起自阿育王，降及魏晉六朝，載記紛然。西魏文后削髮於此，寂後鑿石而葬。山頂舊有浮屠，名曰"舍利塔"。歲遠磨滅，遺跡無存，大滅名勝色矣。

後僧師上圓下慧和尚住錫於此，數年之間，百廢俱興，重修舍利塔於萬仞峰頭之上。但見落星河於簷前，穿日月於户牖，瞷雲霧於檻底，與天竺比峰可以齊觀。寺門前院有先師祖與先師寶塔二座，俱各六角七層，寶蓋玲瓏，是皆福德所致，非大衆所可及也。今歲山門看壁工竣，公議又於塔院右邊建修普同塔一座。

夫空去來一生滅，是將同大衆而普之者也，何有於祇園衆僧？又何庸空棺如達摩西方必去哉？是爲銘。

銘曰：塔名普同，事關衆僧。供成一□……（以下殘缺）

清代磚塔銘（三）

【**題解**】塔銘存麥積山石窟藝術研究所文物庫房。清嘉慶元年（1796）刻磚。高33釐米，寬30釐米。張翀翮撰文。圓額，浮雕有展翅鳳鳥一隻。後半部分殘。

……預爲之志，而頌以銘曰：

太虚非虚，法空非空。有大和尚，安禪制龍。肫肫仁慈，淵淵度量。爲於無爲，妄自無妄。不動至尊，自在無上。人也佛耶？涅槃真相。雲山蒼蒼，水月茫茫。雲歸月去，山高水長。

秦安訓善發弟子張翀翮沐手敬撰

弟通聞，徒達焕、達照、達孝、達元……

鐘銘□修□序

【題解】塔銘存麥積山石窟藝術研究所文物庫房。清乾隆十三年（1748）鑄銘。鐘高 42.5 釐米，口徑 44.5 釐米，鈕高 7.5 釐米。下沿八角爲菊花紋和八卦圖，肩頭四欄横列“佛日增輝”“法輪常轉”“帝道遐昌”“皇圖永固”16 字。

麥積勝地，爲天水□景之冠。名公巨卿登眺其上者，末不歎以爲觀止也。然而創建之自已不可考矣。其碑記、鐘銘尚有存者，則云自阿育王構舍利寶塔於山頂。按：阿育王者不知出自何代，亦不知建國何地。至周穆王選勝遨遊，親歷此山，敕賜舍利山“靈安寺”。其在東晉七國時，敕“太石巖寺”；隋開皇時敕賜“净念寺”；唐開元時，敕賜“應乾寺”；至宋敕改麥積寺曰“瑞應”。則歷代之增修褒封者，累累不乏。夫亦曰：無墮先□，無廢後觀焉乎。

由來年深代遠，其如風刮雨摧，寶塔、佛龕、殿象、醮爐、招提諸道已將廢滅於荒煙蔓草而不可復。□幸迨僧圓慧、惇等，乞募衆信，焕然亦新，故書鐘銘，特表云耳。

傳臨濟正宗第三十六世住持圓慧、□惇

徒了意，了機；孫達□，達禪。金火匠人强希聖

乾隆十三年十月朔立

麥積山瑞應寺常住香火田地四至碑記

【題解】現鑲麥積山石窟瑞應寺大殿前廊西山墻。清乾隆二十九年（1764）立石。通高 144 釐米，寬 63 釐米，圓首方座。碑首楷書“百代流芳”4 字，碑面保存完好。

麥積山之創建，由來久矣，歷代稱爲天水第一勝境也。圓慧禪師[1]住錫以來，竭力苦行，殿宇輝煌，丹艧鮮明，皆其功也。

[1] 圓慧禪師：圓慧禪師而外，文獻中有圓慧和尚、慧翁和尚、慧公和尚、際博、圓慧、圓慧博、麥峰衲、麥峰主人等多種稱謂。臨濟宗第三十六世傳人。雍正、乾隆時主持麥積山瑞應寺法席。

至於寺中田地，上以供香火，下以裕僧衆，四至最明。東至天池坪高嶺爲界，南至老庵大梁爲界，西至廟溝梁爲界，北至前灣石堡爲界。乃有藉端吞謀輩，始焉偷開一半垧，漸次偷開十數垧，久霸香火爲已業，以致鳴官與訟，殊屬不雅。

今於乾隆二十八年，蒙費太爺將侯貢生與潘了智争地一案[1]，侯生所開常住浪彎銀洞山地，仍作荒山，不得霸種。潘了智所租陳姓之地，亦作荒山，不得藉爲常住。至二十九年四月内，又蒙費太爺鈞諭著立碑記，並將前任太爺斷案亦書入碑内。如乾隆十年潘了智與阮姓争地一案，張太爺[2]酌中取公，永斬訟端。據阮姓佃帖，侯家溝以北，阮姓管業；侯家溝以南，僧人管業。

各太爺斷案，彬彬可憑，第恐年遠日久，復生蒙混，垂爲碑記，世世清白。則碑載常住田地，上以供香火，下以裕僧衆，庶永久不朽云爾。是爲記。

中憲大夫山東青州府知府前知甘肅直隸秦州事加三級紀録八次費廷珍

登仕郎管直隸秦州捕務事兩當縣典吏加一級屠文焯

登仕郎贊直隸秦州督捕廳事加一級王鼎新

僧正司僧正王意穩。本山住持僧了智、了機、了義；徒達輝、達雲、達焕、達照。

合郡士庶舉人王武然、監生吴延行、貢生侯集勳、生員阮模、舉人張琛、貢生陳王鼎、生員張卓列（後吏員、監生等 170 餘人姓名略）

大清乾隆歲次甲申[3]年四月吉日立石

麥積崖圖銘詩碑

【題解】碑置麥積山石窟瑞應寺大殿前廊。清道光元年（1821）立石。高 193 釐米，寬 78 釐米。圓額，竪題篆文碑題兩行；碑面上下等分三欄，

---

[1] 費太爺：即秦州知州費廷珍。侯貢生：應即乾隆《直隸秦州新志》卷 9《選舉》貢生目所列之侯集勳。潘了智：應即碑文落款題名的“本山住持僧了智”。

[2] 張太爺：應即費廷珍之前的秦州知州張儒。光緒《秦州直隸州新志》卷 10《職官》：“張儒，蓬萊人。廩生。”

[3] 大清乾隆歲次甲申：清乾隆二十九年（1764）。

分别鐫刻圖、銘、詩。圖：即用陰線雕刻的麥積山石窟立面示意圖。高 44 釐米，寬 65 釐米。刻線多已模糊，但麥積山山形輪廓基本清晰，其山頂的舍利磚塔、上七佛閣、牛兒堂、千佛廊等東崖的主要洞窟依稀可見，並刻有林木、溝渠和道路等。銘：題《麥積崖佛龕銘》，落款爲“庾信子山撰”，即爲庾信所撰《秦州天水郡麥積崖佛龕銘並序》。該“銘”將序略去，標題簡化。詩：刻七言律詩五首，爲秦州知州淡士濤與其友好吴江潘照、劉騰蛟、陳殿綸、牟照侖等人題詠麥積山的唱和之作。

圖：（略）

銘：（爲去掉序的庾信所撰《秦州天水郡麥積崖佛龕銘並序》，略）

詩：

遊麥積崖作　大荔淡士濤[1]

直上峰巒朵朵齊，一峰天外引丹梯。香林櫛比浮雲幻，貞石鐫經浩劫迷。松嶺鳥飛通下界，草川龍伏穩長隄。來探水玉銅梁路，身在關山西又西。

和淡刺史麥積崖原韻　吴江潘照[2]

飛蓋真堪謝屐齊，危崖依約拾如梯。半痕□□沉月蕊，一抹□拖積翠迷。構盡幽曇遺石壁，□□□湍□金隄。何緣絶頂慈雲駐，擕句驚人壓隴西。

和前作　劉騰蛟　州學□〔生〕

飛閣凌霄迥草齊，勾連石蹬出□梯。半拖煙雨緣崖匝，一弄峰巒到眼迷。竹馬依稀迎下界，玉虹約略接長隄。銘詞不數子山妙，絶調陽春隴阪西。

和前作　陳殿綸　州學生

環峙居然萬笏齊，高擎巨鎮聳丹梯。崖懸閣道虹霓現，人歷洞天煙雨迷。净土山連松作蓋，仙巖月偃玉爲隄。等閒不到謝公屐，待借曇雲蔭隴西。

和前作　牟照侖

凌絶丹崖罕與齊，峰迴蹬轉等危梯。侵衣不礙煙霞冷，捫碣無妨風雨迷。野碓聲喧紅葉徑，石梁影瀉白沙隄。山靈莫謂徙行少，南國甘棠今在西。

[1] 淡士濤：號仰山，清陝西大荔人。嘉慶四年（1799）進士。任秦州知州等職。著有《仰山文集》《仰山詩鈔》等。

[2] 潘照：清代戲曲作家，號鷺坡，别署鷺坡主人、鷺坡居士，清吴江（今蘇州市吴江區）人。遍遊海内，與名大夫交遊。著有《鷺坡居士紅樓夢詞》《小百尺樓小品》《烏闌誓》等。

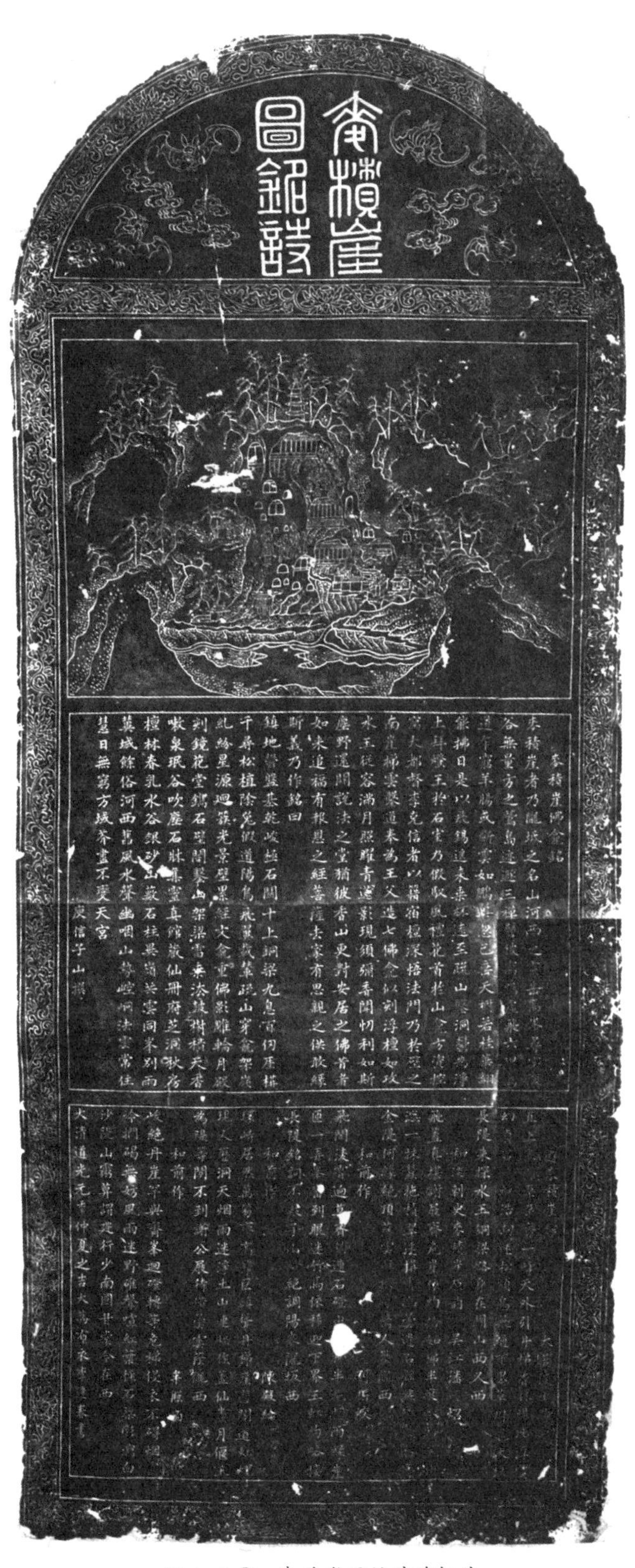

圖 2–5 麥積崖圖銘詩碑拓片

大清道光元年仲夏之吉大荔布衣李逢春書

天水麥積山西窟萬佛洞銘並序

【題解】碑在麥積山石窟瑞應寺東配殿前廊。民國三十六年（1947）立石。高153釐米，寬60釐米。馮國瑞撰並書。圓額，首行刻碑題，題下刻撰書者及刻字人姓名。

縣人馮國瑞撰並書　唐萬成刻字

麥積山記載，啟始東晉。石窟建造在後魏大統間，詳《北史·文皇后乙弗氏傳》。北周保定初，秦州大都督李允信造七佛龕，庾信制銘，疏山鑿洞之工，稱六國共修。隋唐以來，建塔增窟，五代時王仁裕猶能題詩絶頂，審未遭三武之劫也。宋熙寧、元祐時，李師中、蔣之奇、游師雄先後登覽，題名巖壁。道君[1]崇玄，山中累獻靈芝，敕興寺宇。前代圖繪改飾，多在此時。嘉定末，有《四川制置使司給田公據》碑，頗多故實。惟金元遺跡罕睹。明嘉靖、隆慶時，有馮惟訥、甘茹、胡安諸詩碣，惟訥又補刻庾信銘。東窟大佛前閣道，明末尚可通；西窟墜毀特甚，第見槎枒棧架，縱横洞窟而已。

國瑞昔嘗遊焉，始爲《山志》[2]，略述勝跡，流傳稍廣。周覽之士，遊轍日來。既而勘圖石窟部位，著窟百有二十[3]。三十五年秋，與甘肅省第四區行政督察專員胡公受謙信宿山中，規畫補葺，更闢山館[4]，爲遊憩之所，兩閱月工告竣。東窟自臥佛洞西經石磴、七佛龕達牛堂之閣道梯欄，均加修牢固。昔之履危險者，今坦無恐怖矣。行與天水縣長方公定中，縣人周秉中、李琅、楊克協、李存仁、張如瀚、劉鎔等復往遊，釋本善曰：“西窟可窮探矣”。昨者木工文得權[5]架插七佛龕椽棟稱能，乃倩挾長板，架敗棧閣，遞接而進，至窮處引索攀援，卒入西窟大佛左之巨洞中。卅六

---

[1] 道君：指宋徽宗。徽宗崇信道教，自號“教主道君皇帝”。

[2]《山志》指馮國瑞自著之《麥積山石窟志》，本志1941年由隴南叢書編印社出版。

[3]1944年馮國瑞與劉文炳同遊麥積山，將石窟編號112號，每號詳注説明，並合作繪製石窟平面草圖，寫成《調查麥積山石窟報告書》。

[4] 山館：即1947年馮國瑞、胡受謙往遊後所築的麥積山館，供遊人休憩之用。館名由吴稚暉題寫。

[5] 文得權（1914～1988）：麥積山北文家村木匠，手藝精湛，多次以傳統技法架修麥積山棧道。

年二月十日事也。洞廣闊數丈，環洞二十四佛，十八碑，碑高有五、六尺者，多浮雕千佛，隱壁懸塑無數。宋人《玉堂閒話》記茲山西閣之萬菩薩堂甚偉麗，蓋即指此洞也。歡喜讚歎，因稱“萬佛洞”[1]。補修棧閣，端資衆力，爰用庾信銘原韻，銘曰：

谷毓千春，乘超八極。音沸海潮，響回羣息。簡潤栗蒸，鼎浮煙直。法相巍峨，總持羽翼。聲寂雪山，夢懸鷲嶺。不滅心性，無殊風景。呵壁能雄，窺淵見影。刹那百劫，妙勝一堂。陡駭豁壑，未疲津梁。龍藏象負，殊國衆香。窟通鳥道，棧穩禪床。片石胡靈，貽譏開府。瑞應紫芝，靖康法乳。崖積來麥，碣支礎柱。閣翻貝經，樓散花雨。光昭震旦，遂起秦風。峙並漠高，劍倚崆峒。中興仗力，羯運終窮。維摩稽首，仰瞻閟宫。

民國三十六年四月天水麥積山建修保管委員會立石

第二節　仙人崖石門山碑刻鐘銘

大明敕賜靈應寺記碑

【題解】現存仙人崖石窟西崖。明永樂十四年（1416）立石。高158釐米，寬82釐米。墨黑色石，質地堅硬。圓額豎刻楷書“大明敕賜靈應寺記”，左右飾有圓圈草葉圖案。

皇帝敕諭，鞏昌[2]地面大小官員、軍民諸色人等——

朕惟佛氏之興，其來已遠。西土之人，久事崇信。其教以空寂爲宗，以普度爲心，化導善類，覺悟羣迷，功德之著，無間幽顯。有能尊崇其教，以導引夫一方之人，去其昏迷，向慕善道，强不至淩弱，大不至虐小，息爭鬥之風，無侵奪之患。上下各安其分，長幼各遂其生，同歸於仁壽之中，同安於泰和之世。上足以陰翊皇度，下足以勸善化俗，興隆佛法。一切之

[1] 萬佛洞：北魏大型平頂窟，現編號第133號窟。頂高5.8米，面闊12.2米，進深10.83米。存大小各類造像4953尊。

[2] 鞏昌：即鞏昌府，府治在今甘肅隴西縣。《明史》卷18《地理三》：“鞏昌府，洪武二年四月直隸行省。領州三，縣十四。東距布政司千六十里。”

人咸臻净樂，功德所及，豈不遠哉。

今以秦州仙人巖[1]華嚴寺，賜寺名曰“靈應”，所在官員、軍民、諸色人等，務要各起信心，尊崇其教，聽從本寺僧人尕立什加等自在修行，並不許侮慢欺凌。其常住一應寺宇、田地、山場、園林、財産、孳畜之類，諸人不許侵佔騷擾。庶俾佛教興隆，法門弘振，而一方之人亦得以安生樂業，進修善道。若有不遵朕命，不敬三寶，故意生事侮慢欺凌，以沮其教者，必罰無赦，故諭。

永樂十四年五月初三日

“逐去程道”碑

【題解】現存仙人崖南崖山巔。清光緒十九年（1893）立石。高 113 釐米，寬 58 釐米。座長 77 釐米、寬 40 釐米、高 33 釐米。碑和座均爲紅砂巖石，質地粗糙。碑無題，此名係校注者據文意新加。

光緒十九年六月内，張州主[2]親詣仙巖，逐去程道[3]，將祖師一切事面交會首經理，不准招人專權。立案可證，永垂不朽。

石工王廷選

新建石門興龍山碑

【題解】現存石門山興隆峰祖師殿。明崇禎元年（1628）立石。高 35 釐米，寬 25 釐米。完整。碑呈長方形，黑色石質。

大明國陝西鞏昌府秦州兼秦安縣軍民人等，新建石門興龍山[4]，一會

[1] 仙人巖：又名仙人崖，位於麥積區東南小隴山林區，山巒叠翠，風景秀美。宋元時建有華嚴寺，明永樂時更名“靈應寺”。乾隆《直隸秦州新志》卷 2《山川》：“仙人山，東南九十里，一曰仙人巖。其巖突出雲表，翩然如踴，三峰參列，上懸下洞，如覆如愕，有集真觀。巖之前峰巒近百，皆拱三峰，若揖若拜，其上松柏邃密，崖壑槎牙。又有靈應寺，唐所修者，寺中有泉，其水清而冽，僧人引以入廚。右有寶蓋山，左有燃燈閣。或云昔有仙人送燈之異，至今油跡猶存，其巖奇絶與麥積等。”又，民國《天水縣志》卷 1《地輿志》：“仙人崖，箕覆而前，側立十丈，容禪林佛龕十餘間，十里青松，冬夏蔚然，東柯西源之所出也。”

[2] 張州主：即秦州知州張，據民國《秦州直隸州新志續編》卷 2《職官》，清光緒十九年在任知州爲張珩。

[3] 程道：程姓道士。

[4] 石門興龍山：石門山位於麥積區東南，興龍山爲石門山五峰之一，山巔建有祖師殿。乾隆《直隸秦州新志》卷 2《山川》：“石門山，東南百餘里。其山壁立千仞，蒼翠欲滴，四周峭壁無徑，中通路若門焉，因號石門，蓋天險也。山峰有三，凡十八盤而上，約十里餘始臻其顛，無限松篁，

承塑祖師金像一尊。

會首吴自新、王方、謝弟、段智、吴真、王正中、張璞、高魁、王敬中、蒲文政、朱惟廣、張文魁、王禮、李國圖、朱大收、張守明、孟捷、王來楊、李選、鄧國朝、蒲景春、任仕臣、唐有楊、李應振、李曉、李興望、張世珍、李興啟、趙永慶、李才、董守節、鄧國薦、鄧紳、楊俊、周添禄、張好仁

住持道人王真元、王真玉

崇禎元年四月十八日立石記，魏國賢刊

石門山建鐘記銘

【題解】鐘現懸於石門山鐘樓。清康熙二十七年（1688）鑄造。高110釐米，口徑83釐米，厚5.5釐米。鐵澆鑄而成，外上壁鑄“琳琅振聲、十方肅清、皇圖永固、道教興隆”16字。

名山不名，至聲無聲。人徒知神聖之教如撞鐘然，叩小小鳴，叩大大鳴。人安知神聖之行如鐘然，鳴不在叩，鳴亦在叩，非叩有鳴，非叩無鳴。乃知無聲揚聲，不聞終聞，雖然山無鐘山不靈，鐘無響鐘不應，故鐘其鐘以歡立横，以横立武，以啟世愚，以明世昧，以醒世迷，以覺世夢。

康熙戊辰[1]孟冬吉日，郡人何漢佐謹識

石門山常住四至分明——東至分水嶺爲界，南至燕子關河爲界，西至廟兒嘴爲界，北至梁子樹爲界。

本山道人高陽奇；徒馬來雲、劉來迎、張來雄、武復元、王復義；秦州金火匠人强禄、强天任、强雪任、强忠；三陽川信士會首苟品、强聰盛、郭寅（後人名略）

輝映殿閣，爲秦州第一洞天福地。”

[1] 康熙戊辰：清康熙二十七年（1688）。

增修石門山祖師洞獻殿山門神道碑銘

【題解】碑現存石門山五陽觀。清乾隆五十年（1785）立石。高100釐米，寬51釐米。白巖石質，碑圓額素面無飾，陽額書“層巒聳翠”，陰額書“石門夜月”。碑身風化有破損，部分字跡不清。

石門山者，隴右之名山，關西之靈嶽也。□地極天，無非神工造就；横峰□嶺，盡是鬼斧削成。鬱盤十里五里，翠流千村萬村。加之長松古柏，□□□雲，蒙□□上，繚繞其間，莫不足以飛志公之錫，駐黄安之龜[1]。

祖師之奉，巍然立極。所由昉也，原乃舊制功微，但有寢廟之奕奕；靈院氣寡，並無獻殿之煌煌。一旦仙乘遠至，雲車遥來，其將信太上之志，經玉局由□；何不思達□之請，佛廣園藉人。是以□等怵惕，發願增修，學猛虎之聽法，□□石之點頭。隨緣募化，遐邇從心，二年於兹，厥功告竣。仰聖像於中廷，□異萬物之俯；迓神駿於復道，仍無咫尺之違。蓋昔者大道□□治，貝闕翠房三千；即王母平居，瑶池玉樓十二。敢緣斯義，乃作銘曰：

石門之山，維神所主；石門之宫，維神所處。像教皇皇，佑我邦土；爰定厥方，恭立外府。壁畫僧鷂，臺擁仙鼇；紫館層疊，碧城迢遥。龍或致雨，猿鮭獻桃；深山大澤，魑魅全鎮。

郡庠生王建績撰，王士升書

木鐸功德主馮振聲，甲午科武舉，功德主王□棠

大清乾隆五十年孟夏月吉日立

碑陰文：

初建大殿功德主馮□隆，重建大殿功德主汪思任、汪思盛。

創修獻殿功德主馮振聲施銀貳兩、王永清施銀五兩。

監修蒲士魁、鄭尊德 ，化主馮國佐。武生陳啟榮施銀四兩，王之彩、監生馮永茂、監生王建弼、武生王國泰施銀四兩，陳章、生員王懋績、監

[1] 民國《天水縣志》卷2《建置志》：“五陽觀，在石門山下。極高峻，望之如黑雲在空，上十餘里始至其巔。路或中斷，垂有連環鐵索之者，攀躡而上。四周竹木縈繞，亦佳境也。”

生王基廣、劉士傑、王開基、蒲榮共施銀三兩（後衆多人名略）。

重修石門山記碑

【題解】 碑現存石門山。清乾隆六十年（1795）立石。高 123 釐米，寬 62 釐米。秦州知州齊佳士撰並書。白巖石質，圓額上刻篆書“萬壽同歸”4 字。由於山中陰潮，碑石分化較嚴重，下部字跡已模糊不清。

秦州石門山，隴坻之靈峰，河西之鷲島，接昆侖而矗磅礴，映華嶽而擅奇特。名山大川，脈絡相屬，蓋爲一州第一洞天福地。

余自丁未歲[1]來守茲土，見其風俗樸茂，士民淳雅誠厚，幸也。第自顧年衰，凡於庶事恐有未逮，竊喜數年以來，歲稔時豐，人民醉飽。公餘之暇，修廢舉墜，以故文廟、武廟、城隍廟悉修整之，其附近城郭諸峰如泰山廟、玉泉觀、南山寺者，亦次第重建焉[2]。每值省試登眺，見有層巒疊嶂，黛色縈霄，景星慶雲覆其上，峭壁懸崖列其下，含岈崒葎之狀延袤於煙雲杳藹間者，厥惟此山。至於殿宇梵刹，年久剥蝕，余甚慨焉。因捐俸鳩工，擇勤謹者董其事，閲两月而通觀厥成，臺榭桷楹，式增炳焕，於是攀援瞻依，襟懷肅清。仰紫氣於清虛，不啻人間天上，瞻嵐光於碧落，自然虎距龍蟠。矧聞如來追福，曾演報恩之經，菩薩去家，尚切思親之供。忠孝之心，油然而生。寧徒凜維皇於蘭宫，拜燈王於石室已耶。

且夫天水久爲名區，粤自羲軒衍瑞，宿將名卿，文人騷客，史不絶書，信乎地靈則人傑。考之州志，著有十景，其一曰“石門夜月”[3]。其山與郡東麥積山、仙人崖林立，壁列萬仞，中通若門，月出東山之上，儼然驪珠之在仙掌，銀鏡懸於雲臺，蟾光桂影，燦然文明。嗣是之人傑，將因地靈而愈加丕振矣！然則是役也，以延古跡，以弼教育，以培風氣，以壯觀瞻，亦樂事也。後之君子，諒不以是舉爲誣也歟？是爲記。

---

[1] 丁未歲：清乾隆五十二年（1787）。

[2] 文廟、武廟、城隍廟、泰山廟、玉泉觀、南山寺均在天水市秦州區，除武廟外，其餘建築至今保存完整。

[3] 據乾隆《直隸秦州新志》卷 2《山川》，秦州十景有“石門夜月”。

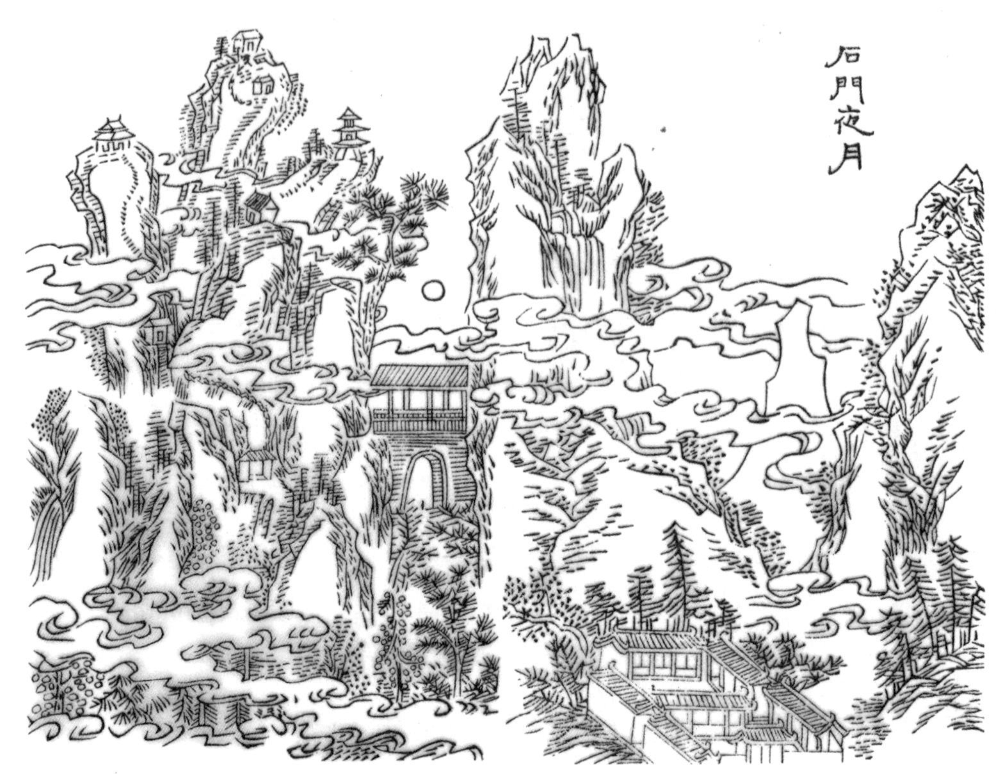

圖 2-6 光緒《秦州直隸州新志》所附秦州十景之一石門夜月圖

御宴千叟老臣五世同堂現年七十七歲知秦州直隸州事山左齊佳士撰並書
乾隆六十年歲次乙卯季下浣勒石
督工吏員范□，住持唐來智，衙役王勤，吏員何皓
木工薛登榜，住持趙本立，泥工陳紹，石匠朱俊、林可嘉、高純

仙人巖現珠山[1]齋田並重建碑記

【題解】碑現存仙人崖西崖。清道光十九年（1839）立石。高 115 釐米，寬 51 釐米。秦州儒學生員吴發南撰文，秦州儒學生員賈克順書丹。灰巖石質，碑陽額上刻雙龍紋，陰額素面無飾。碑身有破損，部分字跡不清。

伏以善不可掩，功不可没，是以鐘銘鼎志。凡有功德於名山者，皆歷歷記者也。永馨自先祖以來，舊爲仙人巖文昌、聖母宫两院住持道士，諸凡山上所有地土等項，頗能明中大半。近於故紙中見有輸地文約數張，並

[1] 現珠山：又稱獻珠山，位於仙人崖東崖，峰頂建有玉皇閣。

無牌匾□□。誠恐歲遠年久、或有失遺，殊屬不便。爲此特置碑文，將前項常輪地土，各照原約開寫分明。並將近來修補宫殿各功德主記録於後留遺久遠，庶不至掩人之善，没人之功，以流傳不朽云。

計開，常輪地土塊段糧數，並補修宫殿功德主之姓名於後：

乾隆二十九年九月二十一日，西厢里王廷吉、王祥仝侄王璞，因有仙人巖荒地壹分。東至於家高嶺爲界，南至管家地爲界，西至沙泥溝大梁灣爲界，北至朱家地爲界，四至分明。情願施捨仙人巖現珠山住持道人李陽睽、徒來瑞開挖耕種，永做香火之資，隨地永納仙人巖。更名一斗二升，主持完納。

乾隆三十一年二月初十日，吴晫、仝男廷瑨將自己買到賈廷蒿石崖地兩段（實有伍垧），□彩王家墳地兩段（實有伍垧），兩家情願施捨於玉皇閣[1]，永作香火之資。隨帶茲仙人巖更糧一升，住持完納。

秦州儒學生員議敘軍功正六品吴發南[2]撰文

秦州儒學生員賈克順敬書

住持道納程永馨立石

大清道光十九年歲次己亥夏五月上浣穀旦

碑陰文：

計開，重建諸殿各功德主並住持名於後：

康熙庚辰年[3]正月初九日，重建玉皇殿，住持道人馬來瑞；

乾隆二十一年秋九月吉日，鑄鐘一口；

乾隆庚午年[4]孟秋月望五日，募化功德主吴晫重修三官樓一座，住持道人汪本利；

[1] 玉皇閣：在仙人崖獻珠山之巔。清代建築，硬山頂，一開間，内塑玉帝像。

[2] 吴發南：清代秦州人，生員、軍功議叙正六品銜。候補訓導。本碑而外，麥積區境内現存其所撰碑文有：嘉慶十六年《重修崇福寺碑記》、嘉慶十六年《皇清登仕郎田翁何老先生碑記》、嘉慶二十三年《重建龍王宫碑記》。

[3] 康熙庚辰年：清康熙三十九年（1700）。

[4] 乾隆庚午年：清乾隆十五年（1750）。

嘉慶二十年丁丑月重建玉皇殿，募化功主朱傑、宏基，住持道人：程教福、量永昌、程永馨；

康熙三十二年五月十三日，重建現珠山真武殿，助緣功德主仙超品，住持道人李陽睽；

雍正甲寅年[1]甲子月，重建現珠山真武殿，募化住持道人閆復信，徒汪本利、白本祥、郭本禄、董永昌、汪合聚；

乾隆四十一年仲秋月初三日，重修真武殿、靈官殿，募化功德主朱輝，住持道人汪本利；

道光七年秋八月，重修磨針洞殿，住持道人程永馨；

道光十六年五月，重建現珠山真武殿，施銀功德主仙自宗、何金曙、朱宏基、朱浩、朱傑、朱高雅，住持程永馨。

石匠凌發科刊石，住持道人程永馨、趙永安立石。

大清道光十九年歲次己亥夏五月上吉日穀旦

石門山施錢殘碑

【**題解**】現存石門山麒麟峰。清光緒末年立石。碑殘高45釐米，寬33釐米。碑上部殘，碑座一角殘斷。紅砂巖石，質地粗糙。碑與座由榫卯相接，碑面大多文字已殘失。

……臨眺覽留遠……皆……在茲不贅。州歲貢生劉蔭萱[2]志……敬立石。

碑陰文：

募主南永珍。石匠韓小雲施一十文，閆世寬施錢一千文，閆金喜施錢五百文。

處士趙心田敬書

[1] 雍正甲寅年：清雍正十二年（1734）。

[2] 劉蔭萱：清末秦州人。光緒二十六年（1900）貢生。候選訓導。

第三節　崇福寺碑刻鐘銘

崇福寺觀龍山鐘銘

【題解】鐘現存麥積鎮街亭村崇福寺。萬曆二十三年（1595）鑄造。高 110 釐米，口徑 94 釐米。上部鑄“法輪昌轉，佛日增輝”等 16 字；中部爲寺院修葺始末即功德主姓名；下部鐘沿呈八瓣，分别鑄八卦符號。鐵質，保存完好。

圖 2–7　崇福寺觀龍山鐘銘（局部）

大明國陝西鞏昌府秦州街子鎮[1]照前朝敕建麥積山下院觀龍山[2]崇福寺[3]。坍塌年遠，衆等起之，請僧仁定、徒智訪監修。衆善捨財，修立佛殿、獻殿、僧房，備鑄鐘、盆、磬。

功主孫應財捨□地三段。（後功德人名略）

萬曆二十三年吉日造

[1] 街子鎮：今爲街亭村，在麥積區東柯河上游。該地宋爲東柯社，元稱東柯鎮，明改街子鎮，清代、民國沿稱，中華人民共和國成立後設街子鄉，2003 年街子鄉撤銷，東部 8 村併入麥積鎮，西部 6 村歸甘泉鎮。

[2] 觀龍山：又稱改龍山，在今麥積鎮街亭村東。乾隆《直隸秦州新志》卷 2《山川》：“改龍山，東南七十里。下有改龍鎮，即街子口。”

[3] 崇福寺：位於麥積鎮街亭村觀龍山，縣級文物保護單位。乾隆《直隸秦州新志》卷 1《建置》：“崇福寺，皆在東南八十里街子鎮。”

重修會館山西碑

【題解】碑現存麥積鎮街亭村崇福寺。清乾隆三十四年（1769）立石。高122釐米，寬52釐米。白巖石質，碑圓額豎書篆文"萬古流芳"4字，兩側飾有龍紋，碑身四周飾有回紋，碑表面破損嚴重，部分字跡不清。

街亭乾位[1]建關帝廟，内山陝會館。方余作商於兹，其廟貌之巍峨堪覽也，松柏之蔥蔚漸濃也。迨歷有年，所不免風雨剥落，況乎鼪鼯棲棟，難伸俎豆之儀，霜露沾裳，莫展椒醑之獻。

今於乾隆己丑[2]春，闔會公議爲重新之舉，商於陝西會中亦皆欣然，所謂一倡而百和也。因大興鳩工，合隨善念，共捐資壹佰柒拾兩，共董其事。不數月而墜者奉，廢者興，而且峻宇雕墻，自大殿卷棚以暨鐘鼓、戲樓，大小皆成完屋。戲樓之下有中門，原□底小，今則易而高大。經始於仲春，告竣季夏，山陜各有碑誌焉。戲樓東廂創建廊房六間。時將勒石首事者，囑余爲記。余不敏，固辭。僉曰記事耳，焉用□爲，余諾而爲斯記。

平陽府襄陵縣後學劉枝生熏沐撰並書，後學曹克篆額

主修人、施財人（後衆多人名略）

崇福寺三官廟碑

【題解】碑現存麥積鎮街亭村崇福寺。清乾隆四十三年（1778）立石。高108釐米，寬55釐米。青巖石質，碑圓額豎書篆文"萬古留傳"4字，兩側飾蛟龍、波浪紋，碑身四周飾回紋。

太史公[3]遊觀天下，見明山秀水則爲記之。成紀[4]東有街亭，五嶽相朝，東柯水圍，士正民醇，亦天水之名郡也，可與隴山渭水並爲之記。

上有崇福寺三官廟，阿護十方，但年遠日久，風雨漸戕，今不爲之一補，

[1] 街亭乾位：乾卦象徵的方位，即今麥積鎮街亭村西北方。

[2] 乾隆己丑：清乾隆三十四年（1769）。

[3] 太史公：指西漢著名史學家司馬遷。司馬遷繼任父職太史令，所撰《史記》又稱"太史公書"。

[4] 成紀：秦縣，治所數次遷移。唐代晚期成紀縣治由今秦安遷至秦州，和州治同爲一城，明洪武二年（1369）廢。崇福寺所在的街亭曾歸成紀縣轄，故有"成紀東有街亭"的説法。

將來其功甚大。吾儕信士募化微資，不敢重建，聊爲補修。鑄鐘二口、磬四音、醮樓一座、錚鼓一面，頭門外建照壁一座。勒石一座，將香火地名、段落、垧數載列於後，以使後之人措石相傳，不敢隱昧。斯街亭之景接輩相傳，香火之資萬年不沒耳。

三官廟孫某原施地土一段，原帶西廂里九甲糧貳升。四至：東至界堺，南至三官廟，西至大崖，北至崇福寺。又施地一段，並無錢糧。其崇福寺原係闔會信士買到地段，自山門周圍前至娘娘廟。又有南山地两段，實有一十五垧，共作香火之資，並無錢糧。勒石爲記。

生員鄒宗琬、劉璞撰，張浚書

（以下功德主、六社人等 23 人名略）

住持廣德、喜元包。石工趙振憲，徒陳有名

大清乾隆四十三年春月吉日

重修崇福寺碑記

【題解】碑現存麥積鎮街亭村崇福寺。清嘉慶十六年（1811）立石。高 172 釐米，寬 78 釐米。吴發南撰文，何錫纓書丹。青巖石質，碑圓額上飾龍紋，豎刻篆文“萬古流傳”4 字。

街子鎮者，秦漢之襟喉也。東界關隴，南連巴蜀，北抵上邽[1]，西通羌氐。雖屬我州偏隅，允推諸路要口。而崇福寺峙立東山，實爲鎮主，匪徒六社所依賴也，抑豈一鎮之巨觀哉！

竊嘗蹤跡，茲山始自仙巖[2]，伏脈綿延逶迤，若游龍出峽，以蟠結於斯，乃知古號“改龍”[3]有由來矣。其旁翼左連麥積之奇，帶以甘肅秦州之盛。右據石門之險，表以毛峪[4]、渭水之觀。於前則“東柯草堂”，於後則“净

[1] 上邽：秦縣，至唐代後期廢爲鎮，其治所一直在今天水市城區，晉設秦州之後上邽一直是秦州的治所。此以上邽代指秦州。

[2] 仙巖：即秦州名勝仙人崖。

[3] 改龍：崇福寺所在的山明清又名改龍山或觀龍山，街子鎮一度名改龍鎮。

[4] 毛峪：今伯陽鎮韓河流域。該地古稱茅谷，是道家修煉之地。

土松濤”[1]，獨自寺距其中，毓秀鍾靈，寧非天水名勝之跡歟！

開創以來，舊有大佛殿三楹，護法殿一座，兩廡各一間，天王殿三間，不知昉於何世，建自何人，而代遠年湮，久爲風雨所剥落。

明萬曆戊子[2]，業經重建，功德募化，未詳其人。至我朝康熙戊午[3]，協鎮楊諱三虎，鎮人孫諱裔蕃等，又經重建，牌記俱在，可考而知也，嗣後不無傾圮之處。鎮有何公諱基澄，於乾隆丁未[4]己酉募化，每遊覽寺中，目睹心惻，恒欲建修，有志未逮而卒。其子浩曲，體厥父善念，廣爲募化，光其所急，重爲修建，廓其有容。自是而州主之行宫□革□新，聖母之寶殿規模較大，以及鐘鼓樓、齋庫房並山門、牌坊亦□□□，寺之内外飛甍可觀也。獨大佛殿、護法、伽藍殿尚未更新，以其工程大浩，故爾越放十年。行見零落難堪，幾乎神像莫保矣，此不惟六社無所依賴也，又失爲一鎮之巨觀。嘉慶己未[5]春，鎮人將欲重修興，何川匪滋擾[6]，兼以歲屢欠收，是以工不舉興。己巳[7]之秋，時和年豐，吏員何公特會街人，五方募化。一時善信人等，慨施分金，得銀捌佰有零，材木百餘株。爰是謹卜良辰，鳩工庀材，經兩春，而大佛、財神、水火、馬牛、伽藍、護法、菩薩各殿，暨寺外碑廳無不巍然，頓然氣象一新。工起於十五年四月初八日，觀成於十六年十一月初八日。

是舉也，雖不比琅玕綷檻，玉瑱居楹，銀黄拂户，金碧争光。而廢者修之，隆者舉之，缺者儲之，舊者新之，亦可肅觀瞻、隆享祀。晨鐘暮鼓，拜燈王於静深；祈嗣嚴寒，春□神兮宏敞。庶幾佛安而普降生成，神妥而廣賜福履。則兹等之重修，豈徒備一鎮之巨觀，爲六社所依賴也哉！是爲記。記於石以志始末、建修之人於不朽。尤望後之君子嗣而葺之，□□功德於

[1]“東柯草堂”及“凈土松濤”都屬清代的“秦州十景”，其中東柯草堂就在崇福寺所在的街亭村。

[2] 萬曆戊子：明萬曆十六年（1588）。

[3] 康熙戊午：清康熙十七年（1678）。

[4] 乾隆丁未：清乾隆五十二年（1787）。

[5] 嘉慶己未：清嘉慶四年（1799）。

[6] 川匪滋擾：嘉慶三年至五年（1798～1800），白蓮教起義軍張士龍和楊開甲率部深入秦州境内活動，其間與清軍及地方民團發生激烈戰事。

[7] 己巳：清嘉慶十四年（1809）。

無既□□。

時秦州□學增生軍功議敘六品吴發南沐手撰文

秦州儒學廩膳生員天水郡何錫纓沐手書丹

大清嘉慶十六年歲次辛未仲冬月長至穀旦，禮部候銓從九品總理功德主何皓[1]率男兆升、兆文督工

經收佈施人穆宗興、劉正。匠工尤吉祥、安喜庫、梁大孝、劉福、馬正偉、林芝。協理僧人黄佛義，住持黄衣僧人羅藏三培

本鎮募化人仙乘有、尉景福、穆文通、閆遜、穆振、何運新、孫福、王達、仙俊、穆敬、王澄榮、王美公立

（碑陰衆多功德人名略）

重修崇福寺助銀碑

【題解】碑現存麥積鎮街亭村崇福寺。清嘉慶十六年（1811）立石。高155釐米，寬79釐米。白巖石質，碑圓額竪書篆文“萬古流傳”，两側飾飛龍圖案。碑磨損嚴重，刻製年代不清，按前《重修崇福寺碑記碑》，其體量、碑額陰刻龍紋及篆書“萬古流傳”大致相同。又街子鎮人何皓，以秦州吏員之便，能請秦州官員參與了崇福寺的修建。故該碑應是嘉慶十六年（1811）重修崇福寺時所立無疑。

原任秦州直隸州右堂沈本立[2]助銀貳拾兩；

特授秦州直隸州儒學副堂劉奕煜[3]助銀壹拾兩；

署秦州直隸州儒學正堂楊太瑞[4]助銀壹拾兩；

特授秦州直隸州正堂候補府李受曾[5]助銀伍拾兩；

---

[1] 何皓：字田蓭，號映翁、田翁，清秦州東鄉人。曾任秦州吏員。嘉慶十五年（1810）四月募化重修街子鎮崇福寺。

[2] 沈本立：光緒《秦州直隸州新志》卷10《職官下》作“沈立本”。

[3] 劉奕煜：清寧州人。曾任秦州訓導。光緒《秦州直隸州新志》卷10《職官下》作“劉奕焜”。

[4] 楊太瑞：光緒《秦州直隸州新志》卷10《職官下》失載。

[5] 李受曾：清代長垣人，舉人。曾任秦州知州。

陝西秦州營□府馬成[1]助銀貳拾兩；

陝西秦州營中軍守府張文魁助銀壹拾兩；

陝西秦州營步廳王珍助銀伍兩；

特授秦州直隸州右堂黃金榮[2]助銀壹拾兩。

重修會館韓城縣[3]碑記

【題解】碑現存麥積鎮街亭村崇福寺。清道光十三年（1833）立石。高120釐米，寬54釐米。白巖石質，碑圓額上豎書“萬古不朽”4字，兩側飾有龍紋。碑身左側破損嚴重，字跡不清。

嘗聞天下事莫重於祭，有創之於前，不可不繼之於後，以報神恩於無盡者。秦州街鎮，我山陝所建會館一座，内奉關帝、火神、水神三尊，正殿、獻前後兩院，東西禪房，鐘鼓二樓，戲樓，山門無不完備。以申享獻，供荷神庥，誠歷有年數矣。自乾隆三十四年重修，迄今六十餘年。風雨飄搖，不但瓦縫□□，而且墻傾棟拂，即仰觀神像之離光□照者，令里間□□□□人□□矣，不大息神或□□以妥。隨□與□□諸公□議，所以修之，衆□善。但工費浩大，獨以□……銀八十五兩□零。於道光十五年春三月庀材鳩工，□□□□□秋月而大功……

秦州東鄉街子鎮六社人等同衆公議糧碑

【題解】碑現存麥積鎮街亭村崇福寺。清道光二十三年（1843）立石。高120釐米，寬67釐米。青巖石質，圓額上書“積厚流光”4字，碑身四周飾回紋。

秦州東鄉街子鎮六社人等同衆公議。蓋糧者，皇恩之厚民也。雖然能厚民，令逢年饑，時苦一處，民窮無有下場。又益之以借糧，紳衿不吃，

[1] 馬成：曾任秦州營都司。

[2] 黃金榮：清商州山陽人。曾任秦州吏目。

[3] 韓城縣：隋開皇十八年（598）置，治所在今陝西韓城市城古村，明清時屬同州。清代秦州經濟發達，在秦從事商業活動的陝西商人衆多，建有多個會館，韓城會館就是其中之一。

都加在窮民身上。夫小民終年勞苦，奉侍父母，養卹妻子尚且不足。及到催糧時節，略有力者拆家變産，無力者鞭打繩鎖，是誠萬年之苦根也。誰□□秦地東鄉放糧鄉保，不復來在官亭保領，膽戰花户小民隨衆死在大節。小民之際遇一至於此，誠苦矣哉！

夫以皇恩放糧，取舊選新。如今放糧官吏不明，太多難給。公議立碑——或有某社變亂之非、私意吃糧不隨衆者，罰柳共貳佰四十；如有力程家者不隨衆，罰錢壹拾伍串文；如有負寒者不隨，罰錢柒串壹佰文。此錢罰於大老爺會内香火之資。

此日之後，誰人損壞碑跡，看見報信者，現錢貳串文；惜情不言者，罰錢貳串文；真正者損壞，罰錢伍串文。一言一定，並無虛辭，一美計合，萬年路碑。

大清道光歲次癸卯[1]四月初四日同立

關聖帝君會碑記

【題解】碑現存麥積鎮街亭村崇福寺。清道光二十四年（1844）立石。高135釐米，寬57釐米。白巖石質，碑陽額書"福緣善慶"，碑陰額書"萬年香火"。

關帝君之靈應，於天下也，無人而不敬，即無地而無會，春秋大祭固屬不議。即我街鎮各行莫不有會，會在帝君，誠何異之有乎！然而仙公俊、何公景位者以爲，偶集之衆，今年此在而彼不在，明年彼隨而此不隨，其爲會也不久，即敬夫帝君也不專，亦何能子孫世世永敬帝君於無疆也哉！

因於嘉慶辛未[2]秋，約會同心之士，忠信當二分，張粹、王如九、張滿瀛、張禄、王永久、賈世興、穆敬、賈世穩、穆熙、王紀、何兆升、王兆豐、穆裕、穆宗有、穆宗誥、王棟、尉自治、莫尚德、鄒德厚、張居喜、閆尚緒、何士傑、張輔、温懷九、黄自重、協豐裕、何景玉、温懷清、周兆麟各出會底三千，共合錢九十九千文。二公即分佈於會内坐鋪之家，始而二分行息，

[1] 道光歲次癸卯：清道光二十三年（1843）。

[2] 嘉慶辛未：清嘉慶十六年（1811）。

即而分半行息。

自嘉慶十六年至道光七年，本利共錢八百一十八千八百九十八文。演戲酬神製買器具，共費錢五百零八千八百九十八文，下存錢三百一十九千文。是時何公業已辭世，仙公又慮夫會之人長短不一，久後不無脱累，因將會底收而集之，乃專交至王紀、穆宗誥，並同何公之子汝厚經理焉。三子者典田當地，完課取息，自道光七年至二十二年，本利共錢七百五十千七百零一文。酬神制器，共費錢四百一十八千三百一十六文，下存錢三百三十七千三百八十五文。然而業屬典質，或此當而彼贖，或此贖而彼當，反變無常，不無棼而難理之慮。幸而郭君世魁與柳聰者，有地壹拾貳垧，問買於關帝會内。三子慨然應之，價錢三百五拾千文，稅契錢貳拾五千三百八十五文。差錢三十八千，三子即賒而付之。

是舉也，會底已置於停妥，會事亦漸於整齊。嗣今取益填足賒錢，而後會首分益並完國課，輪流遞轉，世世相傳。庶無負三子經理之苦，亦不失二公永敬帝君之意云爾！是爲記。

郡庠生穆志遠撰並書

碑陰文：

買郭世奎柳溝門路下川地一垧，東西兩至何汝桂地，南至蓋棱，北至官路各爲界。又有路上川地兩垧，東至何汝桂地，西至劉聰地，南至大路，北至蓋棱各爲界。又有路下吊川地四垧，東至何汝桂地，西至劉芳地，南至何汝桂、王慶豐兩家地，北至官路各爲界。又有路上軍地三垧，東西兩至郭世榮地，南至官路，北至王慶豐地各爲界。隨帶東寧里十甲郭世榮名下糧弍斗一升，官下阮百户、郭柳名下糧一斗五升三合。又買劉聰莊科大路上川地兩垧，東至會内地，西至韓士彦地，南至大路，北至蓋棱各爲界。帶東柯里十甲六號，劉正滿名下糧六升。

大清道光二十四年歲次甲辰春二月朔二日

首事人穆宗誥、王紀、何汝厚公立。石匠凌發科

第四節　卦臺山碑刻

伏羲畫卦臺記碑

【**題解**】原碑今佚。元至正七年（1347）刻石。文載乾隆《直隸秦州新志·補遺》。普奕撰文。碑文撰者普奕及文中涉及的秦州同知周贇、縣尹何大用3人均不見文獻記載。

畫卦臺[1]者，即古庖犧氏[2]畫卦臺也。在秦州成紀縣[3]北三十里，其川三陽，其地突兀若覆簣而籠岡焉，諺謂蝸牛堡[4]。高不倍尋，廣袤四隅，渭水迴旋，朝暉夕映，變態靡時，隴右爲甲。

昔羲皇，成紀人也。河出圖，以是則之。仰觀俯察，近取諸身，遠取諸物，定奇偶而畫；爲文以代結繩之政，爲萬古之標準。洎都陳[5]，始作民君師，設官分職，以開平治。其高至乎無極太極之妙，而其實不離乎日用之間。其幽探乎陰陽造化之賾，而其實不離乎仁義禮智、剛柔善惡之際。其體用之一源，微顯之無間，性此理而安焉者，聖也；復此理而執焉者，賢也。厥後聖賢繼作，其所以相傳之説，豈有一言以易我哉！其傳此何與？曰仁也。仁，人心也。率性立誠，知天推而宰萬物，傳道而悔斯民者也。及其至也，與天地合德，鬼神同體，悠久無疆，變化莫測。《易》曰："知幾其神乎。"神之在天，若水之在地。譬若掘井，無往而非水也。况聖在天之靈，克享萬世無窮之祀也。

聖朝奄有天下，制詔曰："聖帝明王、忠臣烈士載在祀典者，有司以時致祭，廟宇損壞，官爲修理。"作興之餘，釋老之祀者，已復其初，獨此地委於榛蕪，見者莫不太息。於是民人履其遺址，鳩工掄材，廟堂榱桷，黝堊丹雘，次第一新，勒之琬琰。不有好古聞賢之舊，孰能若是乎？縣尉

[1] 畫卦臺：又稱卦臺山，位於麥積區渭南鎮，省級文物保護單位。民國《天水縣志》卷1《地輿志》："畫卦臺，在縣城北三十里三陽川之西北隅。俗名卦臺山，伏羲畫卦處也。"

[2] 庖羲氏：即伏羲，風姓，亦稱犧皇、皇羲、太昊等，自古被尊爲人文始祖。

[3] 成紀縣：元代成紀縣爲秦州治地，在今天水市秦州區。

[4] 蝸牛堡：即今卦臺山堡，始建北宋。因其形狀似一蝸牛，故名。民國時稱"羲臺堡"。

[5] 陳：陳州，今河南淮陽縣。傳伏羲建都於陳州。

韓彧踐古人之跡，頌其休烈，雖存閭閻之祭，獨闕有國之禋。遂申明都部[1]，符文於郡縣，春秋常例廟祀外，故跡臺所每歲三、九月給錢分官致祭。

至正甲申[2]，秦州同知周贇承直下車，既剔蠹出姦，民俗安静。一日謁廟，周覽方隅之盛，墾田迴闢，黍稷芃芃。詢民之耆舊者，咸曰："乃古之贍廟地也。"歲其田，得一頃四十五畝，每畝收租粺麥一斗，以供二祭，視舊益新。都總帥汪公[3]命可歷紀其實，刻石於廟前，庶不至於湮滅。本縣尹何大用承直親董其事，其開迪涵育之大德，斯無負矣。至於考方志、記聖德，亦守土者所當謹。都帥求記，既不容辭，攬筆直述，以敘其方今之盛焉爾。

至正丁亥[4]五月甲子

秦州畫卦臺新建伏羲廟記碑

【題解】碑現存渭南鎮卦臺山。明嘉靖十年（1531）立石。高190釐米，寬87釐米。青灰石質，呈長方形。《天水縣志》卷13《藝文志》："秦州畫卦臺重建伏羲廟碑，碑在北鄉卦臺山廟内。大明嘉靖十年歲次辛卯立石。"

賜進士及第儒林郎翰林院修撰經筵講官修國史武功康海[5]撰

賜進士出身大中大夫陝西布政司左參政前監察御史中州任洛篆

賜進士出身奉政大夫陝西按察司僉事前户部員外郎金臺高夔[6]書

秦州故有伏羲廟，而畫卦臺在廟西四十里，巋然中踞於岡巒之間。予昔有事過秦，蓋嘗北望而奇之。輿者曰："此伏羲畫卦臺也，人文之秘，肇啟於兹，今日不知幾萬千載。而靈秀環衛，若修埴愛護焉，殆非偶然者也。"

[1] 都部：即鞏昌都總帥府。

[2] 至正甲申：元至正四年（1344）。

[3] 都總帥汪公：應即汪有成，時任鞏昌都總帥、陝西行中書省左丞。

[4] 至正丁亥：元至正七年（1347）。

[5] 康海及下文涉及的任洛、方遠宜等人小傳均見前"伏羲廟碑刻"相關注釋。

[6] 高夔：明高安（今江西省高安市）人。正德十二年（1517）進士。曾任陝西按察司僉事，户部員外郎，分巡隴右道等職。

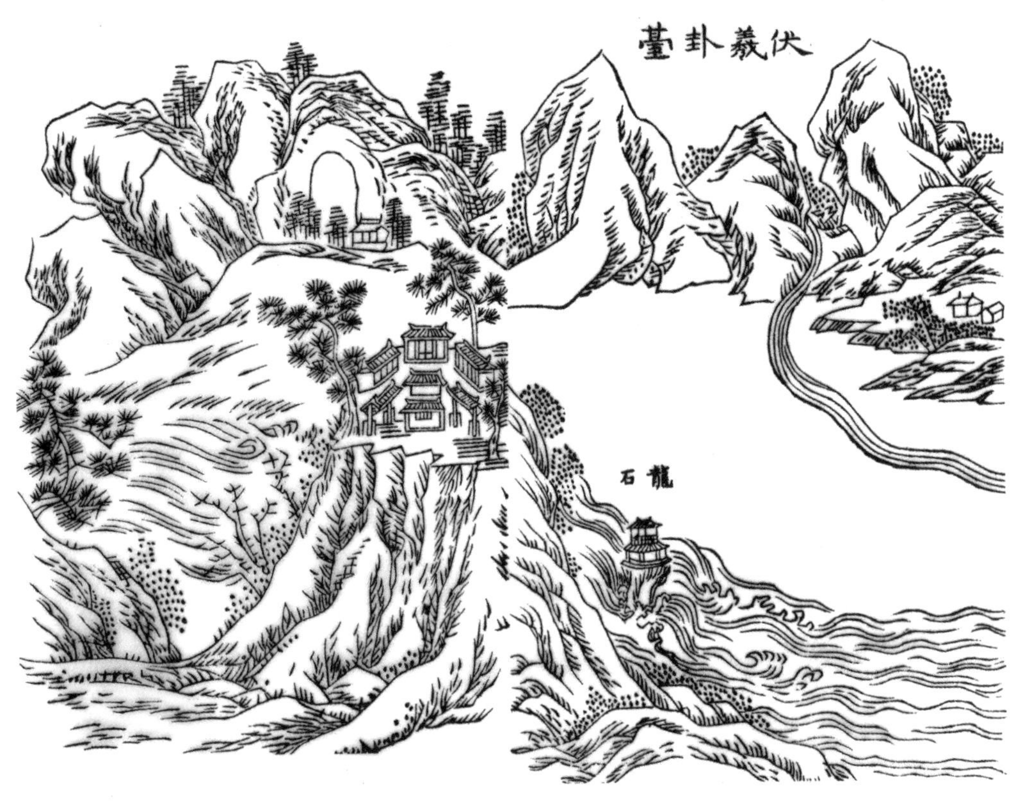

圖 2–8 光緒《秦州直隸州新志》所附秦州十景之一伏羲卦臺圖

巡按御史方君行部至秦，登臺瞻望，慨然興懷。於是進郡吏與士大夫、耆舊謀曰："古聖之跡，散在天下，具有表章，而此又人文之始，顧徒寄聞於樵牧耕豎之口，寧無遺拊髀之恨於將來稽古之士哉！宜建祠於此，以祀伏羲，匪直追報其肇啟人文之德，而且因以表章聖跡，愜千萬世之後觀矣。"遂鳩工掄材，擇以今歲二月二十日始事，閏六月二十八日工用告成。財出公帑，民不知費。郡吏與士大夫、耆舊歡欣鼓舞，咸思悠長。於是，介其貢士劉如式[1]氏以狀請予爲記。紀其歲月，劖之貞石，爰符予志，永惟世嘉。

然予又以歎世之卑見之士，慎小費而乏大猷，原其心則實非以省民也，顧畏爲談禍耳。學校之頹壞，天下十九，而是行道用惻，而士大夫視爲秦越，曾不齒及。予深以爲將來之憂，乃休休然爲奇論怪説，以閼杜欲爲者之志，無已至於澌盡，彼即欲挽而救之，又烏可得也。鄙諺有曰："食欲廢，棄

[1] 劉如式：秦州貢生。光緒《秦州直隸州新志》卷 4《選舉》"秦州貢生"目："劉如式，官南川主簿。"

耒耜；邦欲敝，貴處士。”自宋以來，儒者以迂僻不經之論媚惑後世，俗儒誦而不繹，具以爲是，是則所以貽萬世無窮之害者，未必非其人啟之也。聖天子右文崇化，漸將變其迂緒，以復古人忘言之舊矣。後之有黜耳目之細，敦根荄之大者，未有不自方君今日之事以感悟者也。庸書以俟。

方君，名遠宜，字伯時，歙人。而主承兹事者，鞏昌府同知滑臺李暹[1]、臨洮府同知中山王卿[2]二人云。

大明嘉靖十年歲次辛卯後六月吉日立石

增修太昊廟記碑

【題解】碑原在卦臺山伏羲廟，今下落不明。明嘉靖十二年（1533）立石。乾隆《直隸秦州新志》卷之末《補遺》有載。白世卿撰文。

白世卿：明代秦州人，嘉靖八年（1529）進士。初授南丹徒知縣，歷遷山東按察司僉事等職。

太昊伏羲氏之廟，初荒落不治，祀事亦魯莽弗稱。前巡按御史馬君溥然、馮君時雍、許君翔鳳[3]三人者，先後愬於朝，以請大工，以崇大典，蓋皇乎此舉也。未幾，適遂寧陳君講、朔州盧君問之、古歙方君遠宜各以按至，規畫攸同，功至是始成矣。已而，又繼以鳳陽陳君世輔、任邱郭君圻偕來，乃惟一心一德，圖惟厥終，蓋定經制。録廟祀者力，馬功至是而大成矣。

越明年，是爲嘉靖癸巳[4]。時御史劉君[5]行部矣，登顧之頃，慨焉興懷且歎曰：美哉至乎！前人功也。予何爲者邪？尋命爲龕卦臺之上，衛其像也；製蓋於殿宇之間，蔽其塵也；繪河圖於蓋之中，外象其則也；建綽楔於門之東西，表其功也。其諸葺缺而補敝、增美以飾觀者，類多有之，功至是而大備矣。事既竣，乃屬余爲記。

[1] 李暹：康熙《鞏昌府志》卷19《官師表》“鞏昌同知”目：“李暹，舉人，直隸滑縣人。”

[2] 王卿：曾爲秦州知州。

[3] 馬溥然、馮時雍、許翔鳳及下文涉及的陳講、盧問之、方遠宜、陳世輔、郭圻、黄仕隆等人小傳均見前“伏羲廟碑刻”相關注釋。

[4] 嘉靖癸巳：明嘉靖十二年（1533）。

[5] 劉君：即劉希龍，字汝言，明衛輝（今河南衛輝市）人。正德九年（1514）進士。

余惟太昊伏羲氏，古元聖也。其道之在天下萬世，如日月之在天，江河之在地，不可一日而無焉者。世之人暴容光而不知其本，厭甘泉而不知其源，終始吾聖人道化而不知其故，無怪乎彼之落落也。不有君子，夫誰與歸？是故，豐帝王之祀者，存敦本之思；廣聖賢之祀者，立報功之義。天理民彝，自有不可泯滅者，諸君之於斯盡之矣。余不敏，夫何言哉？謹書此以識有功云。

劉君，名希龍，字汝言，衛輝人。邊備副使竇明，分守參議劉從學[1]，皆有力於一時者。知州黃仕隆，同知余光宇[2]實督其役，於是乎並書。

嘉靖癸巳[3]十月庚午

第五節 佛寺道觀祠廟碑刻

秦州北鄉石佛鎮石佛像背鐫字

【題解】石佛造像原在今麥積區北鄉石佛鎮。此石佛造像一直留存石佛鎮石佛寺，石佛鎮以此而得名。“文化大革命”時“破四舊”，寺毁，石佛被砍頭，軀幹尚存，現置新建的石佛寺中，佛背鐫字完全磨滅。光緒《秦州直隸州新志》卷23《石刻古跡》：“文殘，缺無首尾，可辨者‘使持節撫軍大將軍權使持節車騎大將軍儀同三司大都督□州刺史秦州大中正景州主簿都督子景侄景’以及‘父母菩薩’約三十餘字。考秦州大中正之載於正史者，在元魏則有李韶、李彦、辛雄，在後周則權景宣。景宣，顯親人，於地爲近，此刻有一‘權’字三‘景’字，得毋佛像即後周時權氏之所鐫歟？録以備考。”《隴右金石録》張維按：“《周書·權景宣傳》，景宣初爲平西將軍、秦州大中正，西魏大統中以大都督、豫州刺史鎮樂口，敗東魏

[1] 劉從學：明吉州（今山西吉縣）人。貢士。嘉靖十二年（1533）任分守隴右道參議。

[2] 余光宇：明保寧（今四川閬中市）人。國子監生員。曾任秦州同知。乾隆《直隸秦州新志》卷7《官師》：“金光宇，保寧人。國子生。”州志與碑文姓氏有異，或爲誤記。

[3] 嘉靖癸巳：明嘉靖十二年（1533）。

將劉貴平，進授使持節車騎大將軍、儀同三司，與石佛文合，秦州大中正當是依舊帶職，故未再敘。石佛文‘□州’應爲豫州，此像造於大統時，《通志》以爲後周所鐫，微誤。”

□□歲次丙子九月癸酉朔廿□日，使持節、撫軍將軍、大都督權慶□，使持節、車騎大將軍、儀同三司、大都督、□□□□□州刺史、秦州大中正權景□[1]□□□□□□□州主簿、□□□州□□□權□□□仰□世父母□□□□□□□□子道□二菩薩。藉斯微誠，賴復國祚永，□□□護利法界□□普達□□□□州主簿都督子景，侄蕩寇將軍武□□□子通，侄□略，侄□岳。

閔雨碑

【**題解**】碑在新陽鎮鳳凰山東獄廟内。北宋徽宗大觀三年（1109）刻石。高100釐米，寬74釐米。碑殘斷，質地較細，白色，字跡清晰。姚莘書丹，行楷瘦金體，清瘦勁健，頗有書法價值。

大觀乙丑春，秦鳳闵雨。

經略安撫使姚祐[2]，客省使兵馬钤辖王钰，走馬承受張穎、苏慥，通守王廷傑，副將刘泉、石鋭，簽書节度判官公事趙士陴，准备將郭萬彭，孝義觀察推官杨洪權，觀察判官張巖夫，成紀令權均，以牲幣诣喬岳，祈甘澤。三月二十日經略安撫使司書写機宜文字姚莘題。

文林郎知成紀縣事權均上石

朝元觀記

【**題解**】碑在麥積區伯陽鎮韓河谷七真觀。元中統三年（1262）立石。

---

[1] 權景□：此人應即曾任過秦州大中正的“權景宣”。權景宣，字暉遠，天水顯親（今秦安西北）人。《周書》卷28有傳。

[2] 姚祐：字柏受，湖州長興人。大觀二年至三年（1108～1109）繼陶節夫之後任秦州知州，有政績。建議朝廷“且請擇熙、秦富民分丁授地，蠲役借糧，以勸耕植。益廣秦之東、西川，建城壁，嚴保障，以控熙河、涇原。皆從之”。姚，《宋史》作“姚祐”，當以碑文之“姚祐”爲准。“王鈺”“張穎”等人史籍無記載。”

高 87 釐米，寬 53 釐米。白巖石質，碑側飾連續草葉紋，碑首散失，碑身斷爲二截，破損嚴重，部分字跡殘失模糊。正文之上豎向刻列八人名號，依次是：靈光完顔散人（七真之母）、巖虚靈寶真君、嚴空太靈真君、巖霄太華真君、玄真微妙真君、完容圓聖真君、顯頤紫福真君、八寶護聖真君。碑文楷書，規整挺秀。另，七真觀廟址還有一通此碑民國四年之復刻碑。碑身和原碑等大，碑首有豎向楷書“朝元觀記”碑題，正好可補原碑失題之憾。碑文字跡清晰，正好可和原碑對讀（個别文字和原碑不同）。落款兩列，依次爲“中統三年孟冬中旬日，終南靈衝子李志堅、張知和立石”“民國四年孟夏日前賜進士張世英評定，處士趙種玉敬書”。

張世英（1844 ~ 1916），字育生，著名教育家。熱心地方公益事業，於教育文化多所襄助。碑之復刻在先生去世之前一年。

老氏之道，遠矣！大矣！隱微杳冥，深不可測。然悟之者羽化青霄，神遊金闕。是以上古之士，慕斯道而超凡入聖者，不知其幾人也。

七茅者，春秋時隱者也。兄弟七人同居不仕，處山林之幽壑，采道德之玄微，感太上之降臨，致拔宅而輕舉氣。乞今茲山居民號曰“茅谷”[1]。谷口翠微之下，乃其上升之所也。道家者流，屢建觀宇，自兵焚以來，悉爲荆棘。

至於大朝，重陽王祖師傳授與七真長春丘神仙[2]，親化於太祖[3]，全真大啟，至道興隆，修煉之士所在雲集。乃有道人李志堅、董志希[4]，嗜雲水之清閑，樂簞瓢之恬然，遂化此地，結草爲庵。時大宗師披雲子[5]舉七茅升仙之事，賜以觀額，號曰“朝元”。然七茅仙傳，歲月流邁，時人罕知。

[1] 茅谷：指今麥積區伯陽鎮渭河支流韓河河谷，谷地長約十餘千米，北接渭河，東南直通隴右道教名山石門山。

[2] 重陽王祖師傳，即全真教派創立者王嚞。王，名中孚，字允卿，自號重陽子。七真長春丘神仙，即丘處機（1148 ~ 1227），重陽王真人弟子“北七真”之一。

[3] 太祖：指成吉思汗。1220 ~ 1223 年間，丘處機應成吉思汗詔赴西域大雪山（今阿富汗境内興都庫什山）謁見，受到禮遇，命其掌管道教，之後各地大建道教官觀，全真道進入全盛期。

[4] 李志堅、董志希：全真道著名道士，早於秦州玉泉觀創始者梁志通來到秦州，對全真道在秦州傳播影響頗大。

[5] 披雲子：丘處機弟子。姓宋名德方，道號披雲子。丘處機西域謁見成吉思汗，其隨行，三載還燕後授封國師。

乙巳冬[1]，李志堅忽晝寢夢，一仙童告以真君聖號，而李記之，既覺疑焉。後數載雲遊定西，邂逅一宋人，袖出手軸，舒而閱之，乃七茅真君聖號。詢厥故，答云："家世秦人，居於茅谷，晝常奉之，雖經喪亂，罔敢遺棄。"所傳與李志堅之夢果合，因感靈應如見。

至壬戌[2]之秋，李志堅、董志希乃化信士而言曰："七茅登仙之地，依舊趾構堂宇，妝法像，縷刻聖號。諸事粗完，若鐫之山石，使傳不朽，亦一方之妙瞻也。"衆皆欣允。因訪予曰："子久寓於此山之陰，可謂聞而知之者，爲我記之。"遂以真辭爲記。寶峰鄭延謹書。

中統三年孟冬中旬日，終南靈衝子李志堅、黄冠張知和立石

秦州管内道正司□□劉吉采，清真子王通

鎮遠軍節度判官□〔秦〕□〔州〕總統領王貴興捨觀基錢，質子總領孫亨助緣

鎮遠軍節度副使秦州□副元帥鞏□□泊夫人蘇樂善同立石

（碑陰題名略）

重修鳳凰山廟宇記碑

【題解】碑現存新陽鎮鳳凰山。明萬曆四十年（1612）立石。高 110 釐米，寬 69 釐米。白巖石質，碑右上和左下角殘，部分字跡缺失。

賜進士太常寺少卿前禮科都給事中郡人胡忻[3]撰文

賜進士出身户部主事隴西楊恩[4]書

賜進士出身整飭薊州等處兵備山西按察司副使岷山朱衣[5]篆額

州西北四十里，舊有□東嶽廟宇，所棲之處名曰鳳凰山。是山也，發

---

[1] 乙巳：蒙古乃馬真后四年（1245）。

[2] 壬戌：元世祖中統三年（1262）。

[3] 胡忻：明代秦州東鄉人，撰此碑文時，胡離職在家，於是曰"前禮科都給事中"。

[4] 隴西楊恩：字用卿，號鳳池，明隴西（今甘肅隴西縣）人。萬曆二十三年（1595）進士。授户部主事、監理通州倉庫事務等職。著有《鞏昌府志》等。

[5] 朱衣：明代岷州衛（今甘肅岷縣）人，正德十六年（1521）進士。任整飭薊州等處兵備，山西按察司副使。

自朱圉[1]、鳥鼠[2]，其來脈甚遠且巨。左有伏羲之卦臺，右有□□之玉泉。渭水横其背，太陽面其前，山川縈迴，風氣翕聚，誠一郡之勝概也。

其來未詳，考之郡乘，歷漢而唐而宋，代有建□。□□國朝，蓋年所殆千有餘歲矣。其神之威靈森嚴，昭昭不爽，郡之士大夫以至氓庶，莫不尊崇奉祀。凡水旱疫癘，禱之即應，捷若枹鼓。至於辰誕，有設醮者，有獻牲醴者，有燃燈燭者，雷動雲從，絡繹不絶。而又月月辰誕，皆致祀焉。

奈歲久，則墻垣傾圮，殿宇頽壞。彼處會首温萬聚等，喟然歎曰："夫東嶽爲五嶽之首，而五嶽獨太山爲尊。吾衆居此一方，賴神力以安居樂業。可今當吾世，而忍視其損壞不堪若此耶！"隨即屬其各會耆老，量其身家施金補葺。於是，涉渭取材，繩直縮板，削屢築□。於大殿則新建之，□耀然，簷牙雀躍，瓦縫鱗集。殿後建玄岳宫一座，奕奕然，敞明爽快，鑿朗閒適。旁建廣嗣宫一所，峨峨然，□梢玲瓏，丹堊□□。□□□門洞開，靈宇妝□，炳炳藻麗，煥然一新。

郗呀哉！神之感乎，人與人之尊乎。神者默通潛孚若此哉，不然何其樂施□□□□□□□大凡人情於事之有便於身家者，則必不憚力、不惜費以爲之。外若無庸於爲即爲之，亦未必勤勤懇懇之若是。□□□□□□事殫力捐金，不啻身家之所急者，非無謂哉。良以神之威靈，有以默鼓之也。矧神靈則所鍾者必秀，鍾秀則所□□□□□□□文滾滾，宦途綿綿。與夫農賈豐盈，何者不藉神力爲之呵護也。乃知聚[3]等勤勤懇懇，不憚其力於費者，其有□□□□□□□□且一身一家而已乎，又豈直尊崇一太山而已乎。

是工也，始於萬曆二十二年，而底績於三十九年[4]夏五□□□□□□□□□□□□記。其各會衆姓亦列之碑陰，以垂永久。

鞏昌府秦州知州胡世蔭，同知王允信，判官黄廷輔，吏目陳文煥。儒學

[1] 朱圉：即朱圉山，位於天水市甘谷縣西南，《禹貢》有載。

[2] 鳥鼠：即鳥鼠山，位於甘肅渭源縣西，是渭水的源頭所在，《禹貢》有載。

[3] 聚：指前文提到的會首温萬聚。

[4] 按碑文"始於萬曆二十二年，而底績於三十九年夏五"，則明萬曆年間鳳凰山廟宇的此次修建，前後17年。

學正魏斐然，訓導王國楨、楊天秩[1]，儒士張永慶，生員卜永亨、張永廉、温大章、王建極[2]。

□〔明〕□〔萬〕□〔曆〕□〔四〕□〔十〕年春三月[3]吉日同立石，魏國賢[4]□

地藏王菩薩門碑題記

【題解】碑存石佛鎮黄莊村報恩寺。清順治五年(1648)刻石。高64釐米，寬32釐米。門碑爲磚質，呈青灰色，四周均飾火焰紋、雲紋，中刻題記。

南無冥陽救苦地藏王菩薩

鄉飲生員黄光組、黄上公、黄上賓

生員黄甲科、黄上硯

信士楊月栢、黄士焕、黄士奇，住持化主僧黄圓珠

順治五年五月十四日未時

觀世音菩薩殿門碑題記

【題解】碑存石佛鎮黄莊村報恩寺。清順治八年(1651)刻石。高62釐米，寬33釐米。門碑爲磚質，呈青灰色，四周均飾火焰紋、雲紋，中刻題記。

南無大悲白衣觀世音菩薩殿

功德主李應潔、黄士統、黄一清、黄士焕、黄士奇、黄甲德

鄉飲生員黄光組、黄甲科、黄上公、黄上賓，僧人黄圓珠

順治八年八月初八日巳時立

創修興陽菴碑記

【題解】碑存道北街道寨子村。清乾隆二十七年（1762）立石。高

[1]落款題名之“鞏昌府秦州知州胡世蔭”及屬下同知、判官、吏目、學正、訓導等一干人《秦州志》失載。

[2]“儒士”落款題名只温大章一人可考。温大章：明代秦州人，貢生。

[3]□年春三月：按碑文“而底績於三十九年夏五”句，該年應是萬曆四十年三月。

[4]魏國賢：明代秦州刻碑工匠。麥積區境内所刻碑石現存有：萬曆四十年(1612)《重修鳳凰山廟宇記》碑、崇禎元年(1628)《新建石門興隆山》碑、崇禎十五年(1642)《麥積山開除常住地糧碑》等。

160 釐米，寬 57 釐米。圓額，飾雙龍紋，上刻“皇明敕封無爲羅始祖碑”10 字，碑身有殘損，部分字跡不清。碑文記載無爲教所衍大乘教活動故實，是研究民間信仰的珍貴資料。

教下弟子陳嘉爵、妻張氏、男仁，住持高駁良。羅祖[1]者，釋迦之分派大乘之教宗[2]也。諱上孟下鴻，號清菴，本無極化現山東萊州府即墨縣紫鄉村，十二月初二日子時降誕。怙恃早失，親叔成器，應役京北密雲衛。年二十八歲參陀頭爲師，撿科閱□，苦參十三載，於十月初八日子時，白光攝惺。四十七歲大悟，六十七歲證法，八十五歲涅槃歸空，遺經五部[3]。先是，演法創教，遭魔道。感司禮監張永、東廠汪直[4]、禮部郎中党、兵部尚書□，錦衣衛正堂、後軍督府會同題奏。上批三藏法主、武宗禪師安立，經廠[5]東衙印主、龍福寺[6]長老源清，僧録司左善逝（世）文耐，西慶禪師，敘會龍福寺。耐講諸經，西慶先於□下，文耐法對無此〔分〕合，三藏校證無殊，公道真實證明。繳旨，上恕，捞禪師。龍頭拐杖一環、衣裳等物賜錫祖師。師不肯受，惟討三道龍牌，置經首大國欽“御製”二字，敕封無爲居士羅真人[7]。

---

[1] 羅祖：即羅清（1442 ~ 1527），字夢鴻，號清菴、思孚、無爲等，明代山東萊州府即墨縣紫鄉村（今山東青島市城陽區南城陽村）人。明成化十八年（1482），開創無爲教，後世門徒稱爲“羅祖”或“無爲老祖”。嘉靖六年（1527）正月二十九日，羅清“羽化歸天”，享年 85 歲，安葬在北京檀州（今北京密雲）附近，教徒在墓地建有 13 層的高塔，矗立石碑，號稱“無爲境”。清乾隆十一年（1746），朝廷查抄直隸密雲縣羅教時，毀壞墓地碑石。無爲教又俗稱羅教、羅道教、羅祖教，是明中葉在民間出現的一個重要宗教派别。

[2] 大乘之教宗：即大乘教，明代末期創立的民間宗教，多奉羅祖爲教宗。碑文“羅祖者，釋迦之分派大乘之教宗也”，可知該碑是無爲教分支“大乘教”所立。羅清死後，無爲教分成衆多教派。其中，女兒佛廣在無爲菴出家爲尼，另創大乘教，奉羅祖無爲法爲宗旨。“菴”一般特指女性修行居住的寺廟，故大乘教下傳的佛徒尼姑建菴居住，其秦州分支亦建有“興陽菴”，共尊羅祖爲教宗。

[3] 遺經五部：指羅清所著《五部六册》經書。即《苦功悟道卷》《歎世無爲卷》《破邪顯證鑰匙卷》《正信除疑無修證自在寶卷》《巍巍不動泰山深根結果寶卷》，共五部六册，是無爲教理論經典。相傳該經是羅清口述，由弟子福恩與福報二人筆録整理而成。

[4] 正德五年（1510），張永因誅劉瑾有功，任司禮監掌印太監，成化末年皈依無爲教。汪直曾任爲司禮監掌印太監，西廠提督，權傾一時。按《明史・汪直傳》：“明年設西廠，以直領之，列官校刺事。”可知汪直總管西廠事務，碑文誤作東廠。

[5] 經廠：是明代司禮監所屬機構，掌管刻印書籍、佛道藏、蕃藏。

[6] 龍福寺：即隆福寺，因坐落在北京城内東城，又俗稱“東廟”。始建於明景泰三年（1452），是明代京城唯一的番（喇嘛）禪（和尚）同駐的寺院。清代成爲專一的喇嘛廟。

[7] 目前有關無爲教的資料中，對羅清在龍福寺證法辯論一事，記載不詳。按《明史》，明朝憲宗、

此開宗之始，創教之源也，□教下大衆積祖奉法，歷有年矣。俱未有經堂，咸欲建之，一時諸檀越布金輸粟，而堂成矣[1]。堂成而憂慮後之人不與同志也，因勒石焉。一以表祖師創教遠有據，一以表後地事由之有因也，謹志。

施地功德主唐盈，妻高氏，男國祚，何氏，孫世德、世英；功德主唐寵，妻陳氏，男□。功德主陳玥，妻李氏，陳□、陳龍，□氏，陳涼，陳棟，陳清。督莊主胡戈敬，□土高。化主陳啟龍，妻夏氏，男舉、衍，孫可鏡、可梧。化主陳世龍，妻馬氏，男玳；化主陳升龍，妻張氏，男詩。化主唐國賢，妻徐氏，男世閏[2]。

時大清乾隆二十七歲次壬午夏五月吉日立石

朝陽寺[3]齋田碑記

【題解】碑現存甘泉鎮朝陽寺。清乾隆三十一年（1766）立石。高120釐米，寬64釐米。白巖石質，碑圓額豎刻篆文"齋田記"3字，兩側飾波浪、雲紋。

余與朝陽長老普祥遊，普祥常告余曰："僧與先師自康熙六十一年至寺時，寺内田不過□□，殿宇傾圮，僧舍寥落，蓋凄如也。僧與先師屢受苦心，數十年來，寺内之事大略可觀，僧欲立石以記之，庶後之□此寺者，可得指其名而傳之矣。"余應之曰："然！"乃至乾隆丙戌[4]之夏，果行立石，仰余作文以記之。余考其田有數十垧，較向之數畝者多矣；觀其殿宇焕然

孝宗、武宗等皇帝，都曾召迎僧、道入朝講法釋經，其中召見羅清及敕封之事，史料無法查證。立碑時無爲教已傳200多年，信教者對羅清生平的記載準確與否，已無從稽考。

[1] 堂：經堂，又稱齋堂、經堂、菴堂等，是無爲教會堂，通常供奉羅祖像及《五部六册》等無爲教經卷。道北寨子村老人記憶，經堂建於村口路旁，今道北十字東北側，建築高大雄偉，明亮宏麗。二十世紀五六十年代，因拓寬馬路，經堂拆毀無存。建廟所留二通碑石鑲嵌在村子戲臺墻中，才得以保存至今。興陽菴遺址約在麥積區道北北山下，是出家尼姑居住之地。

[2] 碑文後功德人名中，妻、子、媳、孫俱列其上，可見信教者舉家全入，虔誠之至。又，另有《創修興陽菴施金姓氏碑》，高165釐米，寬57釐米，刻列功德人名300餘人。可見清乾隆年間大乘教在秦州境内傳播迅猛。

[3] 朝陽寺：位於麥積區甘泉鎮朝陽村，縣級文物保護單位。乾隆《直隸秦州新志》卷3《建置》："朝陽寺、崇福寺皆在東南八十里街子鎮。"

[4] 乾隆丙戌：清乾隆三十一年（1766）。

皆新，較向之傾圮者異矣；視其僧舍頗十數間，與何之□□落，□不□風日者大不相侔矣。此果誰爲之哉，非普祥師徒其何能至於此乎？是爲記。

又將齋田畝段開列於後。買南耀、南浩川地十垧，東至柳俊地爲界，西至南如梅地爲界，南至尹家老眼爲界，北至官路爲界。價錢七十千文，捨業□字銀在内，東橋里十甲糧二斗六升六合六勺。買周克勤川地六垧，東至賈助漢地爲界，南至□塄爲界，西至賈世蒲地爲界，北至官路爲界。價錢三十一千二百七十文，捨業□字銀在内，長安里九甲糧九升。買柳植寺門前川地大小兩段，約有三垧，東至水溝爲界，南至柳安地爲界，西至高巖爲界，北至官路爲界。價銀一十五两四錢，捨業□字銀在内，東柯里十甲糧六升五合。寺内原有香火地八垧，上下三段在夜歌子溝旁，本屬事主文温世施捨，並無錢糧。

直隸秦州儒學生員南坪何呈一撰書

住持僧人普祥、通慧、悟誠　助緣信士（以下七十餘人名略）

大清乾隆三十一年歲次丙戌夏四月吉立

重修方神廟碑記

【題解】碑現存社棠鎮槐蔭寺。清乾隆五十九年（1794）立石。高100釐米，寬50釐米。白巖石質，碑額書“大清”2字。

粵稽往古，天子有衆社、有王社，衆社以爲蒼生，王社以禮。天地凡以答靈庥而昭神貺，甚盛典也。下逮一鄉一邑，莫不有倣其意而爲之者。則方社土谷□設，亦曰春祈秋賽，實式憑焉。

吾郡有社棠鎮，有老虎溝，其方神所著，有故老相傳，水旱疾疫，尚謀諸神庇佑感應。我朝定鼎以來，勸農課桑，民樂安阜，蓋百有餘年矣。自□已來，或雨暘愆期，及禱之神，轉瞬而甘霖降。是使吾民得相與優遊於隴畝間者，微神之力不及此，邑之人久思有以報之而不得。既而翻然悟曰：“夫大車以載君子，夏屋以禮高賢，人事且然，豈神所棲獨可湫隘囂塵乎！”於是庠生張公諱書紳，木鐸楊公諱琔，乃謀諸同人，咸樂興助。遂鳩工聚材，未踰年而次第觀成。視前之因陋就簡、眇所經營者，不啻雲泥之别。雖然莫爲之前，雖美弗彰；莫爲之後，雖盛弗傳[1]。後又信士以補不逮，是有二君之所望於無躬也夫。

庠生劉逢吉拜撰

功德主庠生張書紳，木鐸楊堤

督工募化周思康、魏君良、武舉高登甲、劉克榮、張師盈、李生禄

隨木泥工人侯親徵、劉克昌、房登舉、劉敬、李進義。楊世福鐫

大清乾隆五十九年歲次甲寅秋八月吉旦立石

施樹碑

【**題解**】碑現存社棠鎮槐蔭寺。清乾隆五十九年（1794）立石。高 70 釐米，寬 60 釐米。白巖石質，碑身有縱向裂縫數道。

監生劉正統施樹一株。王典施樹一株。侯振度施樹三株。周隨施樹二株。（以下有張、侯、劉、周、楊等姓施樹人名略。共 50 餘人，施樹約 60 餘株。）

大清乾隆五十九年歲次甲寅秋八月勒石

青漣寺重修殘碑

【**題解**】碑現存中灘鎮緱揚村青漣寺。殘高 67 釐米，寬 68 釐米。白巖石。因碑殘，無法確知鐫刻年份。落款中之“石工林可嘉”，乃秦州有名工匠，所刻石碑至今留存者包括此碑在内有 3 通，有落款時間的兩通分别爲乾隆三十七年（1772）、乾隆六十年（1795），結合撰書者緱祖武爲乾隆三十年（1765）乙酉科武舉，可斷定此碑鐫刻是在乾隆中後期。

……三十二年始也□

……二伯與我父勤儉治家命

……巨人授以刀法告知二伯與父□

……伯我父之教訓藉神佑而克成也因而

……家力微不能獨造會通我族五分人等同出公錢辦買木

[1]“莫爲之前，雖美而不彰；莫爲之後，雖盛而不傳”語出韓愈《與于襄陽書》。

……獻拜跪無所又不能以無憾矣是三十七年復修□□堂

……年又續修鐘鼓二樓鐘樓有銅鐘一口我伯□□□自民

……人等同出公錢猶有未足我伯募化十萬以補之□□□

……垧八岔山妙靈寺銀錢三百以爲萬年香火之資□□

……抱廈鐘鼓樓與道院木石出自公中其磚瓦我家獨□

……渠南一科報廈前四科是我伯與五分人等之經□

……監生丕全、長福，生員天爵、壽先、曰成，生員繩武、逢運、賚、方伯，石工林可嘉

……升雲新姪男原任四川提標千總祖武[1]拜撰

……日立

安置鹽市事殘碑

【題解】碑現存伯陽鎮柏林觀。清嘉慶十三年（1808）立石。殘高50釐米，寬32釐米。

……渠河北柏林觀[2]，五社人等爲公□安置鹽市事竊今……

……北河南統同爲利，只緣天□□□南北不通，所以……

……總商寫買亦祇同公取便，□□□意□人突出作……

……二載以内復被舊商所參□□此利害不均，延緩多……

……誠雅頌之祖，高朝禄、樊……會同……

……文江、韓得春、李玉……廷魁元春之……

……劉振鯉、劉本……辦永□□鄉約買鹽……

……嘉慶十三年辦……喜此事……

……利弊以見數人之……立石記永……

……利也是…生員王逢……

……五社人……

[1] 祖武：姓緱，名祖武，清代秦州北鄉（今麥積區中灘鎮緱楊村）人。乾隆三十年（1765）乙酉科武舉。曾任四川提標千總之職。

[2] 柏林觀：位於麥積區伯陽鎮興仁村柏林山，縣級文物保護單位。

重修碑序

【題解】碑現存東岔鎮大溝村神仙洞内。清嘉慶十五年（1810）立石。高 90 釐米，寬 50 釐米。紅砂巖石質，碑額書“重修萬古”4 字。碑面粗糙，部分字跡不清。

今是以此之廟貌，即古之形□。夫於八年間新侍奉面，建樓皆新土，蓋下基内灑混柱梁，木料未生更固，而歪者不一，□以路曲。且夫我今首士（事）人會合，重修便殿□所，祈求神靈廟祝貺，皆功財萬載光。善男信女名列後，特立石，以永垂不朽。

（後功德 40 餘人名略）

大清嘉慶十五年歲在庚午梅月朔一日

甘泉寺建修施銀碑

【題解】碑現存甘泉鎮太平寺。清嘉慶十五年（1810）立石 。高 125 釐米，寬 54 釐米。上部斜斷，青巖石質，圓額上書“大清”2 字，兩側飾龍紋，碑身部分字跡不清。

康熙十九年建修，首事人張嗣昌，總管王建都、夏景……

乾隆五十九年建修，首事人庠生張大經、李孝閎……

嘉慶十五年募化佈施銀兩數目：舉人張人傑七十兩、監生張英傑卅拾六兩、增生李如桂二十兩……

重修太伯廟[1]碑記

【題解】現存東岔鎮桃花坪村松柏寺。清嘉慶十八年（1813）立石。高 100 釐米，寬 63 釐米。長方形，白巖石質。

歲次癸酉[2]仲月之朔，石壁堣增其古之舊置，復作里域之興。然而地宜奥神應庥，恩澤浩蕩，德播乎秦隴，由是神也。

[1] 太伯廟：太伯即泰伯，姓姬，吴氏，商末岐山人，周太王長子，吴國第一代君主。泰伯品德高尚，後世多有其紀念廟宇。

[2] 歲次癸酉：清嘉慶十八年（1813）。

乾隆五十四年，見其宫殿頽坍象。昔新修太伯聖廟，因其曠，又增樓閣廡舍，誠爲處備，良有益也。後嘉慶五年間，賊鼠[1]攢竊於亂世[2]，殿閣門廡殫而隳廢，夫神像塵垢蠹辱，因而象皆顧此蹙獨矣。又十五年，爰將脱離禍亂，庶民晏安子等，仍復重建宇臺高閣。方今合則爲一，幸其功果已遂，殘缺具興，此物象意四方，竭奈登睦之美者，觀覽亦自娱，可謂盛矣。

歲久休戚，無跡□□，又重碑記之，來慕後之名者哉。（江里、張家門、土橋河、毛家坡、下曹家平、大岔里、南方溝、桃花平、白世溝等各莊衆會首 90 餘人姓名及施錢數目略）

大清嘉慶十八年季春月上浣之吉，秦邑胡店上社一會人等公立

重建龍王宫碑記

【題解】碑現存馬跑泉鎮滲金寺。清嘉慶二十三年（1818）立石。高 109 釐米，寬 54 釐米。青灰石質，碑圓額上飾飛龍彩鳳圖案。

伏以興雲降雨，水府有專司之神；酬德報功，方社崇享祀之典。龍之爲神昭昭也，而人之事神可忽乎哉！

本鎮滲金寺[3]舊有龍王行像一尊，相傳出自鎮西蟠龍山[4]陰。清澗之中，靈湫存焉。歷來天旱祈雨，有求即應。則斯神寧非一方之庇陰，闔鎮之保障乎！乃前於大佛殿之側，坐東向西，建廟一間。而規模狹隘，兼之年遠日久，將致傾圮，甚非所以肅觀瞻、安神靈也。

通、興[5]於去歲戊寅[6]重修聖母寶殿。功竣之日，即議重建龍王宫，而

[1]“賊鼠”指嘉慶初年深入秦州境内的白蓮教起義軍。

[2] 亂世：指清嘉慶三至五年（1798 ~ 1800）間，白蓮教起義軍進入秦州境内，與官兵發生多次戰事。

[3] 滲金寺：又名曬經寺，在馬跑泉鎮東街南山山麓。相傳建於唐代，現存古柏七株。1980 年後多次整修，寺内建築分上中下三院，下院天王殿，中院大雄寶殿，後院卧佛殿。爲天水市重點宗教活動場所之一，縣級文物保護單位。關於滲金寺的得名，相傳唐玄奘取經過渭水時濕了經卷，曾在此晾曬經文，故又名“曬經寺”。又有尉遲敬德戰馬刨地出泉的傳説。乾隆《直隸秦州新志》卷 3《建置》：“滲金寺，東三十五里馬跑泉。”光緒《秦州直隸州新志》卷 2《地域》：“馬跑泉鎮，地有寺曰‘滲金’。泉出寺中，極甘洌，源壯可溉田。俗云‘唐尉遲敬德馬跑地出泉’，誣説也。”

[4] 蟠龍山：又名蟠隴山、盤龍山，位於馬跑泉鎮西。

[5]“通、興”即碑文後所列的首事功德主張通和張興。

[6] 去歲戊寅：按碑文末告竣時間，去歲應爲“丁丑”年，即清嘉慶二十二年（1817）。

本鎮紳士五牌人等亦各發善念，合行募化，得錢五十千有零。因度量地方，鳩工庀材，於聖母殿後别置小院一處，坐南向北，重建廟宇，較從前頗覺輝煌。又於院之東北隅，另修山門一座，四圍墻壁重新修理。其磚瓦木石並匠工使費，各項共錢八十千有零，除募化錢五十千有零外，通、興實捐施錢三十千有零。而龍王宫亦□聖母殿而告成矣。

夫建寺崇神，事歸首善，而修廢舉隆，端在後嗣。兹舉也，不因陋以就簡，不踵事而增華，功程無多，而整濟静肅，神宇以寧，神路以通。庶興雲降雨，靈應不爽，而酬德報功，不且永承弗替也哉！是爲記。

郡庠生軍功議敘正六候補訓導吴發南撰文

郡儒學增廣生員王甚信熏沐敬書

首事功德主張通捐銀三十兩，張興二兩五錢。功德胡廷璧銀七兩五錢，功德趙廷棟銀四兩，功德王建章銀三兩，功德尹重倫銀三兩，功德曹泗濯銀一兩五錢，功德沈甲修銀一兩五錢，陰陽張士傑銀五錢。

住持悟性（後 38 功德人名及捐銀數目略）

大清嘉慶二十三年歲次戊寅秋八月告竣

張氏施地碑記

【題解】碑現存馬跑泉鎮滲金寺。清道光二年（1822）立石。高 49 釐米，寬 67 釐米，厚 19 釐米。白巖石質，碑呈長方形。

孟子云："好名之人，能讓千乘之國。苟非其人，簞食豆羹見於色。"[1]由此觀之，非能讓者之難，讓而出於心之自然者之難也。而吾鎮張公，則有足多者。公伯建法，次建治，世居東泉，亦望族也。他不具述。

滲金寺佛殿後院舊有菩薩洞一座，洞西有穿廊四楹，而洞東獨闕焉，亦似有待於後者。然奈地近崖垠，較西更爲湫隘，欲增規模，無處展拓，衆皆難之。而張公兄弟獨捐己崖上之地，施於寺内。自上斬下，東西長三丈、南北寬一丈，崖上墻腳一道，又施立碑墻腳七尺。衆議奉價，而堅卻不受，

[1] 語出《孟子・盡心下》。

卓卓然有丈夫之義氣焉。

夫張子而爲素封之家也，則可；張子而非素封之家也，而能好善樂施若此，其出於心之自然，而非勉强於一時可知矣。

落成之日，衆服其慷慨，而又恐世遠年沿，其名没滅而不彰也，因勒貞珉以志之。

首事人胡生蘭、胡廷琇、尹重倫、王建章、季春、張希仲、劉建基、胡殿魁、沈甲修、趙廷楝、王甚信

大清道光二年秋八月朔一日公立

興修碑記

【題解】碑現存東岔鎮桃花坪村松柏寺。清道光三年（1823）立石。長 130 釐米，寬 73 釐米。白巖石質，碑呈長方形。下部風化破損嚴重，部分字跡不清。

蓋聞莫爲之前，雖美弗彰；莫爲之後，雖盛弗傳。然自今觀之，爲前而不彰者有之，未有爲後而不傳者也。如我等創修三元宫、文昌閣、魁星樓、財神殿、土地祠塑畫神像，情事有可述焉。

蓋自嘉慶庚辰[1]春，有數儒門□□又□□□□□地□冉冉平址興修，奈一木難支，因中道而止。是靡不有初，鮮克有終，美而不彰者□耶？幸鄉耆趙公勞功□□□□人共捐資金百餘，以補□□前費，爰約同人復學善功，踴躍争修，各捐錙銖，鳩匠經營，庀立審畫，三年功成。倏思文星焕彩，□海有蜃樓□□□曾府現，無異蕊珠仙宫。

福自天申，社稷攸寧，有何盛而不傳也。我今則功程告竣，爰將衆善姓名敬勒青石，永垂千古，不□□□。

（以下總首趙居通等 90 餘人姓名及施錢數目略）

道光三年會末，弟子郭海山建修，主持道周來吉同衆公立

[1] 嘉慶庚辰：清嘉慶二十五年（1820）。

重修柏林觀[1]老君殿序文

【題解】碑現存伯陽鎮柏林觀。清道光十年（1830）立石。高110釐米，寬53釐米。潘濟賢撰文，劉覲廷書丹。左下部殘。白巖石質，圓額上書有“重建”2字。

秦州城東七十里伯陽渠[2]之地，有山名曰“柏林山”[3]，自隴山發脈至伯陽渠，中抽一支蜿蜒盤桓，如龍踞蛇結，直達渭水之涘而止。而渭水環抱於前，若虹若帶，其上則樹木陰翳，岡巒起伏，下則田疇交錯，園林掩映，蓋州城東鄉之勝境也。

山麓舊有寺觀一所，塑老君像三尊，村人歲時祠禱其中。今歲庚寅[4]，紳士劉震鲟、秉正等重修殿宇，欲志其顛，求而徵序於余。余嘗讀地輿諸書，凡宇内名山□區，爲聖賢仙釋生長之所，自流寓之所經，俱修祠奉像，以時瞻拜，志古跡也。據故老相傳，柏林觀即尹喜觀[5]也，則此觀之神宜尹喜而非老子也。然州志所載，龜山有尹喜觀，又有老子傳經臺[6]，柏林山與龜山相違不遠，是以老子庵而訛爲尹喜觀也，明甚。

夫老子，周之柱下史也，博學多聞，孔子亦問□焉。蓋賢人君子之流，而非世俗所謂神仙之説。所著《道德經》，以柔退爲主，清静爲宗，其書俱在，可覆按也。至唐有天下，冒爲始祖，創爲玄元黄帝之號[7]，而緇冠之流附

---

[1] 柏林觀：柏林觀是麥積區境内的道教名山，道家古跡衆多，人文傳説豐富。光緒《秦州直隸州新志》卷2《地域》：“柏林山上有柏林觀，旁多古柏。中祠老子，又有講經臺。山后十餘里，有尹道寺，傳爲關令尹喜故里。又有教化溝、牛澗里，酈（道）元所謂李耳西入山谷，播名者也。”民國《天水縣志》卷2《建置志》：“柏林觀，在伯陽渠之柏林山，距城七十里。旁多古柏，中祠老子。又有講經臺。山后十餘里，有尹道寺，傳爲關尹喜故里。”

[2] 伯陽渠：古鎮名，今麥積區伯陽鎮。相傳老子曾在柏林山結菴傳經講道，看到柏林山龍嘴阻擋渭水流通不暢，水患禍及百姓。便親率民衆鑿巖開渠，疏通了河道。因老子姓李名耳，字伯陽，後人爲紀念老子的功德，稱此地爲“伯陽渠”。光緒《秦州直隸州新志》卷2《地域》：“伯陽渠鎮，古伯陽城在其地。”

[3] 柏林山：位於伯陽鎮興仁村東，因山上遍植柏樹而得名。乾隆《直隸秦州新志》卷2《山川》：“柏林山，東七十里，其山多柏。上有柏林觀，有老子菴。”

[4] 庚寅：清道光十年（1830）。

[5] 尹喜觀：即尹道寺，在柏林山后十餘里山脊。相傳尹喜在柏林山后結菴居住，感悟道德，悉臻其妙，著《關尹子》九篇，其地後稱尹喜觀。民國《天水縣志》卷1《地輿志》：“尹喜故里，在縣城東六十里之伯陽渠北山，上有尹道寺。”

[6] 老子傳經臺：在柏林山上。相傳爲老子講經之處，遺跡尚存。

[7] 創爲玄元黄帝之號：李唐王朝奉老子爲始祖，多次加封，天寶八載（749）加其尊號爲“聖祖大

會其說，遂有太上三清之名目，以爲道家修煉之祖，並老子而且增之爲三朙。明演義小說所傳，其不經甚矣。

是則觀實伯林觀也，因山有老子菴而訛爲尹喜觀，猶華山之王猛臺[1]訛爲王莽臺，以訛傳訛，相沿已久，於柏林觀又何疑乎？今州中古跡如隗囂宮址[2]、杜甫草堂[3]，俱無片壤可指，而此觀獨巋然尚存，不可謂非修補之功也。因其地諸人請爲序，辨之如此，以俟後之高明君子證焉。是爲序。

功德主劉仲福、監生劉震鋍、貢生劉秉正、劉德修、匇登魁、李林

住持張壽陽

廩生潘濟賢撰，劉覲廷敬書

大清道光十年歲次庚寅秋七月初九日穀旦

重建觀音閣記

【題解】碑現存黨川鄉花廟村花廟嘴。清道光十一年（1831）立石。高 155 釐米，寬 59 釐米。劉步青撰文，孫昭書丹。白巖石質，碑額書“萬古不朽”4 字，碑面下部漫漶不清。碑文爲陽文。

粵稽名山之傳於經史，勝境之載在典籍，迄今嘖嘖人口者多矣。不知“山不在高，有仙則名；水不在深，有龍則靈”，雖非名勝，有何不可與名山聖境共垂名於後世哉！

切思長安之南，天水之東有東柯口者，山脈遠接昆侖，水源近發秦嶺，羣山鎖翠，數水流清。當夫啟蝀蝃，披雲關，咽晚瀨，洄鳴湍，遥山吐秀，遠水拖藍，縱雖媲美於名勝，亦山水清奇之所也。然荷古之興廢，固無遺跡可考。先皇嘉慶初年，伐木烈山而居，雞鳴狗吠相聞，遂至俊彩星馳，棟宇霧列。八年癸亥[4]，甫立場市，惠農通商，衆發虔心，創修觀音殿宇，

道玄元皇帝”。碑文中的“黄”應爲“皇”。

[1] 王猛臺：在陝西華山十二洞後山。

[2] 隗囂宮址：指今天水市城區北山隗囂宮遺址。民國《天水縣志》卷 1《地輿志》：“隗囂城，在縣城北仁壽山，俗名皇城，後魏崇寧寺。”

[3] 杜甫草堂：應指今麥積區街亭村東柯谷杜甫草堂。

[4] 八年癸亥：清嘉慶八年（1803）。

装塑大士聖像[1]，果蒙靈應，救衆生之災；實賴呵護，咸錫十方之福，迄今蓋廿餘年矣。不意風雨飄摇，遂爾墻垣圮塌，弗焉整修，棟折榱崩之患恐所不免。

今皇二三年間，有僧遊地，發補造之意，興復修之功。拆排架，移聖像，命工庀匠，搬磚運瓦，僅泥東西两墻，但鑄報鐘一口，飾舊匾以書告終，假慈悲以濟嗜欲。以致拆毁不完，神像失座，實可髮指，殊堪痛心。因兹場市人等同發誠心，思續完已棄之績，欲建立半廢之功。但工程浩大，用費繁冗，而無米之炊，巧婦所難，不得不望將伯之助耳。乃邀約善信，解囊捐金，喜施樂助，踴躍赴功。庀羣材，命工匠，亜垣墻，塑神像，堂高數仞，榱題數尺。焕然改觀，恍若南海之勝境；咸與維新，儼然普陀之靈山。兹者時維九月，序屬三秋。十八日開光點像，十九日誦經禮懺，功成告竣，人樂神歡。以視夫僧人之有始無終，而委而去之者不大有聞乎。爰是作記，以垂不朽云爾。是爲序。

州城[2]周烈建修，總領會末華州沈琇，西溝口李浩募化

原會人等西溝口李喜，州城劉自忠，州城强永寧，州城景玉，州城向廷柱

朝邑韓永德監理募化，潼關劉瑞亭監理募化

續會州城陸茂榮，州城强毅，州城張福

住持董收財。石匠安邦本，施石田正明，山主薛焕。施石王裕、王悦寬、孫夆

建邑庠生劉步青撰，街亭弟子孫昭書

大清道光十一年歲次辛卯授衣之月中浣一日。一會人等同立碑

重建滲金寺碑記

【**題解**】碑現存馬跑泉鎮滲金寺。清道光十二年（1832）立石。高126釐米，寬57釐米。王甚信撰文，胡湛敬書丹。白巖石質，碑圓額上

[1] 大士聖像：即觀音菩薩像。觀音又稱觀世音、觀音大士等。

[2] 州城：即秦州城，今天水市城區。

飾有夔龍紋圖案，碑文部分字跡不清。

道光十二年歲次壬辰孟冬之月穀旦，重建滲金寺碑記。

嘗考州志所載，勝境非一。其最著者，無如卦臺、天靖、麥積、石門諸境[1]，洞天福地也。而馬跑泉亦載志中，或因唐尉遲公戰金牙於此，好古之士搜羅而記之，殆地以人傳歟，然而事已無考矣[2]。

特以斯邑，背倚蟠龍，跨永川、渭水於前，清流俯其下，東泉之勝，其在斯乎。建廟於茲，豈徒然哉！奈歲月既久，自前明萬曆三年重建，而後再建於我朝康熙三年。迄今壁壞墻頽，荒階横苔蘚之矣；像損金銷，空庭留松杉之影。落寞荒凉之狀，真不忍睹矣。

辛卯[3]春，五牌紳庶，同議興工，言及佛殿，或曰建修三聖祠。於是合街並各牌募化，得金柒佰壹拾陸千三佰文。鳩工庀材，監生胡廷琇[4]敦其事。修大雄殿三楹，天王殿三楹，韋陀、護法殿各一楹，興藥王像。以舊山門狹隘，拓展其地，建牌坊，立垣墻，土木繪畫之事一一完備。獨佛像未成，以時近嚴冬故也。

次年春，復議施工。胡廷琇精神不爽，不能經理，公舉胞弟監生胡廷璧督其成。因錢不足，首事人各捐資，共得金貳佰三拾玖千文，而法像成矣。又首事胡恩綸言："城隍宫佈施，自道光三年化就，至今未修，可與三聖祠並業矣。"爰修靈官廟於菩薩洞口，由此而上，建小□一座，最上祖師殿前舊禪房東、西各三楹，改其規模，大其觀瞻。東爲城隍宫，西爲三聖祠，輝煌莊嚴，與祖師殿稱。將舊物料，在文昌宫修禪房六楹，鑄磬四口。□如塗茨丹艧，無不次第而成，以視向日爲何如哉！

然是舉也，非徒侈美麗飾耳目已也，誠以殿宇新而神式憑。即山水清淑之氣，亦將於是發其奇，佇見人文蔚起，貨財繁殖，一邑之人，悉受其福，

[1] 卦臺、天靖、麥積、石門：即卦臺山、天靖山、麥積山、石門山，均爲天水境内名山勝景。

[2] 馬跑泉在今馬跑泉鎮滲金寺前，現泉水已枯竭。相傳此泉由唐代尉遲敬德戰馬前蹄刨地湧出，故名"馬跑泉"，後以泉名鎮。乾隆《直隸秦州新志》卷2《山川》："馬跑泉，在州東三十五里。相傳唐尉遲敬德與番將戰，軍中苦無水，其馬跑地得泉。"

[3] 辛卯：清道光十一年（1831）。

[4] 胡廷琇：字荆山，清馬跑泉胡王村人。監生。道光五年（1825）饑荒，與弟廷璧出錢資接濟困難族人。

可與卦臺、天靖、麥積、石門並美矣，豈非甚成事哉！經始於道光辛卯孟春，於壬辰孟冬告竣。工成之日，囑余爲文，余不揣固陋，仰述其事，以志云爾。

郡庠生王甚信撰文，郡庠生胡湛敬書

督工首事人胡廷琇，捐施銀貳拾兩，羅士傑捐施銀拾貳兩，胡廷璧捐施銀貳拾兩，李春捐施銀拾貳兩（後施銀功德人名略）

住持通琳，徒心遠、心悟

木工李成，泥工郭連，塑畫王振京（施銀四兩），石工林發科[1]，陰陽張士傑

衆修碑記

【題解】碑現存東岔鎮碼頭村鐵佛寺。清道光十八年（1838）立石。高 150 釐米，寬 72 釐米。青色巖石，質地細膩。碑陽額豎刻“皇清”2 字，平刻“萬古千秋”。陰額上刻“皇清”，兩側雲紋圓圈内分别刻有“日”和“月”字，下横刻大字“衆修碑記”，列衆多施銀功德人名。

道光十八年九月初七日立

蓋聞“周道如砥”“履道坦坦”，《詩》《易》之所謂也[2]。然徒杠輿梁，文王道之所云[3]。今我南北巖東連寶鳳，西接口隴，須非水陸衝衢，然車馬輻輳，誠亦山徑之要道也。

昔有古道，今已傾。隔岸相陜，恨天涯於咫尺；半步難趨，悲其路於窮途。衆等目擊心傷，緣約同人共其事。即夾良匠，俄然而蒼龍横眼，俄然而長虹飛空。似王道之蕩蕩，如王道之平平[4]。行見受書之彦[5]，玉樹生

---

[1] 林發科：應爲凌發科，道光年間秦州刻碑石工。區境内現存其刻製石碑有：清道光十二年《重建滲金寺碑記》、道光十九年《仙人巖現珠山齊田並重建碑記》、道光二十一年《仁明淡邵老爺斷依舊草場德政碑》、清道光二十四年《關聖帝君會碑記》。

[2]《詩經·小雅·大東》有句：“周道如砥，其直如矢。”《易經·履》有句：“履道坦坦，幽人貞吉。”

[3]《孟子·離婁下》：“歲十一月，徒杠成；十二月，輿梁成，民未病涉也。”朱熹集注：“杠，方橋也。徒杠，可通徒行者。”孫奭疏：“今云輿梁者，蓋橋上横架之板若車輿者，故謂之輿梁。”

[4]《尚書·洪範》有句：“無偏無党，王道蕩蕩；無党無偏，王道平平。”原指以仁義統治天下的政策，這里指寬闊平坦的道路。

[5] “彦”當爲“雁”。

階前，芝蘭專庭内，豈不惜陰堰中得來者。載功成告，刊名於石。

總理會首史宗興、衛金茂、南鳳銀、胡秉忠

匠工王佐（後商號及衆多功德人名略）

重建佛洞溝朝陽洞[1]募化小引佈施碑

【**題解**】碑現存利橋鄉佛洞溝朝陽洞。清道光十八年（1838）立石。通高126釐米，寬72釐米。青白石質，圓形碑首刻有雙鳳戲珠，碑文上部書“千古永垂”四字。由於碑石野露在山林之中，碑身風化嚴重，下部鏽有緑苔，部分字跡不清。

利橋營[2]都間府帶尋常加二級紀録五次□□捐銀一封；

利橋營中軍部廳尋常加二級紀録三次廖□捐銀一封；

署利橋營右哨司廳木營萌監生□永勝捐銀一封；

署陝西利橋營左哨經廳加一級裴進捐銀一封；

署陝西利橋營右哨經廳加一級王士傑捐銀一封；

署陝西利橋營左哨副廳加一級郭喜太捐銀一封；

署陝西利橋營右哨副廳加一級張有貴捐銀一封；

陝西利橋營分防三岔汛[3]司廳加二級張朝斗捐銀一封；

陝西利橋營屬徽縣汛[4]司廳加二級韓發田捐銀一封；

陝西利橋營屬两當縣汛[5]司經廳加一級胡世撥捐銀一封。

---

[1] 佛洞溝朝陽洞：位於利橋鄉利橋河北山腳，山崖鑿有石洞，洞内原有泥塑神像，已毀。洞壁下有一圓形小洞，僅容一人匍匐而前，其洞直通山中，深不可測。

[2] 利橋營：清嘉慶十四年（1809），在利橋設利橋營，防禦秦州東部。光緒《秦州直隸州新志》卷8《戎政》：“利橋營，始自嘉慶十四年。教匪既平，總督揚遇春奏設營汛，創修城垣，凡建兵房二百數十間。”又：“利橋營，都司一員，中軍千總一員，把總一員，經制外委二員，額外外委二員。舊額官兵三百一十七員，名除裁汰外，現存一百八十二員名。馬兵四十有二，步兵九十有六，守兵三十有七。塘汛六，曰：榮子嶺、太渠、龍潭子、范家臺、中岔、秦嶺。轄外汛三，曰：三岔廳、徽縣、兩當縣。”

[3] 三岔汛：清利橋營分防外汛。光緒《秦州直隸州新志》卷8《戎政》：“三岔汛，把總一員，額兵四十九名，現存一十九名。馬兵四、步兵十、守兵五。塘汛二，曰盤過渡、圓嘴鎮。”

[4] 徽縣汛：清利橋營分防外汛。光緒《秦州直隸州新志》卷8《戎政》：“徽縣汛，把總一員，額兵三十九名，除裁汰外，現存一十八名。馬兵三、步兵九、守兵六。塘汛八，曰底塘、永寧鎮、將臺子、賀家店、江洛鎮、麻沿河、大門鎮、大山壩。”

[5] 兩當縣汛：清利橋營分防外汛。光緒《秦州直隸州新志》卷8《戎政》：“兩當汛，經制外委一員，

山主李天昌、李有懷作地基錢十千文。

功德主張崇德、劉懷、趙連章、韓廷瑞、吴廣林

募化首事人曹相、胡進魁、閆璘、鄭宗周

大清道光十八年十一月十八日武都周文敬書

重建太白廟創修樂樓序

【題解】碑現存党川鄉石咀村龍珠寺。清道光二十一年（1841）立石。高130釐米，寬60釐米。王尚概撰文。白巖石質，碑圓額上飾雲紋，中横書“永垂不朽”四字，碑身兩側裝飾草葉圖案。

《秦州志》有麥積、石門、仙崖三島，靈秀東南。而麥積之東南七十餘里，石門之西南四十餘里，仙崖之正南五十餘里，地曰“石嘴頭”[1]，古有太白廟[2]一宇，傳聞舊在西土之原，後移東山之麓，其創建之年，移置之歲，鄉老無能記憶者。至於略能記憶而不能清真記憶者，則有乾隆三十五年顯靈赫應之赤砂龍王傳令劉將軍焉。雖宏廓其廟，而“靈爽不昧”之匾文已不存。嘉慶九年，又有顯靈赫應之大太白傳令趙將軍焉，雖又重建廟宇，而“懸光濟衆”之匾文已不存。惟道光二年復又大太白傳令韓將軍之顯靈赫應，鄉之人重建廟宇，獻匾二面，一曰“禱無不應”，一曰“靈爽不昧”，至今猶巍巍焉。

若夫廟之盛境佳道，則沿河而北上者，有鮑家溝莊歇馬殿之遺址焉。其順溝而上者，卦臺山有大太白之神洞湫池焉；鷂子溝慈悲山有二太白、三太白、黑池龍王、傳令楊四將軍之神洞湫池；又有鮑家溝莊之對面銀洞溝燕翅山，有九天元君之神洞湫池焉。其沿河而下者，東入廬家溝玉皇廟之溝口，有赤沙龍王之廟基湫池焉。其神山神水之拱環脈絡，真有奪州志三島之奇者。於是鄉之人再爲重建正殿，高立山門，雕修樂樓，以爲春秋賽神之巨觀，而廟宇之輝煌增色，爰勒石以證其始末云耳。

額兵三十八名，除調移利橋及裁汰外，現存二十三名。馬兵五、步兵十一、有二守兵，六塘汛。六曰底塘、東十里鋪、平安鋪、簸箕灣、栗子坪、太陽寺。”

[1] 石嘴頭：今党川鄉石咀村。

[2] 太白廟：位於党川鄉石咀村，始建不詳，清代重建。今石咀村龍珠寺，約爲太白廟舊址。

副貢生王尚概[1]撰

時大清道光二十一年歲次辛丑孟冬上浣穀旦，一社人等公立石

利橋城隍廟施銀碑

【題解】碑現存利橋城隍廟。清道光二十四年（1844）立石。通高143釐米，寬83釐米。白巖石質，碑圓額上刻有飛龍。

利橋營馬步守兵共施銀三十一兩捌錢壹分；三岔營馬步守兵共施錢貳千文；三岔房班[2]共施錢肆千貳佰文；徽縣營馬步守兵共施銀三兩；徽縣[3]房班共施錢捌千壹佰貳拾文；两當縣房班共施錢伍千陸佰捌拾文；两當營馬步守兵共施銀三兩。

三岔順升當施錢貳千文；徽縣汾酒行施錢捌千文；雜貨行施錢陸千文；當商施錢肆千文。（後300多施銀人名略）

大清道光二十四年歲次甲辰秋七月上浣同立

重建泰山廟[4]碑記

【題解】現存甘泉鎮泰山廟。清道光二十五年（1845）立石。高86釐米，寬49釐米。王三錫撰並書。青灰石質，表面有破損，部分字跡不清。

州城東六十里，有大江峪[5]，其地有東嶽廟，由來久矣。立廟之詳，不可深考。曾聞本方父老談言，當年未建廟之先，每逢聖誕，有黃衣僧人在山巖坐。連見三載，來不知時，去不知所，人共以爲神異，因爲之建廟。

嗟乎！神之託庇不在於地之闊，而在於地之靈。茲山雖小，而來龍去脈俱有靈奇，與他山不同。黃衣之坐，不見於平日里，恰見於聖誕之期，

[1] 王尚概：號羲川，清代秦州北鄉三陽川人。著有《大易貫解》《春秋貫解》《四書節解》等。

[2] 三岔房班：即三岔廳三班六房。房班是明清時州縣吏役的總稱。三班指皂、壯、快三班。皂班主管內勤，壯班和快班共同負責緝捕和警衛。六房指吏、户、禮、兵、刑、工六房辦理具體事務的書吏。

[3] 徽縣和下文的兩當縣均是秦州的轄縣。清雍正七年（1729）秦州升爲直隸州，由徽州改名的徽縣和兩當縣屬之。

[4] 泰山廟：又名洪武寺、東嶽廟，位於甘泉鎮楊灣村，縣級文物保護單位。廟宇始建年代不詳，按寺內碑石記載，明崇禎年、清雍正、乾隆年重修。

[5] 大江峪：在今甘泉鎮西南，其地有泰山廟、龜鳳山古跡勝景。

安知非東嶽之靈有以顯示之乎？當年因此建廟，亦固其所無足疑者。厥後，明崇禎年重建，我大清雍正年重建，乾隆年又重建，雖未立石，而有牌匾可證。迄今閱數百年，享祀不絶。而靈爽亦異，凡有祈禱，無不感應。乃知黄衣之坐，洵東嶽神靈之顯，而斯地之獲福正復不淺也。但重建以後，歷年不久，廟宇圮毁，神像且在漏地，蕭條荒凉，有不堪言者。嗟乎！人庇於神，神依於人，神失依矣，何庇乎？

旁馬跑泉十字坪沈綸、沈緯兄弟二人，於道光二十三年三月二廿八日上山進香。親見其狀，當時即起善願，心欲建修，惜地隔人殊，有難舉動。後遇吴憲章商議，憲章曰："吾亦早有此念，恨力不足，公即有虔誠，何妨與衆同議。"其時衆聞，無不情願募修。公舉沈二人爲總理，督工監修，而綸即毅然任之。且言募化得錢外，無論争多争少，有我兄弟二人承攬竣工，不於大江峪人事。由是即擇日動工，重建老母宫，創修三楹殿，重修獻殿房産，修山門。工竣以後，洛（落）城（成）演戲，香火食用及一切交接所費，亦是沈二人支持，不煩方上再爲募化。

嗟乎！人見大江峪一方人募化，施錢僅得壹伯（佰）零伍千文整，而沈兄弟所出之錢尤多，於通方所施之錢而並無難色。莫不歎曰，如沈公者，直可謂慷慨樂施者矣！而吾謂沈公之可多者，則猶不在此，公固繁於事者也。且所居地去大江峪二十餘里，諸凡工料一人管理，披星而往，帶月而歸，始終不以爲苦。此非虔信有素，積誠已久，豈能如是之心力兼盡乎？

嗟乎！是舉也，固東嶽之神靈所示，亦大江峪人祈福之久也。仰見廟貌焕然新，神歆其祀，祈禱靈應，人蒙其休豈不盛哉！是爲記。

郡儒學廩膳生員王三錫題並書

沈綸、沈緯立石。石工林喜從鐫

大清道光二十五年歲次乙巳夏四月穀旦

重修柏林觀雷祖殿山門戲樓碑記

【題解】碑現存伯陽鎮柏林觀。清咸豐三年（1853）立石。高 120 釐米，寬 50 釐米。王誠一撰文，汪震山書丹。青灰石質，青色石紋如同山水畫卷。

碑圓額，上書“重建”二字，两側飾二龍戲珠圖。

伯陽之北有山焉，曰“柏林觀”。自隴坻蜿蜒而來，起伏變幻，矯若游龍，至渭濱屹然而至。古人於此建廟妥神，良有以也。間當登臨其上，見夫殿閣嚴整，古柏陰濃而池，山光送翠，秋來而渭水發聲，令人高瞻遠矚，心曠神怡，两耳目爲之一新。

第世代相沿，廟貌非昔，雖修建幾費前人之經營，而終不免風雨之飄摇。迄今丹黄剥落，棟宇蕭條。惟雷祖殿與山門尤甚，戲樓亦僅存故址。幾乎僧舍空而禽鳥巢，荆棘生而狐兔□，荒凉落寞，是如何景象也！而謂神其安之乎？神不安而人心豈能安乎？

咸豐癸丑[1]春，衆議募化補葺。擇日興工，人皆踴躍争先。除捐資外，有供石助功者，有供水助功者，不約而同，若有默爲之使者矣。於是雷祖殿、山門仍其舊而更新之；戲樓增其舊制，石砌高臺，上覆樓閣，丹楹刻桷，規模較前更加宏敞，費金頗多。其餘廟宇，以俟將來之君子。至於昔人之功德，有牌匾碑記可考，兹不復贅。經始於仲春之初，於秋七月告竣。鳩工庀材，共費金柒佰有奇。告成之日，求余作敘，余因匯其事之始終，以敘之云耳。

功德主劉會經、劉振季、劉萬英、劉正貴、張錦煒、劉校經、劉必明、李萬盈、劉攀傑

增廣生王誠一撰文，上邽汪震山敬書。白玉海刻石

大清咸豐三年歲次癸丑秋九月穀旦立石

槐蔭寺荒地示諭碑記

【題解】碑現存社棠鎮槐蔭寺。清咸豐九年（1859）立石。高100釐米，寬48釐米。白巖石質，圓額上刻有“秦州直隸州印”方形篆文印，下書“香火萬年”四字，碑身下部斷裂，部分字跡無法辨認。

欽加運同銜署秦州直隸州正堂兼辦官錢局□□靈州正堂加二級記録□

[1] 咸豐癸丑：清咸豐三年（1853）。

次李[1]，爲狀論事。

據東鄉社棠鎮民劉永福、位廷夆、楊耀先、張書綬、劉賓春、劉建業、劉福□，生員張明先、張廷佐、向正魁，鄉約劉養志，住持王進春等呈稱：緣永福等一社八莊公有荒地一處，於道光二十四年間，蒙諭飭里民報墾荒地，永福等八莊公將此荒地報墾在案，已蒙先准，有卷可查。

嗣永福等因本方槐蔭寺[2]内佛殿等廟坍塌剥落，公議將此公開荒地之益，存蓄重建。不料，咸豐三年動工，至六年，工程浩大，尚未完竣。尤拉有人債，不□下場。出當公地，無奈又與今正公同妥商議，令再將公開地益存積數年，以補未完之工，以贖入當之地。俟工竣，地贖同入本方廟内，以供節年春秋賽神香火。第恐久後人心不古，侵吞攬害，無憑可據。爲此公懇電情允准，出示敕令，工竣歸入廟内香火，建勒碑記，□杜□禪侵吞等弊，永福等合方均感鴻恩不朽矣。

等情據此，合行出示曉諭，爲此示□□方人等知悉。自示之後，將此地益永爲廟内香火，倘有侵佔肥己，許該會首等指名□□□憑重究，各宜凜遵毋違。特示。

同理示諭功德主明經進士貢生鄧勇益

同事闔社人楊永春、侯寶山、張樹烈、劉榮春、劉順業、張□枋、□□鷺、張□禮、□□泰立。石工張明訓

大清咸豐九年歲次己未春三月穀旦

重修北極祖師廟並演戲樓與補緝衆神殿草□□兼序

【題解】碑現存社棠鎮廟山遺址。清咸豐九年（1859）立石。高 85 釐米，寬 55 釐米。張映甲撰並書。青巖石質，碑右下角殘。碑圓額上書“萬善同歸”四字，碑身多有破損，部分字跡無法辨認。

[1] 李：應即咸豐八年署理秦州知州的李文凱。

[2] 槐蔭寺：位於社棠鎮槐蔭村，縣級文物保護單位。槐蔭寺現存廟宇爲清代建築，保存完好，寺内碑石匾聯遺存豐富。

社棠鎮西北有崇禎觀[1]，街鎮之主山也。士人皆名爲□□□，上有諸神廟，故名……山下即社棠鎮，大抵以山，南臨渭水，西跨牛頭河[2]，東踞百村河，三水合流，一山聳……理勢然也。

然龜，動物也，無以鎮之，則神靈□□□□去矣。故於山巔左前建三……文曲殿者，文以彰物也；右前建靈官殿者，□□□物也；後建藥王殿者，藥以□□□□□□菩薩□□□□取其化物也；中建東嶽殿者，嶽以鎮物也。□□□極殿，其殿高而且大，一□□□□也。或云□□□□，下有龜蛇，亦取其能以鎮物也。吾想古人□□□□，事必有寓意於中，非俗情淺見者得以善窺。□□□極者，壬癸之水星也。天乙生水，以水育龜，□□□□，宅斯幽冥之靈，宜其福蔭一鎮也必矣，從□□知古人所以建乎北□宫者，其寓意深而遠，其有門□□鎮之地脈也大且要。

然古人創之於前，必待數君子續之於後，□幾以美繼美，而善美不替矣。如北極殿者，遍閲匾文，蓋自乾隆二十三年重建之後，迄今百有餘歲，歷年多所風雨飄摇，墻崩棟拆，將有傾覆之患。張榮先、丁永録同衆首事人等，不忍坐視，因要諸同志，自出募化，同力同心，得佈施銀若干、化工若干。鎮之人踴躍樂施，庶民子來，不數日而告竣。及落成之日，籌算所費，尚多餘剩。因將錢□重修靈官殿、三霄殿、菩薩殿、韋馱殿、藥王殿、東西齋房，翻瓦補修。功德浩大，焕然一新，庶幾與創□於前者千古有同心焉。

夫斯而也，人心之同歟！抑神靈之感□□□者不必□功，當讓美於諸神之靈也可。惟願後之君子，百年之後若或有所傾廢，亦如乎今之諸□□有以成□於前人也夫，是所深望後人也夫。是爲序。

郡弟子鎮庠生張映甲沐手撰並丹書

住持朱教蓮，弟子周永□。石工張明訓

咸豐九年歲次己未冬十一月穀旦

[1] 崇禎觀：位於社棠鎮廟山，其地南臨渭水，西跨牛頭河，二水合流一山，地勢高峻，視野開闊，四周景物一覽無餘。按碑文，崇禎觀建於乾隆二十三年（1758），咸豐九年（1859）重修，現存建築爲近年修建。

[2] 牛頭河：古稱西江、東亭水、橋水等，起源於清水縣山門鎮牛頭山下蘆子灘，於麥積區社棠鎮注入渭河。

重修永慶寺[1]碑

【**題解**】碑現存麥積鎮永慶村永慶寺。清光緒元年（1875）立石。高120釐米，寬57釐米。仙步瀛撰並書。核桃木板刻制，呈長方形。木板表面損壞，部分文字已失。

從來山水之名也，固……興予後，則前功盡湮，雖名勝亦寂滅矣。茲寺也兮……連净土，山不大而翠微，林不深而茂鬱。故東柯之微區，亦扶輿之瑞應所在也。况羣峰拱抱，一水環流，柏妍松秀，徑曲林幽，詎非神靈攸止之墟乎？多歷年所，洞殿森然，闔社依以祈福，由來久矣。敢有傾圮而不修營者哉！雖然，創事者莫究其始，繼志者宜溯其源。

斯寺自乾隆壬午年[2]居民王恩錫倡首募化興工，各洞施彩，鑄鐘鑄磬，創修靈官殿，施捨祭田，誠有功於斯寺者也。遂閲歷數十餘年，至嘉慶己未[3]秋，洞壁傾頹，五彩暗淡，余曾祖諱乘酉施銀重新。至道光辛丑[4]歲，惟地藏洞壁泥凋落，余祖諱自宗與王金、張福泰等募化補葺。直至同治庚午[5]秋，則祖師洞與靈官殿侵損殆甚，余父琚督工募化，聊爲補葺。至佛洞、三官洞彩色脱落，而不及沐浴，鐘樓與道房瓦缺棧穿，而未之整飭者，因回氛未息[6]，勢難奢舉，余父常爲耿耿者耳！今於光緒建元[7]之春，與善信諸公言及修補，無不欣願。於是邀集闔鎮人等，各爲施銀，沐浴聖像，繪彩貼金。且增修拜廈，補葺洞門，殘者復振，舊者重新，鐘樓、道院皆爲修理。二月初旬興工，四月下浣告竣。則寺内焕然一新，庶神安而人亦安。

斯舉也，固踵事以增華，亦氣運之再新也。補偏救弊，繼往開來，則金碧可以垂久遠之光，彩繪不至仄前人之志云爾！

學生仙步瀛撰並書

---

[1] 永慶寺：又稱佛窯，位於麥積鎮永慶村北山。現寺院有無量洞、佛祖洞、三官洞等洞窟及普渡橋、觀音殿等建築。周圍翠柏掩映，紫丁飄香，風景宜人。

[2] 乾隆壬午年：清乾隆二十七年（1762）。

[3] 嘉慶己未：清嘉慶四年（1799）。

[4] 道光辛丑：清道光二十一年（1841）。

[5] 同治庚午：清同治九年（1870）。

[6] 回氛未息：指清同治元年（1862）爆發的回民反清起義，秦州各地波及。

[7] 光緒建元：清光緒元年（1875）。

鐵筆匠人任尚德，住持道人彭合真

大清光緒建元歲次乙亥夏五月穀旦

重建甘泉寺[1]募化施銀碑

【題解】現存甘泉鎮太平寺。清光緒二年（1876）立石。碑高140釐米，寬67釐米。白巖石質，碑圓額上書“光緒二年”，兩側扇形框内飾飛龍、雲紋。

秦偉一百廿兩、山貨行六十五兩、斗行五十二兩、通源當卅一兩二、隆順東卅兩、史登奎卅兩（以下衆多人名略）

以上共銀壹仟三百四拾二兩伍錢八分陸釐

重建九龍山碑記

【題解】碑現存中灘鎮渠劉村九龍山。清光緒二十一年（1895）立石。高120釐米，寬52釐米。劉登撰文，劉紀□書。圓額上書楷體“永遠流芳”4字。

九龍山[2]由來久矣。在渭之陽，面對伏羲卦臺，渭水下流石□水□。北有湫泉，即志所載渭水秋聲[3]也。自大明立，而劉氏居庶富而教起焉。萬曆二年初，建二帝宫、靈官廟、土地廟，厥後又建磨針洞、菩薩樓。廟之建於明紀者，夫固已有其規模矣。

我盛朝乾隆年，石□初開，富教益廣，又建聖母宫、龍王廟。嘉慶年又建歌舞臺，當代之建修又如斯也，豈意□道難言。至同治八年，回匪入境[4]，廟遭火燹，僅留土地、磨針、龍王三廟而已。遇者觸目俱□，矧吾黨能坐

[1] 甘泉寺：位於甘泉鎮玉蘭村，因寺内有一甘甜湧泉，故名。廟宇始建不詳，唐代稱太平寺，清代名爲甘泉寺。唐杜甫遊覽該寺時作有《太平寺泉眼》詩，有句“取供十方僧，香美勝牛乳”。乾隆《直隸秦州新志》卷2《山川》：“甘泉，東南六十里，平地湧泉。東流入永川，其水極盛，旱不竭，冬不凍土，人引以灌田，作寺覆其上，號甘泉寺。”光緒《秦州直隸州新志》卷2《地域》：“甘泉寺，在東南六十里。泉在寺中廈下，一名春曉泉。”

[2] 九龍山：位於中灘鎮西，隔渭河與卦臺山對峙，山勢雄偉。按碑文明萬曆二年（1574），山腳臺地上建有二帝宫、靈官及土地廟等。清乾隆、嘉慶、光緒年間均有重修和擴建，廟宇建築後遭毁壞，現於舊址新建有聖母殿。

[3] 渭水秋聲：自明代始，“渭水秋聲”即被列爲秦州十景之一。

[4] 回匪入境：指清同治元年（1862）爆發的陝甘回民反清起義。同治八年（1869），秦州北鄉九龍山廟宇遭亂兵焚毁。

視乎？

光緒元年，有桂五諸人，内外募化三載，而元帝宫、靈官廟、土地廟成。□年遂浸其事，延至九年，有例貢生耀宗毅然曰："前人之盛舉，何可廢也。"遂同耆老、後起諸人商議，與之同心協力，復遠近募化，歷十餘載。而祖師莫楹、聖母宫、菩薩樓、歌舞臺、僧房俱成。又築山下坎坷地，悉成坦平，上下栽柏樹以培風景。至磨針洞、龍王廟亦爲重建。□共費錢一千零四十餘串，工四千一百餘工。二十一年功竣。略記如終勒諸石云。

由石渠轉磨者每年一輪錢两串。

首事人劉耀宗、劉健貞、劉篤厚（後劉氏70餘人名略）

大清光緒二十一年歲次乙未四月吉日

郡庠生劉登撰文，庠生劉紀□

重建槐蔭寺碑記

【題解】碑現存社棠鎮槐蔭寺。清光緒二十七年（1901）立石。高175釐米，寬66釐米。張世英撰並書。白巖石質，碑圓額中飾壽字紋、两側刻有夔龍紋，下刻篆書"□勒茂實"4字，碑身四周施連續回文。

老虎溝之有槐蔭寺，一方福地也。屢經創建，俱有告竣功牌，而世遠年湮。有可考者，乾隆甲寅[1]庠生張公諱書紳、木鐸楊公諱瑅，二人同心合意，楊夫人周氏親操井臼，身主中饋，意甚殷勤，遂建立廟宇正殿三間。方民每歲報賽，設有會場。其時風調雨順，時和年豐者亦有年。但日月推遷，風雨剥蝕，廟宇不無頹壞。遂將現開草坡山地百垧齊入廟内，每年各莊花税同納典錢，所積財資除祭外，餘胥存廟中。遂議重建，復立正殿、獻殿以及朝房、樂樓，工程大而用力宏，不數年而焕然一新。畫棟雕梁儼然，美輪而美奂，丹楹刻桷，居然如矢而如跂。雖方民之衆力所成，而實方神之靈應有以致之耳。

光緒初，廟貌尚新，奈頻遭地震，殿宇脊獸損傷殆盡。廿五歲，商議興工。

[1] 乾隆甲寅：清乾隆五十九年（1794）。

因改獻殿作轉宫、中門爲排房，轉規模一闊，非復舊之鄙陋也。至於翻瓦補修，猶屬餘事。

特念人心不古，不惟不急神工，而反侵佔公地。咸豐初，有楊殿采於殿右修鋪面两間，樓一座，院一所，不與廟内納租典。厥後世亂年荒，不暇追究，故至今與人出當。又有宋吴代效尤成風，在彼院畔蓋案架一間，房栽柳樹两行，今樹雖未活，而地常爲糞場。追其地，具係廟内公業，两家侵吞大約半垧之譜。故必勒之石上者，俾後世人等常知界畔，則先人之勝德，不至終於湮没。是誠合社之本意，非專爲重建立石也。

因從而頌之曰：庶民於來修廟堂，祗爲感應鎮江王。宇貌巍峨千古跡，神功浩蕩遍八方。是爲序。

首事人劉耀清、侯衍瑞、孟好賢、劉福德、劉廷俊、張士衡、張永興、劉登第、侯德、張彦有、張思敬、張思鴻

木畫工侯肯堂、王仲權、傅作舟

瓦石匠袁師、張艾

龍飛光緒二十七年歲次辛丑秋八月穀旦，郡後生張世英[1]熏沐撰並書

潘集寨白衣菴[2]碑

【題解】碑現存馬跑泉鎮白衣菴。清光緒三十三年（1907）立石。高90釐米，寬46釐米。白巖石質，碑圓額上書“白衣菴”三字，两側飾波浪紋，碑身磨損嚴重，大部分字跡已無。

潘集寨之有白衣菴……沐敬神之……

歷世以……

户之……

首事人……

敕授修職郎候補□□訓導張□□撰並書

光緒三十三年孟夏上浣之吉，石工楊□□

[1] 張世英：此張世英非光緒六年（1880）中進士在陝西任官多年的著名教育家張世英。

[2] 白衣菴：位於馬跑泉鎮潘集寨村之南山麓臺地，縣級文物保護單位。廟宇始建不詳，清光緒年間有修繕碑文記載。現殿宇爲近年新建，院落依山而建，佈局嚴謹，殿宇莊嚴肅穆。

第六節　記事碑刻

草坡碑記

【題解】碑現存社棠鎮槐蔭寺。清乾隆二十七年（1762）立石。高 85 釐米，寬 49 釐米。白巖石質，圓額上書“草坡碑記” 4 字。

社棠鎮東□山東兒坪莊，有古荒坡壹所，東北直至狼牙莰坡止。自古以來迨至本朝，舊爲衆人牧養之地。不意於乾隆二十六年春，被人掘挖耕種，斷絶牲畜生路，殊覺可傷。因此劉喜春、李梅、張潛吉控告本州費大老爺[1]案下，憑書辦周哲、班頭將作謀講明，仍留爲衆人牧地。

東南具至北村河，西至張師稷地，北至王明地。四至分明，四面有地之人各守界畔，不得侵吞尺寸須至碑者。

保正鄉約侯應宰、潘便、劉元斌（後千餘人名略）

乾隆二十七年二月初三日立

公建仁明博、焦太老爺裁止木税德政碑

【題解】碑現存麥積鎮街亭村。清乾隆三十七年（1772）立石。高 120 釐米，寬 60 釐米。白巖石質，碑圓額上豎書篆文“萬古留芳” 4 字，兩側飾蛟龍、波浪紋，碑身四周飾回紋。碑文刻字呈歐體，書法精妙。

嘗聞古良吏，與民興一利，不如除一害。蓋利之流被也難周，而害之貽患也易遍。

如我街亭，古幽棲地。山環水繞，見賞達人。其崖叢鬱，非有徑寸之棟梁；其來往雜遝，非有通行之水路。僅饒薪炭之資，無當材木之用。近有漁利之徒，於乾隆三十一年間，鼠竊狗盜，假名行税，砌詞宥瀆，蟊賊窮詹。蒙藩憲海大老爺[2]飭諭，查得甘肅一省自來無税，張賢、楊法桂等何得假公濟私，登壟網利，木税之請停止不准。兹於乾隆三十六年間，復

[1] 費大老爺：指時任秦州知州的費清珍。

[2] 海大老爺：應即鄂海（？～1725），曾任陝西按察使、布政使等職。

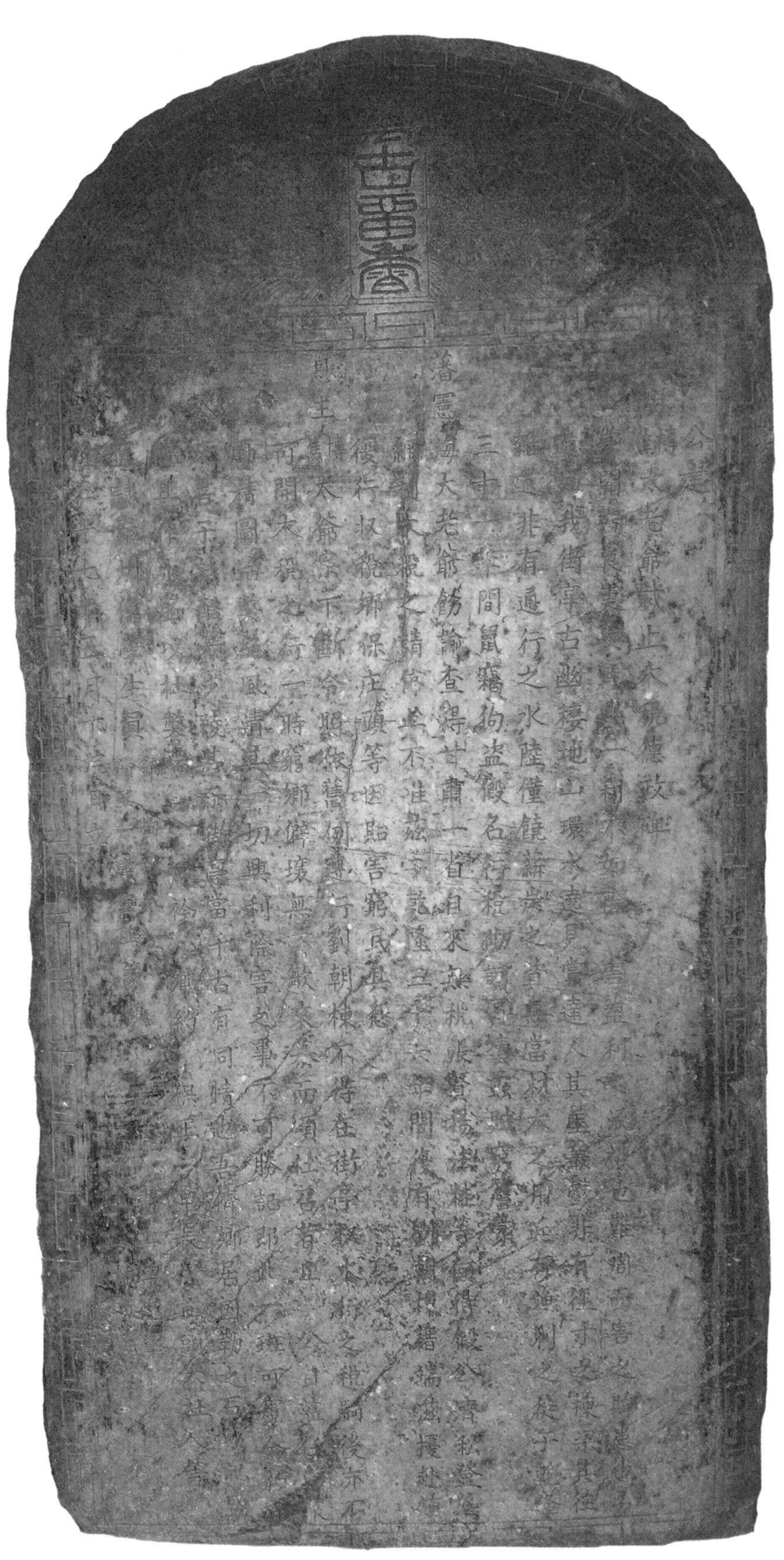

圖 2-9 公建仁明博、焦太老爺裁止木稅德政碑

有劉朝棟藉端滋擾，赴鎮復行收税，鄉保莊頭等因貽害窮民。具懇恩主博、焦太爺案[1]下，斷令照依舊例遵行，劉朝棟不得在街亭收木行之税，嗣後亦不可開木税之行。一時窮鄉僻壤無不歌來慕而頌杜召者。

且公自蒞任以來，勵精圖治，弊絶風清，其一切興利除害之事不可勝計，即此一斑，可窺全豹也。公又善於詩，酷慕少陵[2]，其於街亭，當千古有同情也。

吾儕鄉居，因勒之石以記盛德，且作永鑒，以杜弊端。紳衿、鄉約、保正、甲長、莊頭、六社人等。

直隸秦州儒學生員鄒恂撰文，何呈一書字並篆額

畫工梁忠宰。石工林可嘉、趙振憲

乾隆三十七年五月下浣日立

公修堡寨碑記

【**題解**】碑現存社棠鎮新堡村堡門。清嘉慶二十三年（1818）立石。高 123 釐米，寬 60 釐米。張明亭撰並書。圓額，上横刻“公修堡寨碑記”6 字，碑身有殘損，部分字跡不清。

今夫圖强□艱，功成説易者，人情大抵然也。鎮有老虎溝，距城五十里，而新堡子在其中焉。夫新堡子，古跡也。迨其後垣墉傾圮，□塄階級，居止數家，亦幾等於有亡。

不意嘉慶四年，賊匪竄入州境[3]，社之老幼强弱往來，時形其首竄山入，更恨無家梯，岌岌乎手足無措矣。有寨主張、孟、劉三公，挺身而出，亟欲辦理，但功程浩大，三人之勢力渺滄海之一栗。因約族孫錦旺，而錦旺

[1] 博、焦太爺：當即秦州知州博赫、焦爾厚。光緒《秦州直隸州新志》卷 10《職官下》“秦州知州”目：“博赫，蒙古鑲黄旗人。筆帖式。”“焦爾厚，章丘人。舉人。”

[2] 少陵：即杜甫（712 ~ 770）。杜，字子美，自號少陵野老。唐乾元二年（759）秋，杜甫流寓秦州時曾居街亭東柯谷。

[3] 賊匪竄入州境：清嘉慶四年（1799）四月，白蓮教楊開甲率起義軍由陝西轉戰進入秦州。在境内三岔廳（今麥積區三岔鄉），秦州南鄉天水里（今秦州區西南），北鄉三陽川，以及清水、秦安、甘谷、禮縣等地活動，義軍與民團、官兵發生多次激戰。嘉慶五年（1800）七月，在清兵的追剿下，白蓮教義軍經徽縣退走陝南。“賊匪竄入州境”指此。

亦欣然道從。自是不謀而合者，業有數人。夫一人之心千萬人之心也，縱有愚頑或不能通曉理□，未有不愛惜身家則見夬。散石基置，紛如繡錯。度之薨薨，既忘私以圖公；捄也陾陾，亦争先而恐後[1]。熙熙然父詔兄，勉□以成之矣。

是固集衆人之力以爲功，實賴三公倡於前，數人督於後也。不亦當時享其福，後世亦得其所哉！所慮者閱世生人，閲人成歲，人心之變□矣無常也。或以尺地，其有挾私意而存不容之見；或以王事，獨勞偏數庸而廢不均之争。絮短説長，甚至獄訟難免矣，不將所以謀福者反爲禍之弊端乎。所以合衆立石，使租座於人者，毋得即爾心以予奪；遇患思避者，難言功誰少而誰多。相友相助，無失先輩通力合作之意耳。

庠生張明亭撰並書

（後施錢與出工者六十餘人名略）

大清嘉慶二十三年歲次戊寅仲春月穀旦立

通禁條款碑

【題解】碑現存黨川鄉花廟村花廟嘴。清道光九年（1829）立石。高135釐米，寬55釐米。白巖石質，碑額書“永垂不朽”4字，碑身表面塗有墨色標語。

會首瓜流溝[2]田正明，山主薛得成。

竊聞古昔聖王南面而立，天下爲公，選賢與能，請信修睦。故人不獨親其親，不獨子其子，百姓以睦相守，士以信相友，道不拾遺，夜不閉户，乃大同之天下也。今大道既隱，天下爲家，各親其親，各子其子，貨力爲己。大人世及以爲禮，禮義以爲紀，正君臣，笃父子，睦兄弟，和夫婦，設制度，立田里，請信修讓，示民有常，亦可謂小康之世也[3]。何乃人心不古，玩法背教，父子以財爲親，弟兄以利爲重；交友與鄰，柔則茹之，剛則吐

[1]《詩經・大雅・綿》：“捄之陾陾，度之薨薨。”

[2] 瓜流溝：在今黨川鄉花廟村境内。

[3]“天下爲公……亦可謂小康之世也”等句，語出《禮記・禮運》。

之[1]；或諸利詐索，或誣控害民，或不業盜拐，或貪姦傷風，種種不法難以枚舉。

故有國學生王得萬[2]、承德郎黄文欽、監員李子禄、集頭孫昭，稟請父母官之恩示後。同闔衆民㖃議禁立碑。凡在禁者，柔亦不茹，剛亦不吐，不侮鰥寡，不畏强禦。如鄉間有事參商，必須鳴禁奪禮。左禁數條，望勿故蹈其轍，是爲序。

通禁條款：有事參商，不許偷告。藥材在地，不許偷挖。招場聚賭，哄騙鄉愚。窩招匪倭，故害良民。平地風波，詐詐善良。依材仗勢，武斷鄉曲。教唆詞訟，妄生事端。假差哄赫，移盜攀贓。刁姦釀禍，敗壞風化。不業懶惰，綹竊害民。

會首八角坪郝鳴鳳，韋家溝明應良，老羊溝田建文，西溝李浩，集莊劉興，廟溝吴永順，未峪溝金碧貴，黑山溝文光升

樂正當，樂正恒

撰書劉仁美，石匠安邦舉、李大臣

道光九年歲在己丑月屆仲春下浣四日東溝李子金、文臣櫃一方公立

嘗思賭博爲耗財之源碑

【題解】碑現存東岔鎮龍鳳村魚藏寺。清道光十年（1830）立石。高112釐米，寬55釐米。白巖石，質地細膩，圓額上飾壽字、龍鳳紋，中書“皇清”2字。碑題遭人破壞，因表面有磨損，部分文字暗淡不清。

朝廷之首禁，律有明條，法不姑寬，使民各安其業，無荒其職也。乃余村風積俗弊，種種懷惠之徒，更兼外來遊手匪棍，窩賭藏姦，甚至引誘良民，廢時失業，破産流離，深爲痛恨。

我闔社人等公議曰：“賭爲耗財之源，禍莫大焉，即禁之後，每逢諸聖神會，喪祭冠職等事，一即禁息。如有前項，不法賭棍仍踏前轍，仝所

[1]“柔則茹之，剛則吐之”句，語出《詩經·大雅·烝民》。

[2] 王得萬：其名爲王正福，字德萬、得萬，清太學生。原籍湖廣武昌府通山縣（今湖北咸寧市通山縣）。嘉慶初，遷至秦州三岔廳北路小溝（今麥積區三岔鄉和黨川鄉境内），創業置産，後富甲一方，當地人稱“王百萬”。生平見後墓誌。

禁條目衆公處。”我等又議曰：“賭可禁而諸弊宜可易矣，即秦隴買賣商家賀節，上至客户應糧，斗秤無規，大小不均。故請工琢石，上列所禁條目，不惟去害於斯，時而實有益於萬世也。”恃書碑記永垂千古，以爲恒禁云爾。張兆甲書。

一議賭違禁不尊者，罰戲一臺，錢六千文入廟使用。

一議□收公斗□糧，無論外來、本郡，□行出入，以此斗爲式，如犯者。

（後人名略）

道光十年歲次庚寅梅月合社人等公立

草場訴訟碑記

【題解】碑現存社棠鎮槐蔭寺。清道光十七年（1837）立石。高 90 釐米，寬 49 釐米。白巖石質，圓額，部分字跡不清。

原夫度地居民，即分土田，以□□□山澤，以牧芻才有草場。細項灣坡，距村二三里，實居民牧養之所也。細項灣坡東至大石溝，南至魏家五畝潘地，西至北村河，北至三盤頭草場坡，東北至狼牙茨坡，東南至北村河，西至張師稷地，南至王明地，勒之於石藏之。

方神廟迄今多歷年□矣，豪强兼併，以至變賣。徵之於碑，殘蝕其□而侵削者，猶踵跡不已焉。方人劉富春等目□心傷，不忍不稽，亦不敢遽稽，則有不得不稽者。聊就近年查勘，查得孟進元、魏寅、魏倉、劉等開挖草場，細項灣、鴉兒溝於道光年立約歸還，至昨年春，劉□儉與孟進元私相争噬，嗣被孟姓牽連劉富春等在案。於是衆怒勃起，通知鄉約張景江查明，鴉兒溝坡被劉某、孟某、劉瓜得、張廷雨等開挖，細項灣坡魏櫃書子開挖。

至於石溝東有細項灣坡，西有草□坡，北有狼牙茨坡，牧道故其□也。而草場坡腳地，原其始，自其父與其伯叔佃出，至今猶有能識其委原者。細項灣坡腳地始於嘉慶十八年，伊族孫劉振福之祖佃出，後二十年，其子以爲祖業吞噬，一時非無悉其情者，特不敢挫其鋒耳。及孟某對衆□誅，不惟伊侄劉富春不敢隱匿，即其兄亦任無糧無據，情願並鴉兒溝地與孟某等同立歸還約。詎至秋，背食前言，謝炳、楊逢泰等乃會集一方，公稟於州主沈大老爺[1]案下。蒙恩斷明，劉、孟所佔官荒，照舊歸還，毋得干瀆，具結完案。則自今以後，伊誰復貪併哉！然猶不能無慮也。憶昔乾隆二十六年有人開挖草場，劉喜春、李梅、張潛吉公控州主費大老爺[2]案下，乃具結歸還。喜春等憂慮後世之侵削，刻立碑記，何令之地界與昔之碑記大相謬戾，而又有今日之争訟哉！公議將劉某等歸還田地入於方神廟，一爲春秋祈□，二爲草山之界限，則草山處其中，公田衛其外。姦頑庶無侵削之漸，奕祀乃有世守之疆，牛羊既得牧養之休，方人亦絶争訟之患。而州主牧民之恩，誠推暨於不朽矣。是爲志。

大清道光十七年歲次丁酉春三月穀旦

公建仁明淡、邵老爺斷依舊草場德政碑

【題解】碑現存麥積鎮楊河村方神廟。清道光二十一年（1841）立石。高116釐米，寬59釐米。白巖石質，碑圓額竪書“永垂不朽”4字。

嘗聞草場者，牲畜牧芻之本也。我莊牲畜實繁，幸昔公有牧畜草山一處，名曰大龍王山[3]。其山坡東至楊、尹二家地畔，西至石門尹、楊、石三家地畔，北至王金地畔，四界分明，自古相傳，荒郊蔓草，四莊牧畜。

不意嘉慶二十四年，本方惡徒張勇開□□段。楊向榮等告，經恩主淡太老爺[4]案下，斥責張勇將所開地丟爲官荒，仍舊牧畜，具結完案。張勇父子又親與四莊民立永不開挖之約，自是二十餘年安恬無故。兹於道光二十年，張勇父子違斷復挖，反揑控□案。楊元等訴明，蒙恩主邵太老爺[5]十月内堂訊□確，仍責張勇將所開挖地依舊丟荒，具結存案。

及臘月間，有廩生尹東與民尹樂、王振□等人謀賴此草山有伊祖遺基，硬將官荒牧廠開挖種地，具詞懇請，願納膏火。二十一年二月内，楊秀林等復具懇恩案下，三月内審斷，仍今丟荒作牧，不准信人争墾。兹訟如違斷，

[1] 沈大老爺：此人當爲一沈姓秦州知州，“秦州志”失載。

[2] 費大老爺：即費廷珍，乾隆二十四年（1759）任秦州知州。

[3] 大龍王山：位於麥積鎮東，山巔建有三皇殿，内塑伏羲、神農、軒轅像。

[4] 淡太老爺：即秦州知州淡士濤。

[5] 邵太老爺：即秦州知州邵煜。

即指名公稟，嚴除弊端，吾儕因勒諸石，以志德政云。

鄉保石懷秋、劉勤，時撰文並書人楊支其，石匠凌發科。四莊民、街子鎮（後30餘人名略）

道光二十一年歲次辛丑冬十一月上浣穀旦立石

創修鐵鎖橋序

【**題解**】碑現存党川鄉石咀村龍珠寺。清道光二十四年（1844）立石。高120釐米，寬72釐米。灰巖石質，碑圓額書有“同結善緣”4字。

創修鐵鎖橋序，捐助姓名開列於後。

經環者，川原之途；舟楫者，江河之渡。而橋梁者，所以濟舟楫之不可及者也。是故造舟爲梁，以舟作橋，板橋人跡，以板作橋，石橋路滑，以石作橋。乃更有不能容乎舟，不能徒籍乎板，不盡賴乎石，而以鐵鎖爲之者。非矜奇而立異，非好大而喜功，誠以可大可小也。舟之難容，即堅且實，異於板之易壞；鍛練周内，異於石之易散也。

若此境有橋，由來久矣。而往往板紊旋傾數十年，無可如何者。今願效前人之制，而以鐵鎖爲之，以爲永遠之計。然而工程浩大，不仰望於鄰邑，何以補予不足；不祈求於四方，何以助予不給。因同心祝頌，募化折於矣人君子。君施其財，予竭其力，財力相濟，廣同向善之心耳！

功德主焦爾德、焦爾魁、馮樹喜（以下百餘功德人名略）

廩膳生員陳正身題

大清道光二十四年歲次甲辰孟月吉日立

秦州直隸州正堂親勘斷案碑記

【**題解**】現存甘泉鎮八槐村柳家河。清道光二十五年（1845）立石。碑高75釐米，寬38釐米。白巖石質，碑圓額豎刻“秦州直隸州”，右下書“正堂親勘”，左爲“斷案碑記”。碑面磨損嚴重，字跡模糊不清。

柳家河官灘至廟川[1]上下之間，相傳爲杜公遺跡[2]，雖

年遠無□而且……

□衆據前□□□□恩斷一人倡首□□矣歲

……此地……

……並補票不□分毫

具結以決其……宜然而是……

……具斷也如不……恩斷不傳而祥端且復祠

青天蕭大老爺[3]恩斷□□□□不朽云合莊五十三人等

道光二十五年三月十三日

三岔廳曉諭查拿賊匪碑

【題解】碑現存東岔鎮大溝村神仙洞。清道光二十八年（1848）立石。高 150 釐米，寬 72 釐米。青巖石質，碑圓額刻“萬古不朽”4 字。碑石苔跡斑駁，大部分字跡漫漶不清。

特受秦州直隸州軍糧監令總捕分防三岔廳二級記録五次黄□□案曉諭：查拿賊匪□□□□□□□。鄉約方得□、王起□。

□□□全□州查明□人首士□□□並□□□官莊向保，三岔西領附遊，周圍路□西至秦州，東□鳳寶西安等處接界，屢□混□□□不□屢被賊人□□是□遭剪路，便是□□偷竊。非稟出示嚴禁，□的鄉約□□□外稽查理，合稟明□□□等情據□，除既往不咎外，合及嚴示曉諭鄉保。

禁□各處居人等知悉，□屆□□□□易是□□□□有無籍遊民串通，無恥之輩，呼朋引誘，設場聚賭，招賊窩匪，老幼莫辨。男婦不必□合毋姦，希圖漁利，仰或結党成衆，假妝吃食下□便估訛要，否則依强擄掠，亦或引□□□串賊。善民或遇紅白壽事，稍不遂意，不是掀翻掠搶，便是

[1] 廟川：應即柳家河沿河川地，此地因有紀念杜甫祠宇——東柯草堂，故地稱“廟川”。

[2] 杜公遺跡：應指柳家河東柯草堂。杜甫寓居秦州時，曾在東柯谷暫居，北宋時始建草堂，歷代均有建修，明清時列秦州十景之一。元代文學家陸友《研北雜志》：“杜子美舊居，在秦州東柯谷，今爲寺山，下有大木，至今呼爲子美樹。”

[3] 蕭大老爺：即道光時在任的秦州知州蕭國本。

□損□□，示禁以後，大□□□停止。恩濟爾等設立聯名十甲，飭諭各莊□□□□巡更日同稽查盤詰可疑之人，問明招主，方准佳劄。如有招□竊賊，及不知來稟之□許□□佑相投，如賄□瞻徇情弊，查出□□賄弊定將鄉保團頭□□□親者，一并照律究辦，□不姑容，各實凜遵勿違，特示。

爲遵严示除姦匪，日奉國法以安民。

團頭罗恩荣、周登鼇（後 30 餘人名略），鄉約黄恩隆，書録字人潘勝芳

大清道光二十八年十二日黄示严禁

立出償助地土蔬引碑記

【題解】碑現存利橋鄉大雄山碧雲寺。清咸豐三年（1853）立石。高 85 釐米，寬 45 釐米。青色石質，圓形碑首繪有草葉花枝圖案。

聞之太上立德，其次立名。是知名之不朽，無非德之所致者也。

因我先祖趙世英、趙世廣，自萬曆七年四月初六日，心發慈悲，所賒到大雄山[1]地土壹段，約有二十餘垧。東至陰山大蓋堎爲界，南至皮梁爲界，西至水泉直過大石頭背爲界，北至殿后大柳樹爲界，四至分明。

此地先年所有文契未建碑記，今趙四房人等，趙三陽、趙三剛又賒大柳樹公地貳垧。又有趙三才私地四垧，賣於大雄山，價貳十七仟文。公議刊石，永垂後世不朽云耳。

咸豐三年十月十六日

禁伐祖塋樹木碑

【題解】現存元龍鎮桑渠村。清咸豐十年（1860）立石。高 120 釐米，寬 60 釐米。青巖石質，碑陽額書“觸目警心”，碑陰書“振立户事”，碑身四周飾草葉花卉紋。

桑渠莊族長仝五分族人等爲護祖塋柏樹，於是立之禁，而刻之石，而因爲之序。

[1] 大雄山：位於利橋鄉西北，山勢雄偉，山坳建有碧雲寺。

蓋凡祖宗之所培植，皆子孫所宜愛護者也，而況樹木之出於祖塋者哉。夫祖塋之有樹木，事祖靈之所托，以庇蔭也，事豈可肆伐無忌者。不意近年來，竟有將祖塋樹木貪夜竊伐者。嗚呼！是祖塋也而懷許以往乎？祖塋之樹木也，而竊取以濟其私乎？是可忍，孰不可忍，是可不禁又將誰禁？爰是，有族長者不得已而出焉，聚五分人約數條法，苟如此類，皆有嚴禁，凡所嚴禁，俱刻於石。蓋欲使肆行不義者，觸目而警心，戒惡以從善，亦未始非風借之一助云。

一論偷伐墳樹，係同宗者，即仝房親重楚，如不受者，墮河如外姓人。每塋樹罰錢五千文，立逐莊外。且内有折枝掃葉、放牛者，罰錢五百文。

一論偷剪人家果樹者，罰錢三千文。

一論夜間竊人田禾，偷折棉花者，即仝鄉保、族人重楚。

一論放縱牛羊踐踏冬根者，每一頭罰錢二百文。

一論莊間若出賊子，無論同異姓，一經查明，即行公衆逐出，不許入鄉。

一論開場聚賭者，罰錢五千文，好博者罰錢两串文。

一論嗜酒行兇、混罵宗族者，罰柳棍一佰。

一論總族長不到者，罰錢五百文。衆族長不到者，罰錢三百。

大清咸豐十年歲次庚申春三月公立石

碑陰文：

桑渠莊公議族長人名開列於後：

五分總族長楊兆慶、楊可禮、楊登第、楊永倉、楊爲棟、楊文海、楊本德、楊名成。

衆族長楊春厚、楊春鑫、楊春績、楊體正、楊進忠、楊效先、楊清修、楊元、楊回生（後 27 人名略）。

一因本户官料偷過，官業失迷，仝衆議定，將官料斗數，並官業地名四至開列於後。官料三斗四升。野豬坪官地，東至秦嶺，南至秦嶺，西至白熊溝梁，北至白熊溝門下爲界。石窯溝官地，東至白熊溝大梁，南至秦嶺上，西至楊可川秦嶺地，北至河底可川地爲界。三丈溝官地，東至高梁，南至可倉地，西至高梁，北至亂石窯爲界。紅石窯官地，東至楊純二子地，南至梁，西至高梁，北至楊得善地爲界。吉家河官地，東至朱鳳元，南至大梁，西至水渠，北至朱家爲界。

住持胡永順

欽加運同銜署秦州直隸州正堂敬軒彭老公祖大人批示採買驛草定規碑文

【題解】碑現存麥積鎮街亭村文廟。清同治十一年（1872）立石。高118釐米，寬62釐米。白巖石質，碑圓額上中刻有“秦州直隸州印”方形篆印，两側飾有飛龍、雲紋。碑右下部斷裂散佚，爲便於解讀，以每行爲單位每行一自然段著録。

驛草病民久矣。軍興以來，流弊滋甚。我州正堂敬軒彭老公祖大人[1]軫念民瘼，下車數月，諸凡積弊裁汰幾盡。既而查□驛草……

供給陋規、錢糧諸弊，即傳四鄉紳耆，齊集里民局妥議稔知。約差互相爲姦，其弊……

不當，一者由斤數舊無定額，故束數苦無成規。因具稟，變束爲斤，每束以壹拾貳……

驛草，秦州西路共壹萬貳仟伍百束，酌定爲壹拾伍萬斤。蒙恩批示，查驛草……

折價繳官一條據稟，春秋二季共採壹拾伍萬斤，足備一年之需，每斤准給錢一……

轂車隨時給價，不准承差及號書、馬夫從中勒扣，着爲定章，其於廳草所需……

草除照驛草辦理可也，等因奉此。公赴……

州右，併合林老爺議妥，廳裏各項街子鎮満年折錢壹拾串文，屆□交清，

[1] 彭老公祖大人：即秦州知州彭光藻。光緒《秦州直隸州新志》卷12《名宦下》：“彭光藻，字敬軒，湖南武陵貢生。强直敢爲，供應兵差嚴整有法紀，將弁莫敢喧索……備諸耗費餘弊皆劃絶，胥吏一不得染指。廳斷明敏，姦猾莫能欺，人謂數十年未有也。”老公祖，明清時期對地方長官的尊稱。

永不增長，因備述原委，以垂不朽云。兵房票兒錢每一斤一文，草差使費錢每三斤一文，廳草使費錢貳佰文，公議每□派錢貳百文，定冬□□交清，堂草、廳草並鄉約梆錢一應在，自今永爲定規。

街社東街□束，□□□□八束，東□里八束，豆腐料二束，西街二十一束，焦家磨□束，王家碾八束，中莊里三束，楊凸莊七束，峽門上三束，神雨溝十二束，黄家小山七束，東社莫家莊五束，□家莊十二束，温家下莊二十八束，温家上莊十束，武家莊四束，袁家山一束，焦家山九束，樹林子四束，新莊□五束，馮家大灣三束，王家莊子二束，黄家山十五束，趙家窯三束，安房下三束，斬斷山一束，南社到回溝□十一束，陳家山二十一束，劉家坪二十一束，賈家溝二十一束，董家灣二十一束，北社北街二十五束，□里子八束，賈家溝七束，窩佗里四束，莫家莊四束，王家鴉火五束，劉家渠十一束，下寨子十一束，□□□□□□十三束，徐家灣十二束，柳家坪十二束，賈家莊十二束，段家坪二束，南坪上二束，張家窯二束，□□□□□楊家灣七束，李家堡一束，北坪上五束，柳家河十二束，賀旗寨八束，劉家溝五束，曹南家山十束，前杜□□□□束，苟家山六束，窯灣里二束，毛旗寨二十七束，何家上莊十二束，吴家寺三十二束，何南家山三束，窯莊堡子八束，□家窯二束，史家 □□□□□二束。

大清同治十一年歲次壬申夏五月穀旦合□六社紳耆鄉約公立

建立兑換合通碑記

【題解】碑現存社棠鎮槐蔭寺。清光緒二十七年（1901）立石。高150釐米，寬69釐米。白巖石質，碑圓額中飾壽字紋，兩側爲夔龍紋，下書篆文“勒石刻貞”四字，碑身四周施連續波浪紋。

立寫兑换草坡、建立墳塋合通。又范張八旗社内人侯法度、劉守業、楊宗義，鄉約楊望、劉正江、劉克俊、劉克儉、魏子梁、魏永、楊逢泰等，因張丕承弟兄建立新塋，置席懇請，選擇社内槐蔭寺龍王廟斜尖里草坡公地爲塋。

社内通同公議，截去草坡西南角地七分五釐，兑於張丕承弟兄建立新塋。以五分地爲塋宅，以塋外西面式分五釐地取土培墓。兑到張丕承弟兄架圈地壹段，實有两垧。東至楊峪，南至張偉三，西至雷成有，北至官路爲界，地内東北角有墓一塜除外。兑在廟中，會内耕種爲業，每年戲會添作公用。兑地不兑糧，仍舊各納各糧。

此係社内人等通同公議，一兑一定，永無葛藤。如兑後社内有人滋事者，有侯、劉、楊、魏等承當，不於張丕承弟兄相干。恐後無憑，立此永遠，兑單爲憑。

嘉慶二十二年六月二十二日立約，代書人楊義亭

社内人劉富春、馮超、楊錫寶、劉眷三、魏傑、侯興望

張户内人張錦旺、張偉三、張得衆、張爾俊、張友師、張鳳池

廚工趙福，住持謝具財

大清光緒二十七年辛丑穀旦廟内公具

天水縣東鄉[1]勸募渭河船費[2]序

【題解】碑現存社棠鎮鎮政府。民國七年（1918）立石。高170釐米，寬74釐米。白巖石質，碑圓額上書“社棠鎮”3字。

渭水之有船隻久矣，補修之費年必派收，擾累殊甚。世俊[3]竊欲籌集的款，爲一勞永逸之舉，於民國元年據情稟請，蒙盧公祖[4]批准在案，因合吾鄉三十六地方，勸募錢若干。未及集成，適值康公嗣緍[5]繼任，破壞一切，而此款亦受影響，所募之數除補修新舊船外，亦剩寥寥無幾，盡歸東泉學校，蓋幾幾乎事敗垂成矣。

六年三月，重申前請，復蒙張濟洪公祖批准，始募錢壹仟壹佰壹拾壹

[1] 天水縣東鄉：民國二年（1913），廢秦州置天水縣（今天水市麥積區、秦州區轄境），治今天水市秦州區。東鄉，即縣城東部地域的鄉村。

[2] 渭河船費：民國之前，今麥積區境内渭河上没有橋梁，南北两岸民衆往來以渡船交通。而渡船維修費用大都向两岸民衆攤派，是之謂“渭河船費”。

[3] 世俊：即潘世俊，字萃千，麥積區馬跑泉潘集寨人。民國元年（1912），當選天水縣臨時議會議員。曾任天水縣東鄉總紳，天水縣銀糧經徵局總辦。

[4] 盧公祖：即盧應麟，甘肅皋蘭縣人，民國元年（1912）任秦州知州。次年秦州改置天水縣。

[5] 康公嗣緍：即康嗣緍，甘肅海原縣人，繼盧應麟任秦州知州。

串伍佰，合俊捐錢捌串伍佰，共計錢壹仟壹佰貳拾緡，悉發本鄉當商生息，以作常年經費。遂於南北两岸立石，用志始末，並刊録抄由批如左，以垂不朽云。

特獎四等嘉禾章存記道尹署天水縣知事張[1]批。

據稟，該紳擬在東鄉各處，勸募渭河船費錢壹仟餘串，發商生息，以爲常年補修經費，等情以悉，尚屬可行。從此可除每年派收之款，以免擾累鄉民，公私两有裨益，應准照辦。除另委李尚財、李福壽等襄辦此事外，即如來懇備案，以垂久遠。切切。抄由批發。

右批東鄉總紳潘世俊准此

中華民國六年三月二十一日

玉皇廟二十五串文、十五里二十串文、二十里三十五串文、二十五里四十串文、花牛寨三十串文、三十里二十五串文。

横河峪三十五串文、馬江峪二十五串文、大江峪四十串文、馬蓮二三十五串文、白石前三十串文、白石後三十串文。

甘泉寺八十串文、新軍一三十串文、新軍二三十五串文、新軍三二十五串文、街子鎮七十五串文、口頭寨四十串文。

毛峪河四十五串文、伯陽南三十串文、伯陽北三十串文、五龍三十串文、圓嘴頭六十串文、隴東山四十串文。

草川鋪二十五串文、新添鋪五串五佰文、勺泉鋪五串文、南家鋪二十串文、豐旺山一十串文、安樂峽一十五串文。

柴家坪二十五串文、北道十六串文、花南埠一十五串文、新興里二十五串文、馬跑泉九十串文、潘文藻[2]八串五佰文。

中華民國七年歲次戊午一月穀旦，潘世俊

協辦李作楫、張秉鈞、李琦、汝攀桂、高恒泰、李尚財、高攀桂、李尚志、傅順義、高樹蘭、高振甲、李保全、傅耀宗、高得魁、高興堂、高定鼎

[1] 張：指上文提及的張濟洪，即張紹烈，安徽合肥人。曾任渭川道尹兼天水縣知事。

[2] 潘文藻（1878 ~ 1952）：潘世俊子，字士息，清光緒年秀才。民國七年（1918）和十年（1921），两次當選甘肅省議會議員。曾任天水縣東鄉總紳、天水縣銀糧經徵局總辦。

鄉約張兆達、李俊選、傅順有立石

甘肅天水縣三岔公安局局長楊公政績碑

【**題解**】現存三岔鄉城隍廟。碑高136釐米，寬64釐米。民國二十一年（1932）立石。青褐色石質，圓額。陽額上飾有飛龍，碑身兩則刻有瓶插花卉圖案。陰額上有一橢圓，内刻一半身頭像，其形象較爲模糊，約爲孫中山像。兩側配有斜插旗幟，左爲中華民國國旗，右爲國民黨黨旗，下書“碑陰”2字。碑身磨損嚴重，表面粗糙不平，部分字跡不清。

甘肅天水縣三岔公安局[1]局長志楊公德政碑

中華民國二十一年歲次壬申秋八月

碑陰文：

甘肅天水縣三岔公安局局長楊公政績碑

竊思流弊，每生於積漸，而剔除端賴夫賢宰。我岔當清末季，軍事崛起，政令苛煩，而其最甚者，莫若銀糧一項。爲官者或因俸與事而加一二，爲吏者或巧立名目而取毫末，層疊剥求，誠難枚舉，掩弊相承，無從問津。嗟我蒸民，直覺滄海茫茫，難望越石再見之日矣。

逮壬申歲，陝西□□楊公任職斯□，洞察積弊，實心整頓，以解民憂。即會同各界，召集全區村長副暨各甲里長，□□□會議，查地舊原額糧肆百零肆石柒升捌合捌勺，每石規定徵收洋捌元壹角柒分，總計徵□〔洋〕□叁千叁百壹圓叁角叁分。除每年解縣府上下兩忙，正銀本色每石以五圓柒分，合計洋貳千□四□〔十〕玖圓壹角壹分，所餘洋壹千貳百伍拾貳圓貳角貳分，係每石浮加洋叁圓壹角，應支局□辦□及科書紙筆等費。

[1] 三岔公安局：民國二年（1913）裁撤三岔廳，設立三岔員警分所。民國十八年（1929），員警分所改組公安分局，維持地方治安，又兼理民事。民國《天水縣志》卷4《民政志》：“三岔員警分所，民國二年設立，兼理民事。置第一、第二兩科，巡官一員，警士三十名。餉制錢一百零八串，由縣府支取。十四年後，縣政府將此項警餉停止發給。李所長得田召集村長，討論警士應需糧秣，由民衆負擔。至十八年，因警士辦糧不善，地方多受煩擾，姚縣長展將員警分所改組爲公安分局，規定官佐、兵夫三十四名。所有前支糧秣、柴草以及雜費，全行豁免，每月由第六區區公所籌收警餉銀二百六十八元，仍歸民衆負擔。而公安分局警士春、秋兩季單、棉軍衣，臨時亦由區公所籌畫，按照繳費多寡，分攤各村辦理。今因之。”

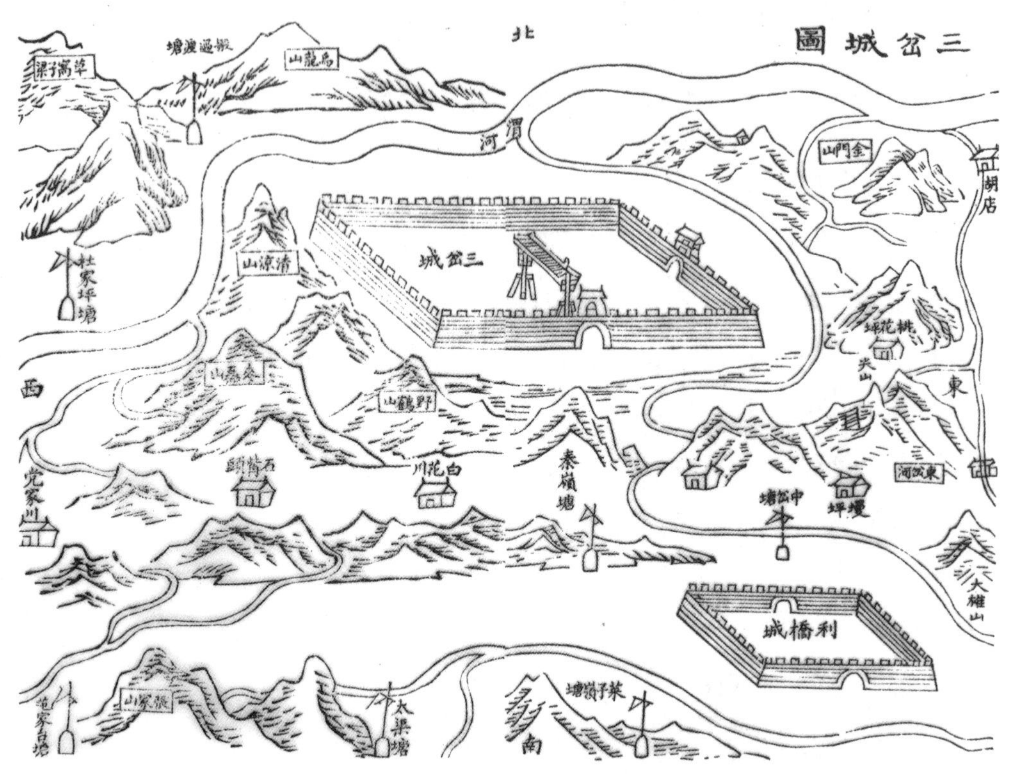

圖 2-10 光緒《秦州直隸州新志》所附三岔城圖

以上各節均由局長提議，呈明縣府。旋奉縣長第四六七號指令：“内開查□□，爲國家正供，除正額之外，不准擅加分毫。來呈所附議案，竟長收洋壹仟貳百餘圓之多，其□糧□名等項均明定，陋規層層剥削，弊實從生。兹據前情，抑將此種議案刻日取消，所有一切陋規均應剔除净盡，勿再巧立名目，添增民累，此令。”等因奉此。

公民等感荷楊公關心民瘼，積弊悉除之恩。當兹滄桑多變，檔案難憑，鏤碑刻銘，俾免貪官污吏復萌表裏爲姦之謀，覬覦增加之心□□□□而杜將來故，特表而出之，勒諸貞石，以垂不朽云爾。是爲記。

區長高仰之，監理魏長林，校長趙貴，監修周德，監修吕奇；村長苟緒、賈海山、吴明德，村長徐瑞麟、黄德萬、湋培長、楊成榮，村長羅焕章、馮萼，里長郭全德、李榮，里長閆熙、閆順、趙瑩、楊發運、閆兆福、王占吉、王炳仝立石。閆克□敬書。

陝西岐山縣石工于伯英鎸

第七節 墓碑墓誌

吕瑞墓誌銘[1]

【題解】墓誌出土於光緒二十二年。文著録於民國《天水縣志》卷 13《藝文志》。録文前注曰："碑在北鄉豐盛川坪頭砦山神廟。"又，《天水縣志》卷 1《地輿志・陵墓》：'隋大將軍吕端（瑞）墓在縣城東北十里豐盛川坪頭砦莊東原王姓地内，光緒二十二年重修山神廟掘土得，有墓誌銘，誌石今存。"又，民國《天水小志・古物》："吕瑞墓誌銘，在北鄉豐盛川坪頭砦山神廟，隋開皇八年立石，清光緒二十二年出土。"[2] 張維《隴右金石録》按語："此誌舊志不録，天水新修縣志始搜録及之，誌前題'大隋車騎大將軍左金紫光禄都督左八軍屬民復襄如二縣令襄州鹿門縣開國男吕公之墓誌'。惟未見拓本，恐有誤字。吕氏爲天水豪望，婁樓光隆，承家開國見於金石者，君延碑有吕雲，建崇寺碑有吕興成、興進。此誌文字無闕，尤可珍也。"

公諱瑞，字蓮生，秦州天水人也。周太師吕望之胄裔焉，因官食菜，居於秦隴，樹德依仁，世踵名教。祖强鄉，本郡功曹。考龍，本州西曹。惟公承積善之基，履賢能之德，夙著風神，早茂鋒穎。

大統十三年，任柱國河内公府水曹參軍，既美襟期，方申體國。魏後二年，轉柱國綏德公府兵曹，以申弼諧之寄。周元年，轉廿四軍判事，實仗維良之舉。二年後，從晉國公討雒陽，以先登力戰，授車骑將軍、左金紫光禄都督，封襄州鹿門縣開國男，邑三百户。便聞井野之恩，遂重河山之賦。天和二年，授左八軍府屬，方楙寵靈，日致旌賞。建德二年，任信州民復縣令，布政以仁，字氓惟道。開皇元年，任隆州襄如縣令，東澤滂通，

[1] 據民國《天水縣志》卷 13《藝文志》，本碑全稱爲：大隋車騎大將軍左金紫光禄都督左八軍屬民復襄如二縣令襄州鹿門縣開國男吕公之墓誌。

[2] 張維《隴右金石録》引民國《天水縣志》言："吕瑞墓誌銘，在縣東北十里豐盛川坪頭砦山神廟。光緒二十二年掘土得之，石今存。"這並非《天水縣志》原文，而是對《天水縣志》《天水小志》相關説明的綜合轉引。

仁聲載治，曾未輔仁，行悲怛化。春秋七十有二，奄見薨殞。以開皇八年歲次戊申十一月丙寅朔七日壬申，遂葬於伯陽縣界蘭渠鄉三陽里[1]。遺塵易永，泉穴方幽，匪寄鐫題，孰傳無朽。敢陳德行，乃爲銘曰：

□嶽其昌，祚啓於姜。三齊建國，四復賓王。得榮得姓，度隴爲鄉。篤生夫子，玉振金葙。登官受□，莅事含章。惟德之美，何年不長。崐峰委玉，桂畹隤芳。百年無幾，千秋未央。

宋故秦州隴城縣保甲指揮使張君墓銘並序

【題解】墓誌現存觀存甘泉鎮文化站，爲 1982 年甘泉村農民在村後朱家坪取土時掘出者。北宋元豐六年（1083）刻石。長、寬均爲 30 釐米，正方形，磚質。廣文館進士京兆王安民撰文。

廣文館進士京兆王安民撰

男子生而有立也，笑彈一缶以起，死而不伸也，難志死泉之悲。嗚呼！死而不伸，昔豈非張君之謂歟？君諱世期，字逢辰，其先西秦人也。張氏自前凉武公開國河西，因有河南地，遂置秦州，厥後子孫離散爲隴秦人。曾祖仁燦，祖文貴，父雅慶，皆力耕持生，守節不仕。

君幼攻文翰，俊而不羣，長喜彎弓躍馬之技，因以通《李靖兵法》《李廣射訣》，時稱首絶。嘗曰："大丈夫果逢時遇主，一旦安邊禦寇，進封侯伯。"素有其志，不幸天與其才，不與其命。至元豐啟手足於白石[2]私第。及元豐六年八月十一日，與叔彭年列葬於董城[3]之野。君娶卜氏，生一女，曰美美，以爲之嗣。斯可悲也已！銘曰：

生而有才，死而立義。譙國之孫，清河之子。幼習詩書，長攻弧矢。秀而不實，遂至已矣。時經後代，陵遷谷徙。蹤跡長存，收此銘記。

---

[1] 墓誌"伯陽縣界蘭渠鄉三陽里"一語，涉及縣鄉里三級行政設置，其中"三陽"名稱猶存，古今同名。天水秦州、麥積兩區渭河两岸，南北朝而下是氐族聚居區，州志稱"臨渭氐跡"。而吕瑞所葬正是當時的氐族聚居區内，吕姓又是氐族大姓，可大致斷定吕瑞是氐族。

[2] 白石：今甘泉鎮尚有白石村，疑即墓主張世期家居地。

[3] 董城：由墓誌出土地看，北宋之董城無疑就是今永川河谷的甘泉鎮。

元符地券磚銘

【題解】1985年伯陽鎮南集村北宋墓出土，現藏麥積區博物館。北宋元符三年（1100）刻磚。長30釐米，寬19.5釐米。完整。呈長方形，券文陰刻豎寫，回文形式，上塗朱砂，部分字跡模糊。

元符三年庚辰

地券[1]文狀。玆於秦州界隴城縣第二保[2]，□氏婦人泣啼於千陌，向此地山上買得墓田。此所化墓銀錢九萬九千貫文，足分付与天神、地神。四至如後者：東至青龍，西至白虎，南至朱雀，北至玄武，□（上）至蒼天，下至黄泉。□人張堅固，知見人李定度，書契人石功曹[3]。買地人非上天，賣地人入黄泉一居，已後永不得侵夺亡人墓室，□□□□奉敕。

隆興地券磚銘

【題解】地券現藏麥積區博物館。南宋隆興二年（1164）刻磚。長29釐米，寬29釐米。完整。磚呈正方形，券文陰刻回文書寫。

維大宋國於南瞻成州[4]界，天水縣[5]東柯社[6]第三保人户苟青生，乃合附化歸，置路正西南上買到墓一所，四角周全。謹用銀錢九萬九千九百九十九貫文，足其錢分付與界判，陸至已定。上至蒼天，下至黄泉；東至青龍，西至白虎，南至朱雀，北至玄武。來往人東翁、西王母，知見人石公曹付□，書契人張翁古。於隆興二年歲次甲申二月十七日，奉申境香。

---

[1] 地券：亦稱冥契、墓券等，是作爲死者領有陰間土地的憑據，通常附有道教的制鬼符篆，券文刻寫於木、磚、石等硬物上，以便於墓中久存。地券源於西漢，盛於東漢，唐宋以降，傳佈於大江南北。

[2] 第二保：按墓券出土地，在今伯陽鎮一帶。保，即宋時的保甲制，爲鄉、村基層的户籍行政組織。

[3] □人張堅固，知見人李定度，書契人石功曹均是北方墓券中常見的冥間神人，是墓地成交中的當事人。

[4] 成州：治今隴南市成縣，北宋屬秦鳳路，南宋屬利州路。《宋史》卷40《地理三》：“成州，中下，同谷郡。縣二：同谷，栗亭。”

[5] 天水縣：五代後唐長興三年（932）置，屬秦州，故址在今天水市秦州區天水鎮。《太平寰宇記》：“天水縣，西七十里，古縣也……後唐長興三年於縣南置縣治。”北宋時，天水縣屬秦州，宋金議和後屬成州。南宋嘉定元年（1208）升天水縣爲天水軍，轄天水一縣。軍、縣治地均在今秦州區天水鎮。

[6] 東柯社：今麥積區東柯河流域一帶。

朱汝四墓誌銘

【題解】 現藏麥積區博物館。明弘治十二年（1499）刻石。長 51 釐米，寬 39 釐米。青色石質，呈長方形，部分字跡不清。

處士朱公，諱汝四，字文陽，秦州衛[1]中所百户劉勝下人。考諱二，隱居未仕，母柴氏。處士生於永樂十六年八月十二日，賦質雅肴，敦行孝第，勤儉治家，義方教子。宗族患難，無不恤塈；鄉疃閭里，咸爲珍重。若朱公亦可謂高出人一頭地者。

伊婦永樂二十二年六月二十六日生，善親舅姑，無過夫子，足以可全乎婦道。夫享年七十九歲，婦榮壽七旬四載，深疾順正。夫先弘治十年五月初五日終，惜乎！嚴霜夏葬，伊婦又凋落於弘治十一年十二月二十九日。弘治十二年十一月十有六日，合葬於永川鄉乾澗峪[2]東山左豐里許爲塋。娶郡耆高氏之次女，生一子名曰宗泰，操履端肅，正大存心，仁義禮智，每躬行於日用，本分忠信，此實踐於當行。三年之間哀慕慟切，衣衾棺槨崇尚樸素，□窔絲盡堅致久遠，信誠克全乎大事。敬戒感發我同，然人道始終之大，變時亨亦□得之其焉，仁人之孝子夫奚不宜。生女三，長曰梅英，適本百户小旗夏彪，次曰官女，適本百户總旗史虎，又次曰四姐，適秦州秦亭[3]里長安才世。孫男一，名曰朱惟光，字廷炫，尚幼，志學儒業，年力可待。孫女四，一曰金貴，適劉伯□；二曰玉貴，適本百户人吴效；三曰銀貴，適本所黄百户下人胡鏜；四曰福貴，已成本所總旗弟儒生周良質，各侍年宗國。

嗚呼！一孫四女皆子妻毛氏之所出也，一門之盛何豐偉如之。誠孝感格，子有素茂，嗣厥隆於明時，誠所謂不以天下儉其親者矣。後必有具者，將以移孝以忠其君，於大成之日，未始不張本於今日之孝親者以肇之也。此古之人所以求忠臣必於孝子之門。於是耆英屈氏孟曰“仲義從善”，仲

---

[1] 秦州衛：明洪武四年（1371）置秦州守禦千户所，十五年升爲秦州衛。

[2] 永川鄉乾澗峪：永川鄉，按墓誌在今麥積區永川河流域一帶。乾澗峪，即今麥積區甘江河流域，清代稱甘澗峪。乾隆《直隸秦州新志》卷 2《山川》載：“甘澗峪，東南西十里，水東流入永川。”

[3] 秦亭：按墓誌記述地點，在麥積區永川河流域，今馬跑泉至甘泉鎮範圍。乾隆《直隸秦州新志》卷 2《山川》：“秦亭，東南五十里，即秦始封地，又名董亭。”

曰“仲信誠善”，季曰“仲孝明善”。蓋兼有萌德而隱者也。因謁予，敬爲朱氏子董其事以請志。遂故銘之曰：瞻彼西山兮，萬世永峙。涉此泉水兮，千載恒流。景仰夫人之德兮，拱水山而同垂不朽。

時弘治十二年歲次戊午冬十有一月長至前之一日

秦州儒學廩膳生員范氏接武撰

大明故處士朱公墓誌銘

【題解】現存麥積區博物館。明正德九年（1514）刻石。墓誌長57釐米，寬55釐米。方形黑石，部分字跡不清。墓誌蓋刻“大明故處士朱公之墓”。

郡學生劉如雲撰文

郡學生劉如岐書丹

公姓朱氏，諱宗泰，字時亨，秦州衛處士。正德九年七月五日，就正寢以歸。子廩膳生惟光卜於十二月八日將大葬於東山[1]先塋之次。葬不容無銘，子惟光[2]持狀請余以銘，余與惟光對林友也。乃公爲人，尚有聞其説，亦當即之更如所聞。余不顧工拙，徒曰未能，及按其狀。

公先長安人也，隨高祖於洪武初從戎，於□成秦，而後遂秦人焉。父諱泗[3]，字文陽，隱德不仕，母高氏。公質篤厚，有雅量，騷由儒，從名人而好讀書，書撰亦能成文。因行無人，是故不仕，而就養焉。事親孝，猶能盡三年喪，宜於家，信於發，友於兄弟，愔居村落，有古人高尚樂志之風。與人居，初不啟利謀，亦不修崖岸。鄉人有鳴兮請平，而人亦孚其德。有飲會，宜而與之亦不失己。無事輒危坐，以耕讀，以教家人，鞤靈凡百之際，率多不苟，時名宦士大夫無不敬重而愛慕之。抵今語曰：“朱公其人也，固不有既壽且康者哉！奈之何偶致微恙。”子惟光將欲從俗請禱，公曰：“我命在天，禱容能免乎？”惟光遂如命循。而疾益深，乃語諸惟光，曰：“我病矣，病之□竟不能復起，汝母在堂，汝勤事之，汝姊妹在行，

[1] 東山：按前《朱汝四墓誌銘》，在今麥積區甘江河流域以東之地。

[2] 惟光：乾隆《直隸秦州新志》卷8《選舉》“秦州貢士”目：“朱惟光，陳州訓導。”

[3] 和前《朱汝四墓誌銘》之“朱汝四”係同一人。

汝友愛之。讀書，汝分内事也，自期可大者以慰我心於地下，汝慎勿忽諸。噫！”言之既，遂吞聲矣。於戲！

公嫡配毛氏，仲趙氏，咸有淑德，俱出名門。生子一，即惟光，科第有待，取謝氏。女五，長適劉伯川，次適吴效，次適胡鍾，次適郡人郭進士季男元慎；皆毛出。次許張氏，未歸，趙出。孫男三：應周、濟周、希周；孫女一，尚幼。公生於景泰癸酉[1]六月二十一日，距終享壽六十有二。噫！正宜永年，仰何奪之速也。願九泉茫茫，或揆今日之若斯，宜爲銘也。銘曰：公之多賢兮後日休，公之多中兮後無咎，公之德兮山之南，公之風兮水之東。九泉之深，百歲之馨人不眠。

胡公吴氏合葬墓碑

【題解】碑現存馬跑泉鎮胡王村胡氏家廟。清康熙五十五年（1716）立石。高 100 釐米，寬 66 釐米。白巖石質，上部殘。

濟[2]，字福海，胡氏□世祖也。敕奉政大夫户部雲南清吏司郎中憲大夫山西按察司兵備副□〔使〕。宜人加贈太恭人。胡公、吴氏合葬。

清康熙丙申年[3]三月十五日，元孫恒升[4]，來孫志寅[5]等。

胡來縉神道碑

【題解】碑現存馬跑泉鎮胡王村胡氏家廟。清康熙五十五年(1716)立石。高 130 釐米,寬 75 釐米。青灰石質,碑額上部殘,碑身兩側飾有花卉草葉紋。

崇禎戊寅年[6]十二月十五日立

[1] 景泰癸酉：明代宗景泰四年（1453）。

[2] 胡濟：明代秦州東鄉（今麥積區馬跑泉鎮）人。曾任户部雲南清吏司郎、山西按察司兵備道副使。民國《天水縣志》卷 1《地輿志》：“明户部郎中胡濟墓，在縣城東三十五里馬跑泉十字坪。”

[3] 康熙丙申年：清康熙五十五年（1716）。

[4] 恒升：胡恒升，字九如，清代秦州人，明太常寺少卿胡忻之孫。好施樂善，以孝義聞名鄉里。乾隆《直隸秦州新志》有傳。

[5] 志寅：胡志寅，字書成，清代秦州人，明太常寺少卿胡忻之曾孫。孝友善施，曾盡其糧米救濟饑民，爲人稱頌。

[6] 崇禎戊寅年：明崇禎十一年（1638）。

明中宪大夫山西按察司副使整飭雁平道崇祀鄉賢東泉胡公[1]神道碑

大清康熙丙申年三月初十日，曾孫恒升，元孫志寅重□〔立〕

胡來縉王氏合葬墓碑

【題解】碑現存馬跑泉鎮胡王村胡氏家廟。清康熙五十五年（1716）立。高160釐米，寬75釐米。青灰石質，碑額上部殘，左右刻有龍紋，中爲篆書“皇明”2字，碑身兩側飾有花卉草葉紋。

崇禎戊寅年十二月十五日安厝

誥授中憲大夫山西按察司副使整飭雁平道崇祀鄉賢東泉胡公暨原配誥贈恭人王氏合葬之墓

清康熙丙申年三月初十日，曾孫恒升，元孫志□、志寅、志宸，來孫端、壽、燕、萬立

胡忻神道碑

【題解】現存馬跑泉鎮胡王村胡氏家廟。清康熙五十五年（1716）立石。碑高130釐米，寬78釐米。青灰石質，碑上部殘，碑身兩側飾有花卉草葉紋。

崇禎戊寅年十二月十五日立

賜進士授中憲大夫太常寺少卿前禮科都給事中崇祀鄉賢慕東胡公[2]神道

清康熙丙申年三月初十日，孫恒升，曾孫志寅重□〔立〕

敕封武德將軍應泉吴公神道碑

【題解】碑現存花牛鎮渭峽村吴家祠堂。清雍正七年（1729）立石。

[1] 胡公：胡來縉，字仲章，號東泉，明代秦州東鄉（今天水市麥積區馬跑泉鎮）人。嘉靖三十七年（1558）舉人。曾任大興知縣、户部郎中、山西按察司副使、雁平兵備道。乾隆《直隸秦州新志》卷2《山川》：“胡副使墓、胡太常墓，東三十五里蟠龍山。”民國《天水縣志》卷1《地輿志》：“明山西按察司副使胡來縉墓，在縣城東三十五里馬跑泉十字坪。”

[2] 慕東胡公：即胡忻，字慕東。光緒《秦州直隸州新志》卷2《地域》：“明按察司副使胡來縉、太常寺少卿胡忻墓，在盤龍山麓。”民國《天水縣志》卷1《地輿志》：“明進士太常寺卿胡忻墓，在縣城東三十五里馬跑泉十字坪。”

高 160 釐米，寬 74 釐米。圓額上中書“大清”2 字，兩側刻有海浪、飛龍圖案。

龍飛雍正七年歲次己酉春三月穀旦

大清敕封武德將軍應泉吴公[1]神道

孫湖廣辰州協右營守備記録一次德光[2]立石

敕授武德將軍吴公諱德光墓碑

【題解】現存花牛鎮渭峽村吴家祠堂。清乾隆十五年（1750）立石。碑高 155 釐米，寬 72 釐米。圓額上中書“大清”2 字，兩側刻有飛龍圖案。

龍飛乾隆十五年歲次庚午春三月吉旦

敕授武德將軍吴公諱德光[3]墓

男志廣、志勇，孫肇、紹、繼伯、癸卯，曾孫吉慶、二慶立石

皇清登仕郎田翁何老先生碑記

【題解】碑現存麥積鎮街亭村。清嘉慶十六年（1811）立石。高 107 釐米，寬 51 釐米。白巖石質，碑圓額飾二龍戲珠圖案，碑身多處損壞，部分字跡不清。碑文中“何老先生”與前《重修崇福寺碑記碑》中“功德主何皓”爲同一人。

公諱皓，字田菴，其先代守職所承，世隸天水，固望祖也。父映川公，因經理貴□，移居街鎮[4]。公父端方正直，慷慨樂施，□之人□□恩懷德。因公舉紳正□，秉資英效，賦性詳知，少習詩書，長通律例，於乾隆

[1] 應泉吴公：吴應泉，清代秦州東鄉（今麥積區花牛鎮峽口村）人，湖廣辰州守備吴德光祖父。

[2] 德光：即吴德光，清代秦州人。少年時因家貧，至陝西富平投軍，後立有軍功。康熙六十一年（1722）議敘軍功記録一次，封武德將軍，任湖廣辰州（今湖南懷化市沅陵縣）協右營守備。

[3] 天水飛機場西北原稱“高橋”的地方原立有三通吴氏墓碑，即吴應泉神道碑、吴文義神道碑、吴德光墓碑。20 世紀 80 年代，因擴建飛機場，吴文義神道碑被砸碎，倖存的吴應泉神道碑和吴德光墓碑由渭峽大隊搬遷至村中，現保存於吴氏家祠。吴氏後人現居花牛鎮渭峽村，另有一支遷至甘泉鎮李家山村。渭峽村吴氏家祠中保存有二通墓碑，李家山村藏有康熙六十一年（1722）聖旨三道和四幅先祖畫像。敕封吴德光的聖旨今佚，只存敕封吴應泉、張氏和吴文義、陳氏的兩道詔書。

[4] 街鎮：即街子鎮，今麥積鎮街亭村。

四十三年參理□□天府，准以□九品□選。公爲親……遠長修德，勸行移風易俗，□□□於庭□，樹芳塑於里閭，固己不出，□而成敬矣。□□□父子相繼積功懷仁數十餘年。映川公暨公母周太孺人先後俱逝，公爲十美……街鎮遠巡，今……年有餘……結者久而其所□□者深也。

是時……兆升、兆文……勤謹公務，祖武是□，公仍就楊自持照志述□，凡映川公將未成……而且重義，理財□遠宜邇其□里……嘉慶四年……焚掠闔[1]……公之□曰……吉人……而敦善不追，視其建神祠……廢舉墜，凡所成立……之子孫後嗣計哉。近因本□□寺舊有釋道寶殿三楹，代遠年久，風雨剥蝕，□□傾圮。公目覩心惻，持會社人，合街募化，又捐施己資，鳩工庀材，時年六月初五日大功告竣。而公竟一疾不起，溘然而逝，時春秋六旬有四。

公元配張孺人早逝。生男二，兆升其長，兆文其次也。其□配□孺人，名門淑媛，頗通書理，猶能和□凡課孫曹書行看□……

本郡儒學生員軍功議敘正六品□□□吴發南頓首拜撰並書

男何兆升、何兆文，孫丙曙、金曙、赤曙刻石

大清嘉慶十六年歲次辛未冬十一月穀旦

翰林院編修吴君蜀江墓誌銘

【題解】墓誌道光十一年（1831）刻石。文載任其昌《敦素堂文集》卷4，《中國西北文獻叢書》第171册，蘭州古籍書店，1990年，第121～122頁；又載民國《秦州直隸州新志續編》卷6《藝文》。秦州任其昌撰。

君諱西川，字蜀江，號楳龍，秦州人。世居北鄉之卦臺山[2]。曾王父諱壯南，封朝議大夫。王父諱廷榮，誥贈朝議大夫，晉封通奉大夫。父諱鵬圖，山西長子縣縣丞，晉封通奉大夫。君即貳尹公之第三子也。幼聰慧，不好兒戲事。七歲，貳尹公命作杏花詩，即能成章。九歲應童子試，十八

[1]“嘉慶四年……焚掠闔”：嘉慶四年（1799）白蓮教義軍進入秦州境内活動。按前《重修崇福寺碑記碑》所述，街子鎮曾受到侵擾和搶掠，房屋被焚燒。

[2] 吴西川的出生地在今麥積區卦臺山下的吴家莊。

入州學。踰冠，補博士弟子員。嗣丁貳尹公憂，服未闋，母夫人亦棄養，破産營葬事，結廬渭曲，足不履城市者數年。辛酉[1]，得拔貢生，朝考未見用。歸，值軍興，爲州縣掌書記，後入貲爲内閣中書。庚午，捷順天鄉試，踰歲捷南宫，改庶吉士[2]。甲戌[3]，散館，授編修。乙亥[4]，卒於京寓。

吾鄉先達少爲詩古文者，君未冠已獨肆力於此，明粹婉妙多可傳。自家中落，食粗糲，無戚戚態，且不與富貴人往來。居京師，退直之餘，不出庭户。然用能文善書[5]，人遂多知之者。及入翰林，文名播京師，廉謹退讓，一如其曩時。而不意其竟至於斯也。嗚呼，痛哉！人生不必皆才，才矣，未敢妄意於富貴勛名，惟是埋頭項筆硯間，此亦豈爲非分事者？而猶湮閼摧敗，即食貧居賤之歲月，亦不使多享。天耶？人耶？其謂之何哉？其謂之何哉？

君以道光辛卯[6]生，得年才四十有五。妻劉氏，子二。寶瑀，翰林院待詔，其第五弟渭川子君以爲嗣。寶璐，側室劉氏出。今年九月十八日將葬君，君弟來請銘，銘曰：

麟鳳伏谷，德以臧兮。有其振之，是用彰兮。曷罻曷羅，札焉傷兮。大閟終世，嗟彼蒼兮。

王季平墓碑

【題解】墓誌道光二十五年（1845）刻石。文載民國《秦州直隸州新志續編》卷6《藝文》，署盧綸撰文。據光緒《秦州直隸州新志》卷15《人物》王尚概本傳，“長安隱士盧輪爲銘其墓焉”，則墓碑之撰者爲盧輪。

世有以不己偶者，謂爲奇人；不己同者，謂爲異人；不己投者，謂爲怪人。

---

[1] 辛酉：清咸豐十一年（1861）。

[2] 庚午：清同治九年（1870）。吴西川同治十年得中進士，名次爲二甲第九名，是明清兩代秦州進士名次最高者。

[3] 甲戌：清同治十三年（1874）。

[4] 乙亥：清光緒元年（1875）。

[5] 吴西川（1831 ~ 1875），書法超逸，詩文俱佳，著《沁芳吟館文稿》《沁芳吟館詩草》《沁芳吟館外草》《偶一吟草》《雪鴻小草》等。

[6] 道光辛卯：清道光十一年（1831）。

且有以特識者，爲好奇之人；遠見者，爲好異之人；卓論者，爲好怪之人。胡不察其實行，而顧以爲出此奇想，發此異議，作此怪狀也哉？如甘肅秦州副貢生王先生，諱尚概，字季平，號羲川，或謂其爲奇人歟？或謂其爲異人歟？甚或謂其爲怪人歟？

道光癸酉[1]秋闈來陝，一遇先生講學數日，其天性篤厚，不薄倫常，尚矣。至於《五經》《四書》，均有確證確解，舉所著作，真發前人之所未發，道今人之所不能道，殆有志聖賢，爲窮經儒[2]也。本非奇非異非怪，而竟云奇云異云怪，以是知江河之汪洋，對以椒腹而鮮不爲詫；山嶽之聳峻，入於芥眼而鮮不爲驚。每憶先生相與談經，相與談心，可謂斯時之切磋。交何不幸，先生於甲辰[3]五月一疾作古，享年止五十有二。

有子久熼，不憚雲山千里，請文於余。自愧非不朽之筆，焉能傳不朽之人？第情關道義，若不能不明辯夫奇異怪之諄諄，究可以不待辯乎，奇異怪之嘵嘵。四海之遥，九州島之廣，豈無明察監於來茲。

皇清例授武德騎尉壬戌科進士對廷李公墓表

【題解】碑現存社棠鎮下曲村。清咸豐四年（1854）立石。高110釐米，寬56釐米。楊守愚撰文，張映甲書丹。花崗巖石質，圓額，陽額上飾龍紋，中豎書“皇清例授”4字，碑身兩邊通飾波浪紋。陰額上書“丑山未向”4字。

武德騎尉壬戌進士[4]對翁顯考府君之墓

大清咸豐四年歲次甲寅四月穀旦

男李鳳翔，孫廷琛、廷壁，曾孫潤下勒石

碑陰文：

皇清例授武德騎尉壬戌科進士對廷李公[5]墓表

[1] 道光癸酉：道光没有癸酉年，“道光癸酉”疑“續志”之誤。據光緒《秦州直隸州新志》卷15《人物》，王尚概參加的是“丁酉鄉試”，即清道光十八年（1838）。

[2] 王尚概爲秦州大儒，著有《大易貫解》《春秋貫解》《十三經管見》等解經著作。

[3] 甲辰：清道光二十五年（1845）。

[4] 壬戌：清嘉慶七年（1802）。據《大清仁宗睿皇帝實録》載，壬戌科武進士“陝甘取中五名”秦州李殿魁爲其中之一。

[5] 對廷李公：即李殿魁，字對廷，秦州東鄉石嶺寺人。清嘉慶三年（1798）武舉人，七年（1802）

公諱殿魁，字對廷，世居州東鄉石嶺寺[1]。曾祖正庵公，公祖廉亭公，父文臺公。黛耦傳家，謀耕耘於百畝；琅函教子，勤絃誦於三餘。考隴西之譜系，僉曰舊家；指渭北之田□，皆稱望族。公生而穎異，長更岐嶷。童試冠軍，人驚馬射；鄉闈獲雋，宴赴鷹揚。聽三殿之臚傳，旋登甲榜；成芊生之偉業，猶是丁年。斯固光耀門閭，榮增鄉里者矣。

若夫調甘旨於高堂，孝徵懷橘；吹塤篪於同室，讓比分梨。家駒譽重於苻堅，畫虎誡嚴於馬氏。田荆永茂，合賡棠棣之詩；姜被常温，誰云脊鴒之句。其孝友有如此者。至於經營家務，宵旰勤劬。瞻蒲望杏，辭冀缺之耕；戴月披星，慣入范蠡之市。籌冠昏喪祭之需，事皆盡善；兼子弟父兄之任，口不言勞。雖曰席先人之業，食德因以服疇；實乃殫半世之精，守成難於創始。其勤家有如此者。他如情深桑梓，誼重解推。值饑饉之薦臻，睹室家之相棄。金散朱提，時焚孟嘗之券；粟分黄茂，笑指魯肅之囷。登山者不至呼庚，懸磬者乃無鬻子。斯文有無相濟，慷慨好施，固不僅篤親誼而重蔦蘿，念交遊而盟笠者矣。

嗚呼！温公一逝，婦孺含悲；叔子云忘，鄉閭衆杵。今聞於生前，芳型未遠，善貽謀於身後，稚範堪愚。公生於乾隆四十三年十月初五日亥時，卒於咸豐四年三月初七日亥時，享壽七旬有七。德配張宜人，先公卒。生男一，鳳翔，戊子科武舉[2]。孫男二，長廷琛、次廷璧，俱業儒。曾孫一，潤下。卜吉本年四月二十九日酉時，安厝於白草窪周坡凸之新阡丑山未向[3]。

壬子科舉人眷姻晚生楊守愚[4]頓首拜撰

儒學優庠生内愚姪張映甲頓首拜書丹

咸豐四年歲次甲寅夏四月穀旦

武進士。光緒《秦州直隸州新志》卷6《選舉三》“秦州武舉”目：“嘉慶戊午科，李殿魁。”又“秦州武進士”目：“嘉慶己未科，李殿魁。”據墓誌，李殿魁中武進士爲嘉慶壬戌科，光緒州志“嘉慶己未科”當爲誤記。

[1] 東鄉石嶺寺：今社棠鎮石嶺寺村。社棠鎮地處州城之東，故清代及民國時期稱東鄉。

[2] 李鳳翔，清道光八年（1828）武舉。

[3] 丑山未向：坐東北偏北，向西南偏南方向。民國《天水縣志》卷1《地輿志》：“清進士兵部候銓守府李殿魁墓，在縣城東五十里渭河北社棠鎮高家坪。”

[4] 楊守愚：清代秦州人，咸豐二年（1852）壬子科舉人。曾任大通縣（今青海西寧市大通縣）教諭。

顯考太學生王公諱正福字德萬待贈府君大人墓誌

【題解】碑現存黨川鄉花廟村。清咸豐六年（1856）立石。高190釐米，寬79釐米。灰巖石質，碑圓額上書“皇清”2字，周圍飾有飛龍、雲紋圖案，雕刻精美。

且夫人有所生之地，即有所仙之地，亦必有所卒之地者也，自古帝王未嘗不然矣。

兒父原籍湖廣武昌府通山縣[1]二都，幼隨祖考妣老大人至漢南洋邑花園壩務農，糊口究非仁里，復擇甘省兩邑[2]北路小溝，創業置産，家道建隆。祖父母仙遊，以禮殯葬，及諸伯叔死亦然，父於子道盡矣。迨道光八年，又置秦州吴砦花廟子渭耳溝口[3]建廈居住。兒父一生經營勞苦，無非爲子孫計也，父道亦盡矣。

父生兒弟兄六人，長列國學，五登鄉試；孫世欽、世鑒並列膠庠，子孫榮盛，是皆祖與父之積功累仁所致也。不料咸豐三年長兄亡故，兒父幾於喪明。四年六月，偶遭腫疾，在父自以爲康强，在兒皆以爲寒心。嗚呼！竟於九月以此而終也。

茲於六年，謹卜新塋於廟川安厝，係乾山巽向[4]，父與兒於是而永訣焉。故歷敘其德行，鐫之於石碑，後之子孫庶幾知所由來焉。是爲序。

孝男立統、立純、立緒、立紋

胞姪立維、立綬、立紳

承重孫世欽、世錩、世鈺、世鑒、世鉀、世銀、世鋕、世鍇、世鎬

孝孫世錦、世鐸、世鎧、世鈴、世銓、世錡、世鎧、世鐘

---

[1] 通山縣：宋乾德二年（964）始置，清康熙三年（1664）屬武昌府。今爲湖北咸寧市通山縣。

[2] 甘省两邑：即甘肅两當縣。王氏族人現在依然有居住两當者。

[3] 花廟子渭耳溝口：今黨川鄉花廟村。王德萬遷居“秦州吴砦花廟”今麥積區黨川鄉花廟村後開山採金，發家致富，人稱“王百萬”。咸豐二年（1852），由王德萬出資，沿花廟河建有廟宇12座，廟前各造石旗杆一對。石旗杆由基座、杆身、吊斗三部分組成，高約6米，吊斗上都刻有“天地同流、射光文斗、永保山川”等祈福讚頌之語。現存四對8根，其中兩對完好，在下街村者刻文“大清咸豐歲次壬子冬十月”。

[4] 乾山巽向：坐正西北，向正東南方向。

胞姪孫世鏡、世鈞、世亮、世員，堂姪孫：世録、世鋒、世釗
曾孫茂清、茂淋、茂源、茂濱、茂江、茂淮、茂河、茂漢
咸豐六年歲次丙辰仲春中浣立石

楊顯柏功德碑

【題解】碑現存黨川鄉花廟村花廟嘴。清咸豐七年（1857）立石。高145釐米，寬79釐米。青巖石質，碑額書“永垂不朽”4字，背身風化磨損嚴重，後部分字跡不清。

嘗聞統四端而無完善者，捐資施捨亦德之基矣，無如世道之人心叵測，往往不齊。爲惡禍者濟濟，作福善者寥寥。善財難捨，由不知作善，降之百祥故耳。揄知善德頻多，世人之修途不一。或捐資補修庵觀寺院，施捨銀錢，招留住持常住，供養神聖，抑或有修橋補路。

此今我里中楊君，諱顯柏，字洪順，自四川以到秦地。苦積良辦二十餘年，家頗殷實。財累千金，萬善喜爲，每念花廟子關帝廟常住輕薄。咸豐四年十月旬中，將金一百二十兩，在東溝口置買郝宗貴地一段、水磨一洞、瓦屋三間，隨帶糧五合，悉捐入關帝廟以作常住，便屢年廟中列聖像位前四季慶賀，以及演戲、焚獻香表費用之資。又於先年同諸君承首培補關帝廟，素像穿金，彩畫樂樓，連年經營，功務一言難盡。悉以廟中功完告竣，廊宇堂皇，甚效他廟之巍巍。是見諸公善願了然，共沾神像之降鑒，弗奕□□善事，亦有功德□神聖矣。

迄今楊君雖歿，善事若不表揚，斯人之德□□□□□香□□□□人之扢嗟歎，又何喻□□□人作春秋褒貶之……請匠力石砧碑一，表揚楊君之捐資善行，惟……

咸豐七年季春月上浣，同□鄉會街士衆人等

恩師苟老真人老大人道教墓碑

【題解】碑現存東岔鎮金龍山東崖。清光緒十五年（1889）立石。碑首高 37 釐米，寬 55 釐米。碑身高 128 釐米，寬 55 釐米。青褐色石質，圓額上書有“皇清”2 字。長方形碑身，兩側飾有花卉草葉紋，碑首與碑身榫卯相接。

墓誌特受宏道妙戒真人恩師苟，係四川省保寧府閬中縣[1]人氏，今在甘肅省直隸秦州分防三岔廳所屬第五堡五龍山[2]出家。生於丙寅年[3]五月二十八日巳時，仙壽七旬有三，終於光緒四年正月初十日，羽化而超升矣。龍門洞蔣道派[4]，從龍門正宗第一十四代。

石工羅正貴造。後學王炯書。受業門徒石本安、蔣合晝、李合林募化（後榮明玉等功德人名略）

光緒十五年三月清明吉日穀旦

清賜進士出身誥授榮禄大夫花翎二品銜福建延建邵道贊卿武公墓誌銘

【題解】墓誌分别刻於四塊長方形石上。其一塊存麥積區博物館，長 62 釐米，寬 32 釐米。石色墨黑，質地細膩。二、三塊散佚，傳有拓片存世。其四於 2009 年在秦州區天水鎮中心小學出土，時殘斷爲二。民國六年（1917）刻石。全文閻虎林《清風無痕》（中國文史出版社，2012 年）有著録。

清賜進士出身誥授榮禄大夫花翎二品銜福建延建邵道[5]贊卿武公[6]墓誌銘

會稽顧家相[7]撰文

[1] 保寧府閬中縣：清保寧府轄閬中等七縣二州。閬中縣治今閬中市保寧鎮。

[2] 第五堡五龍山：今東岔鎮金龍山一帶。清光緒年屬三岔廳轄域。按墓誌，金龍山在清代時稱“五龍山”。

[3] 丙寅年：清嘉慶十一年（1806）。

[4] 龍門洞：古稱靈仙巖，位於陝甘交界之地隴縣西北的景福山麓，是道教龍門派聖地。

[5] 延建邵道：康熙九年（1670）置，領延平、建寧、邵武府。治延平府（今福建南平市延平區）。

[6] 贊卿武公：即武頌揚（1846 ~ 1916），贊卿其字也，清代秦州南鄉（今天水市秦州區天水鎮）人。光緒六年（1880）進士。光緒八年（1882）任臺灣鳳山知縣，後改恒春知縣，福建寧化知縣，延建邵道員等職。

[7] 顧家相（1853 ~ 1917）：字輔卿，浙江會稽（今浙江紹興市）人。光緒二年（1876）進士。清末

南海許國琮[1]書丹

藍田閻培棠[2]篆蓋

曾祖諱安邦，妣氏王。祖諱典，妣氏楊、萬。考諱登瀛，州增生，妣氏汪、劉、徐。均以公貴，贈資政大夫，妣皆夫人；晉贈榮禄大夫，妣皆一品夫人。中國山川，首在隴蜀；鍾毓之厚，挺生賢哲。通經致用，興學牖民；聲教所被，洋溢海外。有清之季如武公者，蓋不數觀焉。

公諱頌揚，字贊卿，甘肅省直隸秦州人也。少長劬學，文詞華贍。遭亂[3]停試，不獲登進，乃講求經世之務，保衛閭里。光緒己卯[4]，始舉於鄉。庚辰[5]，聯捷成進士，授知縣，分福建。時朝廷方經畫臺灣，岑襄勤公[6]秉節東渡。公贊理帷幄，諫行言聽，平反庶獄，僚采協恭。初攝鳳山[7]令，處脂不潤，杜絶苞苴，舉直錯枉，政平訟理。先是夷築教堂[8]，愚民掠其材木，釀爲獄訟，歷任莫决。公捕治剽悍，罰當其罪，開誠布公，夷酋悦服。大吏重公廉能，使董鹾事，疏銷積滯，爲疾用舒。

臺隸版圖垂二百年，山林猶未盡闢，新設縣治名曰“恒春”[9]，俾公

史學家、金石學家。曾任江西萍鄉、廣昌知縣等職。

[1] 許國琮：廣東南海人。民國元年（1912）任寶雞縣知事。

[2] 閻培棠 (1864 ~ 1942)：字甘園，藍田（今陝西藍田縣）人。清光緒二十九年（1903）副貢。書畫家，多有作品傳世。

[3] 遭亂：指清同治年間爆發的西北回民起義，戰亂波及西北各省。

[4] 光緒己卯：清光緒五年（1879）。

[5] 庚辰：清光緒六年（1880）。

[6] 岑襄勤公：即岑毓英（1829 ~ 1889），字顏卿，號匡國，廣西西林人，清末大臣。光緒七年（1881）岑毓英調補福建巡撫，九月東渡臺灣，視察港口關防，了解各縣民情。

[7] 鳳山：即鳳山縣。清康熙二十二年（1683），施琅收復臺灣。二十三年（1684）置鳳山縣，治設興隆莊（今高雄市左營區），後遷埤頭街（今高雄市鳳山區），隸屬於福建省臺灣府。光緒二十一年（1895）臺灣割屬日本，鳳山縣併入日設臺南縣。

[8] 夷築教堂：清同治五年（1866），英國傳教士在臺灣打鼓城外（今高雄）建立教堂，强行傳教，激起公憤。七年（1868）春，又在鳳山縣埤頭城建教堂。四月，當地民衆焚毁英國教堂，七月，民衆再次拆毁修復後的英國教堂。十一月，英國公使阿禮國以“臺灣教案”爲藉口，派軍艦炮擊臺灣安平。後清政府對外屈服，允許英國人在臺灣内地自由貿易、旅行、居住、傳教，並賠償損失，革職查辦地方官員等。

[9] 恒春：清光緒元年（1875），折分鳳山縣率芒溪以南之地置恒春縣，治恒春鎮（今臺灣屏東縣東南），屬臺灣府。光緒十三年改屬臺南府。光緒二十一年臺灣割屬日本，恒春縣改稱恒春支廳。

宰之。公披荆斬棘，成聚成都[1]。普設義孰，漢番日化；比户弦歌，海濱鄒魯。官補寧化[2]，循例内調。寧化處萬山中，與江西錯壤，公一以治鳳山、恒春者治之。蒞官九載，□道化成，人文蔚起，清譽所播，達於鄰境。嗣以時事孔棘，徵斂日繁，公不忍瘠民以奉外人，引疾解組。而臺評輿論咸欲留公，公謂州縣已不可爲，遂由同知援例晉道員，待次閩垣。漳泉[3]大水，頻歲洊饑。公博濟爲懷，饑溺由己，勸南洋羣島輸賑，全活無算。敘勞加二品頂戴，晉一品封典。

宣統辛亥[4]，序補延建邵道。甫入告，而汀漳龍道[5]缺員，邀公往代。值公患傷甚劇，不克履任，爰乞假詣上海就醫。既而革命事起，清祚告終。

公遭際滄桑，委棄軒冕，睹下泉而增忔歎，泳匪風而懷西歸。會稽顧家相宰江西廣昌，接近寧化，慕公治行，耳熟能詳。公之籌賑也，移書乞糴，遍及遐邇。家相忝守郡，集資累萬，助及義舉，面未謀，神交先契。癸丑[6]冬，公自海上西來，家相迓於青門，把袂裾，請留旌節。會逢白朗擾亂[7]，秦州殘破，公緩圖歸計，暫作寓公。日月不居，二豎爲祟。民國五年丙辰歲五月三日酉時日，入歿於長安僑寓。其生於道光二十六年丙午歲正月八日先夕夜半。是歲正月九日立春，依術家説，仍爲乙巳歲[8]生人，享年七十有二。

---

[1] 成聚成都：《史記》卷1《五帝本紀》："一年而所居成聚，二年成邑，三年成都。"

[2] 寧化：唐開元十三年（725）置黄連縣（故址在今寧化縣東），天寶元年（742）改名寧化縣，清代屬汀漳龍道。

[3] 漳泉：即漳江，原名雲霄溪。源於福建漳州市平和縣博平嶺山脈，經沿途支流滙聚後，流向臺灣海峽。

[4] 宣統辛亥：清宣統三年（1911）。

[5] 汀漳龍道：清康熙十年（1671）置汀漳道，領汀州（今福建龍巖市長汀縣）、漳州（今福建省漳州市）二府，治漳州府。雍正十二年（1734）升漳州府龍巖縣爲龍巖直隸州（今福建龍巖市）來屬，改道名爲汀漳龍道。至清末，汀漳龍道領府二，汀州、漳州。直隸州一，龍巖。治漳州府。

[6] 癸丑：民國二年（1913）。

[7] 白朗擾亂：白朗（1873～1914），因諧音或稱"白狼"，河南寶豐縣人。民國元年（1912）在豫西一帶發動農民武裝起義，反抗袁世凱統治。民國三年（1914）4月進入陝甘境内，一度攻破伏羌、秦州。

[8] 乙巳歲：清道光二十五年（1845）。

公童齔孤露，賴母氏撫育，伯兄教悔。公事母盡禮，登第服官，禄養弗逮，常以爲恨。事兄如父，推愛猶子，慨讓腴産，睦姻之誼，族□同欽。

原配安夫人，繼娶董夫人。長子天麟、次子天駿、四子天恒，皆先公卒。天駿以知縣筮仕浙江，方將柄用，盛年不禄，公尤慟焉。公歿後旬日，側室董氏自經以殉。第三子天銘馳告親友，具牘上聞，旌如例。女一，適隴西原鴻逵。孫二，思學、思鍵。家相因纂修故鄉志乘，南還武林[1]。天銘諏於丁巳年[2]冬月三日葬公於秦州城南天水里之東原，艮山坤向[3]，烈姬董氏祔焉。首邱是正，馬鬣將封，以書來乞銘，不敢辭。爰述其概，而爲之銘曰：

神明貴胄，肇始西北；自西徂東，黄河流域。窮則獨善，達乃立功；建學敷教，覃及海邦。大命既傾，成功者退；歸老田園，三秦返旆。巫陽下召，傅説上升；驂鸞長侍，嘒彼小星。羲臺巍巍，漢陽歷歷；宅兆奠安，永韜貞石。

長安郭希安刻字

民國六年

第八節　銘文

昭明銅鏡銘

【**題解**】現藏麥積區博物館。直徑 15.7 釐米，厚 0.5 釐米。五龍鄉陳灣村出土。完整。圓鈕，邊飾連珠紋。鏡背臺面與内區有三道寬弦紋，其間各有二道弦紋將鏡背分爲内外兩區銘文帶。鏡銘字體隸書，方圓兼用，書法精美。

内區銘文：

[1] 武林：舊時對杭州的别稱，因境内羣山總稱武林山而得名。

[2] 丁巳年：民國六年（1917）。

[3] 艮山坤向：坐正東北，向正西南方位。

内清質以昭明[1]，光輝象夫日月。心忽揚願忠，然雍而不。

外區銘文：

如皎光而耀美，挾佳都而無間。性歡察而性寧，志存神而不遷。得並觀而不棄，精昭折而以待君乎止[2]。

章武夔龍銅鏡銘

【**題解**】1972年天水縣出土，現藏麥積區博物館。直徑14.7釐米，厚0.3釐米，重450克。完整。青銅質地，鏡色黑漆光亮。背臺主體紋飾爲一對夔龍變異獸，外環繞一周銘文帶。銘文爲隸書字體，共24字。

章武元年[3]二月作竟。德揚宇宙，威鎮八荒；除凶辟兵，昭民萬方。

唐團團寶鏡銘

【**題解**】銅鏡現藏麥積區博物館。直徑15釐米，厚0.5釐米。青銅質。破裂。圓鈕，座外繞雙線方框。鏡背以齒紋圈分爲内外二區。内區配置青龍、白虎、朱雀、玄武，四方神獸活潑生動。外區爲銘文帶，楷書字體，端莊秀麗。

團團寶鏡，皎皎升臺。鸞窺自舞，照日花開。臨池似月，睹貌嬌來。

承安銅鏡銘

【**題解**】銅鏡現藏麥積區博物館。金章宗承安四年（1199）製。直徑9釐米，厚0.5釐米。完整。内區飾浮雕四獸，爲同向繞鏡鈕奔馳狀，外區有楷書銘文，共24字。

承安四年上元日，陝西東運司[4]官造。監造録事任（花押）[5]。提控運

---

[1] 昭明：漢代銅鏡銘文有“内清質以昭明”等字者，通稱昭明鏡。銘文多爲“内清質以昭明，光輝象夫兮日月，心忽揚而願忠，然雍塞而不泄”。此鏡銘文有减字或丢字現象。

[2] “如皎光而耀美……以待君乎止”：這是漢代最具特色的皎光銘，在漢鏡中稀見。

[3] 章武元年：221年。本年劉備在成都稱帝，國號漢，年號章武（221～223），史稱蜀或蜀漢。鏡銘有明確紀年，疑爲劉備登基之年鑄製的開國紀念鏡。

[4] 陝西東運司：即陝西東路轉運司，金天德二年（1150）置。金於諸路設轉運使，職掌一路財賦錢穀等事務。

[5] 金代戰事不斷，鑄幣銅材缺稀，銅禁極嚴，對銅鏡的製造控制十分嚴格。官府監製鑄鏡，均需刻記鑄造地點官署、監造官及押記。《金史》卷48《食貨三》：“八年，民有犯銅禁者。上曰：銷錢作銅，舊有禁令。然民間猶有鑄鏡者，非銷錢而何？遂並禁之……十一年二月，禁私鑄銅鏡。

使高（花押）。

大德銅權銘

【題解】現藏麥積區博物館。元成宗大德九年（1305）刻銘。權高 9.5 釐米，重 470 克。完整。通體光滑，鑄造精細。權身呈葫蘆形，倒梯形方環鼻鈕，中間有一繫繩方孔。覆圓盤形肩，束腰，下接疊澀形圓平底座。權身前後陰鑄漢字銘，共 9 字。

興元路[1]官造。大德九年。

鐵瓦銘

【題解】現存三岔鄉太禄村鐵瓦寺。明萬曆十一年（1583）鑄銘。長 33 釐米，寬 20 釐米，厚 1 釐米。鐵鑄瓦形，上有一圓穿。

萬曆十一年造。太白山玉皇池。信士何邦成。

觀音仙山鐘銘

【題解】現存東岔鎮土橋村觀音山。清嘉慶八年（1803）鑄銘。鐘高 72 釐米，口徑 39 釐米。鐵鑄而成，外壁鑄有銘文。

大清國陝甘省[2]直隸秦州三岔廳[3]胡店溝、小地谷、南方溝、横石溝。觀音仙山[4]。救苦救難觀世音菩薩蓮下。

功德主（後衆多人名略）

大清嘉慶八年冬月十六日

舊有銅器悉送官，給其直之半。”八年，即金世宗完顔雍大定八年（1168）。

[1] 興元路：今陝西漢中市。唐德宗興元元年（784）改漢中爲興元府。元朝在行省之下設路府制，故改稱興元路，隸屬陝西行省。

[2] 陝甘省：清初陝西省轄陝西、甘肅地。清康熙二年（1663），分置甘肅。《清史稿》卷 63《地理十》：“康熙二年，析臨洮、鞏昌、平凉、慶陽四府置甘肅省，移右布政使治之。”碑文中嘉慶八年（1803）仍稱“陝甘省”，是爲民間沿襲舊稱。

[3] 三岔廳：清乾隆二十六年（1761），在秦州分設三岔廳，廳治初設三岔（今麥積區利橋鄉三岔村），後移吴砦（今麥積區三岔鄉吴砦鎮）。至今尚存城門、城隍廟、牌坊等建築。

[4] 觀音仙山：即觀音山，位於東岔鎮土橋村，縣級文物保護單位。山高險峻，風光優美，山巔建有菩薩殿，塑有送子觀音像。

神仙洞鐘銘

【題解】鐘現存東岔鎮大溝村神仙洞。清光緒十四年（1888）鑄銘。高 52 釐米，口徑 41 釐米。鐵鑄而成，外壁鑄有銘文。

當聞神顯一方，萬民浩澤。嗟誠石巖溝神仙洞[1]觀音大士，自大明洪化[2]現相，建修數百年矣。今廟宇傾頽，理宜重補，是以合會募化，本境交川、雙龍場上下，第□重結，告功已竣。同鑄洪鐘一口，祈保風調雨順，物阜民安。

大清光緒十四年□□月重修

以下出錢並鐵多少具名於後（功德人名略）

[1] 神仙洞：地處東岔鎮大溝村北石巖溝，四周林木掩映，一片碧緑，空氣清新，景色秀美。神仙洞石窟建造在石巖溝中一山腰處，沿山間鑿成的臺基小道而上，過玄關臺，經仙橋，上天梯，便可達神仙洞。神仙洞石窟由神仙洞、觀音亭、靈官廳、大佛殿組成。神仙洞依山開建，進深 6 米，寬 4 米。洞内神臺上塑有觀音、童子，像置神龕内。另有一清代木刻觀音像，製作簡練，形象逼真，彩繪豔麗如新。靈官殿爲四角攢尖頂，佛殿爲硬山頂式，三開間，均塑有佛像。明清時期，這里因常年有商客通行，故捐資香火者衆多。

[2] 洪化：清初周吴三桂之孫吴世璠年號（1679 ~ 1681）。吴世璠洪化元年當清康熙十八年，鐘銘不用康熙年號，而用叛亂者吴氏年號，疑和吴氏叛軍在秦州的活動有關。康熙十二年（1673），吴三桂在雲南反清，之後其部將吴之茂等在秦州等地和清軍拉鋸對戰。康熙十七年（1678），吴三桂稱帝，不久病死。部將擁立其孫吴世璠即位，改元洪化。康熙十八年（1679），清軍收復陝甘，叛軍四處流蕩。石巖溝神仙洞地處陝甘川交界地域，山高林密，自古就是匪徒出没的地方。死心追隨吴氏部屬極有可能以"觀音大士現相"爲幌子，建立寺廟，愚弄民衆，擴充力量。於是有"石巖溝神仙洞觀音大士，自大明洪化現相"之類的傳説留在當地民衆之中。而他們又不大清楚"洪化"是叛軍的年號，便姑妄傳之，姑妄用之。

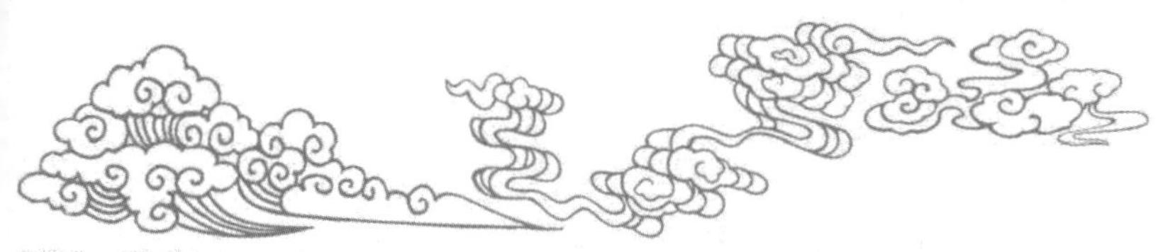

第三章　秦安縣金石

第一節　泰山廟碑刻

重修東嶽廟碑記

【題解】碑嵌泰山廟天齊廟院内香房南墻。清康熙五十二年(1713)立石。高118釐米,寬60釐米。孫琇書丹。碑首有"崇德報功"4字,下部有殘損。

邑東有山曰九龍，逶迤而西，至結邑處，俗名爲廟山，以山上多廟[1]也。□前□□□東嶽殿一座，基址三楹，連簷有抱廈，不知創自何年。作鎮一方，降康賜福，由來久矣。但歲遠代更，風雨飄零，墻垣頹圮，堂殿幽晦而瞻拜弗肅，神奚妥焉？邑善士閆必正等約會重修之。仍其舊址而輪奂改觀，新其瓴甍而金容重輝。移抱廈於殿前，展數尺許，以免雨漬水侵之患，且使棟宇光明而瞻拜惟肅，誠聿昭而神靈永妥。起工於康熙五十年季春，於五十一年仲秋落成。

例應有記，非以競能新而侈姓氏也，但令後之睹記而時加補葺焉。庶廟貌恒光，而賜福降康，一邑之嘉，賴寧有既歟！

時大清康熙五十二年歲次癸巳孟夏之吉邑廩生孫琇[2]薰沐盥手謹書

生員孫璭、李成名、成映新、成奉新、李近柏、劉源清、岳如峰、喬濟廣、李世昌、張連元、張秉乾、劉爾玉、李棲鶴、陳應

會人閆必正、成福新、馮懷、李萬、李近禧、張輔乾、吴聖昌、成焕新、

[1] 秦安泰山廟，坐落在秦安縣城東的鳳山上。始建無考。其殿廈亭樓，依鳳山山脊的自然地形分臺建造，錯落有致。明嘉靖《秦安志·地理志上》記載："迤西爲廟山，其山自高峰趨赴縣東，悠然而集，翩翩若鳳焉。有天齊廟，有天齊堡。"現存天齊廟、蓬萊閣、五臺觀、玉皇廟、老君廟等建築。2011年被列爲甘肅省級文物保護單位。

[2] 孫琇：秦安縣人，康熙間貢生，曾任耀州訓導。

圖 3–1 重修東嶽廟碑記拓片

巨公楫、王聚儒、周思啟、劉爾琮、巨世英、蘇可成、趙進禄、鄧福才

生員胡有柏，監生路濈、孫中和立石

蓬萊閣記

【題解】碑嵌泰山廟天齊廟院内厢房北墻。清乾隆十八年（1753）立石。高 225 釐米，寬 80 釐米。秦安知縣蔣允焄撰文。碑額隸書横刻“人文蔚起”4 字。

乾隆戊辰[1]夏，予奉朝命來蒞秦邑。顧惟菲薄之躬，一從史官，再稱茂宰，恩深責重，未由報塞。期爲閭閻興利除慝，追古循良之績。值國家敉寧日久，憲章完備，邊方黔首，概皆遵奉教條。又彈丸小縣，無大利害可議興革者，徒獄訟、催科、簿書期會之是職。雖戴罪□入，而吏事之常，詎可言報政耶？計予夙以文字待罪禁林，今亦惟是敷揚典册，蒸進髦士，佐盛世雅頌，隆平之□，幾不負初心。且上酬國恩，而下以慰邊人之望於萬一。

邑故有書院[2]，爰爲增修齋舍，親進諸生而督課之。諸生羣言，東山者，主山也，止於城東南，當巽方文明之地，若建閣於其上，豈止勝概美觀而已？扶輿之靈，將益有所助焉。爲請於予，且□物謀經始，予亦歡然從之。既復念邊地苦瘠，士多貧，雖踴躍樂輸，懼不逮工之半也。迺勉割俸錢，俾治之。凡四閲月而成。城望之翼如高竦，窮取登瀛之義，命曰“蓬萊閣”[3]。閣成之次年，邦人雖有登甲第者，豈敢謂大有造於此邦，而區區之願□負矣。繼自今，冀後來君子出其什倍於予之才，崇儒術而飭吏治，敦教化以蔚人文。因念此閣創造之非易，而時加繕□，永永勿壞。匪惟邦人士賴之，予亦且感之於勿忘。

是役也，即工於辛未之四月，落成於是年之七月。自鳩工庀材，餘及

[1] 乾隆戊辰：清乾隆十三年（1748）。

[2] 乾隆十年（1745），知縣牛運震創辦隴川書院。乾隆十三年，蔣允焄前任胡莫域嫌其隘，移建於學署東，改名雞川書院。“邑故有書院”指此。

[3] 蓬萊閣：蔣創建後，歷經重建，現存。在東嶽廟大殿后，三層，高 16.7 米，氣宇軒昂，牙簷高啄。清任其昌《登廟山蓬萊閣》詩云：“爪甲飛騰鬐鬣起，屹然屏障城之東。傑閣峥嶸拔地起，蕩摩日馭迴蒼穹。危梯暗踏如穿洞，憑欄四顧天濛濛。隴水北來轉山曲，長川溶漾蜿白虹。壓雪畦蔬餘晚碧，經霜木葉霏深紅。”

圖 3-2 蓬萊閣記拓片

□幾之費，共俸錢如干，其諸生所醵不與數。諸生曰："是不可無記也。"遂記其大略云爾。

大清乾隆十八年歲次癸酉夏五月端陽之吉

賜進士出身知直隸秦州秦安縣事前翰林院檢討翰林院庶吉士充内閣一統志館纂修官稽查六科史書録書宗學右翼教習加一級紀録四次貴築蔣允焄[1]撰

天水石工魏天德

秦安重修泰山廟碑記

【題解】碑嵌泰山廟之天齊廟院内大殿前廊左側墻壁。清同治十三年（1874）立石。高 142 釐米，寬 63 釐米。秦安縣知縣程履豐撰文，馮景唐書丹。碑首豎向題空心篆文"重修東嶽廟碑記"，碑身保存完好。

秦安，古成紀地，僻在隴干，去齊魯幾千百里而祀泰山，何也？岱爲五岳宗，《傳》云："觸石而出，膚寸而合，不崇朝而遍雨乎天下。"故知仁育羣品，澤被無垠，有合於有功，則祀之禮。非必如道家言，掌人世善惡、禄命、修短，而或存邀福之私也。

同治八年己巳歲杪，余蒞是邦。下車後遍謁諸廟之在祀典者，惟龍神無專祠。明年，已重建於城隍廟西。既因察城防隘要，循行至東郭之廟山[2]，見有敗瓦頽垣，鞠爲茂草，詢諸士民，則曰：此東獄天齊殿遺址也。其創建不知何代，康熙間嘗重葺之，廟貌嚴嚴，歲修祀事，由來久矣。前年丁卯[3]，以難民避寇，托處宇下，不戒於火，燬焉。民困兵荒，欲新其謀而力有不逮，余唯祀事有其举之，莫敢废也。神罔所宅，曷以庇吾民，是宜急圖修復。比壬申[4]，烽煙漸息，歲亦有秋，士民之好善者請余割俸錢以爲之倡，羣樂輸助，得錢千數百緡。於是鳩工庀材，建殿三楹，前聯

[1] 蔣允焄：字爲光，號金竹，清貴州貴築縣人。乾隆二年（1737）進士。乾隆十三年任秦安知縣。重視文教，整修書院。道光《秦安縣志》卷 6《官師》有傳。

[2] 廟山：即今秦安縣城泰山廟所在之山鳳凰山，因廟宇衆多，俗稱"廟山"。

[3] 丁卯：清同治六年（1867）。

[4] 壬申：清同治十一年（1872）。

大廈，廟門以内，右設齋房，並建顯佑殿於重門之左。雕甍繡柱，壯麗更倍從前。越甲戌[1]重九日，始克奉神而居之。

吁！廢墜修舉，厥惟艱哉，後之人當思經始之非易，時加繕葺，毋致蕪穢慁神明，是所願也。余見其落成也，嘉秦之士民事神之敬且篤，而尤冀神之降鑒於秦，永錫之福，不啻爲魯所詹齊之望也。是爲記。

大清同治十三年歲次甲戌嘉平月之吉

覃恩誥授通奉大夫钦加同知銜升補静寧州知州知直隸秦州秦安縣事加五級紀録十次婺源程履豐[2]撰

邑增生馮景唐沐手敬書

首事人□品□丞岳景江，监生高永，□□冯晉、王萬倉等立石

唐相國權公[3]林碑記

【題解】碑立秦安泰山廟之五嶽廟後臺地。民國三十五年（1946）立石。高170釐米，寬72釐米。碑額横向篆刻"崇德報恩"，一碑两文，碑陽碑陰均有文字。碑陽《唐相國權公林碑記》，縣人成象撰文，王運乾書丹；其次《權公林記》，縣人田衍疇撰文，薛仰曾書丹，其"由縣中學管理苗圃造林"之後文字轉刻碑陰。

邑人成象敬撰，王運乾[4]敬書

自昔□人钜公，足以彪宇内而風□□，其懿行芳躅，徒垂汗簡，常恨無雪鴻之遺，其幸有存者，如隳淚碑、岳王墳，俾千載下人詹仰、千載上人動遐思而景行止。何貴如之？故豫州董永墓屢興城工，而父老曲爲擁護，邱壟直存至今。

秦安西山權家墳[5]，其跡最古，溯所自出，爲殷武丁後，降封於權，

[1] 甲戌：清同治十三年（1874）。

[2] 程履豐：清婺源人。優貢。同治八年至光緒元年（1869 ~ 1875）任秦安知縣。

[3] 唐相國權公：即權德輿。權德輿（759 ~ 818），字載之，天水略陽（今秦安）人。唐進士權臯之子。累官至禮部尚書、同中書門下平章事，後徙刑部尚書，復以檢校吏部尚書出爲山南西道節度使。卒謚文，後人稱爲權文公。有《權文公集》50卷。

[4] 王運乾（1885 ~？）：清拔貢，曾任秦安縣議會議長。

[5] 權家墳：嘉靖《秦安志·地理志》："爲第七溝（十五里），其水注東川，有權文公宅（遺址存，

周衰入楚爲權氏，楚滅徙秦而居略陽。略陽，即秦安也。苻秦之王中國，其臣有安丘公翼者，有大臣之言，王佐之才。唐禮部郎中諱倕者，生皋，以忠孝致大名，去官，累徵不起，謚貞孝。是生載之，諱德輿，爲唐賢相，謚曰文，並祀鄉賢。邑鄉賢九而權氏居其三，是實一邑人物之冠，萬民之望。迨元中葉，山崩墓頹，入清，拜掃無主。舊有韓愈墓碑[1]，亦斷滅無考。而弔古君子，惟藉一片荒邱而緬高風，胡不注重？

民國初，有建議墾田者，爲邑紳所阻。邇來鄉民復欲開墾納租，闔縣士耆倡議保存，而蔡君潔宣力尤多。謂其古跡，有裨風化也；謂其廣植森林，可補縣局也；謂其益□學校，□樹無之樹人也。較彼南東，其畝益一損二者，奚啻天壤？倡此義舉，各界亦踴躍樂助。遂上書請願於縣參議會，轉呈政府，蒙佟縣長惠民公[2]鑒核備案，准如所請。令飭縣中學校管理，利益補助留學費。又令苗圃處負責植樹，名曰“權公林”，定以每年重九節爲公紀念日。

近世往往有革除古剎勝跡者，大率惟利是計。若既獲利，又何忍摧殘？矧茲塋域恢闊荒久，倘非諸君子好義急公，造林圖存，則庇於今者，安知不犁於後？嘗按其地，廣袤九十六畝，可栽數千株，歲獲鉅款若干。有此美利，自可永斷虞芮之爭。猶冀後輩，將藝枯栘，毋聽牛山斧斤，則二百青塚，庸徵名人芳躅者，可世世萬嬗遞無變也。至捐資姓名鋟碑端，共垂不朽云。

權公林記

邑人田衍疇敬撰，薛仰曾敬書

《周官·太宰》：以九職任萬民，三曰，虞衡，掌山澤之材。即爲林政之嚆矢，斯職替，地利湮，往往有乏才之歎，甚至仰給於人。年來政府提

俗謂之權家衙）。有權安邱公墓，有權參軍墓（正德間，居人掘得一志石。上有“權德輿”“權德奐”字）。”又，道光《秦安縣志·建置》古跡附：“唐權氏故宅，在第七溝之東，遺址無存，其地俗稱權家窯（舊志作權家衙）。”依舊志記述，則權氏家族墳地就在第七溝權家衙。關於權家衙，一説在秦安王尹鄉包全村附近，一説在秦安西川鄉歹家窯村附近。而民國時的權公林就建在西川鄉權家墳，説明民國時認定權家墳在西川鄉。

[1] 韓愈墓碑：指韓愈爲權德輿所撰《唐故相權公墓碑》。

[2] 佟縣長惠民公：即秦安縣長佟迪功，河北香河人，民國三十三年3月至民國三十四年3月在任。

倡造林，不遺餘力。而人煙稠密，壤地褊小，完整林區不易得也。

縣治二里許西山，舊有權氏殯宫一所，羣呼權尚書墳。佔地甚廣，千餘年來，陵遷谷貿，經犁耕雨水之侵蝕，日益縮小，刻約九十餘畝。故塚累累猶相望也。權公何人？唐鄉賢諱皋、諱德輿者是也。從祀孔廟，另專書，毋庸再贅。但嘗耳諸舊聞，清同治間，縣令程公履豐，由左文襄幕賓出任是邑[1]，博洽君子也，見塚旁空地甚多，遍植梨樹，每屬春秋二季，花光成海，佳果豐碩。逮人亡政息，樹老山空，無材可言。

迺者甿庶圖利，竟將神靈之城，呈准縣政府開墾，夷爲平地，古跡蕩然無存。地方人士□然傷之，聯名願縣參議會函縣政府，由縣中學管理苗圃造林。嗣後年年歲歲，林木愈植愈廣，綠陰匝地，好鳥鳴枝，遊人過客，相於徘徊嘯詠。期間一舉手，一納履，顧名思義，抗懷千古，潛移默化之功用悉。於是乎豈曰小補之哉？

□者景權書院[2]之設景權公也，成材之衆甲於全隴，耆舊猶樂道弗衰。今斯林以權公名，吾知數十年後，必有杞梓楩楠之材，出爲世用。不至修材異地，當爲我西州生色。企予望之。

是役經始於民國三十三年春，蕆事於三十五年秋。熱忱毅力，勞怨不辭，蔡君潔字子清之力也。石工胡清海，例得並書。

發起人胡光國、高維岳、柴篤生、雒元才、王景純、周壽山、仇秉堃、王耀南、魏峨、賈仁中、王肇漠、王居中、巨可金、侯廷彦、協慶和、巨雲祥、王焕南、薛仰曾、魏止、胡靖、蔡士英、王維新、蔡兆豐、何維恭、巨頑石、孫光祖、張税耘、田衍疇、王敘訓、高筱山、高民瞻、蔡子厚、安之琮、岳少綅、安修德、張敦頤 、牛宏、成象、戴國楨、王自新、薛育函、蔡殿臣、蔡兆瑞、王崇新、張迎吉、杜有杕、孟紹曾、高仁山、楊是昌、李輔、張士俊、劉統基、張子清、安福海、邢發祥、胡國銀、魏鴻範、伏景聰、安惠民、伏景裕、王繩武、仇肇文、高丕臣、高士謨、馬襄卿、周維楨、成

[1] 左文襄：指晚清重臣左宗棠（1812 ~ 1885），“文襄”是左之謚號。

[2] 景權書院：清代秦安縣立書院。前身是乾隆十年（1745）創設的隴川書院，幾經重建更名。嘉慶二十三年（1818）知縣陳伊言主持重建後定名景權書院。

光第、高爵、徐錫祺、班鼎升、朱紹尼、胡漢卿、張國臣、王增新、成潤德、雒於滬、劉纘基、張森焱、胡彦璋、伏儒琳、王國棟、蔡潤、李國榮、高蔚祥、張世清、成之濤、胡鍾琳、田乃嘉、王世傑、王汝槐、李苾、蔡自治、王世安、李家麟、王明德、康得玉、丁璽、蔡履峰、王輔臣、楊繼昌、陳宗傑、巨瑞臣、李仰青、李景、安兆豐、康瑞、王兆乾、徐雲章、王佑臣、楊敬甫、程世傑、黄爾琮、成士楷、任居正、趙文熙、張文山、王運乾、高星垣、蔡澤清、賈治安、李華卿、蔡宗文、薛士奇、趙國英、王子馨、高益智、成鴻志、蔡潔、成學乾、孫志敏、趙衍熙、蔡澤民、胡坊、南雲章、王明新、任秉乾。

中華民國三十五年歲次丙戌秋九月下浣之吉

泰山廟鳳山碑林其他碑刻

真谷先生講學處碑

【題解】碑鑲秦安泰山廟之五嶽廟後臺地崖壁。清乾隆四年（1739）立石。高 165 釐米，寬 72 釐米，上鐫“真谷先生講學處”7 字。

真谷先生即秦安縣知縣牛運震（1706 ~ 1758 ），真谷其號也。

文學鄧夫子講學處碑

【題解】碑鑲秦安泰山廟之五嶽廟後臺地崖壁。高 171 釐米，寬 72 釐米。上鐫“文學鄧夫子講學處”8 字。此碑民國時由原縣署前移立於今興國寺門口偏北街上，後在整修街道時棄置，1990 年移立泰山廟。

鄧夫子，即清代康熙年間貢生鄧生桂。道光《秦安縣志・選舉》：“鄧生桂，字蟾枝。甘貧嗜學，一介不苟。嘗授書縣署。縣有官荒地若干畝，知縣舉以予之，堅不受。教育生徒，多所成立。講學處有碑碣。”引文中碑碣即指此碑。

鎮江王廟碑

【題解】碑鑲秦安泰山廟之五嶽廟後臺地崖壁。高 167 釐米，寬 73 釐米。元代立石。其先在縣大城學巷山陜會館處，20 世紀 90 年代由移至泰山廟。字跡模糊不清。約略可辨者如下：

秦邑□有鎮江王[1]□□□□不舉久矣。今上御極之元年，商界諸紳□爾緒之就湮感盛會之不□□□所以整興之也……若錢商聞風踴躍輸資……有餘緡……謹將衆議，誠□□貢碑。公議條規四則：一議四百串□作爲發公議錢利每年。一議每年□□□□酬神演戲，一切費用均由□錢項□開支不得動……。一議事有尋責，□能久遠。公認以復興□□……。一議各行事無鉅細凡有礙公益之處□每年開會……

處士外祖鄧公、儒人外祖母王太君之墓碑

【題解】碑立秦安泰山廟之五嶽廟後臺地。高 172 釐米，寬 76 釐米。清同治十二年（1873）立石。安維峻書。碑文：處士外祖父鄧公、孺人外祖母王太君之墓。爲安維峻外祖父母合葬墓碑。

太平堡石匾

【題解】石匾立秦安泰山廟之五嶽廟後臺地，原爲泰山廟所在鳳山堡子坪太平堡遺物。高 50 釐米，寬 91 釐米。嘉慶五年（1800）製。中鐫“太平堡”楷書大字，上落款“嘉慶庚申孟夏重建”，下落款“襄平來□書”。

例馳驍騎尉顯祖考府君碑

【題解】碑鑲秦安泰山廟之五嶽廟後臺地崖壁。高 148 釐米，寬 65 釐米。清光緒三十年（1904）秋七月立石。

[1] 據當地學者研究，此碑應爲“重議廟會條規碑記”，非“重修鎮江王廟碑”。山陜會館，乃商貿者聚會之所，奉祀江瀆之神合乎情理。

第二節　佛寺道觀祠廟碑刻

大統二年石雕造像塔發願文

【題解】民國三十一年（1942）秦安縣出土，現藏甘肅省博物館。馮國瑞先生捐麥積山文物保護所文物有此塔基座造像發願文拓片，其作題跋云："此文在浮圖造像石底墩上面刊刻，距邑城南十五里吴家川廟兒寺地方發現（寺址今荒蕪）。由土人耕地掘出。經蔡君浚安所見，隨抬至縣教育館保存。字跡剥削，即拓石真。想彼處埋藏着不少，惜無人發動覓掘。民國三十一年古三月間出土。"造像塔西魏大統二年（536）建造。高172釐米。爲青砂巖質地，三層，塔身呈方形，樓閣式，每層之上有塔沿覆蓋，簷角平直，無起翹，雕出瓦壟和屋脊。塔每層四面開龕，分别雕刻佛、菩薩、弟子、侍者及供養人。最下層刻有"大統二年歲次□□"之句。基座爲方形，基座頂部四角各雕一爬臥的獅子，每两身獅子之間雕覆蓮，成爲方形的覆蓮座，四面浮雕供養人和造像發願文。第一面左面有三身供養人，題名："清……清信……清信女……"右面有七條供養人題名，分别爲："邑子權□僵、邑子權保多、邑子權顯恭、邑子王金□、邑子權楊□、邑子權□□、邑子權□□"。第二面有八身供養人，題名："弟子……供養、弟子權……供養、弟子權……供養"。第三面有六身供養人，題名："亡弟……亡□權……亡母吕小……亡父吕□供養佛時……"第四面爲造像發願文。

大統二年歲次□□正
月癸卯朔廿八日□□
清信仕權醜仁[1]兄弟
宿著彌濃恒□□□
遠知三寶可以□□〔供〕□〔私〕
發微願情惠心□□□〔以〕

---

[1] 由發願文可知，此爲權醜仁兄弟出資爲全家大小祈福所造，供養人多權姓，也有吕姓和王姓。權、吕、王都是魏晉南北朝時期略陽（今秦安隴城）著名大姓。

盡竭才力造立三劫石

一區願闔家口大小□□

延長子孫□□□□

□習内外通達□□□

□用之無□□亡後死

不處八難生□遇□□□

興隆人民寧□□□

六趣咸蒙斯慶□□

一切

王紹明碑銘

【題解】碑存秦安縣博物館。西魏大統四年（538）立石。碑額高 20 釐米；碑身高 40 釐米，寬 23 釐米。

碑額文：

秦州天水郡□縣民三□鄉顯親里[1]安西將軍河州刺史王紹明

碑面文：

夫殖冥根於幽極，任冲和以託生。稟姓孺雅，聰哲朗□，幼而孝悌，仁義並舉。雄□知士，武略影世。修敬三□，建崇靈梵。不幸短命，九四□喪。合境敏惜，莫不痛心。□造碑銘，以示後賢耳。

碑陰文：

大統四年歲次庚午正月辛酉朔十二日壬申，假節□遠將軍步兵校尉西道行臺河州刺史蘭香縣開國子大都督王紹明

[1] 顯親里：東漢初年有顯親縣，治所在今秦安縣西北三十里葉堡川。西魏的顯親里應是東漢的顯親縣故地，所在仍在葉堡川。

“大統四年”石造像殘塔

【**題解**】是爲西魏大統四年（538）造像塔之一區。高57釐米，寬48釐米。1990年發現於秦安縣郭集鄉邵莊村，現藏秦安縣博物館。四面都刻有佛像、菩薩、弟子、供養人或佛傳故事。正面爲一坐佛二菩薩立，塔基最下層有發願文107字，多漫漶不清，而“大統四年”年號可見；發願文下刻有一人舉熏爐在前，一人舉一團扇，一人牽馬揚鞭，一人趕牛車隨其後。左側面爲一佛二菩薩，一菩薩一手提一净瓶，一手持蓮，一菩薩手握一物，不可識。右側面爲一佛趺坐蓮臺，兩腳尖點地，面部不可辨，頭爲一鳥展翅狀。後爲觀世音菩薩持瓶坐像。三面底部有30人持蓮花站立。雕刻工整，藝術水準極高。

圖3-3 “大統四年”石造像殘塔

權旱郎造像碑

【**題解**】1999年秦安縣出土，現藏甘肅省博物館。西魏大統十二年（546）造像。高120釐米，寬67.5釐米。四面雕刻，四龍蟠交式碑首。碑正面交龍正中雕一獸面，口銜龍身。下部開一外方内圓淺龕，龕楣雕飾火焰紋。龕内雕刻一佛二弟子二菩薩，佛結跏趺坐於須彌座之上，施無畏印。龕外左下側有2身供養人。右下側有3身供養人。大龕之下7個小龕内雕刻坐佛7尊。坐佛下爲10排浮雕千佛，每排30身，共300身。千佛之下依次雕刻供養人立像8身、車馬出行圖、供養人10身。碑陰上部圓拱形龕内雕刻一佛二弟子二菩薩，佛結跏趺坐於須彌座之上，施無畏印。龕外兩側刻2隻護法獅子及馭獅奴。大龕上雕刻2身飛天。大龕之下爲千佛，千佛下有題記紀年“大魏大統十二年歲次丙寅二月甲戌朔廿日癸丑”。供養人身側各有題名，分两類，一類是已經去世的親人，由碑主替他們供養佛像：“比丘僧朗昌。亡父權還白供養佛時，亡母文陵供養佛時，□□權□郎供養佛時，亡弟權□郎供養佛時，亡姊□□□供養佛時，亡嫂吕妙香供養佛時，亡女云妃供養佛時。亡兄權敬郎，小亡兄權□仁、權養具、權六特。”另一類是今世的人供養佛像：“弟子權早郎供養佛時，弟子權願息，弟子權願□，弟子子願，弟子子和，弟子法□，清信女□妃，清信姊王□□，弟子持木，弟子權白、息女淑妃、息女南妃。”爲首者“弟子權早郎”當是家長。

權道奴造像碑

【題解】秦安出土，現藏甘肅省博物館。北周保定三年（563）造像。蟠龍碑首，中間有“伏富寺”3字。碑陰雕一馬、一牛車，旁立供養人，列有人名50人。

碑面供養人題名和發願文：

周保定三年歲在癸未六月甲午朔廿日癸丑，佛弟子權道奴割施財産之餘，發誓斯願，爲家□大小建立彌勒石像一區，並爲亡父母兄等造碑一所，親迎妙匠，盡奇巧思，擔石表容茲儼然，願家眷休延，命齊天壽，仕官高遷，富禄無窮，子孫昌熾，流光萬世，亡者歸真，永斷苦因，國主清化，民安豐洛，佛法長輝，取迷歸正，□□之願，普諸靈境。亡父阿驢、亡伯帛安、亡伯世安、亡叔阿興、亡叔興洛、亡叔松洛、亡叔洛豐，亡兄伏富、亡兄清犏、亡兄標安、亡弟標富，亡姪洛超、亡姪慶超、亡姪帛超，亡母辛香姬、亡姊周好、亡姊僧姿、亡姊小女、亡嫂妙男、亡姪女王秀。

碑陰馬匹和牛車兩側供養人題名：

匠□權帛郎、息〔孫〕延和。

碑陰正中題名：

蕩難殿中二將軍都督渭州南安郡守陽縣開國伯權道奴供養佛時，息朗起，姪兒僧朗、世榮，孫長，息朗琛，清信姊昌松郡君王女俄，孫始、息永琛；清信姊吕女姿、孫女小容、息永集；清信嫂廉男敘、孫女阿□、息永襖、姊香秀，孫女帛容、息永德，女永妃供養；孫女善容、息永富，息姊廉益男、侄姊王善如、息永檀，息姊吕要男，外生吕陽如、孫應善，孫女伯容、姊姪王子郎。

碑陰左右側供養人題名：

□□申、亡姊公、王□頌，亡姊弟僧安□長容、亡姊母仵帛，亡姊弟顯安、亡姊弟伯惡。從姪永安、妻王法秀，從姪法僧、妻王洛秀，從姪道元、妻王妃，外生王明、息姊姪王清妃。

王文超造像碑

【題解】秦安出土，現藏甘肅省博物館。北周保定四年（564）造像。碑高96釐米，寬43釐米，厚12釐米。四面雕刻，四龍蟠交式碑首。碑陽額刻“還鴒寺”，下開方形大龕，内雕一佛二菩薩，大龕两側各開一小龕，龕内各雕一坐佛。碑陰上部方形大龕，内雕一佛二弟子，大龕两側各開一小龕，左側龕内雕維摩詰，右側龕内雕文殊。碑两面及左右側刻發願文，並有供養人王文超及家人20多人的題名。麥積山石窟藝術研究所藏有本碑拓片，兹按拓片著録。

碑面發願文：

圖 3-4 王文超造像碑發願文

保定四年二月庚寅朔十四日。夫先出軒轅支，惟帝嚳姬仲庚王之次子。江亭周世之封名，茲於百代，焕乎方策，累葉簪纓，天下稱爲盛。後選士豪，常爲次第。自入起戰已來，蒙假輔國將軍、中散儀同司馬王文超，屬逢逶未，薄識虛假，割姿生之人，造浮圖三劫，並銘一所，選石崟山，工過世表。仰願四海寧，往生净土。

碑陰題名：

權杏保，小妹夫權寡仁，奴陽仁、來富，佛弟子王文超，妻吕阿妙、岐解愁，息王景景、先小賤，侄荀與郎，妻權帛香，息〔杜〕明，息女善徽，外吕紹、吕珍，超姊僧姿、眇姿、〔盛〕姿、何姿，妹帛姿、羌姿。外子量、僧〔福〕，叔父王清仁，弟白福、鴻明、肆保，侄王顯弟、顯達、清□、義珍、慶崇、買空、僧空、永明，吕仕斌，權洛萬，王紹，子相□，子□。

左側題名：

忘父塢進，忘母續男，忘兄令熾，嫂帛朱，忘伯父進富，忘叔熕進，叔拜侍，妹庵没，亡叔仵熕鳰，兒朗富，兄安超，妹帛汝。

右側題名：

吕定熾，常桂妙，樂其辭曰，子超洪，進□门、吕正明，外權道生，弟子襲標、達慶，標子景、子珠，達僧紹，從弟王藺仁，子明始，□景略。

追遠寺[1]造像碑

【題解】造像碑散佚。碑文載民國《天水縣志》卷13《藝文志》，不

[1] 民國《天水縣志》卷1《地輿志》："追遠寺遺址，在縣城東北六十里之潘家河北溜窪山麓。民國十四年四月，於潘姓地内掘獲石碣，上有'天和元年七月二十五日遷州前長史、别駕、柱國蔡國公府叅軍權彦，弟隴右府叅軍景暉等爲其弟景略造浮圖碑記'等文，可知爲寺遺址無疑矣。"《天水縣志》所言追遠寺遺址所在"潘家河"即今秦安縣雲山鄉之潘河。民國《甘肅通志稿·金石》："追遠寺造像，在天水縣新北鄉之新陽川，距城西四十里，矗立道旁，久無知者。拓者僅就有字處施氈，捶不見全豹，爲可歎也。鐫铭處纵二尺，横一尺二寸五分；凡十二行，行十二字……碑陰亦十二行，分两排……碑首有'追遠寺'寸許大字三。通體大致完好，笔法略有雲峰矩度，是北朝佳品，可寶也。權氏爲顯親望族，隋唐皆冠蓋相繼，世有聞人，宜其製作之不苟。"其所謂"追遠寺造像，在天水縣新北鄉之新陽川"是説造像碑出土後移立之後的情形，和《天水縣志》所言在雲山潘家河追遠寺遺址"潘姓地内掘獲石碣"並不矛盾。

録碑陰文字。張維《隴右金石録》碑陽、碑陰文字全録，玆據《隴右金石録》著録。

太和元年[1]八月二十五日，遷州前長史、别駕、柱國蔡國公府衆軍權彦，弟隴右府衆軍景暉等，稽首和南，蓋聞法輪停轉，因玆鳴頌；慧日潛暉，由斯像法。是以優填世界，鑄寶爲容，波斯國土，彫檀成相。若乃生因構造，忤相殂遷，霜露之悲，百身不贖，風樹之感，萬恨無追，以朱明謝節，白露生晨。敬爲亡弟景略造石浮圖一軀，工窮世上，鏤極金丹，彫飭真容，象相炳麗，庶以玆善。

幸顧亡弟，捨身受身，同超有色，習□果報，俱入無生。

願七世祖宗，沐浴彌陁之水，迴向功德之林，不爲劫數所遷，不爲塵緣所染。

願□母德合珪璋，行爲儀表，澄□如□丹，堅持如大地。

又願内外宗親，永離三途，長辭八難。

碑陰上排：

弟子權彦供養佛、弟子權徽供養佛。

清信女王妃供養佛、清信女王妙供養佛、清信女王俗供養佛，弟子權睹供養佛、弟子權□供養佛，清信女男營供養佛、清信女道妙供養佛、清信女陽善供養佛、清信女男容供養佛、清□□□□供養佛。

碑陰下排：

從兄長史顯□，從弟景逸，弟姪帛棠，□□□，子超，姪憧□□受，姪善□□□，姪善恭，從兄□，姪軍遠，外生王陽皮，姪□□，清信□□，□信□□。

[1] 太和元年：《天水縣志》卷1《地輿志》和卷13《藝文志》作“天和元年”。《隴右金石録》張維按語：“此碑《通志》作‘太和’、《縣志》作‘天和’，拓本殊模糊，未知孰是。《通志》‘生因’誤‘其因’、‘住相’作‘佳相’，《縣志》不誤。” 其實雖則“拓本殊模糊”，但通過相關史事分析，“太和”“天和”之難還是可以辨别的。碑文涉及“遷州”，據《北史》卷11《周本紀下》：“（保定）三年春正月辛未，改光遷國爲遷州。”就是説遷州始置於北周武帝保定三年，既如此，那麼文中權彦的遷州前長史、别駕只能是在北周時所得。既如此，所謂“太和”當作“天和”爲是，因爲北周没有“太和”年號。《天水縣志》“天和”説正確。

建崇寺造像碑[1]

【題解】此造像碑光緒十四年出土於秦安縣鄭家川，存村廟，後輾轉流入陜西省博物館，現存西安碑林石刻藝術館。高110釐米，寬53釐米。两面浮雕佛龕，螭首圓頂两邊二螭式。碑額正面爲方形坐佛龕，背面刻“建崇寺”3字。碑身正面作屋形楣拱，脊雕有鴟吻寶珠飾間以緣覺頭四個。脊下爲蓮瓣式瓦紋两列，拱两端仰首鳥銜三珠吊磬穗形式柱。龕頂雕一列七佛小龕。主龕内爲一佛二菩薩、二羅漢共計五尊像。龕下題銘建德三年（574）記時。背面龕爲尖拱端式，两旁各有供養人、飛天、一緣覺頭二作飾。龕内爲一佛二菩薩、二羅漢、二比丘式七尊佛。龕下爲題名。

碑面发願文：

惟建德三年歲次甲午二月壬辰朔廿八日己未，佛弟子本姓吕，蒙太祖賜姓宇文建崇。夫靈象神容，遺形異品，毗倫讚道，敷五独之陶化；顯揚設教，斯疇百代，聚沙起塔，欲崇虚之妙旨。崇實因業淺，又息别將法和，爲國展效，募衝戎首，從柱國銚國公益州征討，因陣身故，是以削竭家珍，興越福邦，造浮圖七級，石銘壹，立師子乙覆。輒於冥積，採取將來之因。身骸分流，欲追之懷，竊來乙念之善。又願帝祖永隆，萬國來助，普濟一切，曠劫師宗，六道衆生，同登斯福。

[1] 關於此碑，舊方志多有著録。宣統《甘肅新通志》卷92《藝文志》附金石：“北周建崇寺碑，在秦安城南十里之鄭家川。碑高三尺餘，寬二尺餘。上截皆鑿佛像，下截鐫以文，額題‘建崇寺’；碑陰匯載其家世存亡及官爵名字，末綴親黨三人，字跡均完好。國朝光緒戊子三月初六日，山頹，居人由土掘出，移置村廟，今尚存，其爲北周物無疑。”又，《甘肅通志稿·金石志》：“建崇寺造像，在秦安縣南十里之鄭家川，碑縱二尺六寸，横一尺五分。碑首两面深刻，均作龍蟠之狀。陽面凡四層：第一層方二寸許，拓本不甚明瞭；第二層作七龕，均有佛像一；第三層則中立大像一，旁侍二，當爲西方三聖也；第四層款識，最十六行，行十一字。文曰……陰面亦作三層：第一層刻建崇寺三字；第二層中坐大相一，旁侍二，當爲釋迦文佛；第三層所鐫皆其家屬親党，亦十六行，行十四字。文曰……按：此石出土於清光緒十四年三月六日，尚未及五十稔而剥泐已多，宜加珍護。諦視小楷書秀勁有法，的係六朝人手筆。當時或爲僞作，或謂吕氏氐酋，未與文人交接，文義書法均甚猥陋，皆以唐人院體、近人館閣文字眼光衡之，失之遠矣！”對建崇寺碑的規格、出土、流傳都有所記述。天水馮國瑞先生舊藏有建崇寺造像碑拓片（現存麥積山石窟藝術研究所），拓片附有題跋，文云：“此碑亦在縣南川，距城五里之鄭家川附近發現，時清光緒丁未年七月也。鄭家川與吴家川相距十里，俱在渭水流域一帶，此碑前存鄭家川關帝廟中，民國二十年左右被人盗去，聞出售西安某處並有浮圖造像十餘級，藏城南慈航寺，後被流氓偷售安徽何某，聞現存蘭州圖書館内。”由此可見此碑民國時的流傳情況。

圖 3–5　建崇寺造像碑拓片

碑陰及碑側供養人題名：

亡祖秦州都酋長吕帛冰，女定□女；驃騎大將軍、南道大行臺、秦州刺史、顯親縣開國伯亡伯興成，伯母帶神；龍驤將軍、都督浙州刺史亡父興進，亡母元要，亡母男娥，亡母僧姿；亡叔法成，叔雙進，兄天猥，弟道伯，亡姊李姿，姊男姿，妹伯男；輔國將軍、中散都督、開國子宇文建，輔國將軍、中散大都督宇文嵩，弟進周，崇息雍周、法達，孫洪濟，崇妻王光容，息女含徽，亥子明月，息妻王花；姪季和，姪子孝、子慎、子恭，保和、達和、善和；伯母王阿松、佐阿男；兄妻仵思妙，弟妻王遝輝，姪女仙輝、小輝、尛女，弟娣權帛妙，息□女，姊赤女。妹皂花，妹明光。佛弟子權法超，佛弟子王湛書，佛弟子權仕賓。

重修文廟之碑

【題解】碑立秦安文廟大成殿前。元至正九年（1349）立石。高155釐米，寬75釐米。碑面多處殘損，一些文字漫漶不清，兹據張維《隴右金石録》卷五録文點校。

秦州李惟正刊

將仕郎廣元路南部縣主簿進士何鶚撰文

修武校尉秦州成紀縣達魯花赤兼管本縣諸軍奥魯勸農事阿剌忒納失里篆額

秦亭後進公合納謨書丹

粤天地以位矣，玉燭調而品彙享；水土既平矣，洛書出而彝綸敘。夫性情之乖戾，由正教以明與；正道之昭彰，匪其文則野與。故天之生聖，作師垂訓，標准先民，儀刑億代。凡有國者尊之爲先師，令建廟，郡邑設校，鄉遂時而祀之，示不忘本焉。蓋敬莫大於致奠，教莫善於崇儒。政教脩，人材輩出；風化行，禮義俗興。何慮盜跡弗弭、獄訟弗簡者乎？矧我天朝敷文，治及遐荒，求守令，從庶職，立祀尊教，建學育材，海寓潤之英華，黔黎賴之於變矣。

按秦州部隸三縣，秦安處其一焉。地僻人疏，跂之率敉，谷深山密，鮮洽文化。至正丁亥[1]春，王公[2]從仕來尹是邑，下車之旦，首以學校爲務。謁諸文廟，考茲故蹟，本縣自大德年迄今五十餘載，雨朽風摧，靡堪奉祭。隴城亡金大安年，豎惟存塑像，日星弗蔽。公盡然顧謂同列曰："方今承平之世，學校爲政之先，若夫是廟勿理，槩知邑政未脩、時教弗舉者耶？隴城雖非官守，然存舊址，坐視殘弊，宜乎？"僉曰："唯唯！"於是輸資募匠，鳩集棐忱，宋榕黝堊，期尔落成。時戊子[3]秋，縣迺治其是殿，創之两廡、庖與正門。暨維其從像，隴亦整復。斯宇增起前閟，捄之以成墉，藝之以多樹。两又會計，置其學田，永贍時用。幸廟貌復新，文府再造，柳濃迎春之色，松茂傲寒之枝。甍闥交輝，而燁一觀；殿宇峭拔，景乎一涯。遊校士以暢所依，樂新之眊擴所睹，然有補於斯文，庶幾炳乎化日。

嗚呼！昔之爲教也，教其所弗能，表立法於萬世。後之爲學也，學其所有知，著芳業於一時。顒其所教，希以是學。孜孜用力，於斯欲俾。庠序興而教化明，人民治而風俗厚，樂泮采芹，詎徒炫覿哉！

王公從仕，諱思聰，字明夫，清水人氏。由儒業吏，廉介有爲，政治之嘉，非獨於此。其三皇廟洎公廨，葺以輪奐咸若。郡士王浹、王廷柏懇懇求文，故辭不允，敬爲之銘曰：

斯文不墜，木鐸徇行。萬邦垂憲，千古道鳴。天開景運，福被蒼生。塵清車軌，竹廟列城。歷年考遠，隤朽還驚。匪材匪德，疇復克成。韙哉秦邑，時際光亨。爲政者慮，會卜以營。弗勞民役，棟宇雲興。厥功云卒，格饗惟誠。日新式廓，宣化益明。勒之翠琰，淬礪羣英。

旨至正九年歲次己丑重陽日立石

秦州秦安縣兵吏魏思誠

乾州醴泉縣尉趙文寶

[1] 至正丁亥：元至正七年（1347）。

[2] 王公：即下文下文提及的整修隴城文廟、創建縣城文廟的秦安縣令王思聰。明代以前職官，縣志多失載，此公姓名治績借助此碑得以流傳。明嘉靖《秦安志》記元代知縣二人，王爲其一，資料一依此碑文。

[3] 戊子：元至正八年（1348）。

將仕郎秦州秦安縣□簿劉霄

從仕郎秦州秦安縣尹兼管本縣諸軍奥魯勸農事王思聰

□□張嗣昌、王延焕

庫子□□

縣吏安天、趙友凉、楊□□、馮釗

縣友文□□□

秦州秦安縣儒學教諭李□□

明興谷寺鐘記

【題解】文原鑄於興國寺大鐘，原鐘已佚，文存民國《秦州直隸州新志續編》卷6《藝文》。秦安丁繼文撰並書。

大人[1]弘治元年謫官鄉土。越紀，政修事立，竊槩皆熄，乃以三千許鐵斤，鑄鐘於興谷寺[2]，識一時人物於其上，命予作記。

予觀盛狀，在城治之北，棟宇翬飛，翠並滕閣之宫；丹青焕炳，光耀金陵之壁。松亭亭，竹娟娟，桂馥蘭芳，佳趣無極。蓋始於大元至元，迭次之所建。然則幽興遄奔，竹木陶情，衣鉢相傳，多會與此，攬之得異乎常。若夫天際雲曙，一碧萬里，日月光華，映輝五色，春和氣融，吾心順適，擊斯鐘也，則樂於是乎形；淅淅而風，浮浮而雨，秋老景衰，更深人静，吾心顰戚，擊斯鐘也，則憂於是乎形。而鐘之聲，初不哀不樂焉。殆猶樂則行之，憂則違之，其樂其憂在時卷舒耳，其性何加也？何損也？吾之取鐘者以此故，託以寓士君子之心於不朽云。

弘治元年乙未上陽月，陰陽學訓術丁儀發心創鑄、仲男後學生丁繼文[3]題書篆，秦安知縣徐森、儒學教諭胡彌高、僧會司僧會修浩，老人楊錦義、官萱縉。

---

[1] 大人：指作者的父親"陰陽學訓術丁儀"。

[2] 興谷寺：即興國寺，在甘肅秦安縣城。始建於元代，主體建築般若殿尚存。1996年被列爲全國重點文物保護單位。鐘原懸興國寺鐘樓，已佚。據新編《秦安縣志》第二十一編《文物》，鐘高233.3釐米，直徑133.3釐米。

[3] 丁繼文：字宗周，明鞏昌府秦州秦安縣人。弘治十七年（1504）舉人。曾任山西潞州學訓導。

秦安縣重修文廟碑

【題解】碑現立於文廟大成殿前。明嘉靖四十二年（1563）立石。高180釐米，寬70釐米。劉應熊撰文，王言篆額，胡初書丹。

賜進士文林郎廣東道監察御史朱圉山人劉應熊[1]撰

賜進士承德郎户部貴州清吏司主事隴西王言[2]篆

提功郎通政司經歷知事邑後學胡初[3]書

秦安縣文廟建自國初，蓋我聖祖統大御極，誕敷文教，薄海外内成建廟設置，崇祀孔子。矧秦安，古成紀地，元聖誕育之區[4]，廟建固宜首先諸邑也。粵東曰寖圮，觀者輒談焉。嘉靖癸卯[5]，侍御姑蘇伊公[6]刑部秦安，爰發公鏹，屬吏載營舉行，不時得意，久涯嗣湮，御史……材告代，或謀始遷，秩綿二紀，落莫不振。壬戌[7]五月，石阡戴侯[8]來知於秦，下車謁廟，惟焉懷及……門闕庳替，豈所以妥神報功哉！遂輒曰鳩工，詢謀興事，乃拓殿制，昔三楹，今五楹，南面中立……乃節靈星門，門各三楹，崇廣皆倍昔，完舊益新，增無創有，三閱月告成事□，蓋起壬戌十月十五日，訖癸……十五日也。奕奕堂堂，耀目快心，視羣廟殆此雄埒壯矣。

秦安師生頌乃丕績，介二生來問記。予聞而歎曰："韙哉□□，一舉而在文教，經崇則道重，教尊則化宣，惟夫子極於化初，□於道先。元地帝王，罔侔其大，是故考宫非侈也，新廟非□也……隆非辨治乎，魯修頖宫，頌諸詩歌，文首儒學□之史策，□導崇聖道振古如茲，惟□事舉鳳廢功，緝前修，達人觀……非稽古乎？微功則動衆，改作則糜財，惟侯食不出於

[1] 劉應熊：字得陽，明鞏昌府隴西縣人。嘉靖二十年（1541）進士。歷任河南嵩縣知縣、廣東道監察御史等職。卒入祀鄉賢。

[2] 王言：明鞏昌府隴西縣人。嘉靖二十九年（1550）進士。歷官户部主事等。

[3] 胡初：明秦州秦安人，著名學者胡纘宗長子。嘉靖十八年（1539）入國子監。歷官上林苑左丞等。

[4] 元聖：指人文始祖伏羲，秦安爲古成紀地，自古有羲皇故里之稱。

[5] 嘉靖癸卯：明嘉靖二十三年（1544）。

[6] 侍御姑蘇伊公：即伊敏生。伊，明蘇州吴縣人（今蘇州市）人。嘉靖十一年（1532）進士。累官至山東参政。

[7] 壬戌：明嘉靖四十一年（1562）。

[8] 戴侯：即下文主持重修文廟的秦安知縣戴鵬。戴，貴州石阡人。今秦安文廟大成殿梁上有題記："嘉靖四十二年春正月吉秦安縣知縣石阡府戴鵬重修。"

頭，□□不出於□，□率稽既檄焉，□綫庀也，察農隙焉，民力休民忘其勞，非體下乎？故曰舉一事而三善□焉，侯之謂也，世之作者，予感焉，匪粉節認仍舊則□補以銜新……誣上以行私，是故工甫興而怨已從，役未畢而民以敝。其視哉侯相去奚啻千里。

侯名戴侯鵬，貴州石阡人，由京……四川滎縣人。介紹者學生楊道南，胡純宗。廟既成，法皆得書。

嘉靖四十二年歲在癸亥春正月望，秦安縣知縣石阡戴鵬修。

典史張渠，督工訓術李去甚[1]

聖母宫施田碑記

【題解】碑現立於興國鎮邢泉村聖母宫後門上山階道之右側。清乾隆二十三年（1758）立石。高118釐米，寬60釐米。張必升撰文。拱首條形，碑首豎向書碑題名“聖母宫施田碑記”。

縣東六十里，山勢層巒，九峰迴映，名曰九龍山，其縣治之來龍也。其地有天池焉，旱則不涸□□□，天旱則禱雨其中，無不立應，邑乘所稱九龍湫窟是也。旁有聖母宫，凡禱必先祀之，然後求湫。居民相傳，爲主湫神也。城南邢泉郕亦有廟焉，即聖母之行宫[2]也。邑人有疾病、憂疑，則無禱不驗，有感遂通，所謂禦災捍患、鎮撫妥寧者，可弗祀歟？

七月十二爲□□誕降辰，邑人約會以酬神，惠者不下千人[3]。每歲至期，必倩梨園以虔祝，亦祇木架□□而已，其何壯觀視而妥神靈耶？衆議建立戲樓，苦無其址。予堂弟本於廟前施地一段，以爲□基，衆遂起工，不數日而告成。斯已足以慰衆願矣。繼而，善士劉永爵施地二段，爲香火資，衆尤歡騰，以爲可借以答神貺也。但恐年遠無徵，遂伐石而記其畝數於左。

[1] 今秦安文廟大成殿梁上有“訓導曹馴，典史張渠，督工訓術李去甚、吴烈、李重，木匠焦成，工房郭□”題名記。

[2] 聖母之行宫：又稱神母宫，在縣南邢泉村。始建於宋元，1960年被毁，1980年漸次恢復。有大殿、鐘鼓樓、抱廈等建築，遺存秦安名人孫振聲、孫海等人匾額。

[3] 聖母宫廟會是秦安境内規模最大的廟會之一。農曆七月十二日爲廟會日，會期延續三天，至遲在清乾隆時即形成廟戲傳統。

恩賜六品孝廉方正張必升[1]撰，時年六旬有九。

增廣生員胡之蓊書丹

時大清乾隆二十三年歲次戊戌孟秋吉旦

計開：考授張本施戲臺地基一段，北南一丈七尺，東西一丈三尺。劉永爵施供香火地二段，寺坪地一段，約有二畝半，東至張久任地，北至張潛修地，南至朱姓地，西至官路；鴛鴦卦地一段，約有二畝，東南至施主地，西至崖邊，北至張姓地。輸資立碑信士張經。石工魏天秩鐫。

“功德綿綿”碑

【題解】 碑立於興國鎮邢泉村聖母宮後門上山階道之左側。清乾隆四十二年（1777）立石。高103釐米，寬60釐米。貢生鄭祖莊撰文。拱首條形，橫向題“功德綿綿”4字，青石質地，字跡模糊，隱約可辨。

先民有言曰：莫爲之前，雖美弗彰；莫爲之後，雖盛弗傳，□□□答神宮之浩蕩哉！

秦邑邢泉有一聖母行宮，蓋百年於茲。邑人有求必應，無禱不靈，故香火較他……聖母之誕辰也，至期拜祝者以萬記。每年假優孟以獻忱，而苦於無地。張、劉二公施其地，始建戲樓，香火亦覺豐裕，遠近歡忭，咸歌功德於……行宮基址亦湫隘，欲底法難於布置，思堂構難於安排，勢將卑陋神聖也。幸地鄰恕翁張先生慷慨樂施，始得殿宇高敞，門閭壯觀，工歌巫舞，廓如……日而無由。近蒙諸位善士各施其地，均得付之工人，用彰厥善。休哉！固聖靈之有……之後，即後之人歷指其人而稱之曰，某也創，某也成，某也緒□，某也……貌輝煌，以及時雨之降，湫窟之靈，皆略而未詳，蓋先輩已極筆墨之……。

歲貢生鄭祖莊[2]撰文，邑庠生周士成沐手敬書。

庠生張太翁，諱懷忠，字而恕，施建行宮，地直二丈，横三丈。其次……徵仕郎張太翁之孫，國學生，諱正續，施廟前靠東地約有半畝。博士于生

[1] 張必升：字騰若，清秦安縣人。清乾隆元年（1736）以縣學生舉賢良方正，居家授徒，多有成就。

[2] 鄭祖莊：清秦安縣人。乾隆年間貢生。曾任同官訓導。

員侯子，諱琰新，施靠張姓地，未及半畝。劉通仝弟劉進新，施靠張姓地，未及半畝。

會內士信士庠生侯珽、何全、成永安、張宗孔、辛德順……

乾隆四十二年秋七月十二日立

西川鎮安家坪南將軍祠祈雨碑

【題解】碑立於西川鎮安家坪村二龍王廟。清乾隆六十年（1795）立石。鄭國相撰文，路植桂書丹。保存完好。

乾隆乙卯[1]之季夏，亢陽爲虐，延及秋初，藴陰益甚，石不響荆南之鼓，山未披玉女之衣，稷黍莫介，士女何穀？父老太息，至於流涕。爰處禱於安家坪二龍王之神[2]，靈湫一滴，祥雲四合，觸石膚寸，雨不崇朝，僉曰：耿耿祉哉！其不可誣。乃相與同心立石，以著功德。其辭曰：

單於之山，實鍾其靈；莊嚴像設，劌目怵心。古槐覆庭，蜿蟺蟠曲；貝闕珠宫，望氣先卜。由來廟祀，莫記其年；庚寅重建，廟邈新焉。旱乾水溢，兼以昆蟲；疾痛痌瘝，有感斯通。咄嘻恍惚，精爽式憑；司在雨澤，尤驗功能。乙卯之歲，陰陽乘錯；歷夏徂秋，旱魃爲虐。片雲無黑，暑日流紅；晴光火色，煮地燒空。數分神湫，嚴然大海；飛廉豐隆，百靈畢在。昔也惔焚，今乃霑足；翼翼與當，生我百穀！官吏慶庭，農夫忭野；以喜以愈，無憂病者。黍稷稻粱，可得而食；伊誰之恩，敢忘其力？神功浩大，天地悠久；鐫石刻文，以示不朽。憶昔魯望，野廟有碑；詣彼鄙俗，淫祀無知。水府之事，維王厥職；祀典所垂，雩宗是式。金饑水毀，五位無全；佐理宣化，神能代天。神所憑依，將在於人；不敬不信，何以感神？犧牲雞卜，祇羞我觴；於餐荔丹，與夫蕉黄。我民報事，毋敢怠荒；千秋萬載，歲稔人康。

廩生鄭國相薰沐敬撰

武生路植桂盥手敬書

---

[1] 乾隆乙卯：清乾隆六十年（1795）。

[2] 二龍王之神：即唐代和張巡一道抗擊安史叛軍的名將南霽雲，民間尊爲神靈，稱二龍王或二龍大王。天水市之秦州區、甘谷縣亦有二龍王廟。

督工人庠生路植桂、安素哲、生員安循理、成泮等仝立
石工劉璞
大清乾隆歲次乙卯嘉平月穀旦

三聖母廟器具□□□

【題解】碑現棄置興國鎮邢泉村聖母宫之女媧宫後空地。高 50 釐米，寬 63 釐米。近正方形，石質堅硬，表面歷經砍砸，字跡大半不可辨認。從殘存文字中可知是碑爲廟會組織者清嘉慶二十三年（1818）統計的廟内祭祀器具流水賬單。

縣城之南方三里許曰邢家村，有□□□□□
三聖母廟，相傳九龍山乃老廟，此乃行宫焉。邑之
人凡疾病、旱□□禱，無不應。每歲七月十二
爲三聖母誕辰，以□□□□□以致神庥□□□乃□
年□念之物方棹四張、琴棹二張、□棹一張、□
後胡□酒等爲會首於□糜二十□□大□入
千粱□□□之□□二十□、酒器一百□本□
……又手於
……面□三
……爲□□
……
……勿
……二張……
庠生徐美敬書
吉日
首事人楊禄、高天□、成興、□旺、胡自得、□□、胡自□仝立石
□嘉慶二十三年□永惠、劉□、□□有三人爲會首
……

重建龍湫神母祠記

【**題解**】存興國鎮邢泉村聖母宫。記文書於木牌，光緒十三年（1887）製。縣人孫海撰並書。

隴上山川沃奥，神明所棲。自秦漢以來，若西縣畦畤、朝那湫淵，皆列於天子親祀之典。而天水得名，顔師古以“郡前有湖，冬夏不增減”爲説，蓋即湫淵類也。然郡屬負隴而西，所謂湫者未易一二數。

秦安九龍山[1]，自小隴盤魄而來，至縣東九十里巋然特起，俯瞰諸峰。山半有泉，黝碧渟泓，深不可測，名曰龍湫[2]。每遇旱，舊禱雨輒應。因建神母祠[3]於湫側，蓋取滋育萬物之義。後以祠距縣遠，復別建於城南可泉溪畔[4]。惟堂宇卑陋，先君通奉公曾募資拓之而未就也。

同治初元，隴上大亂[5]。縣城逼近賊巢，遊騎焚掠無虚日，兼以潰兵叛將往來屯聚，城南幾無片瓦，而神祠幸無恙。光緒中，隴上蕩平。余自蜀中奉母旋里，諸父老僉謀重建祠宇，衆意翕然。愈年而功竣，壯麗崇閣，大異昔時。余家園林亦頗修葺，每春秋佳日，攜羣從，命徒侣，置酒園中，與二三同志彈琴吟嘯，追憶平生釣遊之所，而陳跡遝然，一俯仰間已二十餘年矣。歎歲月之不居，悼仕學之無成。猶幸得於驚濤駭浪中息機抽身，婆娑祠下，談舊故，爲笑樂，話承平之景色，田園無恙，觴豆依然，不可謂非人生之一快也。故於祠之成，樂而爲之記。

峕光緒十三年歲次丁亥秋七月中澣吉日

董其事者薛紹宗、鄧銘堂、岳錦江、蔡午、胡文炳、牟濟元、高鴻飛、牛瑗、孫潤德、侯思誠、薛庭鑒、薛庭芷、高耀申、鄧升堂、劉植、侯満朝、

[1] 九龍山：在秦安東四十里，俗名中梁山。嘉靖《秦安志·地理志上》：“東四十里曰九龍山。其山九峰，蜘蹰如龍，東自隴，西至秦，磅礴百里，爲縣之主山。然峰巒瑰壘，望之昂然……其上有九龍湫，其湫亦有九，混然如淵焉。有九龍廟，旱則禱雨其中。”

[2] 龍湫：又稱九龍湫，在中梁山九龍寺側。道光《秦安縣志·輿地志》：“迤北爲九龍山，山半有九龍湫，湫覆以亭，前爲九龍廟，歲旱禱雨輒應。”

[3] 神母祠：即今中山鄉武家坡的九龍寺，又稱九龍山聖母寺，寺内有聖母大殿。

[4] 遷建於可泉溪畔的神母祠即今興國鎮邢泉村聖母宫，爲神母（聖母）行宫，功用和神母祠同，依舊是取湫求雨。

[5] 隴上大亂：秦安縣是同治年間的西北回民反清鬥爭的中心地區之一，戰事在境内延續十年之久（同治元年至十年，1862 ~ 1871）。

薛庭篪、孫兆槐、安維禨、王恒基、趙廷□。

特用同知直隸州知州前四川潼川府遂寧縣知縣弟子孫海[1]書

西番寺[2]碑序

【題解】碑原在隴城鎮西番寺，光绪十四年（1888）李勉撰文。據新編《秦安縣志》第二十一編之“金石”章，“已佚失”。文見王文傑《略陽川八千年歷史人文概覽》，甘肅人民出版社，2005年，第313～314頁。

隴城鎮歷代相傳爲媧皇故里。媧皇姓風，生鎮之南，有風臺、風塋，其東南又有風谷，蓋皆以姓而名地焉。

當在戰國時，阿育王割據斯地，秦始皇誅阿育後，鑿嶮洞於積麥崖。崖在鎮之西南，建立廟宇曰無憂寺。隴始入中國，東漢爲略陽道，又改爲略陽郡。來歙取略陽，斬隗囂守將金良於野戰坡。郡之東十五里爲連柯縣[3]，其南關即今之高莊里，北有山曰王御史山。晉改爲略陽縣，唐爲隴城縣，宋爲隴城寨，設武弁守之。奈金元兵屢肆騷擾，人盡逃避，而地方遂寥落矣。積麥崖遭火後，僅留殘碑一角，失其年號，上有“隴城縣令陸保”字樣[4]。明太祖定鼎後，人民大集，復成巨鎮矣。泰昌間，總制楊公一清設巡檢司[5]一員。清乾隆末，裁去巡檢。

[1] 孫海（1840～1901）：字吟帆，號配山，秦安縣人。咸豐十一年（1861）拔貢。歷任閬中、成都、富順、遂寧等縣知縣。著有《欲未能齋詩文集》。

[2] 西番寺：在隴城鎮西南蟠龍山之西番坪，傳始建於唐代。20世紀80年代重修，有無量殿、元通宫、子孫宫、靈官殿、文昌閣等殿宇。

[3] 連柯縣：正史地理志和秦安舊志都無此縣名目，隴城流傳一關於清水河發洪水的民謠，其中有“連柯縣”。謡曰：“水淹太原府，捎帶了連柯縣，冲走隴城半個城。”

[4] “隴城縣令陸保”字樣：今隴城鎮北魏始設之隴城縣，唐末被廢。五代后唐長興三年（932）復置隴城縣，治所在今麥積區馬跑泉鎮西，和今秦安之隴城鎮無涉，至元至元七年（1270）併入秦州。北宋慶曆五年（1045），在今隴城鎮設隴城寨，金大定二十七年（1187）升爲隴城縣，元至元七年（1270）併入秦安縣。在北宋時隴城寨、隴城縣並存，南宋和金對峙，今馬跑泉鎮西所設之隴城鎮屬宋，今隴城鎮所設之隴城寨或隴城縣屬金，同時並存。故此，其間關係很容易混淆，而此碑文撰者不察，所以將今麥積區馬跑泉鎮西所置隴城縣轄區發生的史事混爲今隴城鎮所置隴城縣發生者。碑文“‘隴城縣令陸保’字樣”之殘碑其實是記述今麥積山石窟史事之碑，和西番寺没有任何關係。此碑全稱“秦州雄武軍隴城縣第六保瑞應寺再葬佛舍利記”，北宋靖康元年（1126）立石，現藏麥積山石窟藝術研究所。

[5] 巡檢司：即隴城巡檢司，《明史》卷42《地理志》：“秦安……又東有隴城關巡檢司。”嘉靖《秦安縣志·建置志》：“隴城巡檢司，在縣東九十里略陽道故城内。成化十年都御史馬公以其地去縣遠而曠，特奏立云。”據此，奏立隴城巡檢司的是“馬公”，而非楊一清。

隴城在萬山之中，帶川百里，自秦漢迄今二千六百餘年，爲郡、爲縣、爲鎮，盛衰屢異。而靈秀所鍾，代多偉人。前秦有太尉吕婆樓、僕射梁平老、安邱公權翼，三人皆一時碩彦，佐苻堅據略陽，並掌機密。漢有太守錫光，晉經學郭整，元德先生郭荷。唐有秘書監權皋，宰相權德輿。司士權達，舍人權據，魏景權曇勝，周郡公權景宣。明永樂間御史王恕。德政如柴魯父子，成化間侍郎張錦，弘治中參政張潛。又如桑世雄三世令尹，廣文韓世録、韓廷獻好學不倦，張之渠旌表孝子，趙思普、趙念普純孝格天，趙衍序清乾隆山東長清縣知縣，李謙四川豐都縣知縣，李從簡四川洪雅縣知縣，彭繩祖咸豐癸丑進士，河南南召縣知縣。彭詠舉人，寧夏府教諭。清光緒年間新疆哈什騎臺姜國盛。今雖人往風微，後之人循其遺跡，睹其墳墓，或經其讀書處，莫不低迴留連，而以御史名山，部閣堂[1]名地也。

鎮之東山有東皋寺，建有媧皇廟。有廟彎寺，明嘉靖時重建。其地北有龍泉寺，即張侍郎[2]讀書處也。龍泉山崩，水逼城垣半傾，民舍盡成澤國。清道光中，秦安縣令嚴長宦飭鎮紳築隄渠，以護城垣。惜未歷多年，隄仍爲水所壞。鎮之西山有西番寺，即積麥崖也[3]，初重建於唐尉遲恭敬德，再建於明洪武十八年。金碧輝映，光彩奪目者數百餘載。同治初，花門煽亂[4]，東西二山廟宇盡毁，今西山僅有子孫宫、北陰宫；頂洞和樂樓，重建於清光緒十四年。

光緒十四年八月十五日李勉序

捐助九天聖母廟會費碑記

【題解】碑立興國鎮邢泉村聖母宫大門内之右側。清光緒三十三年（1907）立石。高 164 釐米，寬 64 釐米。王友曾撰文。青石質，碑文字跡

---

[1] 部閣堂：今隴城鎮張家堡村，當地人習慣稱部閣堂村。張錦（？～1498），隴城鎮張家堡村人。明成化五年（1469）進士。歷任都察院右副都御史、左副都御史，刑部左侍郎等職，故其村稱“部閣堂”。

[2] 張侍郎：即張錦。

[3] “鎮之西山有西番寺，即積麥崖也”一語是因混淆兩個隴城縣而推斷出的錯誤結論。

[4] 花門煽亂：指清同治年間的回民反清起義。

殘缺較多。

從古重義輕財，樂善好施，求之鬚眉中誠難其人，況巾幗乎！

若高門張孺人，則誠有足異焉。孺人，高君涵之德配也。高君早歿，孺人守節堅貞，深明大義，猶復濟貧乏，樂施與邑中，凡有善舉，聞之無不樂助。常教子鳳章曰："積財不如積德，古訓昭然，□□長其知之無忘。"鳳章遵母命，謀置張園並補助九天聖母廟會費未果，賫志以歿。

光緒丙午[1]孟春，孺人念會□無，以捐制錢壹佰串整，以成子志。交首事人，説法生念，庶其薦享之一助也。至捐置義園，事在必行，意有孺人如此，則凡每一食必□□□聞其鳳當□知勵矣。是爲記。

邑人王友曾[2]撰

邑人蔡□岐書

高門張氏仝次子鳳朔孫女立石

光緒三十三年歲次丙午秋七月穀旦

邢泉慈航宫碑

【題解】碑現存興國鎮邢泉村聖母後宫鐘樓旁，棄置院内，字跡清晰可見。2010年初夏，秦安縣志辦工作人員前往興國鎮邢泉村考察時發現。高100釐米，寬76釐米。碑文由關聯的三部分内容組成：第一部分是盤阿道人即安維峻爲王家峽井中掘得石刻佛像碑所寫的題跋，在碑額拱形半圓部位；第二部分是盤阿道人爲梅光桐新修的安置石刻佛像的慈航宫所寫的創建碑文，在"題跋"之下碑面；第三部分是山左塵俗道人梅光桐的解釋性跋文，在"創建碑文"之左。

此碑亦出井中，如果瘞自北周建德時，迄今千三百四十餘年矣。龍額龜趺，佛像居其中，刻工精巧絶倫，虚下方及題額，殆冥漠中有意留待今日耶！爰補題曰"慈航宫碑"，而序其顛末於碑陰。要非梅君素精湛與深

[1] 光緒丙午：清光緒三十二年（1906）。

[2] 王友曾（1867～1932）：字少尼，魏家店鎮南岔（今屬雙石村）人。清光緒二十三年（1897）拔貢。曾任禮部主事、陝西洋縣知縣等職。

通佛理，萬不能成此大功。梅君名光桐，字明階，山東長清人，陸軍步兵少校，甘肅新建左軍二營營長。

槃阿道人題

歲甲寅[1]，秦邑下王家峽居人掘井，得石刻佛像[2]，即引出。適王君啟文新構室成，乃舉而供奉其中。其創自何人，瘞於何代，均不得知。憶光緒戊子[3]三月，峽北數里之鄭家川山顛，村人掘得北周建崇寺碑[4]，上截皆鑿佛像，下截鐫以文，額題"建崇寺"三字，碑陰載其家世存亡及官爵名字，末綴親黨三人。碑文有"建德三年歲次甲午二月壬辰朔二十八日己未，佛弟子本姓吕，蒙太祖賜姓宇文"云云。是年五月，周武帝下詔禁佛道二教，經像悉毀。此碑明言靈像神容，遺形異品，既奉詔，因而瘞之，亦情勢不得已者。王家峽之石佛謂即建崇寺所瘞，未敢臆斷，然以情勢揆之，亦當在建德時。由甲寅至癸亥十年矣。營長梅君於三聖母行宫後山麓購地，將以培補風脈，聞有石佛，商之王君，舁以來。於是鑿洞巖間，接構正殿三楹，審知佛像之獨座者爲南海菩薩。奉安洞中，諸佛像之在塔石者，分立殿中左右。爲雙塔各六級，其殘缺者不在記數。又建普濟橋，上達山門，題曰"慈航宫"，東西爲齋舍，迤北爲花墻，可憑以眺遠。工大費煩，自得捐資，並募化有緣，成此無量功德。至有碑無字，而額鑿透花雙龍，上截皆佛像，下截空，碑陰亦如之。座像元武，似當時工尚未□者。梅君屬余爲序，並題額，將補鐫焉。喜於巽方風脈，有裨據□書之佛法，非余所知也。

癸亥[5]季夏，槃阿道人[6]撰

---

[1] 歲甲寅：民國三年（1914）。

[2] 此碑張維《隴右金石録》著録，有考證云："民國十五年，秦安縣西王家峽民人掘井得石碑一、石塔二、石鼓六、佛像二。碑高四尺二寸，額高廣各二尺五寸，刻有'慈航宫碑'隸文四字，下有佛像二，佛像上平列小佛像七，左右各二，其下有文，今全泐矣。一塔十層，皆有佛像，一塔僅存三層，皆有佛像。或云此俱塔之上截，塔基必有文字，未出土也。佛像今存一，爲下半身，其一及石鼓俱佚。又云當時出土尚有石劍及他石刻，今無考矣。十層塔後移蘭州，刻鐫殊精細，自爲北朝佳作。聞安侍御曉峰於發現後有記考證之，惜未見也。"

[3] 光緒戊子：清光緒十四年（1888）。

[4] 關於建崇寺碑的情況參見本章"建崇寺造像碑"目相關題解和注釋。

[5] 癸亥：民國十二年（1923）。

[6] 槃阿道人：安維峻之號也。安（1854 ~ 1925），字曉峰，甘肅秦安縣人。清光緒六年（1880）進士。曾任福建道監察御史等職。著有《甘肅新通志》《諫垣存稿》《望雲山房詩集》《望雲山房文集》等。

此碑記係前御史安曉峰先生所撰，原擬刻於由井中掘出之佛碑，空間處因字多碑隘，石質不堅，移刻於此，用昭來茲。

民國十二年癸亥夏六月山左尘俗道人再記

第三節　記事碑刻

北宋凉颸閣碑記

【題解】北宋元祐七年（1092）立石。據宣統《甘肅新通志》卷92《藝文志》金石附，此碑在秦安儒學即文廟，民國時尚存。張維《隴右金石録》言："按此記高二尺，廣三尺，三十三行，行二十五字。首書凉颸閣記，南豳史之才撰。"今不存。文録自《隴右金石録》，蘭州俊華書局，民國三十三年鉛印本，第473～475頁。

四夷之患，犯順侵軼，其來久矣，雖古聖王不能無慮。我朝龜鑒前弊，安不忘危，命將率遣戍役，講肄貔虎，豐實儲蓄，雖窮陬荒徼，亦扼恃險隘，控壓喉襟，置設堡寨，絡繹對恃，蓋欲廣斥候而備不虞也。

隴城寨[1]距秦一百二十里，本黠虜鬼留等穹廬所止之地。慶曆中，仁宗遣將展拓邊疆，自涇原水洛城[2]界，披山刊木，鉏去猾羌，路開坦然，直通於秦寨[3]，因置寨設官以治之。時有僧徒善者，於寨之東南阜絶頂，創葺精宇，以備邑僚行香。又於院之北隅别建一亭，下瞰闉壘，其亭迄今年祀浸遠，棟摧桷衰，將不蔽風雨。一日，知寨狄公偕僚佐，因禱於金僊氏，睹是亭，不覺歎息曰："凡物之興廢由人，苟嗣而葺之，則其功易成，其力易集。奈何宰是邑者，惟窮日之力，止曰憂公不暇，或廨宇敝漏弗顧，疇能及此耶？"因諭僧雲起，俾求化有緣，番漢子來，材力雲萃。因廣其

[1] 隴城寨：北宋慶曆五年（1045）置，金大定二十七年（1187）升爲隴城縣，故址在今隴城鎮。

[2] 水洛城：北宋慶曆四年（1044）劉滬重築水洛城，故址在今甘肅莊浪縣縣城（水洛鎮），城址輪廓至今依舊可見。《續資治通鑒長編》卷144記當時水洛城之盛説："川平土活，又有水輪、銀、銅之利，環城數萬家，漢民逃逋者歸之，教其百工、商賈，自成完國。"

[3] 秦寨：北宋置，故址在今秦安縣城。嘉靖《秦安志·地理志》："宋秦寨，即今縣治。"

基，增之版築，遂構成一閣。軒楹宏敞，引簷翬飛，周眺雲山，景益虚曠。狄公因暇日與賓僚落成，曰："是閣也，材木非珍，儉而有制，因民力而成，且人之或崇一臺，或浚一沼，尚寓之名，此獨無之，可乎？"客有預坐者曰："公言是也。竊敢議其名，以獻諸公。"曰："其閣面於北，長風遠來，故《詩》曰'北風其涼'。飀者，風之貌。宜目之曰'涼飀閣'[1]。"公曰："善！"遂揭而題之。

夫構是閣者，豈特獨樂其樂，以助衆人嬉遊之樂。然則衆人嬉遊之樂，從何而至耶！愚竊謂一郡一邑之長在得其人，必曰號令明，刑賞公，不昵憸人，不虐無告。嗚呼！號令明，則下皆畏肅矣；刑賞公，則法無僭濫矣；不昵憸人，則邪佞退藏；不虐無告，則冤枉澄雪。其和氣之來也，猶桴鼓之應。則陰陽調，風雨時，百穀豐穰，羣黎康阜，孰不瞻對景物忻歡，以從嬉遊之樂耶！此真民之樂而有所至也。

隴城寨去歲自夏徂秋，穀麥告成，比秦之他邑，實曰登稔，豈非狄公善治之所及歟！孰曰民之樂無所至邪？之才辱公之請，辭不獲免，因直書其事，以誌歲月云。

元祐七年歲次壬申四月癸丑朔三日乙卯建

隴城寨主簿兼管勾床穰堡長孫革右班殿直監秦州隴城寨酒稅張慥書

東頭供奉官隴城寨兵馬監押兼在城巡檢趙珣文思副使權知秦州隴城寨事輕車都尉開國侯狄訷立石

秦邑國朝科第題名記

【題解】據張维《隴右金石録》，碑原立秦安縣舊學宫，民國時尚存。今已散佚。嘉靖二十六年（1547）立石。胡纘宗撰。胡纘宗《鳥鼠山人後集》題名《秦邑國朝科第題名記》，嘉靖《秦安志·學校志補》亦著録，題名《國朝進士舉人題名記》。

古鄉舉里選，今鄉亦選舉。古選舉以德行，今選舉以文，或以地。古

[1] 涼飀閣：北宋元祐七年（1092）建，舊址在隴城鎮東南，毀壞時間不清。

以德行，故多賢良方正；今以文，雖多向慕古博學閎辭，然德衰行微；舉世尚文，遂至文日盛，辭日縻，而才不古若矣。夫養士於校而舉之進之，出於科，大都爲君也，爲民也。孰不知事君而立朝者，不皆皋、夔、稷、契；孰不知治民而涖政者，不皆龔、黄、卓、魯。然舉之進之以文，用之以德，苟不以天視君，子視民，而徒華以文學，文以政事，欲其立朝德如文翁，才如敬輿，不可得也。舉之進之何爲哉？

秦選舉，宋以前俱列之州及秦左右鉅邑矣。邑中所考知者，惟唐貞孝權公[1]祖孫焉爾。權雖係略陽，然其家去秦三十里。貞孝公以卓行表帥一代，謂分天下善惡，一人而已。而大奎中書[2]復世其家，此豈不足以垂勸百世哉？若李太守伯都武都之頌[3]，銘石不磨；權尚書平章[4]之勳，鳴世莫及。聞望至今赫赫出科第上，亦非易得者。是故吾邑科第士，其惟貞孝公是師；才德士，其惟文公是法，斯不足光前裕後也與？苟以一第自矜，不復問學；以一官自顯，不復治行，視國家舉之進之之意，亦或少違，則非纘宗之所知也。

纘宗與應乾登進士若干年矣[5]，邑中學子，亦多英儁，近與府州媲美矣，諸士子勉哉！茲疏其名而揭之黌宫之壁，蓋原其所由始，而要其所克終耳。誠於權先生父子世濟美焉，於鄉閭不增重邪？令尹楊侯[6]曰："是所以垂勸也。"秦科第今方盛，諸才士豈不知興起也哉！

可泉胡纘宗記

[1] 唐貞孝權公：即權皋。權皋，字士繇，唐略陽（今隴城鎮）人。天寶八載（749）進士。曾在安禄山幕府任職，察覺安有反叛意圖，借機脱離安部，時人讚譽："謂分天下善惡，一人而已。"卒後謚"貞孝"。有《貞孝先生集》。

[2] 大奎中書：即權璩。權璩，字大奎。權皋孫，權德輿子。元和初中進士。歷監察御史、中書舍人等。

[3] 武都之頌：即《漢武都太守漢阿陽李翕西狹頌》，又稱黄龍碑、西狹頌、惠安西表等，在今成縣縣城西西狹天井山。係摩崖石刻，爲歌頌武都太守阿陽李翕功德的石刻。一説漢阿陽治所在今秦安境内，故胡纘宗以其事跡入記。

[4] 權尚書平章：即中唐名相權德輿。

[5] 纘宗與應乾登進士：胡纘宗，正德戊辰（正德三年，1508）進士。應乾，侯一元字，正德甲戌（正德九年，1514）進士。

[6] 令尹楊侯：即秦安知縣楊綸。

秦邑國朝貢士題名記

【題解】據張維《隴右金石録》，此碑原立秦安縣舊學宫，民國時尚存。今已散佚。嘉靖二十六年（1547）立石。胡纘宗撰文。胡纘宗《鳥鼠山人後集》收録，嘉靖《秦安志·學校志補》著録，題名《國朝貢士題名記》。

國家於科第外，復命郡縣於所養士以次歲貢之禮部，禮部統進之天子，天子廷試之，乃入太學。蓋恐所舉不盡夫所養，所業不盡夫所學，乃令卒業以要其成，而措諸用爾。夫學校養之，郡縣貢之，國子成之，待之者厚矣。士將何以報稱之哉！

考之天順、成化間，天下所貢士，尚多强仕之年，而吾邑半多州守縣令，亦或有治績。正德以來，輸邊之例頻開，縻爵之途肆出，而所貢士多垂白者矣。當路見其年若是也，不畀郡幕，即授縣佐，間拜縣尹，不復銓州守矣。所貢士亦往往乞學職邊秩以卒歲，而貢至不吏胥若也，是豈國家養士之初意哉？然計偕而入仕也，苟不以年自棄，不以不出科第自畫，於郡爲佐，於縣爲正，盡吾所學，酬吾所養，准古而範今，未必不可稱良，而今不多見焉。時邪？人邪？抑何可盡歸之輸邊縻爵也！

夫於仕稱良，則於養稱善，於貢稱美，鄉不爲無人，而國不爲無士矣。否則，僨若所事，不足以言仕，而負若所學，奚足以言士哉？若吾邑先進諸君子，良於仕者，固多其人，芳聲偉績，後學所當觀法。不良於仕者，未必無其人，名勝才勝，後學亦得指而擬之也。傳不云：“鄒魯多君子，燕趙多感慨士。”邑侯楊子[1]曰：“徵之國初，秦不多才士邪！”

嘉靖丁未[2]秋九月二十日可泉胡纘宗記。

重修秦邑城池記

【題解】碑原在秦安縣城，已散佚。文載胡纘宗《鳥鼠山人集》，嘉靖《秦安志·建置志補》。乾隆《直隸秦州新志》亦有載，名《重修秦州城記》，誤。

[1] 即秦安知縣楊綸。

[2] 嘉靖丁未：明嘉靖二十六年（1547）。

胡纘宗爲文喜好將秦安稱“秦邑”,如嘉靖《秦安志·藝文志補》有其自撰歌頌秦安風物之賦曰《秦邑賦》。《秦州志》之編纂者不明此理,將重修秦安城的文章誤爲重修秦州城者,並改題名以“名副其實”,於是大誤。其實,記文中督修城池的“邑令陳侯”“邑令楊侯”即秦安縣令陳秉衡和楊倫,由此也可證記文是爲秦安城而作。

《易》曰:“王公設險,以守其國。”城與池亦險也。關隴西北,迫近羌戎,城與池尤所當設者。秦邑有城,自金及元矣。國朝成化癸巳[1],虜深入,巡撫都御史馬公文升[2]劄令修之,未厚也。弘治乙丑[3],邊警,總制尚書楊公一清[4]劄令葺之,未高深也。君子曰:豫也。嘉靖壬寅[5],虜犯塞,總督尚書劉公天和[6]擊之,虜敗去,乃奏列城欲高深之。既得請,特敕按察副使督之。乃劄令諸郡邑高深之,咸如奏。君子曰:盡豫之道也。

暨辛丑[7],邑令陳侯[8]檄典膳麟、時秀,訓術元甫、宗仁分工築之、浚之。陳尋去。四工起邑丁若干人,高深之咸如劄。於是東南元甫,西南麟,東北宗仁,西北時秀,雞鳴趣工,雞棲罷工。壯者杵,少者篼,掘者錯,運者登高,官臨之,甲監之,登登之聲相和,勃勃之色相先,而卿大夫士有携酒肴慰勞者。未踰歲,城裒然厚,池劃然坼矣。比見各丁,於城將半日,懃懃然,曾無告勞者;於工將訖日,懇懇焉,曾無告疲者。而二典膳以裕稱,二訓述以毅稱,道路籍籍也。繼署邑經歷希顔[9]至,卯出酉入,督東北城尤力。

[1] 成化癸巳:明成化九年(1473)。

[2] 馬公文升:即馬文升(1426～1510),字負圖,明河南鈞州(今河南禹州市)人。景泰二年(1451)進士。成化初年任左副都御史,“賑鞏昌、臨洮饑民,撫安流移,績甚著。”累官至兵部尚書、吏部尚書。

[3] 弘治乙丑:明弘治十八年(1505),本年蒙古部小王子進犯甘肅。

[4] 楊公一清:即楊一清(1454～1530)。楊,字應寧,雲南安寧人。後徙居丹徒(今江蘇鎮江)。成化八年進士。弘治十五年(1502),督理陝西馬政,次年受命經略邊務,兼巡撫陝西。先後又三任三邊總制。爲官五十餘年,歷經成化、弘治、正德、嘉靖四朝,至内閣首輔。著有《關中奏議》《石淙類稿》《西征日録》《車駕幸第録》等。

[5] 嘉靖壬寅:明嘉靖二十一年(1542)。

[6] 劉公天和:即劉天和(1485～1545)。劉,字養和,明黄州府麻城縣(今湖北省麻城市)人。正德三年(1508)進士。嘉靖十五年任兵部右侍郎兼右副都御史,總制三邊軍務。官至兵部尚書。

[7] 辛丑:明嘉靖二十一年(1542)。

[8] 陳侯:即秦安縣令陳秉衡。道光《秦安縣志·官師志》:“陳秉衡,四川人。國子生。”

[9] 經歷希顔:即碑文落款署名者“鞏昌衛經歷李希顔”。

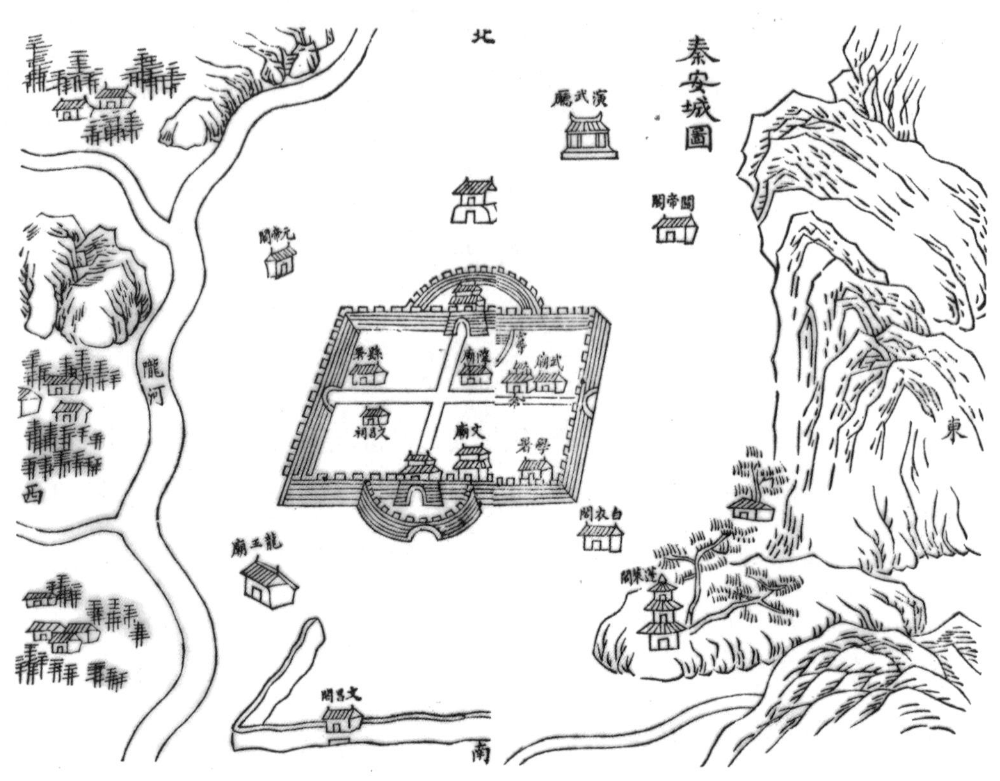

圖 3-6 光緒《秦州直隸州新志》所附秦安城圖

蓋東加三之二，南加五之半，西加五之二，北加四之三。城高三丈有五尺，厚二丈有三尺，池深三丈有三尺。鞏臨郡邑，皆築皆浚也，率多補葺之爾。吾邑加厚與高與深，若另修一城然者。故見者曰："是城何堅邪？"丁曰："土厚爾！"曰："是城何嚴邪？"丁曰："力專爾！"蓋訓術、典膳日僕僕督之，咸如檄，鄉大夫士所目睹也。

是城也，起工於辛丑春末，訖工於壬寅秋初。工將成次，及二月，城將起，而四城樓未創也。按察君亟欲報完，而不知吾邑工加於他城池數倍，乃禮獎曾未到工之幕史以文幣，遂報完。而希顔、元甫、宗仁、麟、時秀曾無尺帛之勞，聞者訝之，殆諸君先後捧敕於蘭，駐節於蘭，而諸城之力弗力，堅弗堅，高弗高，深弗深，皆未目擊心惟，若日凴几以待報焉，爾然遂遷矣。於戲！此豈獨修城然哉？既邑令楊侯（嘉靖丙午）[1]至，且督且甄甃，曰：

[1] 邑令楊侯：即碑文落款署名者"秦安縣知縣楊倫"，道光《秦安縣志·官師志》："楊倫，臨清人。舉人。"嘉靖丙午，明嘉靖二十五年（1546）。

“門以石如盤，壘以磚如蓋，而門屹然矣。”肆署邑判官信[1]至，乃助乃促，幬四樓以脊若衡，端以獸若螭，而城翼然矣。元甫督北門及樓，曰“憑隴”、曰“斗拱”；宗仁督南門及樓，曰“濱渭”、曰“龍翔”，翬飛鱗次，脩脩翩翩，雄於鄰邑。城次第將完也，若囱欞之星列，角樓之峰峙，堞鋪之雲布，城扉之銀鋪，檻垣之璧燦，橋紐之虹垂。其惟邑侯古城君[2]落成焉，然亦既籌畫矣。

嗟夫！莫不曰禦侮在城，愚則曰在人。蓋城之堅，孰若人之堅。莫不曰在人，愚則曰在人之心。蓋人之固，孰若人心之固。城高矣，而人不力，如守何？人衆矣，而心不一，如戰何？敢告之西北設險以守郡邑者。

嘉靖乙卯仲冬之望可泉胡纘宗記

承事郎秦安縣知縣楊倫，例候典繕曹麟、梁高、今時秀，從仕郎河州判官喻信，訓術李元甫，鞏昌府衛經歷李希顏、候选劉宗仁

仁廉邑侯于老爺[3]輸貲修橋碑記

【題解】碑在今郭家鎮。清雍正九年（1731）立石。拱首條形，碑首豎刻“大清”，碑正中大書“仁廉邑侯于老爺輸貲修橋碑記”。文字陽文刊刻。

公諱鯨，字飲川，□□人也。自康熙六十年下車，禮士恤民，興利民□，□留其善政勒於此。邑北四十里，郭嘉鎮東南，舊有小水，因地□崩，水道遂成□□。雍正四年，水自鎮中衝出，□地漸成大溝，冬□□入夜，嗟□□之苦。公遂輸貲建橋，咸享好生之德，□□□以志公德之不朽云。

旹雍正九年歲次辛亥交四月吉旦

功德主王弘□立

[1] 邑判官信：即碑文落款署名者“河州判官喻信”，道光《秦安縣志·官師志》：“喻信，南昌人，以河州判官署縣事。”

[2] 邑侯古城君：即碑文落款署名者梁高。梁，號古城，繼楊倫、阮師瞻之後任秦安縣令，道光《秦安縣志·官師志》：“梁高，閬中人。舉人。”

[3] 于老爺：即秦安知縣于鯨，清雍正初年在任。道光《秦安縣志·官師》：“于鯨，漢軍。貢生。”

邑侯牛老爺[1]德政碑

【題解】碑現存隴城鎮風溝碑林。由碑文“距今乾隆甲子”一語知，碑刻於乾隆九年（1744）。高145釐米，寬72釐米。碑額篆書“皇清”，正中大書“邑侯牛老爺德政碑”，前爲序文，後爲贊文及落款。

公諱運震，字階平，號木齋，别號真谷，山東兖州府滋陽縣人。雍正癸丑進士。乾隆戊午[2]涖臨秦安，距今乾隆甲子，七年之久，庶政聿修。惠澤漸於羣心，仁聲溢於衆口。於是本原事跡顯著詩歌，據此丹誠勒於青石，示流諸父老之哉，神君俾世萬子孫，毋忘□仁□親。

如此之吏，令□之榮。自非有德，孰稱厥名？顯□我公，卓著賢敏。將□濟食，其教飭修。田龜□□，勞勸農耕；倉儲是豫，水利是興。巡遊□□，荒僻幽遠。維暇則□，誨爾諸生。暨凡瑣屑，悉中□□。樹□□碑，□增固□。□遷□□，公政既成。敬鐫片石，式表羣情。

……甲子二月吉旦，邑士民□□、□□

石工長安王佐刊

牛運震决河碑記

【題解】此碑乾隆四年（1739）刻石。高143釐米，寬75.8釐米。發現於安伏街，後移置玉鐘寺。今嵌於玉鐘寺後院之墻壁，部分字跡磨損不可識。

□□□□萬山皆□土，土疏而善崩，城北三十里爲玉鐘峽，隴水經□中峽□□□□山俯隴水□歲五月内，緣暴雨水盛而山崩，山崩而峽塞壅，河道延□□□□□□□之高其六七十丈，地洩損者高下約五百畝，浸没者縱

---

[1] 邑侯牛老爺：即秦安縣令牛運震。牛運震（1706～1758），清代著名學者、循吏。字階平，號真谷，世人尊稱空山先生。清山東滋陽（今兗州市）人。雍正十一年（1733）進士。乾隆三年（1738）任甘肅秦安知縣，乾隆六年受命兼任徽縣知縣，乾隆八年又兼攝兩當縣。乾隆九年調移平番縣，乾隆十三年因遭誣陷罷官。在甘肅爲官10年，所在皆有政績。之後主講甘肅蘭州皋蘭書院，山西晉陽、河東等書院。著有《讀史糾謬》《金石圖》《孟子論文》《尚書詳注》《論語隨筆》《史記評注》《詩志》《春秋傳》《周易解》《空山堂詩集》《空山堂文集》等。《清史稿》卷477《循吏》有傳。

[2] 乾隆戊午：清乾隆三年（1738）。

橫各五六里□□舍宇六七十間，民□□□居。

邑侯牛公聞報，會日暮，即單騎疾馳峽，路崎嶔泥濘不爲阻，至則漏下二鼓。假宿古廟中，一夜不成寐。昧旦□，日覓民夫三四百人決河，優其饔饗，厚其直，復按畝予糧，比屋給銀。俾士民無至大□□□廬之資及傭夫之直費，銀米共一百有奇。而公之日夜□□□□施者，道凡□□而河始通。當是時，邑士民咸爲公稱□□□，公殊不知也。水□□士民□□□□，鄰里相對，杳如隔世，昔者之困，豈料今生仍鳩黎於斯地耶[1]！然非公，孰活我輩者？乃同聲感激涕下，相與謀鐫碑並示後世。

偶過而念之，知此□之人。祖若父，子若孫，生獲安堵，死獲首邱，更千秋萬代□蕩□雜居之□者，其來有自。遂質言其顛末，以勒諸石。至公之明政刑省□，存聞耆老，甄育後□羣黎，幾爲遍德矣，兹不復贅。

公諱運震，字階平，號木齋，山東兖州府滋陽縣人，雍正癸丑進士也。

大清乾隆四年秋九月吉旦，士民共三百餘人感德立石。

秦安縣創建文筆閣碑

【題解】碑原在秦安鳳山泰山廟，今不存。文載牛運震《空山堂文集》。牛運震撰。

凡爲傑閣崇樓於阜嶺之上，則國之人咸仰目焉！爲其踵高而爲之高也，然其爲志也，僅以偉觀瞻侈遊，覺察氛祥，則賢者勿取也。彼賢者之創作，厥指固有著且大者哉！

秦安諸山起脈九龍之麓，自東迄西六十里，其勢蜿蟺蓬竦，若飛樓架殿而來抵縣城，結爲長陵，橫截左方，是爲秦安東山。術家謂一縣之風脈咸會於此。秦安人文禮教蒸蒸日進固賴此，以爲發祥毓秀之基者哉。

---

[1] 玉鐘峽山崩，牛運震組織疏導一事，《清史稿》卷477《循吏·牛運震》言："縣北玉鐘峽，山崩塞河，水溢爲災，運震率丁夫開濬，凡四日夜，水退。"又，《牛運震行狀》載："城北玉鐘峽，五月暴雨，山崩河塞，土高六七十丈，長七百餘丈，民居漂没。薄暮聞報，輟食，疾馳，胥役、家人皆徒跣，荷畚鍤從。至則男婦老幼皆登山號泣來迎。運泣語之曰：'吾，汝父母也，必奠爾居。'時雨尚未息也，亟出重資，募水夫，益以胥役、家人，數百人開濬。念百姓弗能火食，自縣致熟食，餉之。紳士感動，亦競以熟食餉。四晝夜，目不交睫，身不離岸；民咸謂：'令憊甚！'而不自知也。迺按户給糧，比屋給銀，民慶安堵；繪決河圖，立石以記。"《牛運震行狀》，見牛運震撰、魏耕原等點校《史記评注·附录》，三秦出版社，2011年。

余吏秦安七載，以移調去，乾隆十五年罷官東歸，道秦安，仰矚東山之上，巋然有閣，則後令蔣侯[1]倡諸紳士所建也。三數重架，八柱竦峙，其周百四十篖，其崇五十二尺，梯之得三十級焉。雕楹丹甍，回欄飛窻。又肖神其上，倛面朱髮，右秉筆，左持斗，蹔一足而舞如世俗所謂魁星者。於是秦安山嶺平川、城郭村虚之人户咸在茲閣之下，四面環望，如文筆孤起，聳漢插天。而秦安自余爲吏時，固嘗與諸生校文講藝，蔣侯繼之，日益騰興。諸生誦習研討，抽思騁辭，鬱然如樓閣百尋，煙雲千狀，由此傾倒岍華，吞吐涇渭，若有神物陰來。相之，此豈人力能爲者。然則茲閣之建，又烏可少哉？

邑之大事，莫重於文教，國之大興，莫重於制科。風沙形勝，鬼神徵驗之事，聖人儒者所不道。然人道地理感應事甚著，不可盡誣也。今蔣侯之爲斯閣，蓋以神地之道治人之宜，將使登茲閣者周覽山川原隰之體勢，吐納風雲之變態，濬發耳目性情之精靈，導揚詩書文章之光氣，於以蜚騰庠序，焜耀巖廊，不亦昌乎！然則蔣侯之所以爲文教制科計者，至深且鉅，雖謂余七年之陶成作養，不如蔣侯造一閣之力可也。予東行亟會蔣侯，暨秦安人士控馬乞言，余題其額曰“文筆閣”[2]，而表其創建之本旨如此。

若夫！茲閣崔嵬壯麗之美，及夫登臨眺覽川原林木景物之盛，則蔣侯與秦安諸生悉嫻於文詞者。余歸矣，不獲常留，此遊尚請爲余賦之。

禁革陋規碑

【題解】原立秦安縣署衙門，已佚。文録自道光《秦安縣志·藝文》。乾隆九年（1744）牛運震撰。牛氏在秦安縣任内施行整編保甲、清理田賦、廢除苛捐雜税等一系列惠政，其禁革陋規，道光《秦安縣志·藝文》稱“革雜派九事”。

大墨之吏，其侖無當，陰私而陽公之。匃民之財，而猶以爲格也。歲有拾，

[1] 蔣侯：即秦安知縣蔣允焄。

[2] 文筆閣：即蔣允焄主持所建之蓬萊閣，乾隆十五年（1750）牛運震辭蘭山書院講席東歸，途經秦安，於是請其題匾額曰“文筆閣”。

無細大焉，殆取盈而已矣。於是，國有無賦之税，税如閏焉，而民大病。

甘肅邊幅，閏税之厲府也。往者，軍役騷動，民參其力，二輸於公。公償其直，吏之取者勿直也，而又號諸其部，曰“法則”。然下之人争奔走焉，蠢蠢然安其毒而不暇，知其己之朘也。雍正中，國家法令峻，設賦之弊者汰去十七八，吏殆無横求於民。

予以乾隆三年到秦邑，察其供之匪正者，蓋猶有存。然而民氣十倍敝於昔，乃一切蠲除之，榜爲禁。於戲！廉吏誠難爲第，國典具在，亦足畏也。矧兹山城儉瘠，邑雖不能惠，剥之則何堪！予豈矜廉吏哉！於此，益以見國家法令之肅嚴矣。會予以遷調去[1]，將行，悉諸蠲目條勒於石，冀以告久遠吏民，並以貽嗣是土之公潔愛人者。

一革除歲底裱糊衙門修理傘扇雜費；

一革除幫貼轎夫工食並赴蘭、赴岷每名盤費；

一革除幫貼衛皂隸工食；

一革除開徵開倉公禮；

一革除起解錢糧馱運腳費；

一革除修補倉廒並鋪墊雜費；

一革除盤量倉糧攤派夫價；

一革除雇賃民倉攤派房價；

一革除隴城鎮十三堡地方攤派夏滿城規禮。

創置隴川書院記

【題解】碑原在秦安隴川書院，已佚。文録自牛運震《空山堂文集》。清乾隆九年（1744）牛運震撰。

吏十室之邑於萬山之中，而求文學，猶適澤國選陸材也，不亦迂且勞乎？雖然，苟可以譽雋民邑無小。《管子》曰：“樸野而不暱其，秀才之能爲士者，則足賴也。”夫惟荒遠僻陋之鄉，能作其秀，競於文采，斯吏

[1] 牛運震乾隆九年（1744）奉調平番縣（今甘肅永登縣），次年春成行。

有司力哉。不然，彼鄒魯之弦，殆人人遊夏矣，又奚必以籛揚至教、陶炊文藝之事，屬諸政與宰？

余爲秦邑七年，無能功於簿領之役，而文教穰於昔，蓋余廁名問學，而課書積文，勖人于古義，殆其性之自然，非以此繫乎吏事而爲之也。於時秦邑略有一二諸生，沈深好學，聆吾旨説，能繼其志，用以騰聲譽，掇科名，駸駸乎隴右鄒魯哉！然余竊有思焉。夫以長吏而繙經藝課衿士，儼然以塾師自爲，非以爲正職本務也。乃其較易於布素而皐比者有三焉：居高順風，其聲易遠，一也；嚴憚之益，倍於切靡，二也；出廉資爲膏火供，以養代教，三也。雖然，猶有三難：符移之程切於講課；又牽害於部署關防之嫌；且俾爲衿士者，國貳其司鐸，家遠其父兄，懼侵越焉。此其三難也。余冒三難以成三易，豈曰無負秦！士人亦寧敢以此瑣瑣者，溷諸漢唐文翁、柳侯之爲。顧士各有志，爲吏者能亦各有長，毋亦惟是。余七年吏秦，借館署讀書課士，聊以自娱，其宿昔之隱而用抒寫焉爾矣，曷與聞乎官猷吏績也哉！然而應時既久，事亦克有成，即諸生之嗜學慕義，蒸蒸騰達，不可謂非聰聽長吏之訓教者也。

乾隆十年春，余以量移去秦，大懼諸生散廢而成業曠，念百工不可亡肆，因於縣署之東偏，買侯郎中故宅[1]，增修齋舍以處之，榜曰“隴川書院”[2]。蓋以志吾教於秦安也。夫事之興廢，有天有人，况繫一邑文業，惟篤信而勤行者爲可久。余往平番，余夢思猶樂秦諸生。異日者，余或以事東來秦邑，駐馬斯地，諸生猶能聚處其中，操縵安歌，發函瑯誦，則庶幾哉！諸生無負余七年以來惓惓屬望之意，而余且銘後來守土君子獎進人才之德於不朽，雖謂今之隴川書院，即往昔之白鹿、南溪[3]可也。

---

[1] 侯郎中故宅：明秦安進士侯一元故宅。侯一元歷任工部主事、吏部主事、兵部郎中、吏部郎中等職。

[2] 道光《秦安縣志·學校》：“書院舊未設。乾隆八九年間，知縣牛運震買署東民宅，聚諸生講習其中，題其堂曰‘敬業樂羣’，門曰‘隴川書院’。刊碑以紀其事。”對於牛運震的辦學成績，慕壽祺著《甘寧青史略正編》稱讚：“故官宰秦安時，兵燹之余，人文弇陋。秦安又僻處萬山中，士不知書，近二十年無登鄉榜者。故官首葺學宫，創立隴川書院於縣署東側，獎提後進。七年之中，英俊翹楚騰聲譽，掇科名，駸駸乎人文之盛，稱‘隴右鄒魯’。所造就若吴進士墱，胡貢士鉽，孝廉路植亭、張輝譜、張夢熊，類皆邃於左學，穿插經史，出入秦漢；或蔚爲文章，發爲德業，卓然一時，名聲半天下……”

[3] 白鹿、南溪：指江西廬山的白鹿洞書院和福建尤溪縣的南溪書院兩處著名書院。

於戲！余爲秦邑七年，誠無惠善及於邦人士，將以此書院一畝之宫，俾諸生惼念依佪，勿忘其可邪。余讀“蒹葭白露”之詩，每歎秦人懷古而思周道，今之悲歌慷慨，風流猶存耳。

秦安渠道記

【**題解**】原碑已佚。文存牛運震《空山堂文集》。清乾隆九年（1744）牛運震撰。

秦安縣於山無大川澤，澤不可稻也。然隴水從縣東北來，經城之西南行，屬於渭。其流渾渾湯湯，汕萬山之膏以注窪谷，挹黄帶淤，所謂“一石之水，其泥數斗”者也。是水也，濁且酸，行人弗食，國之暑而思浴者，畏而不敢入也。然渠而引之以溉田，洩惡種美，雖涇渭之肥不能過也。《周官》稻人之職曰“以澮瀉水”，又曰：“澤草所生，種之芒種。”甚哉！水之爲百姓禾稼利矣，秦安之隴之水其獨不然乎哉！

運吏秦之年[1]，巡行縣原脈土之宜，得隴水可渠狀。其明年，鳩丁壯，具畚牐，視水所往，因勢而弦矩之。三月工竣，爲渠長短九道[2]。北自縣界之安家川，南及王家峽，循河而東西出，計灌田萬六千畝，畝可歲一鍾。緣川之田，稱沃壤焉。渠之人又以時藝蔬菜，種樹木，養果瓜，於是秦安一掌之川，蒸蒸爲西北楊紆焉。

於戲！苟有可以利於民，善無小，第當與久遠并，運曷敢以茲廛廛九渠，驕諸前册所載史起白公之爲，以與上下其功？矧又出自百姓勞，雖然因手於下，竊川之澤以爲氓人福，不可謂非吏有司事也。爲民而利，又何讓焉？况繼茲土者，踵而行之，其才慮惠愛且十運者乎？况由此而廣之，其布澤宣祐，又有萬於道渠者乎？

於戲！運爲秦邑七年，其所以赦不敏於秦民者，惟此渠也。夫因約跡

[1] 運：牛運震自稱。牛運震乾隆三年（1738）任秦安知縣。

[2] 道光《秦安縣志·食貨》之“水利”：“北渠，長十里有奇，乾隆六年知縣牛運震開浚，作記勒碑。”此渠在秦安縣城北安家河一帶。碑文末有“運爲秦邑七年”，以此判斷，“作記勒碑”應在乾隆九或十年間。

其事，列以條令，勒諸石[1]，以俟後來守土君子。

陝西總兵三公追剿逆回紀績碑

【題解】原碑散佚。文存道光《秦安縣志·藝文》。楊于果撰。

楊于果（1750～1817），字碩亭，號審巖，秦安縣人。乾隆四十年（1775）進士。歷任枝江、漢川、南樟、棗陽、穀城等縣知縣，荆州府通判。著有《史漢箋論》4卷，《審巖齋詩文集》8卷。

乾隆甲辰夏四月，逆回蠢動，趨煽党惡，鴟張豕突[2]。五月乙丑，陷通渭城[3]。甲戌，走伏羌，伏羌城堅不可破。戊寅，賊衆南犇，窺秦州。值陝西總兵三公德提山南勁旅，奉檄會剿，至秦安縣西之雲武山與賊接戰，殲賊二酋。賊驚，阻守。次日，復合戰，賊衆大潰，尚二千餘人。辛巳，夜漏初下，由縣西涉河，直抵城下，城上守備嚴警，賊即宵遁。黎明，至縣北十里之峽口，方謀休衆，欻賊騎諜至，曰"陝西兵大至"，賊隊喙思驚逸。亭午，三公率兵至，詢賊消息，即以輕騎追躡其後。癸未，賊奔徐家城。六月甲申，入静寧界。會大學士阿公、總督尚書福公[4]督兵戰，賊大潰散，餘衆入保石峰堡。王師合圍，七月上旬，破石峰堡，賊衆悉平。

賊始起於平凉之鹽茶廳，經過州縣曰靖遠、通渭、伏羌、静寧州，與秦安而五。通渭已被陷，餘者環城屋宇焚掠一空，以至四野村落。妖氛所至，無不大肆蹂躪。獨吾邑城郭完聚，士民不驚。於是父老僉曰：此三公之力也。

秦之城不堅於通渭，秦民之衆不加於他邑，且夙無駐防，器械不足，而賊竟帖然潛遁、不敢肆虐者，以陝西鎮兵追躡之故。今日父子相保，田廬依然，果誰之賜也？相與手額以祝，用鐫貞珸，以誌不朽焉。至殲滅賊衆，則有阿公、福公，其功烈炳耀自在國史，固毋俟草野之紀述也。

---

[1] 道光《秦安縣志·官師》之"名宦"："嘗巡歷隴水，穿渠溉田如干畝，立章程，勒石通衢。"

[2] 乾隆甲辰即乾隆四十九年（1784）四月十五日，伊斯蘭教哲合忍耶派田五阿訇召集300餘人在鹽茶廳（今寧夏海原縣）起事，攻擊附近州縣。本句指此。

[3] 田五陣亡後，其部馬四娃、張文慶五月九日攻克通渭縣城。

[4] 大學士阿公、總督尚書福公：阿公，即清廷重臣阿桂（1717～1797）；福公，即清廷重臣福康安（1754～1796）。

公名三德，滿洲人，納爾珠噶巴圖魯，爲陝西鎮總兵官。

秦安知縣程履豐殘碑二通

皇清誥授奉政大夫程大老爺[1]□□碑

【題解】碑存郭嘉鎮盤龍寺院内，因歷年用於建築打夯工具而破壞，中鑿四眼，裏有鋼筋螺絲等。寬72釐米，殘高126釐米。上有文字可識者云："程侯芑翁，新安諸生，以優貢……城撫字心勞，早著循聲……爛縱横我……目傷情，仁恩廣沛，煩苛……公誰與衡，思深山……百世而護惜，峴碑峥嶸……例授文林郎，咸豐……科舉人。同治庚午科大挑二等，即補……例授修職郎，同治壬戌恩貢生候補……林郎□選知縣，庚午……生熙志……李斌成，邵壹衣，□世□，張鍔；□員：李楫；監生：逯元瑞，王國治，李興淵，胥近智，楊國楨；例貢，歲貢（殘）……同治十一年六月朔一日，邑北鄉郭嘉鎮，太平……"

程履豐德政殘碑

【題解】碑存郭嘉鎮盤龍寺院内，因用於工程而破壞。碑寬68釐米，殘高66釐米。碑首有"皇清"二字，殘存文字可辨者："……文……國家之治親民……里下可□琴……程侯蒞任，正值秦隴……與誠不愧家人……敏鄉者一□老……賴之及□……杜亂萌於無形……橋衆人不□裏……祈後來□斯土……同治……"

邑侯黄父臺重修書院德政之碑

【題解】現存秦安文廟。2012年文廟修繕圍墻時出土。高150釐米，寬74釐米。額題"皇清"，碑身正中豎題"邑侯黄父臺重修書院德政之碑"。

公名政勤，字子慎，廣東樂昌人。同治辛酉科拔貢。由保舉孝廉方正以知縣用，分發甘肅，資署縣事[2]。期年之間，百廢俱舉。因書院地基湫隘，

[1] 程大老爺：即秦安知縣程履豐。光緒《秦安縣志稿·循吏傳》稱讚："任秦安五載，官民相孚以心，吏胥斂跡，亂離後，百姓稍藉以息肩云。"

[2] 黄政勤，清光緒十二年至光緒十三年（1886 ~ 1887）任秦安知縣。

兼與形家言不合，遂買民居於修之。數月竣工，崇閎壯麗，爲隴南冠。從此，人材輩出，爲□此生□益，皆我公培植提倡之力也。爰泐貞石，以誌弗諼。

光緒十三年夏四月吉日邑人前四川遂寧縣知縣孫海題並書

筠翁文臺大人裁撤里局整頓文社德政碑記

【題解】清光緒二十年（1894）立石。趙文源撰文，高建勳書丹。

邑侯王公印兆鼎，字筠鄰，湖南長沙府湘鄉縣人。家世閥閲。光緒十九年七月□秦，下車即詢民間□□。

甘肅自同治元年軍興[1]以來，糧餉軍裝，急如星火，其運腳悉取自閭閻。秦安地當甘南之□，□□繁重，□鄉民夫，來城聽差者，朝奔夕馳，不遑啟□。士輟詩書，農停耒耜，傷哉蚩蚩，休息無期。前仕務□□公芑田奉上峰繳飭，設里民局，按畝攤捐，分四季完納。民糧一升，每季收錢八文；屯糧一升，每季收錢二文五分。爲夫轉之貲，旋減二季以示體恤。於無可如何之會，聊爲一時權宜之計，民粗安之。嗣軍務肅，即擬裁撤，又念秦邑書院舊存錢壹萬餘，本發商生息，爲生童膏火、賓興、會試之費。亂後邑城防局□罄盡，培養人材苦於無貲，遂擬每年從里民局捐收項下籌撥，俟積至壹萬串即行撤局。孰意官頻遷，事多拂意，遂致流□□生，年甚一年，輾轉因循，有名無實，歷千餘載而書院之疑仍自闕如。嗟嗟茆簷，錙銖分文，實一家婦子之膏脂也，奈何□爲應分之供給而莫之念耶！

侯訪知其□，立意裁撤，適□□族叔王君智杭宦遊來署，通渭牛君幼樵[2]僑寓在縣，極力贊畫，將光緒二十年捐收全撥書院，前後共□於有奇，文社整頓學日租穀等項，通計每年所入僅能敷出。即稟各上峰，自二十一年裁撤，均蒙□□□在案。於是農服□畝，士樂郊庠，凡我小民共獲安全之慶焉。是局也，當程侯卸事之際，深以不及親□□恨，嗣桐城姚公鴻軒每季量減，至我侯剷除竟□，豈前之邑侯均阻於時勢與？抑天故留此舉以

---

[1] 清同治元年開始的陝甘回民大起義波及甘肅全省，“軍興”指此。

[2] 牛君幼樵：即牛瑗，幼樵其字也。牛瑗，甘肅通渭人。清光緒十五年（1889）進士。曾任刑部主事、四川綏定知府等。

□□侯，□抑盈虛消長，□理極則必返。□斯士者，固有幸有不幸與。

嗚呼！當今之吏，多迫於簿書、期會，至□□困苦，雖有長者，半阻於挾制把持，是以宿弊未能即除。若我侯者，殆所謂有卓識定力者，於紳等身□心感。又恐鄉民無知，以爲明年將復重徵也，爰酎貲瀝石，以垂久遠云。

賜同進士出身同知銜前貴州都匀府清平縣知縣署松桃直隸同知邑人趙文源[1]撰

欽加同知銜陝西補用知縣前董志訓導調補化平廳訓導癸酉舉人邑人高建勳[2]書

光緒二十年秋八月吉邑士庶立

文峰墩碑記

【題解】碑原在秦安鳳山壇山廟後的文峰墩，已散佚。安維峻撰。

宦途之通塞，雖曰天命，亦地脈盛衰爲之。秦邑自乾山崩陷以來，官斯士者，升遷僅及直刺止。邑紳無論京秩外任，少完全無害者。風水之限人如此哉！補築文峰之説，倡自邑侯程芑田先生[3]，歷四十年之久無有起而任之者，今一旦觀厥成，誠慶幸事也，烏可以不紀？

是役也，經始於光緒戊申[4]五月二十六日，訖七月工竣。費取諸鳳陽門廢城地基。董其事者，監生巨國相從九、安維崑，厥功最偉，而秦安營千總謝錦堂實贊成之。相地則歲貢鄧廷英、監生成通。監工則庠生徐錫祺。定議則邑侯黄國琦暨文社諸紳，進士、前任靖邊知縣丁錫奎，舉人、洮州學正薛庭芷，舉人、教習高秉衡，歲貢生王偉度，庠生胡登瀛，歲貢徐錫齡，附貢、前署平遠訓導巨國楨。維峻則但飯日而已。土匠王澡芬、泥水匠龐啟甲、石工姜晉、畫工艾生岫，例得並書。

---

[1] 趙文源，字醴泉，清秦安人。光緒六年（1880）進士。

[2] 高建勳，清秦安人。同治十二年（1873）舉人。

[3] 邑侯程芑田先生：即秦安知縣程履豐，芑田其字也。

[4] 光緒戊申：清光緒三十四年（1908）。

戊申仲秋朔禮學館顧問官前福建道監察御史安維峻謹記

邑侯杜公重開永寧渠頌德碑

【**題解**】碑出土於西川鎮折橋村出土，現立折橋村小學。高 120 釐米，寬 70 釐米。薛子瞻撰並書。拱首條形，碑額橫向書四個大字：惠澤長流。

邑居隴右高原，水田稀少，能引導以資灌溉者，惟西川之辛家洞及侯家洞两渠而已。至折里溪河上流之金寶鎮屬之李家堡抵折橋村一段，曩曾開有舊渠，惜旋修旋廢，興利無常。始開於清光緒二十四年，至三十年停止；繼開於民國二十年，至三十二年停止。揆其所以停止之由，實因渠址經過地主歲索租糧，各佃户獲利甚微，無力完納，遂致廢棄不修，坐失水利，良堪浩歎。

今年春，適邑侯杜公[1]因事親履其地，目睹廢渠之不修，詢其由來，鄉老爲告以故。公因召集渠址經過各地主，剴切勸導。各地主巨君伯祥、焦君五德、雒君翼霄、雒君元海、雒君金生、馬君永昇、張君維、高君雲青、高君世俊凡九人，皆慷慨捐出渠址，俾興水利。公嘉其仁心義舉，分别給予獎狀，以召激勸，因定名爲永寧渠。令其成立管理委員會，並捐助開洞工貲銀洋數十枚，促其動工。民心踴躍，不數月而蕆厥事。

斯役也，渠不過數里，然灌田在百數十畝。以上各佃户，地主得享一勞永逸之利者，固由九人之好義樂施，然非杜公鼎力倡導，詎能成功若斯之速耶？公名凌雲，字志青，河北棗强人。在任善政綦多，另有紀載。兹僅誌其開渠一節而已。爰作頌曰：

永寧渠，水悠悠。疇倡導，思賢侯。昔遇旱，渠未修。今遇旱，盈科流。華實蔽野禾满疇，服田力穡恒有秋。歌粒我，思賢侯。

邑人薛子瞻[2]敬撰並書

秦安縣金寶鎮永寧渠管理委員會會員等仝立石

---

[1] 邑侯杜公：即秦安縣長杜凌雲。民國三十六年 10 月至三十八年 7 月任秦安縣長。其爲民國時秦安最後一位縣長，有惠政。

[2] 薛子瞻，民國時秦安著名書法家。

中華民國三十八年夏四月中浣之吉

石工張世珍

第四節　墓碑墓誌

唐故相權文公墓碑[1]

【題解】唐元和六年（811）韓愈撰。文載《昌黎先生集》卷30。

韓愈（768～824），字退之，唐河南河陽人（今河南孟州）人，郡望河北昌黎。唐代著名文學家、思想家，古文運動領袖。著有《昌黎先生集》40卷。

上之元和六年，其相曰權公，諱德輿，字載之。其本出自殷帝武丁。武丁之子，降封於權。權，江漢間國也。周衰，入楚爲權氏。楚滅徙秦，而居天水略陽。苻秦之王中國，其臣有安丘公翼者，有大臣之言。後六世至平涼公文誕，爲唐上庸太守、荆州大都督長史，焯有聲烈。平涼曾孫諱倕，贈尚書禮部郎中，以藝學與蘇源明相善，卒官羽林軍録事參軍，於公爲王父。郎中生贈太子太保諱皋，以忠孝致大名，去官，累以官徵不起，追謚"貞孝"，是實生公。

公在相位三年，其後以吏部尚書授節鎮山南，年六十以薨，贈尚書左僕射，謚"文公"。

公生三歲，知變四聲。四歲能爲詩，七歲而貞孝公卒。來弔哭者，見其顔色聲容，皆相謂權氏世有其人。及長好學，孝敬祥順。貞元八年，以前江西府監察御史徵拜博士，朝士以得人相慶。改左補闕，奏章不絶，譏排姦律，與陽城爲助。轉起居舍人，遂知制誥。凡撰命詞九年，以類集爲五十卷，天下稱其能。十八年，以中書舍人典貢士。拜尚書禮部侍郎，薦

[1] 權德輿和韓愈是中唐貞元、元和年間前後相繼的兩代文壇盟主。韓對權之爲人非常敬重，權氏在元和五年（810）九月出任宰相（同中書門下平章事）時，韓愈言："昨聞詔書下，權公作邦楨。文人得其職，文道當大行。"由韓爲權撰寫墓碑再合適不過了。

士於公者，其言可信，不以其人布衣不用；即不可信，雖大官勢人交言，一不以綴意奏。廣歲所取進士、明經，在得人，不以員拘。轉户、兵、吏三曹侍郎，太子賓客，復爲兵部，遷太常卿。天下愈推爲鉅人長德。時天子以爲宰相，宜參用道德人，因拜禮部尚書同中書門下平章事。公既謝辭，不許。其所設張舉措，必本於寬大。以幾教化，多所助與，維匡調娱，不失其正。中於和節，不爲聲章，因善與賢，不矜主己。以吏部尚書留守東都。東方諸帥，有利病不能自請者，公常與疏陳，不以露布。复拜太常，轉刑部尚書。考定新舊令式爲三十編，舉可長用。其在山南、河南，勤於選付，治以和簡，人以寧便。以疾求還。

十三年某月甲子，道薨於洋之白草。奏至，天子痛傷，爲之不御朝，郎官致贈錫，官居野處，上下弔哭，皆曰善人死矣。其年某月某日，葬於河南北山[1]，在貞孝東五里。

公由陪屬升列，年除歲遷，以至公宰，人皆喜聞，若己與有，無忌嫉者，于頔坐子殺人，失位自囚，親戚莫敢過門省顧，朝莫敢言者。公將留守東都，爲上言曰：“頔之罪既貰不竟，宜因賜寬詔。”上曰：“然。公爲吾行諭之。”頔以不憂死。前後考第進士，及庭所策試士，踵相躡爲宰相達官，與公相先後。其餘布處臺閣外府，凡百餘人。自始學至疾病，未嘗一日去書不觀。公既以能爲文辭擅聲於朝，多銘卿大夫功德，然其爲家，不視簿書，未嘗問有亡，費不偫餘。

公娶清河崔氏女，其父造，嘗相德宗，號爲名臣。既葬，其子監察御史璩，纍然服喪，來有請，乃作銘。文曰：

權在商周，世次不存。滅楚徙秦，嬴劉之間。甘泉始侯，以及安丘。詆訶浮屠，皇極之扶。貞孝之生，鳳鳥不至。爵位豈多，半塗以税。壽考豈多，四十而逝。惟其不有，以惠厥後。是生相君，爲朝德首。行世祖之，文世師之。流連六官，出入屏毗。無黨無讎，舉世莫疵。人所憚爲，公勇爲之。其所競馳，公絶不窺。孰克知之，德將在斯。刻詩墓碑，以永厥垂。

[1] 秦安縣舊志載“權家衕”“權文公宅”等。詳見本章《唐相國權公林碑記》注。

胡氏先塋碑

【題解】明胡纘宗高祖胡海遷居住秦安縣城後，選吉日將其母墳墓遷葬在縣南邢泉村，遂立胡氏先塋碑。據民國三十三年（1944）張維《隴右金石録》載，此碑立於明代，尚存邢家村。今已佚，碑文内容不詳。

明故四川雙流縣學教諭致仕封奉直大夫
南京吏部驗封司署郎中胡先生合葬墓誌銘

【題解】是爲胡纘宗之父胡士濟與其母李宜人合葬墓誌銘。王九思撰。文存王九思《渼陂集》，臺灣偉文圖書出版有限公司，1976年，第787～293頁。

秦安胡世甫，予友也。父胡先生於嘉靖壬辰夏四月壬寅告終，世甫自山西右布政使奔歸。卜以其年冬十有一月庚申，啟母李宜人之墓，合葬於南垧邢家村先塋[1]。乃走鄠杜[2]下，告予曰：成化丁未秋九月癸丑，先母棄食，距生正統辛未夏五月庚午，僅三十有六歲。是時纘宗幼，不能執喪，終天之恨，其曷有極！先父生正統己巳冬十有一月庚子，壽八十有四，幸見纘宗之成立，薄有禄養矣！然棺殮弗親，其曷以爲子，言輒泣數行下。已，乃出懷中一帙而曰："是爲先父母世行，兄幸爲之銘，使後世知有先父母，先父母爲不死！"又跪拜以泣。世甫爲舉子時交予，予甚重之。既舉進士，入翰林，與予同舘舍，而見其文行駸駸然上矣！未嘗不仰胡先生，恨不登堂拜，乃今得以銘先生也。

先生諱士濟，字澤民，少遊邑庠，性醇而慧，受朱傳、毛詩。是時岐山張先生精通毛詩，先生與諸弟往受學焉，乃獨得其師説。督學者浮梁戴公得其文，甚喜，謂秦隴學毛詩者無能過之。咸望其首舉矣！乃累試竟不舉。而貢入太學，乃愈益淬礪，求與畿内之士，較一舉也。不幸李宜人病卒京師，先生憮然歎曰："是天困我。"於是仕爲成都縣學訓導云。而諸士多有文行者落落行輩中，乃拔而教之，加禮遇焉，皆舉高第，爲名人。其貧

[1] 明嘉靖十一年（1532）四月，胡纘宗之父胡士濟去世，終年84歲。而其大母李宜人已於成化二十三年（1487）九月早卒，遂於同年十一月開啟李宜人之墓，兩人合葬於邢家村胡氏祖塋。

[2] 鄠杜：古鄠縣及杜城，碑文撰者王九思乃今陝西西安鄠邑區人。

不能舉火者，多倚先生。士高文質者，蜀藩人也。嘗交藩臣，藩臣得罪蜀王，建及文質。先生自謁啟王，明文質無罪被逮，失待士之體。王頓悟，釋文質。此固子視諸士也。諸士敬事先生亦盡子職云。廵按御史察知其賢，使攝資陽學事。資陽之士事先生猶成都焉。九年満歸，成都諸士及鄉大夫無不出城餞者，而諸士或信宿，乃始别去。

比謁吏部，以教人功多，遷教諭塩亭。未幾，以母喪歸，服闋，補雙流。至是得以專其教，異成都矣。乃以文行導諸士，諸士勃然興焉。嘗兩受臺檄，爲攝縣事。慈祥威斷，百姓畏而愛之，吏縮首不敢逞。往年在成都也，嘗受臺檄，監糶賑饑，綽有端緒，人固已稱之至是。士大夫咸曰："胡先生有治才，不獨善教也，善教揜之矣！"先生聞之，爲一笑云。民有盗其羸者，捕獲之。先生問曰："何爲爲此也？"對曰："貧也，奈何？"曰："貧不死，今死矣！改之乎？"曰："願受教。"於是縱之去。其人感悟，不復盗也。商蒲銘者，秦州人也。嘗寓金先生所，而客死敘州。先生召其子，歸而葬之，而予之金。其子曰："父未嘗語及也。"曰："渠忘之矣！"其爲人如此。

正德庚午，世甫尚在翰林，而先生會満九載，乃浩然東歸。樂易，不與人忤，里中隻鷄斗酒，邀之亦往。名公才士過訪，輒留雅歌投壺，風致瀟灑，而姿容又甚美，又善談論，人故多敬慕焉。十有三年戊寅，世甫任南京吏部驗封司署郎中，考績三載，得誥封先生如其子官，階奉直大夫，母李氏贈爲宜人。今上新即位，詔兩京文臣，父母已封而其子後復遷秩者服色，可從其子。是時，世甫遷安慶知府矣，故先生獲服金緋云。

李宜人者，太學生玘之女也。自歸先生，日事績紡，以資不給。邑中婦無能爲領緣者，宜人見而能之，甚精，且善中饋。是時，胡先生已失恃，有母在堂，又多兄弟，先生之孝友，宜人之助爲多而多能，豈足以盡之也。

先生繼配趙氏，亦封爲宜人。共有四男三女：長男即纘宗，次正宗、可宗、在宗，俱邑學生。而可宗先逝矣。女長適通判孫述先，次適董瑩，次適高第。孫男初、褲、被、祕、袟、袀、袓，凡七人。而初爲邑學生。一女孫尚幼。

按：胡氏，故渭州人，或云金縣[1]，譜遺不可考。有諱鈞者，入秦安避亂，因家焉，而自著其姓曰胡。生子諱海，卜築南垌，日食餓者，踰二十年不怠。生子諱璉，以邑學生歲貢太學，仕爲南皮知縣。蝗不食其禾黍，水不爲災，民屋火，禱之火息，盗不入其境。既滿，百姓不捨其去。生七男子，而先生其第五子也。自南皮公之興，鄉人咸曰："乃父之陰德，嘗不止此。"於是，先生繼之什邡知縣，士淇又繼之，然皆以《毛詩》顯名。至世甫，獨受《春秋》，自舉進士，歷仕二十餘年，至右方伯。所至大著聲績，而書史不廢，出爲述作，傳播人口。或遭沮抑，顧譽益彰，峻陡偉勳，方進未艾，而先生夫婦所托以不朽者。奚俟予銘，然不銘不可。其辭曰：

人之子，我寔造之，我子之成，彼蒼者天，寔以報之。吁嗟！胡先生玄室冥冥，爰及嘉耦，歸而寧邪！合而爲之銘。

明奉直大夫南京吏部清吏司署郎中雙流縣學教諭胡公墓碑

【**題解**】碑原立於邢泉村胡氏祖塋，今移立於邢泉村胡纘宗紀念館。高 155 釐米，寬 78 釐米。康海撰文，王九思篆額，吕柟書丹。碑首殘缺，只留"奉直……南京……郎中……教……"等數字；碑身两端殘缺，下端斷裂；碑面漫漶。文又見《康對山先生集》，《續修四庫全書》第 1335 册，第 396~397 頁。其文字與碑文略有不同，兹以殘碑爲主，参照此文集録文。

……國史武功康海撰

賜同進士出身前翰林院檢討經筵講官修國史鄠杜王九思篆

……經筵講官修國史高陵吕柟書

公諱士濟，字澤民，秦安人也。曾大父鈞自漳縣徙居秦安，豐財厚德，人咸敬之。生子海，幼有大志，未售，乃躬耕於南垌之野，休休然若將終身，蓋古沮溺者流云。子璉，善文辭，累舉不第，以國子生仕爲南皮知縣。嚴

[1] 渭州，北魏始設，隋大業初廢，唐武德初復置。唐代一度改爲隴西郡，元和以後在今平凉市别置渭州。唐以前所設渭州其治所均在今隴西縣境内。金縣，明朝洪武二年降金州置，治所在今甘肅榆中縣。胡纘宗自號"鳥鼠山人"，鳥鼠山在今之渭源縣，渭源縣又是古代渭州轄地。故説"胡氏，故渭州人"，胡纘宗本人是認可的。而據現存胡纘宗《秦邑胡氏家譜》記載，秦安胡氏先祖胡鈞（胡纘宗高祖）爲漳縣人。至胡鈞子胡海時遷至秦安縣，居住縣城多士坊（今胡家巷）。胡海定居秦安後，選吉日將其母墳墓遷葬在縣南邢泉村，遂立胡氏先塋碑。

以懲傲，平以近民，盗不涉境，蝗不害稼，民用乂安。九載，吏部方以爲良，欲登用之，顧懇疏乞歸。有詔嘉其去就，特許之。道過南皮，士民攀送者相望於道，若失慈母。雖傳記所稱，殆何以加焉。生男子七人：長士源，次士清，次士温，次士潔，次公，次士淇（什邡縣知縣），次縣學生士淳。

公生而穎悟，長而淳篤，獨爲南皮公所鍾愛。及遊縣學，與其弟俱以朱氏詩稱名關隴。聞岐山張君精朱氏詩[1]，與其弟士淇偕往學焉，得其傳以歸。大爲提學副使浮梁戴公[2]所稱。然累舉不利，遂貢於太學。方將友天下之士，以卒其業，值其配李宜人以病卒京師，不得已，仕成都縣學訓導。至成都，教其諸生，立方起惰，士用丕興。貧者，捐廪恤之，賴以成立者甚多。有高文質者，蜀邸人，與藩臣某交，後某得罪蜀王，逮及文質。公詣王，言文質無罪，王即釋文質。一時撫按藩臬皆禮重之。乃又令署資陽縣教，一如成都。職满，成都人士攀送者，諸縉紳於玄都，諸官僚於雲臺，諸士人於昭覺，諸子弟於新都，觀者羣相歎息，謂所稀睹，至今猶美談焉。升鹽亭縣教諭，尋以内艱，復除雙流，仍以教成都者。教其諸生，彬彬乎與他縣異。兩受臺檄，攝其縣事，民殊以爲便己。且人人自勵，惟恐弗馴，無面見公，所謂有恥且格非歟！

正德戊辰，子纘宗以進士高第，詔刻其策，命爲翰林院檢討。明年己巳，公雙流職满，致仕，歸秦安。戊寅，以纘宗封公爲奉直大夫、南京驗封清吏司郎中，先配李氏、繼配趙氏皆爲宜人。今上即位，詔百官父母既受封贈者，其服色同子。時纘宗知安慶府，旋又加公四品服焉。其生可謂榮矣。

嘉靖壬辰四月，壽八十又四，卒於家。纘宗以山西布政使奔喪歸，已而徒跣來武功，請爲公碑，以樹之墓道。海嘗於姻友張用昭[3]氏得聞公之懿德，若歸蒲銘之金於子，與憫盗騾者之欲悔其過而未逮數事，宜其子孫。振振翼翼，亢宗遡德，有如吾纘宗君。往歲，海嘗獲侍公之杖履，望其容，

[1] 朱氏詩：據王九思所撰胡士濟墓誌，“先生諱士濟，字澤民，少遊邑庠，性醇而慧，受朱傳、毛詩。是時岐山張先生精通毛詩，先生與諸弟往受學焉，乃獨得其師説”。以此所謂“朱氏詩”就是毛詩之朱傳，也就是南宋朱熹以毛詩爲基礎對《詩經》所作的注解。

[2] 浮梁戴公：即戴珊（1437 ~ 1505）。戴珊，字廷珍，明江西浮梁（今景德鎮市）人。天順八年（1464）進士。明成化四年（1468）任陝西提學副使，後累官至都察院左副都御史。

[3] 張用昭：即秦安隴城張潛，用昭其字也。

接其論，踰於所聞多矣。備極榮養，安享高年，謂“樂只君子，福履綏之”，正公之謂也。

李宜人，國子監生玘之女，有淑德，宜於公，卒時年三十有二。蓋成化丁未也。公配兩宜人，生男子四人，長即纘宗，次正宗，次可宗，次在宗。纘宗初以檢討謫嘉定判官，升潼川州知州，乃有南京吏部之命，尋知蘇州，歷浙江、山西、山東布政司參政，乃升今職。文章政事蔚然名世。正宗以下皆學待舉，思齊厥兄。女子三人，長歸通判孫述先，次歸義官董瑩，季歸高第。孫男子七人，初、禣、被、祕、袟、袀、祖，皆讀書力學。孫女子一人，尚幼，未聘。其胤昌矣。海與纘宗友善，義不可辭。銘曰：

惟胡仲父，其德克崇；食不似德，其後乃豐。粤惟伯子，靡受弗庸，鬱鬱翼翼，爲時文宗。光承帝賚，尚弼丕功；南垌之兆，厥墳窿窿。配以伉儷，終古是同；刻銘表墓，用遂休風。

……泣血立石……孫初摹……

通議大夫都察院右副都御史可泉胡公墓誌銘

【**題解**】墓誌原在秦安邢泉村胡氏祖塋。長安何棟撰。文載《胡氏榮哀録》、焦竑《國朝獻徵録》，文字略有不同，兹兩相對照録文。墓誌“享年八十一歲”句之下尚有一段文字，從現存《胡氏榮哀録》看，應是記胡世系及其以孝事母的事跡，惜《榮哀録》脱版，只存“……人，繼室趙氏。其世系官履行實悉載本志，兹不復贅。公七歲，李淑人卒於京。公事繼母趙太淑人，曲盡孝養，始終無間”等字句，而《國朝獻徵録》不録本段文字，只有缺如了。

賜進士第资政大夫都察院右都御史兼兵部左侍郎奉敕總督薊保定軍務長安友人何棟[1]撰

公諱纘宗，初字孝思，後更世甫，秦人也。號可泉，亦號鳥鼠山人。

[1] 何棟（1490 ~ 1573），字伯直，號太華，明陝西長安縣人。正德十六年（1521）進士。初授御史，後官至總督薊遼軍務兵部右侍郎。著有《太華山人集》。

穎悟夙成，蚤歲以《春秋》爲邑學生，提學邃菴楊公、虎谷王公[1]咸愛重之。

中陝西辛酉鄉試，繼登正德戊辰吕柟榜進士，三甲第一人。會有執政子亦登二甲第一人，欲覬翰林清職，乃倚中官劉瑾勢，以二甲三甲各第一人因傳臚俱授翰林院檢討，仍取二甲邵鋭、黄芳等五人，三甲李志學等三人俱授庶吉士，實假衆市公也[2]。公辭職不獲，乃受命，與修撰吕公、編修景公[3]參對《孝宗實録》。成録，賜金幣，加俸一級。

庚午，執政者以瑾敗，其子編管爲氓，乃註公與邵、黄等俱外補。公補四川嘉定州判官，歷二載，升潼川州知州，俱有惠政。乙亥，升南京户部湖廣司員外郎。己卯，升吏部驗封司郎中，以考最得封父如其官，母竝妻封贈宜人。未幾，升安慶府知府。時值逆濠兵後，民皆竄去，又武皇駐蹕，留都供御繁劇[4]。朝議以公秦人，有經略雋才，特簡公以守，刻期履任。時夏旱秋澇，公修火政，舉荒政，上下乂安。明年癸未，江南大旱，歲饑民流，復詔公移守姑蘇。公以姑蘇鉅郡，財賦益夥，法制益難，經理庶務尤詳於治皖。會詔守令久任，公任兩郡，幾九載，久道化成，禮讓興行，擬古循良當不多讓。升山東布政司左參政，及去任，兩郡士民皆建祠奉祀，樹碑頌德，思如父母[5]。再移浙藩，又改晉省，以平盜功，蒙賜金幣。辛卯，

[1] 提學邃菴楊公、虎谷王公：提學邃菴楊公即楊一清（1454 ~ 1530），邃菴其號也；虎谷王公即王雲鳳（1465 ~ 1518），虎谷其號也。楊曾任任陝西按察司副使兼提學使，王曾任陝西按察司僉事兼提學使。

[2] 正德戊辰吕柟榜：正德戊辰明正德三年（1508）科考結果，吕柟爲狀元，胡爲三甲第一名。至於其中人事任命的原委《明武宗毅皇帝實録》卷之三十六有詳載："癸亥，授第一甲進士吕柟爲翰林院修撰，景暘、戴大賓爲編修，二甲第一名焦黄中，三甲第一名胡纘宗俱爲檢討。舊制：黄榜次第之後，惟一甲三名即授官。在二三甲者或改爲翰林庶吉士，越三年，學有成效，二甲乃授編修，三甲乃授檢討。是歲，焦芳爲大學士，必欲拔其子黄中爲一甲，而所對甚劣，同事以芳故，不得已置二甲之首，芳乃言於劉瑾，廷試録並刻黄中、纘宗策。及吏部奏選柟等，遂內批特授黄中官，又並及纘宗。時議論以芳之官非瑾不盡，而瑾之權非芳不張，既謀其身，又汲汲其子孫，廢廉恥，隳法制，辱科目甚矣！"

[3] 修撰吕公、編修景公：修撰吕公即胡纘宗同科狀元長安吕柟；編修景公即胡纘宗同科榜眼儀真景暘（1475 ~ 1524）。三人同入翰林院參編實録。

[4] 正德十四年（1519）六月，寧王朱宸濠集兵叛亂，掠九江，破南康，帥舟師攻安慶。雖然短短43天之後寧王即爲王守仁所俘，但對安慶一帶破壞很大，村落多成廢墟。寧王被擒之後，明武宗仍自稱奉天征討威武大將軍鎮國公，以親征爲名南遊作樂，一路擾民不已，直到次年十二月班師。此所謂"武皇駐蹕，留都供御繁劇"。

[5] 胡纘宗安慶卸任後，士民立《知府胡公去思碑記》。蘇州卸任後，士民立《吴郡守天水胡公去思碑》，尚存蘇州文廟。

升本司右布政使。壬辰丁外艱。制满，復除河南右布政使。時鄢陵盜起，公討平之，亦得賜以金幣。丙申，轉本司左布政使，冬，升都察院右副都御史，巡撫山東地方。時魯府恣惡，公抗疏以聞，得遣廷臣會勘，詔奪其禄，革護衛，地方藉以寧謐。繼以原職總理河道，經畫河防利弊。丁酉，以九廟成，奉詔進通議大夫，得進封贈其祖父母、父母及妻如其官。己亥，以呈太子立，復奉詔得蔭一子入監讀書。既乘輿南狩，公迎於磁[1]，乃復改巡撫河南。時車駕經過，公經理周悉。事竣，復賜金幣。汴中大饑且疫，公上疏請賑，情詞激切，同事者覽而難焉。公曰："豈得念吾屬而坐，使斃中州數百萬之生靈哉？脱有咎，某請任之。"疏上，得發帑銀二十萬兩，命大臣賑貸之，汴民少蘇焉。己亥冬，汴中薄城内外火燎頻發。未幾，行臺亦災，公引咎乞歸，因得賜閒田里。

爰築别墅以居，日閉門著書，手未嘗廢卷帙，於諸理亂黜陟不相聞。時或乘籃輿，課耕隴畝，亦或登高賦詩，興盡乃反。與邑中薦紳燕會，作《九逸圖》[2]。時有巨惡欲脱罪，乃誣公，被逮。賴聖明洞察寬釋，得優遊卒老。庚申九月三日，方執簡對賓，倏忽告逝。據生成化庚子，享年八十一歲[3]。公才氣英發，對客揮毫，詩賦立就，宛若宿構然。雋爽豪逸，上追古人，凡海内賢達及藝文之士望形影從，聆聲響赴，欣欣納交，而骩骳詭隨之徒未免含嫉睨視焉。雖臺席屢滯，不究厥施，而功實詞華流傳遠邇，雖百世不泯也。有《辛巳集》《丙辰集》各四卷，《烏鼠山人小集》八卷，《擬漢樂府》二卷，《擬西涯樂府》《擬古樂府》《家譜》各一卷，《安慶志》三十卷，《秦安志》二卷，《鞏郡記》三十卷，《秦州志》三十卷，《春秋本義》十二卷，並匯選《唐雅》《雍音》等编，皆已行於世。其《河嵩》《歸田》諸集未梓者尚多[4]。

[1] 既乘輿南狩，公迎於磁：磁，即磁州，今河北磁縣。嘉靖十八年（1539），世宗南巡路過磁州。

[2]《九逸圖》：又稱《隴溪九逸圖》，現存。縱230釐米，横117釐米。主體爲山林溪流間"九逸"縱情遊樂場景，上方胡纘宗序，下方有胡之外其他"八逸"之詩。

[3] 據《胡氏家譜》，胡纘宗"壽八十一，生成化十六年庚子十二月二十六日，卒嘉靖三十九年庚申九月初三日"。

[4] 焦竑《國朝獻徵録》所收胡纘宗墓誌不録"諸集未梓者尚多"以下文字。

子男二：初，淑人王出，以蔭授通政司知事，娶馬氏；次被，趙出，中丙午鄉薦，娶馬氏。孫男二：蔭，縣學生，初子，娶周氏；鸓，尚幼，未聘。孫女三。長歸隴州國子生閻鍠子司讃，餘俱幼，俱被子女。

卜辛酉十二月六日葬本邑南祖塋之次[1]。乃爲之銘。銘曰：

思維先生，性篤孝誠；弘才博識，早歲蜚聲。峻登科第，翰院題名；玉堂視草，象琯流馨。瓠大招訾，璞隱難知；久借寇恂，暫屈望之。德政既洽，循良可期；祠留遺像，碑表去思。再歷藩瀚，盡力驅馳；三撫大鎮，益懋忠敬。臺席方升，回禄作釁；遂賦歸來，著書自信。壽登耄耋，順時歸盡；發祥衍慶，昭茲後胤。

侯郎中一元墓誌

【題解】墓誌原在秦安七星山麓侯一元墓。文載霍韜《渭涯文集》，嘉靖三十一年刻本。霍韜撰。

吏部驗封郎中侯一元卒，其友詹事霍韜[2]爲之泫然，曰："嗚呼！天不佑善人，早奪侯子。"是故爲之誌其墓。誌曰：

予於元年壬午[3]守職方，君補武庫。予咨材，或曰巡撫之材，得如侯君者可也。是時也，君位未顯，然而已負天下之望矣！予咨材於君，君曰："今之材如何？粹夫不可投之閒也。"時粹夫瑭以郡佐家居，故云。又曰："關中之材，如康子德涵，如王子敬甫，不可投之閒也。"予由是知關中諸君子。君爲工部，出理濟寧。先是，部官有事濟寧，率榷役錢，取貨舶，苛點查，濫科罰，通饋送，種灘田，徵市宅，專園囿，較湖池，以攫利於民。君一切罷之，濟寧人由是至於今思君之德。君爲生員，從先公就貢京師。人曰："子肄於學，可以勿從也。"君曰："父母遠離，吾可以勿從也乎？寧荒吾業，毋寧離吾親也。" 爲禮部，扶母氏之喪歸關西，步至於良鄉，

[1] 道光《秦安縣志・建置》之"塚墓"："明巡撫河南、都御史胡纘宗墓，在邢村。祔葬祖璉、父士濟塋域。"

[2] 霍韜（1487 ~ 1540），字渭先，號渭涯，明南海（今佛山市）人。正德九年（1514）進士。歷官吏部侍郎、南京禮部尚書等。著有《詩經解》《程朱訓釋》《渭涯集》《西漢筆評》《渭涯家訓》等。

[3] 元年壬午：明嘉靖元年（1522）。

足盡腫。人曰：“毋良苦。”君曰：“吾親震撼，吾忍自惜也乎？”至於慶都，邑令高勸之力，乃騎。君子由是稱君之孝。爲兵部，卻直廳隸之利。先是，守武庫者多取隸而利之金。入君所司，多五隸，歲入五十金。君曰：“利隸金，則吾不能暴僚之失以徼名，吾不忍歸其隸於公。”曰以藝圃云。君子由是稱君之廉。爲吏部，有戚里襲爵，君曰：“聞軍功侯伯，非軍功不侯伯，未聞戚里侯伯延於世世者也。”乃擬奏，革戚里侯伯者十八。君子由是稱君之公而斷，是皆知君之略也。

君瞻視不迴，言不疾，行步安，安不遽，趨以翔，未嘗暴怒失色於人，氣肅而温，辭寡而直，近之可親，望之可敬，蓋其養之於獨者醇深矣！充其志，直欲與天下賢傑共贊明主，致隆平，君子之期之也。亦曰侯君尚大用，尚大有爲云。惜也！其止於斯也。

君始祖曰文昌，家秦安。文昌生義，義生長，長生器，器生憲，君之先公也。奕世隱德，始發於君，惜也，其止於斯也。君先室某，贈安人。繼室馬，生男曰貢、曰同。再繼室，封安夫人。

君以庚寅[1]二月西歸秦安，以十一月十六日葬於東原[2]。嗚呼！死者不可作已，不可作已。是故，爲之銘其墓。銘曰：

嗚呼！秦安侯子應乾之墓。

皇清賜封儒林郎翰林院編修加一級太學生敬軒鄧公墓誌銘

【題解】清光緒二十八年（1902），安維峻撰。另，安維峻爲外祖父母所書墓碑現存秦安鳳山碑林。

嗚呼！吾舅氏敬軒公之卒，忽忽已十年矣。時維峻官京師，聞訃嘗爲誌墓之文，郵寄里第，以日月有時，不及勒石瘞諸幽。今將改葬吉壤，公子廷萱、廷芑走書王京，求爲文以副公之遺命。蓋公生前嘗與維峻言：“我死，汝其誌吾墓。然義取紀實，無以文飾爲。”維峻於公誼最親，知最深，誌之自事核而名稱，故以此見屬。雖失之於昔，獨得補之於今也。

---

[1] 庚寅：明嘉靖九年（1530）。

[2] 道光《秦安縣志·建置》之塚墓：“吏部郎中侯一元墓，在七星嶺。南海霍韜志，莆田林文俊表。”

謹按狀：公姓鄧氏，諱銘堂，敬軒其字。太學生。先世由成都遷秦安，至大父克友公，十餘世皆列名黌，□□□□贈奉直大夫，母王氏贈宜人。奉直公善屬文，童試屢冠，人以婦功佐之，生公昆弟姊妹凡四人。公性剛直，貌魁梧，幼學慧敏，不煩父師督。青年十八而孤，時姊初嫁，妹則維峻母，與弟允齋公俱幼。遂子慎邑侯所嘉獎，及勒碑紀事，或乃攘公之功爲己名，公亦讓而弗居。生平尊重斯文，所交皆邑中知名士，而於敦品勵行者，尤致敬有加。書史過目成誦，每發一論，類皆能指陳要領，遇人有過輒面斥及，與他人言則曲護之，人以是不怨。公之處己接物之一於厚也，類如此。嗚呼！風俗至今亦少偷矣。如公之盛德，豈非古之人哉！

初子息並，且五十連舉三子，人僉以爲積善之報云。元配楊孺人早卒，繼配蔡安人，副室張孺人出男一，女一。公生於道光四年十一月初三日，卒於光緒十九年十月初四日，享壽七十。初葬於馬家河黄家園子，爲堪輿家所誤，家中亦多故矣！計自葬後，媳亡，其三女亡，其一即許字胡者。廷萱與繼室胡氏又相繼亡，以廷芑子存德嗣焉。兹因蔡安人之卒，將遷，公親卜吉。光緒二十八年六月初六日改葬於城北七星山下[1]，卯首酉趾。即以蔡安人祔於左，其右則張孺人生壙也。維峻既備忘之，乃繫以銘。銘曰：

嗚呼！是維峻有請隱君子敬軒舅氏鄧公之墳，穹乾厚坤，孔固孫安，以利其子孫。

賜進士出身中憲大夫前福建道監察御史翰林院編修愚甥安維峻頓首拜撰文

敕授文林郎刑部四川司七品小京官丁酉科拔貢世愚姪王友曾頓首拜書丹

賜進士出身奉直大夫江西即用知縣現署隴南縣事姻愚姪張肇基[2]頓首拜篆蓋

光緒二十八年歲次壬寅六月吉旦

姜晉鎸石

[1] 秦安城北七星嶺一帶應是公認的風水寶地，如明代吏部郎中侯一元墓就在七星嶺。

[2] 張肇基（1854 ~ 1938）：號永菴，清秦安人。光緒二十年（1894）進士。曾任江西吉水縣知縣，多政績。著有《永菴詩鈔》。

誥授奉政大夫原任新疆阜康縣知縣巨君子馥墓誌銘

【題解】民國十四年（1925）任承允撰文。文載任承允《桐自生齋文集》，見《中國西北文獻叢書》第170册，蘭州古籍書店，1990年，第597～599页。

君姓巨氏，諱國桂，字子馥。先世居南京，明有户部主事敬殉建文之難，其子遷甘肅之秦安居。八世祖以下皆庠士，以文學成就人才，垂聲鄉里。祖考諱家修，考諱源本，生考諱潭。祖妣氏徐，妣氏吴，本生妣氏成，均以君得封。

君年十四，當同治初元，回氛起，因廢學。家貧，時捆屨，或操小營業以供親。遲數歲，得復讀，以詩賦見賞於諸先達。及十二年，學使者始案臨，補行歲科試，君與伯兄同入學。君既食廩餼，與孫午亭、王既生諸名士結詩社於東山。光緒元年乙亥，舉於鄉。五上春宫不第，中間留京師，客静寧，問業隴南書院，主講縣景權書院。入張育生甘泉縣幕，創族譜。随之調武功，續修《武功縣志》[1]。

己丑，大挑二等，部銓甘州府學訓導。邊郡人文荒落久，君抵任，兼河西精舍講席，立教條，嚴課程，日爲釋經、竄史。時捐廉俸以奬激之，士乃蒸蒸知向學。八年中，得優貢二，蓋破二百餘年之天荒。秋闈亦聯鑣弗絶。於是自制府、提戎、學政暨道府均謂曰良。

戊戌，升任新疆迪化府教授，課士亦如在甘，亦有以優行舉者。冷署寒氈，循聲焰燄，官以教名洵無愿，與葉學使[2]考最，奬内閣中書銜。又以破逆回密謀，保知縣用。乙巳，補阜康縣知縣。下車後，創志書，建孔廟，懲盜犯，理寃獄，束蠹役，大減陋規，凡所得爲無不爲。縣去省會百里，值驛道，冠蓋日往來，供支刁難均非例，君不能盡應，王公大人愠怒甚。適布政使王樹楠改糧收新章，君未奉檄，循舊例開徵。上官藉姦民一控，

[1] 張育生（名世英）光緒十年至十四年先後任陝西甘泉、武功知縣，巨國桂入張育生幕當在此時。張《自述年譜》有"武功任上，族譜傳告成，敘修武功邑志"等語。據巨之墓誌，張編修族譜、武功縣志，巨貢獻良多。另，光緒十四年《武功縣續志》之編者署名有"匯修，舉人秦安巨國桂"。

[2] 葉學使：即甘肅學政葉昌熾。葉昌熾（1849～1917），字鞠裳，晚號緣督廬主人。清江蘇長洲（今蘇州市）人。光緒十五年（1889）進士。光緒二十八年（1902）任甘肅學政。著有《語石》《緣督廬日記》等。

得洩其怒，遂落職。

君宦情既倦，居本鬱鬱，至此以萬里壯遊，得生入玉門爲幸。快然歸里，買田聚書，將著述終老。然君喜任事，自爲諸生時，修舉廢墜，頗爲功桑梓，故諸父老勿肯聽其間，迫出焉自治所長。嗣管議事参事會，歷辦税契磨帖、煙苗税，禁煙善後，均廉公著稱。甲寅，白匪陷縣城，火君宅，八世遺文毁焉。僑寓興國寺，風雨飄摇，公暇手一編，洎如也。庚申冬，地大震，寺將圮，適舊宅粗葺，乃謝絶公事，歸臥北窗下，仍昕夕手一編，洎如也。性孝，友伯兄，老而揮霍奉之，不私財力。篤於風義，嘗爲鄉先儒胡静菴請入史文苑[1]，又選刻《静菴詩鈔》。君短小精悍，矯矯然，介特而好諧謔，詩文一肖其爲人。所爲詩，胎息古樂府，不甚爲近體，長篇峭拔質穆，加之以詼奇。數年前，假友人活字版手印焚殘詩四卷，曰《劫餘詩存》[2]，不逮十之一也。

卒於乙丑年五月二十九日，距生道光己酉年八月二十五日，享寿七旬有七。原配楊，生女一。繼配楊，生子男三，可萬早歿，可鑫、可掖；女一。側室楊。孫男四：壽祥、恩祥、崇祥、榮祥。孫女三。卜以本年七月十八日葬於北郊子山午向新塋之首。君未歿之前三年，自作《秦山逸叟墓銘》曰：“人之生也寄，其死也還太虚以一口氣。朝爲白雲夕紫霧，山巔海澨惟吾埃。欲問一生之爲人，餘生之餘不勝記。”達人哉！病將革，又命其孤以瘞幽之文見託，不忍拂老友意也。復銘之曰：

孤峰拔地，聳疏翠兮。癯鶴淩霄，颺清唳兮。官冷苜蓿，門盈桃李兮。腰挺挺渠肯折？解組歸里兮！書城自送老，巋然魯靈光兮。我銘幽穴，永式黌庠兮。

---

[1] 胡静菴：即關隴著名詩人胡釴。胡釴（1708～1770），字鼎臣，號静菴，清秦安人。與臨洮吴鎮，潼關楊鸞並稱“關隴三詩傑”。著有《静菴詩文集》。“入史文苑”是説巨積極籌上報，力圖使胡入《清史·文苑傳》。

[2]《劫餘詩存》又名《慕研齋稿劫餘詩存》。

内閣侍讀原任福建道監察御史翰林院編修安公曉峰墓誌銘

【題解】民國十四年（1925）任承允撰。文載任承允《桐自生齋文集》，見《中國西北文獻叢書》第170册，蘭州古籍書店，1990年，第599～603页。

昔宋劉器之先生[1]以直諫謫官，轉徙南服，蘇子瞻目爲“真鐵漢”。曉峰侍御當中東之戰，憤樞臣誤國，疏凡數十上，最後侃侃犯顔，孤忠不諒，發軍臺者五年[2]，海内人士識與不識，亦以“鐵漢”目之，不且後先輝映歟？然器之先生幸歿於南渡以前，無亡國恨，無中原板蕩之悲。視曉峰屏迹深山，耿耿於日之再中者，其心尤苦，其遇爲尤可悲矣！

公諱維峻，姓安氏，曉峰其字。世居秦安縣之神明川，同治間因兵亂遷城中。晚年營别墅於郊外，背山面水，挈眷爲遯棲耕釣之所，遂自號“柏崖”[3]。曾祖權旺，妣氏張；祖仁，妣氏馮；考永吉，歲貢生，妣氏鄧；均封中憲大夫、恭人。公夙秉穎異，五歲能識楹聯中字。稍長逢寇亂，流離遷徙，或以耕廢讀。嘗偕弟負米南關，聞童塾讀書聲，大慟，曰“他日倘有緣，當夜以繼日，以補蹉跎”。其志識不凡如此。

初應縣試，屢冠軍。縣令爲程芑田，故宿儒，招公肄業署中，講經論史，根柢由此以植。隴右分巡道董研樵[4]合三郡觀風，公首選謁見時，面加激奬，語以殿廷考試墨法。自軍興，全甘停考踰十年，同治十二年癸酉，始補行歲科試。公取元年學第一，補七年廩額，得拔貢生，學使許仙屏祎以遠大相期許。甲戌，朝考一等第一名，小京官用，籤分刑部。光緒元年乙亥，假歸，聞吴柳堂先生[5]主蘭山書院講席，因往省垣問業。是年，陝甘初分闈，公決科見賞於左文襄公。及鄉試，祝天期以公爲解首，填榜果然，同堂以

[1] 劉器之先生：即北宋名臣劉安世（1048～1125），器之其字也。劉以直諫聞名，被時人稱之爲“殿上虎”。著述結集爲《盡言集》。

[2] 安維峻的發配之地是阿勒泰軍臺的交通樞紐張家口。

[3] 自號柏崖：安維峻晚年歸田，自號居處曰柏崖山莊。

[4] 隴右分巡道董研樵：即分巡鞏秦階兵備道董文涣（1833～1877），研樵其號也，分巡鞏秦階兵備道的前身是分巡隴右道，故以“隴右分巡道”稱之。

[5] 吴柳堂先生：即吴可讀，柳堂其字也。吴，甘肅皋蘭人。道光三十年（1850）進士。同治十二年（1873）始主講蘭山書院。

得人賀[1]。丙子，春闈下第，仍供職刑曹。己卯，試俸满以主事用。是秋，充文武鄉試受卷官。庚辰，禮部試報捷，殿試二甲，朝考一等，選庶起士。時封翁迎養京寓，暇日與同鄉侍遊十刹海、泡子河，公嘗謂：生平娱親至樂，難再得也。八月，奉封翁歸，以與母久别，哭失聲。冬間左文襄凱旋入關，晉省候起居，於筵間痛陳地方利弊。辛巳、壬午，主講陝西味經書院，院中士王愼猷、張元溁始破天荒登甲科。癸未廷試，授編修，乃作迎眷計。先是元配劉恭人未卜男，與公約必更娶一人與偕，尊嫜難之，不能奪，爰媒聘於雷，至家，家人皆以爲宜。封翁親送之赴都，三月成婚，嫡庶間親愛如姊妹，一時傳爲佳話。旋劉恭人病歿，遺二女，雷撫如所生。時貴家議婚者多，公力拒。及雷生長男之瑄，封翁命正嫡位，尚賢也。乙酉，充順天鄉試同考官，得人之盛，爲十八房冠。出闈，聞左文襄訃，爲文以祭。丙戌，充國史協修，以思親，病頭暈。公夙忠在立言。丁亥，考御史記名，此在詞林謂之走黑道，師友皆靳之，公不顧。是夏得家書，接繼貲告罄，乃設館帳於世宅。以改文過勞，患痔，辭生徒。戊子，力疾考差，垂得矣，爲忌者中沮。秋後請假覲親，譚敬甫方伯函邀上省，措資俾速迴京，適痔疾大作，又以誤醫，困頓牀席者半年餘。雷恭人刲臂和藥，每夜禱天以身代，而母太恭人以憂勞竟不起。辛卯，蕆葬事。壬辰，主講五原書院，兼課雷提軍[2]兩孫。癸巳，服闋赴京，冬十月，補福建道監察御史。次年，巡視舊太倉。在言路僅十四閱月，凡上六十餘疏。邊禍燎原，方期以孤憤迴天，而遣戍矣！都人士聞風奔走唁助，鱗萃麇集。即素不相識之人，亦以一面爲榮。出郊餞送，車馬塞途[3]。文仲恭[4]爲柳橋送别圖，作詩作序者相踵，一時氣誼，洵足千古！公本意獨身待罪，雷恭人以死請侍行，遂僃家出塞，都統以下，禮以上賓，主講掄才書院。丁酉，効力期满，奏上，又留二年。

[1] 光緒元年（1875），陝甘分闈後甘肅組織的第一届鄉試，安維峻高中第一名解元，即“解首”。

[2] 雷提軍：指固原提督雷正綰。光緒十七年（1891），雷正綰捐資設立五原書院（俗稱固原書院），次年聘安維峻主講之。

[3]《清史稿》卷445《安維峻傳》：“十九年，轉御史。未一年，先後上六十餘疏……維峻以言獲罪，直聲震中外，人多榮之。訪問者萃於門，餞送者塞於道，或贈以言，或資以贐，車馬飲食，衆皆爲供應。抵戍所，都統以下皆敬以客禮，聘主講掄才書院。”

[4] 文仲恭：即文悌，仲恭其字也。滿洲正黄旗人，歷任河南知府、貴西道等職。善書畫。

己亥冬，賜還。

庚子春，回籍，封翁先卒，補行喪禮。聞都門失守，廢寢食者累日。甲辰、乙巳，主講南安書院。丙午，開塾於家。丁未，禮部奏充禮學館顧問，學部奏充學會與議官。戊申，總纂《甘肅通志》於蘭州。宣統元年，起廢籍。庚戌夏，《通志》告成，赴部引以内閣侍讀用。公浩然欲歸，大學堂挽留爲總教習。公亦以國事日非，小臣無可爲力，藉此明正道，息邪説，庶盡區區之忱。《四書講義》作於其時，蓋登高之呼也。辛亥九月，作《維國本》一疏，呈禮部代奏，然後辭官而去，取道北口，繞河套，入寧夏。值升吉帥督師東指[1]，仗策從戎。長子病危，不遑一顧，間關險阻，思奮魯陽戈力揮斜日。

嗚呼！天乎難問，而公竟終隱矣！柏崖退老，閉門謝客。雖不復問世事，然如修鄉堡，拒白匪，興水利，補刊《鳥鼠山人集》缺板，里社中義有當爲，惟力是視。當道聘修清史，以老病力卻。十餘年來，專經心農作，暇則編家譜、輯諫稿、詩文集若干卷[2]，付之手民，以成一家之學。

公性孝友，終身作孺子慕，殯葬均依典禮，哀毁過時。諸兄弟皆先歿，偶言及，未嘗不悲慟。居京師，力絶奔競紛華之習。在刑部、翰林時，惟擇名士之有道者，杯酒論文。既官御史，講求天下大計，知無不言，誓不作寒蟬仗馬。雖終以言獲罪，而海内人人想望丰采。爲學崇樸實，尚踐履，不喜爲辯博。其教士亦然，故所裁成多大器。平生嚴於義利，入詞館，不肯以扇對幹人，巡城不私公費。李相[3]欲强婚，張相[4]欲迫見，峻拒焉。尤篤風義，吴柳堂先生殉節薊州[5]，遺摺幾爲人所拆，公以危言激徐尚書[6]，

[1] 升吉帥督師東指：升吉帥即時任陝西巡撫的升允（1858年～1931）。升允，姓多羅特氏，字吉甫，號素菴，蒙古鑲藍旗人。1911年武昌起義爆發後，升允總理陝西軍事，率甘軍東下進攻響應起義的陝西革命軍。

[2] 安維峻在柏崖山莊督刻著作多種，並標注“柏崖藏版”。《清史稿·藝文志》著録安維峻《望雲山房文集》3卷、《望雲山房詩集》1卷、《諫垣存稿》4卷。

[3] 李相：即晚清重臣李鴻章。官至直隸總督兼北洋通商大臣，授文華殿大學士。

[4] 張相：即晚清重臣張之洞。官至湖廣總督、軍機大臣，授體仁閣大學士。

[5] 此説吴可讀屍諫之事。據《清史稿》卷445《吴可讀傳》言：“光緒五年，穆宗奉安惠陵，自請隨赴襄禮。還次薊州，宿廢寺，自縊，未絶，仰藥死，於懷中得遺疏，則請爲穆宗立嗣也。可讀臨歿遺書與其子之桓，謂出薊州一步即非死所。之桓遂成其遺志，葬薊州。都人即所居城南舊宅祠祀之。”

[6] 徐尚書：即徐樹銘。徐，字伯澄，清湖南長沙人。道光二十七年（1847）進士。累官至工部尚書。

始克上達。公生於邊隅寒素，知名最早，左文襄、閻文介[1]器以國士，自餘公卿，聞風傾倒。於道義切劘者，性命相依，否則斤斤然不屑爲聲氣之標榜。公貌魁梧，神宇肅静而和，道氣偉然。生無俗嗜，窮達以讀書爲志業，自經史子籍，及天文、地理、兵戰、奇門、青烏、醫卜諸書，無不淹究。作字必正楷，無一時或苟，至老弗衰。其端謹之性然也。

生於咸豐四年七月十七日，卒於隱居後十四年十月十五日，享壽七十有二。原配劉，生女二；繼配雷，生男之瑄、之璟、之璞、之瑜，女一；繼配辛，生男之琬、之琳，女二。孫男二。卜以丁卯年三月十二日子時，葬於城西北花園内子山午向新塋之首。公之歿也，允既爲之狀矣。其孤又以誌墓請，遵遺命也。夙辱以方志之同誼，不容辭，爲之銘曰：

忠於君，孝於親，綱人倫兮。直哉臣，逸哉民，大節不淄磷兮。無玷斯言，白圭之純兮。避周避秦，弔虞夏而思桃源兮。種柳有門，畫蘭無根，彼何人兮？柏崖全身，足千春兮！乘化歸神，上層雲兮。我賦招魂，宜在星之垣天之津兮。埋恨九原，視貞[illegible]兮！

秦安高漁山先生墓誌銘

【題解】墓誌民國三十年（1941）馮國瑞撰文，拓片現存麥積山石窟藝術研究所。此誌文據拓片著録。

後學天水馮國瑞撰文

鄉姻弟王運乾書丹

門人同里王水心篆蓋

清同光間，鄉先輩任士言先生主講隴南書院，州縣雋異之士悉出其門，以學術、事功、風節顯者，後先相望。士氣敦龐，流風未墜。晚近魁碩凋藎，若秦安高漁山先生，畸行耆德，靈光僅存，乃天不憖遺，遠近哀悼。其喆嗣鍾瑜走百里，請陷幽之文。往余識謁先生於來鶴亭[2]，論文請益，回首

[1] 安維峻中解元後，左宗棠《答吴清卿學使》有“榜首安生，文行均美……”等稱讚語。閻文介，即閻敬銘。官至户部尚書、東閣大學士，卒後謚號“文介”。

[2] 來鶴亭：在天水伏羲廟先天殿之西，乾隆四年（1739）建。民國十年（1921），亭内設存古學社和隴南十四縣縣志編纂局，秦州前清進士任承允、哈鋭主講學社，傳道授業。時馮國瑞爲小學教員，

二十年。比歲又嘗徵商文獻，不倦之教一如往日。惜頻過街泉，飆車匆匆，未遑謁候。余痛遭大故，更聞撤帳之秏，與先君同日卜安窀穸。先君誌壙之文，富平張扶萬先生[1]已寄賜矣。愴懷錫類，曷忍以悲哽辭！

按狀：先生諱秉衡，初名文衡，字漁山，號蘧廬。先世居山西洪洞，晚明寇亂西遷，遂爲秦安人。曾祖明，字遠亭，有聲庠序。妣氏劉，守節撫孤，《甘肅省志》有傳。祖步雲，妣氏馬。父進祥，字靄亭，妣氏李。昆弟二人，先生居長。先生幼稟異姿，爲諸生時，才名噪閭閈。執業隴南書院，任先生甚器之，追隨十餘年。辛丑，始領鄉薦，北上不第。目擊立憲虛僞，請改日竄，放吟出都。士林危之，遏謀致用。

圖 3–7 民國秦安高漁山先生墓誌銘拓片

嘗主講漳縣武陽書院，秦安景權書院，多士。遏往蘭州，創設師範學堂，欣然負笈，羣流推重。歸創鄉校，盛倡維新改革之説，奮發精進，士風爲之一變，老宿皆咋舌，而異趣向矣。辛亥，武昌事起，隴上蒙囿瞠後，楚人黄幼禪鉞受總理命西來，與甘督長庚有舊，得以一旅兵備秦州。先生深知之，密劄讓黄。壬寅正月二十三日，秦州反正，宣布獨立。黄糾集賢豪，方將有爲，先生規畫周至，而省軍猝至，迫黄去。先生與同盟諸友被縶，正義不屈，事久得解。其遺黄諸書，灑灑數千言，闡揚總理革命之大義，牖啟西北民知之讜言，傳誦不替，載《隴右光復記》中[2]。至今讀之，慷慨激昂，足令頑廉懦立，肅然起敬也。民元成立國民黨秦安支部，宣導後學努力，革命大業卒之局於邊僻下邑，莫繇信其壯志，僅見其集佽興學，

聽講其中。

[1] 張扶萬先生：即著名學者張鵬一，扶萬其字也。

[2] 黄鉞《隴右光復記》收録 1912 年 5 月 13 日高秉衡支持黄鉞秦州起義、支持共和書信一封，標題“秦安縣高等小學教習高秉衡來書”。

辨立治，一鄉推爲祭酒。烹鮮自慰，用瑣耗奇而已。

先生以孝友著稱，侍親疾，奉藥滌器，體心色養。弟秉鋆，字星垣，甲寅白匪陷城[1]，捐軀救父。先生力請大府黄陂黎公[2]旌其廬，入祀忠義祠。其天性肫厚有過人者。中年以後，恬退寡營。渭川道尹皖南許承堯、王家佐皆名士，延幕先生，禮重有加，薦以宰令，均辭不赴，蓋非其志也。

其治學也，博觀約取。早歲文采焕發，波瀾壯闊，工詩、古文辭。垂老，一廬自據。凡先秦諸子、内典、因明及西哲名理，靡不勤研苦詣，以求其是，而觀厥會通究竟於宋明諸儒澈翕身心性命之旨要，近儗陽明、二曲[3]。年登耄耋，手不釋卷。嘗熹藝菊，盤桓晚景，多有所會。每静坐，頓覺古今旦暮，萬物一體，樂處得未曾有。大戰再起，深慨族類殘賊無已。於興孔學，蘄大同，三致意焉。偶而違和，與友人促䣛談，忽成小詩曰："生前一點靈，形骸是其屋。屋壞不堪居，歸去惟求速。"吟罷轉側而殁。民國三十年九月二十九日也。享年七十有八。著有《蘧廬文鈔》《秦安縣志》《高氏家譜》等，藏家待梓。

取成安人，生子男四：鍾琦、鍾瑶、鍾瑜、鍾瑾。側室黄氏，生女鍾璉，適李。諸孫雍雍明德，信有後矣。以民國三十一年正月十八日，葬於東郊之新阡，卯山酉向。誌其生平言行大端而爲之銘。銘曰：

一樓哭笑，當代奇傑；先生不遇，潛德芳烈。光復隴右，事去節折；言念生平，吾黨先覺。倘其遇也，關隴頏頡；抱䣛長吟，殁世高潔。清渭瀠洄，令聞不滅；青蒼封樹，永安幽穴。

邑人胡茂林鐫石

[1] 甲寅白匪陷城：1914年6月6日復漢軍大統領白朗起義軍攻佔秦安縣城，两日後撤離。

[2] 黄陂黎公：即大總統黎元洪（1864～1928）。黎爲湖北黄陂人，或稱之爲"黎黄陂"。

[3] 陽明、二曲：陽明即明代心學大師王守仁（1472～1529），浙江余姚人，陽明其號也；二曲即明清之際著名理學家李顒，西安盩厔人，二曲其號也。

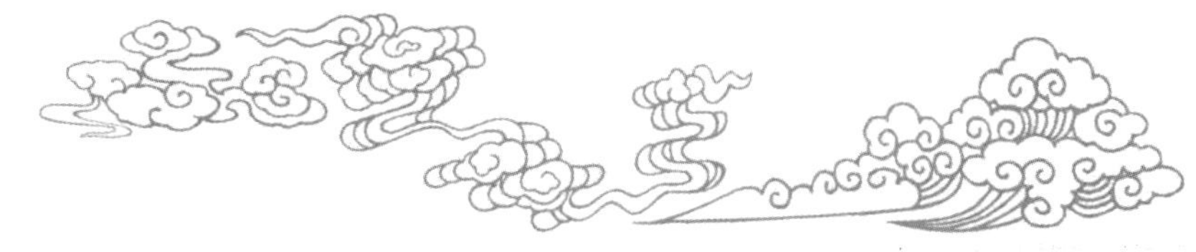

第四章　清水縣金石

第一節　趙充國陵園及其碑林碑刻

趙充國墓碑（一）

【題解】碑立趙充國陵園趙充國墓前。高155釐米，寬75釐米。清嘉慶十三年（1808）立石。

大漢後將軍營平侯趙壯公諱充國之墓[1]

大清嘉慶十三年三月十八日

圖4-1 趙充國墓碑

趙充國墓碑（二）

【題解】碑立趙充國陵園趙充國墓前。高150釐米，寬75釐米。清道光五年（1825）立石。

漢故營平侯趙公之墓

道光乙酉年立

[1] 趙充國墓位於清水縣城北，爲省級文物保護單位。趙充國（前137～前52），字翁孫，隴西上邽人，即今天水市秦州區人。墓建在清水蓋和方志誤認爲西漢上邽治地在清水有關，始建時間無考。民國《清水縣志》卷1《輿地志》“陵墓”載：“舊志載，趙壯侯墓，在邑北二里白土崖，即上邽城遺址附近。按：趙宋時奉朝旨大加整修，恢擴墓址，封植墓道，設享殿，置祭田。並於西郊修壯侯祠堂及宅舍以處趙氏後裔，主其奉祀。豎碑爲‘漢後將軍趙充國故里’。”

漢後將軍趙充國頌

【題解】碑原在山東泰山。漢代文學家揚雄撰文，元代書法家趙孟頫書寫。1991 年據泰山拓片刻立趙充國陵園。

明靈惟宣，戎有先零；先零倡狂，侵漢西疆。漢命虎臣，惟後將軍；張我六師，是伐是震。既臨其域，諭以威德；有守矜功，謂之不克。請奮其旅，於罕之羌；天子命我，從之鮮陽。營平守節，屢奏封章；運幾致勝，威謀靡亢。逐克西戎，還師於京；鬼方賓服，罔有不庭。昔周之宣，有方有虎；詩人歌功，乃列於雅。在漢中興，充國作武；糾糾桓桓，亦紹厥緒。趙孟頫書。

趙壯侯墓表

【題解】文録自乾隆《直隸秦州新志》卷 11《藝文中》。這篇標明馮奉世所撰的“墓表”完全是好事者的僞作，王權、任其昌二先生所撰《秦州直隸州新志》卷 19《藝文一》有精論：“舊志載馮奉世《趙壯侯墓表》，無論墓表之文西漢未有，且其文鄙俚，款識稱謂皆宋以後俗也，其爲贋鼎何疑！”另，今人岳維宗有文《〈趙壯侯墓表〉指僞》詳証詳辨之，見岳維宗《渭岑文集》，内部鉛印本，2008 年，第 179 ~ 181 頁。但直至現在一些書刊上還將此“墓表”當史料用，所以辨明著録以立此存照。

永光二年秋八月，奉世承命擊逆羌。道出隴上，騎都尉趙卬侯謁，狀父行，請表。嗚呼！茲世友趙翁孫墓也。翁與世有刎頸交，表其行事，以風來世，固世心也，亦世職也，敢以不文辭？

先生諱充國，字翁孫，世居隴西，上邽人也。曾祖諱真，秦爲隃麋令。祖諱巖皋，高后朝拜校尉。父諱破奴，後元時爲材官，元封間以擊樓蘭功，領前將軍，大初戰歿。三年已卯，先生以材名見知貳師將軍，從征宛城，補校尉，領護西域輪臺渠犁田卒事。天漢二年冬，匈奴圍貳師於酒泉，先生督壯士百人，潰圍陷陣，身被二十餘創，遂解貳師圍。詔徵詣行在所，帝親視瘡，嗟歎良久，拜中郎將。征和四年，罷輪臺亭隧，詔迴，拜護軍都尉。元鳳三年，烏桓反，大將軍欲邀擊，問先生。先生曰：“匈奴擊之於漢便，我今發兵邀擊，招寇生事，非計也。”後與捕上官功，拜中郎將、車騎將軍。元平秋，大將軍捐館，先生識霍氏，微絶交。及霍氏敗，連坐者千計，先生不與焉。元康間，匈奴弱，上欲出兵擊右地，先生首倡不可擊之策。帝意未釋，及丞相書進，始罷謀。三年，先零諸羌叛，先生謀方略，諭安國。及至西域，違筭羌侯楊玉怨怒背畔。先生年已七十有六矣，上老之，使御史大夫問將。先生曰：“無踰老臣。”復問卒數，先生曰：“兵難隃度，願馳至金城，圖上方略，羌戎滅亡不久，陛下勿以爲憂。”上笑，賜後將軍印，祖餞西行。先生詣金城以遠，斥堠爲務，行爲戰備，止堅營壁，持重愛士，先計後戰，逐至西部。欲樹恩威招降罕幵，辛太守首建急攻之策。上從先生計，罕幵竟不煩兵而下。度先零勢必敗壞，罷騎兵，留步卒，屯田陿中，以待其斃。乃上留田便宜十二事，及封事以聞。每上輒下議，初是十三，中十五，終十八，上從之。二年夏五月，先生振旅班師，糧卒不煩，而羌戎自破，封營平侯。

居京邸，每有大議，上親問籌策。無何，乞骸骨，上賜安車駟馬，黄金白玉歸第。上後思股肱之美，圖像麒麟閣。家居八載，杜門謝客，不植私交，不積輜重，諭子以勤儉。嘗曰：“無奢縱，霍氏鑒也。”易簀之日，則曰：“安國家，静西戎，吾事畢矣。爲吾後者，能以禮持身，謹守家門，瞑目甘矣。”生於武帝建元四年夏六月，卒於宣帝甘露二年夏四月，年八十有六，葬邽山之陽。嗚呼惜哉！先生剛直沉勇，有方略。配楊氏，生子二：卯，其長也；卭，其次者。孫曰汲。女曰蘭，適魏丞相公子。先生歷事王朝，奉職惟謹，廟堂謀議，邊務經略，靡不精確。不但爲中興良將，亦堪爲救時賢相。謚曰“壯”，豈過情哉！茲其概也。奉世所其覚者，謹掇之以表諸墓，俾作傳者采焉。

魯恭姬造像碑[1]

【**題解**】造像碑清道光初年出土於清水縣城北李家崖石佛坪，現存趙

[1] 造像碑本無題，因碑是爲魯恭姬建造，於是命名“魯恭姬造像碑”。其中“魯恭姬”的“魯”或釋爲“曾”，民國《秦州直隸州新志續編》卷6《藝文》載：“曾恭姬造像碑，碑在清水縣城北趙充國墓之東南角，粗石，高六尺，一面刻佛像，一面刻字。”即以“魯”爲“曾”。揣摩本碑拓片“僧”的聲符“曾”，字頭上的兩點明顯有别於“魯”字頭上“撇横折”字形，因此還是釋“魯”爲是。

充國陵園。北周武帝天和二年（567）立石。拱形頂，四棱柱形，高200釐米，寬85釐米。正面及兩側雕像，背面刻文。2006年被列爲全國重點文物保護單位。

天和二年六月十□□和□□□左員□侍郎，南陽、枹罕二郡太守郡功曹、郡平望、清水句法襲爲亡妻魯恭姬造釋迦、定光並等身像二軀。

息刺史蔡國公士曹[1]從事、功曹長暉、次息長榮[2]，姪仕遵、僧允、僧進、顯昌，孫懷□楊氏，妹鳳姜垣氏，女永妃畢氏，女妶女、女保妃

儀制令碑

【題解】碑現立清水縣城趙充國陵園。碑高89釐米，寬67釐米。碑中段上部刻有"儀制令"3個大字，右書"賤避貴，少避老"，左書"輕避重，去避來"。碑文無落款，但對照國内發現同類文物，如陝西略陽縣靈崖寺"儀制令碑"等，可判定其屬宋代碑石無疑。蓋此"儀制令"乃宋代交通通則，所以"儀制令碑"在全國各地均有發現。

賤避貴，少避老

儀制令

輕避重，去避來

重建夜明寺記

【題解】碑現立清水縣城趙充國陵園。明景泰六年（1455）立石。高133釐米，寬74釐米。秦州儒學學正侯志良撰文。拱形碑首，碑額有"夜明寺記"4個空心大字。碑陰有字，碑額有"官僚善信"4個空心大字，碑文漫漶不清，所列應是捐資者的題名，可辨者有"秦州衛指揮張喆"等。

秦州儒學正侯志良[3]撰

夫善爲人心之理，財爲世人之寶。曰仁義，曰道德，曰忠孝，名雖異，

---

[1] 士曹之"士"碑文上爲"土"形。

[2] 長榮之"榮"或釋爲"恭"。

[3] 侯志良：乾隆《直隸秦州新志》卷7《官師》"秦州學正"目："侯志良，四川人。舉人。"

其爲人心之善則一；若布帛，若菽粟，若金玉，物雖殊，其爲世人之寶則同。是以善者，人心之理，在乎外也；財者，世人之寶，在乎外也。人之仁義、道德、忠孝之心一露，布帛、菽粟、金玉捨之而不吝，以至内重而見外之輕，所以驗天理民彝之不泯，心體□明之不昧，因善心之動而有以輕乎，世人之寶焉。

秦郡之□曰番八，古跡之寺曰夜明[1]，肇造於前代，風雨頽敗之痕，殿宇有將顛之勢。於是郡之善士，在城西厢里社何泰興覽之於目，善動於中，仁義之恕油然而發，道德之念忻然而露，忠孝之誠昭昭然而不可掩，所以捨己財以修蓋之。詢工師以計木之料，塑□以圖像之容，□人以紀其畫之費，卜於景泰三年五月吉日以攻治之。落成之期，殿宇翬然瓌麗，雄深而錦綺雲霞；佛像森若璋華，壯邃而金碧交暉。所費布帛、菽粟、金玉不可枚舉，以其仁義、道忠孝之善心露也。雖然力穡□獲有秋，種穗者獲其極，理勢之必然也。故《易》曰："積善之家，必有餘慶。"《書》曰"作善降祥追見後日"。何門，厥隴之賢，厥壽之□□□以□，豈有積善於冥冥之中而不獲其報於昭昭之際者乎？故銘之曰：

谷静林幽，煙霞聖境；教妙之靈，夜燈朗炳。寂寮之所，肇造□□；殿宇將頽，風雨以損。捨財修蓋，善念彝秉；不圖於衆，披俗□□。佛殿斯安，金珠交輝；何氏香傳，萬古芳耿。

景泰六年乙亥歲六月吉日，秦州西厢里善士何泰興，男何嚴、何謹立石

丁公鑿池守城去思碑

【題解】碑立清水縣城趙充國陵園。高 140 釐米，寬 70 釐米。拱形碑首，白石質，基本完好。

邑賢侯丁公[2]鑿池守城去思碑

闔縣士民立

[1] 夜明寺：在今清水縣遠門鄉夜明村。

[2] 丁公：即丁圖昌。明清之際，李自成大順政權所委派的清水知縣。清順治二年（1645）降清。

重修城隍廟記[1]

【**題解**】碑立清水縣城趙充國陵園。清康熙二十八年（1689）立石。高 154 釐米，寬 90 釐米。韓遇春撰。基本保存完好。

國於天地必有興立，朝廷列置郡縣，樹官司師長以爲民表，於神亦然。稽諸王制，嶽視王公，瀆視諸侯，神道也！臣道也！城隍之神[2]，雖經傳無明文，以嶽瀆義推之，郡則其守，邑則其令，廟則其署也。

清邑城隍廟，創於有明之初[3]。國朝仍之，制宏麗，稱諸郡最。方明末，羣盜鴟張，所過土崩，邑以斗城屹然爲隴右障，其賴神之默庇者多矣。今上御極之十有三年[4]，滇逆[5]虎視秦中，大將軍[6]提兵西討，天水一帶，積骸爲城，人情恟恟，惟玉石俱焚是恐，吾邑竟復安堵，謂非呵護力耶？長鯨授首，邑人懷更生望禱於神，而祈請之，冀早畀循良。未幾，果得平陽劉公諱俊聲[7]來尹茲土，取吾民而噢咻之。諸所興革，多出望外，尤禁民瀆鬼神、建淫祠。獨謁茲廟，見殿廡圮壞，垣庸傾頹，輒不勝太息。出俸金，委蓮幕應公諱大任，暨一二老成人卜日鳩工，應公勤敏能事，不憚史巫，多方勸輸，募諸四方。不旬月間，舉棟楹板檻之腐橈者易之，蓋瓦級磚之殘缺者益之，赤白漫漶之不鮮者飾之。

厥工告竣，會衆請爲記。余聞神聰明正直而一者也，屢佑我邽民[8]。後凡令是邑者，尚其思則啟，行則翼，俾克踵我公芳蹤，億萬年無疆之休，端有賴焉。營繕畢，書首事者及工匠名，示不忘也。

是役也，捐資效力，雖僅毛髮，亦載名其上，將有覽者，睹祖若父之名，

[1] 碑文民國《清水縣志》卷 12《藝文志》著録，個别字句和碑文有所不同，兹參照縣志著録之。

[2] 城隍：源於上古城池之神水庸，在《禮記》中列爲八臘祭祀之一“城”原指挖土築的高墻，“隍”原指没有水的護城壕。三國之後城隍演變爲城市的保護神。

[3] 清邑城隍廟：即清水城隍廟，明初創建，今存。康熙二十八年起，每年農曆四月二十八日和五月初七日，都有城隍和隍母廟會。

[4] 十有三年：清康熙十三年（1674）。

[5] 滇逆：康熙十二年以吴三桂爲首的三藩之亂爆發，次年其勢力深入秦隴。吴作亂的根據地是其封地雲南，故碑文以“滇逆”指代吴三桂叛軍。

[6] 大將軍：指撫遠大將軍圖海。

[7] 劉公諱俊聲：即清水知縣劉俊聲，山西臨汾人，任内築河隄、修縣志，有功地方。

[8] 邽民：即清水城民。明清以來舊志將上邽誤以爲是清水城的前身，故有此説法。

不忍委成勞於草莽，及其未壞而培之，將缺而葺之，是所望於不朽云。

文林郎□清水□事知縣堯都劉俊聲

原任清水縣知縣沈允昌

清水縣儒學訓導尚士秀

典史今升廣東平圃司巡檢應大任

秦徽營左哨把總王天爵

舉人韓遇春[1]撰

鄉紳張斗光、雍風雅、王秉乾、雍昂、王承宗、賀其疇、張桂芳、雍山鳴、周景旦

總管會首、督工、工匠（後人名略）

大清康熙二十八年歲次己巳孟夏吉日立

山東按察司陳公神道碑

【題解】碑立清水縣城趙充國陵園。清雍正五年（1727）立石。高131釐米，寬64釐米。基本完好。

奉直大夫滄州知州特進山東按察司陳公[2]神道碑

弘治元年歲次癸酉春月吉旦

男官生陳景，孫男陳紹敬立

雍正五年歲次丁未夏月吉旦

裔孫陳愛、陳□、陳田、陳大任、陳烈、陳國襄、陳國語、陳□、陳學、陳預積、陳詩、陳玉、陳義立。

奉天承運，皇帝詔曰：朕惟郡守即古刺史之職，德令之宣布，生民之安利繫焉。匪得其人，何稱是任。爾直隸河間府滄州知州陳昺，發身科甲，擢宰花封，克效勤勞，宜錫褒榮，是用特進爾山東按察司廉使。爾其益端乃心，益勵乃行，以稱任使。欽此。

---

[1] 韓遇春：清康熙二十五年（1686）舉人，事跡詳見下“韓遇春神道碑”注。

[2] 陳公：指陳昺。陳昺，明代清水人。舉人出身。先後任內黄知縣、滄州知州，官至山東按察司僉事。乾隆《清水縣志》卷8《人物》有傳。

張昌裕德政碑

【題解】碑立清水縣城趙充國陵園。清雍正八年（1730）立石。高108釐米，寬64釐米。碑額橫題“恩沾四□”白文。基本完好。

公諱昌裕，字含有，號江村，江南揚州府都江縣辛卯科舉人。

邑賢侯張老爺[1]清廉公正、革除積弊德政碑

縣東太石峽、白砂鎮、箭竿峽、湯浴鋪紳衿商庶公立

雍正捌年歲次庚戌仲冬穀旦

韓遇春神道碑

【題解】碑立清水縣城趙充國陵園。清乾隆七年（1742）立石。高190釐米，寬67釐米。額題“崇祀鄉賢”。

乾隆七年仲夏月吉旦

賜進士第翰林院庶吉士韓公諱遇春[2]神道

男韓潮、韓淄，孫宇文仝立石

雍公墓碑

【題解】碑立清水縣城趙充國陵園，係雍氏子孫爲先人所刻的墓碑。碑高110釐米，寬66釐米。基本完好。

平涼府訓導雍公[3]之墓

子庠生雍創武、雍浹宫，雍程文置

孫學壁、學琭、學琚

碑陰文：

---

[1] 張老爺：即張昌裕。張，字含有，號江村，江蘇江都人。清雍正年間任清水知縣。時外嚴内寬，整飭積弊，力抑豪强，矜惜良善。乾隆《清水縣志》卷7《官跡》：“去之日，百姓攀輿祖帳者十餘里。邑人相傳爲美談焉。”

[2] 韓遇春（1643 ~ 1709）：字曦先，清清水縣（今上邽鄉李家崖村韓家莊）人。康熙三十九年（1700）進士。任清翰林院庶吉士、編修、檢討等職，後任山東淄川縣知縣，至老還鄉。爲官清廉，有政聲。乾隆《清水縣志》卷8《人物》有傳。

[3] 乾隆《清水縣志》卷10《選舉》明代“貢生”目有雍子敏，職官爲“平涼訓導”，知雍公即指雍子敏。

掃祭田數開列於後……陳家溝□埫、南道河貳埫、集翅坡□埫……

上邽張公[1]創修書院落成碑記

【題解】碑立清水縣城趙充國陵園。清乾隆十二年（1747）立石。高117釐米，寬64釐米。梁德隆撰文，馬挺生書丹。碑身完整，碑面下部漫漶。民國《清水縣志》卷12《藝文志》著録此文，題爲《張公創修上邽書院落成碑記》。

從古才不擇地而生。無如自隘者，恒以地自棄；長民者，復以地棄人。遂使忠信必有好學者鮮，是則長民者之過也。清，古軒轅里[2]。迄漢唐間，亦有聞人，後浸浸乎不古若矣。歲乙丑，余友竹園張老先生與余同里同年也，選得是邑。踰歲，余子鳴琴[3]以授是縣尉，因得至斯土。時邑之紳士爲余道：“先生德政，恩威兼濟，吏畏民懷，以興學校、育人才爲治行先。”余曰：“先生當未仕時，即以汲引後進爲事，豈服官是邦反後耶？遞知政成績奏，必迥異俗吏之所爲也。”先生又時爲余曰：“讀書之地，務静避嘩。邑前有書院，局址頗敞。後建倉廒於两隅，東西二齋亦貯穀石，往來紛雜，有妨課讀。即欲别建，苦無善地。”適丙寅冬，得西郭閑地一區，係數姓業，諭爲書院，衆樂之，減值相售。先生即捐俸以成，紳士耆庶皆勇躍輸助。爰相地勢方向，諏吉鳩工而舉事焉。經始於暮春三月，歷夏徂秋，西坊門、齋堂、室廚、器具無不完備。且文武一視，亦製刀，亦修射圃。諸凡刻期告竣，何落成之速如是哉！是非公“以佚道使民，雖勞而不怨”之力不及此。工竟，後紳士設宴於庭，爲先生壽，即謀勒石，以垂不朽。余因目擊其事，邑人索記於余。先生語余曰：“作人造士司牧者分内事，非異也，無尚浮詞，第質言巔末，以示來兹云爾。”余語多士曰：“是役也，經之營之，爾公之心力殫於是矣；鬱兮葱兮，邽山之靈秀萃於是矣。是豈徒爲觀美哉！

[1] 張公：即清水知縣張衎，廣東永安縣（今紫金縣）人，乾隆十年（1745）任。任内致力教育，有“儒雅之吏”之稱。乾隆《清水縣志》卷7《宦跡》有傳。

[2] 軒轅里：清水有軒轅谷，傳爲黄帝誕生地，故有軒轅故里之説。

[3] 鳴琴：即梁鳴琴，碑文撰者梁德隆之子，時任清水縣典史。

此亦猶百工之肆也，惟願居之以成其事也。”因記之，遂以銘曰：

邃邃齋宇，殖殖庭堂；爰栽桃李，用儲圭璋。含英咀華，温潤輝煌；時加培植，刮垢磨光。争妍上苑，增光廟廊；誰實玉汝，爾公之良。多士勉旃，毋怠毋荒。

賜進士第即選知縣年眷弟粵東梁德隆[1]頓首拜撰

誥封文林郎知清水縣事丁卯鄉試同考官加三級張公諱衎，字信菴，號竹園，係廣東惠州府永安縣人，由恩癸卯科舉人[2]捐俸創建。

丙子科武舉楊硕，辛酉科副榜傅壽，儒學訓導劉元鄉，□□□□方祥，清水典史梁鳴琴，鄉官宋□周、任汝鄰、雍貤、董朝彦，候銓貢生馬天應、傅再説、馬星生、文瑞熊、雍彧、王旭、文人傑，趙如春□闔邑士民等立石

馬挺生[3]書丹篆額

龍飛乾隆拾貳年歲次丁卯冬拾壹月上浣穀旦

清水縣重修學宫碑

【題解】碑立清水縣城趙充國陵園。清乾隆十九年（1754）立石。高160釐米，寬66釐米。清水儒學訓導毛生景撰文，清水舉人馬挺生書丹。碑陰爲捐資者名録。

郡邑設學，育人才也；學祀先師，重本源也。苟□□□於□宫，斯[illegible]達□於城闉，凡良有司雅意作人，未有不以修黌學爲先務者。

清邑學宫自□而遷南，重修者屢□，皆有碑記可考者。洎余[4]設帳初，瞻其規模，雖甚整肅而梁損椽蠹，風雨浸之，□□不及□，綢繆益

[1] 梁德隆：號謙居，廣東嘉應州（梅江區三角鎮）人。乾隆四年（1739）進士。曾任江西瑞金縣知縣。

[2] 恩癸卯科舉人：此言知縣張衎的中舉年份，依此應是雍正元年（1723）。而據新編《紫金縣志》，其中舉年份是清雍正十三年乙卯（1735）。

[3] 馬挺生：清清水人。乾隆十七年（1752）舉人。

[4] 余：碑文撰者清水儒學訓導毛生景。

難爲，然莫之□無如何也。辛未[1]秋，適奉憲檄補修孔廟，以有成議矣，以費□□，又中止。踰年壬申冬，大興高公[2]以名進士蒞茲邑，鳴奏坐理□無留此……廟見工作而□□□□，故余以萌議復公，師□簿爲引，諜切勉諭，首捐清俸以爲之□，多士遂相與同心協力□。始於甲戌[3]之春，□□□□□成殿金碧輝煌，焕然改觀矣。自夏徂秋，而廡，而戟門，而崇聖祠，而欞星門，而戲臺□砌，以及名宦、鄉賢两祠，無不依次修理，補而堅，藏而合度。

工既竣，多士俊奔相慶曰："此我賢父母所捐薪俸，殫以力軒擊鼓舞以有此也，宜勒石以銘德。"公瞻拜慰勞曰："是諸君子冒風雨□寒暑，經營拮据，以有此也，宜□□以獎勤，交以不聿。"屬謂我公德意多士，善承之多士，勤勞□□□□謹之父兄，教先子弟率謹。是以□有能□宜並勒石，以勵將來。獨惶余以□劣庸材、□事無能，亦得列名於□□□諸君子後，藉以不朽也。是爲記。

大清乾隆十九年甲戌秋□月吉日，儒學訓導静寧毛生景盥手謹記，壬申科舉人馬挺生謹書

公諱廷元，字掄一，□□曾順天大興縣人，己未科進士。

縣尉粤東梁鳴琴，淮安府山陽縣閘官陳九疇，順天府大興縣侯□□縣高永懋，浙江紹興府山陰監生王之集

闔屬喬懷政、王信、方無□、王□從、安貞吉

鄉官任汝麟、王□道、雍貤、馬天應、馬星生，甲子科武舉楊碩、拔貢傅再説，辛酉科副榜傅壽，拔貢文人傑、宋德隆，恩貢張圖南、楊大功，歲貢雍彧、文瑞熊、王旭、宋衣周、馬健、畢天文，鄉飲太賓雍□、介□□、王□宗。耆賓潘兆蛟、王□澹、范世掄、王國孝

督工生員雍子陛、郭錦榮、任其範、范世英、車載書

刊字王勤修

[1] 辛未：清乾隆十六年（1751）。

[2] 大興高公：即清水知縣高廷元，任内有政績，民國《清水縣志》卷9《職官志》有傳。

[3] 甲戌：清乾隆十九年（1754）。

重修清水縣城隍廟碑

【題解】 碑立清水縣城趙充國陵園。清道光十八年（1838）立石。高122釐米，寬64釐米。陳墉撰文，馮㦤書丹。基本完好。是爲兩知縣在交接班之時共同完成的一通碑文。

邑有令，以宣上德達下情，凡其民田賦、獄訟、勸賞皆屬焉。然水旱疫癘之患，陰善隱慝芒曶不可究者，吏晵然迷於其心，而慼然無能爲，是必有聰明正直之神職，介乎上下幽明之間，爲之請命於天，徼惠於山川社稷，又能作靈怪，示施報，怵惕民志而莫敢爲非。故邑徧置城隍廟，與牧令並以維人治之窮也。

清水控扼秦隴，雖阻陬磽瘠，然户不下二萬，麻麥穈菽是植。崇山荒翳，激風雹嘷，貙狼又多，魈[illegible]貓鬼，嘯嘑林莽。俗雖鈍樸，然很鷙陰忮者，嵦嵦而有蔑神，以一鎮撫禍福之可不可與，故有城隍廟、官民奉事惟謹。歲久隤陊，懼不克仰稱威靈，紳耆醵金合作，工不召而集，材不遠而庀。經始於戊戌[1]暮春，八越月斷手，費錢三百萬有奇。寢殿閎麗，圖繪嚴飾，業業言言，煇煇如也。以墉權知縣事，乞文其麗牲之碑。墉惟神以德馨，不假宫室觀美以爲悦喜，然降監有赫，增肅揭虔，民得瞻望倚恃以定心魂、利禱祈；守土官春秋盥薦，朔望伏拜階下，亦若臨之在上。警聳震慄賦役之不均，刑賞之寃濫，憸然有褫其氣、抶其魄者，於人治不爲無助。乃爲述廟之所由，立並授以樂神之章，俾歌以饗之。

玉磶兮雕宫，鏘明鐺兮飄風。雲之旆兮溶溶，吹竽兮擊鼓。靈裔裔兮來下，虎執鞭兮螭爲馬。紛頩顔兮满野，封封豕兮炰羊。盛有醴兮鼎有香，神迟迡兮降康。夏雨兮冬雪，禾蔴幪幪兮葭菼揭揭。獝狂躇兮纚絁，女嬋娟兮士嬪以悦。皇樂胥兮消摇，哀芸生兮常淹留。

賜進士出身署清水縣事錢塘陳墉撰文

賜進士出身知清水縣事前内閣中書南通州馮㦤書丹

道光十有八年戊戌歲十有一月穀旦闔邑士民立石

[1] 戊戌：清道光十八年（1838）。

碑陰文：

賜進士出身前翰林院庶吉士知清水縣中州馬方鈺[1]首事

恩科戊寅舉人教諭借補清水縣訓導何琴韻

專管願緣銀劉振鋒

藍翎清水縣營把總婁爾貴

清水縣典史張承烈

督工會首高級、雍照南、李芝蘭、馬慎德、雍有道、紀新德、魏輯瑞、王邁祖、張盈烈、馬登選、張旭

王紹祖書

協辦馬超麟、王文、紀克協、王修德

募化馬恒泰、閆作德、靳登魁、楊廷楷、孟衍泗、王東和、馬特選、馬青選、王化行、孫冲霄、楊廷桂、張殿牛、閆鳴、王維安、陳克恭、馬掄選、魯侯東、張登瀛、王會元、蔣嗣姬、馬偉功、劉自奮、成富業

三班巡役黄德、毛有仁、魯建統、紀來泰、郭得元、王梅

五里約千等

鐵匠韓丙午、楊林等

瓦匠賈德、袁世周等

木匠程會昌、蔣升榮、雍成文、魏銘等

塑匠岐山石氏等

畫師□□

道光十九年歲在乙亥秋九月穀旦落成

朝山會碑

【题解】碑立清水縣城趙充國陵园。清道光十九年（1839）立石。高86釐米，宽40釐米。王汝中撰文，王國靖書丹。

清邑之建立朝山會由來久矣。自國朝嘉慶初，川楚賊匪猖狂，幸蒙神

[1] 馬方鈺：字守式，清河南光州人。道光二年（1822）進士。陳墉之前任清水知縣。民國《清水縣志》卷9《職官志》有傳。

聖彰顯威靈，庇佑闔邑清平，人皆以爲神之靈也。吾謂神依人而行，人誠則神自靈，是神之靈仍以人之誠而靈也。

至二十一年[1]，邑民楊永、李登元、紀實學、王志成等募化，會長輪流辦會，會内積存地價錢三十七千文以爲香資，並製器具等物，以便運用，甚盛事也。然禮應興而不宜廢，事有始而必有終。余等恐久而生弊，或有不肖之徒從中侵吞，則此會遂息矣，故特爲之文，並列地價、器具、人名於後，以永將來。縱使世代久遠，此會有時而或已，而後之君子亦可因地價、器具之存而復興也。是亦告朔而存餼羊之意耳。是爲序。

佛像一尊、爺閣一座、綾布門簾两副、供棹一張、薰爐一對、獻器一副四件、満堂紅一副、軟匾一副、綾對一聯、金磬一個、香匣一擔、傘一把、扇一把、木牌一對、香斗一個、鼓四面、大暴鑼两面、小暴鑼两面、劄板一對、鐃两對、鈸一副、銅鑼两面、三星一對、銅鉸子两對、笛两個、桌帷一副、新舊幡十二對、新舊旗四對、紗燈四對。

會長楊永、李登元、紀實學、王志誠、劉進元、杜友梅、尚質、安永壽、王思仁、平定、白復彩、靳登魁、楊枝榮、樊秀春、張廷琳、紀克端、高折桂、陳王化、馬福、楊寬

邑增生王汝中撰，王國靖敬書

住持陳覺悟，鳳邑王升、唐萬玉石工

時道光十九年三月初三日立

陶公祖模去思碑

【題解】碑立清水縣城趙充國陵園。清光緒六年（1880）立石。高136釐米，碑寬64釐米。保存完好。

大清光緒六年歲次庚辰

前任秦州直隸州正堂陶公祖模[2]去思碑

第八河太白廟興柱山遠門鎮士民仝立

[1] 二十一年：似應爲嘉慶二十一年（1816）。

[2] 陶公祖模：即陶模（1835～1902），公祖乃明清時地方人士對知府以上地方官的尊稱。陶在光緒元年（1875）任秦州知州。

第二節　佛寺道觀祠廟碑刻

重修龐居士菴記

【題解】碑在清水縣紅堡鎮小泉峽口東小華山龐居士菴。明正德十一年（1516）立石。高 180 釐米，寬 60 釐米。清水縣儒學教諭李崇仁撰文，廩膳生員張奎書丹。碑首正中空心篆額“牛頭山”，兩邊刻有龍紋。碑陰刻龐公菴地形建築圖及助緣衆信人等名。碑石保存基本完好。

鞏昌府秦州清水縣儒學教諭蜀之東川射洪李崇仁[1]撰文

儒學廩膳生員安治張奎[2]書丹

廩膳生員泯泉趙勛篆額

嘗聞龐公居士，諱德，字道玄，在昔襄陽人也[3]。家貲累鉅萬，平生好施與，人有貸其財者，不計其償。債恐累其人焉，必焚其券。利人厚物之心盛，輕財重義之心切。於是，遊至清水西去十里許，地名糜穰川。見小泉河之上有牛頭之阿，前後崇崗峻嶺，左右溪迴峙轉，森聳清潔，風氣收聚，亦勝概之地，可棲身之所，遂誅茅結菴於斯。久居於斯，施惠於斯，而斯地賴以起家者甚衆。一旦，謝世，衆人追思德惠不忘，匪直有放来生債之謡。抑且欲盡勿替引之敬。乃於所居之處，建造棲神之祠，而歲時報祀焉。但歲久而祠宇有所毀傷，基址又且狹隘。先有邑人白玉，知重公之義與敬公之心，芟夷荊棘，開廣基址，葺理祠宇，未成而卒。幸有華州遊

[1] 李崇仁：乾隆《清水縣志》卷 9《職官》“清水縣教諭”目：“李崇仁，四川人。國子生。”

[2] 張奎：康熙《清水縣志》卷 6《選舉紀》“貢生”目：“張奎，授四川彭山主簿，未任，孝友著聞。”

[3] 按本句說法，此“龐公居士”似指不受劉表招致、隱居襄陽鹿門山的東漢著名隱士龐德公。又，乾隆《清水縣志》卷 9《職官》之“八奇”有“龐公仙跡”。乾隆《清水縣志》卷 15《雜記》“仙釋”目載龐蘊居士事跡，“龐居士，名蘊，字道元，湖廣襄陽人也。脱落俗情，深造禪理。嘗参馬祖，問曰：‘何由得道？’祖曰：‘待汝一口吸盡西江水即得道。’居士大悟，西遊上邽隴山，愛其風景，因於牛頭山之阿築室居焉。性好施予，不計所嘗。子曰仙哥，女曰靈照。舉家白日飛升。後人即其地立祠，曰龐公菴。山下有瑛珷石，山上生瑞草，相傳爲龐公德盛所致。其地古樹龍蟠，驚浪雷鳴。後之好事者修宫閣殿宇，避世之流潛跡其中，静修之士亦往焉，可稱奇觀云。”依此，則此龐居士並非東漢隱士龐德公，乃是唐代著名的禪門居士龐蘊。龐爲湖南衡陽縣人，被譽稱爲達摩東来開立禪宗之後“白衣居士第一人”，素有“東土維摩”之稱。著有《龐居士語録》3 卷。據佛教典籍，龐蘊雖好雲遊，但北方只涉及今河南南境，從未越隴。清水有龐公菴蓋和龐蘊向馬祖問道時，馬祖“待汝一口吸盡西江水”的言語有關，因爲牛頭河流經清水的一段有西江之稱。事實上馬祖所言“西江”乃今湖南境内的某江，和清水境内的牛頭河無關。

士蘇惠，夙有好善之心，素存敬公之念悼，工將半，無人督成，發奮倡衆，繼玉修理。自正德壬申八月八日工起，至乙亥七月七日工成[1]。中建三教宫，而有三聖像，右側居士菴而有居士容，西則道院之有成，東則仙洞之方開。□□正門、耳門既將然，與夫險阻道路亦夷然矣。菴宇由是焕然一新而金碧瑩煌，基址由是蕩然□□而廣大寬平。不惟有以壯一時之觀瞻，而又有以啟萬姓悠久之崇奉也。夫公之輕財在先□，公之事跡在野史，公之流芳在百世，必有得其詳者，予止聞其略也，亦高其義而因以遺其世云。

時皇明正德十一年歲舍丙子月臨林鐘日屆天貺吉旦記

承德郎鞏昌府通判山東濰陽孫璘立石（其餘人名略）

龍頭觀殘碑

【題解】碑立清水縣秦亭鎮篠麥嶺龍頭觀。高120釐米，寬80釐米。白色大理石質地，拱形碑首，上刻“玄天上帝□□”6字，豎排三列。碑面裂痕較多，漫漶不清，下部殘缺。應是修建玄天上帝廟的功德碑。

南瞻部州

大明國陜西等處承宣布政使司

鞏昌府秦州清水縣百家鎮南陽鋪松樹嶺龍頭山

古察一處，無人修理。今有坊厢里、糜穰里信士趙承祖、江嗣留心修建

武當山玄天上帝享殿，獨力行拖□□發心長齋居士

施□木料□世金、王得遇各發處誠，施捨拖化□

……人……

亦有□村、□店施捨工力……王修於

……立碑記發心居士……白景仁……

（以下人名略）

[1] 正德壬申即正德七年（1512），乙亥即正德十年，此見龐居士菴之建修，三年方就。

第三節　記事碑刻

清水縣創建宣德堂記

【**題解**】碑現存清水縣博物館。元至正元年（1341）立石。高 117 釐米，寬 68 釐米。碑石淡紅，左上角、右下角殘缺。碑陰有文字，漫漶不清。

清水縣儒學教諭□袚書

承務郎秦州成紀縣尹兼管本縣諸軍奥魯勸農事吴好直撰

前秦州清水縣主簿兼尉靖也力不花篆額

夫郡牧之職，上應列宿，得其人則一方被福，誠古昔之格言矣。

清水縣者，乃古上邽之郡也。雖非朝使往來衝要之驛，其欽承王命公務之使，亹亹相繼，無驛館以待之，誠爲不可。其秦珠公者，來監是邑也，下車之始，慨然謀爲驛亭之置。經之營之，吏卒攻之，不日成之。其正堂两廡，前後屋宇，庖廚、倉庫，靡所不葺。至於鋪陳什物，百需畢具，不勞民力，焕然一新。

其至正改元，歲在辛巳，中臺御史周一齋者，之□□□□是邑，處其館以嘉其能，特書其堂曰“宣德”。名實既具，儒學教諭李惟禎□□□□之。予拙於文，固辭弗許。姑應之曰：“一齋者，先覺之聞人也。其命其堂□□□□□□□實人之宣德也。蓋見官於是者，有承宣德政之實，故題是名以□□□□□□□而欲新其政也，可謂得其人矣。恐始勤而終墮也，其警之之□□□□□□□□，稔聞德政之譽，其五事之實，豈待予揚而後著哉！然於驛□□□□□□□□政務之大者，從可知已。”於是意不容辭，故録其事云。

……歲次辛巳孟秋吉日建

……秦州清水縣主簿兼尉帖力不花，稅務同監楊也先不花

……史梁元，儒生唐紹聞、雍仲義立石，史禮刊

清水縣遷學記

【題解】本碑碑身散佚，碑首現存清水原泉小學院内。嘉靖二十一年（1542）立石。胡纘宗撰文。文乾隆《清水縣志》卷 14《藝文》著録，個別字句和胡纘宗《鳥鼠山人集》所收略有不同，兹據胡集録之。見《鳥鼠山人後集》，《中國西北文獻叢書》第 161 册，蘭州古籍書店，1990 年，第 276 ~ 277 頁。作此文時胡已退職居秦安老家。

記曰：莫重於學校也，故諸郡縣凡營建必先庠序焉；莫切於人材也，故諸守令凡振作必首賢良焉。

天水之清邑，其學當縣北隅。惟縣揖山而負水，故學前昂而後下，每雨水，輒内流不厲。則揭諸當路，每謁孔廟臨學，咸以爲宜遷。故議遷屢矣，以弗獲地，弗果。鄧尹鏜[1]尹清邑三祀矣，每謁孔廟臨學，必以遷議，以弗得地，亦弗果。邑故有寺，當縣南隅。歲庚子，有言以學地易費寺地易學者，衆歸之，蓋學近市、寺近麓爾。鄧尹遂以其故，帥師弟子請於巡按侍御恒齋顧君。顧君曰善。乃偕分守少參范君、分巡僉憲江君，躬至所議地度之。立其上，高而明；行其中，廣而大，曰“是善矣”。夫捨卑下，進高明，出狹隘，居廣大，是所謂去其不善而就其善也。況屏邪而歸正，是宜遷。

明年工且興。乃因秦郡劉侯、前侍御尚義[2]，復請於巡按侍御沃州吕君[3]。吕君曰：“善！故地陋，新地臧，是宜遷。”乃二月之吉，鄧尹募工貨財，鳩丁闢地，托之耆民倫，移釋廬於郭，貿學地於市，撤而新之。會關西參議潘君經縣，因請祝焉。工既半，復請於巡按侍御節菴陳君，陳君曰善。乃諧分巡僉憲孟君，咸督其成。曰：不及見故學，今學佳矣；不必問故地，今地良矣。是宜遷。適李學諭遷任以來，鄧尹以政成遷同州守

---

[1] 鄧尹鏜即時任清水縣令的鄧鏜。乾隆《清水縣志》卷 7《宦跡》載：“鄧鏜，燕山人，善楷書。嘉靖戊戌以鄉進士任清水知縣，敬上御下，咸有條理。改建新學而不居其名，於時稱鄧清水、張兩當，而兩當不及也。嗣升同州知州。”

[2] 劉尚義：山西汾陰人，曾任秦州州判。

[3] 本記文中涉及人物較多，對此，胡纘宗有注：“吕子曰光洵，新昌人；陳子曰與音，汲人；尹子曰敏生，吴人；苑子曰□，金臺人；江子曰南，濟人；孟子曰南，澤人；與劉子節判，汾人，皆進士。顧君曰堅錫，山人；劉君，燕人；姜尹，滇人，皆鄉進士。李子曰世用，洪雅人，貢士。”

以去，咸促其成。曰：非欲華，欲完而美；非欲速，欲不墮。故自辛丑之春徂夏，孔廟之殿與廡與門及庖與庫成。自秋徂冬，學之堂與齋與序與門及庾成。今歲之春徂夏，亭與祠與閣及廨與綽楔成。而師弟子周回其問曰：何高且明也，蓋巍然麗，豁然朗矣！何廣且大也，益壞然壯，廓然宏矣！既姜尹潮來嗣任，循學而視之曰：是地也，昔蔽於禪林，今闡於泮水，遷且遲矣，乃落成之，乃以改置告之節庵子。謂予曰：清邑新學，美哉奂哉，隴西文獻攸繫也，子蓋記之。姜尹乃屬李文學暨諸生過予墅，屬之記，予惟學校之修廢，是在有司；而人材之隆替，則在諸士子。嗣是而不令廢，其惟縣尹；嗣是而必期其隆，其惟諸士子。諸士子勉哉。聞之顧君曰：懷寧遷學而懷盛，鄱陽改書院而鄱興，諸士子勉哉。故肆其中而極高明焉，中庸斯道也；致廣大焉，精微斯盡也。諸士子固不習於陋矣，將不鼎新以尊吾性耶，已不安於蔽矣，將不襲美以道吾學耶。故及其至也，動必體乎乾；斯高明矣，静必體乎坤，斯廣大矣，乃復於巡按侍御山泉伊君曰：宇既峻，地復華，有司之學新矣；行師周，文師孔，爾諸士子之學新矣。爾諸士子其勿忽於斯學而略於斯記。

清水縣修學記

【**題解**】本碑嘉靖二十一年（1542）立石。胡纘宗撰文。已散佚。文乾隆《清水縣志》卷 14《藝文》著録，個別字句和胡纘宗《鳥鼠山人集》所收略有不同，兹據胡集録之，胡集之題目爲《清水縣泮宫落成之碑》。見《鳥鼠山人後集》，《中國西北文獻叢書》第 161 册，蘭州古籍書店，1990 年，第 382 ~ 383 頁。

事有終則立，功無墮則建。故爲山九仞，終虧一簣，將往乎，抑止乎。清水孔廟偉然矣，而有不盡肅然者；其學焕然矣，而有不盡秩然者，前鄧尹改作之，今朱尹[1]落成之。苟計先後、分爾女而不以爲急，則少有曷完，富有曷美。鄧尹之美曷襲，朱尹之善曷彰乎！蓋學不遷，其不善曷知去；

[1] 朱尹：即時任清水縣令的朱文繡。乾隆《清水縣志》卷 9《職官》“清水縣知縣”目：“朱文繡，河南人。國子生。”

學不完，其善曷知盡。鄧尹倦倦於其始，朱尹兢兢於其終，有司之分，盡斯文之責塞，其知所重也夫！其知所重也夫！

乃自嘉靖乙巳[1]之春，而至丙午[2]之夏，其諸廟垣學舍，綽楔重階，丹漆金碧，罔不完美。而清邑之泮宫，一簣不爽，九仞克臻，焕然爲隴西冠，不風動傍邑也哉。夫天下庠序，輪奂者固多，然傾圮者亦不少。蓋憚改者，有杜嫌者。夫學且不治，况敷政乎！况宣教乎！若鄧、朱二令尹，庶幾知所務矣，故清邑之士之感之也。繼自今清邑諸士子登其廟，不徒見臺殿之雄麗，苟於室家之好，百官之富，而能窺焉，則所見庶幾乎子貢，而性與天道或可得而聞也。否則，望望而立，愈近而愈遠。墻高數仞，肩且不及，况入門耶！入其學，不徒見堂階之壯偉，苟於文行忠信之教，詩書六藝之學，而能受焉，則所見庶幾乎子遊、子夏而文章乃可得而见也。否則，訑訑然而居，愈親而愈疎，其廉遠地，堂且不升，况入室乎！是在清邑諸士子自强焉耳，夫豈徒觀美已耶。泮宫成，清邑諸士子暨鳩工，義民長春請勒之石，以詔後學；重以朱尹之躬求，任文學與之申悃，乃不揣敬，爲之述而繫之銘。銘曰：

學初負郭，豈沿寥廓。移就城隅，乃歸桀頀。厥基面陽，重闉阿閣。趙姜執經，蘇湖鳴鐸。向豈不明，衢强爨弱。代亦有才，發微儲薄。令尹咨求，柱史規度。爰得袛園，仰瞻冥漠。崇正升邪，亦孔之炤。湯浴遠環，天橋少卻。蔭箕面辰，後巖前壑。小隴透迤，上邽磅礴。洞視高明，大觀冲漠。屹屹四維，冥冥六幕。望道鄒嶧，神遊濂洛；聖域高堅，心齋博約。詩書詠歌，門墻振作。芹池有嚴，鱣堂假樂。潢潦無汙，鳳麟有託。出谷春鶯，凌空秋鶚。三千允哉，千秋磐若。

永清堡[3]記

【**題解**】碑原在永清堡，今已散佚。崇禎五年(1632)立石。文見民國《清

[1] 嘉靖乙巳：明嘉靖二十四年（1545）。

[2] 丙午：明嘉靖二十五年。

[3] 永清堡：始建於崇禎五年，遺址在今清水縣第一中學所在。民國《清水縣志》卷2《建置志》“縣市”目：“永清堡，創建於崇禎年間。經流寇及同治之亂，縣城恃斯鳩爲保障，幸獲保障。現清水縣立中學設置其中，有明山西巡按羅世錦觀察《李公邑侯、蕭公創立清水縣西關山城永清堡落成碑記》。”

水縣志》卷12《藝文志》。羅世錦撰。

羅世錦，字煥宇，明兩當人。天啟二年（1622）進士。歷任山東臨淄、蓬萊縣令，巡按山西御史，官至大理寺丞。崇禎年間，羅因時避亂，常住清水，故應邀撰碑文。

□□□□□業□□尚□。而此世五星未出，秦寇[1]鴟張，豕咥數千里，朱殷郡縣，武備蹎踑，無可如何。壬申[2]三月，怙狡捷爲毻愈甚，負險關隴，上邽實當敵衝。觀察李公[3]以文武壯猷，備兵隴右，聞警即督兵東援，法威燀赫，競汎掃攙槍□□以西，始得安枕，厥功懋哉。自公之躬歷行間，駐節清邑，上下山阪，圖所以善後計，指城西南隅高原謂令□："□□□□□□□朝夕賊據此，下瞰城中有若掌。果欲伐寇，謀城之便。"令君曰："吾固欲爾爾。"遂各捐俸，爲甃石犒工之費，刻期舉事，庶民樂趣。未幾，而屹然告成，四面削立，巋然一天塹也。賊再至，而兩城夾擊，禽獮草薙，京觀已累累在望矣。自是，賊不復以秦隴爲意。四障孛霧，一旦霅然，伊誰之功。僉曰："唯新保障之力，是以非李公不足開；令君之先，非令君不足以畢李公之志。"上下相與有成，士民一時遭際已過，盛矣！昔范文正公經略西夏，築大順城，與白豹金湯對峙，而環慶不復有隻騎闌入。兩公與韓、范[4]後先荼荼，無他，識勝故也。識勝不難，審天下之全局於胸中，有如聚米，然所以吏不餮，兵不嘩，民不讟，一當潢池告警，出其胸中藏甲，即烏合百萬，不足辱大黄之弩。兩公大有造於我秦人也。陳倉，不數雉山城耳，抗武侯十萬之衆；盱眙，乃彈丸地，老魏太武百萬之師。雖居中制勝有人，然亦城險足恃。上邽自是免抄鹵之慘。豈惟上邽，天水、皋蘭，迄張掖、酒泉以形勢相維，當亦秋净絶塵，數千里之長城，永賴在茲歟。

是役也，時至事起，天預以業業者，待至人之位置，是謂因天。山川效靈，

[1] 秦寇：指起事於陝北的高迎祥、李自成農民起義軍。

[2] 壬申：明崇禎五年（1632）。

[3] 觀察李公：即李虞夔。李，字和亭，明山西平陸人。天啟二年（1622）進士。曾任耀州知州，歷兵部郎中、陝西參議、寧夏巡撫，累官右僉都御史。明亡後，在家鄉組織抗清，敗亡。李督師清水時職銜是分巡隴右道。

[4] 韓、范：即北宋名臣韓琦和范仲淹，二同心駐防西夏，名重一時，邊塞流傳歌謠："軍中有一韓，西夏聞之心骨寒。軍中有一范，西夏聞之驚破膽。"

突出一奇巒，以壯百二之雄關，是謂因地。兵法云：先趨上山者勝。士民各爲桑土，或親持畚鍤，或出資傭夫，令不煩而趨事敏，是謂因人。三善備而像祠烏容已乎，宜即此城，以當燕然……誼附鴻呼。又治氓也，忻有同心。爰因進士王公門弼，及貢士王子國楨、羅廷弟子員頓生善言，高子攀龍、張子錦輩之請泚筆，敘數語以泐諸石，欲後之君子樹德，務滋無俾城壞。李公諱虞夔，字和亭，山西平陸縣人，登壬戌進士。蕭公諱崚芳，字五華，四川榮昌縣人，繇拔貢恩選。

邑侯蕭公德政碑

【題解】碑現立清水縣原泉小學院内教學樓前。明崇禎八年（1635）立石。羅世錦撰。拱形碑首，下部兩端有殘缺。碑文民國《清水縣志》卷12《藝文志》著録，題爲《蕭公生祠碑記》，文題不同，而内容同。

嘗考夫官書，知中國山川，首在隴蜀，其位輿鬼，其舍鶉首，其宫巨蟹，其州雍，其星太白。太白，天之頑金，又名蚩尤，旗兵象也。故關輔號用武地，而海内眎以繫安危。隴以西，又眎以上邽爲安危。關輔無事，彼肆螫示蠆尾者，直折棰使之宰。上邽得人，自天水迄玉門龍麓數千里，可安枕而卧也。以一人而當西北半壁之亭障，令是邑者難不難耶。秦自潢池不靖，至壬申歲，鴟張益熾[1]。徒足科頭、貫頤奮戟者，望城而食，抄鹵無虚日，勢如落葉，掃一番，更落一番。守備惶惶，苟具文書者，警備隤弛，或棄城出走，或城下請盟，既免自枝吾，隊如蟻壘守，又内修齋唱經，坐令欃槍長於天竟，噫！此養疽不除者過也。

公淵識灝氣，博通萬族，甫下車，而謬然救時之色可匊。識者知公胸富甲兵，即百萬凶獰贔贔之寇，不足憂也。受事未踰月，而警報猝至，斗城懸，賊視不啻几上肉，欲吞而食之數矣。公實爲固圉計，斬蔓封罅，與民無所勢踿。召矜紳父老及子弟輩，諭之曰："若無恐，賊已在吾目中矣，吾必爲若辦此大事！"出其宏議長識，各各授以方略。甫登陴按視，而賊已至

[1] 據乾隆《清水縣志》卷12《兵戎》，崇禎五年（1632）農曆十月，農民起義軍紅軍友率部從長寧驛向西突擊，在清水一帶擊敗明軍蔣一陽部，擒都司李官用，殺把總徐承斌及明軍數百人。

城下矣。督民兵力戰，斬俘大半，殲四五渠魁，人以公來稍後，時則城必不守。日夜治事於城堞之上，如先喆楊博宿古北口垣上光景也。補堞浚壕，設伏扼險，既晳且周。團練鄉兵令角戲、陳射垛、較庶能，比厥勝負爲償罰，而人百其兢。邑連遭荒歉，倉無粒儲，不足贍軍兵。客兵至者如墨如荼，勢將脱巾，公鬻衣以奉戰士，不足，復佐以内人簪珥之屬，人爲之感動泣下。自壬申歲迄今五閱歲，夜不解衣者居半，心口交瘏，癯與勞並，賊每至而萬弩齊發，蹀血横屍。賊惙惙然，見多所亡失，再來即擊卻，自是望邑城藏“順昌”旗幟，不敢復犯。農人亦能持鉤鐮逐奔，不替《車轔》《駟驖》之舊。姑無論他郡，即鞏屬陷者已十之三四，而彈丸小邑免焚劫屠戮之禍，且屹然爲關以西重鎮，賊不得久肆盤於皋蘭、天水間，有公爲之制其後也。時事孔棘，州縣修備爲第一急，著於公卻敵事，故言之獨詳。

他治行卓異，狀如堅輪録之操，嚴鉤鑿之約，省徭賦軫，罷駟去□，劉絶摘伏，集流移，蕩穢胥，刜魁樓，洵剔創殘，有如嬰兒。陶範子矜，真如嚴師，種種惠政，難以縷悉者，敢蔽之兩語曰：“愷弟由於性生，沈毅得之學問，以之内撫疲民，外抗强寇，而無不殫厥。所懷來是邑中，一草一木，皆公所留也。降灌無文，隋陸無武，故人不能兼者，而公具備。闢衆林一棟，幹所重倚，以構造我方夏者，聲實訇磤，薦書已满赤匭。出爲韓范，入爲周召，垓下之口碑不衰，荒蕪小邑之俎豆，詎足報如天之德哉！爰體士民弗諼之意，則章章如此。”

公諱嵝芳[1]，字五華，四川榮昌縣人，繇恩貢選。

温泉詩碑

【題解】碑立清水縣温泉度假村。明崇禎十五年（1642）立石。高115釐米，寬59釐米。李悦心撰並書。拱形碑首，白石質，保存完好。1982年被列爲清水縣縣級文物保護單位。

清水縣東温泉[2]

[1] 民國《清水縣志》卷9《職官志》“名宦傳”有蕭嵝芳傳。

[2] 縣東温泉：即今清水縣温泉度假村，《水經注》有載，明清爲清水八景之一，稱“湯峪温泉”。

水性原皆冷，此泉何獨温？天留千載澤，池貯四時春。善洗身心病，蒸銷眼耳塵。好乘天際馬，灑鬣煖吾民。

崇禎十五年歲在壬午季春吉日巡方甘肅曹南耽雲愛月人李悦心[1]題

圖 4-2 清水縣東温泉詩碑

[1] 李悦心：明山東曹縣人，遊温泉時任職巡按甘肅御史。

滴水崖記

【題解】碑散佚。文存乾隆《清水縣志》卷 14《藝文紀》。朱超撰。

朱超，字敬修，號藍田，江蘇荆溪縣（今宜興陽羡）人。清水知縣任内注意民生，修築城垣，整飭書院，編修縣志，有“循吏”之稱。嘉慶二年（1797）升任階州知州。民國《清水縣志》卷 9《職官志》有傳。

乾隆戊申[1]，予釋褐抵蘭省，蘭之人多爲予言五泉之勝，時因風塵鞅掌，奔驰鮮暇，欲往遊而未果。

及蒞上邽，詢邑中名勝，則有所謂滴水崖[2]者。崖在郭北門外西北二里許，崖之高不過五六丈，石壁削立，其上稍稍俯而出，循崖之麓，窪入爲小池，水滴於中，望之見底，以手掬之，瑩澈可愛。或如明珠，或如銀筯，或如懸乳，或如垂簾。高者如簷溜之拂於地，下者如尊勺之盛於瓶。其間斷者、續者、斜者、整者、疏者、密者，涓然下流，倏忽百變，不可名狀。坐而覽之，神與俱適，想乳洞水簾不是過也。至其聲之緩以融，則於琴瑟宜；其色之明以澄，則於盥手宜；其味之淡以洌，則於煮茶宜。崖之下，予於壬子[3]春，構二小亭，廣可容數人膝，後又録高常侍五字詩鐫於額。

蓋古今山川之瓌異，必經名流觴詠其間，始成佳勝。乃自唐以後，不聞復有爲是崖作一生色語者，第見樵夫牧豎休憩於斜陽暮藹之間，而彼都人士曾未過而問焉。是亦不幸而出於下州小邑，非如五泉在都會之間，爲文人才士簪裾雲集之地，故留題者絶鮮。然猶幸得高常侍一詩[4]，可以傳之無窮也。是爲記。

---

[1] 乾隆戊申：清乾隆五十三年（1788）。

[2] 滴水崖：又稱滴水巖，在清水縣城西北 1.5 千米牛頭河階地、白土崖西溝。

[3] 壬子：清乾隆五十七年（1792）。

[4] 高常侍一詩：“高常侍”，即唐代著名詩人高適。乾隆《清水縣志》卷 14《藝文》收録詩歌《滴水崖》，題名高適作，内容爲“山脈逗飛泉，泓澄傍巖石。亂垂寒玉筱，碎灑珍珠滴。澄波涵萬象，明鏡瀉天色。有時乘月來，賞詠還自適。”高適於天寶十一載（752）秋 49 歲時入河西節度使哥舒翰幕府，有《登隴》《金城北樓》等詩。現存高適詩集中没有題爲《滴水崖》的詩作。陳尚君《全唐詩補編》輯入無名氏之作《題合水縣玉泉詩》，内容和乾隆《清水縣志》之《滴水崖》詩全同，標明南宋類書《記纂淵海》卷二十四。蓋所詠是今甘肅合水縣境泉眼，和高適無關，也和清水無關。

温泉記

【題解】碑散佚。文存乾隆《清水縣志》卷14《藝文紀》。朱超撰。

予少時读《新唐書》，始知骊山有温泉，以其地与吴會相距遠，每恨不獲立馬於金莖玉井間一覧其勝。戊申夏，領部銓牒，束裝入關，過臨關，詣温泉，於是曩之所豔羡而未之见者一朝而得。試浴焉，以爲天下靈奇之跡尽於此矣！

比至上邽署，閲舊志，亦载有温泉，在東郊外二十五里，亟命肩輿往遊焉。泉出深谷中，三面皆環峻嶺，有方池，泉自溢出，其水甚温，而清潔香洌，反過於臨潼。可以烹茶，可以療疾，但性浓厚，不如滴水崖之輕清也。前令熊君焞[1]鑿爲二池，引水流注於其中，甃之石，覆以三楹，方廣不及臨潼之十一，深止三尺，中仅容一二人。新浴詠歸，其樂無極。予於辛亥歲[2]复搆数楹，以爲休憩之所。縣以额，顔其上曰“香勝華清”，蓋實録也。

嗚呼！異哉！雖然天下靈山勝景，亦必因名人韻事而傳，驪山之温泉有春寒賜浴一詩，而華清之池遂膾炙人口。兹泉地居僻陋，絶少留題，又無金碧輝煌之蘭若映帶左右，遊人至其地者蓋鲜，故世之人僅知有驪山之温泉，而不知有上邽之温泉也。使以是泉而生於鄧尉棲霞、靈隱寺平山堂之間，則冠蓋絡繹，吟咏稠叠，其所以争相誇耀而先睹爲快者，當不知何如也。抑予又聞通渭亦有温泉，並無数椽可以税駕，則名勝之地其湮没而不彰者又烏可勝道哉！因爲之記。

温泉記事碑

【題解】碑立清水縣温泉森林公園。清乾隆十六年（1751）立石。高130釐米，寬57釐米。郎圖撰。基本完好。書體爲規範的宋體，很是獨特。

[1] 熊焞：武平（今福建武平縣）人，清乾隆間任清水知縣。

[2] 辛亥歲：清乾隆五十六年（1791）。

1981 年被列爲清水縣縣級文物保護單位。

予自蒞州以來，省方問俗，知清水有龍神廟，前出温、寒二泉，此造化之奇也。明巡方李公[1]竪碑誌異。予欲踵其事，兼思易數椽於廟側，而未有暇。宰是邑熊名焞號賁庵者，與吾同志，政餘鳩工，不日告竣，並置地付司廟者，以爲經久之資。予聞之而慨然曰："天下事固有如此之不謀而合者乎！"賁庵係閩人，歷任皆有聲績，予心契久矣。今兹一舉，先後有倫，位置得體，其公心行政概可見耳。予故爲之嘉其事。

乾隆十六年歲在辛未十月長白郎圖[2]書

邽山書院記

【題解】碑嘉慶十三年（1808）立石，已散佚。文存民國《清水縣志》卷 12《藝文志》。李會蕤撰。

嘉慶歲丁卯，燕堂楊公[3]蒞斯土，欲以德化民，先以培養人才爲急務。余與楊公，誼屬姻親。昨歲延余[4]來清主講席，邑紳士咸爲余嘖嘖頌邑侯之於不置。

邑舊有上邽書院，隸治城之西。邑令竹園張公[5]規修於乾隆丁卯歲，歷年久遠，遺址僅有存者，且介民居室中，地形亦復窳下，湫隘囂塵之嫌誠屬不免。公以爲讀書之地務求清曠，欲諸爽塏者，遍閱城内外而得斯地，背城面巷，左右鄰廟，不雜民居，不近市廛。公欣然喜曰："可以培風，可以育材。"捐廉俸以倡，邑紳士耆庶兼之鄉城募緣，無不熙然於事。庀材鳩工，始於戊辰[6]之二月，迄秋告成。上建文昌宫，前建魁星閣，中講堂各三楹，其齋則東西两旁，凡二十二間。院之西又建啟聖祠三楹，祠之

[1] 李公：即巡按甘肅御史李悦心。

[2] 郎圖：滿洲鑲黄旗人。清乾隆十年（1745）進士。撰文時任職秦州知州，後升天津漕務監察御史等職。

[3] 嘉慶歲丁卯：清嘉慶十二年（1807）。燕堂楊公：即清水知縣楊翼武，"燕堂"應爲燕庭，楊翼武字。任内大辦教育，成績突出。民國《清水縣志》卷 9《職官志》有傳。楊後任蘭州府知府、署理甘肅布政使等職。

[4] 余：碑文撰者李會蕤。

[5] 竹園張公：清水知縣張衎，"竹園"其號也。

[6] 戊辰：清嘉慶十三年（1808）。

下山長居室在焉，凡三間；居室之下，灶房三間；其旁肄業諸生灶房四間。規模整飭，器具咸備。嘻！經營伊始，未閱一載而告成。微公之德教，使民忘勞不及此。

工竣後，楊公復改舊稱，易新名爲邽山書院。邑紳士謀勒石以垂不朽，求記於余。余不敏，僅敘其巔末以見。清邑士民樂於從善，而公捐俸，首倡督工，諸君子勤於公務，均克體國家，作人雅化，用以並傳勿替云爾。顧余於諸生，猶有厚望焉。是爲記。

清嘉慶十三年戊辰，例授文林郎戊午科經魁吏部候銓知縣華麓李會莪[1]撰

原泉書院碑記

【題解】碑道光十六年（1836）立石，已散佚。文存民國《清水縣志》卷12《藝文志》。陳墉撰。

陳墉，字作甫，清浙江錢塘人。道光二年（1822）進士。民國《清水縣志》卷9《職官志》有傳，稱其“廉介自持，勤敏有爲”。

萬物莫不有本，矧學耶。《孟子》曰：“原泉混混，不捨晝夜，盈科而後進，放乎四海。”學如是焉已矣。故《易》曰：“山下出泉，蒙。君子以果行育德。”江濫觴焉爾，河涓流焉爾，綿綿延延，匯衆流，泮陵谷，亘數千萬里，蟠際天地，無涯涘者，其不以此歟！

致知者，力行之本也；修身者，家國之本也；孝悌者，爲人之本也。五常之德受於天，成於性，微言奥義，萃於《詩》《書》。孔、顔、曾、孟之文，節目法律之嚴且密者，殽於《禮》《樂》《春秋》，其端肇於倫紀日用之地，其極通於性命理氣之原，其粗不外與辭讓周旋動作之數，其精至於聖神功化之妙。淵矣哉，備矣。士束髮就傅，無不讀羣聖人之經者，然或視爲功令科舉之資，苟且掇拾以買車服，高者矜文藻，博聲譽，其能本身實踐者蓋尠矣！豈天之所以生人與國家養賢士之意也？人患乎無志，

[1] 李會莪：陝西華陰（今陝西華陰市）人。舉人。撰碑文時爲邽山書院山長。

而病莫大於不爲。即平時所誦習者，反而求諸己，身體之，心浹之，就碩師哲友講明切究之，無浮無怠無躐等，朝夕而爲之不已。雖未能即造於精微，其之乎聖賢之途也，孰御哉。處爲純儒，出爲明臣，即以其緒餘，見諸文章，亦皆根理道繄。治忽燦然，垂世立教，幾乎古君子之言也。本之不可已也如是。

夫清水自乾隆十二年張令創建上邽書院，後更廢壞。嘉慶中，楊觀察翼武令此又作新之，易院名爲邽山書院。今余來攝縣事，取孟子之義，顔之曰“原泉”[1]。并爲之記，以示學者。

原泉書院捐膏火記

【題解】碑已散佚。文存民國《清水縣志》卷12《藝文志》。馮㩗撰。

馮㩗，字子朗，江蘇通州（今南通市）人。道光六年（1826）進士。民國《清水縣志》卷9《職官志》有傳，稱其“清介廉明，决訟平允，工書能文……邑人慕之，稱爲‘太平賢宰’”。另有《重修清水縣城隍廟碑》，知縣陳墉撰文，知縣馮㩗書丹，道光十八年十一月立石。兩知縣同時出現在一通碑文中，説明立碑之時二人正處在交接班之際。而馮撰本《原泉書院膏火記》碑文有“陳君往往分廉俸優給之”語，説明此時陳已離任。依此，可判定“膏火記”碑立石時間是道光十九年。

清水古上邽地，重崗疊峴，盤紆而磽瘠。民依山而耕，淳樸而多貧。有志之士帶經而農，恒不得兼瞻。前宰張君衔創上邽書院於縣城西偏，志學者聚讀其中，士乃幸得地。嘉慶間，楊君翼武移植縣治南偏，易其名邽山書院，多設廨宇，延師其中，募邑中地户每畝出錢若干枚，爲院師致脩脯及薪水，士乃幸得師。然猶裹糧從事，膏火筆劄之費無所取給，或引而歸田。往年陳君墉攝邑篆，陳君，錢塘名士，通經史，善古文詞，士樂其教，諸就學書院肄業者，倍於前。陳君往往分廉俸優給之。又改邽山書院之名

[1] 乾隆十二年知縣張衔建上邽書院。嘉慶二十三年知縣楊翼武改建之，名邽山書院。道光十六年知縣陳墉重建之，易名原泉書院。

曰原泉，爲之説[1]，以示學者。於是，士益向學。

爔踵陳君後謀，所以爲膏火計者，邑之右族僉謂曰善。集而醵錢，終歲得千數百緡，委之商，歲收所得息，而月以給諸生。凡邑商三十八家，歲更首領一人。諸輸金錢者，舉以屬首領，均商之數分而權之，得息匯於首領，如其息入之數差，分之以爲膏火之需。擇諸生長一二人爲齋長司出納，官無所與，司事者不得私。輸助有續入者，增息而增給之，歲以爲常。其從地户出者，歲得錢二百二拾餘緡，供脩脯薪水及其他，一如舊。於是，諸經費規模稍備。爔復於縣署右偏，葺精舍十餘楹，爲公餘講習地。生徒學業精進者，自院來分居之。每月吉會，課執經呈藝多者百文。爔進而語之曰："諸生知爲學之功在積累矣，積累起於始基，增於漸進，萃於大備。大備不可幾也，求進焉而已。凡致功之事，基爲難，有基則可以進。進而積之，用力少而成功多。否則，半而止，毁其基，乖甚矣。故曰有後弗棄基。又曰有基勿壞。"

張君之創書院，楊君之設師資，迄今之給膏火，皆基也。生徒日以增，終歲膏火所散給不過百餘緡，少不足贍。幸邑人士就是而進益焉，勿並此而毁隳廢焉，爾今非遽備而止焉。諸生視此，可知學矣。且諸生幸生右文之世，藉桑梓好義之力，得課讀之地，具筆劄之費，觀摩切磋，立志勿懈，貧而益力，則完璞之内美玉在是，光華焕發，且無倫比，安在山險瘠土，奇材異能不輩出哉！求進焉而已。

事既集，記其梗概，以勵諸生。並書諸捐金錢者姓名，以爲好義之士繼起者勸。

濯纓池記

【**題解**】碑已散佚。文存民國《清水縣志》卷12《藝文志》。李及蘭撰。

李及蘭，廣東陽山人。黄埔軍校第一期畢業。民國二十五年（1936）"西安事變"之後，李奉調率四十九師入甘，駐清水，防守關山要衝，因得遊温泉，

[1] 説：指前任知縣陳墉在《原泉書院碑記》中勸勉諸生爲學的論説。

撰記文。

自來勝境偉跡因人而傳，金谷園、岳陽樓、醉翁亭、滕王閣，其著者也。

民國丙子[1]，予督師秦隴。冬月，次清水，於城東觀温泉，清流激湍，蒸氣騰沸。考其水質，似較南北二湯爲優。惜以交通不便，風氣閉塞，致使大好泉流晦而不彰。沔陽黄君厚珊，青年碩學，治斯土，有政聲，於地方建設尤不遺餘力。丁丑歲首，互商傍泉築室闢地，並培修園亭以供士民之遊沐。黄君捐俸庀材，予任設計，軍工呵凍鋤堅，兼旬告成。

開幕之日，山含媚態，雀噪歡音，軍民畢至，少長咸集。滌塵慮於清流，温如挾纊；話桑麻於樂土，恍如桃源。洵快事也。

予於浴德澡身之餘，欣斯泉遇賢宰而流傳，賢宰與斯泉同不朽。爰濡筆爲志，並繼以歌曰：

隴山之麓，渭水之濱；天賜流泉，潔净温馨。洗塵滌慮，媲美華清；放牛歸馬，濯足濯纓。

白沙至山門修路碑

【題解】碑立清水縣白沙鄉下店子村靳氏老宅大門口。民國二十五年（1936）立石。保存完好。

君諱丕基[2]，字肇亭，邑東白沙鎮人士也。幼超閭閻，長慕三乘，利濟爲懷，慈祥作事爲念。

白沙鎮至山門鎮三十華里，是一道長峽，懸崖峭壁。入山峽，碧流曲折，途徑崎嶇，盛夏則山洪暴發，阻擋旅客；嚴冬涉水，寒冰没脛。君見其况，怵焉，日夜焦思，欲修之。適邑紳閻君簡丞慨捐助銀圓百元，鼓成其事。君雇傭石匠，躬親鑿錘，鏟高就夷，凹處填平。工程艱巨，樂施好善諸人，或數金，或半粟，或以勞力相助，同心協力，經歷五六寒暑，始全其功告竣。行旅歡呼，可以夜涉，免性命之危，絶不測之憂，庶黎無不稱頌，猶如靳君者有幾人哉！此余與同社諸君，嘉其行，不忍没其跡，而云有以問世云爾。

---

[1] 民國丙子：民國二十五年（1936）。

[2] 靳丕基：白沙鄉下店村人，善於經營，成一方巨富。樂善好施，利濟爲懷，修橋補路，遠近稱頌。

其佐工助資諸人，則閻、景、梁、趙、姚、夏、孟、張、他、謝、郭、李、田、靳、樊、楊、戚、劉、崔、魏、白、馬、武、王、郜、黨二十六姓四十三君，及二女信士而已。

中華民國二十五年歲次丙子夏上浣

東八鋪白沙鎮湯浴鋪龍山廟闔社公製

第四節　墓碑墓誌

大隋使持節驃騎大將軍開府儀同三司慎政公上州刺史李府君之墓誌銘

【題解】墓誌清道光五年（1825）出土於清水縣城東白沙鄉魯灣村，係當地人平整土地時發現，隨即掩埋。清同治年間，墓誌被山洪冲出，庠生魯振申抄文，又埋入地下。民國十八年（1929）縣長周順吉應省通志局採訪，派員將墓誌取出，拓文呈報後，交縣教育局保管。現存清水縣博物館。大業二年（606）刻石。高 50 釐米，寬 47 釐米。23 行，行 23 字。保存完好。

公諱虎，字威猛，隴西成紀人也[1]。昔高陽氏之苗，秦將軍之後矣。厥生樹下，而因李姓焉。徙自隴西，遂稱令族。固知長河帶地，津澤於是派流；高枝拂漢，垂陰以之布葉。公即魏隴西行臺爵之孫，周隴東太守寶之世子也。公乃童年挺秀，夙警異倫，弱冠英聲，綽有不羣之譽。爲生敬讓，仁恕表於家邦；立行弘慈，令聞彰於朝野。起家徵授儀同三司，兼除秦州清水本郡太守。公實涉獵經史，未肯淳儒，奇略異端，不獨專武。既其跨躡行陣，按劍盱衡，乘機振檄，規謨抵掌。尋遷授開府，並封慎政縣開國公、

[1] 墓誌所述的墓主並不是李唐王朝先人做過北周柱國大將軍的那個李虎，但時至今日還有人在這個問題上犯糊塗，對此，蘭州大學汪受寬教授有辨析文章《唐先祖李虎與清水李虎墓誌銘》詳考之，文見汪受寬《西北史劄》，甘肅文化出版社，2008 年，第 142 ~ 148 頁。據汪先生對比研究，此李虎與彼李虎，一是姓氏由來説法不同，二是本人字號及父祖姓名不同，三是歷官封爵不同，四是逝年與葬地不同，所以"總括以上考辨，可以肯定，清水李虎墓所葬者係隴西李氏旁支，在西魏時僅任過太守、刺史等地方官，封爵爲縣公。而李唐太祖李虎官至柱國大將軍、爵至唐國公。兩者絶非同一人"。

上州諸軍事、上州刺史。此地營櫟險阻，蠻左雜居，漢蜀交川，民情粗獷。公乃德刑並設，風教始行，威儀俱申，大揚流俗爾。乃方應毗贊，翼亮王猷；豈謂蘭桂早凋，瓊枝先折。公春秋七十有二，以建德六年十月八日奄薨於京弟，以大業二年歲次丙寅正月朔十八日癸酉葬於秦州清水縣内莎鄉里之原[1]。

昔武侯亡蜀，仲達猶懼遺風；管氏喪齊，小伯請其付國。嗚呼哀哉！將恐山頹谷徙，海變桑田。刊此玄銘，其詞云爾：

汪波萬頃，洪基千仞；帝子之苗，公侯之胤。瓊枝玉葉，桂花蘭從；家傳芬馥，世播芳風。乃祖乃父，蟬聯奕葉；唯子唯孫，軒車相接。匡家佐國，劍佩連輝；褰帷作牧，震鷺於飛。五福不徵，三靈仙逝；俄然風燭，奄從人世。神魂渺邈，有去無歸；百年長往，千載何追。

[1] 李虎墓在今清水縣城東白沙鄉魯灣村東臺地上。民國二十一年（1932）修整墓址，並於墓前樹立“大隋使持節驃騎大將軍慎政公諱虎之墓”石碑。墓地現存，占地600平方米，墳墓封土底徑5米，高2米。

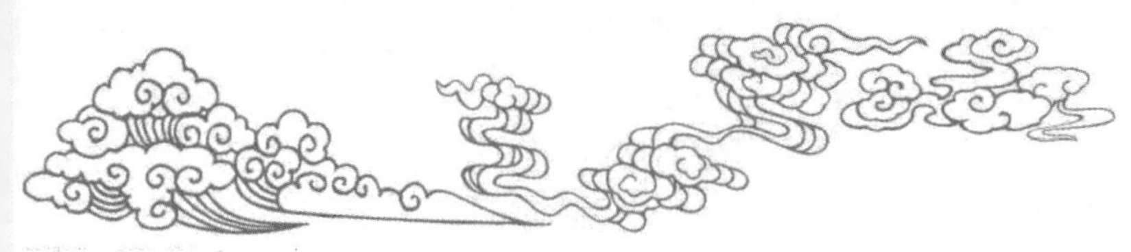

第五章　張家川回族自治縣金石

第一節　宣化岡拱北碑刻

馬光烈馬光翽兩上人墓碑銘

【題解】碑現立張家川縣城西北宣化岡拱北。民國二十三年(1934)立石。高165釐米,寬80釐米。哈鋭撰文,何兆龍書丹。碑面正中大書“馬大三上人光烈光翽夫子之墓碑”,上款“中華民國二十二年九月中浣穀旦”,下款“各省教下及子姓等同敬立”。碑陰刻馬元章、馬元超生平事跡。以下碑文録自吴景山《天水金石校録》,甘肅文化出版社,2017年,第304頁。

歲己巳[1]舊曆九月既望後四日,光翽上人嬰末疾,卒於宣化岡鋤經精舍。彌留時,據匡□□□語後事,諸子暨家衆環而敬聽。語畢,伸手足溘然長逝。越二日,殯於附近之新阡。

夫是阡也，上人之所經營而相度，其伯兄光烈上人諱元章遺骸□所藏也。先是，靈武德潛上人遇難捐軀，其父孫某旅櫬亦浮厝大□前後數十年間關崎嶇，卒反葬此山。蓋兩上人實主之。聚羣賢之體魄，證斯道之淵源，吾知來此者，景行仰止之思，將與茲山並永，而不徒以旅進旅退、晨展夕省畢乃事也。吾教之不競久矣。循誦傳習之人，議者訾之爲冬烘腐爛，而迻譯諸書，無中土通人碩士爲之點竄潤色，破碎紛歧，莫衷一是。至不得與梵筴釋典供嗜奇愛博者之探討，滋足恥已。

[1] 歲己巳：民國十八年（1929）。

两上人之自滇而隴也，以詩禮之世胄，值門庭之燼餘，流離播遷，學與俱進。光翮上人年甫及冠，芒鞋箬笠，繭步蓬行，顧此山而樂之，買田築室，以耕以教。而光烈上人則別闢精舍於固原隆德，所屬諸地曰沙溝，曰大寨，曰西吉灘。一時嚮學之士，燕魯遼沈，瀚海西疆，千萬里之遥，躡裹糇，四面而至。其文武官吏聞風慕道、諏咨利病者，輿馬冠蓋相望於嶕造穹谷，間無虛日。上人復徇介弟及徒衆之請，每歲命駕來南，棲遲此山。經年累月，莘莘學子款門請業，無異在北時，夫教，一而已。乃昔則黯黯如彼，今則燀赫如此，豈消長隆汙之有其時、有其數哉！塤篪翕應以奔走一世之人來學乎？往教乎？《易》曰："苟非其人，道不虛行。"孔子曰："人能弘道，非道弘人。"斯言諒矣！

光烈上人之歿也，以地震奇災，殉於西吉灘祈禱室[1]。光翮上人徒跣哭臨，已渴葬矣。目睹陵圮谷陊，不堪窀穸；又念上人之學，嬗自靈武，生而紹其統，歿而近其□，□逝者之所樂許也。冰天雪海中扶櫬而南，以正首邱。嗣是日凡三謁，繼以號泣，十年如一日焉。中央政府以上人功德並懋，援待遇蒙回王公例，褒卹有加，論者以爲宜。光翮上人諱元超，爲上人異母弟，厚重沉默，嚴兄慈父體素强。自兄遭喪，日以羸尫，重以年凶寇亂，薦臻迭起，悲憤憂憫，益不自克。捐館□□，上自當道，下至氓庶，識與不識，驚怛相告。贈賻徵文，爲位追悼，無慮千百人。生榮死哀，两上人洵可無憾。

惟值此四維蕩然、泯棼胥漸之會，道德之藩籬□撤，宗教之制裁亦窮。然使一二知覺先民者，久視長存，以其耆年碩德搘拄於人禽幾希之界，則碩果之存，未必不有剥極見復之一日。乃天不憖遺志，奪之□□，山頽木壞，安仰安放，所以不能不慽於並世人人之心也。

兩上人之家世，行誼具於行狀中，雖更僕以數，難終其物。小子譾陋，第掇拾概略，以聲於隧□□□，俾過而式者有考焉。銘曰：

骨肉復土，靈英在天；殉身以道，易地皆然。一經授受，羣哲聯翩；

[1] 民國九年（1920），寧夏海原大地震，馬元章在西吉山沙溝傳教之地遇難。

各懷粹美，相見黃泉。□□遺蜕，式禮揭虔；青青宰樹，磊磊高阡。岡巒迴亘，馬鬣牛眠；既安既固，不崩不騫。前有千古，後有萬年；以詔無竟，來視此鐫。

前翰林院庶吉士門下哈鋭[1]謹撰文

陸軍上校鄉愚植石□何兆龍敬書

岐山陳得才刻石

馬大善人光烈、馬三善人光翿神道碑序

【題解】碑現立張家川縣城西北宣化岡拱北。民國二十三年(1934)立石。是由一主兩副三通組成的組碑，主碑高350釐米，寬81釐米；副碑高70釐米，寬85釐米。正碑碑首浮雕二龍戲珠盤頂，正中有歇山頂式門樓圖案，門樓楣刻"人倫師表"，門楹左右分别刻"精神宛在""道德彌光"；碑面正中隸體大書"馬大三善人諱光烈光翿先生之神道碑"，上款"中華民國二十三年一月吉日立"，下款"隴南紳商學界暨各省教下公立"。碑陰刻介紹馬元章、馬元超生平事跡的碑文。清秦州進士任承允撰文，滇南何兆龍書丹。副碑刻民國政要姓名及76坊清真寺名稱及163人姓名。以下碑文録自吴景山《天水金石校録》，甘肅文化出版社，2017年，第310頁。

凡所謂教者，善而已矣；主教者，率人以善而已矣。天地名理之精微，國計民生之利害，皆善之所曲成而不遺者也。而譚空寂者，顧惟以棄世捨俗，當之人道，且因以息，而教亦隘矣。知馬大、三善人，以身繫隴右安危者數十年，畛域不分，保全兩教，物望蔚然，生榮死哀，又豈争長經壇者所可同日而語哉！

大善人諱元章，字光烈；三善人諱元超，字光翿，先人籍隸武階。曾祖之世，因罹家禍，遠適滇南。清同治季年，兩善人復行度隴，相地卜居，築室於清水縣張家川[2]之北山。道高學富，自立一宗。久之，遐邇推崇，

[1] 哈鋭，回族，清光緒十八年（1892）進士。本墓碑之外，尚有《馬光翿先生事略》《代馮總司令玉祥擬祭馬光翿先生文》《代孫主席連中擬祭馬光翿先生文》，見胡圭如輯《哈鋭集》，天津古籍出版社，1991年，第13～14頁。

[2] 張家川回族自治縣1953年成立，之前張家川屬清水縣轄。

德風所被，咸稱爲善人善人云。大善人匪第經典淹貫，而救民輔世，尤緣飾以儒術。國變後，河山舉目麥黍，哀歌慷慨，上書中樞，以崇禮教，正人心爲言，則其學識已可概見。光緒乙未，河湟煽亂，隴東西勢危連雞，大善人先事預防，鎮懾反側，燎原之火，終免蔓延。其後庚子拳匪之亂、辛亥革命之役，己未滇軍入甘，激戰天水城外，應付稍失當，皆足魚爛全甘，波蕩大局。大善人一以息事寧人爲主，屹立如山，不肯舉足爲輕重，導揚和平，俱以無事。五族共和告成，生事者流忽藉報紙宣傳，謂“回教將有反動”，政府惑焉。大善人力以身家擔保，政府鑒其忠誠，獎章優嘉，倚畀日隆。前甘督張公廣建，敦約赴省面商要政。適某舊部某聯都中議士散佈流言，岌岌生亂，大善人密電中央，痛陳利害，遂遏患萌。厥後，全國回教效順，宣力疆埸，隴上亦號小桃源者十餘年，伊誰之力歟？曲突徙薪，大善人之謂矣。名傾朝野，功護桑梓，惟大善人固擔當之，抑三善人實左右之。

庚申冬月，大善人北遊固原，夜居静室，地震驟發，哲嗣仁武趨救不及，同罹浩劫。三善人躬率子侄，迎喪歸葬，四遠哀臨。人之云亡，邦國殄瘁，豈徒教門之不幸歟？三善人既明西來大意，又夙嗜東土樸學，日置宋五子書於案，潛心玩索。平時敦善孳孳，事兄敬愛，至老無渝。每有大事，陰相贊助，而天顯之念益深。及繼大善人主教，時事所迫，不能不斂華就實，而衆善奉行，一由舊軌。故人人欽仰，無異大善人在世時。於大善人舊遊之地西吉灘、沙溝、大寨、馬家堡，經地震，廬舍爲墟，皆葺葺一新，以保遺澤。每日恭謁兄墓三次，歷九年如一日。此其以倫理之摯性，發真教之精神。時人名其所居曰宣化岡，洵不誣也。戊辰歲，導河開釁。三善人知種族謬見，無識者最易惑以盲從，乃廣刊戒告，勸誘多方。又商各處公正紳耆，創辦團防，使内不動浮言，外足資捍衛，其心苦矣！是冬，暴徒舉兵南犯天水不利，竄擾張家川，肆意焚掠，居民瑣尾。三善人責其渠魁，嚴申大義，戢然折服。一時避難來山者，皆一力護持。彼中且多自拔來歸者，蓋德足以化之爾。大兵之後，繼以荒年，加以疫癘。三善人散財散粟，不足則竭力勸募，百端救濟。素精岐黄術，預儲善藥，遍爲施治。兵疫幸息，遺黎既安，而三善人以風燭之年，歷憂勞之久，一病不起，怛然以化。遺訓謂："競争不息，皆由不和。吾子孫其以和爲居家涉世之要。"可見两善人包涵萬類，宣道宏仁，所學所行，如出一轍。故曰："教者，善也，無善則無教，教愈廣則善愈宏。"

两善人繼世同光，名不愧實。善氣所淪浹，無論回民、漢民均不能忘，争欲稱述功德，警醒愚迷。特書其利國福民之犖犖大者，勒之貞珉，以表宗風，以砭末俗。至於中央賜賚之厚，飾終之隆，國史具在，兹不覼縷。两善人同藏魄於宣化岡之新塋，今雖宿草久合，而松柏如新。山高水長，流風未遠。吾知後千百年吊古者，過張川而北望，睪然於清真教中，有两偉人在，將必取證於斯石。

邽山任承允[1]撰文

滇南何兆龍書丹

教下李正廣運石

岐山陳得才刻石

副碑題名：

謹將捐款各坊及首事人銜名開列於左

甘肅省政府主席兼綏靖主任朱紹良

陝西省政府主席邵力子

西安綏靖主任楊虎城

中央陸軍第一師師長胡宗南

新編陸軍第一軍軍長鄧寶珊

前農商部總長寇一瑕

陸軍第三十八軍軍長孫蔚如

[1] 任承允（1864 ~ 1934）：清甘肅秦州人。光緒二十年（1894）進士。

甘肅省建設廳廳長許顯時

清賜進士出身甘肅省通志館顧問館長劉慶篤

清賜進士出身翰林院編修甘肅省通志館馆長楊思

甘肅全省煙酒印花總局局長王式輝

甘肅教育廳廳長田絅錦

甘肅省會公安局局長拜偉

甘肅省政府委員張維

清賜進士出身甘肅禁煙委員會委員范振緒

前甘肅涇陽道尹賈纘緒

甘肅禁煙委員會常務委員王廷翰

前參議院議員宋子才

甘肅省党部常務委員楊集瀛

甘肅省政府參議楊繼高

甘肅中山醫院院長宋子安

甘肅徽縣縣長丁佩穀

陝西省西鄉縣縣長劉顯宗

甘肅清水縣縣長王子宣

甘肅西和縣縣長馬廷秀

甘肅康縣縣長王概儒

甘肅民政廳第二科科長馬繼周

甘肅東路交通司令部騎兵第一團團長王子良

甘肅東路交通司令部騎兵第二團團長袁福昌

甘肅清水縣禁煙局局長金鼎

（下張家川 76 坊清真寺名称及 163 人姓名略）

中華民國二十三年一月穀旦

第二節　佛寺道觀祠廟碑刻

王令猥造像碑發願文[1]

【題解】1973年出土於張家川回族自治縣馬關鄉，現存甘肅省博物館。北周建德二年（573）雕造。碑由底座、碑額、碑身三部分組成，四面開龕造像。通高113釐米；碑額高23釐米，寬42釐米；碑身高67釐米，寬39釐米；碑座高23釐米，寬23.5釐米。碑首四龍蟠曲，兩兩成對，龍頭朝下，碑陽龍軀下爲一小龕，内有釋迦牟尼佛一尊，雙手撫膝，結跏趺坐。碑身爲方形佛龕，龕楣爲垂幕狀，龕左右爲束狀幃幕及纓絡穗飾；龕中釋迦牟尼一尊，右手施無畏印，左手下垂，結跏趺坐，端坐於方形臺上；佛左右爲二弟子傾聽佛説法；佛龕下爲二獅及二護法。碑陰碑身爲二尖拱形龕，龕内爲釋迦牟尼，佛手施無畏印，端坐於方形臺上，左右站立二菩薩。碑身下部爲兩人牽兩輛牛車，兩騎馬人跟隨於後的禮佛圖，碑兩側上部各爲一小龕，内中有佛，右側佛結跏趺坐，手施無畏印，左側佛手施無畏印端坐於方臺上。碑下部左右及碑陽下部爲發願文。

建德二年歲次癸巳五月丙寅朔正，信佛弟子堡主王令猥囑值伯陸，盈縮無常，知德可捨，知善可祟，以減割妻子衣食之入，爲亡息延慶、延明、父母等敬造石銘壹區，高四尺。彌勒壹堪。釋迦門壹堪，前有二獅子。伏令忘息等神生净土，值愚諸佛，龍花三會，願在祈首，闔家眷屬，一年以來，百年以還，衆災消滅，含生之類，普同斯願。佛弟子堡主王令猥，息

---

[1] 王令猥造像碑除發願文之外，四面不同部位都刻有供養人題記，兹抄録如下。

左側：建德二年歲次癸巳五月丙寅朔正，信佛弟子堡主王令猥囑值伯陸，盈縮無常，知德可捨，知善可崇，以減割妻子衣食之入，爲忘息延

正面：慶、延明，父母等敬造石銘一區，高四尺。彌勒壹堪。釋迦門壹堪，前有二獅子。伏令忘息等神生澤土，值遇諸佛，龍花三會，願在祈首，闔家眷屬，一年（轉右側下）以來，百年以還，衆災消滅，捨生之類，普同斯願（轉右面横行）。佛弟子堡主王令猥，息曠野將軍、殿中司馬别將嵩慶，孫子彦、子茂、子開、子初，清信梁定姿，清信張女如，清信權男嬰，清信權影暉，女子暉、賢暉

背面龕左：猥清信息女道容，清信女顔容，清信華容供養

背面龕右：猥弟永世、法標，侄元慶，弟主簿王安紹先，孫何妮

乘馬、牛車供養人題名：忘息延慶乘馬供佛時。忘息女帛女乘車供養佛時。忘息延明乘車馬供養佛時。忘父元壽供養佛時。忘母皇甫男好供養佛時。忘息女香容供養佛時。扶車奴豐德。

曠陻將軍、殿中司馬、別將嵩慶，孫子顔、子茂、子開、子初，清信梁定姿，清信張女妃，清信權男嬰，清信權影暉，女子暉、賢暉。

重修武安君[1]祠堂記

【**題解**】1957年出土於恭門公社下城子生産隊，現藏張家川縣博物館。横碑，高38釐米，寬67釐米。宋哲宗紹聖四年（1097）立石。弓門寨主簿劉果撰文。民國《清水縣志》卷12《藝文志》著録此文，題名《白起祠碑記》，文字和原碑不盡相同。

秦以虎吞諸國，力併天下，雖曰地得百二，而資累世之勳，蓋亦爪牙有助焉。方是時，得白起忠節，使之爲將，授以兵柄而不疑。起料敵，時建功，出奇無窮，遂共定大業。及以拒命，見忌而卒，不容於世。秦之父老莫不悲憐其志，往往立廟以祀[2]。

弓門[3]，實隴右之地，有遺祠在山谷口，距城纔五六里。年祀寖遠，無碑刻可尋。風雨弗葺，堂宇隳圮，鞠爲茂草，過者興歎。會廟側之居人，因得請於邑，欲徙就城郭而安妥之，前爲邑者雖許之，而弗能事。

鉅鹿魏公既下車，政事已修，因講及祠廟荒廢而弗完者，吏民争白之。公即日鳩工選徒，計土木之費而補其闕，擇爽塏之地而棲其像，越七月五日而廟成。士女龢會而大落之，遂乞文於安定劉果。果既辱佐公治，而親目其事，故具始末，俾刻諸石云。紹聖四年七月五日，前主簿劉果謹記。

主簿兼管冶坊堡張千之、右班殿直監酒税劉昭、崇儀□弓門寨兵馬都監魏誠立石

華亭楊寶刊

[1] 武安君：秦昭王二十八年，白起進攻楚國，攻陷其都城郢都。秦以之爲南郡，白起因功受封爲武安君。

[2]《史記》卷73《白起王翦列傳》："武安君之死也，以秦昭王五十年十一月。死而非其罪，秦人憐之，鄉邑皆祭祀焉。"

[3] 弓門：北宋太平興國二年（977）設弓門寨，地在今張家川縣恭門鎮。

圖 5-1 重修武安君祠堂記碑

重建三臺觀殘碑

【題解】碑立清水縣城趙充國陵園。碑高130釐米，寬70釐米。字跡漫漶不清，能辨識者寥寥無幾。碑面有"萬曆乙亥春落成"等字樣；碑陰額題"三臺觀"，下有"施捨""石匠 ""主持道人郭"等字樣，可知此爲萬曆年間三臺觀重建碑。三臺觀在今張家川縣城東北山上，有三臺堡。《清水縣志》記載，舊時有大鐵鐘一口，爲宋朝宣和年間所建。

重建清真寺碑記

【題解】碑立張家川縣城北清真後寺院内。清光緒八年（1882）立石。高130釐米，寬70釐米。拱首條形，保存基本完好。碑陰條列修建清真寺各坊衆人名137人及所捐銀兩數目。

《舊唐書·憲宗紀》，（元）和二年正月庚子，回紇請於河南府、太原府置麻尼寺，許之[1]。此即吾教禮拜寺之所從立也。顧自有唐以迄前明，其成於敕建者不一而足，此以見累朝優待回教，俾回教無忘本原，於兹已數十百年。我朝聲教遠訖，臣服無外，蕩平西域，拓地廣漠，其舊庇宇下者，莫不飲和食德，樂隸帡幪。然則欲歌詠皇仁，宣敷聖教，捨禮拜寺其何所依歸哉！

兵燹[2]一興，氓居蕩然，禮拜寺亦同爲煨燼。其間有存者，巋然魯靈光矣。幸而殘喘餘息，重安耕鑿，然諸維草創謀生之不暇，敢復妄有興作。數年以來，民氣漸蘇，遠近以次庀材鳩工，美輪焉，美奂焉，規制增而祈報有所矣。又蒙諸大憲頒發匾額，爲吾教光，吾教敢不益自振作，惟新是圖。爰謀於長老，咸韙之。於是擇地於北山之側，購材於隴阪之陽，幾閲月而功告成。凡爲屋若□楹，爲錢若干緡，兹不贅，别有記也。

惟是上棟下宇，非侈遊觀；授徒傳經，非崇邪慝。此寺成而沐膏詠勤，還原報本，相勉爲盛世良民者於是乎在，後之君子撫西來式微之緒，憫前

[1] 元：原碑文本無"元"字 ，兹按史料補。《舊唐書》卷14《憲宗紀上》："二年春正月……庚子。回紇請於河南府、太原府置摩尼寺，許之。"

[2] 兵燹：指清同治年間的回民反清鬥争。

人音羽之勞，顛僕者扶持之，剥落者修葺之，凡兹孑黎庶永賴焉。

工既竣，僅爲敘其顛末，謹致相勖之意如此。

督工武舉蘇萬德，藍翎五品蘇萬英，監生蘇萬傑，花翎四品李德昌，武舉蘇漢英，武生蘇秀、蘇俊德，武生魏錫萬、蘇起旺，武舉張守璽，軍功蘇生傑，監生張德，監生蘇上達，監生馬玉麟，馬兆祥，張烈，魏勤，監生馬鶴麟，蘇兆起，蘇萬福，蘇萬慶，馬和德，魏常泰竣立石

秦州民白玉海勒石

光緒八年冬月

第三節　記事碑刻

東漢摩崖石刻

【題解】石刻在恭門鎮河峪村馬澗村樊河上游北岸臺地。東漢和平元年(150)刻石。刻文崖面高140釐米，殘寬106釐米，距地面65釐米。“碑額”有一獨體的隸體“漢”字，正文共15行，每行約20字。刻文崖面下半部損毀嚴重，字跡無法辨認。是爲甘肅省境内最早的一處摩崖石刻。2016年被列爲甘肅省省級文物保護單位。就現存内容看，有類甘肅成縣的《西狹頌》，是漢陽太守劉福的紀功碑。

□□□□□和平元年歲庚寅[1]……

故漢陽[2]太守劉君諱福[3]字伯壽……

其先漢景帝少子封昴畢野君……

令幽州刺史所在有濟民之……寬仁

[1] 和平元年歲庚寅：東漢桓帝和平元年（150）。

[2] 漢陽郡：東漢明帝永平十七年（74）由天水郡改置，郡治冀（今甘谷縣），領冀、望垣、阿陽、略陽、勇士、成紀、隴、豲道、蘭干、顯親、上邽、西等13縣。摩崖刻石在隴縣境内。

[3] 劉福：正史不載。據《後漢書》卷79《儒林列傳·楊倫傳》，漢順帝永建元年（126）楊倫之奏章提及“往者……徐州刺史劉福等，釁穢既章，咸伏其誅”，既然此劉福在摩崖建造之前25年就因犯法伏誅，則此徐州刺史劉福和漢陽太守劉福不是同一人。

有慮深遠之美藻爾難追……遵萌

忿瑕疣之不數離怨曠……脩

乃睠西顧命君守之於是……

術懷遠人歲豐靖而有……

吏民追思渥惠……

伊君德洞絶旅播……執以懷□

合功實配往古勒……

……子

……公素簡約

……材費□邽

……隴趙僖[1]建造

重修關山驛路之碑

【題解】碑原在馬鹿鎮長寧驛村，後移至清水縣秦亭鎮盤龍鋪供銷社院内。清道光二十三年（1843）立石。高142釐米，寬71釐米。石灰巖質。碑首、碑座散佚，碑身保存完好。碑陰刻有隴山左右各縣捐款者的詳細名録，其中商號有230多家，是上好的經濟史資料。以下碑文録自張國藩、趙建平《隴山交通與詩歌》，蘭州大學出版社，2003年，第269～273頁。

上款：

大清道光二十三年歲次癸卯三月穀旦

正文：

重修關山驛路之碑

下款：

知陝西風翔知府事豫泰，隴州學正白受采，知隴州知州事孫世藻，知

[1] 趙僖：應爲摩崖建造的主事者。學界多認爲是東漢辭賦家漢陽西縣人趙壹，恐非是。據《後漢書》卷80《文苑列傳·趙壹傳》，趙壹的出仕時間是漢靈帝光和元年（178）。“光和元年，舉郡上計，到京師”，京師歸，即辭職。其出仕年下距此摩崖的刻製年漢桓帝和平元年（150）已有28年，根本不可能是摩崖建造者。

隴州州同事朱寶林，隴州學訓導程春泰，長寧汛經制外委蔣福，署關山營汛千總王禮，隴州城守營汛把總何大保，隴州吏目周國華。董事人增生曹拜善、生員楊紹衣，督工人王曰有、唐秉斗、邵懷、余自朝、聞安邦、楊紹統同建。

隴州儒學□廩膳生員曹士璋書丹

富平石工李秀蘭、仇德明刊石

碑陰文：

圖 5-2 重修關山驛路之碑拓片（局部）

陝甘……知鳳翔府事豫泰捐銀……知隴州事孫世藻捐銀三百兩，隴州分州朱寶林捐銀二百四十兩，隴州學正白受采、訓導程春泰捐，隴州吏目周國華捐銀六十兩，關山部廳王禮捐，長寧經廳蔣福捐，城守營汛何大保捐，知秦州事邵煜捐銀三十兩，秦州州判劉揚廷捐銀□□兩，知秦安事唐捐銀二十兩，知清水縣事鄧春煦捐銀十六兩，知禮縣事彭喬雲捐銀十六兩，知徽縣事趙捐銀十六兩，署徽縣事郭捐銀十六兩，知兩當事姜捐銀十六兩，秦州右堂黄捐銀二兩；秦安右堂陳名喆捐銀二兩，两當右堂李維鏞捐銀二兩，清水右堂張永□捐銀二兩，禮縣右堂劉紱捐銀二兩，徽縣右堂朱熾昌捐銀二兩。

秦州、岷州紳士商民：廩貢周建和、增貢鄧毓章共捐銀五十兩，□九陳孝友捐銀三十兩，貢生楊兆麟捐銀十二兩，德□店捐銀二十兩，隆興西捐銀二十兩，永和新、通□魁、永□和以上三人各捐銀五兩，□□□捐銀□兩，□□□捐銀四兩，□成□、□盛□、□遠□、恒茂義以上四人各捐銀二兩六錢……乾興師捐銀……山門鎮捐銀三兩五錢，興盛長、敬信和、大聚隆、恒興升、福來恒、信裕新以上六人各銀二兩四錢，景和德、長順魁、富春店、益順和、正元記、振隆永以上七人各銀二兩，續誠□捐銀□兩八分，春茂元、大豐□以上二人各□□六錢，安際清、順成□以上二人各銀一兩四錢，振□源、太春源、景和升、興盛店、廣聚店、□義生、元興德、福元店、春育文、恒升昌、義盛店、長春堂，以上十二人各銀一兩二錢，□□店、新成和、萬順恒、永盛合、萃升太、萬盛聚、世隆桂、合盛裕、天錫店、新升西、李□金、乾正中、太元當、新興和、興順通、興盛豐、李大虎、重義成、裕義旲以上十九人各銀一兩二錢，興順和捐銀一兩一錢，公盛店、慶盛魁、萬裕茂、全成店、統太堂、新盛同、□義和、長興隆、永壽和、□務局、西成店、福順店、永春和、長生茂、信興永、合□西、福順店、世盛公、楊凌霄、趙增禄以上二十人各捐銀一兩，福春店捐銀□□，清水衆店户捐銀一兩，順天榮捐銀六錢六分，興順長、興順久二人各銀六錢五分，信興恒、義盛生、龍合成、萬盛興、義興劉、永盛鳴、和合堂、永順老、隆興益、源泉公、忠信堂、來盛店，以上十二人各捐銀六錢，興盛老捐銀五錢，萬興隆捐銀五錢。

鳳翔紳士、商民各布行捐銀六兩，紙紅鋪捐銀二兩四錢，德太恒、麻店、貢生晉毓元、□茂，以上四人各銀一兩六錢，大泰店、大聚隆，以上二人各銀一兩四錢，監生李永錫、協盛王、興盛豐、義興恒、永盛東、義盛和、正光順、德順生、長春誠、和盛敬、隆順益、永豐店，以上十二人各捐銀一兩二錢……長春聚、中和裕、元興玉、天福義、永發泉、長發久、隆興豐，以上九人各捐銀一兩二錢，日升老、義合公，以上二人各銀一兩，永順店、協聚店、恒升信、順興□、豐興合、□順興、義豐德、永昌西、公信店、永成玉，以上十人各捐銀一兩。

隴州紳士商民：九當商捐銀二十四兩，布衣行捐銀十二兩，順和長、永盛老、誠興德、順成和、喻義以，以上五人各捐銀四兩，久成公、永春福、原通魁、增盛永、中和聚，以上五人各捐各捐银三兩，合盛成、久成黄、永太享，以上三人各捐銀二兩四錢，永太老、全順榮二人各捐銀二兩，振興張捐銀一兩，□□□、太□老、天順正，以上三人各捐銀一兩五錢；官腳官、萬和魁二人捐銀二兩四錢，監生荀清選捐銀二兩，袁鏞、德順和、重義禄、廣裕德、義和老、廣聚德、合興店，以上七人各捐銀一兩，張孝友捐銀八錢，永興合、合義成、長發德、萬盛店、九如隆、久長楊、敬義輔，以上七人各捐銀六錢，義勝德、振興豐、永合復、永錫福、三成生、卜順合、興盛德、廣聚福、源通興、合興福、王成正、長盛店、生新館，以上十三人各捐銀五錢，晉成榮、恒益意、永合祥、道生湧、興盛永，以上五人各捐銀四錢，王□廷捐銀二錢四分，□□□、天□□、□□□、三合永、同春堂、同太裕、來盛館，以上七人共捐銀二兩八錢，長春益店、義順合、萬生和、復盛榮、風寶店，以上五人共捐銀一兩五錢，復盛新、新盛敬、永新西、雙聚福、□順堂，以上五人捐銀一錢，永盛和捐銀一錢。

長寧驛：生員楊紹衣捐銀二十兩，長寧驛鄉約捐銀十兩，馬鹿鎮鄉約王序補、韓家堡鄉約李彦動、王安堡鄉約張世太、菩薩堡鄉約王進元、文納堡鄉約李萬春、杜里堡鄉約馬節以上六人共勸捐銀四十二兩，□軍關鄉約張自統捐銀八兩，咸宜關捐銀一兩八錢四分，南峽溝捐銀四兩，同盛永、自新春二人捐銀三兩一錢，三里營捐銀二兩二錢，圍户里捐銀三兩，聞安邦捐銀三兩，武生李春芳、普濟堂、恒魁永、周歧山，以上四人共捐銀四錢，李文倉捐銀二錢三分，□餘家□盤道里共捐銀一兩九錢，李永年、李尚榮、王利、閆積□、孫正李、生員李濫，以上六人共捐銀四兩八錢，嶁崯里捐銀七錢，天佑福、孟宗孔、永盛成、李升平、劉文才、高登第、馮家莊，以上七人捐銀四兩二錢，和中堂、韓紅、李含英、張榮、左廷桂、張桂、南堡子、李得榮、辛發、闫永太、窯莊里，以上十一人捐銀六兩，成盛溶、馬四十九、永和發、新興玉、閆存有、興順號、清太福、義興隆、李永禄、錢文超、王佐臣、王寬，以上十二人捐銀四兩□錢，復興西捐銀四錢；王瑞捐銀三錢五分。

曹家灣：增生曹拜善捐錢十六兩，曹士瑶、廩生曹士璋、武生曹士用、武生曹士坤、曹士毅，以上五人捐銀二兩五錢，合興福、正興和、曹士範，以上三人捐銀九錢，豐享新、魏正、史慶榮、魏朝知、清順福、曹士傑，以上六人捐銀一兩二錢，王化遠捐銀二錢四分，卜盛新、卜盛西二人捐銀六錢，卜盛恭、卜盛福、卜盛裕，以上三人捐銀六錢，卜盛館、卜盛敬、史作林、王正、李得元、趙存、趙國寶、趙登榮、趙策，以上九人捐錢九錢。

草碧峪：千總銜邢朝梓、李生祥、德勝廠以上三人捐銀三兩六錢，生員邢必信、恒太廠、許世犖，以上三人捐銀一兩八錢，恒魁□、喬福榮、劉登桂、田世昌、馬榮、扈順、文加邦、李永福、張選、賈志才、李朝、王本、錢文英、明正明、新莊里，以上十五人各捐銀四錢，鄭才、田有業、魁盛東、闫登、王成仁、虎五斤、文經□、文起□、聶進本、馬傑、劉興大、王桂、張鴻儒、馬應辰，以上十四人各捐銀三錢，對被子捐銀二錢五分，唐轉福、周喜嘉、韋得運，以上三人捐銀六錢。

李莊、王永才、李潤三人納石

通共捐銀一千五百兩

鳳翔府太守任公德政碑

【題解】1983 年張家川縣馬鹿公社長寧驛大隊出土，現藏張家山縣民族博物館。清乾隆十二年（1747）立石。高 139 釐米，寬 67 釐米。長寧驛驛丞吴六吉撰文。碑額有“恩德碑”3 字，碑身保存完好。

蓋聞太上立德，其次立功，未有無功德及於民而能使民歷久而不忘者也。

鳳翔太守任公，諱晟[1]，字濟川，江夏人也。雍正六年抵任後，其善政多端，不可殫述。即如我長寧馹站軍一案，緣前明有軍數十餘户，安插於興平、武功適中之區，名長寧鎮[2]，即今東扶風也。給與田畝耕食，人有軍差，地無賦税。迨後奉文令各軍俞姓等二十餘户，自備鞍馬，遷於隴州關山擺站，於是有站軍之名焉。遂將關山更名爲長寧鎮。其俞、陳、沈、龐等各户，在長寧舊鎮遺有祖業地畝，不能耕種，即佃與田九一等先人承種，一年共出租銀一百二十餘兩。陳良德等先人每年向田九一等先人討取，由來已久。我朝定鼎後，長寧鎮始設有馹官、馹馬，而馬夫仍令陳姓等充當。

[1] 任晟，清湖廣黄州府黄陂縣人。雍正七年（1729）任鳳翔知府，之前任陝西清澗縣知縣、蒲城縣知縣，四川邛州知州等職。據《清代檔案史料叢編》（第 9 輯），鳳翔知府任上覲見之後，雍正皇帝在引見單上朱批評鑒説：“人明白，忠厚。總不似湖廣人，一派善氣良心。奏候選知縣，四年内蒙恩用到知府。父竭蹶一生，四十年才得一知縣的。若能統率屬員，將來可望成人者。氣度相貌甚端方，又敬謹。好的。上中。但恐才不大。”

[2]“長寧”地名在陝西尚存，陝西武功縣有長寧鎮。

詎意年深日久，田九一等先人抗租不給。陳姓等具呈本府，委員代收發州轉給無異，但其地向未升科。至雍正七年，奉旨地未升科者，准其自首，永爲己業。欽遵之下，任公喟然歎曰："長寧一驛，處萬山之中，五穀不生，乃苦寒之地，各站軍若無此地，何以供朝夕。"命前督郵孫名達[1]者，令各站軍陳良德等敘情自首，由州轉詳府司。批查之間，而地户田九一等亦由縣自首，詳州轉司矣。陳良德等遂與田九一等彼此控司，批行鳳翔府會同乾州查議。鳳則委岐山縣任諱懋華，乾則委武功縣傅諱光聖。兩縣幾番審詳，幾番駁更，其間總係我任公力爲主持，而其地始歸陳良德等管業升科，仍令田九一等佃種，就近納糧。其納糧之外，銀七十两。武功應解銀六十六两零，興平應解銀三两三錢零，兩縣各照數催收，移解本州，轉給站軍收領，以資養贍，批詳允准結案。詎意田九一等因就近代納在武功，徵糧紅簿私行開造佃户田九一姓名達部，並未開造業主姓名，以異日後争奪。任公聞之，毅然各情具詳。蒙批查議，又經委令武、岐二縣覆稱紅册以經咨部，難以更改，議於徵糧紅册之旁注明業主姓名，以杜争奪等情，由府州轉司，復蒙批允在案。

余不敏，丞命督郵，蒞任後，有前署事、原任隴州督捕廳張諱萬澤[2]者具道其事。及詢之各站軍，亦□詳細備述任公功德，並請勒石。余曰："然，誠哉！公之恩德直與關山並峙，汧水長流矣。"遂敘其始末，以志不朽云。

隴州長寧督郵廳加一級吴六吉[3]謹撰

衆軍户沈珩、王明月、李生楝、袁大成、張啟明、陳良德、馮世雄、周滿、魏成舉、龐增、郭金玉、田奉滿、楊永、俞文連、張亨、崔登元、樊章、馮德、王明志、沈仲朝等同立石。

石匠郭廷勒

時大清乾隆十二年歲次丁卯仲夏甲子穀旦

[1] 孫名達：即姓孫名達者。孫達，清浙江山陰縣人，雍正元年（1723）任長寧驛驛丞。

[2] 張萬澤，清湖南會同縣人，康熙五十二年至雍正六年（1713 ~ 1728）任隴州吏目。

[3] 吴六吉，清順天大興縣（今北京大興）人，乾隆四年（1739）任長寧驛驛丞。

第四節　墓碑墓誌

王司徒墓誌

【題解】1972 年出土於張家川縣木河公社平王大隊，現藏甘肅省博物館。北魏孝莊帝永安二年（529）刻石。呈正方形，邊長 56.8 釐米。墓誌爲两石，誌文相接，40 行，每行 20 字。墓誌出土後學術界多有考釋，主要有秦明智、任步雲《甘肅張家川發現“大趙神平二年”墓》（《文物》1975 年第 6 期）、周偉洲《甘肅張家川出土北魏〈王真保墓誌〉試析》（《四川大學學報》1978 年第 3 期）、馬明達《北魏王真保墓誌考略》（《甘肅社會科學》1979 年第 3 期）、陳仲安《王真保墓誌考釋》（《魏晉南北朝隋唐史資料》第 1 輯，1979 年）、馬明達《北魏〈王真保墓誌〉補釋》（《西北民族研究》，1986 年）等。

君諱真保，秦州略陽人。實軒轅之裔，后稷之冑。蓋隆周即豫，霸者專征，陳生嗟去，獲兆西域。遂飛實武威，别爲王氏。歷代名位，左右賢王。暨漢世大統，諸國内屬，因朝入士，鳴玉西都。後中國失御，魏晉迭升，或龍騰白馬，鳳揚金城。所在立功，圖勳帝室，受晉茅土，遂家略陽。高祖擢晉龍驤將軍、寧夷校尉，趙顯美侯。石虎之子於時冲年立操，二九登庸，布萼蕃方，聯暉相襲，分金益部，片珪井野。入服貂璫，出任推轂。兆雖槃根海底，即亦抽柯入漢。後石室告屯，苻宗策馬，張氏承機，撫劍河西。豪傑鼎峙於三方，壯士偃蹇於斯年。爵命繽紛，競溱如霧。公匪義張祚，東轅入秦。明帝置席，建師賢之禮；分土南安，託殊常之寄。將欲問策幃中，委戈厝門，不幸寢疾，薨於京師。翼贊之功未宣，六奇之謀掩發。秦后痛之，追謚曰莊。曾祖陵，撫軍將軍梁州刺史。烈祖伏仁，乞伏世[1]祁連、漢陽二郡太守。父潤，隴西太守。秦畿戎裔，習俗悠獷，民負顛礙，世爲囑慮。乃是將軍仞鋒之場，帝王雕威之地。世祖爲之徘徊，曹公於是遜遁。自代國啟基，洮隴初開，撫新禦險，時難其委。以公器略淵明，經緯有方，

[1] 乞伏世：乞伏時期。乞伏，即乞伏國仁，385 年建立西秦，都城勇士城（今甘肅榆中縣境）。

濟時所託，以爲德人。公體敦惠和，化鄰南岐之風；育海千里，榆□□欺之術。年末致仕，暴患而薨。民懷市哭之戀，吏報□祭之哀。魏褒餘善，贈龍驤將軍、交州刺史。

圖 5-3 王司徒墓誌拓片

君氣品淵澄，資含玉質，良工不能僥其勁，修綸未足度其深。弱冠仕郡，歷政功曹。刺史山陽公，魏之懿德，識亮高明，光臨申舉，擇必良彦，自非累代豪家王公之族，才逸孤羣，都無以豫其選。於時民豪列庭，冠帶鱗萃。公獨被囑盼，留自丁寧，即補西曹，用强貞幹，在公清雅，聲馳北京。孝文嘉之，策授廣武將軍城都侯。公執操自高，每多慷慨。志兼擇翮之規，情含矯鱗之望。風隨之節未申，騰霧之忱未舉，寢疾不豫，晻然即世。時年六十，豪友痛之。自魏道厲終，大趙應期，尋仁戀德，望墳追贈。加使持節大都督、西道諸軍事、驃騎大將軍、司徒公、天水郡開國公、太原王，謚曰懿。使持節即柩宣策，祭以大牢，仰述美績，鐫銘記德。頌曰：

孤根特秀，殯條映月；凄風雅至，容不暫憩。非霜不酷，自有貞骨；倜儻不羣，資朗亦別。嚴嚴荆山，遏遏藍田，下積瑶琨，上插霧間。時遇善璩，寶器在焉。記斯明德，響玉相綿。金石永勒，千載長宣。

大趙神平二年[1]歲次己酉十一月戊寅十三日庚寅記

[1] 大趙神平二年：研究者認爲“大趙神平”乃是北魏時期關隴起義者万俟醜奴的年號。此“神平二年”爲北魏孝莊帝永安二年（529）。

太學生周君墓誌銘

【**題解**】1975年張家川縣張川鎮公社崔灣大隊出土，現藏縣博物館。清咸豐五年(1855)刻石。呈正方形，邊長33釐米。周鑫撰文，彭繩祖書丹。

周君諱掄魁，字聚五。世爲龍門望族，有隱德，偉人代出。曾大父諱進揚。生子曰大生，鄉飲賓；次景昌；次德昌，出繼。大生即君大父，自晉遷秦，始家上邽之張家川。父諱俊，號秀峰，娶於吴，生子四：伯掄鼎，叔掄賢，俱廩膳生；季掄選，庠生。再娶於高，生子掄喆，亦庠生。君其仲也。

君生而穎異，有至性，敦孝友，秀峰公甚鍾愛之。爲文高古，不合有司繩尺，屢躓場屋，而縣府試，輒冠童子軍。援例入太學，非君志也。洎秀峰公委以家政，君經紀生業，理煩治劇，遊刃有餘，以故諸昆季皆得肆力讀書，先後成名。僉曰：君之志遂矣，而君之才與志猶未竟也。先是景昌公娶於柴，踰年，公出外亡，無嗣，柴太孺人苦志守節。君謹遵父命，出繼爲孫，事孺人色養兼至，察寒燠，侍起居，即至一飲一食，非親手烹調不進也。旡歿，殯葬加厚。及析産，自取窳瘠者。所有外累，君一切身任之。曰："此我貸於人者，宜我償。"蓋念姪孤嫂孀，諸季俱書癡耳。後沉疴寢床，自覺不起，密戒其子預後事。惟恐太孺人知之過哀傷神，時以病痊多方慰解。及彌留，手握太孺人腕不釋，飭鑒等曰："吾歿之後，依然侍爾曾祖母左右，爾等事之少有差池，吾决不爾宥也！"其重然諾，尚氣概，賙恤鄉鄰，排解紛難，戚友依之爲歸，猶其餘事。聞訃，皆感歎流涕，無問識不識者。是非仁爲質，義爲輔，孝友兼至者，不及此君。

歿以道光辛丑九月，生於乾隆五十二年，春秋五十有五。子二：長孚先，邑庠生，出自掄賢公元配馬氏，嗣爲後繼；娶汪氏，生子鑒。女二：一適同邑甲子科舉人、原任江西都昌縣知縣、薦升南康府知府張公諱復，子州同、照忻；一適秦安太學生李公諱澤，子福緣。元配楊氏先卒，無出。今擇十月朔四日，舉太孺人櫬與君同葬崔家灣之新塋，成君意也。謹誌其崖略而繫之以銘。銘曰：

於休周君，出類絶倫；幼有至性，不駁而純。惟孝能友，宜弟宜兄；

令儀令德，愈醰愈醇。松楸蓊鬱，岡巒嶙峋；卜兹宅兆，妥君之神。千秋萬祀，壽此貞珸。

儒學優廪生堂姪鑫[1]謹誌

賜同進士出身分發河南知縣年家眷弟彭繩祖[2]填諱書丹

咸豐五年十月初四日

大德望仁齋馬老世伯阿衡大人之塋

【題解】碑立張良鄉鄢灣村。清宣統元年（1909）立石。高160釐米，寬42釐米。馬錫康撰。1988年被列爲縣級文物保護單位。

蓋聞一善之長，足以表揚後世，况有功於教道人心，豈可不勒之於石而須臾忘耶。

如仁齋馬老阿衡，吾教名師，先嚴益友也。世伯諱德清，號仁齋，祖籍陝西鳳翔人也。生而穎悟，長而好誦吾教經典，不以世道縈心，而以教門是務。昔年與余先嚴同遊學於真一米老師門下，凡師所授經典，有疑難者，世伯與先嚴無不析之真而辨之明。余先嚴講論、觀摩，同學有益，是以肝膽相交，結爲兄弟，數十年飲食、衣服不論彼此。至同治元年，余先嚴回省，世伯逃難甘省[3]，雖戎馬蹂躪，而世伯手不釋卷，講誦不衰，吾教之經典精微無不洞悉，故在甘尊稱爲“噶最”。夫“噶最”者，吾教之官長也。在吾教之可行可止，皆以“噶最”一言爲定，真爲大道之幹城，名教之砥柱也。

余不幸先嚴辭世，臨終囑余曰：大定後，仁齋阿訇來陝，使余事奉如父。後陝省大皮院、灑金橋兩處清真寺搬請三次開學，教坊民法必嚴守授，門徒業精於勤，男女老少翕然向善。余遵先嚴之遺囑，問寢視膳，依然膝下成歡也。世伯待余勸善規過，猶是庭幃訓誨也。世伯故土同人，在甘購買空地一區，建修清真寺，功未成，有崔府人等搬請，世伯情切桑梓，乃

[1] 周鑫：民國《清水縣志》卷10《選舉志》貢生表有名録。

[2] 彭繩祖：清秦安縣隴城鎮人。咸豐三年（1853）進士。曾任河南南召縣知縣。

[3] 同治元年（1862）秋，馬德清隨陝西回民反清軍舉家來甘肅，落户今張家川縣張良鄉鄢灣村。

攜桃李，辭學迴甘，即將數十年積資傾囊捐修，不日功成。因留請傳教開學，則有功於教道，人心豈淺鮮哉！

光緒三十三年七月初八日世伯因病歸真，余在陝聞之，痛哭不已，本擬親身奔喪，乃道阻且長，有志未遂。余恐世伯功德泯滅，央請余先嚴至友馬保安先生，按余所告世伯一生行略，編成數語，上以頌世伯功德，下以表余遵先嚴之遺囑。勒之於石，以誌不朽云爾。

候銓按察使刑廳鎬京貢生教晚馬錫康[1]頓首拜撰

五品軍功投營補用把總世愚侄李生蕚、李生芳、李生華率子廷璽、廷璧頓首拜勒石

宣統元年冬月穀旦

[1] 馬錫康：西安人，貢生。

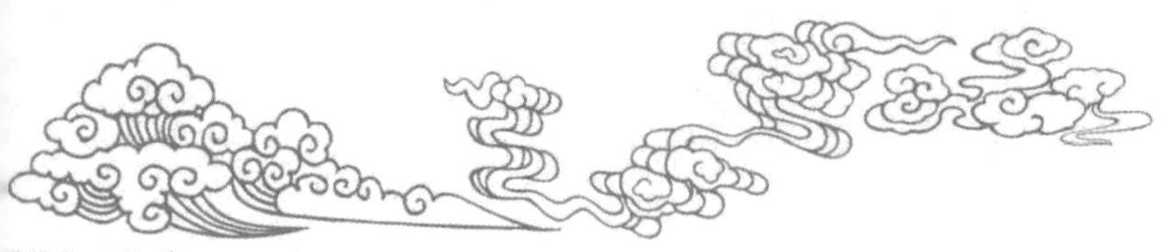

第六章　甘谷縣金石

第一節　大像山碑刻

大像山佛龕銘並序

【題解】原碑立大像山大佛窟，已散佚。文載楊芳燦《芙蓉山館文鈔》。清伏羌縣知縣楊芳燦撰。

楊芳燦（1753 ~ 1815），字才叔，號蓉裳，清金匱（今江蘇無錫市）人。清乾隆四十六年至五十一年（1781 ~ 1786）任伏羌知縣。

距伏羌城西五里，岡巒起伏，林岫參差，飛曷排雲，懸崖蔽景。上有石佛像一軀，長十許丈，相傳宋嘉祐四年所鑿也[1]。方耆闍之遠岳，類檀特之高峰，騫若遊鶤，跱如雕鷲。蓮旛珠絡，聚七寶以流輝；月面星毫，極四天而開照。俯臨城雉，旁帶亭皋，清渭環流，朱山對峙。信塵寰之勝境，欲界之净居矣。

惟是規模歲遠，榱楝年深，寶相塵侵，金容雨立。某官[2]事之暇，時遊此山，尋隱嶙之餘基，憫摧殘之落構，興言改葺，刻日庀材。猶慮一簣虧山，九仞棄井，爰招鄉望，共結勝因，雨多寶於手中，出雙金於掌上。

遂乃緣山破蔭，剪徑披榛，檀行雲趨，役徒麇至，良材天構，巨石神鞭，琉璃耀日。七重雀目之窗，金碧憑霄；百尺蛇鱗之桷，法雲普蔭。慧炬通明，

[1] 乾隆三十五年葉芝《伏羌縣志》卷3《建置志》：“大像山寺，西五里，臺級層折，殿宇森列。絶有大佛一尊，宋嘉祐四年鑿。”據大像山出土的佛教文物，在北魏時已經有佛事活動。至於大佛造像，學術界普遍認爲應建造於盛行大像風的唐代。

[2] 某官：知縣楊芳燦自謂。楊曾整修大像山石窟。

重開鹿野之堂，更啟龍華之會。政如率陀天上，長現大身非同，那竭城南，衹留幻影。乃爲銘曰：

巍峨大像，鍾靈標勝。萬仞危崖，千盤絶磴。紺殿雲浮，虹梁日映。境離五濁，法參上乘。星灰屢易，榱桷平傾。銀函斂彩，珠發韜月。榛蕪蓬座，瓦礫香城。層檻莫構，飛閣誰營。爰種善因，護茲法像。丹碧莊嚴，欒櫨宏敞。意蕊晨舒，心燈夜朗。大衆同皈，羣流共仰。胸書萬字，衣刻三銖。彌空華現，布地金鋪。秦山巀崟，渭水縈紆。鬱爲净土，鎮此靈墟。壘土三成，程功百堵。寶剎岧岧，香臺昈昈。鼇負山樓，龍蟠石柱。法鼓雷音，靈幢花雨。須彌四頂，菩提一門。果超無上，法證同源。龕童對立，塔象孤蹲。真如不動，妙相長存。

圖 6-1　同治《續伏羌縣志》所附大像山圖

重修漢平襄侯祠碑記

【題解】碑原立伏羌縣城西關姜維祠，後移至大像山。清乾隆四十八年（1783）立石。高 180 釐米，寬 75 釐米。伏羌知縣楊芳燦撰。1980 年秋，邑人鑒於碑文已漫蝕難認，遂磨去，重刊於原碑。横題“古冀英烈”4 篆字，下爲楊氏原碑文。

伏羌縣城西隅，舊有漢平襄姜侯祠，歲久傾圮。乾隆癸卯[1]春，余宰斯邑，

[1] 乾隆癸卯：清乾隆四十八年（1783）。

改而葺之，縣人咸請立碑。余削簡而稱曰：溯夫郭塢之大星已隕，蜀都之王氣將終。以羈旅之孤臣，受軍國之重寄，卒能奮忠勤、仗膽義，楮拄偏安之局，恢張薄伐之勳。洎乎孱主迎降，全師解甲，猶思運曲逆六奇之策，收下莊一舉之功。壯謀未成，苦心莫亮。揆其本末，有得言焉。

按《蜀志》[1]，侯諱維，字伯約，天水冀城人。紹忠節之家風，負俶儻之才略，傾身養士，結髮從軍，仕魏官中郎，參本郡軍事。值蜀兵壓境，太守寒盟，信乃見疑，窮而歸命。武鄉侯[2]見而異之，教以虎步千人，目以凉州上士。馬援明智之識，臣亦擇君；豫讓俠烈之風，士爲知己。建興十二年，武鄉侯卒，進大將軍、録尚書事、封平襄侯。遂乃繼祁山六出之舉，興石營九伐之師。拔臨洮三縣之民，糾漢樂二城之衆，部落面向，羌戎響臻，自隴以西，可斷而有也。無如讒臣構釁，閹豎擅權，撤渭上之兵，作遝中之避。宮鄰内逼，勍敵外侵。徒恃劍門之險，竟失成都之守。陰平間道，乏銀衡錢牡之防；綿竹孤軍，有猿鶴沙蟲之慘。君甘銜璧，士盡輿屍。棄三分之業，廟社成墟；奉尺一之書，英雄束手。遂使三軍斫石，氣湧如山；五將授戈，涕流被面。

吁，何悲也！夫范蠡策越，保甲楯於會稽；田單復齊，馳鐵籠於即墨。莫不奮折翼於已墜，噓死灰而復燃，名著區中，功成理外。蜀雖顛踣，外有聲援。霍紹先之勁卒，尚鎮夜郎；羅令則之重兵，猶屯白帝。向使前驅五萬，仍用蜀人，白棓數千，盡坑魏將，艾先自斃，會亦我禽。金刀之祚中興，火井之光復熾，未可知也。而乃空留密表，竟發陰機，寃遭紀信之焚，莫效勃蘇之哭。嗟天道之難問，詎人謀之不臧。是則裴世期之《記注》，尚屬知言；孫安國之《陽秋》，徒爲目論矣[3]。

縣爲古冀城地，侯之故土也。黄神紫嶽，昔年曾誕英靈；雲馬飆車，此日應歸魂魄。某式瞻遺範，來謁崇祠。霜露年深，丹青歲古。報功之典攸缺，

[1]《蜀志》：指《三國志》之《蜀書》。其《姜維傳》有云："姜維，字伯約，天水冀人也。"

[2] 武鄉侯：指蜀漢丞相諸葛亮，武鄉侯乃諸葛之封爵號。

[3] 裴世期即南朝宋《三國志注》的作者裴松之，世期其字也。孫安國即東晉《晉陽秋》的作者孫盛，安國其字也。史家對姜維的評價歷来褒貶参半，而孫盛則無視史實大加貶斥。對此裴松之予以辯護："臣松之以爲盛之譏維，又爲不當……"

守土之責奚辭！爰剪茅茨，聿修棟宇。抒下士之丹忱，焚椒築譽；紀前賢之偉績，勒石摩崖。庶幾風雲鬱起，遥連蜀相之祠；松櫝森行，永護欒公之社云爾。

邑令楊芳燦撰

大清乾隆癸卯[1]春月吉日，伏羌縣士庶人等敬立

重建大像山碑記

【**題解**】碑鑲大像山大佛殿大佛座左側碑廊。清同治九年（1870）立石。高180釐米，寬60釐米。劉伯龍撰文並書丹。拱首條形，額刻二龍戲珠圖案。

大像山者，邑城西南山古佛也。山開陡出石像，高百二十餘尺，覆以重樓數層。肇於宋嘉祐三年[2]，迄今八百餘歲，地方於以庇神庥焉。

同治初，經兵燹，佛樓被焚，露立八載，無起宇者。任於庚午正蒞斯邑[3]，議重建之。其工巨，需數千緡，募之各統戎，慨然諾。任督其事，率會首等，越五月而工乃成。非敢侈言焕然，亦聊以蔽風雨云。是爲記。

欽命提督軍門傅先宗捐銀貳佰两

欽命提督軍門王得勝捐銀貳佰两

欽命提督軍門梅開泰捐銀貳佰两

欽命提督軍門高月桂捐銀伍拾两

督工會首葛焕新，監工會首山西石秀峰

欽加知府銜升用知州徽縣知縣署鞏昌府伏羌縣事頻陽强任募化捐修

時同治九年六月吉日勒石

平襄劉伯龍[4]敬撰並書

張自全刻石

[1] 乾隆癸卯：清乾隆四十八年（1783）。

[2] 天啟《伏羌縣志》卷2《地理志》載："石佛大像，宋嘉祐三年鑿。"對於大像山大佛窟的建造時間，甘谷舊縣志或言"宋嘉祐三年鑿"，或言"宋嘉祐四年鑿"，俱誤。參見前《大像山佛龕銘並序》注。

[3] 任：强任（1820～1885），字石泉，清陝西富平人，同治九年（1870）任伏羌知縣。庚午：庚午年，即同治九年。

[4] 劉伯龍：字子猶，甘肅通渭人。候詮訓導。

重建無量殿敘

【題解】在大像山無量殿。原鑲無量殿右廡門頂，木質，現已刻製成碑。清同治十年（1871）製作。魏觀象撰文，李維屏書丹。

大像山之有無量殿[1]也，由山脊孤峰仰企而上，不數十武，峻者稍平，翠柏鬱蒼，琳宇深邃，蓋靈區之轉折處也。同治二年，因兵燹毀於火。閲七年庚午，邑北關舊有燈水二會，首事人等鳩工重建之。雖宏敞不及曩日，而氣象一新，足以壯觀瞻而妥神位。

予太息曰：兵燹之遭，於卦爲剥，剥上九爲碩果，來復之根也。佛成道爲結果，人向善爲善果。佛法薪傳不替，故會以燈名；供佛者資乎八功之水，故會以水名。善果無量，則功德亦爲無量矣。茲此並力一心，克誠是舉，人之心其即佛心歟！倘即是心而擴充之，將奥宅靈宫，依然常在，香燈花水，直可盡興。剥轉爲復，非旦夕事乎！猶憶變前二日，與諸友默禱無量殿，三兆如一，直以象告。是前之毁與茲之重建，並好善出力之遞有其人，不爲大劫所消磨者，何一不在神光洞鑒中也。予悚然，援筆而爲之敘。

同治十年歲次辛未菊月上浣之吉仰齋魏觀象[2]沐手敬撰

朱崖李維屏[3]沐手敬書

重建大像山聖母殿並山門記

【題解】懸大像山聖母殿門額之上。清同治十年（1871）製匾。駱維祺撰文，李維屏書丹。

城西五里大像山，層巒疊嶂，廟貌巍峨。曩日登臨，魁首者，羲皇宏宫；雄鎮者，無量寶殿；且有金碧凌霄者爲牟尼法座。凡夫樓閣殿洞，類皆炫人耳目。伏思聖母殿址，介居其間，則澤福之靈應孔昭，而虔祝之香火常新。

[1] 無量殿：即大像山3號窟。窟依山鑿成，爲穹隆頂，高5米，深7米，寬4米。窟簷爲木構，大廡頂，並向外伸4米，中央垂有兩根帶蓮頭的雷公柱。單簷懸山頂。正殿，前側供奉西方三聖，後側供無量祖師（真武大帝）、周公、桃花等。

[2] 魏觀象（約1814～1885）：字仰齋，清伏羌縣城人。著有《知止齋詩文集》。

[3] 李維屏：號朱崖，清伏羌縣蔡家寺人。優貢。善書法，伏羌大像山等諸名勝多所題書。

自開創以來，縣尊鄉望，幾經補葺，無或傾圮。大清同治癸亥[1]夏四月因兵燹焚毁，都人士瞻望及之，感慨繫之，幾無人焉起而修之。

迨庚午[2]春正月，賢侯强公蒞茲土，祈諸軍門，捐資奉金，而大像之金容層樓焕然一新。緣是衆善君子，幸六洞神龕，循次補修告厥成功矣。但聖母寶座，前人創修於南，因地勢狹隘，遂卜吉於西，偕余共議。余曰：“誠盛舉也，第工程浩大，獨力難支，凡屬同志，各發虔誠，集腋成裘。”首事諸君黽勉從事，不敢告勞，鳩工於孟夏，而落成於季秋，從茲聖母之殿宇[3]恢復。

都人士報厚德之罔極，感生成之無窮歟？奉神靈而安千萬年正未有艾也，且功德無量。又修太和山門，繼自今重啟龍華之會，廣通好善之途。余亦快睹同人之相結善果也。爰爲之記。

同治十年桂月，北墉駱維祺[4]謹識，朱崖李維屏謹書

重建大像山關聖殿碑記

【題解】碑立大像山關聖殿。清同治十二年（1873）立石。魏觀象撰文，李維屏書丹。

夫以山號洞天，識洞宫之幽敞；神棲福地，知福德之普周。境以高而永峙，工以革而復興，理有固然。况神跡難已者乎！

吾邑大像山，支衍朱圉，林巒幽秀，曠如奥如，實古冀之勝地也。由山門迤邐經文昌閣、魯班殿而上，一峰壁立，犖壑嵐横，昂鼇頭之形勢，列龍背之畫屏，昔人建關聖廟[5]於其地。十二里菁華毓秀，有人有財；千百年香火結緣，曰聖曰肅。自遭兵燹，諸境皆焦，十年於茲矣。

今烽燧既息，干戈不競，本山之神功漸起，斯廟之蔓草猶延。殿堂無蔭，

[1] 同治癸亥：清同治二年（1863）。

[2] 庚午：清同治九年（1870）。

[3] 聖母之殿宇：即聖母殿，今存。土木結構，硬山頂，殿内有壁畫多幅。

[4] 駱維祺：清伏羌縣人。

[5] 關聖廟：俗稱“財神殿”，位於大像山峭拔險峻的峰臺之上，居魯班殿、無量殿之間。有月門、過廳、廂房、大殿等建築。大殿神壇塑關羽、關平、周倉像。

何以聯珠斗之光；金碧不輝，何以佐慧燈之照？於是首事諸人，共謀重修。然而佈地無金，靈宮莫築；炊粥乏米，巧手徒撐。矧是廟也，重巒接影，磴道盤空，程材量工，所費尤鉅。於是約我同心，襄厥盛舉。傾囊倒篋，共贊集腋之功；庀材鳩工，以復飛甍之壯。諏日起正殿三楹，禪房門灶，次第竣工。所有捐資姓氏，費支錢文，另鐫碑端，以爲樂施者勸。從茲鳥革翬飛，佛天之遊觀愈勝；庶幾忠肝義膽，聖德之赫濯無疆矣。是爲記。

邑廩生魏觀象[1]敬撰，增生李維屏敬書

大清同治十二年歲次癸酉林鐘月上浣之吉立

大像山創修玉皇閣記

【題解】碑鑲嵌大像山玉皇閣下后土宫右壁。清同治十二年（1873）刻製。高100釐米，寬166釐米，木質。原筮貞撰文，劉彬書丹。

楊雨亭先生爲吾邑總局事，凡邑之興作義舉，皆主之。癸酉[2]秋，先生寢疾，屏人謝客者月餘。一日，命其門下士劉生彬飲貞[3]酒，且屬之曰："吾病益委頓，旦夕不保，創修玉皇閣竣矣，願子序之！"貞愕然起立，曰："偉哉。斯閣，奇跡也，奇功也，必得其文，如柳子厚、蘇子瞻其人者乃稱，而顧屬之貞乎？然貞亦豈忍逆先生病屬之意！"

按甘南傍渭多奇山，而莫奇於吾邑。吾邑之山，白朱圉而東，麥積、天門諸峰皆巋突兀起平地，嶔巇屹啟，無所附麗，而峻峭參天，如士之能特立獨行者，此其所以奇也。而吾邑之奇，尤莫奇於大像山。是山於宋代淳祐中谽谺頓啟，現出十丈佛身，螺發瓔珞，足踏菡萏，是天之奇也。其山則砦瓅直上，山乍、山客、山罪嵑似神斤鬼斧削成，且無凡草木，惟翠柏蒼松，薄薄剌天，是地之奇也。前代鄉人，鑿巖隧洞，以樓百靈，嶜岑而幽，奥螗崆而峭厲，萬象森列，金碧輝煌，又人之奇也。然自太昊宫以至三清殿，窮險極邃，巒巇絶而人功竭，乃碣之曰"白雲封處"，則奇之

[1] 魏觀象：詩人。字仰齋，清伏羌縣城人。

[2] 癸酉：清同治十二年（1873）。

[3] 貞：指碑文撰者原筮貞。

無可奇矣。

今歲春，先生偕好奇同人葛公茂春、任公星臣等，忽構奇想，於“白雲封處”碑[1]迤東別開洞天。闢地於無可闢之鄉，鑿山於無可鑿之域，得地數弓，計起飛閣两層，高三丈餘，與雙明洞相頡頏，而祀玉皇於其上[2]。蓋所以統馭羣靈，亦示一山諸奇之所由歸攝也。望之如海市蜃樓，憑空結構，非由人力，殆真意外出奇者也。

是役也，經始於二月，用工若干，需材若干，募錢若干。葛公等始終董督，閱八月而竣事。嗟哉！先生一生，負奇氣、抒奇藻而不遇於時，鬱而從之，以爲吾邑闢此奇境，成此奇觀，惜貞無奇文以紀之，滋增愧矣！會當俟先生愈健，斗酒盂蔬，從先生等後，登斯峰，造斯閣，共賞斯奇也。

邑舉人原筮貞[3]敬志，生員劉彬敬書

大清同治十二年歲次癸酉仲秋月上浣之吉立

重建地藏王殿、龍王宫並供奉本殿及關聖殿香火等費碑記

【題解】碑在大像山地藏王殿。清光緒四年（1878）刻製。木質。魏觀象撰。

從來善與善相因，不相因則缺；果與果相結，不相結則虛。然而西來有人，祇園之捐棄或少；南朝多寺，煙雨之結構倍難。況重疊出資，連而相及乎？而茲之結緣，獨有可證者。

大像山，邑名區也，回逆一炬，諸廟皆墟。閱十載，欲以次鳩工，獨中峰關聖廟工鉅力怯，首事人共憂之。同心努力，約同晉義當、和泰當、厚德生、仁和育、祥盛公、春和德、長春榮、純榮德、任士勩、三義西、義合會，各出錢八十二貫，並募資二百餘貫，得千餘緡。首事人殫勤，始

[1]“白雲封處”碑：今存。在地母洞之上，往三聖殿之閣道東北角處，嵌壁。高120釐米，寬70釐米。“白雲封處”四字爲行楷，陰刻。旁刻楷書小字，左署“乾隆五十年”，右署“南安楊璽立”。

[2] 此玉皇殿，又稱天爺殿，今存，即大像山3號窟。在王母洞西側，窟外爲閣樓，其底層即地母殿。玉皇閣近方形平頂，廣8平方米，右側有龕，廣3.4平方米，後壁有高壇基。閣頂層蜀柱上原有民國十六年前清舉人宋梓題聯：“翠柏參差圍帝座，白雲繚繞護天門。”

[3] 原筮貞：清伏羌縣人。同治六年（1867）舉人。

以丙子[1]竣工。並立山門，輝煌金壁，神宇一新。

暨冬，擬建地藏王殿[2]，諸家重結善緣，復舉鼎力，更益善事。蔣自有、魏廷訓、進福園、李四哥、鮮振基各奉錢二十四串文。義合會因舊有香火奉錢一十四串文，共三百七十四串。公議以二百餘串修殿，以一百五十串存商生息，爲每年二殿香火、浴佛諸節祭祀等費。

噫！茲非盛舉歟！夫剥後雖復，碩果之發生尚微；否極泰來，連茹之善行何衆。善以積而得慶，果以結而愈圓。始悟佛貴傳燈，一燈可化十萬燈；人心好善，一善可化千萬善。人力神力，有相感印，動莫知所以然者。予既喜名山得人而復舊，又喜諸君子樂善無窮矣。爰詳爲之序，更俟後有興起者焉。

邑廩生魏觀象題撰，光緒四年菊月吉日

大像山香火田地木碣敘

【**題解**】碑在大像山。清光緒七年（1881）刻製。木質。悟禪子撰。

蓋聞莫爲之先，雖美弗彰；莫爲之後，雖盛弗傳。故寶珞妙相，必資仁人創新，而雲灶香酥，端賴長者供養。

邑西五里鋪大像山，選佛場也。自同治癸亥[3]，變遭兵燹，赤土一抔，廢而不舉者數年。迨同治庚午[4]，邑令强公倡修於前，規模粗具。繼以邑善士魏子明先生炯，頹舉傾修，丹雘一新，甚盛心，甚盛舉也。然梵宇蓮臺，雖照眼而有耀；而蒲團禪板，豈枵腹以堪支。是以未展食輪，且難留維摩居士；不修檀度，恐徒爲行腳野僧。

適有渭北姚莊姚錫福，生平爲人，好善而樂施者也。見其廓宇峥嶸，香火少資，於是發給孤獨心，結佛菩薩緣。爰集會首諸君，公同具稟，願將所有田産肆拾三垧，盡入於大像山，以作衆神香火、禪室糊口之資。只

[1] 丙子：清光緒二年（1876）。

[2] 地藏王殿：今存，在太昊宫之後，與之相通。殿内塑有地藏王菩薩、冥府十王等神祇。

[3] 同治癸亥：清同治二年（1863）。

[4] 同治庚午：清同治九年（1870）。

此婆心一點，勝造浮屠七層。將見乳花满缽，香積不致雲封；甘露盈瓶，法筵無憂塵裏。倘從此社結東林，時來盂渡之客；雲垂西極，或住飛錫之仙。其福緣善果，不且與强、魏諸公，先後濟美，相傳於不朽哉！

吾知歷久彌彰，山峙並永，位諸公於佛菩薩之前，合十拜祝，曰："此積善君子也！此種福仁人也！其功德有不可説、不可量、不可思議者。"今會内諸君諸公之德，請序於予。予嘉其志，許其心，即援筆而樂爲之敘。

雲樵道人悟禪子謹識

光緒七年歲次辛巳秋月

重修伏羲殿碑記

【題解】碑原在大像山太昊殿，光緒十年（1884）立石，已散佚。王權撰。文録自李亞太《大像山志》，内部鉛印本，1998 年，第 77 頁。

王權（1822 ~ 1905），清代隴上著名學者。字心如，號笠雲，甘谷伏羌（今甘肅甘谷）人。道光二十四年（1844）舉人。先後任文縣教諭，文昌、天水、正興、興文四書院山長，陝西延長知縣、興平知縣、富平知縣。著有《典昉》《笠雲山房文集》《笠雲山房詩集》等著作多種，和秦州名儒任其昌合撰《秦州直隸州新志》。

羲皇挺生成紀，而冀縣實與錯壤，桑連梓接，近光劘化，沾被爲多。鄉土有名德，俎豆尸祝，往往歷世不廢，况聖靈開天，胚胎文化者哉。

伏羌，漢冀縣也。舊有伏羲殿[1]，在城西大像山麓，負蒼巖，瞰清渭，谷迴川抱，形家目爲勝地。同治兵燹，沿山樓閣梵宇，一時盡毁，殿亦焦土。事定後，邑令强公募籌款，以次興修，諸祠宇皆復舊，唯兹殿以工巨止。邑善士魏炯[2]，獨矢願重建，捨産募施，儲偫木材，未集，竟寢疾，困頓中猶倦倦不置。炯友蔣君昌基，邀同志魏克勤等十四人，工本錢瀕五百緡，貸商取子錢，又獲三百餘緡，遂督工率作，於光緒十年始蕆事。父老子弟，

[1] 葉應甲天啟《伏羌縣志》載："邑人以本邑乃伏羲篤生故地，於萬曆四十八年重建於大像山之西。"又，鞏建豐雍正《伏羌縣志》卷 3《建置志》載："伏羲廟，前明萬曆年間，邑人以太昊生於成紀，爲厥出生民，人文之祖，於大像山創建殿宇。思崇祀享，其即祭川者先河後海之意歟。"

[2] 魏炯：清伏羌縣城人，人稱"魏善人"，多次捐資修繕大像山廟宇。

觀者莫不感歎生喜焉。

權少壯時，常隨鄉先生登覽茲山，瞻仰殿宇而生敬。迨至官陝西，道出山下，見蒼煙廢址而興悲。及光緒中，解組而歸也，過秦州，適太昊宫新落成，爲撰碑誌其事[1]。今吾鄉羲皇殿，亦相繼報竣，復以記公之文請。追惟卅年舊遊，中更十餘載兵燹，往事棖觸，悲喜交縈。

嗟乎！名山之勝，圮而復新，况太昊之祀！廢而復興，自非邑有君子，安能致此。撮述興懷巔末，豈惟鄉人士之幸，兼爲山川賀也。

"羲皇故里"碑

【題解】甘谷縣西五里鋪大道旁原立有"羲皇故里"石碑，後移立於大像大佛殿西側，現移至大像山腳牌坊旁。碑高185釐米，寬70釐米。碑面書"羲皇故里"4個大字，上款：伏羌縣士庶人等重建；下款：民國戊辰年（1928）四月。原碑爲同治九年（1870）伏羌縣令强任所立。

大像山文昌閣創立文社碑記

【題解】碑立大像山文昌閣南廂房。光緒二十八年（1902）立石。王權撰文，楊泮沼書丹。

事無難易，有恒則成；人無衆寡，合志則一。集羣衆之心力，爲悠久之遠圖，歷數十年無攜貳懈怠，誠一若此，顧不獲經綸鉅務，僅舉其道而小試之，此權於鄉先生創立大像山文社之舉所爲感歎，傾佩而稱道之不能已也。

大像山者，朱圉之支嶺也，連峰飛舞，迤邐東來，至城西五里許而斷巖矗立，佛像嵌崖湧現。《太平寰宇記》志之曰："石崖上有大像一軀，長九丈，自山頂至山下一千二百三十丈，有閣道可登。"[2]蓋自古爲勝跡矣。

[1] 光緒中秦州重修伏羲廟，留有主持者秦州知州姚協贊署名的《重修伏羲廟記》，時爲清光緒十三年（1887），不知和王權"爲撰碑誌其事"是何關係。

[2] 引文見北宋樂史《太平寰宇記》卷150秦州目"廢伏羌縣"條，作"大像，在廢縣東一里。石崖上有大像一軀，長八尺（丈）。自山頂至山下一千二百三十丈，有閣道可登。"伏羌縣始設於唐高祖武德三年（620），宋初降爲砦，故有"廢伏羌縣""廢縣"之說。"長八尺"之"八尺"

横嶺之上，樓閣鱗次，祠宇相望。西巖左轉，如龍臂迴抱，地勢稍坦夷，昔人建文昌閣於其處，以奉梓潼帝君。

登斯閣也，渭川百餘里山水，皆蕩胸決眥而來，攬勝者謂岡巒磅礴之氣畢注於此云。邑士民恒以四月八日集會此山，賽神醵飲，輿馬駢闐。各祠宇皆有神會，奠薦進香者，肩摩踵錯，惟斯閣落落闃寂，香火甚稀。山之東陲，崇岡崛起，俯瞰城郭，土人謂之巽山，上有魁星閣焉，祀事亦久荒廢。邑縣丞宋君維楨、茂才宋君躋鼇等，歷覽而聚謀曰："二山者，神明之奧區也；二閣者，文教之徽幟也。今若仿賽社成規，合衆力，籌經費，以供享祀，會文友，可永爲士林盛事。"然文士寒素，鳩資維艱，鉅款焉可驟集。請用覆簣爲山之法，約集同學創立文社，每月朔望，人各持錢十五文付社長綜理，違約者倍罰。屆春秋二祀及浴佛日會期，則備具牲酒供品，前夕聚集閣下，虔奉香燭，清晨盥薦奠獻如儀，魁閣之祭亦分往。將事祭畢，飲宴因之，講論道藝，竟日乃罷。其遷延後至，或臨祭不敬，始勤終怠者，皆有罰。又議定立社以後，同社有擢優等食廩膳者，輸香火錢二千四百文，登科者輸香火錢十二貫。積錢漸多，祠會所餘之款，由司計者出借取息；有逋負，則責令賠償。其規條周密如是。

蓋自光緒初元三月朔日肇事，以迄今春，凡閱二十八載。董事者茂才李君震東，附貢魏君名齊二人；襄勤者，宋君維楨等十三人，共十五人，無一不竭誠致敬，始終其事者。同人並力敦善之美，既堪嘉尚，而二人之董率勤恪，迄蕆事，無閑言，尤非素行孚衆者不能也。十五錢之積累，現已剩存百十緡整，涓涓不息，終爲江河。天下事，皆拓於漸而成於久，先民之言，豈不信哉！權自少馳驅異鄉，老始旋里，愧未得掛名社内，感諸君子之永肩一心，可爲作事法也。爰爲縷述其顛末，俾勒石祠壁，以告後賢之繼起而增廓者焉。

大清光緒二十八年仲春月上浣邑人王權謹記，生員楊泮沼敬書

是"八丈"之訛。現代實測，大像高23.3米。"自山頂至山下一千二百三十丈"是説山下拾級而上至大像窟的距離，並非高一千二百三十丈。

甘谷大像山永明寺設戒碑記

【題解】碑立大像山永明寺。民國三十六年（1947）立石。高140釐米，寬50釐米。聶從鋐撰。

隴右密邇關中，襟帶五凉。當姚秦、北周之際，佛教盛行於禹域，而大法西來，吾隴貫必由之徑。法雨沾被，澤化獨溥，穹窿窟像設之勝，若麥積崖、大像山，直遥應敦煌莫高而無遜色。而二千年來，高僧大德傳燈衍緒，亦不亞於東南。開堂設戒，遠者不必詳考。有清一代，在秦州，若定慧之於南郭寺，若了欲之於同仁寺，若葆初之於瑞蓮寺，若性潔之於新洞寺；在伏羌，若守中之於亮江寺，皆卓卓其著者也。

改步以還，戎馬倉皇，刹宇多毁於兵火。宏揚闡化，隨百政而俱衰，殺戮□業，極則思反。近年佛教會之設，漸普及於各地，而川、陝諸大蘩林，戒集之舉始加稠焉。隴南緇素，感跋涉之不便，相與詢謀，僉同敦請西禪院敬玄長老開堂甘谷。玄師潛終年久，品粹律嫻，去年歸自峨眉，湛契益深，然猶謙遜至再，卒不獲卻。乃出而膺法主，設堂大像山永明寺。始事於閏二月十五日，訖事於四月八日。功果圓成，四衆歡喜。續如來之慧命，順衆生之因緣，亦可不謂扶國運於昌輝哉！其弟子等將勒石以事不朽，丐序於余，遂述其梗概如此。

報恩堂上永明方丈續宗和尚弘戒

中國佛教會甘肅省天水縣支會副理事長聶從鋐[1]敬撰

東泉、社棠、甘泉、平南、興隆、關中暨天水城關三鎮皈依弟子一千八百人等

民國三十六年四月佛誕日天水唐萬成敬刊

[1] 聶從鋐（1907 ~ 1978）：字幼蒔，今甘肅天水市秦州區人。民國時先後任天水縣教育局長、天水縣圖書館館長等職。

第二節　佛寺道觀祠廟碑刻

創修文廟記

【題解】碑在甘谷縣城文廟。元世祖至元二十九年（1292）立石。文季撰文。

文季，至元二十七年任伏羌縣教諭。

鞏昌之東距二百里，有縣曰伏羌，蓋秦漢之冀縣治，唐武德初更今名，聖朝仍其舊焉。其地則三秦上游，民風淳樸，用武之地。公宇驛傳則具，而文廟則無有也。

至元丁亥，進義尉魯克得禮以西域人奉天子命來監是邑，見鞏之文廟冠秦蜀，欽聞聖朝崇儒重道，日照月臨，率被元化，邑又名鎮，統於大邦，乃慨然以縣學爲己任。於是偕僚屬，捐吉日，卜地於邑城之南隅，高明爽塏，先以身倡率之，而僚吏士庶兵民有資焉，披星劃蕪，摶甓築基。匠則鳩工，役則招雇，材則采於山而貿於市。窮日監督，不廢寒暑，朝夕黽勉，飲食起居止於廟。踰歲而就，而人不知擾。塑像、井亭各有序位，庭植松檜，榮茂蓊鬱，所費五千貫有奇，制度雖未完，截然一新廟矣。其遠近之來瞻者欣喜驚歎，景仰其殿陛之嵬然，衣冠之肅然，丹雘之燦然，碧瓦之鱗然。經始於戊子[1]之春，落成於己丑[2]之冬，宣司冠裳過其境，嘉其善，助錢千貫以終其美。廟成，上丁釋菜及月朔望，進義公率縣僚吏諸生講行祀禮，俎豆升降，威儀可觀，延請師儒登座説經，聽者雲集。今令尹從仕高珪[3]登礱立石，欲紀其權輿，畢工歲月，故上書宣司，命僕爲證。僕承乏學掾，又以宣司命義不得辭，竊有所感，故爲文，誌其興造之本末，仍以學校之本告之。

夫風化者，國家之元氣；學校者，王政之大綱。故廟學之所在，風化之所行也。天生蒸民，仁義禮智，孝弟忠信，雖出於固有而其氣質之不齊

[1] 戊子：元世祖至元二十五年（1288）。

[2] 己丑：元世祖至元二十六年。

[3] 高珪：元世祖至元二十八年任伏羌知縣，繼知縣魯克得禮建成文廟學宮。

者，必賴上之人有以誘化之也。古之教者家有塾、黨有庠、術有序、國有學。人自孩童至於弱冠，受教有漸，故周禮大司徒以鄉三物教萬民，而賓興之，德則有智、仁、聖、義、中、和，行則有孝、友、睦、姻、任、恤，藝則有禮、樂、射、御、書、數。聲音以養其耳，采色以養其目，歌詠以養其性情，舞蹈以養其血脈，入以事其父兄，出以事其長上，則君臣義而父子親，長幼和而夫婦别。至於朋友輔仁之道，無一不本於教，三載考績，黜陟幽明，明試以功車，服以庸庶，侯以明之，撻以記之，格則承之，否則威之，所以世隆俗美，後世莫及也。三代之後，漢唐之世，井田雖廢，學校則有，賢良、明經、茂異等科，取士之學成者，縣升之州，州賓興於國學，國學聚而教之，歲列其賢者、能者於朝，達爲公卿大夫，上佐天子，下澤黎庶，不達者亦不失於令名，是以人人競務君子業，以爲小人之向。降及五代，事不師古，學校雖設，終非古先聖王之教也。伊洛大儒輩出，倡聖學以示人，息邪拒詖，敦本抑末，然後聖人之教焕然復明。

逮至大元，應運肇修人紀，遵行古制，匡扶舊典，士之明經者有復身之賜，孝廉者有鄉貢之舉，大而王宫國都，小而郡邑閭里，莫不有學，鄉飲勞農養老，春秋弦誦，尊賢育才，屏去浮僞，以通經實踐爲最，則士生於斯時者，如親見三代之禮。

嗚呼！聖朝之更化也，行看其源深流遠，實大名宏者，又深可尚哉。昔范武子爲余杭令，修學校以育人才；辛進君爲成都宰，立名教以遵忠信。在古人則有之，今之進義公，西域人，能如此者幾何人哉？噫！廟成矣，學建矣，繼自今往，則邑之青衿士子有矜式之地，無園蔬之歎，是今日之伏羌易而爲前日弦歌之武城也。

姜伯約祠堂記

【題解】碑已散佚。文載鞏建豐乾隆《伏羌縣志》卷11《藝文志》。蔣薰撰。

蔣薰，清浙江紹興人。舉人。康熙十三年（1674）任伏羌知縣。

夫深知天下事不可爲而爲之者，孔明是也；深知國事不可爲而爲之者，姜伯約是也。孔明志復两漢，僅得守蜀；伯約志存蜀漢，弗獲保身。豈才不若魏操，智不若吴權歟？夫亦厄於時，屈於勢也。

然而伯約爲極難矣，當日雖居大將軍，非如孔明之遇昭烈[1]，魚水相得也。况時無關、張、馬、趙爲將，而又有宦皓在君側乎，且三分已定，各歸其主，思漢之人心不能數十年一日也。事暗弱之君，統疲罷之卒，内有姦豎，外無義旅，伯約即英雄，人能不束手坐困，使豎子成名哉？

嗚呼！欲結吴拒魏而争已去之漢，孔明所以鞠躬盡瘁也，欲借鍾除鄧[2]而興既亡之蜀，伯約所以肝膽塗地也。其心一而已矣。

重建奎樓記

【題解】碑已散佚。文載鞏建豐乾隆《伏羌縣志》卷11《藝文志》。趙繼汴撰。

趙繼汴，清江南休寧人。進士。雍正元年（1723）任伏羌知縣。

今上御極之初，百度鼎新。首尊先師孔子，追封五代，晉以王爵。開科廣額，分闈改學，更於天下貢士計偕抵京者，量道之遠近給歸資。聖天子崇儒重道，待士優渥，亘古以來未有若斯之盛者也。故雖窮鄉僻壤之士，罔不感激奮厲，思仰報朝廷培養之恩。

余於癸卯[3]冬奉簡命承乏兹土。甫下車，恭謁文廟，則見垣墻傾圮，瓦礫盈階，雖簿書鞅掌，奔走未遑，然不敢需也，業即捐奉整修，次第舉行矣。邑有奎星樓，居東郊柳坡之巔，正當東南巽位，論風氣爲一邑文峰主，創建於王令一經[4]，增修於孫令式恂[5]，歲久將頹。春正月，余自皋蘭歸署，諸生議重葺之，丐余一言爲倡。

余觀伏邑，直甘凉孔道，斗大山城，而人文熾盛，甲於隴右。前輩如

[1] 昭烈：三國蜀漢先主之謚號。

[2] 鍾，即三國曹魏名將鍾會；鄧，即三國曹魏名將鄧艾。

[3] 癸卯：清雍正元年（1723）。

[4] 王令一經：清江南吴縣（今蘇州市吴中區）人。順治十年至十三年（1653 ~ 1656）任伏羌知縣。

[5] 孫式恂：清山東萊陽人。進士。康熙三十二年至三十六年（1693 ~ 1697）任伏羌知縣。

黄學使[1]諸君子，連掇巍科，名播寓内者久矣。夫人傑地靈，風水之説無庸拘牽。然卜宅相址，頻見經傳，則藉人力以培神功者，烏可以少乎哉！於是涓吉鳩工，築基固墉，起閣三層，甃甓四周，詠石之費，工作之役，合邑紳士樂輸亟將，不半期而落成。自此以往，文筆巍峨快睹，奎光璀燦，英才蔚起，共瞻科甲蟬聯，端於今日卜之矣。

顧余因斯樓之新，而更有望於邑之士也。大學教人之法，以明新止善爲綱，學者歷經稽古，名列宫墻，不可藐視己身，與齊民爲伍。惟敦文章，砥廉隅，登賢關，希聖域，處爲醇儒，出爲名臣。國家之栽培養育者在是，神宿之鍾靈毓秀者亦在是，《孝經》所云立身行道，揚名顯親，亦基於此。如但以斯樓之美奂作通衢飾觀也，是黄冠緇衲之舉，非予所厚期於諸生也，於是乎記。

重修昊琳宫[2]玉皇樓序

【題解】碑已散佚。文録自新編《甘谷縣志》第22編《藝文》，中國社會出版社，1999年，第602頁。李則廣撰。

李則廣（1793～1861），字曠西，清伏羌縣人。道光十二年（1832）進士。先後任浙江奉化，四川彭水、青神等縣知縣。能書善文，爲人稱道。

天是一個大的人，人是一個小的天。是天即人也，人即天也。天者理而已矣。心具衆理，求是去非，積習久之，心與理一。是理即心也，心即理也。理無不善，心有道心，有人心。道心而雜於人心，是舊染之汙也；人心而復於道心，是自新其德也。

學巷東北頭昊琳宫有玉皇樓。玉皇，天也。歲久舊損，志士集資葺新之。人見樓新也，玉皇新也，不知樓有玉皇猶身之有心，心之有理也。玉皇在樓中，猶理在心中，心在身中也。巷以“學”名，無適而非正心修身之學也。

[1] 黄學使：指伏羌鄉賢黄虞再。

[2] 昊琳宫：鞏建豐《伏羌縣志》卷3《建置志》載：“昊琳宫，邑東北隅，明崇禎年建。”現已不存。

蔡家寺[1]大鐘銘有序

【題解】鐘已散佚。文録自新編《甘谷縣志》第22編《藝文》，中國社會出版社，1999年，第603頁。王羌特撰。

王羌特（1615～1680），字冠卿，清甘肅伏羌縣人。拔貢。曾任雲南順寧府通判。著有小説《孤山再夢》，詩集《怡猿聞詩》。

寺之有鐘，猶天之有雷也。雷霆一震，無人不生恐懼警惕之心也，寺中之鐘亦然，未鳴之前，萬慮俱息；一鳴之候，悚然惕聽。縱有雜念妄想，聞聲頓忘，故鳴輕則令人喜，鳴重則令人懼，鳴急則令人趨，鳴徐則令人思。不徒寺僧爲然，即近遠衆生朝夕聞之，靡不生警惕皈依心，不待入寺見相而回心向善矣，則鐘之所繫豈小哉！兹寺舊有洪鐘，明季毁於兵燹。山僧真還乃發宏願，苦行募化，約集數會，歷期年，於大清庚戌歲[2]小春十一日告成，甚盛舉也。不勒諸銘，又安知重新自今日始也？乃爲之銘曰：

出水火，成土金，鏞相形，木發聲，是聲聞耶非聲聞。

朱山[3]不改，渭水長清，斯鐘也，當與朱山渭水而並永。

第三節　記事碑刻

修建廟學記

【題解】碑已散佚。文載鞏建豐乾隆《伏羌縣志》卷11《藝文志》。李東陽撰。

李東陽（1447～1516），明名臣，撰此文的弘治五年（1492）職位爲太常寺少卿。

鞏昌之伏羌，元季時廟學略具，入國朝百餘年未有能修之者。弘治之

[1] 蔡家寺：在今甘谷縣東北渭陽鄉蔡家寺村。鞏建豐乾隆《伏羌縣志》卷3《建置志》載："蔡家寺，東北二十里，元至正年建。廟貌巍峨，古柏蒼松，頗稱盛地。"現寺廟有菩薩殿、文昌閣、大雄寶殿、祖師殿、伽藍殿、講經堂大小建築30餘處。

[2] 庚戌歲：清康熙九年（1670）。

[3] 朱山：即朱圉山。是爲甘谷鎮山，《尚書·禹貢》有載。

初，知縣周書[1]始遷於城北隅，廟基甫定。三年庚戌，知縣王浩謀大修治之而弗逮。越明年，按察副使楊君應寧[2]以僉事督學，勵之曰："此而責也，不可以不勉。"浩乃斬木伐石，摶甓陶瓦，百物既具，則退而相地定制，簡民丁，擇吏任，次第而圖之。凡爲廟殿七間，左右廡各倍之。殿之後爲御書樓，樓之後爲會饌堂。其爲木主、塑像，俎簋、經籍之類皆備。凡爲堂，减殿之二，左右齋各减堂之二，四隅爲講習之室，共四倍於堂。其爲鐘鼓几案之類皆備。廟之左爲射圃，學之右爲神器庫；其後則列爲官廨，前則瀦爲泮池，架爲三橋；崇垣外繚，旁門内達，冲直中矩，高下合度，越再歲而無一弗備者焉。

蓋浩之爲是役也，躬採伐版築，婦執炊爨，子操械器，手胼足胝，筋疲力勞而後就緒。其規制宏壯，華彩煌煥，盡全陝之地稱學校者，莫之或過也。於是楊君見而喜之，勞以牲醴，下諸郡縣以風勵來者。而訓導王亮等率其諸生馳書京師，介而請予願爲記。予惟學必有廟，禮也。唐之學廢而廟存。宋有天下八十餘年而其制始備。元雖有之，其道不足論也。我國家創業，以至於薄海窮荒，鮮有無學之地，亦未有無廟之學。及其久也，或廟而不修，治而無方，士類之多寡，科目之隆替，恒必視之，以爲准是，豈無其故哉？有司者之責也。

伏羌僻在西陲，番漢之所集，兵革之所試，雖有廟學而實效未臻。今天子蒞政之初，視學釋奠爲天下先，文教旁洽，士風丕變，使邊塞爲畿甸，關隴爲鄒魯，較之前代所謂詳外略内者，似克過之。而陝之爲藩，又得賢憲司，當提督之任，其身教而諭，固足以警惰而立懦矣。故一令而規模建，再令而條目張，睹其文之著者，其實可徵矣。然非宣化從令，效有司之職者，孰從而成之哉？

夫道與法之相濟，固也。於此有擇焉，學必賤華而貴實，祭必先敬而後儀。苟有躬行務本之意，則雖行潦可以薦神，大樹可以習禮，無俟乎其

[1] 周書：明河南裕州人，成化二十二年至弘治三年（1486～1490）任伏羌知縣。鞏建豐乾隆《伏羌縣志》卷8《名宦志》有傳。

[2] 應寧：即明代名臣楊一清的字，楊曾任陝西按察副使兼督學。

他者。苟徒誦其書而不求其心，隆其祀而不由其道，亦奚廟與學之尚而必爲是勤勤也哉？顧人之恒情，非有所憑藉，勸勵則不能以自立。今學與祀著，其毋諉於宫室之弗修，器數之未備也。

浩，字宗盛，河南淅州[1]人。成化乙酉貢士。其爲政，大抵務實而近淳。適以考績上京，一再見予，並徵諸所聞者如此。

便商橋記

【題解】碑已散佚。文載鞏建豐乾隆《伏羌縣志》卷11《藝文志》。曹思義撰。

曹思義，清江南無錫（今江蘇無錫市）人。進士。康熙五十一年（1712）任伏羌縣令。

永寧，我伏邑一巨鎮也。南山峙於左，北山拱於右，沿北山東下，渭河環流，水淖而土肥，林木蓊鬱，嘉禾秀發，煙火數於家，四方行旅商賈雜遝輻輳，附近村落駢趨入市，闤闠喧囂，邑城遠不逮，蓋由來舊矣。

余自壬辰[2]秋蒞茲土，編保甲，勸種植，及赴郡城省會，固不時至云。乙未夏，王師西指，余即於是臈調赴軍前，信宿於此，士民執爵祖道。明年丙申，余出塞挽運，沙漠萬里無煙，人跡罕到，每偃僕，毳幙風雨，長夜蕭條，寂寞中回念我永寧風景，宛然在目，未能一日去諸懷也。又明年丁酉夏六月，余自酒泉改調赴湟。又明年戊戌夏五月廿一日寅刻，余在湟，方披衣坐，臥床戛戛動，亟起即止。越五日，大總戎使者從都下歸，經伏，以永寧山壓告余。余震恐，猶疑南山之逼而僕也。比假旋，南山故無恙，土自北山飛來，相距二十餘里，奔騰冲湧，越渭河直達南山下，其時目不及瞬，而永寧全鎮及數十村落，四野沃壤，數萬生靈具消，歸無有矣[3]。余嘗疑桑田滄海之説，未足深信，即有之，亦非人所能見。庸詎知一人之身，

---

[1] 淅州：河南古今無淅州，此當爲“淅川”之誤。

[2] 壬辰：清康熙五十一年（1712）。

[3] 葉芝乾隆《伏羌縣志》卷14《祥異志》載：“（康熙）五十七年五月二十一日，地大震，北山南移，覆壓永寧全鎮、禮辛少半，西北村莊無有存者，傷三萬餘口。”

一邑之中不出三四年，昔之所見，若彼今之所見，若此一寤寐間，皆成夢幻。

嗚呼！天下事豈猶有可據以爲常者耶。雖然，無常者，天道也；有常者，人事也。論天道則有不測之變遷，論人事則有必盡之補救，畝而陵矣，村而墟矣。死者不復生，九原不可作矣，孑遺殘黎，嗷嗷中野。蒙皇仁浩蕩，蠲賑並行，憫其孤苦，予以生全，此誠救災恤患之曠典，非煦煦小惠之所可同日語也。

至若四達通衢，跬步間高下輒數丈，雪雨泥濘，僵僕不能行，其新疏水道數築橋，土虛不能載，輒圮壞，行人咸苦之。余曰："是有司之責也。"因捐資，募里人治道。其有墳而凸者，有墜而凹者，悉平之。更建一大橋，壘石其下，上以巨木覆之，以期永久。橋成，顏之曰"便商"。並敘其由，望後之同志者勤修而葺補之，亦以誌斯土之被災特異，而除道成梁之不無小補云爾。是爲記。

邑令馬公六渠告成記

【題解】碑已散佚。文載鞏建豐乾隆《伏羌縣志》卷 11《藝文志》。鞏建豐撰。觀碑文行文，完全是"邑令馬公"口吻，可斷定此文是鞏建豐應邀代筆"邑令馬公"之作。"邑令馬公"即伏羌縣令馬世熺，奉天正白旗人，監生，雍正十一年至乾隆四年（1733 ~ 1739）任伏羌縣令。

鞏建豐（1673 ~ 1748）字子文，號渭川，又號介亭、朱圉山人。清伏羌縣人。康熙五十二年（1713）進士。曾任翰林院侍講，云南學政等職。著有《朱圉山人集》《伏羌縣志》等。

古，地官治野，遂溝洫澮之法，後世不講久矣。司牧者端在相天時，度地勢，因自然美利，悉心以圖之。庶人力克勤，水旱可調，生民有備而無患。

余於癸丑夏恭膺簡命，來蒞伏邑，歷有五載矣。境以内土田之腴磽，風俗之奢儉，民性之强悍柔馴，業已察之稔矣。公餘暇時，循行郊野，則見環輿疊山，而中川一帶渭水經注，凡原隙可耕之處，引水澆灌，故"隴坻春耕""渠流清玉"之謡載在縣志八景中。前令爲一方保障，其周以悉如此。

今歲丁巳[1]，自夏仲訖於秋初，彌月不雨，春禾薄收，秋苗立枯。余念承乏茲土，肩荷重擔，民命在穀，穀命繫雨，雖痛自譴責，齋壇虔禱，懼其於民無濟也。因不憚炎暑之苦，躬親踏勘，董率好義鄉人於通濟、廣濟二渠前曾疏浚者，廣一尋，深如之，俾寬以容水；於陸田一渠舊址久湮者，加力决排式闢，以豁俾流行，無閼於分波中渠；新開恒澤三渠。壅者通之，隘者擴之，俾沿村四達而後已。當是時，興作量地開浚，捐資給夫，則力勞而無怨，按畝疏溉，則惠溥而適均。道經四十里以外，灌田五千畝有奇，苗之枯者勃然起色。

不浹月而六渠功竣，爰進伏邑耆老而告之曰："爾民生長下里，何幸而沐盛世之休養耶。"今聖天子御極於上，蠲租減賦；賢大憲分猷於下，政洽風清，固宜家頌而户祝矣。日者亢陽咨警，雨澤愆期，嗟我憚人，猶得耕食鑿飲，拾秉斂穗而不至於重困者，係誰之力？良由大憲，廉明仁恕，仰體皇上如天好生之心，勤恤民隱，振興水利，盡人間天之功也。余不敏，材乏作霖，可藉是告無罪於羣百姓云。夫宣上德意，勒諸貞珸，垂示永遠者。有司之職也，遂倩朱山一片石，而敘之以言。謹記。

何公築隄記

【題解】碑已散佚。文載鞏建豐乾隆《伏羌縣志》卷11《藝文志》。鞏建豐撰。

國家建都設邑，畫井分疆，自城池關梁溝塗，以暨山林陂塘之利，皆有經理之政，故長治。

伏，古冀城地，筆峰南峙，渭水北縈，加以生殖蕃庶，闤闠充斥，居斯土者，出作入息，耕食鑿飲，抑何幸也。距城之西南三里許，两山夾澗，水自南流注谷口，一曰上沙溝，一曰下沙溝。每歲當冬春月，水性沖融，土人猶利灌溉，未苦厥害。獨至炎火司令，暑雨大作，水勢自高瀉下，奔騰洶湧，淹田溺屋，其患不小。下溝逼近城郭，更爲險岌，昔人築隄以防，

[1] 丁巳：清乾隆二年（1737）。

蓋慮之詳矣。前勝國時，年遠事湮，姑不復考。本朝定鼎以來，百廢興舉，維隄之功，一修於孔君聞政[1]，再修於汪君文煜[2]，蓋軫念民瘼，爲一方保障。如此乃後人狃安，因循目擊，卑者薄者，傾且圮者，不復過而問焉。以故長隄一潰，横水肆出，淹傷民命，遂至百有餘人，附國之田園廬舍墊溺大半，哀我蒸民，何不幸而罹此！時在雍正八年夏六月也[3]。當是時，鳩衆興工，補塞决口，狂瀾暫迴，保固尚缺。不有賢司牧相度經營，增卑培薄，以圖堅厚，疇爲彈丸之區作萬年永奠之基者？

歲在壬子夏四月，邑侯何君[4]來尹兹土。蒞任伊始，他務未遑，即下令父老，力捐清俸，以築隄爲孔亟。於是持畚荷鍤，千夫踴躍，伐山斸石，百工歡騰，不浹旬而告成。是役也，乘農之隙，盡人之力，度地之勢，培隄之固，屹然而峻，高於邱陵，淵然以深，馴流不驚。田者恒於斯，井者恒於斯，安居服業，各保平康，公可謂勤恤民隱矣。

夫善始者圖其終，利薄者不市名。在公職司牧民，方將恤刑平政，輕徭寬賦，課農桑，興學校，大有造於伏人者，正未有艾，寧第一隄之竣張賢侯之功？而維邑士庶中心藏之。勒諸貞珸，以誌甘棠勿剪之意云爾。吾不知後之官斯土者，其亦鑒公之衷，爲此隄計經久，爲吾民幸樂利而不以因循隳廢否也。於是乎記。

朱圉書院記

【題解】碑已散佚。文載葉芝《伏羌縣志》卷13《藝文志》。李璨撰。李璨，字玉峰，伏羌縣人。乾隆十八年貢生。

邑侯周公[5]蒞治三年，政通人和，百廢俱舉，而興學育才，尤孜孜整飭不少懈。以故課藝之日，魚貫四至，百有餘人，公環顧色喜曰："此皆

[1] 孔聞政：清山東宜陽人，順治十七年（1660）任伏羌知縣。

[2] 汪文煜：滿洲鑲黄旗人，康熙二十五年（1686）任伏羌知縣。

[3] 葉芝乾隆《伏羌縣志》卷14《祥異志》："雍正八年六月初十夜，沙溝水决隄，淹西北東三關，溺死六十餘人。"

[4] 邑侯何君：即伏羌知縣何本。何，清浙江錢塘人，雍正十年（1732）任伏羌知縣。

[5] 邑侯周公：即伏羌知縣周銑。周，清四川涪州人，乾隆三十二年至三十五年（1767 ~ 1770）任伏羌知縣。

昔賢侯之大有造於乃邑也。”囑瑔記之。

按：邑有書院，始於乾隆十八年。山陰徐公[1]購基於前，春江高公[2]築室於後，而鄧、殷[3]諸公皆捐廉俸益膏火。址在城西半里許，面天門，負渭水，左卦臺，右朱圍。講堂寬朗，奎閣峥嶸，南北百步，東西如之。蒔桃李，植百卉，清渠活水，緑窗生意。每朔望後一日，生童雲集，命題校試，此二十年來之成規。昔賢侯固幾費經營，而今則蒸蒸日上，倍盛疇曩，尤足徵我公作人之方，有以宏揚前烈也。

夫學校者，政治之源，而德行者，文學之本也。古者治之善否，視其學之興廢；而學之興廢，視其德之盛衰。我公慈祥愷悌，洽乎民心。而培養士林，於晤對之頃，必進諸生童，而誨以躬行孝弟之道，出處守爲之方。其責望期許於邑人士者甚大而詳，而邑人士亦樂從薰德，不覺信從之日衆。此固昔賢侯之夙志而迄今未竟願者，今有我公之善繼於後，則感激愜心之人又豈第闔邑人士而已哉！瑔記而樂之，因並及焉。

伏羌城西大隄記

【題解】碑已散佚。文録自王權《笠雲山房詩文集》，蘭州大學出版社，1990年，第194～195頁。王權撰。

縣境南山諸水皆北流注渭，每夏秋暴漲，澗谷演溢，村舍田畝往往淪入泥潦，而城西二里之谷口水爲害尤巨，土人所謂大沙溝也。其谷介大像、石鼓二山間，有水發源南巖下，北行二十里乃出峽。平時淺狹可跨，然山峻溪深，衆壑奔湊，涷雨一發，巨浪掀天蹴地，駸駸逼城，舊沿谷築隄以捍之。

咸豐中，邑侯段公[4]起夫重修，民爲豎碑其上，題曰“段公隄”。同治初，回族構亂，戎馬蹂躪，阡陌荒梗，是隄亦半圮焉。七年閏四月，山水大至，

[1] 山陰徐公：即伏羌知縣徐浩。徐，清浙江山陰（今浙江紹興市）人。乾隆七年（1742）進士。乾隆十六年任伏羌知縣，官至湖北布政使。

[2] 春江高公：即伏羌知縣高華。高，浙江富陽人。乾隆十八年任伏羌知縣。

[3] 鄧、殷：指伏羌知縣鄧必安、殷兆燕。鄧，江西南豐人，乾隆二十七年任伏羌知縣；殷，江蘇江陰人，乾隆二十九年任伏羌知縣。

[4] 邑侯段公：即伏羌知縣段佩蘭。段，山西太谷人，咸豐七年（1857）任伏羌知縣。

潰隄東出，距城垣才數弓，壞民田墳墓無算。署縣事楚南左公[1]惻焉憫之。當戎務倥傯中，籌款鳩工，刻期興築，公餘親往督促，雖甚風疾雨勿憚。閲八月而隄成，增庳培薄，巋然隆起。凡爲隄長八百五十數丈，高三丈，基廣二丈，上廣一丈[2]。用民之力以日計者一萬有奇，用錢踰三千緡。董事監築者，黄生庭宇以下若干人。

夫隄防溝渠，王政所先，興利祛害，莫此爲大。然時事方棘，羽檄交迫，長令殫精敝神，惴惴奉軍令恐後，尚暇率作興事，爲萬姓畫長久之計乎？於以見左公圖政愛民，不以艱難自沮，而在事諸君子，肩巨習勤，皆可垂示來世也。後之司牧茲土者，時非擾攘，境無烽煙，其於扶傾補墜，踵事修葺之方，當更何如加意哉！

蔣茂才捐建義學記

【題解】碑已散佚。文録自王權《笠雲山房詩文集》，蘭州大學出版社，1990 年，第 195 ~ 196 頁。王權撰。

唐宋以來，州縣各立學，後又益之以書院，佐之以義學，文教於焉大備。然書院所教，皆垂成之材，若乃啟迪童蒙，培壅根柢，則義學之功爲尤巨。

伏羌在鞏郡諸縣中，人文稱盛[3]，而義學僅東西二所。西義學本回民地，同治初回族亂後，土人以其地爲談公祠，義學遂廢其一。是時烽火未息，弦誦瀕絶，縉紳之士蒿目長歎。有卓行君子蔣藹雲茂才者，顧而傷之，奮然捐其書齋一區，面南屋三間，東西屋各二間，具文呈官，作爲義學。且罄其蓄積，得錢一百緡，爲義學延師之費。蔣君家非素封，亂後生計益寥落，晨昏兩炊幾不自供，時已捨其世業地三十七垧五分入學宫矣，乃又傾囊倒篋以成此舉，同輩交口諫沮，卒不聽。邑令楚南左公[4]義而許之，命豎碑記事，

[1] 楚南左公：即伏羌知縣左秉忠，清安徽桐城人，同治七年（1868）任伏羌知縣。

[2] 大沙溝河隄完工後，因是由左秉忠主持完成，於是題碑“左公隄”，尚存。此碑高 125 釐米，寬 68 釐米。碑面大書“左公隄”，上款“署伏羌縣事左公大老爺德政”，下款“大清同治七年八月吉日”。

[3] 鞏郡，即鞏昌府。清代，伏羌屬鞏昌府轄。伏羌在清代科甲鼎盛，有進士 20 人（其中武進士 6 人），舉人 116 人（其中武舉人 55 人），貢生 231 人。

[4] 邑令楚南左公：即伏羌縣知縣左秉忠。

以告後人。

夫施捨之難也，富者且不能破慳，貧者顧輕財若是，況復施當其可，惓惓於弼教興學。視世之鳩資斂財，營佛室神宇，以祈不可知之福者，相去何如也？

蔣君名士祥，藹雲其字。嗜古遺榮，言動遲重。父芝山公嘗暴疾，密禱於天，祈以身代，血流赭額。居喪遵古禮，葬後音啞聲嘶，羸不能行。母某氏，寡居銜悲，君爲作小兒嬉戲狀，且演説稗史諧譚以娛之。昆季析産，推腴田予二弟，自取瘠薄者。與朋友處重義氣，拋財物如秕糠。所善副貢董子厚，醫官駱恒裕，負君錢二百緡，二人疾篤，君出借券泣付其子。其素行率類此。今之捨地捐宅，蓋夙志也，然猶自視欿然，以家資中落，未能廣施爲大憾。嗚呼，鮮矣！

第四節　墓碑墓誌

誥授朝議大夫日講官起居注翰林院侍讀學士
提督雲南學政加二級介亭鞏公墓誌銘

【題解】墓誌鑲嵌甘谷縣六峰鄉鞏建豐紀念館墻壁。高 56 釐米，寬 120 釐米。李因培撰文，曲□書丹。漢白玉質地，橫長方形，碑面後半部多有殘損。乾隆十九年刻本鞏建豐《朱圉山人集》附録此誌文，個別字句和刊刻墓誌略有不同，兹以刊刻墓誌爲准對照著録之。

資政大夫内閣學士兼禮部侍郎提督山東通省學政兼二級古滇南受業李因培[1]□□□拜□文，授業門人曲□書丹。

先生諱建豐，字子文，號介亭，贈朝議大夫日講官起居注翰林院侍讀學士諱維楨公之子，贈文林郎日講官起居注翰林院檢討諱國勢公之孫[2]。

[1] 李因培（1717 ~ 1767）：字其材，號鶴峰，清雲南晉寧人。乾隆十年（1745）進士。其後任山東學政、江蘇學政、浙江學政、禮部侍郎、湖北巡撫等職。著有《鶴峰集》。

[2] 鞏建豐之父鞏維楨及祖父鞏國勢之名銜皆是因爲鞏建豐翰林院爲官而封贈，鞏建豐乾隆《伏羌縣志》卷 7《選舉志》之“封贈”有傳。今甘谷六峰鄉鞏建豐紀念館存鞏維楨墓碑，署立碑年份爲

其高太公諱龍光[1]，則山東兖州府通判也。先是，鞏氏世居江南金壇縣[2]，公十四代祖諱玉世公知浙江金華府，子軏以府司馬官河西，遂家伏邑[3]。家世業儒，篤禮讓，或著勳民社，或衍道生徒。

先生承遺澤，以癸巳舉於鄉，連捷南宫[4]，欽點翰林院庶吉士。散館，授檢討，旋充國史館纂修官。歲癸卯，世宗憲皇帝改元[5]，充日講官、起居注，鄉會試四膺同考。甲辰，欽點四川正主考。復命，上命講《大學》一章，以明新至善啟沃宸衷，上動容聽之，賜物數種。丙午秋，上以重陽節集諸王、大臣暨翰林諸官，賜宴乾清宫，仿柏梁體詩，先生以"佳時雲日焕軒楹"之句恭呈御覽，上爲之色霽。冬十月，點順天武闈副主考。上一日御語侍列諸臣，曰："鞏某持重老成，爾等講官皆當效法。"旋升詹事府右春坊右中允兼翰林院編修，欽點雲南通省學政。請訓日，上諭以激濁揚清、維風正俗，並賜筆墨各一匣。丁未二月，視滇南試。在滇日，上復賜經史詩序等物。先生前後上疏數摺，上悉嘉納舉行，且硃批云："爾人品端方，朕信得爾及陛侍講。"庚戌春，復命於朝，升授翰林院侍讀學士。夏五月，殿試讀卷官。壬子夏四月，請假歸里後，以官徵不復出。

配胡恭人，舉男子三。長敬緝，癸卯舉於鄉，早世，妻蒲以烈殉，奉旨旌異[6]。次敬緒，由丙午副車戊午[7]亦舉於鄉，現任知林邑，以才能調任開封之封邱。次敬授，太學生，出承建周公嗣。女一，適邑庠姚生。孫男二，嗣昌，敬緒出；嗣溥敬授出。孫女七，二俱適名族，五未字。

"雍正壬子"即雍正十年（1732）。

[1] 鞏龍光：歲貢生。鞏建豐紀念館存其墓碑，爲其子鞏國勢所立，書"明萬曆兖州通判顯考鞏公諱龍光之墓"，不署立碑時間。

[2] 江南金壇縣：即今江蘇金壇縣。

[3] 伏邑：即指伏羌縣（今甘谷縣）。

[4] 鞏建豐癸巳即清康熙五十二年（1713）中舉，同年"連捷"中進士。

[5] 本年爲清雍正元年（1723）。以下記述鞏建豐仕宦經歷的年份"甲辰""丙午""丁未""壬子"分别爲雍正二年、雍正四年、雍正五年、雍正十年。

[6] 鞏敬緝：雍正元年中舉，雍正四年卒。鞏卒後之第二年其妻蒲氏投樓自盡，乾隆二年"詔建坊旌其門"，其事鞏建豐乾隆《伏羌縣誌》卷10《列女志》有詳載。

[7] 戊午：清乾隆三年（1738）。

培以先生門下士，承天子命視學山左[1]。今年夏，封邱公[2]以先生之訃聞，且徵培爲先生銘。始知先生以乾隆十三年十月朔六日薨，享年七十有五。培因哭之曰，培可足以銘先生。憶先生試滇日，培歲始十二齡，來應學政試，先生一見雅愛之。培始名天培，先生爲易今名。俾入頖，且資之膏火，使邑廣文朝夕督其業。培之有今日，皆先生賜也。培痛不能走位哭，西向望雲，泣數行下，哽咽不能言。培又何足以銘先生。

雖然，以先生之匪懈在夙夜，文筆在國史，米蘖清鑑在蜀滇人士之心，儀型丰度在水天，後輩想瞻慕勞在館閣，老成□澤恩愛在其鄉之士類英賢與閭黨姻亞也。輒跡所至，人皆爭樂道之。當先生之在翰林院也，凡往來宴□□□，同輩或讙呼笑謔，聞先生至，皆肅容斂手曰："鞏先生來矣。"其生平爲人敬憚率如此。先生生而有文在手，性端穎，七歲能詩，未十歲即能文，立志以賢聖爲期，不好二氏學[3]。每歲常書春貼云："經綸事業思文正，澹泊胸襟仰武鄉。"斯亦足以知先生之大幾矣。其試滇也，爲條教，明約束，凡整飭士習，培養人材，固不遺餘力，內外數主文柄，所取盡知名士，所交皆本朝正人。居林下二十餘年，未嘗以尺書通朝士，而於故舊敬篤終始，每神往焉。其處家，於孝弟之義尤謹，族之貧者贍之，士之寒而才者助之、訓之。在朝在野，人靡不遵爲儀範，奉爲師表。吊客過其廬，有深痛之若父母者。

其所著書，有《不自棄文》《蜀滇採風集》《日省録》《就正編》《鞏氏家範》《歸田集》《主一軒小草》並《清吟》《静虛》《南北覽勝》諸集[4]藏於家，《伏邑志》[5]十二卷行於世。

封邱公書言，以今乾隆十四年十有二月廿三日丁酉，將葬先生於伏羌縣城西旗鼓山後先塋之次。因培西望長號，敬爲之銘。銘曰：

---

[1] 李因培撰墓志時在山东学政任上。

[2] 封邱公：即鞏敬緒，因其當時在河南封邱縣（今封丘縣）任上，故撰文者李因培尊稱爲"封邱公"。

[3] 二氏學：指道、佛二家之學。

[4] 鞏建豐乾隆《伏羌縣志》卷7《選舉志》，鞏之著作除墓誌列舉者之外，尚有《静齋集》《清吟集》。乾隆十九年（1754）巩之著述结集为《朱圉山人集》12卷出版，李因培作序，今存。

[5]《伏邑志》：即《伏羌縣志》，此志乾隆十三年（1748）鞏建豐去世之年完稿，次年刻板面世。

維華維河，井鬼之域，篤先大賢，懋修厥德。王臣蹇蹇，聖學不息，嗟我士類，遠不可即。以安以飭，精魄翼翼，以貽以謀，孫子是式。嗚呼！先生天挺，人特□□，人之□而，百世維則。

孤子鞏敬緒泣血稽顙、期服孫嗣昌，降服子鞏敬綬稽顙、功服孫嗣溥稽首仝勒石。

心如先生墓誌銘

【題解】文録自王權《笠雲山房詩文集·附録》，蘭州大學出版社，1990年，第339～342頁。清進士張世英撰。

張世英（1843～1915），字育生，清秦州人。在陝西爲官28年，和王權相識相知。

昔安定胡先生[1]，學者稱“先生”，不問而知爲胡公。肥鄉欣戀駿明，童稚則疑爲古人。關隴人士之於心如先生也，殆無異此。

先生之歿也，世英假牧邠州，子念誠以所爲行狀隨訃至，以世英親炙久，屬銘先生之墓。竊以爲先生德業文章，自足千古，今誌壙以俗筆爲之，衣衾適以穢屍，棺槨適以隔真耳。時先生猶子士斌方幕邠，不爲可，乃和淚而質言，曰：

先生姓王氏，諱權，字心如，號笠雲，甘肅伏羌縣人。世有令德。父中憲公，以大挑教諭殉難平凉，事在國史。配原恭人，生先生，暨乙亥舉人、徽縣教諭樹。先生少小爲文，輒驚人，稿脱手，師罕能點竄。成童，即善事父母伯叔。邑獲白雉，先生作《記》悲之，文載《縣志》。十六應童試，爲古浪令懷寧陳雪爐[2]先生所欣賞，旋入庠食餼，招至署中肄業。陳海内巨儒，精漢學，先生乃學陳所學，不屑屬於舉子文，力務暗修，一祛近世講學家虚驕之弊。陳後去官，貽先生及武威李雲章詩，有“肝膽真吾徒，文學亦高第。百代有良史，獨行子當置”語，其傾倒至矣！道光甲辰恩科

[1] 安定胡先生：即北宋著名理學家、教育家胡瑗（993～1059）。胡，字翼之，北宋泰州如皋人。原籍陝西安定。終生從事教育，門生弟子滿天下。因其原籍爲陝西安定，故人尊稱其爲“安定先生”。其在如皋和湖州的藏書講學處名安定書院。

[2] 陳雪爐：陳世熔之字。

舉於鄉，十三藝進呈御覽。三試春官，皆特薦，垂得復失。自此絶意進取。

咸豐八年，選授文縣教諭，日集諸生，誨以窮經植品，文風蔚然。文之民雜有蕃部。辛酉猝變，執邑令，代者選壯士攜書入巢下之，蕃酋折箭誓曰："誠得漢人有行義者來，約可定也。"先生慨率生員蕭繼先，遍踰三十餘寨，蕃族爲之感泣。凡再往撫，邑用無事。大府擬保升知縣，先生不可，乃改獎鹽提舉銜。

同治元年，回匪變。二年秋，平凉城陷，中憲公四口盡節[1]。先生冒危奔赴，徒跣入城，得人骨，輒割臂滴血以驗，卒弗獲，乃抱衣招魂以歸。既葬，誓翦賊以報。適林遠村方伯督軍甘南，招入幕。踰年，河回東撲寧遠，勢甚棘。先生請速發兵往救，林公韙之，而不即用，先生憤怒，條陳利害，訖引疾辭去。林乃調集黔勇，扼要駐防，寧賴以存。旋應制軍穆公之聘，隨以中憲公事跡入奏，而京外大府繼之，得旨，贈國子監助教，准建專祠，宣付史館，世襲如例。先生墨絰從戎，然不飲酒食肉，不御内者三年。逢忌日，則爲位號泣。歷保花翎、陝西補用知縣、直隸州知州升用。先生茹悲就職，非易初心，爲建祠需費計也。

初署延長縣事，縣爲陝之瘠區，又值兵荒蹂躪之後，先生不延幕友，諸從節儉，舊有朘削之政，革除務盡。招徠開墾，分給牛種，設粥廠十餘處，散棉衣數百領，元氣賴以全復。封狼爲患，爲文禱於城隍，立止。旋補興平縣。下車，先訪兵燹後之抗節殉難者，建坊旌表於通衢，邑鮮素封，士子鄉會試苦乏資斧，先生爲捐千金，取用子錢以佽之。又手續邑志，增修文星樓，費皆己出。興當衝途，供億浩繁，往往拉一馬，必至擾及四鄉，徒飽蠹胥之詐索，而差仍不支。先生撙節浮費，買馬五十匹，並錢三十緡，給附郭民，畜而用之。有役，仍給草料費。又裁去里局月供縣廚，並兵吏過境酒食錢壹百柒拾緡。供給之膳夫僕役，必擇勤且忠者理之。每差省民錢，復以百十至千緡計。他如驛馬退换，規費百緡，催科總役局給百二十緡。凡稍近誅求者悉罷之，不他恤也。光緒三年，陝西洊饑，先生力請上

[1] 中憲公：指王權之父王汝揆。清同治二年（1863），回民反清軍攻破平凉府城，時任教諭的王汝揆一家四口自盡殉難。《清史稿》有傳。

臺糴穀賑救，又捐廉爲粥，躬親散給，興之民賴以全活。七年，歲仍大歉，興平報禾收分數最少。當道意諱災，諭郡守致書改册，先生執不肯。嗣檄各屬，續捐義穀，先生又獨據理以争。民卒得免捐緩徵，而先生則解印矣。去之日，士民赴省泣留，故未幾仍回任。遂强免沿渭崩地空糧，裁耗羨餘平每两一錢，省火耗串票布袋等費每两七分。兵書經收屯更銀項，向有以合爲升之弊，並勒石禁絶，均前任所未有也。理訟，則剛明廉峻，振惰梠姦，不爲媕婀噢咻之惠，奇譎之跡。意有所不可，達官要人莫能奪，雖蹈危害勿憚。訟棍尤痛懲之。駐藏大臣某過境，其僕需索横恣，先生予以重杖。後量移富平，爲治略如在興平者。歲凶，請於上臺，爲減地丁之半。居年餘，以中憲公建祠事，假詞告歸，三而許之，時興、富士民，以前者嚴拒德頌，將製錦纂次歷任政績，借郊亭餞别以行其敬。先生聞，仍寓書拒之，略謂“凡人處施受之際，厚則相忘，薄則相耀。今欲榮我以標榜之文，是挈而下之，使與姑息以媚民，黠術以愚民者同列也”云云。

歸田後，分廉奉以周貧乏戚友。本族則量親疏遠近爲之分致，諸弟姪至今猶各有津貼。其捐金資士，一如助興之數。丁酉春，擇地莊西，建中憲公專祠。戊子，落成。己丑，與秦州任士言先生分修《秦州新志》，踰年告成，視舊明備。先生未仕時，嘗主講文昌、天水、正興、興文四書院。乙亥、壬午，分校陝闈，得人稱盛。前後會垣再延主講席，並屬以《平西紀略》《忠義録》稿，義有不可，皆堅詞謝之。平居，自春秋祭日詣先祠，不輕與人往來，亦不與聞地方公事，然有所裨益，亦必籌畫贊襄以成之。去年甲辰，重宴鹿鳴，得旨，賞四品銜。其秋，興平人士爲建生祠於槐巷。重宴之先，邑人欲藉以祝嘏，力拒之，曰：“生日宜痛誦《蓼莪》，又何慶焉？矧我於父母之喪，初未從志耶？”庚子之變，談及時事，聲淚俱下，精神亦因之驟減。其忠孝，蓋天性然也。

先生學優而仕，仕歸復學，楗户發藏篋，捨詩、古文，鑽研考據。嚴冬盛暑，往往移晷，廢餐忘寢，日有課程。八十後嬰腿疾，然目光炯炯，燈下能閲蠅頭小字書。屬纊之前，丹鉛猶不去手。著書多種，皆前人所未有，後人所必需者。曰《輿地辨同》，曰《辨同録》，曰《典昉》，曰《詁

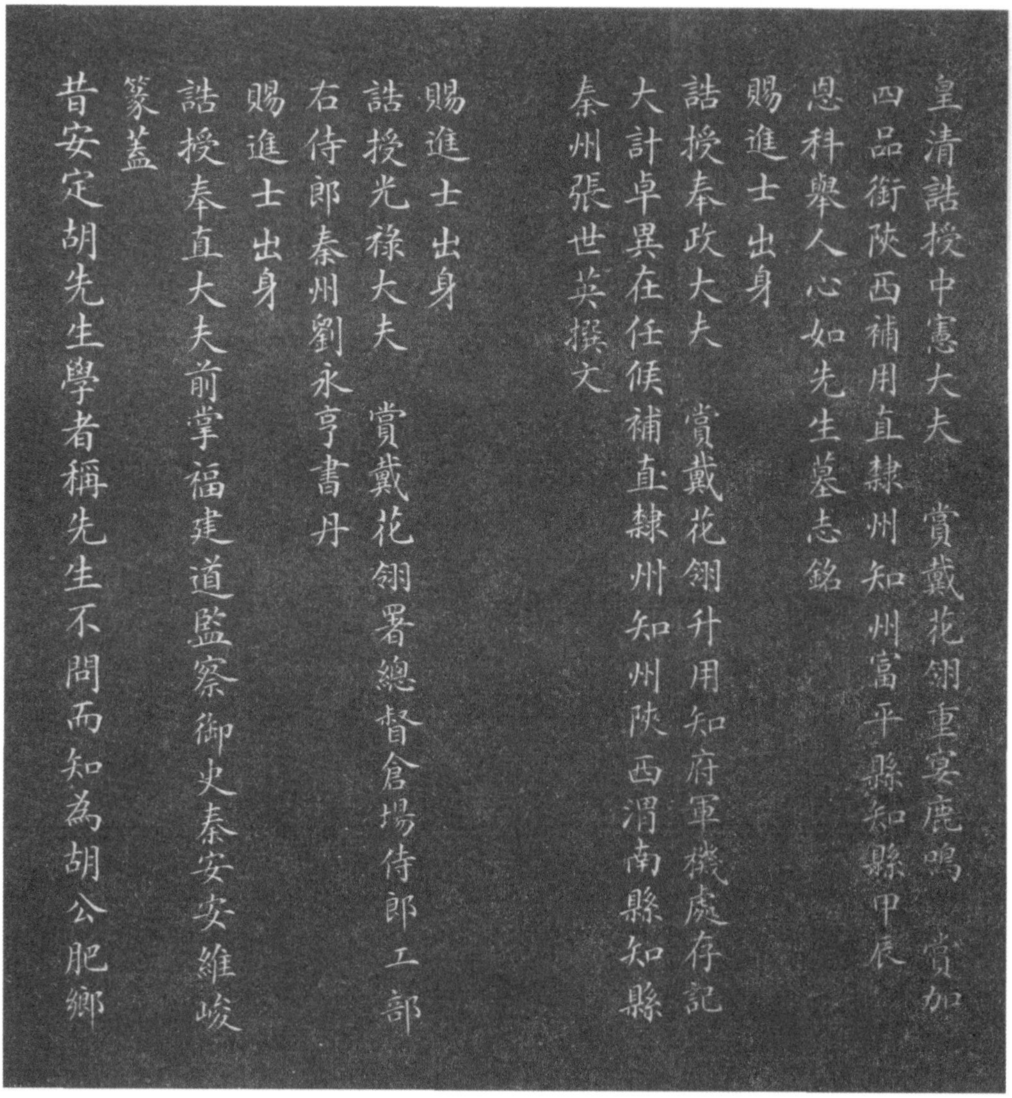

皇清誥授中憲大夫 賞戴花翎重宴鹿鳴 賞加
四品銜陝西補用直隸州知州富平縣知縣甲辰
恩科舉人心如先生墓志銘
賜進士出身
誥授奉政大夫 賞戴花翎升用知府軍機處存記
大計卓異在任候補直隸州知州陝西渭南縣知縣
秦州張世英撰文
賜進士出身
誥授光祿大夫 賞戴花翎署總督倉場侍郎工部
右侍郎秦州劉永亨書丹
賜進士出身
誥授奉直大夫前掌福建道監察御史秦安安維峻
篆蓋
昔安定胡先生學者稱先生不問而知為胡公肥鄉

圖 6-2 心如先生墓誌銘拓片（局部）

剩》，曰《童雅》，皆考據訓詁類也。其中年時文暨應酬之作，遠近抄傳，久奉爲法，然多不存稿。其存焉，而黴壞於久雨者兩篋。今剩有《笠雲山房制義抄》《笠雲山房詩集》《笠雲山房古文集》若干卷，皆可梓不梓。於此見先生之所持者大矣。

體極癯，神氣清迥不凡。淡泊明志，生平無飲食、衣服、輿馬、珠玉、鼎彝之好。遺命，棺衾毋許豐美。至濟人赴義，則傾囊不惜。喜成人之美，而不矜不伐，故人之所感者深。投老後，厭與人接，顧見後進，則娓娓終日不倦。雖極尋常淺近語，皆含六籍深藴。詞貌和而肅，衣冠動作，學道之氣儼然，人望而畏之，直道率真，不立崖岸。著書一室，屹乎繫關隴名教之大防。

没之日，遠近吊者，鮮不歎息失聲，若舉失其所恃者然。吁！不易易也！生於道光二年十月壬寅，卒于光緒三十一年六月癸丑，春秋八十有四。原配原恭人，早卒，無出。繼配汪恭人。側室高氏。子四：長念祖；次念詒，光緒乙酉拔貢，戊子舉人。均先没。汪恭人出。又次念諴，優廪生；念謂，攻讀。高氏出。女九：長，適寧遠附生令耀堂，卒；次，早卒；三，適耀堂弟晉堂；四，殉難平凉，汪恭人出；五，適邑黄氏庠生義昭；六，字義昭弟庠生義山，與七皆先没；八，續適義山；九，適邑庠生黄兆熙，皆高氏出。孫一：紹慤，業讀。孫女一，曾孫一，均幼。以光緒三十二年七月十三日，葬於西山卯向之新阡。銘曰：

不實秋而華春兮，恐賊吾仁。惟根柢於忠孝兮，合内外而一純。許、鄭、杜、韓裒一手兮，更有僑惠以養民。出與處兩無怍兮，何怨尤乎天人。仰哲人而忽萎兮，遺不朽於貞瑨。

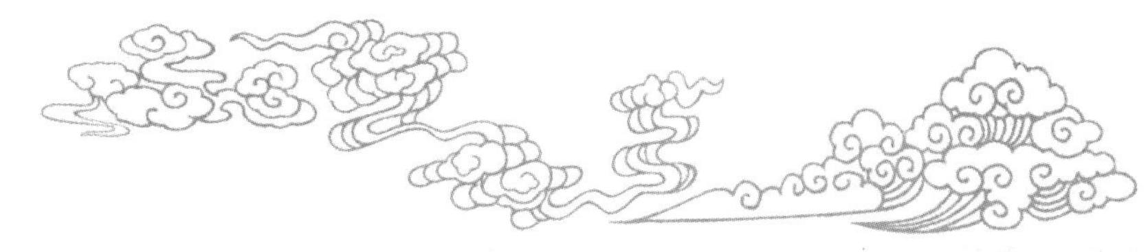

第七章　武山縣金石

第一節　水簾洞石窟碑刻

拉梢寺摩崖

【題解】銘記陰刻於武山縣城東北水簾洞石窟之拉梢寺崖壁大佛北面菩薩身旁，距地面 2.5 米。魏碑體，豎向，12 行。北周明皇帝三年（559）刻製。保存基本完好。此摩崖涉及北周重臣尉遲迥，對研究北周史事和佛事很是重要，相關考釋文章有楊森《跋甘肅武山拉梢寺北周造大佛發願文石刻碑》（《敦煌學輯刊》2005 年第 2 期）、杜斗成《尉遲迥與拉梢寺大佛》（《絲綢之路》2009 年第 10 期）。楊皓《武山水簾洞石窟拉梢寺摩崖題記摭談》（《天水師範學院學報》2011 年第 3 期）等。

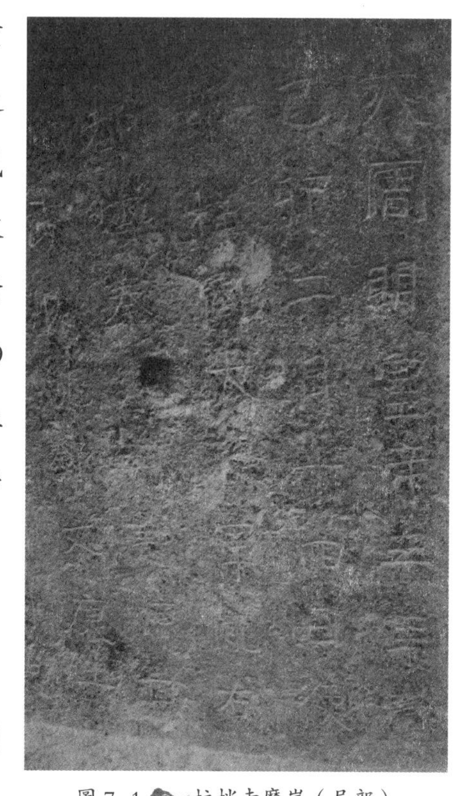

圖 7-1　拉梢寺摩崖（局部）

維大周明皇帝三年歲次己卯，二月十四日，使持節柱國大將軍隴右大都督，秦渭河都凉甘瓜成武岷洮鄧文康十四州諸軍事、秦州刺史、蜀國公尉遲迴[1]與比丘釋道減，於渭州仙崖敬造釋迦牟尼佛一軀。願天下和平，四海安樂，家國與天地久長，國祚與日月俱永。

創建五公菩薩樓記

【題解】碑原在水簾洞石窟，民國三十四年（1945）立石。已散佚。文存陳青選《逸鶴鳴秋集》。陳青選撰。

陳青選（1864 ~ 1947），字萬青，武山縣洛門鎮大柳樹村人。光緒二十七年（1901）舉人。先後任榆中書院、隴西南安書院、寧遠正興書院山長，武山縣第三小學古文教師，武山縣教育會長等職。著有《逸鶴鳴秋集》。

《陰符經》云："天發殺機，蛟龍起陸；人發殺機，天地翻覆。"自世變愈奇，人心愈險，劫火亦因之而熾，直欲傷天地之和氣，盡中外之生靈。將來劫運，尤不可測。非神聖仙佛化身降世，不足以消浩劫而救生靈。幸有五尊菩薩降世化身，引金繩以開覺路，撐寶筏以渡迷津，寓婆心於寶篆之中，勞苦口於金經之内，呵護於冥冥，勸戒於昭昭，以除劫運而救黎元。尸而祝之，理亦宜；肸而蚃之，心始愜矣。

爰有李君某某某等，同志合謀，聚金庀財，擬創琳宫以答靈貺。而李君見義勇爲，好善尤篤，獨力肩艱，不辭勞瘁。卜吉於水簾洞[2]隙地，督工經營，削崖鑿石，酌盈補闕。創建岑樓，廣三間，高數丈，譬之白馬馱經，飛來靈鷲，黄金布地，讓獲祇園。樓中一龕，萃五聖之合相，两序繪羅漢之法身，俾登樓者仰慈容之和藹，瞻妙造之自然，向善心有不期然而油然生者。

是工也，蕆事於甲申[3]仲冬，告竣於乙酉首夏。爰記顛末，用答菩薩

[1] 尉遲迥（516 ~ 580），鮮卑族，北周重臣。《北史》《周書》有傳。據史料，在西魏、北周朝其主要仕宦經歷爲：西魏廢帝二年（553）秋任大都督、益潼等十二州諸軍事、益州刺史；恭帝元年（554）任大都督、益潼等十八州諸軍事，益州刺史；武成元年（559）十月爲秦州總管；建德四年（575）十月又二任益州總管；大成元年（579）任相州總管。至大象二年（580），反對楊堅篡權，兵敗自殺。

[2] 水簾洞：即水簾洞石窟，在武山縣城東北約 25 千米處的榆盤鄉鐘樓灣村魯班峽内。石窟始建於東晋十六國後秦時期，歷代均有增修和重建，現存拉梢寺、水簾洞、千佛洞、顯聖池四處古跡，總稱水簾洞石窟，2001 年被列爲全國重點文物保護單位。

[3] 甲申：民國三十三年（1944）。下句的"乙酉"爲民國三十四年。

之靈貺，且表諸君向義之精誠云爾。

至於檻外之山水清音，樓前之煙雲飄渺，與夫疏林古木之深邃，奇峰絶壑之幽曠，登樓一覽，各自得之，無庸贅記爾。

第二節　佛寺道觀祠廟碑刻

創建武廟暨書院碑記

【題解】碑已散佚。文存乾隆《寧遠縣志續略》卷8《藝文》。潘鷴撰。潘鷴，清寧遠人。貢生。乾隆二十六年任隴州儒學訓導。

國家慎簡循良作民牧也，養固重，教亦非輕。西漢初，蜀中人文鬱湮，自文翁振飭有矩，文學之盛，遂比於齊魯，此史册炳麟者也。寧邑僻處西陲，勝國科甲聯翩，宦跡接武。國朝定鼎以來，養士百餘年，文教覃敷，猶不免於固陋。數十年來，登賢書者不少概見，非得賢司牧以整齊之，疇爲士子培萬年之福哉！

惟我邑侯曉亭胡夫子[1]，以三楚名儒，簪纓華胄，學有淵源，弱冠舉於鄉。十有二年，恭膺簡命來甘，歷治數邑，咸以振興斯文爲己任，感德懷教，請益來斯者猶接踵無虚日。壬申[2]，蒞吾邑。下車伊始，周覽城垣，不勝風水淺薄、人文中落之虞，乃思有以培補之。既建魁星閣於東部，協春旺生木之象。又念關聖舊廟建於邑之坤山，火炎於上，坤地居下，於卦爲晉，昔人或取明出地上之義。然爻位初二爲地，三四爲人，六三之辭曰“衆允，悔亡”，九四之辭曰“鼫鼠貞厲”，三固不全美，四亦不大吉也。何如建於正南之上，下重離體，用皆宜乎。“彖”曰：“離，麗也。重明以麗乎正，乃化成天下。”夫天下化盛非文明之盛治哉？於是衆儀僉同，特捐清俸，改建以應其兆。鳩工庀材，揆方授略，自正殿西廡堂階户牖，

[1] 邑侯曉亭胡夫子：指寧遠縣知縣胡莫域。胡，清湖北荆門人。乾隆十七年至二十七年（1752 ~ 1762）任寧遠知縣，多有政績。乾隆《寧遠縣志續略》卷5《官師》有傳。

[2] 壬申：清乾隆十七年（1752）。

無不井井有條，巍然焕然。昭其制，軒如翥如，隆其模，黝之堊之，章其采，結構非復西土有也。諸生亦能善體公意，竭力襄事，神功聿竣書院斯舉。

院之址即附於廟西偏，葉金之精而列於北，水位也。金之德主義，水之德主智，義智合體，其爲時義大矣哉！夫人當泰岱之巔，則羣馬俯首；矚滄海之深，則望洋興咨。至於醜夷共處，習而相忘，誰其奮然起者？一旦有積學修行之士，擅雕龍繡虎之文，爲時之雋，爲國之楨，後生小子乃躡而追之，規而合之，綿綿延延，熏爲善俗，此非徒一時之福，而百世之澤也。

公之此舉，蓋將慎選名儒，廣列科條，迪吾邑之人士，使之前作而後承，悦安而强教，豈非振興斯文、大嘉惠於來學者哉？夫以我公仁心爲質，公餘之暇，無日不討諸生而訓之，提倡舉業之下，尤必訓以立身己之方。兹更培補風水，以鴻蒙之石田，倏成聖代之名勝，望氣者每流連而不能去。諸生果能體公之志，蹶然興起，如生意之萌而不可復遏。山下出泉，而沛乎莫御。自今以始，吾知其相與以有成也。猗歟我公！抑亦蜀之文翁，有開必先也。與是爲記。

創修三元宫碑記

【題解】碑立武山縣灘歌鄉萬花寺廟内。清嘉慶二十二年（1817）立石。高130釐米，寬80釐米。楊廷棟撰文並書丹。圓額，碑首刻篆書“大清”2字。本碑文民國《武山縣志稿》卷9《藝文》有録，個别字句和原碑不同。

粤夫陰陽含苞而氣行焉。是氣也，吁喁萬物，充周宇宙，栽培傾覆，變化莫測。其至矣，明則有禮樂，幽則有鬼神。神也者，氣之精而一之極也。夫氣本無形，神焉有像！自夫人因敬生畏，而像斯設。覩像生惕，而敬愈出。故創修廟宇，厥爲善哉。

灘歌川之萬華寺[1]，琳宇繁多，而三元宫獨闕焉。其前有而後毁歟？抑本無而即仍之歟？姑而深考。第寺之西廂，獨無殿宇，殆古昔先民故留

[1] 萬華寺：在武山縣灘歌鎮。始建於隋代，1968年夷爲平地，1990年以來漸次恢復。

餘地，以俟後之樂善君子得從事焉。然百餘年來，蓋難其人矣。嘉慶辛未歲[1]，侯、趙、魏諸子因獲木像，殷然動念，審地度基，鳩工諸材，鏤金聚資，慘澹經營，九七年而工克竣。經云：“法施爲上，財施者次之。”

是舉也，功不止一簣之虧，力有借十方之助，而倡之者毅然，從之者欣然，凡諸子其皆善於財施者歟！自茲凌雲拱日，同瞻宫殿之巍峨，而雨順風和，永爲方域之覆佑。是爲記。

敕授文林郎由浙江景寧縣宰更本都河州學正曉巖楊廷棟[2]沐手撰並書

侯汝弼、邢守禄、李廷修、趙鏄、魏統英、郭維漢、魏統世、李鍾英、張金成、王克敬、賈奉章、王清、漆選、魏統福、付克儉、漆汝洋、袁進德。

嘉慶二十二年歲次丁丑十月中澣穀旦之吉會衆公立

城隍東西會成功碑記

【題解】碑已散佚。文存民國《武山縣志稿》卷9《藝文》。楊廷棟撰。

天堂，無已，有則君子登；地獄，無則已，有則小人至，此可知者也。夷齊餓首陽，盜蹠以壽終，此不可知者也。可知者理，不可知數，盡其所可知，而不疑於不可知。務民義，敬鬼神之道，當無踰於此。余甚喜諸人士勇於從善，而猶信於篤，自幸無所爲而爲善也。嘉慶三年五月吉日記。

第三節　記事碑刻

灘歌鎮圈子閣摩崖石刻

【題解】摩崖在武山灘歌鎮圈子閣北山的石碑灣南麓山崖上。宋徽宗政和八年（1118）刻石。刊字崖面高243釐米，橫寬188釐米，距地面約3米。四周皆有欄線，首行、尾行距邊線均5釐米，頂文、底文距上下邊線均9

[1] 嘉慶辛未歲：清嘉慶十六年（1811）。

[2] 楊廷棟（1741 ~ 1819）：字隆吉，號曉巖，清寧遠縣人。乾隆三十九年（1774）舉人。曾任浙江景寧縣知縣、甘肅河州學正等職。

鳌米。正文楷書左行，共 16 行，首行 9 字，次行 3 字，尾行 19 字，其餘皆 20 字，總計 276 字。次行第三字“建”下有“鎮寧元帥漆得常草場三處，圍圓三十三里，各有界”等字樣。鞏州通判魏潤博撰文。碑文涉及 37 人，其中轉運使張孝純，諸司屬官高荷、范直方、劉燾有史可考。由於地處偏遠，又在懸崖，保存完好。西北師範大學漆子揚有文《北宋威遠鎮圈子閣石碑文獻稽考》（《西北師範大學學報》2003 年第 4 期）考證之。

政和八年，歲在戊戌，有詔修建宣德樓、集英殿[1]。八月下鞏州[2]，計置巨材，自五丈至百，亦其數二千三百七十有奇，以轉運、提刑、常平司錢充其費。轉運使張孝純、防禦使王子夕、提舉木栰葉蒙正實領使事。九月辛巳，合州縣官分董其役，吏益知勸，民不告勞。越十一月己巳畢工，凡一百有九日也。夫臣子享上之忠，可謂美矣。

知州事董序、通判州事魏潤博，諸司屬官張菘、高荷、范直方、王南朋、劉燾，編欄將官庫規司録事蒲慶餘，曹官錢野、張侃，隴西令張希、荀丞、梅亮，城寨官高公翰、王佖、馮康民、李嗣良、張公彦、馬鈞、周温之、元燾、趙繼賢、安定、辛叔傑、盧國華、吕公裕、張巖、王宗、許淳，監木務賈傳、朱憲、李芾，屨集於青竹平之山。咸謂是役也，成功之敏，前此未有，不可不書。於是潤博記之於崖，以傳不朽云。

田慶、杜千刊字

高宣威德政碑記

【題解】碑已散佚。文存萬曆《寧遠縣志》卷 5《藝文》。元襄武張大有撰。

宛平高公宣威，人品甚偉，善規畫，寡嗜欲，雅性恬約，所居無長物，蕭然一榻，如僧禪室。其所作皆老書生事，而用繩墨，直而有理，練達世故，恪於從事。舉進士第，以任子補官，三碓管庫而超職民，楚兵令歷水邏，

[1] 宣德樓、集英殿：宣德樓爲北宋都城汴京皇城正門。集英殿始建於宋初，名廣政殿，宋仁宗時改名集英殿，爲舉行宴會和科舉面試之所。有宋一代，朝廷在秦隴大量伐木營造宫室，《宋史》多有記載。

[2] 鞏州：宋崇寧三年（1104）升通遠軍設置，治所在隴西（今甘肅隴西縣）。轄境相當今甘肅隴西、通渭、漳縣、武山、定西等縣地。金正大中升爲鞏昌府。

所治皆有聲。爲華州司侯，優入廉選，諸公多下之。

太定癸卯[1]春，以熙秦弟正將兼寧遠，奉命來治。邑俗鮮化，以鄰邊暴戾，多尚侵攘。君至，勸以孝悌，責以信義。有訟者不即行，反復開喻，令自省，咎格則以言嘉賞之，否則以法繩之。繇是强暴斂跡，孤弱獲安。或過失，相語曰："高老得知乎？慎勿犯。"所部士卒恃以承平日久，墮於紀律，廢馳兵仗。君乃謂："天下雖安，忘戰必危，武備不立，豈可□□□□，且緩急曷爲應，此政之大節也。"遂號令肅鼓旗，束以新政，按月而閲，士不煩，樂於用矣。

二十五年[2]，詔完郡邑城池。寧遠，扼塞一喉襟也，秦隴有事，未嘗不由此。調丁役多寡，課以尋文，躬親指視，未及期而功告成，屹屹然金湯之固也。先是，公署以前政因循，歲用浸延，腐壞無幾。君曰："弊陋卑隘，不如吾廬，則不特不示其尊嚴，况君子所居，當何如哉？"乃出己俸，再一新之。創中門、東西二閣，列署府庫，燕寢蔬圃，莫不便利。高明碩太，然後以稱子男邦君之居。君興滯補弊，抑强扶弱，所至類如此。

嗚呼！此人之難能，而君不難者，何也？曰：無他，唯公與正而已。兵民習君政令，仰君之賢且廉。去職，相率諸文，欲紀諸石，且爲後日者留無窮之思，庶有警於來者。孔子曰："吾猶及史之闕文也。有馬者借人乘之，今亡矣，夫是二者於道未有大損益也。"聖人猶且録之，况稱人之德，揚人之善，吾徒所當然。君既賢廉，又辱與之遊此，不待告而當爲者也。矧其請乎，遂撫其實而書之。繫之銘曰：

河嶽儲秀，萃於燕然；帝啟其衷，篤生世賢。維君挺異，清約剛正；通道而行，與物無競。

[1] 太定癸卯：太定應即泰定，泰定作爲元泰定帝年號共四年（1324 ~ 1327），没有癸卯年。是碑文誤還是縣志抄録誤，不好判斷。

[2] 二十五年：有元一代，一個年號用 25 年以上者，一是元世祖的至元，一是元順帝的至正，而碑文提及有癸卯年的應爲元順帝的至正。由此似可推碑文所謂"太定癸卯"應爲"至正癸卯"，至正癸卯爲元順帝二十三年（1363）。

寧遠縣重修儒學碑記

【題解】碑已散佚。明正德十二年（1517）立石。文存萬曆《寧遠縣志》卷 5《藝文》。江萬玉撰。

江萬玉，四川大竹（今重慶大竹縣）人。正德十一年（1516）任寧遠知縣。

寧遠學校之設，創自前代，碑文圮壞，志記缺修，而建置巔末漫不可考。成化間，知縣謝茂重修堂齋。弘治間，知縣史顯重修殿庭，其門廡號房多未整飭。以人去時移，後來者弗克厥志故耳！

正德丙子[1]夏四月，萬玉承乏縣事，謁廟蒞學，見其前高而近山，後下而皆水，堂有脱漏，門無崇棟。時乃歎曰："昔人拘於面南之説，不察形勝臧否，地勢既非所宜，人材久乏奮勵，使轉而朝北，則渭水環流，屏山拱向，不亦可乎！但新政傯冗，念不及此，候有少暇再議。"既而生員康體智等，因有改作之言，具呈以及時修理。玉以政事未治，不敢妄動。適奉都御史蕭公耕按臨，視城坍塌，乃命修理。意以值此興工，民力可藉。於是象其向背可否之勢，分其夫役，委晉官張戩提督工程，推恩於舊役老人。修學則命汪惟政、薛通、侯宗義以經理之，修城則命師曇、令飛以營治之，修司則命韓偉以幹濟之；措置米、麥、錢、帛、木、瓦等料，則命周澣、趙澣、工房吏文正以出納之。城則去坍塌空閒之地，近里而築之；學則因地位高爽之宜，易置而修之。

功皆始於七月之初[2]，明倫堂舊建五楹，廣狹弗稱，乃易其梁檁。於中則廓而大之，於旁則因而成之，棟朽則易之以堅，瓦汙則易之以新，桷疏則易之以密。舊無漫砌，則磚石以平之；舊無繪彩，則丹雘以飾之；舊無二門，中建之以三，左右建之以六而填實。大勢可觀，庶功可計。但民居蔽於前而不通，委巷曲於小而不便，以官地加值與民相易，通直其街道，崇建其學門，密邇北城，嫌於面墻，爰開城門以廣規制。越明年八月，功漸有完，諏日己巳，乃備禮告廟而落成。夫古人予庶民，不盡民之力，不

[1] 正德丙子：明正德十一年（1516）。

[2] 指正德丙子年即正德十一年之七月之初。

匱民之材。是工之興。

文林郎知寧遠縣事清廉仁慈恩主王老爺[1]碑

【**題解**】碑立鴛鴦鎮廣吴村。清雍正元年（1723）立石。高120釐米，寬60釐米。頡永隆撰文，頡吉士書丹。拱首條形，碑額有“恩及河濱”四字。

聞之刳木爲舟，剡木爲楫，舟楫之利，以濟不通。自黄帝以來，其功垂至今不朽也。厥後，惟於大川，依奉國典，設立舟人以濟之，其餘概不之及也。豈知郡邑之地，河水泛濫而病涉者，在在有之如生。

寧邑之西三十里，有大河也。蓋自漳水南流，會衆水迤邐而北，至於廣武，名曰廣武河[2]。其勢茫然無津涯，雖歷來縣主設水夫，除軍需以送公文等事，其水夫之沉溺者何可忍言，此通邑之大患也。幸逢我王侯蒞任此土，下車以來，於民閒之疾苦，無不同諏。自桑田以及園廛漆林之地，與夫道路之險易，畢務留心，使各得其宜，而尤惓惓加意者，在此河道一事。故憫行旅之艱深難渡，並憐水夫之濡首滅頂。開今歲盡捐俸薪，爰命木工造舟爲梁，以濟不通。是我侯曲體王者仁育物之心於無所不至也。在行人咸有頌聲，况生等水夫，既蒙捐除之恩，又藉舟楫之利，其感戴者何可極哉！故侯之懋功偉績，修史者他日必録之典册，以傳奕世。生等聊具俚言以勒諸石，因垂我侯之功於不朽云。

生員頡永隆撰

生員頡吉士書

（鄉約等人名略）

時雍正元年歲次癸卯無射月吉日水夫士民感戴同立

隴西縣赤亭山人傅世臣刊

[1] 王老爺：和碑文中的“王侯”是同一人，指寧遠知縣王希曾。王，清浙江會稽（今浙江紹興市）人。乾隆《寧遠縣志續略》卷5《官師》言其“老成練達，愛民如子。蒞任十七年，多惠政。”

[2] 廣武河：今名榜沙河，發源於岷縣閭井鄉黄山梁，縣内幹流24千米。

胡公重修紅峪隄記

【題解】碑已散佚。文存乾隆《寧遠縣志續略》卷8《藝文》。于纘周撰。

于纘周，清寧遠（今武山縣）人。乾隆六年（1741）拔貢生。纂有《寧遠縣志續略》1卷。

環寧皆山也，東南諸山尤逼城址，有紅峪溝翕張其舌，若吞噬之狀。時夫冰泮水瀜，居民猶挹而注之，資其灌溉。亦越九夏，大雨時行，諸山之水胥匯，横被長注，勢若建瓴，居人往往有其魚之恐，而漂没田廬其小焉者也。殷鑒不遠，在天啟之世[1]。蓋一邑之命懸於隄大矣。先是，雍正十年壬子，郭侯士佺[2]，適遭其驚，鳩工築之。未幾，有狄道之命，始基之矣，固未完。嗣乾隆十四年己巳，介侯玉濤[3]果於有爲，大興力役，培厚增高，隆然巨觀矣。顧前之完者，未必不後之缺；昔之堅者，未必不今之脆。比年以來，岸潰石圮，溝身淤泥，幾與隄平。設一旦漫漶非常，溝固不啻龍頭，而城則當天灶矣。善後之策，得弗急急。

今歲夏，我侯胡老父師[4]，諭尉廉潘公經綸董是役，咨城關鄉保佐之。公又時親履勘，匯計民户，輪值荒度，捐俸廉，計口授食，“説以使民，民忘其勞”。潰者防之，圮者砌之，淤者浚疏之，不越月而告功成。樹林蔭翳，隱然金鏞之固，以視前此二侯所締營者，有其過之而無不及也。

夫以我公之蒞斯土也，興利除害，無一不殫血誠矣。是役也，以踵前事，以善後圖，吾邑民人安居樂業，永無其魚之恐者，雖百世可也，而我公尤念悲其遠焉。日月不居，滄桑遞變。岸或潰，誰爲防之；石或圮，誰爲甃之；溝或淤，誰爲浚疏之。前事不遠，來者當師。屬余小子記之，用告夫世世職斯土者。公諱奠域，字禹敷，楚北荆門州戊午舉人。乾隆二十六年孟夏記。

[1] 明天啟七年（1627），紅峪溝山洪暴發，淹没東關、南關，居民絶煙火者50餘家。

[2] 郭侯士佺：即寧遠知縣郭士佺。贵州人。孝廉。

[3] 介侯玉濤：即寧遠知縣介玉濤，山西解州人。有政绩。

[4] 胡老父師：指寧遠縣知縣胡奠域。

胡公書院記

【題解】碑已散佚。清乾隆二十五年（1760）立石。文存乾隆《寧遠縣志續略》卷8《藝文》。寧遠于履泰撰。

士君子一行作吏，豈曰引養之是亟哉，必將明禮義，宏教化，興賢育才，庶幾無負生平之所學，而吏治益以隆。故司徒咨於唐虞，學校隆於三代。豈非以雲龍風虎之彦，其乘時則變化雷雨而宏濟蒼黎也？悉於庠序是儲哉！

今上崇儒重道，雅意作人。首善之地，設有國學，以陶鑄人才。又於詞臣中，慎選德道藝冠絶一時者，督學直省，爲之師表。是知書院之設，畿輔有之，降而至於府、廳、州、縣，亦莫不奉是意爲兢兢矣。夫濂溪、鹿洞自昔傳爲美談，遊梁敷文今日稱爲盛事。

寧邑僻處西陲，國朝定鼎以來，沐百餘年之教澤，而因循如故，豈果地氣之限人與？抑亦人事之未盡與？以未盡之人事，而歸咎於地氣，不可也。若謂地氣之限人，而並無取乎人事之轉移，又奚可乎？振興之術，重賴夫賢司牧者，端有在矣。

我邑侯曉亭胡老夫子之蒞斯土也，初下車，他務未遑，首重學校。居恒竊歎，以爲文風不振由於學校不立，立學校而不培風水，究亦無由丕振也。爰是憚心研慮，飭物僝功。先立魁閣於東郊，協震德，揚詡理，大物博之旨；次建武廟於南郭，取離位，向明精，多物齊之靈。二義備矣，地即卜於武廟之西偏。夫西爲兑，兑，澤，説也，而麗夫離位。初爲朋友講習，繼則照於四方，寧非文蔚文炳之機乎？於焉正方位元，定規模：正廳三楹，傍廊六舍。院之前圍以短垣，内構亭名“南熏”。設學敷教，肇虞廷也。我夫子季有考、月有課，恒止於斯。其東則爲講堂，綺疏緗櫺，朱門碧牖，規制非復西土有。又左右各建齋房。題曰“來遠書院”[1]云。

余小子從遊院中七載矣，竊念古今來稱名勝者，至濂溪、鹿洞、遊梁敷文止矣。由斯觀之何多讓焉。夫子用意深矣哉！而邑人士樂羣於斯者，

[1] 來遠書院：舊址在縣城關帝廟之西，今不存。民國《武山縣志稿》卷8《學校》：“至乾隆庚辰，邑令荆門胡莫域於南關廂創建關帝廟，即於廟之西偏，附修書院正廳三楹，旁廊六舍，院前圍以短垣。内構亭，曰‘南熏’，榜曰‘來遠書院’。”

澡厥躬，浴厥德，忽木自知其爲雲龍風虎之彦，變化雷雨，而弘濟蒼黎也，則夫子養育人才之至意，庶克浹洽於中乎？顧猶日孳孳焉，以章志貞教、尊仁安義、人才匯升爲己任也，敢自謂無負所學也哉！夫子諱奠域，字禹敷，曉亭其號也。乾隆二十六年秋八月記。

東川官渠記

【題解】碑已散佚。文存乾隆《寧遠縣志續略》卷8《藝文》。于纘周撰。

課農桑者，必資水利，欲談水利，則浚渠爲急務焉。壬午[1]之夏，旱魃爲虐，東鄉一帶田畝舊資廟峪溝灌溉，溝水本屬無幾，一旱則一鄉之膏腴告涸矣。嗚呼！禾不登地，民依何天？我邑侯胡公[2]，軫念民瘼，爰是因地之勢，物土之宜，上自縣城北門外，下至高橋鋪二十餘里開渠一道，引渭水入堰，灌田幾百頃，歲仍有收。

是役也，按地出夫，按夫給糧，費出於官，力盡於民，踴躍從事，不旬日而功告竣，利甚普焉。我侯尤以渠口淤塞爲慮，今兹又捐清俸，令民以秋收餘閒於堰口易淤處復行改建，計至春田，即可引水晝夜灌溉。且慮高橋一帶爲地較遠，由上及下勢必不均，定以須水之時，先從高橋地畝澆灌一周，然後輪流，以次相及，庶幾蓄瀉两便，萬世永賴矣。雖然，事謀其始，尤必善其所終。

是役也，公成之，而董斯役者則少尹潘君[3]也，約以春和即督工修浚。其或渭水暴漲難免潰决。更期以不時補葺，既善其始，復防其後。猗歟休哉！我侯爲民之心，何有加無已如此也。東川居民求余記之，余爲疏其崖略，勒諸貞珸云。

正興書院碑記

【題解】碑已散佚。文存乾隆《寧遠縣志續略》卷8《藝文》。蘇得波撰。

---

[1] 壬午：清乾隆二十七年（1762）。

[2] 邑侯胡公：即寧遠知縣胡奠域。

[3] 少尹潘君：寧遠典史潘三鳳。

蘇得波，字亦東，清雲南人。舉人。道光十二年（1832）前後任寧遠知縣。民國《武山縣志稿》卷7《官師》稱其“清明仁恕，治跡頗多。增修書院，添置膏火及鄉會試賓興，獎勵文化，士風丕振焉”。

語云：人才之生關乎運會。予以爲才而爲運會所關，此天地之精英，山川之靈秀，萃聚而生，乃崛然興起，不本於學問，不承於父師也。信斯言，而以人才期之運會，將志士不可不勵行，而學校不可不設矣。孔子云：“十室之邑必有忠信，而責以好學，誠以學之，至則可爲名儒，即可爲名臣。”自古帝王作育人才，立庠序學校以教之，董以師儒，加之培養，天下不致有無才之患，而國家恒以收得人之慶。則人才不擇地而生，亦不待時而出也。

我朝聖聖相承二百餘年，作人雅化，雲漢爲章。皇上御極之初，臨廱講學，特頒上諭，令天下有司修葺書院，增益膏火，有能好義捐貲者，大吏以時奏聞，給予銜品。誠以國家用才取諸科甲，科甲之才出於書院。方今學校如林，國子監之不得而收者，有省會書院以收之；省會書院不得而收者，有府州縣之書院以收之。故科甲遍於天下，而書院即儲才之地也。寧邑書院，始自何時，邑志無考。乾隆年間，遞有修廢。今之正房五楹、兩廂各六間，詢之督理工程之何生發科，則重建於前任劉[1]，而規模猶嫌未備。

予承乏斯土，考試無可扃之闈，即擬增修書院，以圖兼作考棚，隨值兵差未果。歲壬辰[2]，浼馬君國棟、周君世勳、高君安詳，鳩工庀材，新建講堂五楹，外廂各五間，高其閈閎，厚其墻垣，庶幾得大觀焉。落成之餘，衆請易名以爲焕發之兆，予以新興[3]邑之號也、之意焉，名之“正興”，而僉曰然。因與邑父老計經費之所出，於署之西偏隙地修鋪舍以爲生息，令各捐貲以勷其事。及工竣，十八里捐有成數合計工費之不敷者，予悉籌畫而完成之。定立章程，通詳立案。從此，居業有定所，聊與邑人士親師取友，相觀而善。後之人與我同志，續爲增益經費，得以廣聚和徒而宏樂育。

---

[1] 前任劉：指寧遠知縣劉湛。

[2] 歲壬辰：清道光十二年（1832）。

[3] 新興：東漢中平五年（188）設置新興縣，治地在今武山縣西15千米的新興川，屬南安郡。

學者争自奮發，或爲名儒，或爲名臣，豈不懿哉！

凌雲塔記

【**題解**】碑已散佚。文存乾隆《寧遠縣志續略》卷8《藝文》。蘇得波撰。

凡事必有本末。士子文章、報國學業，本也；科甲，末也。牧民者，作育人才、興教勸學，本也；培植風水，末也。

予宰斯邑，課試生徒，不乏錚錚佼佼之才，而登賢書者，究屬寥寥。早有以風水攸關，求加培植請者。予覽渭流两岸，山勢順流，無特出之峰巒以爲表鎮，是固有之。第學校未興，誦弦未遍，捨本求末，似屬非宜。急於壬辰年，修書院以立造士之基，建鋪舍以助勵士之費，延師訓課，士氣蒸蒸。

歲甲午[1]，蓼川紳士以修塔請，極慫恿之，而未集事。庠生周世勳請酌建於近城，而願司其事。予於監修書院各工，信其營繕之才，雖心許之，而經費無出，仍未果行。比及冬，適有二百五十餘千之項，召周生與之酌地於斯，俾立高塔，關收上川生氣，而提振下川風景。周生爲之庀材，與張克仁、許登峰等募化於城關。

乙未[2]三月杪，鳩工營造，以郭生種、王生勖監其工，而經畫度支一人獨司其總。五月杪，又恐經費之絀，親募於鄉生，於斯役可謂竭力矣。閏六月，塔工告成，巍然入望，飄飄乎有凌雲勢焉。予嘗誦《嵩高》詩："維嶽降神，生甫及申。"信賢哲之生，必鍾山川之靈秀。至天事之或缺，可補以人工，堪輿家有其説，而人多不之信。獨憶予鄉向來春闈未放榜花，有前輩議修之塔，屢興未成。自丙子年[3]予倡同志，建成十餘丈高塔，而十餘年内科甲聯翩，登仕版者日盛一日，雖非盡係建塔之力，或此事亦無可厚非也。今邑之士子，向學有年，想皆可以芥拾青紫，而斯塔適成於司牧者爲國儲材之意。本末兼具，由此而邑之文風日上，豈非幸事也耶？

---

[1] 歲甲午：清道光十四年（1834）。

[2] 乙未：清道光十五年（1835）。

[3] 丙子年：清嘉慶二十一年（1816）。

“景塔”石匾

【题解】2001年平整寧遠大廈庭院，此碑出土，随后製碑座立於院内。縣城有聖壽寺，不知碑是否原爲此寺内之物。

寧遠縣事樂陽博忠阿[1]率各房班捐修重建

景塔

道光十七年吉月

武山縣勸學所所長車公敬武先生[2]創開北順渠紀念碑

【题解】碑立山丹鄉散莊村西口村道北側。民國三十二年（1943）立石。高120釐米，宽80釐米。碑額正中竪向篆刻“德水流芳”；碑面正中：“武山縣勸學所所長車公敬武先生創開北順渠紀念碑”；上款：李俊譚先生車君行狀後贊及書者落款；下款：立碑者105人署名。

附録李俊譚[3]先生車君行狀後贊

贊曰：偉矣車君，瘏臥廿年；百事紀里，秩然井然。誠能動衆，毅以任艱；縋石駕險，引渭灌田。化磽爲沃，以人補天；雲連綺錯，南北蜿蜒。爲國家加强生産力，爲地方開利賴之淵泉。嗚呼！志爲氣帥，人貴神全，卓卓者夔，芸芸者蚿，惟貞固足以幹事，吾謂車君其庶幾焉。

受業周純德沐手謹録

受業劉秉仁[4]鞠躬敬書

北順渠衆户陳協華……等鞠躬敬立

中華民國三十二年夏正二月十九日

[1] 博忠阿：寧遠縣知縣。民國《武山縣志稿》卷7《官師》：“長白人，以嚴明標。”

[2] 車敬武：即車貫朝，敬武其字也。車敬武（1886～1940），山丹鄉車家川人。民國八年始，在家鄉宣導興修水利，歷時12年修成北順、南順二渠，灌溉2000餘畝。

[3] 李俊譚：即李克明，俊譚其字也。李俊譚（1875～952），清武山寥陽觀人。光緒二十九年（1903）舉人。曾任甘肅省教育廳長。著有《武山縣志稿》《紫歌夢軒詩稿》等。

[4] 劉秉仁：字耀山，武山縣書法名家，任縣文化館館長多年。

楊幹如先生創辦武山中學碑記

【題解】碑現立武山中學校園。民國三十四年（1945）立石。前清舉人陳青選撰。

人生富貴如泡影，惟功與德篤實輝光，可大而亦可久。然因故重新，踵事增華，易易耳。若乃開破天荒，憑空結撰，如楊幹如先生之創立武山中學，闢蟲墟蟻壤之荒園，仿鹿洞鱣堂之精舍，其心精，其力卓，其功與德，誠越尋常於萬萬耳！

先生名承德，字幹如，武山人也。幼聰穎，異常兒。稍長，勤學精進。由中華大學畢業，充甘肅財政廳秘書兼省政府諮議，貞固幹事，爲名公大人所器重。戊寅[1]春，假理銀行歸故里，見吾邑英年性純才茂、斐然成章者不少，然終不獲搏扶摇而飛黄直上者，苦無貲，卻遠學，才通境限，先生惜之。商諸邑侯邵公[2]暨地方士紳，議立武山中學，上可請。遂募資庀材，諏日鳩工，卜地於子城之西南。理荒穢，闢砂礫，鞅掌指揮；先人而往，後人而息，不辭勞瘁。創立教室四座，擴講授也；齋房廿間，便宿息也；公室十間，辦文牘也；操場校園各一區，習體育、養性靈也。結構謹嚴，可傳久遠；規模巨集敞，可壯觀瞻而擴胸襟。庚辰經始，辛巳樂成[3]。以功以德，以學以行，蒙委校長而兼教員，宜乎羣英仰鏡，負笈而來、擔簦而至者，如晨風之鬱北林、鯤鵬投南溟也。曾幾何時，士之發軔升級者，指不勝屈，異日登峰達極，列顯仕、敷亮彩，爲閭里榮、爲邦家光者，皆先生之功力，亦先生德澤也。

慨自風雲之變，城市改易。回憶吾邑，聖廟黌宫之巍峨，城隍琳宇之壯麗，古佛寶剎之幽深靚穆，或蕩寒煙，或付冷灰，或變廬山之真面。而斯學之建，崛興於荒殘暗淡之餘，頓使人文蔚起，城郭生色，肸蚃飛騰，蒸蒸日上，其有功於名教者甚大，而有德於士林者亦甚深。於以見君子之望隆山斗，士之翕然景附者，則固有在也。

---

[1] 戊寅：當爲民國二十七年（1938），時楊任甘肅省銀行武山辦事處主任。

[2] 邑侯邵公：指武山縣長邵清淮。邵，遼寧人，民國二十八至三十三年在任。

[3] 庚辰：民國二十九年（1940）。辛巳：民國三十年。

先生能文喜詩，予已深嘉而樂道之，况又見義勇爲，費移山力，成育英館，咸願勒石以傳不朽。爰記顛末，以表破荒特創之功，並昭樂育英才之德。後來之秀，飲水思源焉可。

武山縣八旬有五舉人陳青選撰

代理武山縣縣長吕兆庚校

受業劉秉仁書

武山中學全體教職員暨第三期、五期國教班畢業學生，初中部第一、二兩屆畢業學生，在校全體學生立

中華民國三十四年十二月五日鞏俊彦勒

"宁遠縣交界"碑

【題解】碑存於武山縣沿安鄉南川村南端，四門至馬塢公路東側。不署立碑時間。高 73 釐米，寬 55 釐米。隸書。2000 年武山縣政府在該處建六角攢尖頂亭子覆蓋之，並立"新建寧遠界碑亭記"紀念之。新碑文考立碑時間爲寧遠設縣之北宋崇寧三年（1104），可備一説。

圖 7–2 "宁遠縣交界"碑

第四節　墓碑墓誌

慈勝禪院德俊法師墓磚

【題解】墓磚 2002 年出土於武山縣灘歌鎮盧坪村漆溝。正方形，邊長 30 釐米。北宋政和二年（1112）刻製。

維大宋國鞏州下灘哥鎮[1]古積梵宫也。哀哉！親教師德俊掩化於古會

[1] 灘哥鎮：即今武山灘歌鎮。武山舊志或作"灘哥""灘閣"。有學者研究，今之"灘歌"係古藏

圖 7-3 慈勝禪院德俊法師墓磚

慈勝禪院[1]。係法汝徒衆焚唱，行業孤高。復視，獲舌不壞。感應尤多，流傳徒衆。净將白骨遷葬於此，上石塔，爲記。政和壬辰[2]四月初二日。

行香院主小師道義、道能，師孫法肇、法静、法靄、法洪、法深、法浩重孫法顒、法春二伯。餘不到不書名。

大元故鎮國上將軍征西都元帥汪公神道之墓誌

【題解】墓誌出土於武山縣東南四門鎮汪家祖墳。元泰定二年（1325）刻石。陳世榮撰。現存武山縣博物館。

語之音譯，意爲山下平川。

[1] 慈勝禪院：史籍失載，頗疑是灘歌鎮最大的寺院萬花寺在宋代的名稱，或萬花寺所屬之寺院名。

[2] 政和壬辰：北宋徽宗政和二年（1112）。

公諱維永，鞏昌人氏。父附馬資善大夫、中書右丞、贈推誠保德宣力功臣，儀同三司、中書平章政事、上柱國，追封梁國公汪良臣。公主阿思帶夫人、平陽郡抹捻氏何□□□□□□□□□□□。曾祖鞏昌路便宜都總帥、贈推忠協力佐運功臣、太師、開府儀同三司、上柱國，追封義武隴右王汪世顯；夫人包氏、潘氏、楊氏，並封隴右王夫人，葬於漳川先塋之域。子孫昌盛，皆盈其室。□□□□國次五之子，天資英偉，器誠超羣。自幼讀書，及長，尤善□□□□韜略，善騎射，倬有大將之風焉。至大元年，欽受宣命，降三珠虎符，授鎮國上將軍、征西都元帥。繼任之後，禮賢下士，恤軍愛民，運籌决勝，克稱其職，鎮遏西邊，於國竭力。數公朵訛，悉皆相附。上賜黃金、弓矢、劍甲以賞其功。

維永，甲子相，中秋七月有三日生，至泰定乙丑孟夏五月有八日在任而薨，享年六十有二。夫人曹氏、田氏。有子七人、女二人。長曰泰昌，武德將軍，碉門、黎雅等處軍民安撫司達魯花赤，娶李氏。次子履昌，炮翼元帥，娶包氏。次子巽昌，昔保赤達魯花赤，娶陳氏。次子震昌，鞏昌路當軍元帥，娶李氏。次子益昌、節昌、庸昌。長女適包□讓，次適趙，西臺御史也速。孫男二十四人，女九人。以是年七月十八日，諸子護喪歸鞏昌，葬於寧遠縣環川鄉[1]，從其

圖 7-4 大元故鎮國上將軍征西都元帥汪公神道之墓誌殘石

[1] 汪氏家族是元代隴右巨族，自隴右王汪世顯之後世代顯宦，其祖塋在漳縣城南徐家坪山麓，“惟”字輩子嗣如汪惟正等也葬於此地。汪惟永葬於環川鄉（今武山四門鎮），可能和家族太旺、祖

宜也。

公之再生，爲子克盡其孝，爲臣克盡其忠，謙以階下，和以處衆，内睦宗族，外□親戚，亡不得其歡心。及其薨也，聞者莫不驚悼焉。葬有日，其子震昌等丐文於予，義不容默，因述本末而爲之墓誌之。

泰定乙丑仲秋七月十八日鄉末後學陳世榮撰

石匠陳才

甲子歲貢生石老夫子[1]碑記

【題解】原碑散佚。文存民國《武山縣志稿》卷9《藝文》。王三聘撰。

王三聘，字青泉，清寧遠縣人。嘉慶九年（1804）舉人。曾任陝西延長縣訓導、膚施縣教諭。

嘉慶二十四年，明經貢士石老夫子《雜録》云："夫子諱韞玉，字輝山，號臥雲，行二。其先世業農，獨夫子自少以嗜學聞，遂推卒□讀。卒以經義爲學者。"

師居家醇謹，孝友聲施。長食餼捐餘，晨昏炊，益恬然，謝一切務，躬□披吟，雪月風□，□榻就穿無倦色。其爲文鯨鏗春麗，一歸雅正。性耽訓詁，手指□□，畫像窮形，□問字之車盈門。而每應學憲試獲售者，夫子門下士幾半□。晚家計頗温，益廣宇舍，以□後進，故來者彌衆。夫子嘗自言曰："生有賴於時，□不沒於□，□夙志也。"銘曰：

維前無古，維後無今；維文與道，及識天心。維天有斗，維地有寶；□辰日□，□□紀攀。

塋擁擠有關，所謂"從其宜也"。汪惟永應是移居武山的第一代。民國《武山縣志稿》卷5《民族》："汪氏，係出鞏昌義武王汪世顯之裔。其孫鎮國上將軍、征西都元帥汪惟永，夫人馬氏葬於寧遠貑川。其子昔保赤元帥、達魯花赤巽昌居寧遠三衙下，鞏昌管軍元帥震昌居寧遠四衙下。"按三衙、四衙都在今四門鎮。

[1] 甲子歲貢生石老夫子：指嘉慶甲子年（嘉慶九年，1804）歲貢生石韞玉。石，寧遠人，終身從事教育，生徒衆多。

潘海門[1]先生碑記

【題解】原碑散佚。文存民國《武山縣志稿》卷9《藝文》。楊思撰。

楊思（1882～1956），字慎之，甘肅會寧人。光緒二十四年（1898）進士。先後任蘭山道尹、代理甘肅省省長、甘肅省民政廳廳長，甘肅通志局總辦兼《甘肅通志》總纂及通志館館長等職。

天之生人，豈曰無因，不貴襲其形，而貴存其神。名之不立，德之不純，雖貴猶賤，何富非貧，是直與草同腐耳，而寧有一善之足珍。

蓼川潘公揣揣乎是，不慕浮榮，獨窺真理。知窮通之有數，而不苟徇乎人；知德性之大尊，而不稍恕乎己。居鄉，則貪吏畏；禦患，則悍匪避。寬以應物，嚴以訓子；腹有詩書，門羅桃李。惟篤信夫程朱，詎縈情於青紫。既精胎息，遂近耋齡；胡天不壽，而隕其形。形而隕，神終不滅；有賢子孫，克紹家學。

嗚呼！先生律身，明進士、教士亦復崇廉恥。宜乎！形死神不死，用勵末俗以銘此。

李茂如先生墓誌銘

【題解】文存民國《武山縣志稿》卷9《藝文》。清進士任承允撰。

光緒癸卯[2]歲，余主隴南講席，值國家庶政維新，懲時文虛枵疲茶之習，易之以經義論策。一時士生爲文，率疏熟剽襲，獨武山李君克明，摯悍有生氣，能自用其才，是年遂領鄉薦。入民國來，克明議政京師，頗感離索。壬戌[3]冬，函陳其世德曰："克明之父歿有年矣，表墓之文至今缺如，恐子孫之忘法守也，願有以乞言。"

按狀：公，李氏，諱錦，字茂如，號小樓，以明經終。曾祖伯仁公，魁吾好義。道光三年，邑大饑，伯仁公以邑斗不便民，穀少又不便碓，遂析升爲合，□穀爲米，而平其價，或徑施與，以濟急者。年餘，所活無筭。

---

[1] 潘海門，即潘達江，海門其字也。潘，清寧遠蓼川潘家莊人，貢生。

[2] 光緒癸卯：清光緒二十九年（1903）。

[3] 壬戌：民國十一年（1922）。

嗣首倡捐糧，爲邑立社倉。邑令蘇公[1]以“義敦任恤”獎之。祖峪川公與兄璿亭公幼相愛，每索居，則損眠食考。一笠公，願款深静，嗜内典，居喪三年，足未嘗出里門。公性至孝，母陳孺人早没，家道中衰，公刻自減損，而事親益虔。一笠公喜談陰騭，遇童稚，猶喜導以涉近善言，又輒弄以餞飴果餌，意之所向，雖僕圉亦忻然分甘。公常使備給無或缺也。同治花門之變，民憊甚矣，公内載戰守，外應誅求，委曲其間，卵翼鄉人。回益修行，並印送善書，勸人悛勉。熟史事，嘗侃侃而談，以寓勸懲。雖事境在窘軒，坦如生平。

元配趙孺人早逝，繼張孺人尤善事翁姑，每進食不使兒童有哭啼聲，待臧獲輩有恩禮，不使兒女直呼名，然内政井井，無紊於秩序。

嗚呼！門内之行，可以觀士，孝友睦淵如公者，是不宜在表彰之列也耶？學使江西許仙屏公[2]，獎以“性行淑均”，豈虛譽耶？公殤於光緒二十五年七月二十九日，壽六十有二。子四：克正；克讓，庠生，先卒；克明，癸卯科舉人，第一屆國會議員，現任甘肅教育廳廳長；克昌，庠生，歷充蓼陽學校校長、武山縣勸學所所長。女四：適史、郭、周、宋。李氏世居隴西縣，清初遷於武山南峪谷之蓼陽觀。自始遷至今，垂三百年六七世，積德行仁於犁雲鋤雨之間。吁，勤矣！雖然猶在子孫之無忘艱難也。是克明乞言之意，抑即全之，所以樂道者歟！

杨廷楝神道碑

【**題解**】碑在武山縣馬力鎮楊坪村。高120釐米，寬60釐米。保存完好。

嘉慶乙卯孟夏建　　　　　民國乙卯[3]孟夏建

受業（盧繼姜等25人，名略）

敕授文林郎由浙江景寧縣知縣甲午科舉人曉巖楊老夫子神道碑

門生（王承運等20人，名略）

---

[1] 邑令蘇公：寧遠知縣蘇得波。

[2] 許仙屏公：即許振禕，仙屏其字也。許（？～1899），清江西省奉新人。曾任陝西學政。

[3] 民國己卯：民國二十八年（1939）。本年距嘉慶乙卯（嘉慶二十四年，1819）120年，可斷定此碑爲紀念楊曉巖去世120周年重刻墓碑。

敕授徵仕郎四川補用分州升用縣知事宣統乙酉科拔貢後學李蔭棻[1]書
裔孫楊得桂泐石　　鐵筆杜占林鐫

[1] 李蔭棻：今武山馬力鎮人。

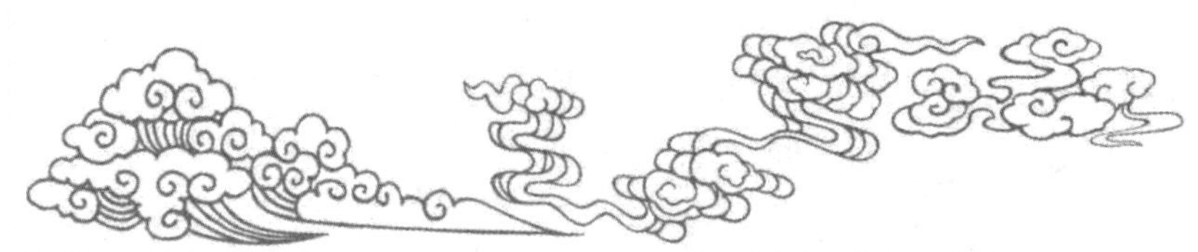

主要參考書目

1. 沈青崖等纂．陝西通志．雍正十三年刻本．

2. 李迪等纂．甘肅通志．乾隆元年刻本．

3. 安維峻纂．甘肅全省新通志．清宣統元年刻本．

4. 楊思，張維等纂．甘肅通志稿．蘭州：甘肅圖書館油印本，1964.

5. 朱允明等纂．甘肅鄉土志稿．民國三十七年鈔本．

6. 紀元纂．鞏昌府志．康熙二十七年刻本．

7. 胡纘宗纂，王一經重纂．秦州志．順治十三年刻本．

8. 趙世德．秦州志．康熙二十六年鈔本．

9. 胡釴，陶奕曾纂．直隸秦州新志．乾隆二十九年刻本．

10. 王權，任其昌纂．秦州直隸州新志．光緒十五年刻本．

11. 任承允纂．秦州直隸州新志續編． 蘭州：蘭州國民印刷局，1939.

12. 哈鋭，任承允，賈纘緒纂．天水縣志．蘭州：蘭州國民印刷局，1939.

13. 秦城區志編纂委員會編．秦城區志．蘭州：甘肅文化出版社，2001.

14. 北道區志編纂委員會編．北道區志．蘭州：甘肅文化出版社，2002.

15. 胡纘宗纂．秦安志．嘉靖十五年刻本．

16. 劉德熙，張思誠纂．秦安縣志．道光十八年刻本．

17. 秦安縣地方志辦公室整理．明清秦安志集注．蘭州：甘肅人民出版社，2012.

18. 秦安縣志編纂委員會編．秦安縣志．蘭州：甘肅人民出版社，2001.

19. 張桂芳，雍山鳴纂．清水縣志．康熙二十六年刻本．

20. 朱超纂修．清水縣志．乾隆六十年刻本．

21. 王鳳翼，王耿光纂．清水縣志．民國三十七年石印本．

22. 清水縣志編纂委員會編．清水縣志．西安：陝西人民出版社，2001.

23. 清水縣地方志辦公室整理．清水舊志叢編．内部影印本，2011.

24. 張家川回族自治縣志編纂委員會編．張家川回族自治縣志．蘭州：甘肅人民出版社，1999.

25. 鞏建豐纂修．伏羌縣志．乾隆十四年刻本．

26. 葉芝纂．伏羌縣志．乾隆三十五年刻本．

27. 甘谷縣志編纂委員會編．甘谷縣志．北京：中國社會出版社，1999.

28. 馮同憲，李樟纂修．寧遠縣志．康熙四十九年刻本．

29. 李克明纂．武山縣志．民國十七年稿本．

30. 武山縣志編纂委員會編．武山縣志．西安：陝西人民出版社，2002.

31. 武山舊志編輯整理委員會．武山舊志叢編．蘭州：甘肅人民出版社，2005.

32. 張維．隴右金石録．蘭州：蘭州俊華書局，1944.

33. 馮國瑞．麥積山石窟志．天水：隴南叢書編印社，1944.

34. 天水縣文物志編寫委員會編．天水縣文物志．内部鉛印本，1984.

35. 閻文儒主編．麥積山石窟．蘭州：甘肅人民出版社，1984.

36. 陳垣編纂，陳智超，曾慶瑛校補．道家金石略．北京：文物出版社，1988.

37. 王權．笠雲山房詩文集．蘭州：蘭州大學出版社，1990.

38. 任其昌．敦素堂文集 // 中國西北文獻叢書．第 171 册，蘭州：蘭州古籍書店，1990.

39. 任承允．桐自生齋文集 // 中國西北文獻叢書．第 170 册，蘭州：

蘭州古籍書店，1990.

40. 路志霄，王幹一編．隴右近代詩鈔．蘭州：蘭州大學出版社，1988.

41. 李亞太．大像山志．内部鉛印本，1998.

42. 吴景山．西北民族碑文．蘭州：甘肅人民出版社，2001.

43. 張錦秀．麥積山石窟志．蘭州：甘肅人民出版社，2002.

44. 王耀主編．南郭寺藝文録．蘭州：甘肅人民出版社，2002.

45. 天水市政協文史資料委員會編．天水文史資料．第九輯，内部鉛印本，2002.

46. 趙昌榮．玉泉觀志．蘭州：甘肅文化出版社，2002.

47. 閻虎林．天水關．北京：作家出版社，2003.

48. 張國藩，趙建平．隴山交通與詩歌．蘭州：蘭州大學出版社，2003.

49. 劉雁翔．伏羲廟志．蘭州：甘肅文化出版社，2003.

50. 馬國瑸．宣化岡志．蘭州：甘肅人民出版社，2005.

51. 張博．西廂張氏．蘭州：甘肅文化出版社，2006.

52. 唐曉軍．甘肅古代石刻藝術．北京：民族出版社，2007.

53. 温小牛．清水碑文研究．北京：中國文史出版社，2008.

54. 汪明．麥積區金石校注．西安：三秦出版社，2015.

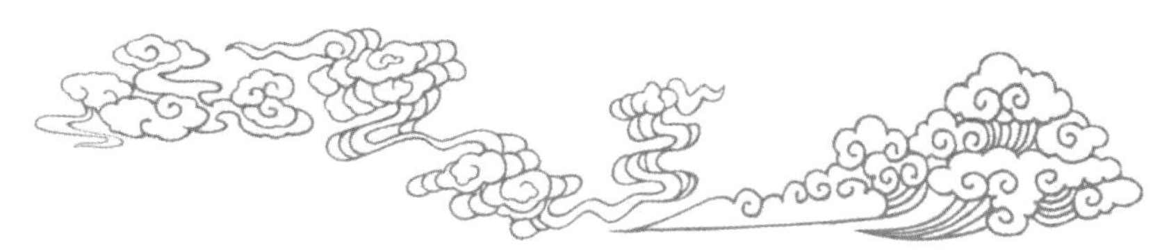

跋

金石文字内容廣泛，或記人之事跡，或記建築之興衰，或記某事之始末。當時人記當時之人、事、物，時代氣息濃鬱，史料價值獨特。

天水是國家級歷史文化名城，文化底蘊深厚，文物古跡衆多，歷代金石、尤其是碑刻數量衆多。雖歷經歲月消磨，人爲毁損，消失在所難免，而至今遺存者依然洋洋大觀。彝器著名者如秦公簋等，碑刻著名者如東漢摩崖石刻、北魏法生造像碑、北周拉梢寺摩崖石刻、魯公姬造像碑、唐姜安公墓誌、北宋秦州天水縣靈源侯封爵敕碑、秦鳳閔雨碑、灘歌摩崖石刻、南宋四川置制使司給田公據碑、元代敕封東華帝君五祖七真碑（道流四面碑）、明刻趙孟頫草書詩碑、老杜秦州雜詩碑、清代二妙碑等。有如此豐富珍貴的資源，繼承金石學傳統，吸收前人研究成果，結合田野考察，將天水市境内的金石文獻按類輯存，著録點校，並加以注釋，彙集於一書，供閲讀，供研究，無疑具有知識意義和學術意義。

《天水金石文獻輯録校注》起於2008年，訖於今，前後約十年，總算完成了。回顧輯録校注過程——或訪碑於山野草叢之中，或校碑於静夜孤燈之下，爲辨一字，絞盡腦汁；爲録一文，廢寢忘食。幸有耐性讀殘拓，恨無火眼穿青石。腰酸背痛，頭暈眼花，偶有所得，沾沾自喜。費了不少周折，吃了不少苦頭，也得到了不少喜樂，總算是完成了。有過著書的經驗，每一部書稿都得到過或多或少其他人的幫助，但從來没有像這本書一樣得到過那麽多人的幫助。本書，的確是衆人拾柴火焰高式的衆手成書。書成了，不應該忘本，理應逐一感謝。

感謝我的小友、麥積區博物館的汪明。汪同志勤勉好學，留心麥積區文史研究，歷年積累大量金石文獻資料，有專著《麥積區金石校注》2015

年由三秦出版社出版。拙著“第二章麥積區金石” 之“第一節麥積山石窟金石”之外的其他文字，即是在汪著稿本的基礎上增删而成。回想和小汪寺廟捶打拓片、相互切磋的情景，至今甚爲感念。謝謝汪明，願我們以後的合作更加美好。

感謝秦安縣地方志辦公室的王廣林、王文傑、李雁彬諸先生，有他們無私提供的秦安縣金石文獻文本，才使我完成拙著秦安部分校注成爲可能。

感謝《玉泉觀志》的著者趙昌榮先生、《清水碑文研究》的著者温小牛先生、《麥積山石窟志》的著者張錦秀先生、《大像山志》的著者李亞太先生、《南郭寺藝文録》的主編王耀先生、《天水關》的著者閻虎林先生，有他們的基礎著録，使我的相關校注順當好多。

感謝我的朋友楊曉紅、王焕新、楊新國、徐夫華，四人或提供有關金石文物照片資料，或提供墓誌等拓片，這些圖片資料成爲保證拙著學術性的堅强後盾。

感謝我的老鄉朋友顧應存和丁勝，有他們的協調，使得我能拓得諸多有價值的拓片。

感謝我已走上工作崗位的學生牛廣厚、朱怡芃、裴應東等同學，我的研究生鄒鑫同學，他們或助力識讀録入碑文，或提供相關資料，省卻我諸多勞苦！

感謝我的老朋友加同事楊皓教授，因合作甘肅省教育廳相關項目的機緣，在碑石録文、校對、整理等方面做了諸多基礎性工作。

感謝三秦出版社的劉芳老師、賈雲老師，有他們的鼓勵和支持，使我這個辛勞多年的地方金石文獻整理項目喜獲2016年度國家古籍整理出版專項經費資助，也“逼着”我加快進度，畢其功於一役。成稿之後，又得出版社精心編校，使之最終成書。

感謝北京大學中文系名教授、我甘肅鄉賢漆永祥先生，百忙之中賜以大序，使拙著平添亮色。在收悉大序當日，在下我是喜不自勝，當即回短信：“美得很！拜讀大序，頓覺昏暗小屋陡然透入一絲亮光。縱横古今，文雅意遠。拙著不足觀，但沾此亮光，亦可以羞答答地生長於學人著作之林矣！

感謝漆兄高誼大序！”我和漆教授，因喜讀其文而知其人，因我北大訪學而相識之，有拙著而得其大序評點勉勵，何其幸也！

再説點什麼呢，除了感謝還是感謝。竭澤而漁，一網打盡，作於生態環境，無良之至。竭澤而漁，一網打盡，用於採集資料，高乘境界。然而，經歷有限，精力有限，能力所限，時間所限，於天水的金石“一網打盡”何其難哉！遺珠之憾在所難免。這一枚名叫《天水金石文獻輯録校注》的果實或是有些乾癟，姑且聊勝於無吧！學無止境，一輯完成，訪碑搜碑仍會繼續。“校注”將來很可能還會有“續編”或“三編”。努力耕耘，期待果實更加豐滿。

丁酉仲春驚蟄前一日跋於兩可齋